企业会计准则

实务应用精解

会计科目使用 + 经济业务处理 + 会计报表编制

（2021 年版）

企业会计准则编审委员会　编著

人 民 邮 电 出 版 社
北京

图书在版编目（CIP）数据

企业会计准则实务应用精解 ： 会计科目使用+经济业务处理+会计报表编制 ： 2021年版 / 企业会计准则编审委员会编著. -- 北京 ： 人民邮电出版社，2021.2
ISBN 978-7-115-55825-1

Ⅰ. ①企… Ⅱ. ①企… Ⅲ. ①企业－会计准则－中国 Ⅳ. ①F279.23

中国版本图书馆CIP数据核字(2020)第261661号

内 容 提 要

2019年，是我国企业会计准则体系发生重要变化的一年，继2018年发布了7项具体会计准则的应用指南之后，2019年又修订了《企业会计准则第21号——租赁》《企业会计准则第7号——非货币性资产交换》《企业会计准则第12号——债务重组》3个具体会计准则，以及《企业会计准则第21号——租赁》的应用指南。为了帮助会计工作者深刻理解企业会计准则，特别是依据企业会计准则进行规范化的账务处理，特编写了本书。

本书共3个部分，分别从会计科目使用、经济业务处理和会计报表编制3个方面系统阐述了企业会计准则的整体要求。经济业务的账务处理是本书的主体部分，针对每一笔业务，“业务概述”部分简明扼要地讲清经济业务的来龙去脉；“账务处理”部分主要是依据企业会计准则的要求，详细讲解对业务进行账务处理的具体要求；“案例解析”部分则是以实务案例为依托，教会读者将对具体条款的理解转换为处理实际问题的能力。

本书体系完整、讲解透彻，讲述了各大行业160余个会计科目的使用规范、260余项经济业务的账务处理、4大会计报表的编制方法，可以作为广大会计工作者掌握企业会计准则、提高业务水平的工具手册。

◆ 编　　著　企业会计准则编审委员会
责任编辑　李士振
责任印制　周昇亮
◆ 人民邮电出版社出版发行　　北京市丰台区成寿寺路 11 号
邮编　100164　　电子邮件　315@ptpress.com.cn
网址　https://www.ptpress.com.cn
天津翔远印刷有限公司印刷
◆ 开本：787×1092　1/16
印张：35.5　　2021 年 2 月第 1 版
字数：883 千字　　2021 年 2 月天津第 1 次印刷

定价：129.80 元

读者服务热线：(010) 81055296　印装质量热线：(010) 81055316
反盗版热线：(010) 81055315
广告经营许可证：京东市监广登字 20170147 号

PREFACE 前言

一、写作本书的目的

在多年的会计教学和会计实务工作中，我们越来越深刻地领会到《企业会计准则》对会计专业学生的学习、会计工作者的日常工作具有重要的指导意义。要想准确把握《企业会计准则》的精髓，正确应用《企业会计准则》的相关知识，实现从理论到实践的飞跃，重中之重是要连贯、系统地学习会计要素的内容与含义、企业经济业务的处理过程、会计报表的编制方法。正是出于这个目的，我们编写了本书。

目的 1：帮助读者掌握每个会计科目的核算内容、记账规则与余额状况。

目的 2：帮助读者掌握一般企业和特殊行业企业所涉及的不同种类经济业务的具体处理方法，对各会计科目的具体应用规则融会贯通。

目的 3：采用“内容 + 作用 + 结构 + 填列方法 + 编制方法 + 编制举例”的结构模式，使读者形成对各种会计报表的系统性认识。

二、本书的主要内容

本书分为 3 部分，共计 13 章。第 1 部分是第 1 章，介绍了资产类、负债类、共同类、所有者权益类、成本类、损益类会计科目的设置和使用方法，并对金融企业、农业企业、石油天然气开采企业等特殊行业企业的专用科目进行了讲解。第 2 部分是第 2 章至第 12 章，首先讲解了资产类、负债类、共同类、权益类、成本类、损益类交易和事项的会计处理方法和过程；其次又对金融企业、农业企业、石油天然气开采企业、建造承包商等特殊行业企业的交易和事项的会计处理进行了专门介绍；最后对租赁业务的相关会计处理进行了介绍。第 3 部分是第 13 章，重点讲解了会计报表的作用与编制方法。

三、阅读本书的作用

作用 1：掌握各会计科目的内涵与核算方法。

会计科目是会计学习的起点与基础。对会计科目的相关知识做到举一反三并融会贯通，能为会计知识的学习奠定扎实的基础。

作用 2：全面掌握各类交易和事项的会计处理方法和过程。

本书采用分类讲解的方式，全面囊括了会计实务中最常见的业务处理类型与方法，对会计工作者的业务分析能力与业务处理能力有很大的提升作用。

作用 3：明确特殊行业企业的会计处理方法。

金融企业、农业企业、石油天然气开采企业、建造承包商等特殊行业企业的会计科目设置和会计处理有着自身特色，本书对这些特殊行业企业的相关会计知识进行了详细介绍。

作用 4：显著提升读者的会计素养。

本书在编写时力求理论与实践相结合，紧跟企业会计准则的新变动，运用图文并茂的方式进行清晰、形象的讲解，可大大提升读者的会计综合能力。

四、本书的特点

特点 1：与时俱进，更新依据。

企业会计准则是一个动态体系，随着社会经济的发展和业务的延伸，会计准则也在不断更新。这就需要我们不断地了解新事物，学习新规定，掌握新方法。本书在对会计科目和业务进行描述与阐释时，是以新的会计准则和解释规定为核心的。财政部于 2017 年正式修订和新增了几项企业会计准则，发布了 4 项准则解释。2018 年，财政部又颁布了 7 项企业会计准则的应用指南。2019 年，财政部又修订了《企业会计准则第 21 号——租赁》《企业会计准则第 7 号——非货币性资产交换》《企业会计准则第 12 号——债务重组》3 个具体会计准则，以及《企业会计准则第 21 号——租赁》的应用指南。本书是严格依据现行企业会计准则及应用指南编写而成的。

特点 2：内容广泛，全面覆盖。

本书包含了与一般企业、金融企业、农业企业、石油天然气开采企业和建造承包商等各类企业有关的资产类、负债类、共同类、所有者权益类、成本类、损益类 6 大类会计要素，总计 160 余个会计科目的核算方法，囊括了 260 余项经济业务的处理案例，为会计专业学生和各个行业的财务人员提供了一本内容翔实、范围全面的专业参考书。

特点 3：通俗易懂，图文并茂。

本书结构清晰，通俗易懂，图文并茂，尽力为读者营造一种轻松、愉快、高效的阅读氛围。本书对经济业务的处理配有相关的图解，以便能更形象地展现业务处理的逻辑过程。另外，书中对各类业务都附有经典例题，能帮助读者更好地理解账务处理的重点和具体操作方式。

在本书的编写过程中，我们参考了相关的教材和资料以及专家的观点，并加以借鉴，在此致以诚挚的谢意。

由于水平有限，书中难免存在疏漏之处，恳请读者批评指正。

编者

CONTENTS 目录

第1部分 会计科目使用

第2部分 经济业务处理

第3部分 会计报表编制

第 1 部分 会计科目使用

第 1 章
会计科目表及使用规则

1.1 资产类会计科目使用规则

资产类会计科目表如表 1-1 所示。

表 1-1 资产类会计科目表

序号	编号	会计科目名称	会计科目适用范围
1	1001	库存现金	
2	1002	银行存款	
3	1003	存放中央银行款项	银行专用
4	1011	存放同业	银行专用
5	1012	其他货币资金	
6	1021	结算备付金	证券专用
7	1031	存出保证金	金融共用
8	1101	交易性金融资产	
9	1111	买入返售金融资产	金融共用
10	1121	应收票据	
11	1122	应收账款	
12	1123	预付账款	
13	1131	应收股利	
14	1132	应收利息	
15	1201	应收代位追偿款	保险专用
16	1211	应收分保账款	保险专用
17	1212	应收分保合同准备金	保险专用
18	1213	应收保户储金	保险专用
19	1221	其他应收款	

续表

序号	编号	会计科目名称	会计科目适用范围
20	1231	坏账准备	
21	1301	贴现资产	银行专用
22	1302	拆出资金	金融共用
23	1303	贷款	银行和保险共用
24	1304	贷款损失准备	银行和保险共用
25	1311	代理兑付证券	银行和保险共用
26	1321	代理业务资产	证券和银行共用
27	1401	材料采购	
28	1402	在途物资	
29	1403	原材料	
30	1404	材料成本差异	
31	1405	库存商品	
32	1406	发出商品	
33	1407	商品进销差价	
34	1408	委托加工物资	
35	1411	周转材料	
36	1421	消耗性生物资产	农业专用
37	1431	贵金属	银行专用
38	1441	抵债资产	金融共用
39	1451	损余物资	保险专用
40	1461	融资租赁资产	租赁专用
41	1471	存货跌价准备	
42	1501	债权投资	
43	1502	债权投资减值准备	
44	1503	其他债权投资	
45	1504	其他权益工具投资	
46	1511	长期股权投资	
47	1512	长期股权投资减值准备	
48	1518	继续涉入资产	
49	1521	投资性房地产	
50	1531	长期应收款	
51	1532	未实现融资收益	

续表

序号	编号	会计科目名称	会计科目适用范围
52	1541	存出资本保证金	保险专用
53	1601	固定资产	
54	1602	累计折旧	
55	1603	固定资产减值准备	
56	1604	在建工程	
57	1605	工程物资	
58	1606	固定资产清理	
59	1611	未担保余值	租赁专用
60	1621	生产性生物资产	农业专用
61	1622	生产性生物资产累计折旧	农业专用
62	1623	公益性生物资产	农业专用
63	1631	油气资产	石油天然气开采专用
64	1632	累计折耗	石油天然气开采专用
65	1701	无形资产	
66	1702	累计摊销	
67	1703	无形资产减值准备	
68	1711	商誉	
69	1801	长期待摊费用	
70	1811	递延所得税资产	
71	1821	独立账户资产	保险专用
72	1901	待处理财产损溢	
73	1481	持有待售资产	
74	1482	持有待售资产减值准备	
75	企业自主设置	合同履约成本	
76	企业自主设置	合同履约成本减值准备	
77	企业自主设置	合同取得成本	
78	企业自主设置	合同取得成本减值准备	
79	企业自主设置	应收退货成本	
80	企业自主设置	合同资产	
81	企业自主设置	合同资产减值准备	
82	企业自主设置	买入返售金融资产	

1.1.1 库存现金（1001）

一、本科目核算企业的库存现金。企业有内部周转使用备用金的，可以单独设置“备用金”科目。

二、企业增加库存现金，借记本科目，贷记“银行存款”等科目；减少库存现金做相反的会计分录。

三、企业应当设置“现金日记账”，根据收付款凭证，按照业务发生顺序逐笔登记。每日终了，应当计算当日的现金收入合计额、现金支出合计额和结余额，将结余额与实际库存额核对，做到账款相符。

四、本科目期末借方余额，反映企业持有的库存现金。

1.1.2 银行存款（1002）

一、本科目核算企业存入银行或其他金融机构的各种款项。银行汇票存款、银行本票存款、信用卡存款、信用证保证金存款、存出投资款、外埠存款等，在“其他货币资金”科目核算。

二、企业增加银行存款，借记本科目，贷记“库存现金”“应收账款”等科目；减少银行存款做相反的会计分录。

三、企业可按开户银行和其他金融机构、存款种类等设置“银行存款日记账”，根据收付款凭证，按照业务的发生顺序逐笔登记。每日终了，应结出余额。“银行存款日记账”应定期与“银行对账单”核对，至少每月核对一次。企业银行存款账面余额与银行对账单余额之间如有差额，应编制“银行存款余额调节表”并调节至相符。

四、本科目期末借方余额，反映企业存在银行或其他金融机构的各种款项。

1.1.3 其他货币资金（1012）

一、本科目核算以摊余成本计量的，企业的银行汇票存款、银行本票存款、信用卡存款、信用证保证金存款、存出投资款、外埠存款等其他货币资金。

二、企业增加其他货币资金，借记本科目，贷记“银行存款”科目；减少其他货币资金，借记有关科目，贷记本科目。

三、本科目可按银行汇票或本票、信用证的收款单位，外埠存款的开户银行，分别对“银行汇票”“银行本票”“信用卡”“信用证保证金”“存出投资款”“外埠存款”等进行明细核算。

四、本科目期末借方余额，反映企业持有的其他货币资金。

1.1.4 交易性金融资产（1101）

一、本科目核算企业持有的划分为以公允价值计量且其变动计入当期损益的金融资产。

二、本科目可按金融资产的类别和品种，分别对“成本”“公允价值变动”等进行明细核算。

企业持有的划分为以公允价值计量且其变动计入当期损益的金融资产可在本科目下单设“指定类”明细科目核算；划分为以摊余成本计量的金融资产的，应在“银行存款”“贷款”“应收账款”“债权投资”等科目核算；划分为以公允价值计量且其变动计入其他综合收益的金融资产的，应在“其他债权投资”科目核算；衍生金融资产在“衍生工具”科目核算。

三、交易性金融资产的主要账务处理。

（一）企业取得交易性金融资产，按其公允价值，借记本科目（成本），按发生的交易费用，借记“投资收益”科目，按已到付息期但尚未领取的利息或已宣告但尚未发放的现金股利，借记“应收利息”或“应收股利”科目，按实际支付的金额，贷记“银行存款”“存放中央银行款项”“结算备付金”等科目。

（二）交易性金融资产持有期间被投资单位宣告发放的现金股利，或在资产负债表日按分期付息、一次还本债券投资的票面利率计算的利息，借记“应收股利”或“应收利息”科目，贷记“投资收益”科目。

（三）资产负债表日，交易性金融资产的公允价值高于其账面余额的差额，借记本科目（公允价值变动），贷记“公允价值变动损益”科目；公允价值低于其账面余额的差额，做相反的会计分录。

（四）出售交易性金融资产，应按实际收到的金额，借记“银行存款”“存放中央银行款项”“结算备付金”等科目，按该金融资产的账面余额，贷记本科目，按其差额，贷记或借记“投资收益”科目。

四、本科目期末借方余额，反映企业持有的交易性金融资产的公允价值。

1.1.5 应收票据（1121）

一、本科目核算以摊余成本计量的，企业因销售商品、提供劳务等而收到的商业汇票，包括银行承兑汇票和商业承兑汇票。

二、本科目可按开出、承兑商业汇票的单位进行明细核算。

三、应收票据的主要账务处理。

（一）企业因销售商品、提供劳务等而收到开出、承兑的商业汇票，按商业汇票的票面金额，借记本科目，按确认的营业收入，贷记“主营业务收入”等科目。涉及增值税销项税额的，还应进行相应的处理。

（二）持未到期的商业汇票向银行贴现，应按实际收到的金额（即减去贴现息后的净额），借记“银行存款”等科目，按贴现息部分，借记“财务费用”等科目，按商业汇票的票面金额，贷记本科目或“短期借款”科目。

（三）将持有的商业汇票背书转让以取得所需物资，按应计入取得物资成本的金额，借记“材料采购”或“原材料”以及“库存商品”等科目，按商业汇票的票面金额，贷记本科目，如有差额，借记或贷记“银行存款”等科目。涉及增值税进项税额的，还应进行相应的处理。

（四）商业汇票到期，应按实际收到的金额，借记“银行存款”科目，按商业汇票的票面金额，贷记本科目。

四、企业应当设置“应收票据备查簿”，逐笔登记商业汇票的种类、号数和出票日、票面金额、交易合同号和付款人、承兑人、背书人的姓名或单位名称、到期日、背书转让日、贴现日、贴现率和贴现净额、收款日和收回金额以及退票情况等资料。商业汇票到期结清票款或退票后，在备查簿中应予注销。

五、本科目期末借方余额，反映企业持有的商业汇票的票面金额。

1.1.6 应收账款（1122）

一、本科目核算以摊余成本计量的，企业因销售商品、提供劳务等日常活动应收取的款项。

企业（保险）按照原保险合同约定应向投保人收取的保费，可将本科目改为“1122 应收保费”科目，并按照投保人进行明细核算。

企业（金融）应收取的手续费和佣金，可将本科目改为“1122 应收手续费及佣金”科目，并按照债务人进行明细核算。因销售商品、提供劳务等，采用递延方式收取合同或协议价款、实质上具有融资性质的，在“长期应收款”科目核算。

二、本科目可按债务人进行明细核算。

三、企业发生应收账款，按应收金额，借记本科目，按确认的营业收入，贷记“主营业务收入”“手续费及佣金收入”“保费收入”等科目。收回应收账款时，借记“银行存款”等科目，贷记本科目。涉及增值税销项税额的，还应进行相应的处理。

代购货单位垫付的包装费、运杂费，借记本科目，贷记“银行存款”等科目。收回代垫费用时，借记“银行存款”科目，贷记本科目。

四、企业与债务人进行债务重组，应当分别按债务重组的不同方式进行处理。

（一）收到债务人清偿债务的款项小于该项应收账款账面价值的，应按实际收到的金额，借记“银行存款”等科目，按重组债权已计提的坏账准备，借记“坏账准备”科目，按重组债权的账面余额，贷记本科目，按其差额，借记“营业外支出”科目。

收到债务人清偿债务的款项大于该项应收账款账面价值的，应按实际收到的金额，借记“银行存款”等科目，按重组债权已计提的坏账准备，借记“坏账准备”科目，按重组债权的账面余额，贷记本科目，按其差额，贷记“信用减值损失”科目。

以下债务重组涉及重组债权减值准备的，应当比照此规定进行处理。

（二）接受债务人用于清偿债务的非现金资产，应按该项非现金资产的公允价值，借记“原材料”“库存商品”“固定资产”“无形资产”等科目，按重组债权的账面余额，贷记本科目，按应支付的相关税费和其他费用，贷记“银行存款”“应交税费”等科目，按其差额，借记“营业外支出”科目。涉及增值税进项税额的，还应进行相应的处理。

（三）将债权转为投资，应按享有股份的公允价值，借记“长期股权投资”科目，按重组债权的账面余额，贷记本科目，按应支付的相关税费和其他费用，贷记“银行存款”“应交税费”等科目，按其差额，借记“营业外支出”科目。

（四）以修改其他债务条件进行清偿的，应按修改其他债务条件后债权的公允价值，借记本科目，按重组债权的账面余额，贷记本科目，按其差额，借记“营业外支出”科目。

五、本科目期末借方余额，反映企业尚未收回的应收账款；期末如为贷方余额，反映企业预收的账款。

1.1.7 预付账款（1123）

一、本科目核算企业按照合同规定预付的款项。

预付款项情况不多的，也可以不设置本科目，将预付的款项直接记入“应付账款”科目。企业在建工程预付的工程价款，也在本科目核算。企业（保险）从事保险业务预先支付的赔付款，可将本科目改为“1123 预付赔付款”科目，并按照保险人或受益人进行明细核算。

二、本科目可按供货单位进行明细核算。

三、预付账款的主要账务处理。

（一）企业因购货而预付的款项，借记本科目，贷记“银行存款”等科目。收到所购物资时，按应计入购入物资成本的金额，借记“材料采购”或“原材料”以及“库存商品”等科目，按应支付的金额，贷记本科目。补付的款项，借记本科目，贷记“银行存款”等科目；收到退回多付的款项做相反的会计分录。涉及增值税进项税额的，还应进行相应的处理。

（二）企业在建工程预付的工程价款，借记本科目，贷记“银行存款”等科目。按工程进度结算工程价款，借记“在建工程”科目，贷记本科目、“银行存款”等科目。

（三）企业（保险）预付的赔付款，借记本科目，贷记“银行存款”等科目。转销预付的赔付款，借记“赔付支出”“应付分保账款”等科目，贷记本科目。

四、本科目期末借方余额，反映企业预付的款项；期末如为贷方余额，反映企业尚未补付的款项。

1.1.8　应收股利（1131）

一、本科目核算企业应收取的现金股利和应收取其他单位分配的利润。

二、本科目可按被投资单位进行明细核算。

三、应收股利的主要账务处理。

（一）企业取得交易性金融资产，按支付的价款中所包含的、已宣告但尚未发放的现金股利，借记本科目，按交易性金融资产的公允价值，借记“交易性金融资产——成本”科目，按发生的交易费用，借记“投资收益”科目，按实际支付的金额，贷记“银行存款”“存放中央银行款项”“结算备付金”等科目。

交易性金融资产持有期间被投资单位宣告发放的现金股利，按应享有的份额，借记本科目，贷记“投资收益”科目。

（二）取得长期股权投资，按支付的价款中所包含的、已宣告但尚未发放的现金股利，借记本科目，按确定的长期股权投资成本，借记“长期股权投资——投资成本”科目，按实际支付的金额，贷记“银行存款”等科目。持有期间被投资单位宣告发放现金股利或利润的，按应享有的份额，借记本科目，贷记“投资收益”（成本法）或“长期股权投资——损益调整”科目（权益法）。被投资单位宣告发放的现金股利或利润属于其在取得本企业投资前实现净利润的分配额，借记本科目，贷记“长期股权投资——投资成本”等科目。

（三）取得其他权益工具投资，按支付的价款中所包含的、已宣告但尚未发放的现金股利，借记本科目，按其他权益工具投资的公允价值与交易费用之和，借记“其他权益工具投资——成本”科目，按实际支付的金额，贷记“银行存款”“存放中央银行款项”“结算备付金”等科目。其他权益工具投资持有期间被投资单位宣告发放的现金股利，按应享有的份额，借记本科目，贷记“投资收益”科目。

（四）实际收到现金股利或利润，借记“银行存款”等科目，贷记本科目等。

四、本科目期末借方余额，反映企业尚未收回的现金股利或利润。

1.1.9　应收利息（1132）

一、本科目核算企业发放的贷款、各类债权投资、存放中央银行款项、拆出资金、买入返售金融资产等应收取的利息。企业购入的一次还本付息的债权投资持有期间取得的利息，在“债权投资”科目核算。

二、本科目可按借款人或被投资单位进行明细核算。

三、应收利息的主要账务处理。

（一）企业取得的交易性金融资产，按支付的价款中所包含的、已到付息期但尚未领取的利息，借记本科目，按交易性金融资产的公允价值，借记“交易性金融资产——成本”科目，按发生的交易费用，借记“投资收益”科目，按实际支付的金额，贷记“银行存款”“存放中央银行款项”“结算备付金”等科目。

（二）取得的债权投资，应按该投资的面值，借记“债权投资——成本”科目，按支付的价款中所包含的、已到付息期但尚未领取的利息，借记本科目，按实际支付的金额，贷记“银行存款”“存放中央银行款项”“结算备付金”等科目，按其差额，借记或贷记“债权投资——利息调整”科目。

资产负债表日，债权投资为分期付息、一次还本债券投资的，应按票面利率计算确定的应收未收利息，借记本科目，按债权投资摊余成本和实际利率计算确定的利息收入，贷记“投资收益”科目，按其差额，借记或贷记“债权投资——利息调整”科目。债权投资为一次还本付息债券投资的，应于资产负债表日按票面利率计算确定的应收未收利息，借记“债权投资——应计利息”科目，按债权投资摊余成本和实际利率计算确定的利息收入，贷记“投资收益”科目，按其差额，借记或贷记“债权投资——利息调整”科目。

（三）取得的其他债权投资，比照（二）的相关规定进行处理。

（四）发生减值的债权投资、其他债权投资的利息收入，应当比照“贷款”科目相关规定进行处理。

（五）企业发放的贷款，应于资产负债表日按贷款的合同本金和合同利率计算确定的应收未收利息，借记本科目，按贷款的摊余成本和实际利率计算确定的利息收入，贷记“利息收入”科目，按其差额，借记或贷记“贷款——利息调整”科目。

（六）应收利息实际收到时，借记“银行存款”“存放中央银行款项”等科目，贷记本科目。

四、本科目期末借方余额，反映企业尚未收回的利息。

1.1.10 其他应收款（1221）

一、本科目核算分类为以摊余成本计量的，企业除存出保证金、买入返售金融资产、应收票据、应收账款、预付账款、应收股利、应收利息、应收代位追偿款、应收分保账款、应收分保未到期责任准备金、应收分保保险责任准备金、长期应收款等经营活动以外的其他各种应收、暂付的款项。

二、本科目可按对方单位（或个人）进行明细核算。

三、采用售后回购方式融出资金的，应按实际支付的金额，借记本科目，贷记“银行存款”科目。销售价格与原购买价格之间的差额，应在售后回购期间内按期计提利息费用，借记本科目，贷记“财务费用”科目。按合同约定返售商品时，应按实际收到的金额，借记“银行存款”科目，贷记本科目。

四、企业发生其他各种应收、暂付款项时，借记本科目，贷记“银行存款”“固定资产清理”等科目；收回或转销各种款项时，借记“库存现金”“银行存款”等科目，贷记本科目。

五、本科目期末借方余额，反映企业尚未收回的其他应收款项。

1.1.11 坏账准备（1231）

一、本科目核算企业应收款项的坏账准备。

二、本科目可按应收款项的类别进行明细核算。

三、本科目核算企业以摊余成本计量的应收款项等金融资产以预期信用损失为基础计提的损失准备。

四、坏账准备的主要账务处理。

（一）资产负债表日，应收款项发生减值的，按应减记的金额，借记“信用减值损失”科目，贷记本科目。本期应计提的坏账准备大于其账面余额的，应按其差额计提；应计提的坏账准备小于其账面余额的，应按其差额做相反的会计分录。

（二）对于确实无法收回的应收款项，按管理权限报经批准后作为坏账，转销应收款项，借记本科目，贷记“应收票据”“应收账款”“预付账款”“应收分保账款”“其他应收款”“长期应收款”等科目。

（三）已确认并转销的应收款项以后又收回的，应按实际收回的金额，借记“应收票据”“应收账款”“预付账款”“应收分保账款”“其他应收款”“长期应收款”等科目，贷记本科目；同时，借记“银行存款”科目，贷记“应收票据”“应收账款”“预付账款”“应收分保账款”“其他应收款”“长期应收款”等科目。

对于已确认并转销的应收款项以后又收回的，也可以按照实际收回的金额，借记“银行存款”科目，贷记本科目。

五、本科目期末贷方余额，反映企业已计提但尚未转销的坏账准备。

1.1.12 材料采购（1401）

一、本科目核算企业采用计划成本进行材料日常核算而购入材料的采购成本。采用实际成本进行材料日常核算的，购入材料的采购成本，在“在途物资”科目核算。

委托外单位加工材料、商品的加工成本，在“委托加工物资”科目核算。

购入的工程用材料，在“工程物资”科目核算。

二、本科目可按供应单位和材料品种进行明细核算。

三、材料采购的主要账务处理。

（一）企业支付材料价款和运杂费等，按应计入材料采购成本的金额，借记本科目，按实际支付或应支付的金额，贷记“银行存款”“库存现金”“其他货币资金”“应付账款”“应付票据”“预付账款”等科目。涉及增值税进项税额的，还应进行相应的处理。

（二）期末，企业应将仓库转来的外购收料凭证，分别按下列不同情况进行处理。

1. 对于已经付款或已开出、承兑商业汇票的收料凭证，应按实际成本和计划成本分别汇总，按计划成本，借记“原材料”“周转材料”等科目，贷记本科目；将实际成本大于计划成本的差异，借记“材料成本差异”科目，贷记本科目；将实际成本小于计划成本的差异做相反的会计分录。

2. 对于尚未收到发票账单的收料凭证，应按计划成本暂估入账，借记“原材料”“周转材料”等科目，贷记“应付账款——暂估应付账款”科目，下期初做相反分录予以冲回。下期收到发票账单的收料凭证，借记本科目，贷记“银行存款”“应付账款”“应付票据”等科目。涉及增值税进项税额的，还应进行相应的处理。

四、本科目期末借方余额，反映企业在途材料的采购成本。

1.1.13 在途物资（1402）

一、本科目核算企业采用实际成本（或进价）进行材料、商品等物资的日常核算，货款已付尚未验收入库的在途物资的采购成本。

二、本科目可按供应单位和物资品种进行明细核算。

三、在途物资的主要账务处理。

（一）企业购入材料、商品，按应计入材料、商品采购成本的金额，借记本科目，按实际支付或应支付的金额，贷记“银行存款”“应付账款”“应付票据”等科目。涉及增值税进项税额的，还应进行相应的处理。

（二）所购材料、商品到达并验收入库，借记“原材料”“库存商品”等科目，贷记本科目。库存商品采用售价核算的，按售价，借记“库存商品”科目，按进价，贷记本科目，进价与售价之间的差额，借记或贷记“商品进销差价”科目。

四、本科目期末借方余额，反映企业在途材料、商品等物资的采购成本。

1.1.14 原材料（1403）

一、本科目核算企业库存的各种材料，包括原料及主要材料、辅助材料、外购半成品（外购件）、修理用备件（备品备件）、包装材料、燃料等的计划成本或实际成本。

收到来料加工装配业务的原料、零件等，应当设置备查簿进行登记。

二、本科目可按材料的保管地点（仓库）、材料的类别、品种和规格等进行明细核算。

三、原材料的主要账务处理。

（一）企业购入并已验收入库的材料，按计划成本或实际成本，借记本科目，按实际成本，贷记“材料采购”或“在途物资”科目，按计划成本与实际成本的差异，借记或贷记“材料成本差异”科目。

（二）自制并已验收入库的材料，按计划成本或实际成本，借记本科目，按实际成本，贷记“生产成本”科目，按计划成本与实际成本的差异，借记或贷记“材料成本差异”科目。

委托外单位加工完成并已验收入库的材料，按计划成本或实际成本，借记本科目，按实际成本，贷记“委托加工物资”科目，按计划成本与实际成本的差异，借记或贷记“材料成本差异”科目。

（三）生产经营领用材料，借记“生产成本”“制造费用”“销售费用”“管理费用”等科目，贷记本科目。出售材料结转成本，借记“其他业务成本”科目，贷记本科目。发出委托外单位加工的材料，借记“委托加工物资”科目，贷记本科目。

采用计划成本进行材料日常核算的，发出材料还应结转材料成本差异，将发出材料的计划成本调整为实际成本。

采用实际成本进行材料日常核算的，发出材料的实际成本，可以采用先进先出法、加权平均法或个别认定法计算确定。

四、本科目期末借方余额，反映企业库存材料的计划成本或实际成本。

1.1.15 材料成本差异（1404）

一、本科目核算企业采用计划成本进行日常核算的材料计划成本与实际成本的差额。企业也可以在“原材料”“周转材料”等科目下设置“成本差异”明细科目。

二、本科目可以通过“原材料”“周转材料”等，按照类别或品种进行明细核算。

三、材料成本差异的主要账务处理如下。

（一）入库材料发生的材料成本差异，按实际成本大于计划成本的差异，借记本科目，贷记“材料采购”科目；按实际成本小于计划成本的差异做相反的会计分录。

入库材料的计划成本应当尽可能接近实际成本。除特殊情况外，计划成本在年度内不得随意变更。

（二）结转发出材料应负担的材料成本差异，按实际成本大于计划成本的差异，借记“生产成本”“管理费用”“销售费用”“委托加工物资”“其他业务成本”等科目，贷记本科目；按实际成本小于计划成本的差异做相反的会计分录。

发出材料应负担的成本差异应当按期（月）分摊，不得在季末或年末一次计算。发出材料应负担的成本差异，除委托外单位加工发出材料可按期初成本差异率计算外，应使用当期的实际差异率；期初成本差异率与本期成本差异率相差不大的，也可按期初成本差异率计算。

计算方法一经确定，不得随意变更。材料成本差异率的计算公式如下：

本期材料成本差异率 =（期初结存材料的成本差异 + 本期验收入库材料的成本差异）÷（期初结存材料的计划成本 + 本期验收入库材料的计划成本）×100%

期初材料成本差异率 = 期初结存材料的成本差异 ÷ 期初结存材料的计划成本 ×100%

发出材料应负担的成本差异 = 发出材料的计划成本 × 材料成本差异率

四、本科目期末借方余额，反映企业库存材料等的实际成本大于计划成本的差异；贷方余额反映企业库存材料等的实际成本小于计划成本的差异。

1.1.16 库存商品（1405）

一、本科目核算企业库存的各种商品，包括库存产成品、外购商品、存放在门市部准备出售的商品、发出展览的商品以及寄存在外的商品等的实际成本（或进价）或计划成本（或售价）。

接受来料加工制造的代制品和为外单位加工修理的代修品，在制造和修理完成验收入库后，视同企业的产成品，也通过本科目核算。

企业（房地产开发）的开发产品，可将本科目改为“1405 开发产品”科目。

企业（农业）收获的农产品，可将本科目改为“1405 农产品”科目。

二、本科目可按库存商品的种类、品种和规格等进行明细核算。

三、库存商品的主要账务处理。

（一）企业生产的产成品一般应按实际成本核算，产成品的入库和出库，平时只记数量不记金额，期（月）末计算入库产成品的实际成本。生产完成验收入库的产成品，按其实际成本，借记本科目、“农产品”等科目，贷记“生产成本”“消耗性生物资产”“农业生产成本”等科目。

产成品种类较多的，也可按计划成本进行日常核算，其实际成本与计划成本的差异，可以单独设置“产品成本差异”科目，比照“材料成本差异”科目核算。

采用实际成本进行产成品日常核算的，可以采用先进先出法、加权平均法或个别认定法计算确定发出产成品的实际成本。

对外销售产成品（包括采用分期收款方式销售产成品），结转销售成本时，借记“主营业务成本”科目，贷记本科目。采用计划成本核算的，发出产成品还应结转产品成本差异，将发出产成品的计划成本调整为实际成本。

（二）购入商品采用进价核算的，在商品到达并验收入库后，按商品进价，借记本科目，贷记“银行存款”“在途物资”等科目。委托外单位加工收回的商品，按商品进价，借记本科目，贷记“委托加工物资”科目。

购入商品采用售价核算的，在商品到达并验收入库后，按商品售价，借记本科目，按商品进价，贷记“银行存款”“在途物资”等科目，按商品售价与进价的差额，贷记“商品进销差价”科目。委托外单位加工收回的商品，按商品售价，借记本科目，按委托加工商品的账面余额，贷记“委托加工物资”科目，按商品售价与进价的差额，贷记“商品进销差价”科目。

对外销售商品（包括采用分期收款方式销售商品），结转销售成本时，借记“主营业务成本”科目，贷记本科目。采用进价进行商品日常核算的，发出商品的实际成本，可以采用先进先出法、加权平均法或个别认定法计算确定。采用售价核算的，还应结转应分摊的商品进销差价。

（三）企业（房地产开发）开发的产品，达到预定可销售状态时，按实际成本，借记“开发产品”科目，贷记“开发成本”科目。期末，企业结转对外转让、销售和结算开发产品的实际成本，借记“主营业务成本”科目，贷记“开发产品”科目。企业将开发的营业性配套设施用于本企业从事第三产业经营用房，应视同自用固定资产进行处理，并按营业性配套设施的实际成本，借记“固定资产”科目，贷记“开发产品”科目。

（四）本科目期末借方余额，反映企业库存商品的实际成本（或进价）或计划成本（或售价）。

1.1.17　发出商品（1406）

一、本科目核算企业未满足收入确认条件但已发出商品的实际成本（或进价）或计划成本（或售价）。采用支付手续费方式委托其他单位代销的商品，也可以单独设置“委托代销商品”科目。

二、本科目可按购货单位、商品类别和品种进行明细核算。

三、发出商品的主要账务处理。

（一）对于未满足收入确认条件的发出商品，应按发出商品的实际成本（或进价）或计划成本（或售价），借记本科目，贷记“库存商品”科目。

发出商品发生退回的，应按退回商品的实际成本（或进价）或计划成本（或售价），借记“库存商品”科目，贷记本科目。

（二）发出商品满足收入确认条件时，应结转销售成本，借记“主营业务成本”科目，贷记本科目。采用计划成本或售价核算的，还应结转应分摊的产品成本差异或商品进销差价。

四、本科目期末借方余额，反映企业发出商品的实际成本（或进价）或计划成本（或售价）。

1.1.18 商品进销差价（1407）

一、本科目核算企业采用售价进行日常核算的商品售价与进价之间的差额。

二、本科目可按商品类别或实物管理负责人进行明细核算。

三、商品进销差价的主要账务处理。

（一）企业购入、加工收回以及销售退回等增加的库存商品，按商品售价，借记“库存商品”科目，按商品进价，贷记“银行存款”“委托加工物资”等科目，按售价与进价之间的差额，贷记本科目。

（二）期（月）末分摊已销商品的进销差价，借记本科目，贷记“主营业务成本”科目。销售商品应分摊的商品进销差价，按以下公式计算。

商品进销差价率 = 期末分摊前本科目余额 ÷（“库存商品”科目期末余额 +“委托代销商品”科目期末余额 +“发出商品”科目期末余额 + 本期“主营业务收入”科目贷方发生额）×100%

本期销售商品应分摊的商品进销差价 = 本期“主营业务收入”科目贷方发生额 × 商品进销差价率

企业的商品进销差价率各期之间比较均衡的，也可以采用上期商品进销差价率计算分摊本期的商品进销差价。年度终了，应对商品进销差价进行核实调整。

四、本科目的期末贷方余额，反映企业库存商品的商品进销差价。

1.1.19 委托加工物资（1408）

一、本科目核算企业委托外单位加工的各种材料、商品等物资的实际成本。

二、本科目可按加工合同、受托加工单位以及加工物资的品种等进行明细核算。

三、委托加工物资的主要账务处理。

（一）企业发给外单位加工的物资，按实际成本，借记本科目，贷记“原材料”“库存商品”等科目；按计划成本或售价核算的，还应同时结转材料成本差异或商品进销差价。

（二）支付加工费、运杂费等，借记本科目，贷记“银行存款”等科目；需要缴纳消费税的委托加工物资，由受托方代收代交的消费税，借记本科目（收回后用于直接销售的）或“应交税费——应交消费税”科目（收回后用于继续加工的），贷记“应付账款”“银行存款”等科目。

（三）加工完成验收入库的物资和剩余的物资，按加工收回物资的实际成本和剩余物资的实际成本，借记“原材料”“库存商品”等科目，贷记本科目。

采用计划成本或售价核算的，按计划成本或售价，借记“原材料”或“库存商品”科目，按实际成本，贷记本科目，按实际成本与计划成本或售价之间的差额，借记或贷记“材料成本差异”或贷记“商品进销差价”科目。

采用计划成本或售价核算的，也可以采用上期材料成本差异率或商品进销差价率计算分摊本期应分摊的材料成本差异或商品进销差价。

四、本科目期末借方余额，反映企业委托外单位加工尚未完成物资的实际成本。

1.1.20 周转材料（1411）

一、本科目核算企业周转材料，包括包装物、低值易耗品，以及企业（建造承包商）的钢模板、木模板、脚手架等的计划成本或实际成本。

企业的包装物、低值易耗品，也可以单独设置“包装物”“低值易耗品”科目。

二、本科目可按周转材料的种类，分别按“在库”“在用”“摊销”进行明细核算。

三、周转材料的主要账务处理如下。

（一）企业购入、自制、委托外单位加工完成并已验收入库的周转材料等，比照“原材料”科目的相关规定进行处理。

（二）采用一次转销法的，领用时应按其账面价值，借记“管理费用”“生产成本”“销售费用”“工程施工”等科目，贷记本科目。周转材料报废时，应按报废周转材料的残料价值，借记“原材料”等科目，贷记“管理费用”“生产成本”“销售费用”“工程施工”等科目。

（三）采用其他摊销法的，领用时应按其账面价值，借记本科目（在用），贷记本科目（在库）；摊销时应按摊销额，借记“管理费用”“生产成本”“销售费用”“工程施工”等科目，贷记本科目（摊销）。周转材料报废时应补提摊销额，借记“管理费用”“生产成本”“销售费用”“工程施”等科目，贷记本科目（摊销）；同时，按报废周转材料的残料价值，借记“原材料”等科目，贷记“管理费用”“生产成本”“销售费用”“工程施工”等科目；并转销全部已提摊销额，借记本科目（摊销），贷记本科目（在用）。

（四）周转材料采用计划成本进行日常核算的，领用等发出周转材料时，还应同时结转应分摊的成本差异。

四、本科目期末借方余额，反映企业在库周转材料的计划成本或实际成本以及在用周转材料的摊余价值。

1.1.21 融资租赁资产（1461）

一、本科目核算企业（租赁）为开展融资租赁业务取得资产的成本。

二、本科目可按承租人、租赁资产类别和项目进行明细核算。

三、融资租赁资产的主要账务处理。

（一）企业购入和以其他方式取得的融资租赁资产，借记本科目，贷记“银行存款”等科目。

（二）在租赁期开始日，按租赁开始日最低租赁收款额与初始直接费用之和，借记“长期应收款”科目，按未担保余值，借记“未担保余值”科目，按融资租赁资产的公允价值（最低租赁收款额与未担保余值的现值之和），贷记本科目，按发生的初始直接费用，贷记“银行存款”等科目，按其差额，贷记“未实现融资收益”科目。融资租赁资产的公允价值与其账面价值有差额的，还应借记“营业外支出”科目或贷记“营业外收入”科目。

四、本科目期末借方余额，反映企业融资租赁资产的成本。

1.1.22 存货跌价准备（1471）

一、本科目核算企业存货的跌价准备。

二、本科目可按存货项目或类别进行明细核算。

三、存货跌价准备的主要账务处理。

（一）资产负债表日，存货发生减值的，按存货可变现净值低于成本的差额，借记“资产减值损失”科目，贷记本科目。已计提跌价准备的存货价值以后又得以恢复的，应在原已计提的存货跌价准备金额内，按恢复增加的金额，借记本科目，贷记“资产减值损失”科目。

发出存货结转存货跌价准备的，借记本科目，贷记“主营业务成本”“生产成本”等科目。

（二）企业（建造承包商）建造合同执行中预计总成本超过合同总收入的，应按其差额，借记“资产减值损失”科目，贷记本科目。合同完工时，借记本科目，贷记“主营业务成本”科目。

四、本科目期末贷方余额，反映企业已计提但尚未转销的存货跌价准备。

1.1.23 债权投资（1501）

一、本科目核算企业以摊余成本计量的债权投资的账面余额。

二、本科目可按债权投资类别和品种，分别按“成本”“利息调整”“应计利息”等进行明细核算。

三、债权投资的主要账务处理。

（一）企业取得的以摊余成本计量的金融资产，应按该投资的面值，借记本科目（成本），按支付的价款中包含的已到付息期但尚未领取的利息，借记“应收利息”科目，按实际支付的金额，贷记“银行存款”“存放中央银行款项”“结算备付金”等科目，按其差额，借记或贷记本科目（利息调整）。

（二）资产负债表日，以摊余成本计量的金融资产为分期付息、一次还本债券投资的，应按票面利率计算确定的应收未收利息，借记“应收利息”科目，按以摊余成本计量的金融资产摊余成本和实际利率计算确定的利息收入，贷记“投资收益”科目，按其差额，借记或贷记本科目（利息调整）。以摊余成本计量的金融资产为一次还本付息债券投资的，应于资产负债表日按票面利率计算确定的应收未收利息，借记本科目（应计利息），按以摊余成本计量的金融资产摊余成本和实际利率计算确定的利息收入，贷记“投资收益”科目，按其差额，借记或贷记本科目（利息调整）。

以摊余成本计量的金融资产发生减值后利息的处理，比照“贷款”科目相关规定。

（三）将以摊余成本计量的金融资产重分类为以公允价值计量且其变动计入当期损益的金融资产的，应在重分类日按其公允价值，借记“交易性金融资产”科目，按其账面余额，贷记本科目（成本、利息调整、应计利息），按其差额，计入当期损益。已计提减值准备的，还应同时结转减值准备。

（四）将以摊余成本计量的金融资产重分类为以公允价值计量且其变动计入其他综合收益的金融资产的，应在重分类日按其公允价值，借记“其他债权投资”科目，按其账面余额，贷记本科目（成本、利息调整、应计利息）。原账面价值与公允价值之间的差额计入其他综合收益。已计提减值准备的，还应同时结转减值准备。

（五）出售以摊余成本计量的金融资产，应按实际收到的金额，借记“银行存款”“存放中央银行款项”“结算备付金”等科目，按其账面余额，贷记本科目（成本、利息调整、应计利息），按其差额，贷记或借记“投资收益”科目。已计提减值准备的，还应同时结转减值准备。

四、本科目期末借方余额，反映企业以摊余成本计量的金融资产的摊余成本。

1.1.24 债权投资减值准备（1502）

一、本科目核算企业以摊余成本计量的债权投资以预期信用损失为基础计提的损失准备。

二、本科目可按以摊余成本计量的金融资产类别和品种进行明细核算。

三、资产负债表日，以摊余成本计量的金融资产发生减值的，按应减记的金额，借记“信用减值损失”科目，贷记本科目。已计提减值准备的债权投资价值以后又得以恢复的，应在原已计提的减值准备金额内，按恢复增加的金额，借记本科目，贷记“信用减值损失”科目。

四、本科目期末贷方余额，反映企业已计提但尚未转销的以摊余成本计量的金融资产减值准备。

1.1.25 其他债权投资（1503）

一、本科目核算企业按照《企业会计准则第 22 号——金融工具确认和计量》第十八条分类为以公允价值计量且其变动计入其他综合收益的金融资产。

二、本科目按其他债权投资的类别和品种，分别按“成本”“利息调整”“应计利息”“公允价值变动”等进行明细核算。

以公允价值计量且其变动计入其他综合收益的金融资产发生减值的，可以单独设置“其他债权投资减值准备”科目。

三、其他债权投资的主要账务处理。

（一）企业取得可供出售的金融资产，应按其公允价值与交易费用之和，借记本科目（成本），按支付的价款中包含的已宣告但尚未发放的现金股利，借记“应收股利”科目，按实际支付的金额，贷记“银行存款”“存放中央银行款项”“结算备付金”等科目。企业取得的以公允价值计量且其变动计入其他综合收益的金融资产为债券投资的，应按债券的面值，借记本科目（成本），按支付的价款中包含的已到付息期但尚未领取的利息，借记“应收利息”科目，按实际支付的金额，贷记“银行存款”“存放中央银行款项”“结算备付金”等科目，按差额，借记或贷记本科目（利息调整）。

（二）资产负债表日，其他债权投资为分期付息、一次还本债券投资的，应按票面利率计算确定的应收未收利息，借记“应收利息”科目，按其他债权投资的摊余成本和实际利率计算确定的利息收入，贷记“投资收益”科目，按其差额，借记或贷记本科目（利息调整）。其他债权投资为一次还本付息债券投资的，应于资产负债表日按票面利率计算确定的应收未收利息，借记本科目（应计利息），按其他债权投资的摊余成本和实际利率计算确定的利息收入，贷记“投资收益”科目，按其差额，借记或贷记本科目（利息调整）。

其他债权投资发生减值后利息的处理，比照“贷款”科目相关规定。

（三）资产负债表日，以公允价值计量且其变动计入其他综合收益的金融资产的公允价值高于其账面余额的差额，借记本科目（公允价值变动），贷记“其他综合收益”科目；公允价值低于其账面余额的差额做相反的会计分录。

确定以公允价值计量且其变动计入其他综合收益的金融资产发生减值的，按应减记的金额，借记“信用减值损失”科目，按应从所有者权益中转出原计入资本公积的累计损失金额，贷记“其他综合收益”科目，按其差额，贷记本科目（公允价值变动）。

对于已确认减值损失的以公允价值计量且其变动计入其他综合收益的金融资产，在随后会计期间内公允价值已上升且客观上与确认原减值损失事项有关的，应按原确认的减值损失，借记本科目（公允价值变动），贷记“信用减值损失”科目；但以公允价值计量且其变动计入其他综合收益的金融资产为股票等权益工具投资的，借记本科目（公允价值变动），贷记“其他综合收益”科目。

（四）将以摊余成本计量的金融资产划分为以公允价值计量且其变动计入其他综合收益的金

融资产的，应在重分类日按其公允价值，借记本科目，按其账面余额，贷记“债权投资”科目，按其差额，贷记或借记“其他综合收益”科目。已计提减值准备的，还应同时结转减值准备。

（五）出售以公允价值计量且其变动计入其他综合收益的金融资产，应按实际收到的金额，借记“银行存款”“存放中央银行款项”等科目，按其账面余额，贷记本科目（成本、公允价值变动、利息调整、应计利息），按应从所有者权益中转出的公允价值累计变动额，借记或贷记“其他综合收益”科目，按其差额，贷记或借记“投资收益”科目。

四、本科目期末借方余额，反映企业以公允价值计量且其变动计入其他综合收益的金融资产的公允价值。

1.1.26 其他权益工具投资（1504）

一、本科目核算企业指定为以公允价值计量且其变动计入其他综合收益的非交易性权益工具投资。

二、本科目可按其他权益工具投资的类别和品种，分别按“成本”“公允价值变动”等进行明细核算。

1.1.27 长期股权投资（1511）

一、本科目核算投资方对被投资单位实施控制、重大影响的权益性投资（联营企业），以及对其合营企业的权益性投资。

二、本科目可按被投资单位进行明细核算。长期股权投资采用权益法核算的，还应当分别按“投资成本”“损益调整”“其他权益变动”进行明细核算。

三、长期股权投资的主要账务处理。

（一）初始取得长期股权投资。

1. 合并形成的长期股权投资。

同一控制下企业合并形成的长期股权投资，应在合并日按取得被合并方所有者权益账面价值的份额，借记本科目，按享有被投资单位已宣告但尚未发放的现金股利或利润，借记“应收股利”科目，按支付的合并对价的账面价值，贷记有关资产或借记有关负债科目。按其差额，贷记“资本公积——资本溢价或股本溢价”科目；为借方差额的，借记“资本公积——资本溢价或股本溢价”科目。资本公积（资本溢价或股本溢价）不足冲减的，借记“盈余公积”“利润分配——未分配利润”科目。合并方为进行企业合并发生的各项直接相关费用，包括为进行企业合并而支付的审计费用、评估费用、法律服务费用等，应当于发生时计入当期损益。为企业合并发行的债券或承担其他债务支付的手续费、佣金等，应当计入所发行债券及承担其他债务的初始计量金额。企业合并中发行权益性证券发生的手续费、佣金等费用，应当抵减权益性证券溢价收入，溢价收入不足冲减的，冲减留存收益。

非同一控制下企业合并形成的长期股权投资，应在合并日按企业合并成本（不含应从被投资单位收取的现金股利或利润），借记本科目，按享有被投资单位已宣告但尚未发放的现金股利或利润，借记“应收股利”科目，按支付合并对价的账面价值，贷记有关资产或借记有关负债科目，按发生的直接相关费用，贷记“银行存款”等科目，按其差额，贷记“营业外收入”或借记“营业外支出”等科目。非同一控制下企业合并涉及以库存商品等作为合并对价的，应按库存商品的公允价值，贷记“主营业务收入”等科目，并同时结转相关的成本。涉及增值税的，还应进行相应的处理。

2. 除企业合并形成的长期股权投资以外，其他方式取得的长期股权投资，应当按照下列规定确定其初始投资成本，借记本科目，贷记相关科目。

（1）以支付现金取得的长期股权投资，应当按照实际支付的购买价款作为初始投资成本。初始投资成本包括与取得长期股权投资直接相关的费用、税金及其他必要支出。

（2）以发行权益性证券取得的长期股权投资，应当按照发行权益性证券的公允价值作为初始投资成本。与发行权益性证券直接相关的费用，应当按照《企业会计准则第37号——金融工具列报》的有关规定确定。

（3）通过非货币性资产交换取得的长期股权投资，其初始投资成本应当按照《企业会计准则第7号——非货币性资产交换》的有关规定确定。

（4）通过债务重组取得的长期股权投资，其初始投资成本应当按照《企业会计准则第12号——债务重组》的有关规定确定。

（二）长期股权投资的后续计量。

1. 采用成本法核算的长期股权投资。

投资方能够对被投资单位实施控制的长期股权投资应当采用成本法核算。采用成本法核算的长期股权投资应当按照初始投资成本计价。追加或收回投资应当调整长期股权投资的成本，借记本科目，贷记相关科目；或做相反分录。被投资单位宣告分派的现金股利或利润，应当确认为当期投资收益，按被投资单位宣告发放的现金股利或利润中属于本企业的部分，借记“应收股利”科目，贷记“投资收益”科目。

2. 采用权益法核算的长期股权投资。

投资方对联营企业和合营企业的长期股权投资，采用权益法核算。

长期股权投资的初始投资成本大于投资时应享有被投资单位可辨认净资产公允价值份额的，不调整长期股权投资的初始投资成本；长期股权投资的初始投资成本小于投资时应享有被投资单位可辨认净资产公允价值份额的，借记本科目（投资成本），贷记“营业外收入”科目。

投资方取得长期股权投资后，应当按照应享有或应分担的被投资单位实现的净损益，借记本科目（损益调整），贷记“投资收益”科目；或做相反分录。注意，投资方确认被投资单位发生的净亏损，应当以长期股权投资的账面价值以及其他实质上构成对被投资单位净投资的长期权益减记至零为限，投资方负有承担额外损失义务的除外。按照应享有或应分担的被投资单位实现的其他综合收益的份额，借记本科目（其他综合收益），贷记“其他综合收益”科目；或做相反分录。投资方按照被投资单位宣告分派的利润或现金股利计算应享有的部分，相应减少长期股权投资的账面价值，借记“应收股利”科目，贷记本科目（损益调整）。收到被投资单位宣告发放的股票股利，不进行账务处理，但应在备查簿中登记。投资方对于被投资单位除净损益、其他综合收益和利润分配以外所有者权益的其他变动，应当调整长期股权投资的账面价值并计入所有者权益，借记或贷记本科目（其他权益变动），贷记或借记“资本公积——其他资本公积”科目。

投资方在确认应享有被投资单位净损益的份额时，应当以取得投资时被投资单位可辨认净资产的公允价值为基础，对被投资单位的净利润进行调整后确认。

被投资单位采用的会计政策及会计期间与投资方不一致的，应当按照投资方的会计政策及会计期间对被投资单位的财务报表进行调整，并据以确认投资收益和其他综合收益等。

3. 长期股权投资核算方法的转换。

将长期股权投资自成本法转按权益法核算的，应按转换时该项长期股权投资的账面价值作为权益法核算的初始投资成本，初始投资成本小于转换时占被投资单位可辨认净资产公允价值份额的差额，借记本科目（投资成本），贷记“营业外收入”科目。长期股权投资自权益法转按成本法核算的，除构成企业合并的以外，应按中止采用权益法时长期股权投资的账面价值作为成本法核算的初始投资成本。

4. 处置长期股权投资。

处置长期股权投资时，应按实际收到的金额，借记“银行存款”等科目，按其账面余额，贷记本科目，按尚未领取的现金股利或利润，贷记“应收股利”科目，按其差额，贷记或借记“投资收益”科目。已计提减值准备的，还应同时结转减值准备。采用权益法核算的长期股权投资，在处置该项投资时，还应当采用与被投资单位直接处置相关资产或负债相同的基础，按相应比例对原计入其他综合收益的部分进行会计处理。

四、本科目期末借方余额，反映企业长期股权投资的价值。

1.1.28 长期股权投资减值准备（1512）

一、本科目核算企业长期股权投资的减值准备。

二、本科目可按被投资单位进行明细核算。

三、资产负债表日，长期股权投资发生减值的，按应减记的金额，借记“资产减值损失”科目，贷记本科目。处置长期股权投资时，应同时结转已计提的长期股权投资减值准备。

四、本科目期末贷方余额，反映企业已计提但尚未转销的长期股权投资减值准备。

1.1.29 继续涉入资产（1518）

一、本科目核算企业（转出方）由于对转出金融资产提供信用增级（如提供担保，持有次级权益）而继续涉入被转移金融资产时，企业所承担的最大可能损失金额（即企业继续涉入被转移金融资产的程度）。

二、企业可以按金融资产转移业务的类别、继续涉入的性质或者被转移金融资产的类别设置本科目的明细科目。

1.1.30 投资性房地产（1521）

一、本科目核算企业采用成本模式计量的投资性房地产的成本。企业采用公允价值模式计量投资性房地产的，也通过本科目核算。采用成本模式计量的投资性房地产的累计折旧或累计摊销，可以单独设置“投资性房地产累计折旧（摊销）”科目，比照“累计折旧”等科目进行处理。采用成本模式计量的投资性房地产发生减值的，可以单独设置“投资性房地产减值准备”科目，比照“固定资产减值准备”等科目进行处理。

二、本科目可按投资性房地产类别和项目进行明细核算。

采用公允价值模式计量的投资性房地产，还应当分别按“成本”和“公允价值变动”进行明细核算。

三、采用成本模式计量投资性房地产的主要账务处理。

（一）企业外购、自行建造等取得的投资性房地产，按应计入投资性房地产成本的金额，借记本科目，贷记“银行存款”“在建工程”等科目。

（二）将作为存货的房地产转换为投资性房地产的，应按其在转换日的账面余额，借记本科目，贷记“开发产品”等科目。已计提跌价准备的，还应同时结转跌价准备。

将自用的建筑物等转换为投资性房地产的，应按其在转换日的原价、累计折旧、减值准备等，分别转入本科目、“投资性房地产累计折旧（摊销）”“投资性房地产减值准备”科目。

（三）按期（月）对投资性房地产计提折旧或进行摊销，借记“其他业务成本”科目，贷记“投资性房地产累计折旧（摊销）”科目。取得的租金收入，借记“银行存款”等科目，贷记“其他业务收入”科目。

（四）将投资性房地产转为自用时，应按其在转换日的账面余额、累计折旧、减值准备等，分别转入“固定资产”“累计折旧”“固定资产减值准备”等科目。

（五）处置投资性房地产时，应按实际收到的金额，借记“银行存款”等科目，贷记“其他业务收入”科目。按该项投资性房地产的累计折旧或累计摊销，借记“投资性房地产累计折旧（摊销）”科目，按该项投资性房地产的账面余额，贷记本科目，按其差额，借记“其他业务成本”科目。已计提减值准备的，还应同时结转减值准备。

四、采用公允价值模式计量投资性房地产的主要账务处理如下。

（一）企业外购、自行建造等取得的投资性房地产，按应计入投资性房地产成本的金额，借记本科目（成本），贷记“银行存款”“在建工程”等科目。

（二）将作为存货的房地产转换为投资性房地产的，应按其在转换日的公允价值，借记本科目（成本），按其账面余额，贷记“开发产品”等科目，已计提跌价准备的，借记“存货跌价准备”科目。同时，转换日的公允价值小于账面价值的，按其差额，借记“公允价值变动损益”科目；转换日的公允价值大于账面价值的，按其差额，贷记“其他综合收益”科目。

将自用的建筑物等转换为投资性房地产的，按其在转换日的公允价值，借记本科目（成本），按已计提的累计折旧等，借记“累计折旧”等科目，按其账面余额，贷记“固定资产”等科目，按已计提减值准备的金额，借记“固定（无形）资产减值准备”科目。同时，转换日的公允价值小于账面价值的，按其差额，借记“公允价值变动损益”科目；转换日的公允价值大于账面价值的，按其差额，贷记“其他综合收益”科目。

（三）资产负债表日，投资性房地产的公允价值高于其账面余额的差额，借记本科目（公允价值变动），贷记“公允价值变动损益”科目；公允价值低于其账面余额的差额做相反的会计分录。取得的租金收入，借记“银行存款”等科目，贷记“其他业务收入”科目。

（四）将投资性房地产转为自用时，应按其在转换日的公允价值，借记“固定资产”等科目，按其账面余额，贷记本科目（成本、公允价值变动），按其差额，贷记或借记“公允价值变动损益”科目。

（五）处置投资性房地产时，应按实际收到的金额，借记“银行存款”等科目，贷记“其他业务收入”科目。按该项投资性房地产的账面余额，借记“其他业务成本”科目，贷记本科目（成本）、贷记或借记本科目（公允价值变动）；同时，按该项投资性房地产的公允价值变动，借记或贷记“公允价值变动损益”科目，贷记或借记“其他业务收入”科目。按该项投资性房地产在转换日记入其他综合收益的金额，借记“其他综合收益”科目，贷记“其他业务收入”科目。

五、投资性房地产作为企业主营业务的，应通过“主营业务收入”和“主营业务成本”科目核算相关的损益。

六、本科目期末借方余额，反映企业采用成本模式计量的投资性房地产成本。若企业采用公允价值模式计量投资性房地产，则反映投资性房地产的公允价值。

1.1.31 长期应收款（1531）

一、本科目核算企业的长期应收款项，包括融资租赁产生的应收款项、采用递延方式具有融资性质的销售商品和提供劳务等产生的应收款项等。

实质上构成对被投资单位净投资的长期权益，也通过本科目核算。

二、本科目可按债务人进行明细核算。

三、长期应收款的主要账务处理。

（一）出租人融资租赁产生的应收租赁款，在租赁期开始日，应按租赁开始日最低租赁收款额与初始直接费用之和，借记本科目，按未担保余值，借记“未担保余值”科目，按融资租赁资产的公允价值（最低租赁收款额和未担保余值的现值之和），贷记“融资租赁资产”科目，按融资租赁资产的公允价值与账面价值的差额，借记“营业外支出”科目或贷记“营业外收入”科目，按发生的初始直接费用，贷记“银行存款”等科目，按其差额，贷记“未实现融资收益”科目。

（二）采用递延方式分期收款、销售商品或提供劳务等经营活动产生的长期应收款，满足收入确认条件的，按应收的合同或协议价款，借记本科目，按应收合同或协议价款的公允价值（折现值），贷记“主营业务收入”等科目，按其差额，贷记“未实现融资收益”科目。涉及增值税的，还应进行相应的处理。

（三）如有实质上构成对被投资单位净投资的长期权益，被投资单位发生的净亏损应由本企业承担的部分，在“长期股权投资”的账面价值减记至零以后，还需承担的投资损失，应以本科目中实质上构成了对被投资单位净投资的长期权益部分账面价值减记至零为限，继续确认投资损失，借记“投资收益”科目，贷记本科目。除上述已确认投资损失外，投资合同或协议中约定仍应承担的损失，确认为预计负债。

四、本科目的期末借方余额，反映企业尚未收回的长期应收款。

1.1.32 未实现融资收益（1532）

一、本科目核算企业分期计入租赁收入或利息收入的未实现融资收益。

二、本科目可按未实现融资收益项目进行明细核算。

三、未实现融资收益的主要账务处理。

（一）出租人融资租赁产生的应收租赁款，在租赁期开始日，应按租赁开始日最低租赁收款额与初始直接费用之和，借记“长期应收款”科目，按未担保余值，借记“未担保余值”科目，按融资租赁资产的公允价值（最低租赁收款额的现值和未担保余值的现值之和），贷记“融资租赁资产”科目，按融资租赁资产的公允价值与账面价值的差额，借记“营业外支出”科目或贷记“营业外收入”科目，按发生的初始直接费用，贷记“银行存款”等科目，按其差额，贷记本科目。

采用实际利率法按期计算确定的融资收入，借记本科目，贷记“租赁收入”科目。

（二）采用递延方式分期收款、实质上具有融资性质的销售商品或提供劳务等经营活动产生的长期应收款，满足收入确认条件的，按应收的合同或协议价款，借记“长期应收款”科目，按应收的合同或协议价款的公允价值，贷记“主营业务收入”等科目，按其差额，贷记本科目。涉及增值税的，还应进行相应的处理。

采用实际利率法按期计算确定的利息收入，借记本科目，贷记“财务费用”科目。

四、本科目期末贷方余额，反映企业尚未转入当期收益的未实现融资收益。

1.1.33 固定资产（1601）

一、本科目核算企业持有的固定资产原价。建造承包商的临时设施，以及企业购置计算机硬件所附带的、未单独计价的软件，也通过本科目核算。

二、本科目可按固定资产类别和项目进行明细核算。融资租入的固定资产，可在本科目下设置“融资租入固定资产”明细科目。

三、固定资产的主要账务处理。

（一）企业购入不需要安装的固定资产，按应计入固定资产成本的金额，借记本科目，贷记“银行存款”等科目。购入需要安装的固定资产，借记“在建工程”科目，达到预定可使用状态时再转入本科目。购入固定资产超过正常信用条件延期支付价款、实质上具有融资性质的，按应付购买价款的现值，借记本科目或“在建工程”科目，按应支付的金额，贷记“长期应付款”科目，按其差额，借记“未确认融资费用”科目。

（二）自行建造达到预定可使用状态的固定资产，借记本科目，贷记“在建工程”科目。已达到预定可使用状态、但尚未办理竣工决算手续的固定资产，应按估计价值入账，待确定实际成本后再进行调整。

（三）融资租入的固定资产，在租赁期开始日，按应计入固定资产成本的金额（租赁开始日租赁资产公允价值与最低租赁付款额现值两者中较低者，加上初始直接费用），借记本科目或“在建工程”科目，按最低租赁付款额，贷记“长期应付款”科目，按发生的初始直接费用，贷记“银行存款”等科目，按其差额，借记“未确认融资费用”科目。

租赁期届满，企业取得该项固定资产所有权的，应将该项固定资产从“融资租入固定资产”明细科目转入有关明细科目。

（四）固定资产存在弃置义务的，应在取得固定资产时，按预计弃置费用的现值，借记本科目，贷记“预计负债”科目。在该项固定资产的使用寿命内，计算确定各期应负担的利息费用，借记“财务费用”科目，贷记“预计负债”科目。

（五）处置固定资产时，按该项固定资产账面价值，借记“固定资产清理”科目，按已计提的累计折旧，借记“累计折旧”科目，按其账面原价，贷记本科目。已计提减值准备的，还应同时结转已计提的减值准备。

四、本科目期末借方余额，反映企业固定资产的原价。

1.1.34 累计折旧（1602）

一、本科目核算企业固定资产的累计折旧。

二、本科目可按固定资产的类别或项目进行明细核算。

三、按期（月）计提固定资产的折旧，借记“制造费用”“销售费用”“管理费用”“研发支出”“其他业务成本”等科目，贷记本科目。处置固定资产还应同时结转累计折旧。

四、本科目期末贷方余额，反映企业固定资产的累计折旧额。

1.1.35　固定资产减值准备（1603）

一、本科目核算企业固定资产的减值准备。

二、资产负债表日，固定资产发生减值的，按应减记的金额，借记“资产减值损失”科目，贷记本科目。处置固定资产还应同时结转减值准备。

三、本科目期末贷方余额，反映企业已计提但尚未转销的固定资产减值准备。

1.1.36　在建工程（1604）

一、本科目核算企业基建、更新改造等在建工程发生的支出。在建工程发生减值的，可以单独设置“在建工程减值准备”科目，比照“固定资产减值准备”科目进行处理。

企业（石油天然气开采）发生的油气勘探支出和油气开发支出，可以单独设置“油气勘探支出”“油气开发支出”科目。

二、本科目可按“建筑工程”“安装工程”“在安装设备”“待摊支出”及单项工程等进行明细核算。

三、企业在建工程发生的管理费、征地费、可行性研究费、临时设施费、公证费、监理费及应负担的税费等，借记本科目（待摊支出），贷记“银行存款”等科目。

四、企业发包的在建工程，应按合理估计的发包工程进度和合同规定结算的进度款，借记本科目，贷记“银行存款”“预付账款”等科目。将设备交付建造承包商建造安装时，借记本科目（在安装设备），贷记“工程物资”科目。

工程完成时，按合同规定补付的工程款，借记本科目，贷记“银行存款”科目。

五、企业自营在建工程的主要账务处理。

（一）自营的在建工程领用工程物资、原材料或库存商品的，借记本科目，贷记“工程物资”“原材料”“库存商品”等科目。采用计划成本核算的，应同时结转应分摊的成本差异。涉及增值税的，还应进行相应的处理。在建工程应负担的职工薪酬，借记本科目，贷记“应付职工薪酬”科目。

辅助生产部门为工程提供的水、电、设备安装、修理、运输等劳务，借记本科目，贷记“生产成本——辅助生产成本”等科目。在建工程发生的借款费用满足借款费用资本化条件的，借记本科目，贷记“长期借款”“应付利息”等科目。

（二）在建工程进行负荷联合试车发生的费用，借记本科目（待摊支出），贷记“银行存款”“原材料”等科目；试车形成的产品或副产品对外销售或转为库存商品的，借记“银行存款”“库存商品”等科目，贷记本科目（待摊支出）。

（三）在建工程达到预定可使用状态时，应计算分配待摊支出，借记本科目（××工程），贷记本科目（待摊支出）；结转在建工程成本，借记“固定资产”等科目，贷记本科目（××工程）。在建工程完工已领出的剩余物资应办理退库手续，借记“工程物资”科目，贷记本科目。

（四）建设期间发生的工程物资盘亏、报废及毁损净损失，借记本科目，贷记“工程物资”

科目；盘盈的工程物资或处置净收益做相反的会计分录。

由于自然灾害等造成的在建工程报废或毁损，减去残料价值和过失人或保险公司等赔款后的净损失，借记“营业外支出——非常损失”科目，贷记本科目（建筑工程、安装工程等）。

六、企业（石油天然气开采）在油气勘探过程中发生的各项钻井勘探支出，借记“油气勘探支出”科目，贷记“银行存款”“应付职工薪酬”等科目。属于发现探明经济可采储量的钻井勘探支出，借记“油气资产”科目，贷记“油气勘探支出”科目；属于未发现探明经济可采储量的钻井勘探支出，借记“勘探费用”科目，贷记“油气勘探支出”科目。

企业（石油天然气开采）在油气开发过程中发生的各项相关支出，借记“油气开发支出”科目，贷记“银行存款”“应付职工薪酬”等科目。开发工程项目达到预定可使用状态时，借记“油气资产”科目，贷记“油气开发支出”科目。

七、本科目的期末借方余额，反映企业尚未达到预定可使用状态的在建工程的成本。

1.1.37　工程物资（1605）

一、本科目核算企业为在建工程准备的各种物资，包括工程用材料、尚未安装的设备以及为生产准备的工器具等的成本。

二、本科目可按“专用材料”“专用设备”“工器具”等进行明细核算。工程物资发生减值的，可以单独设置“工程物资减值准备”科目，比照“固定资产减值准备”科目进行处理。

三、工程物资的主要账务处理。

（一）购入为工程准备的物资，借记本科目，贷记“银行存款”“其他应付款”等科目。

（二）领用工程物资，借记“在建工程”科目，贷记本科目。工程完工后将领出的剩余物资退库时做相反的会计分录。已计提减值准备的，还应同时结转减值准备。

（三）工程完工后将剩余的工程物资转作本企业存货的，借记“原材料”等科目，贷记本科目。

四、本科目期末借方余额，反映企业为在建工程准备的各种物资的成本。

1.1.38　固定资产清理（1606）

一、本科目核算企业因出售、报废、毁损、对外投资、非货币性资产交换、债务重组等原因转出的固定资产价值以及在清理过程中发生的费用。

二、本科目可按被清理的固定资产项目进行明细核算。

三、固定资产清理的主要账务处理。

（一）企业因出售、报废、毁损、对外投资、非货币性资产交换、债务重组等转出的固定资产，按该项固定资产的账面价值，借记本科目，按已计提的累计折旧，借记“累计折旧”科目，按其账面原价，贷记“固定资产”科目。已计提减值准备的，还应同时结转减值准备。

固定资产未划归为持有待售类别而出售、转让的，通过“固定资产清理”科目归集所发生的损益，其产生的利益或损失转入“资产处置损益”科目，计入当期损益；固定资产因报废、毁损等终止确认的，通过“固定资产清理”科目归集所发生的损益，其产生的利益或损失记入“营业外收入”或“营业外支出”科目。

（二）清理过程中应支付的相关税费及其他费用，借记本科目，贷记“银行存款”“应交税费”等科目。收回出售固定资产的价款、残料价值和变价收入等，借记“银行存款”“原材料”等科目，贷记本科目。应由保险公司或过失人赔偿的损失，借记“其他应收款”等科目，贷记本科目。

（三）固定资产清理完成后，属于生产经营期间正常的处理损失，借记“营业外支出——处置非流动资产损失”科目，贷记本科目；属于自然灾害等非正常原因造成的损失，借记“营业外支出——非常损失”科目，贷记本科目。如为贷方余额，借记本科目，贷记“营业外收入”科目。

四、本科目期末借方余额，反映企业尚未清理完毕的固定资产清理净损失。

1.1.39 无形资产（1701）

一、本科目核算企业持有的无形资产，包括专利权、非专利技术、商标权、著作权、土地使用权等的成本。

二、本科目可按无形资产项目进行明细核算。

三、无形资产的主要账务处理。

（一）企业外购的无形资产，按应计入无形资产成本的金额，借记本科目，贷记“银行存款”等科目。自行开发的无形资产，按应予资本化的支出，借记本科目，贷记“研发支出”科目。

（二）无形资产预期不能为企业带来经济利益的，应按已计提的累计摊销，借记“累计摊销”科目，按其账面余额，贷记本科目，按其差额，借记“营业外支出”科目。已计提减值准备的，还应同时结转减值准备。

（三）处置无形资产，应按实际收到的金额等，借记“银行存款”等科目，按已计提的累计摊销，借记“累计摊销”科目，按应支付的相关税费及其他费用，贷记“应交税费”“银行存款”等科目，按其账面余额，贷记本科目，按其差额，贷记或借记“资产处置损益”科目。已计提减值准备的，还应同时结转减值准备。

四、本科目期末借方余额，反映企业无形资产的成本。

1.1.40 累计摊销（1702）

一、本科目核算企业对使用寿命有限的无形资产计提的累计摊销。

二、本科目可按无形资产项目进行明细核算。

三、企业按期（月）计提无形资产的摊销，借记“管理费用”“其他业务成本”等科目，贷记本科目。处置无形资产还应同时结转累计摊销。

四、本科目期末贷方余额，反映企业无形资产的累计摊销额。

1.1.41 无形资产减值准备（1703）

一、本科目核算企业无形资产的减值准备。

二、本科目可按无形资产项目进行明细核算。

三、资产负债表日，无形资产发生减值的，按应减记的金额，借记“资产减值损失”科目，贷记本科目。处置无形资产还应同时结转减值准备。

四、本科目期末贷方余额，反映企业已计提但尚未转销的无形资产减值准备。

1.1.42 商誉（1711）

一、本科目核算企业合并中形成的商誉价值。商誉发生减值的，可以单独设置“商誉减值准备”科目，比照“无形资产减值准备”科目进行处理。

二、非同一控制下企业合并中确定的商誉价值，借记本科目，贷记有关科目。

三、本科目期末借方余额，反映企业商誉的价值。

1.1.43 长期待摊费用（1801）

一、本科目核算企业已经发生但应由本期和以后各期负担的分摊期限在1年以上的各项费用，如以经营租赁方式租入的固定资产发生的改良支出等。

二、本科目可按费用项目进行明细核算。

三、企业发生的长期待摊费用，借记本科目，贷记“银行存款”“原材料”等科目。摊销长期待摊费用，借记“管理费用”“销售费用”等科目，贷记本科目。

四、本科目期末借方余额，反映企业尚未摊销完毕的长期待摊费用。

1.1.44 递延所得税资产（1811）

一、本科目核算企业确认的可抵扣暂时性差异产生的递延所得税资产。

二、本科目应按可抵扣暂时性差异等项目进行明细核算。根据税法规定可用以后年度税前利润弥补的亏损及税款抵减产生的所得税资产，也在本科目核算。

三、递延所得税资产的主要账务处理。

（一）资产负债表日，企业确认的递延所得税资产，借记本科目，贷记“所得税费用——递延所得税费用”科目。资产负债表日递延所得税资产的应有余额大于其账面余额的，应按其差额确认，借记本科目，贷记“所得税费用——递延所得税费用”等科目；资产负债表日递延所得税资产的应有余额小于其账面余额的差额做相反的会计分录。

企业合并中取得资产、负债的入账价值与其计税基础不同形成可抵扣暂时性差异的，应于购买日确认递延所得税资产，借记本科目，贷记“商誉”等科目。与直接计入所有者权益的交易或事项相关的递延所得税资产，借记本科目，贷记“资本公积——其他资本公积”科目。

（二）资产负债表日，预计未来期间很可能无法获得足够的应纳税所得额用以抵扣可抵扣暂时性差异的，按原已确认的递延所得税资产中应减记的金额，借记“所得税费用——递延所得税费用”“资本公积——其他资本公积”等科目，贷记本科目。

四、本科目期末借方余额，反映企业确认的递延所得税资产。

1.1.45 待处理财产损溢（1901）

一、本科目核算企业在清查财产过程中查明的各种财产盘盈、盘亏和毁损的价值。物资在运输途中发生的非正常短缺与损耗，也通过本科目核算。企业如有盘盈固定资产，应将其作为前期差错记入“以前年度损益调整”科目。

二、本科目可按盘盈、盘亏的资产种类和项目进行明细核算。

三、待处理财产损溢的主要账务处理。

（一）盘盈的各种材料、产成品、商品、生物资产等，借记“原材料”“库存商品”“消耗性生物资产”等科目，贷记本科目。

盘亏、毁损的各种材料、产成品、商品、生物资产等，盘亏的固定资产，借记本科目，贷记“原材料”“库存商品”“消耗性生物资产”“固定资产”等科目。材料、产成品、商品采用计划成本（或售价）核算的，还应同时结转成本差异（或商品进销差价）。涉及增值税的，还应进行相应的处理。

（二）盘亏、毁损的各项资产，按管理权限报经批准后处理时，按残料价值，借记“原材料”等科目，按可收回的保险赔偿或过失人赔偿，借记“其他应收款”科目，按本科目余额，贷记本科目，按其借方差额，借记“管理费用”“营业外支出”等科目。

盘盈的除固定资产以外的其他财产，借记本科目，贷记“管理费用”“营业外收入”等科目。

四、企业的财产损溢，应查明原因，在期末结账前处理完毕，处理后本科目应无余额。

1.1.46　持有待售资产（1481）

一、本科目核算企业持有待售的非流动资产和持有待售的处置组中的资产。

二、本科目按照资产类别进行明细核算。

三、持有待售资产的主要账务处理。

企业将相关非流动资产或处置组划分为持有待售类别时，按各类资产的账面价值或账面余额，借记本科目，按已计提的累计折旧、累计摊销等，借记“累计折旧”“累计摊销”等科目，按各项资产账面余额，贷记“固定资产”“无形资产”“长期股权投资”“应收账款”“商誉”等科目，适用《企业会计准则第 42 号——持有待售的非流动资产、处置组和终止经营》计量规定的非流动资产已计提减值准备的，还应同时结转已计提的减值准备。

四、本科目期末借方余额，反映企业持有待售的非流动资产和持有待售的处置组中资产的账面余额。

1.1.47　持有待售资产减值准备（1482）

一、本科目核算适用《企业会计准则第 42 号——持有待售的非流动资产、处置组和终止经营》计量规定的持有待售的非流动资产和持有待售的处置组计提的允许转回的资产减值准备和商誉的减值准备。

二、本科目按照资产类别进行明细核算。

三、持有待售资产减值准备的主要账务处理。

（一）初始计量或资产负债表日，持有待售的非流动资产或处置组中的资产发生减值的，按应减记的金额，借记“资产减值损失”科目，贷记本科目。

（二）后续资产负债表日持有待售的非流动资产或处置组中的资产减值转回的，按允许转回的金额，借记本科目，贷记“资产减值损失”科目。

四、本科目期末贷方余额，反映企业已计提但尚未转销的持有待售资产减值准备。

1.1.48　合同履约成本

一、本科目核算企业为履行当前或预期取得的合同所发生的、不属于其他企业会计准则规范范围且按照《企业会计准则第 14 号——收入》规定应当确认为一项资产的成本。企业因履行合同而产生的毛利不在本科目核算。

二、本科目可按合同，分别按“服务成本”“工程施工”等进行明细核算。

三、合同履约成本的主要账务处理。

企业发生上述合同履约成本时，借记本科目，贷记“银行存款”“应付职工薪酬”“原材料”等科目；对合同履约成本进行摊销时，借记“主营业务成本”“其他业务成本”等科目，贷记本科目。

涉及增值税的，还应进行相应的处理。

四、本科目期末借方余额，反映企业尚未结转的合同履约成本。

1.1.49 合同履约成本减值准备

一、本科目核算与合同履约成本有关的资产的减值准备。

二、本科目可按合同进行明细核算。

三、合同履约成本减值准备的主要账务处理。

与合同履约成本有关的资产发生减值的，按应减记的金额，借记“资产减值损失”科目，贷记本科目；转回已计提的资产减值准备时，做相反的会计分录。

四、本科目期末贷方余额，反映企业已计提但尚未转销的合同履约成本减值准备。

1.1.50 合同取得成本

一、本科目核算企业取得合同发生的、预计能够收回的增量成本。

二、本科目可按合同进行明细核算。

三、合同取得成本的主要账务处理。

企业发生上述合同取得成本时，借记本科目，贷记“银行存款”“其他应付款”等科目；对合同取得成本进行摊销时，按照其相关性借记“销售费用”等科目，贷记本科目。涉及增值税的，还应进行相应的处理。

四、本科目期末借方余额，反映企业尚未结转的合同取得成本。

1.1.51 合同取得成本减值准备

一、本科目核算与合同取得成本有关的资产的减值准备。

二、本科目可按合同进行明细核算。

三、合同取得成本减值准备的主要账务处理。

与合同取得成本有关的资产发生减值的，按应减记的金额，借记“资产减值损失”科目，贷记本科目；转回已计提的资产减值准备时，做相反的会计分录。

四、本科目期末贷方余额，反映企业已计提但尚未转销的合同取得成本减值准备。

1.1.52 应收退货成本

一、本科目核算销售商品时预期将退回商品的账面价值扣除该商品预计发生的成本（包括退回商品的价值减损）后的余额。

二、本科目可按合同进行明细核算。

三、应收退货成本的主要账务处理如下。

企业发生附有销售退回条款的销售的，应在客户取得相关商品控制权时，按照已收或应收合同价款，借记“银行存款”“应收账款”“应收票据”“合同资产”等科目，按照因向客户转让商品而预期有权收取的对价金额（即不包含预期因销售退回将退还的金额），贷记“主营业务收入”“其他业务收入”等科目，按照预期因销售退回将退还的金额，贷记“预计负债——应付退货款”等科目；结转相关成本时，按照预期将退回商品转让时的账面价值，扣除收回该商品预计发生的成本（包括退回商品的价值减损）后的余额，借记本科目，按照将退回商品转让时的账面价值，贷记“库存商品”等科目，按其差额，借记“主营业务成本”“其他业务成本”等科目。涉及增值税的，还应进行相应的处理。

四、本科目期末借方余额，反映企业预期将退回商品转让时的账面价值，扣除收回该商品预计发生的成本（包括退回商品的价值减损）后的余额，在资产负债表中按其流动性记入“其他流动资产”或“其他非流动资产”项目。

1.1.53 合同资产

一、本科目核算企业已向客户转让商品而有权收取对价的权利。仅取决于时间流逝因素的权利不在本科目核算。

二、本科目应按合同进行明细核算。

三、合同资产的主要账务处理。

企业在客户实际支付合同对价或在该对价到期应付之前，已经向客户转让了商品的，应当按因已转让商品而有权收取的对价金额，借记本科目或“应收账款”科目，贷记“主营业务收入”“其他业务收入”等科目；企业取得无条件收款权时，借记“应收账款”等科目，贷记本科目。涉及增值税的，还应进行相应的处理。

1.1.54 合同资产减值准备

一、本科目核算合同资产的减值准备。

二、本科目应按合同进行明细核算。

三、合同资产减值准备的主要账务处理。

合同资产发生减值的，按应减记的金额，借记“资产减值损失”科目，贷记本科目；转回已计提的资产减值准备时，做相反的会计分录。

四、本科目期末贷方余额，反映企业已计提但尚未转销的合同资产减值准备。

1.1.55 买入返售金融资产

本科目核算以摊余成本计量的、企业（金融）按返售协议约定先买入再按固定价格返售给卖出方的票据、证券、贷款等金融资产所融出的资金。

1.2 负债类会计科目使用规则

负债类会计科目表如表1-2所示。

表1-2 负债类会计科目表

序号	编号	会计科目名称	会计科目适用范围
83	2001	短期借款	
84	2002	存入保证金	金融共用
85	2003	拆入资金	金融共用
86	2004	向中央银行借款	银行专用
87	2011	吸收存款	银行专用

续表

序号	编号	会计科目名称	会计科目适用范围
88	2012	同业存放	银行专用
89	2021	贴现负债	银行专用
90	2101	交易性金融负债	
91	2111	卖出回购金融资产款	金融共用
92	2201	应付票据	
93	2202	应付账款	
94	2203	预收账款	
95	2211	应付职工薪酬	
96	2221	应交税费	
97	2231	应付利息	
98	2232	应付股利	
99	2241	其他应付款	
100	2251	应付保单红利	保险专用
101	2261	应付分保账款	保险专用
102	2311	代理买卖证券款	证券专用
103	2312	代理承销证券款	证券和银行共用
104	2313	代理兑付证券款	证券和银行共用
105	2314	代理业务负债	证券和银行共用
106	2401	递延收益	
107	2501	长期借款	
108	2502	应付债券	
109	2504	继续涉入负债	
110	2601	未到期责任准备金	保险专用
111	2602	保险责任准备金	保险专用
112	2611	保户储金	保险专用
113	2621	独立账户负债	保险专用
114	2701	长期应付款	
115	2702	未确认融资费用	
116	2711	专项应付款	
117	2801	预计负债	
118	2901	递延所得税负债	
119	2245	持有待售负债	
120	企业自主设置	合同负债	
121	企业自主设置	贷款	
122	企业自主设置	贷款损失准备	

1.2.1 短期借款（2001）

一、本科目核算企业向银行或其他金融机构等借入的期限在1年以下（含1年）的各种借款。

二、本科目可按借款种类、贷款人和币种进行明细核算。

三、企业借入的各种短期借款，借记“银行存款”科目，贷记本科目；归还借款时做相反的会计分录。资产负债表日，应按计算确定的短期借款利息费用，借记“财务费用”等科目，贷记“银行存款”“应付利息”等科目。

四、本科目期末贷方余额，反映企业尚未偿还的短期借款。

1.2.2 交易性金融负债（2101）

一、本科目核算企业承担的交易性金融负债。企业持有的指定为以公允价值计量且其变动计入当期损益的金融负债，可在本科目下单设“指定类”明细科目核算。衍生金融负债在“衍生工具”科目核算。

二、本科目可按金融负债类别，分别按“本金”“公允价值变动”等进行明细核算。

三、交易性金融负债的主要账务处理。

（一）企业承担的交易性金融负债，应按实际收到的金额，借记“银行存款”“存放中央银行款项”“结算备付金”等科目，按发生的交易费用，借记“投资收益”科目，按交易性金融负债的公允价值，贷记本科目（本金）。

（二）资产负债表日，按交易性金融负债票面利率计算的利息，借记“投资收益”科目，贷记“应付利息”科目。

资产负债表日，交易性金融负债的公允价值高于其账面余额的差额，借记“公允价值变动损益”科目，贷记本科目（公允价值变动）；公允价值低于其账面余额的差额做相反的会计分录。

（三）处置交易性金融负债，应按该金融负债的账面余额，借记本科目，按实际支付的金额，贷记“银行存款”“存放中央银行款项”“结算备付金”等科目，按其差额，贷记或借记“投资收益”科目。

四、本科目期末贷方余额，反映企业承担的交易性金融负债的公允价值。

1.2.3 应付票据（2201）

一、本科目核算企业购买材料、商品和接受劳务供应等开出、承兑的商业汇票，包括银行承兑汇票和商业承兑汇票。

二、本科目可按债权人进行明细核算。

三、应付票据的主要账务处理。

（一）企业开出、承兑商业汇票或以承兑商业汇票抵付货款、应付账款等，借记“材料采购”“库存商品”等科目，贷记本科目。涉及增值税进项税额的，还应进行相应的处理。

（二）支付银行承兑汇票的手续费，借记“财务费用”科目，贷记“银行存款”科目。支付票款，借记本科目，贷记“银行存款”科目。

（三）应付银行承兑汇票到期，企业无力支付票款的，按应付票据的票面金额，借记本科目，贷记“短期借款”科目。

四、企业应当设置“应付票据备查簿”，详细登记商业汇票的种类、号数和出票日期、到期日、票面金额、交易合同号和收款人姓名或单位名称以及付款日期和金额等资料。应付票据到期结清时，应在备查簿中予以注销。

五、本科目期末贷方余额，反映企业尚未到期的商业汇票的票面金额。

1.2.4 应付账款（2202）

一、本科目核算企业以摊余成本计量的，因购买材料、商品和接受劳务供应等经营活动应支付的款项。企业（金融）应支付但尚未支付的手续费和佣金，可将本科目改为“应付手续费及佣金”科目，并按照对方单位（或个人）进行明细核算。企业（保险）应支付但尚未支付的赔付款项，可将本科目改为“应付赔付款”科目，并按照保险受益人进行明细核算。

二、本科目可按债权人进行明细核算。

三、企业购入材料、商品等验收入库，但货款尚未支付，根据有关凭证（发票账单、随货同行发票上记载的实际价款或暂估价值），借记“材料采购”“在途物资”等科目，按应付的款项，贷记本科目。接受供应单位提供劳务而发生的应付未付款项，根据供应单位的发票账单，借记“生产成本”“管理费用”等科目，贷记本科目。支付时，借记本科目，贷记“银行存款”等科目。

上述交易涉及增值税进项税额的，还应进行相应的处理。

四、企业与债权人进行债务重组的，应当分别按债务重组的不同方式进行处理。

（一）以低于重组债务账面价值的款项清偿债务的，应按应付账款的账面余额，借记本科目，按实际支付的金额，贷记“银行存款”科目，按其差额，贷记“其他收益——债务重组收益”科目。

（二）以非现金资产清偿债务的，应按应付账款的账面余额，借记本科目，按用于清偿债务的非现金资产的公允价值，贷记“主营业务收入”“其他业务收入”“固定资产清理”“无形资产”“长期股权投资”等科目，按应支付的相关税费和其他费用，贷记“应交税费”“银行存款”等科目，按其差额，贷记“其他收益——债务重组收益”科目。

抵债资产为存货的，还应同时结转成本，记入“主营业务成本”“其他业务成本”等科目；抵债资产为固定资产、无形资产的，其公允价值和账面价值的差额，记入“营业外收入——处置非流动资产利得”或“营业外支出——处置非流动资产损失”科目；抵债资产为交易性金融资产、长期股权投资等的，其公允价值和账面价值的差额，记入“投资收益”科目。

（三）以债务转为资本，应按应付账款的账面余额，借记本科目，按债权人因放弃债权而享有股权的公允价值，贷记“实收资本（或股本）”“资本公积——资本溢价或股本溢价”科目，按其差额，贷记“其他收益——债务重组收益”科目。

（四）以修改其他债务条件进行清偿的，应将重组债务的账面余额与重组后债务的公允价值的差额，借记本科目，贷记“其他收益——债务重组收益”科目。

五、本科目期末贷方余额，反映企业尚未支付的应付账款余额。

1.2.5 预收账款（2203）

一、本科目核算企业按照合同规定预收的款项。预收账款情况不多的，也可以不设置本科目，将预收的款项直接记入“应收账款”科目。企业（保险）收到未满足保费收入确认条件的保险费，可将本科目改为“2203 预收保费”科目，并按投保人进行明细核算；从事再保险分出业务预收的赔款，可以单独设置“预收赔付款”科目。

二、本科目可按购货单位进行明细核算。

三、预收账款的主要账务处理。

（一）企业向购货单位预收的款项，借记“银行存款”等科目，贷记本科目；销售实现时，按实现的收入，借记本科目，贷记“主营业务收入”科目。涉及增值税销项税额的，还应进行相应的处理。

（二）企业（保险）收到预收的保费，借记“银行存款”“库存现金”等科目，贷记本科目；确认保费收入时，借记本科目，贷记“保费收入”科目。

从事再保险业务转销预收的赔款，借记本科目，贷记“应收分保账款”科目。

四、本科目期末贷方余额，反映企业预收的款项；期末如为借方余额，反映企业尚未转销的款项。

1.2.6 应付职工薪酬（2211）

一、本科目核算企业根据有关规定应付给职工的各种薪酬。企业（外商）按规定从净利润中提取的职工奖励及福利基金，也在本科目核算。

二、本科目可按“工资”“职工福利”“社会保险费”“住房公积金”“工会经费”“职工教育经费”“非货币性福利”“辞退福利”“股份支付”等进行明细核算。

三、应付职工薪酬的主要账务处理。

（一）生产部门人员的职工薪酬，借记“生产成本”“制造费用”“劳务成本”等科目，贷记本科目。应由在建工程、研发支出负担的职工薪酬，借记“在建工程”“研发支出”等科目，贷记本科目。管理部门人员、销售人员的职工薪酬，借记“管理费用”“销售费用”科目，贷记本科目。

（二）企业以其自产产品发放给职工作为职工薪酬的，借记“管理费用”“生产成本”“制造费用”等科目，贷记本科目。

无偿向职工提供住房等固定资产使用的，按应计提的折旧额，借记“管理费用”“生产成本”“制造费用”等科目，贷记本科目；同时，借记本科目，贷记“累计折旧”科目。租赁住房等资产供职工无偿使用的，按每期应支付的租金，借记“管理费用”“生产成本”“制造费用”等科目，贷记本科目。

（三）因解除与职工的劳动关系给予的补偿，借记“管理费用”科目，贷记本科目。

（四）企业以现金与职工结算的股份支付，在等待期内每个资产负债表日，按当期应确认的成本费用金额，借记“管理费用”“生产成本”“制造费用”等科目，贷记本科目。在可行权日之后，以现金结算的股份支付当期公允价值的变动金额，借记或贷记“公允价值变动损益”科目，贷记或借记本科目。企业（外商）按规定从净利润中提取的职工奖励及福利基金，借记“利润分配——提取的职工奖励及福利基金”科目，贷记本科目。

（五）企业与职工就离职后福利达成协议，企业应当将离职后福利划分为设定提存计划和设定受益计划。

对于设定提存计划，企业应在资产负债表日确认为换取职工在会计期间内为企业提供服务而应付给设定提存计划的提存金，并作为一项费用计入当期损益或相关资产成本，贷记本科目。

对于设定受益计划，企业在确定设定受益义务的现值、当期服务成本以及过去服务成本时，应当根据预期累计福利单位法确定的公式将设定受益计划产生的福利义务归属于职工提供服务的期间，并计入当期损益或相关资产成本。

四、应付职工薪酬的主要账务处理。

（一）向职工支付工资、奖金、津贴、福利费等，从应付职工薪酬中扣还的各种款项（代垫的家属药费、个人所得税等）等，借记本科目，贷记“银行存款”“库存现金”“其他应收款”“应交税费——应交个人所得税”等科目。

（二）支付工会经费和职工教育经费用于工会活动和职工培训，借记本科目，贷记“银行存款”等科目。

（三）按照国家有关规定缴纳社会保险费和住房公积金，借记本科目，贷记“银行存款”科目。

（四）企业以其自产产品发放给职工的，借记本科目，贷记“主营业务收入”科目；同时，还应结转产成品的成本。涉及增值税销项税额的，还应进行相应的处理。

支付租赁住房等资产供职工无偿使用所发生的租金，借记本科目，贷记“银行存款”等科目。

（五）企业以现金与职工结算的股份支付，在行权日，借记本科目，贷记“银行存款”“库存现金”等科目。

（六）企业因解除与职工的劳动关系给予职工的补偿，借记本科目，贷记“银行存款”“库存现金”等科目。

五、本科目期末贷方余额，反映企业应付未付的职工薪酬。

1.2.7 应交税费（2221）

一、本科目核算企业按照税法等规定计算应缴纳的各种税费，包括增值税、消费税、所得税、资源税、土地增值税、城市维护建设税、房产税、土地使用税、车船使用税、教育费附加、矿产资源补偿费等。企业代扣代交的个人所得税等，也通过本科目核算。

二、本科目可按应交的税费项目进行明细核算。应交增值税还应分别“进项税额”“销项税额”“出口退税”“进项税额转出”“已交税金”等设置专栏。

三、应交增值税的主要账务处理。

（一）企业采购物资等，按应计入采购成本的金额，借记“材料采购”“在途物资”“原材料”“库存商品”等科目，按可抵扣的增值税额，借记本科目（应交增值税——进项税额），按应付或实际支付的金额，贷记“应付账款”“应付票据”“银行存款”等科目。购入物资发生退货做相反的会计分录。

（二）销售物资或提供应税劳务，按营业收入和应收取的增值税额，借记“应收账款”“应收票据”“银行存款”等科目，按增值税专用发票上注明的增值税额，贷记本科目（应交增值税——销项税额），按确认的营业收入，贷记“主营业务收入”“其他业务收入”等科目。发生销售退回做相反的会计分录。

（三）出口产品按规定退税的，借记“应收出口退税款”科目，贷记本科目（应交增值税——出口退税）。

（四）缴纳的增值税，借记本科目（应交增值税——已交税金），贷记“银行存款”科目。

企业（小规模纳税人）以及购入材料不能抵扣增值税的，发生的增值税计入材料成本，借记“材料采购”“在途物资”等科目，贷记本科目。

四、企业按规定计算应交的消费税、资源税、城市维护建设税、教育费附加等，借记“税金及附加”科目，贷记本科目。实际缴纳时，借记本科目，贷记“银行存款”等科目。

五、企业转让土地使用权应交的土地增值税，土地使用权与地上建筑物及其附着物一并在“固定资产”等科目核算的，借记“固定资产清理”等科目，贷记本科目（应交土地增值税）。土地使用权在“无形资产”科目核算的，按实际收到的金额，借记“银行存款”科目，按应交的土地增值税，贷记本科目（应交土地增值税），同时冲销土地使用权的账面价值，贷记“无形资产”科目，按其差额，借记“营业外支出”科目或贷记“营业外收入”科目。实际缴纳土地增值税时，借记本科目，贷记“银行存款”等科目。企业按规定计算应交的房产税、土地使用税、车船使用税、矿产资源补偿费，借记“管理费用”科目，贷记本科目。实际缴纳时，借记本科目，贷记“银行存款”等科目。

六、企业按照税法规定计算应交的所得税，借记“所得税费用”等科目，贷记本科目（应交所得税）。实际缴纳所得税时，借记本科目，贷记“银行存款”等科目。

七、本科目期末贷方余额，反映企业尚未缴纳的税费；期末如为借方余额，反映企业多交或尚未抵扣的税费。

1.2.8 应付利息（2231）

一、本科目核算企业按照合同约定应支付的利息，包括吸收存款、分期付息到期还本的长期借款、企业债券等应支付的利息。

二、本科目可按存款人或债权人进行明细核算。

三、资产负债表日，应按摊余成本和实际利率计算确定的利息费用，借记“利息支出”“在建工程”“财务费用”“研发支出”等科目，按合同利率计算确定的应付未付利息，贷记本科目，按其差额，借记或贷记“长期借款——利息调整”“吸收存款——利息调整”等科目。合同利率与实际利率差异较小的，也可以采用合同利率计算确定利息费用。实际支付利息时，借记本科目，贷记“银行存款”等科目。

四、本科目期末贷方余额，反映企业应付未付的利息。

1.2.9 应付股利（2232）

一、本科目核算企业分配的现金股利或利润。

二、本科目可按投资者进行明细核算。

三、企业根据股东大会或类似机构审议批准的利润分配方案，按应支付的现金股利或利润，借记“利润分配”科目，贷记本科目。实际支付现金股利或利润时，借记本科目，贷记“银行存款”等科目。

董事会或类似机构通过的利润分配方案中拟分配的现金股利或利润，不做账务处理，但应在附注中披露。

四、本科目期末贷方余额，反映企业应付未付的现金股利或利润。

1.2.10 其他应付款（2241）

一、本科目核算企业除应付票据、应付账款、预收账款、应付职工薪酬、应付利息、应付股利、应交税费、长期应付款等以外的其他各项应付、暂收的款项。企业（保险）应缴纳的保险保障基金，也通过本科目核算。

二、本科目可按其他应付款的项目和对方单位（或个人）进行明细核算。

三、企业采用售后回购方式融入资金的，应按实际收到的金额，借记“银行存款”科目，贷记本科目。回购价格与原销售价格之间的差额，应在售后回购期间内按期计提利息费用，借记“财务费用”科目，贷记本科目。按照合同约定购回该项商品时，应按实际支付的金额，借记本科目，贷记“银行存款”科目。

四、企业发生的其他各种应付、暂收款项，借记“管理费用”等科目，贷记本科目；支付的其他各种应付、暂收款项，借记本科目，贷记“银行存款”等科目。

五、本科目期末贷方余额，反映企业应付未付的其他应付款项。

1.2.11 递延收益（2401）

一、本科目核算企业确认的应在以后期间计入当期损益的政府补助。

二、本科目可按政府补助的项目进行明细核算。

三、递延收益的主要账务处理。

（一）企业收到或应收的与资产相关的政府补助，借记“银行存款”“其他应收款”等科目，贷记本科目。在相关资产使用寿命内分配递延收益，借记本科目，贷记“营业外收入”科目。

（二）与收益相关的政府补助，用于补偿企业以后期间相关费用或损失的，按收到或应收的金额，借记“银行存款”“其他应收款”等科目，贷记本科目。在发生相关费用或损失的未来期间，按应补偿的金额，借记本科目，贷记“营业外收入”科目。用于补偿企业已发生的相关费用或损失的，按收到或应收的金额，借记本科目，贷记“营业外收入”科目。

（三）政府补助的退回，存在相关递延收益的，借记本科目，贷记“银行存款”“其他应付款”等科目，超出递延收益账面价值的部分计入当期损益。

四、本科目期末贷方余额，反映企业应在以后期间计入当期损益的政府补助。

1.2.12 长期借款（2501）

一、本科目核算企业以摊余成本计量的向银行或其他金融机构借入的期限在1年以上（不含1年）的各项借款。

二、本科目可按贷款单位和贷款种类，分别按“本金”“利息调整”“应计利息”等进行明细核算。

三、长期借款的主要账务处理。

（一）企业借入长期借款，应按实际收到的金额，借记“银行存款”科目，贷记本科目（本金）。如存在差额，还应借记本科目（利息调整）。

（二）资产负债表日，应按摊余成本和实际利率计算确定的长期借款的利息费用，借记“在建工程”“制造费用”“财务费用”“研发支出”等科目，按合同利率计算确定的应付未付利息，贷记“应付利息”科目，按其差额，贷记本科目（利息调整）。

实际利率与合同利率差异较小的，也可以采用合同利率计算确定利息费用。

（三）归还的长期借款本金，借记本科目（本金），贷记“银行存款”科目。同时，存在利息调整余额的，借记或贷记“在建工程”“制造费用”“财务费用”“研发支出”等科目，贷记或借记本科目（利息调整）。

四、本科目期末贷方余额，反映企业尚未偿还的长期借款。

1.2.13 应付债券（2502）

一、本科目核算企业为筹集（长期）资金而发行的以摊余成本计量的债券。企业发行的可转换公司债券，应将负债和权益成分进行分拆，分拆后形成的负债成分在本科目核算。

二、本科目可按照发行的债券种类进行明细核算，并在各类债券中按“面值”“利息调整”“应计利息”设置明细科目，并进行明细核算。

三、应付债券的主要账务处理。

（一）企业发行债券，应当按实际收到金额，借记“银行存款”或“存放中央银行款项”等科目，按债务工具的面值，贷记“应付债券——面值”科目，按其差额，贷记或借记“应付债券——利息调整”科目。

发行的可转换公司债券，应按实际收到的金额，借记“银行存款”等科目，按该项可转换公司债券包含的负债成分的面值，贷记本科目（可转换公司债券——面值），按权益成分的公允价值，贷记“资本公积——其他资本公积”科目，按其差额，借记或贷记本科目（利息调整）。

（二）资产负债表日，对于分期付息、一次还本的债券，应按摊余成本和实际利率计算确定的债券利息费用，借记“在建工程”“制造费用”“财务费用”“研发支出”等科目，按票面利率计算确定的应付未付利息，贷记“应付利息”科目，按其差额，借记或贷记本科目（利息调整）。对于到期一次还本付息的债券，应于资产负债表日按摊余成本和实际利率计算确定的债券利息费用，借记“在建工程”“制造费用”“财务费用”“研发支出”等科目，按票面利率计算确定的应付未付利息，贷记本科目（应计利息），按其差额，借记或贷记本科目（利息调整）。实际利率与票面利率差异较小的，也可以采用票面利率计算确定利息费用。

（三）长期债券到期，支付债券本息，借记本科目（面值、应计利息）、“应付利息”等科目，贷记“银行存款”等科目。同时，存在利息调整余额的，借记或贷记本科目（利息调整），贷记或借记“在建工程”“制造费用”“财务费用”“研发支出”等科目。

（四）可转换公司债券持有人行使转换权利，将其持有的债券转换为股票的，按可转换公司债券的余额，借记本科目（可转换公司债券——面值、利息调整），按其权益成分的金额，借记“资本公积——其他资本公积”科目，按股票面值和转换的股数计算的股票面值总额，贷记“股本”科目，按其差额，贷记“资本公积——股本溢价”科目。如用现金或银行存款支付不可转换股票的部分，还应贷记“库存现金”“银行存款”等科目。

四、企业应当设置“企业债券备查簿”，详细登记企业债券的票面金额、债券票面利率、还本付息期限与方式、发行总额、发行日期和编号、委托代售单位、转换股份等信息。企业债券到期兑付，在备查簿中应予以注销。

五、本科目期末贷方余额，反映企业尚未偿还的长期债券摊余成本。

1.2.14 继续涉入负债（2504）

一、本科目核算企业在金融资产转移中因继续涉入被转移资产而产生的义务。

二、企业可以按金融资产转移业务的类别、被转移金融资产的类别或者交易对手设置本科目的明细科目。

1.2.15 长期应付款（2701）

一、本科目核算企业除长期借款和应付债券以外的其他各种长期应付款项，包括应付融资租入固定资产的租赁费、以分期付款方式购入固定资产等发生的应付款项等。

二、本科目可按长期应付款的种类和债权人进行明细核算。

三、长期应付款的主要账务处理。

（一）企业融资租入的固定资产，在租赁期开始日，按应计入固定资产成本的金额（租赁期开始日租赁资产公允价值与最低租赁付款额现值两者中较低者，加上初始直接费用），借记“在建工程”或“固定资产”科目，按最低租赁付款额，贷记本科目，按发生的初始直接费用，贷记“银行存款”等科目，按其差额，借记“未确认融资费用”科目。按期支付的租金，借记本科目，贷记“银行存款”等科目。

（二）购入有关资产超过正常信用条件延期支付价款、实质上具有融资性质的，应按购买价款的现值，借记“固定资产”“在建工程”等科目，按应支付的金额，贷记本科目，按其差额，借记“未确认融资费用”科目。按期支付的价款，借记本科目，贷记“银行存款”科目。

四、本科目期末贷方余额，反映企业应付未付的长期应付款项。

1.2.16 未确认融资费用（2702）

一、本科目核算企业应当分期计入利息费用的未确认融资费用。

二、本科目可按债权人和长期应付款项目进行明细核算。

三、未确认融资费用的主要账务处理。

（一）企业融资租入的固定资产，在租赁期开始日，按应计入固定资产成本的金额（租赁期开始日租赁资产公允价值与最低租赁付款额现值两者中较低者，加上初始直接费用），借记“在建工程”或“固定资产”科目，按最低租赁付款额，贷记“长期应付款”科目，按发生的初始直接费用，贷记“银行存款”等科目，按其差额，借记本科目。

采用实际利率法分期摊销未确认融资费用，借记“财务费用”“在建工程”等科目，贷记本科目。

（二）购入有关资产超过正常信用条件延期支付价款、实质上具有融资性质的，应按购买价款的现值，借记“固定资产”“在建工程”等科目，按应支付的金额，贷记“长期应付款”科目，按其差额，借记本科目。

采用实际利率法分期摊销未确认融资费用，借记“在建工程”“财务费用”等科目，贷记本科目。

四、本科目期末借方余额，反映企业未确认融资费用的摊余价值。

1.2.17 专项应付款（2711）

一、本科目核算企业取得政府作为企业所有者投入的具有专项或特定用途的款项。

二、本科目可按资本性投资项目进行明细核算。

三、企业收到或应收的资本性拨款，借记“银行存款”等科目，贷记本科目。

将专项或特定用途的拨款用于工程项目，借记“在建工程”等科目，贷记“银行存款”“应付职工薪酬”等科目。工程项目完工形成长期资产的部分，借记本科目，贷记“资本公积——资本溢价”科目；对未形成长期资产需要核销的部分，借记本科目，贷记“在建工程”等科目；拨款结余需要返还的，借记本科目，贷记“银行存款”科目。

上述资本溢价转增实收资本或股本，借记“资本公积——资本溢价或股本溢价”科目，贷记“实收资本”或“股本”科目。

四、本科目期末贷方余额，反映企业尚未转销的专项应付款。

1.2.18 预计负债（2801）

一、本科目核算企业确认的对外提供担保、未决诉讼、产品质量保证、重组义务、亏损性合同等预计负债。

二、本科目可按形成预计负债的交易或事项进行明细核算。

三、预计负债的主要账务处理。

（一）企业由对外提供担保、未决诉讼、重组义务产生的预计负债，应按确定的金额，借记“营业外支出”等科目，贷记本科目。

由产品质量保证产生的预计负债，应按确定的金额，借记“销售费用”科目，贷记本科目。由资产弃置义务产生的预计负债，应按确定的金额，借记“固定资产”或“油气资产”科目，贷记本科目。在固定资产或油气资产的使用寿命内，按计算确定各期应负担的利息费用，借记“财务费用”科目，贷记本科目。

（二）实际清偿或冲减的预计负债，借记本科目，贷记“银行存款”等科目。

（三）根据确凿证据需要对已确认的预计负债进行调整的，调整增加的预计负债，借记有关科目，贷记本科目；调整减少的预计负债做相反的会计分录。

四、本科目期末贷方余额，反映企业已确认但尚未支付的预计负债。

1.2.19 递延所得税负债（2901）

一、本科目核算企业确认的应纳税暂时性差异产生的所得税负债。

二、本科目可按应纳税暂时性差异的项目进行明细核算。

三、递延所得税负债的主要账务处理。

（一）资产负债表日，企业确认的递延所得税负债，借记“所得税费用——递延所得税费用”科目，贷记本科目。资产负债表日递延所得税负债的应有余额大于其账面余额的，应按其差额确认，借记“所得税费用——递延所得税费用”科目，贷记本科目；资产负债表日递延所得税负债的应有余额小于其账面余额的做相反的会计分录。

与直接计入所有者权益的交易或事项相关的递延所得税负债，借记“资本公积——其他资本公积”科目，贷记本科目。

（二）企业合并中取得资产、负债的入账价值与其计税基础不同形成应纳税暂时性差异的，应于购买日确认递延所得税负债，同时调整商誉，借记“商誉”等科目，贷记本科目。

四、本科目期末贷方余额，反映企业已确认的递延所得税负债。

1.2.20 持有待售负债（2245）

一、本科目核算企业持有待售的处置组中的负债。

二、本科目按照负债类别进行明细核算。

三、持有待售负债的主要账务处理。

企业将相关处置组划分为持有待售类别时，按相关负债的账面余额，借记“应付账款”“应付职工薪酬”等科目，贷记本科目。

四、本科目期末贷方余额，反映企业持有待售的处置组中的负债的账面余额。

1.2.21 合同负债

一、本科目核算企业已收或应收客户对价而应向客户转让商品的义务。

二、本科目应按合同进行明细核算。

三、合同负债的主要账务处理。

在企业向客户转让商品之前，客户已经支付了合同对价或企业已经取得了无条件收取合同对价权利的，企业应当在客户实际支付款项与到期应支付款项孰早时点，按照该已收或应收的金额，借记“银行存款”“应收账款”“应收票据”等科目，贷记本科目；企业向客户转让相关商品时，借记本科目，贷记“主营业务收入”“其他业务收入”等科目。涉及增值税的，还应进行相应的处理。企业因转让商品收到的预收款适用《企业会计准则第42号——持有待售的非流动资产、处置组和终止经营》进行会计处理时，不再使用“预收账款”科目及“递延收益”科目。

四、本科目期末贷方余额，反映企业在向客户转让商品之前，已经收到的合同对价或已经取得的无条件收取合同对价权利的金额。

1.2.22 贷款

本科目核算以摊余成本计量的、企业（银行）按规定发放的各种客户贷款，包括质押贷款、抵押贷款、保证贷款、信用贷款等。

1.2.23 贷款损失准备

本科目核算企业（银行）以摊余成本计量的贷款以预期信用损失为基础计提的损失准备。

计提贷款损失准备的资产包括客户贷款、拆出资金、贴现资产、银团贷款、贸易融资、协议透支、信用卡透支、转贷款和垫款等。企业（保险）的保户质押贷款计提的减值准备，也在本科目核算。企业（典当）的质押贷款、抵押贷款计提的减值准备，也在本科目核算。

1.3 共同类会计科目使用规则

共同类会计科目表如表1-3所示。

表1-3 共同类会计科目表

序号	编号	会计科目名称	会计科目适用范围
122	3001	清算资金往来	银行专用
123	3002	货币兑换	金融专用

续表

序号	编号	会计科目名称	会计科目适用范围
124	3101	衍生工具	
125	3201	套期工具	
126	3202	被套期项目	

1.3.1 衍生工具（3101）

一、本科目核算企业衍生工具的公允价值及其变动形成的衍生金融资产或衍生金融负债。作为套期工具的衍生工具不在本科目核算。

二、本科目可按衍生工具类别进行明细核算。

三、衍生工具的主要账务处理。

（一）企业取得衍生工具，按其公允价值，借记本科目，按发生的交易费用，借记“投资收益”科目，按实际支付的金额，贷记“银行存款”“存放中央银行款项”等科目。

（二）资产负债表日，衍生工具的公允价值高于其账面余额的差额，借记本科目，贷记“公允价值变动损益”科目；公允价值低于其账面余额的差额做相反的会计分录。

（三）终止确认的衍生工具，应当比照“交易性金融资产”“交易性金融负债”等科目的相关规定进行处理。

四、本科目期末借方余额，反映企业衍生工具形成资产的公允价值；本科目期末贷方余额，反映企业衍生工具形成负债的公允价值。

1.3.2 套期工具（3201）

一、本科目核算企业开展套期业务（包括公允价值套期、现金流量套期和境外经营净投资套期）的套期工具及其公允价值变动形成的资产或负债。

二、本科目可按套期工具类别或套期关系进行明细核算。

三、套期工具的主要账务处理。

（一）企业将已确认的衍生工具、以公允价值计量且其变动计入当期损益的非衍生金融资产或非衍生金融负债等金融资产或金融负债指定为套期工具的，应当按照其账面价值，借记或贷记本科目，贷记或借记“衍生工具”“交易性金融资产”等科目。

（二）资产负债表日，对于公允价值套期，应当按照套期工具产生的利得，借记本科目，贷记“套期损益”“其他综合收益——套期损益”等科目，套期工具产生的损失做相反的会计分录；对于现金流量套期，应当按照套期工具产生的利得，借记本科目，按照套期有效部分的变动额，贷记“其他综合收益——套期储备”等科目，按照套期工具产生的利得和套期有效部分变动额的差额，贷记“套期损益”科目，套期工具产生损失的做相反的会计分录。

（三）金融资产或金融负债不再作为套期工具核算的，应当按照套期工具形成的资产或负债，借记或贷记有关科目，贷记或借记本科目。

四、本科目期末借方余额，反映企业套期工具形成资产的公允价值；本科目期末贷方余额，反映企业套期工具形成负债的公允价值。

1.3.3 被套期项目（3202）

一、本科目核算企业开展套期业务的被套期项目及其公允价值变动形成的资产或负债。

二、本科目可按被套期项目类别或套期关系进行明细核算。

三、被套期项目的主要账务处理。

（一）企业将已确认的资产、负债或其组成部分指定为被套期项目的，应当按照其账面价值，借记或贷记本科目，贷记或借记“原材料”“债权投资”“长期借款”等科目。已计提跌价准备或减值准备的，还应当同时结转跌价准备或减值准备。

（二）资产负债表日，对于公允价值套期，应当按照被套期项目因被套期风险敞口形成的利得，借记本科目，贷记“套期损益”“其他综合收益——套期损益”等科目；被套期项目因被套期风险敞口形成损失的做相反的会计分录。

（三）资产或负债不再作为被套期项目核算的，应当按照被套期项目形成的资产或负债，借记或贷记有关科目，贷记或借记本科目。

四、本科目期末借方余额，反映企业被套期项目形成的资产；本科目期末贷方余额，反映企业被套期项目形成的负债。

1.4 所有者权益类会计科目使用规则

所有者权益类会计科目表如表1-4所示。

表1-4 所有者权益类会计科目表

序号	编号	会计科目名称	会计科目适用范围
127	4001	实收资本	
128	4002	资本公积	
129	4101	盈余公积	
130	4102	一般风险准备	金融共用
131	4103	本年利润	
132	4104	利润分配	
133	4201	库存股	
134	4301	其他综合收益	
135	企业自主设置	其他综合收益——信用减值准备	
136	企业自主设置	其他综合收益——套期储备	
137	企业自主设置	其他综合收益——套期损益	
138	企业自主设置	其他综合收益——套期成本	
139	4401	其他权益工具	

1.4.1 实收资本（4001）

一、本科目核算企业接受投资者投入的实收资本。股份有限公司应将本科目改为“4001 股本”科目。企业收到的投资者出资超过其在注册资本或股本中所占份额的部分，作为资本溢价或股本溢价，在“资本公积”科目核算。

二、本科目可按投资者进行明细核算。企业（中外合作经营）在合作期间归还投资者的投资，应在本科目设置“已归还投资”明细科目进行核算。

三、实收资本的主要账务处理。

（一）企业接受投资者投入的资本，借记“银行存款”“其他应收款”“固定资产”“无形资产”“长期股权投资”等科目，按其在注册资本或股本中所占份额，贷记本科目，按其差额，贷记“资本公积——资本溢价或股本溢价”科目。

（二）股东大会批准的利润分配方案中分配的股票股利，应在办理增资手续后，借记“利润分配”科目，贷记本科目。经股东大会或类似机构决议，用资本公积转增资本的，借记“资本公积——资本溢价或股本溢价”科目，贷记本科目。

（三）可转换公司债券持有人行使转换权利，将其持有的债券转换为股票，按可转换公司债券的余额，借记“应付债券——可转换公司债券（面值）”科目，按其差额，借记或贷记“应付债券——可转换公司债券（利息调整）”科目，按其权益成分的金额，借记“资本公积——其他资本公积”科目，按股票面值和转换的股数计算的股票面值总额，贷记本科目，按其差额，贷记“资本公积——股本溢价”科目。如有现金支付不可转换股票，还应贷记“银行存款”等科目。

企业将重组债务转为资本的，应按重组债务的账面余额，借记“应付账款”等科目，按债权人因放弃债权而享有本企业股份的面值总额，贷记本科目，按股份的公允价值总额与相应的实收资本或股本之间的差额，贷记或借记“资本公积——资本溢价或股本溢价”科目，按其差额，贷记“其他收益——债务重组收益”科目。

（四）以权益结算的股份支付换取职工或其他方提供服务的，应在行权日，按根据实际行权情况确定的金额，借记“资本公积——其他资本公积”科目，按应计入实收资本或股本的金额，贷记本科目。

四、企业按法定程序报经批准减少注册资本的，借记本科目，贷记“库存现金”“银行存款”等科目。股份有限公司采用收购本公司股票方式减资的，按股票面值和注销股数计算的股票面值总额，借记本科目，按所注销库存股的账面余额，贷记“库存股”科目，按其差额，借记“资本公积——股本溢价”科目，股本溢价不足冲减的，应借记“盈余公积”“利润分配——未分配利润”科目；购回股票支付的价款低于面值总额的，应按股票面值总额，借记本科目，按所注销库存股的账面余额，贷记“库存股”科目，按其差额，贷记“资本公积——股本溢价”科目。

五、企业（中外合作经营）根据合同规定在合作期间归还投资者的投资，借记本科目（已归还投资），贷记“银行存款”等科目；同时，借记“利润分配——利润归还投资”科目，贷记“盈余公积——利润归还投资”科目。

中外合作经营清算，借记本科目、“资本公积”“盈余公积”“利润分配——未分配利润”等科目，贷记本科目（已归还投资）、“银行存款”等科目。

六、本科目期末贷方余额，反映企业实收资本或股本总额。

1.4.2 资本公积（4002）

一、本科目核算企业收到投资者出资额超出其在注册资本或股本中所占份额的部分。直接计入所有者权益的利得和损失，也通过本科目核算。

二、本科目应当分别按“资本溢价（股本溢价）”“其他资本公积”进行明细核算。

三、资本公积的主要账务处理。

（一）企业接受投资者投入的资本、可转换公司债券持有人行使转换权利、将债务转为资本等形成的资本公积，借记有关科目，贷记“实收资本”或“股本”科目、本科目（资本溢价或股本溢价）等。与发行权益性证券直接相关的手续费、佣金等交易费用，借记本科目（股本溢价）等，贷记“银行存款”等科目。经股东大会或类似机构决议，用资本公积转增资本的，借记本科目（资本溢价或股本溢价），贷记“实收资本”或“股本”科目。

（二）同一控制下控股合并形成的长期股权投资，应在合并日按取得被合并方所有者权益账面价值的份额，借记“长期股权投资”科目，按享有被投资单位已宣告但尚未发放的现金股利或利润，借记“应收股利”科目，按支付的合并对价的账面价值，贷记有关资产科目或借记有关负债科目，按其差额，贷记本科目（资本溢价或股本溢价）；为借方差额的，借记本科目（资本溢价或股本溢价），资本公积（资本溢价或股本溢价）不足冲减的，借记“盈余公积”“利润分配——未分配利润”科目。

同一控制下吸收合并涉及的资本公积，比照上述原则进行处理。

（三）长期股权投资采用权益法核算的，在持股比例不变的情况下，被投资单位除净损益以外所有者权益的其他变动，企业按持股比例计算应享有的份额，借记或贷记“长期股权投资——其他权益变动”科目，贷记或借记本科目（其他资本公积）。

处置采用权益法核算的长期股权投资，还应结转原计入资本公积的相关金额，借记或贷记本科目（其他资本公积），贷记或借记“投资收益”科目。

（四）以权益结算的股份支付换取职工或其他方提供服务的，应按照确定的金额，借记“管理费用”等科目，贷记本科目（其他资本公积）。在行权日，应按实际行权的权益工具数量计算确定的金额，借记本科目（其他资本公积），按计入实收资本或股本的金额，贷记“实收资本”或“股本”科目，按其差额，贷记本科目（资本溢价或股本溢价）。

（五）股份有限公司采用收购本公司股票方式减资的，按股票面值和注销股数计算的股票面值总额，借记“股本”科目，按所注销的库存股的账面余额，贷记“库存股”科目，按其差额，借记本科目（股本溢价），股本溢价不足冲减的，应借记“盈余公积”“利润分配——未分配利润”科目；购回股票支付的价款低于面值总额的，应按股票面值总额，借记“股本”科目，按所注销的库存股的账面余额，贷记“库存股”科目，按其差额，贷记本科目（股本溢价）。

四、本科目期末贷方余额，反映企业的资本公积。

1.4.3 盈余公积（4101）

一、本科目核算企业从净利润中提取的盈余公积。

二、本科目应当分别按“法定盈余公积”“任意盈余公积”进行明细核算。

外商投资企业还应分别按“储备基金”“企业发展基金”进行明细核算。中外合作经营在合作期间归还投资者的投资，应在本科目设置“利润归还投资”明细科目进行核算。

三、盈余公积的主要账务处理。

（一）企业按规定提取的盈余公积，借记“利润分配——提取法定盈余公积、提取任意盈余公积”科目，贷记本科目（法定盈余公积、任意盈余公积）。

外商投资企业按规定提取的储备基金、企业发展基金、职工奖励及福利基金，借记“利润分配——提取储备基金、提取企业发展基金、提取职工奖励及福利基金”科目，贷记本科目（储备基金、企业发展基金）、“应付职工薪酬”科目。

（二）经股东大会或类似机构决议，用盈余公积弥补亏损或转增资本的，借记本科目，贷记“利润分配——盈余公积补亏”“实收资本”或“股本”科目。经股东大会或类似机构决议，用盈余公积派送新股，按派送新股计算的金额，借记本科目，按股票面值和派送新股总数计算的股票面值总额，贷记“股本”科目。中外合作经营根据合同规定在合作期间归还投资者的投资，应按实际归还投资的金额，借记“实收资本——已归还投资”科目，贷记“银行存款”等科目；同时，借记“利润分配——利润归还投资”科目，贷记本科目（利润归还投资）。

四、本科目期末贷方余额，反映企业的盈余公积。

1.4.4 本年利润（4103）

一、本科目核算企业当期实现的净利润（或发生的净亏损）。

二、企业期（月）末结转利润时，应将各损益类科目的金额转入本科目，结平各损益类科目。结转后本科目的贷方余额为当期实现的净利润；借方余额为当期发生的净亏损。

三、年度终了，应将本年收入和支出相抵后结出的本年实现的净利润，转入“利润分配”科目，借记本科目，贷记“利润分配——未分配利润”科目；如为净亏损做相反的会计分录。结转后本科目应无余额。

1.4.5 利润分配（4104）

一、本科目核算企业利润的分配（或亏损的弥补）和历年分配（或弥补）后的余额。

二、本科目应当分别按“提取法定盈余公积”“提取任意盈余公积”“应付现金股利或利润”“转作股本的股利”“盈余公积补亏”“未分配利润”等进行明细核算。

三、利润分配的主要账务处理。

（一）企业按规定提取的盈余公积，借记本科目（提取法定盈余公积、提取任意盈余公积），贷记“盈余公积——法定盈余公积、任意盈余公积”科目。外商投资企业按规定提取的储备基金、企业发展基金、职工奖励及福利基金，借记本科目（提取储备基金、提取企业发展基金、提取职工奖励及福利基金），贷记“盈余公积——储备基金、企业发展基金”“应付职工薪酬”等科目。

企业（金融）按规定提取的一般风险准备，借记本科目（提取一般风险准备），贷记“一般风险准备”科目。

（二）经股东大会或类似机构决议，分配给股东或投资者的现金股利或利润，借记本科目（应付现金股利或利润），贷记“应付股利”科目。

经股东大会或类似机构决议，分配给股东的股票股利，应在办理增资手续后，借记本科目（转作股本的股利），贷记“股本”科目。用盈余公积弥补亏损，借记“盈余公积——法定盈余公积或任意盈余公积”科目，贷记本科目（盈余公积补亏）。企业（金融）用一般风险准备弥补亏损，借记“一般风险准备”科目，贷记本科目（一般风险准备补亏）科目。

四、年度终了，企业应将本年实现的净利润，自“本年利润”科目转入本科目，借记“本年利润”科目，贷记本科目（未分配利润），为净亏损的做相反的会计分录；同时，将“利润分配”科目所属其他明细科目的余额转入本科目“未分配利润”明细科目。结转后，本科目除“未分配利润”明细科目有余额外，其他明细科目应无余额。

五、本科目年末余额，反映企业的未分配利润（或未弥补亏损）。

1.4.6 库存股（4201）

一、本科目核算企业收购、转让或注销的本公司股份金额。

二、库存股的主要账务处理。

（一）企业为减少注册资本而收购本公司股份的，应按实际支付的金额，借记本科目，贷记“银行存款”等科目。

（二）为奖励本公司职工而收购本公司股份的，应按实际支付的金额，借记本科目，贷记“银行存款”等科目，同时做备查登记。将收购的股份奖励给本公司职工属于以权益结算的股份支付，如有实际收到的金额，借记“银行存款”科目，按根据职工获取奖励股份的实际情况确定的金额，借记“资本公积——其他资本公积”科目，按奖励库存股的账面余额，贷记本科目，按其差额，贷记或借记“资本公积——股本溢价”科目。

（三）股东因对股东大会做出的公司合并、分立决议持有异议而要求企业收购本公司股份的，企业应按实际支付的金额，借记本科目，贷记“银行存款”等科目。

（四）转让库存股，应按实际收到的金额，借记“银行存款”等科目，按转让库存股的账面余额，贷记本科目，按其差额，贷记“资本公积——股本溢价”科目；为借方差额的，借记“资本公积——股本溢价”科目，股本溢价不足冲减的，应借记“盈余公积”“利润分配——未分配利润”科目。

（五）注销库存股，应按股票面值和注销股数计算的股票面值总额，借记“股本”科目，按注销库存股的账面余额，贷记本科目，按其差额，借记“资本公积——股本溢价”科目，股本溢价不足冲减的，应借记“盈余公积”“利润分配——未分配利润”科目。

三、本科目期末借方余额，反映企业持有尚未转让或注销的本公司股份金额。

1.4.7 其他综合收益（4301）

一、本科目核算企业根据其他会计准则规定未在当期损益中确认的各项利得和损失。包括以后会计期间不能重分类进损益的其他综合收益和以后会计期间满足规定条件时将重分类进损益的其他综合收益两类。

二、其他综合收益的主要账务处理。

（一）以后会计期间不能重分类进损益的其他综合收益项目，主要包括重新计量设定受益计划净负债或净资产导致的变动、按照权益法核算因被投资单位重新计量设定受益计划净负债或净资产变动导致的权益变动，投资企业按持股比例计算确认的该部分其他综合收益项目，以及在初始确认时，企业可以将非交易性权益工具指定为以公允价值计量且其变动计入其他综合收益的金融资产，指定后不得撤销，即当该类非交易性权益工具终止确认时，原计入其他综合收益的公允价值变动损益不得重分类进损益。

（二）以后会计期间有满足规定条件时将重分类进损益的其他综合收益项目，主要包括以下几点：

1. 符合金融工具准则规定，同时符合两个条件的金融资产应当分类为以公允价值计量且其变动计入其他综合收益：①企业管理该金融资产的业务模式既以收取合同现金流量为目标，又以出售该金融资产为目标；②该金融资产的合同条款规定，在特定日期产生的现金流量，仅为对本金和以未偿付本金金额为基础的利息的支付。当该类金融资产终止确认时，之前已计入其他综合收益的累计利得或损失应当从其他综合收益中转出，计入当期损益。

2. 按照《企业会计准则第 22 号——金融工具确认和计量》规定，对金融资产重分类可以将原计入其他综合收益的利得或损失转入当期损益的部分。

3. 采用权益法核算的长期股权投资。采用权益法核算的长期股权投资，按照被投资单位实现其他综合收益以及持股比例计算应享有或分担的金额，调整长期股权投资的账面价值，同时增加或减少其他综合收益，其会计处理为：借记（或贷记）“长期股权投资——其他综合收益”科目，贷记（或借记）“其他综合收益”科目，待该项长期股权投资处置时，将原计入其他综合收益的金额转入当期损益。

4. 存货或自用房地产转换为投资性房地产。企业将作为存货的房地产转换为采用公允价值模式计量的投资性房地产时，应当按该项房地产在转换日的公允价值，借记“投资性房地产——成本”科目，原已计提跌价准备的，借记“存货跌价准备”科目，按其账面余额，贷记“开发产品”等科目。同时，转换日的公允价值小于账面价值的，按其差额，借记“公允价值变动损益”科目；转换日的公允价值大于账面价值的，按其差额，贷记“其他综合收益”科目。企业将自用的建筑物等转换为采用公允价值模式计量的投资性房地产时，应当按该项房地产在转换日的公允价值，借记“投资性房地产——成本”科目，原已计提减值准备的，借记“固定资产减值准备”科目，按已计提的累计折旧等，借记“累计折旧”等科目，按其账面余额，贷记“固定资产”等科目。同时，转换日的公允价值小于账面价值的，按其差额，借记“公允价值变动损益”科目；转换日的公允价值大于账面价值的，按其差额，贷记“其他综合收益”科目。

待该项投资性房地产处置时，因转换计入其他综合收益的部分应转入当期损益。

5. 现金流量套期工具产生的利得或损失中属于套期有效的部分。

（1）资产负债表日，套期工具形成的利得或损失中属于套期有效部分的，借记或贷记“套期工具”科目，贷记或借记本明细科目；属于套期无效部分的，借记或贷记“套期工具”科目，贷记或借记“套期损益”科目。

（2）企业将套期储备转出时，借记或贷记本明细科目，贷记或借记有关科目。

6. 外币财务报表折算差额。按照外币折算的要求，企业在处置境外经营的当期，将已列入合并财务报表所有者权益的外币折算差额中与该境外经营相关部分，自其他综合收益项目转入处置当期损益。如果是部分处置境外经营，应当按处置的比例计算处置部分的外币报表折算差额，转入处置当期损益。

（三）在“其他综合收益”科目下设置“信用减值准备” 明细科目。本明细科目核算企业按照《企业会计准则第 22 号——金融工具确认和计量》第十八条分类为以公允价值计量且其变动计入其他综合收益的金融资产以预期信用损失为基础计提的减值准备。

（四）在“其他综合收益”科目下设置“套期储备”明细科目。

1. 本明细科目核算现金流量套期下套期工具累计公允价值变动中的套期有效部分。

2. 本明细科目可按套期关系进行明细核算。

3. 主要账务处理。

（1）资产负债表日，套期工具形成的利得或损失中属于套期有效部分的，贷记或借记“套期工具”科目，贷记或借记本明细科目；属于套期无效部分的，借记或贷记“套期工具”科目，贷记或借记“套期损益”科目。

（2）企业将套期储备转出时，借记或贷记本明细科目，贷记或借记有关科目。

（五）在“其他综合收益”科目下设置“套期损益”明细科目。

1. 本明细科目核算公允价值套期下对指定为以公允价值计量且其变动计入其他综合收益的非交易性权益工具投资或其组成部分进行套期时，套期工具和被套期项目公允价值变动形成的利得和损失。

2. 本明细科目可按套期关系进行明细核算。

3. 主要账务处理。

（1）资产负债表日，应当按照套期工具产生的利得，借记“套期工具”科目，贷记本明细科目；套期工具产生损失的做相反的会计分录。

（2）资产负债表日，应当按照被套期项目因被套期风险敞口形成的利得，借记“被套期项目”科目，贷记本明细科目；被套期项目因被套期风险敞口形成的损失做相反的会计分录。

4. 当套期关系终止时，应当借记或贷记本明细科目，贷记或借记“利润分配——未分配利润”等科目。

（六）在“其他综合收益”科目下设置“套期成本”明细科目。

1. 本明细科目核算企业将期权的时间价值、远期合同的远期要素或金融工具的外汇基差排除在套期工具之外时，期权的时间价值等产生的公允价值变动。

2. 本明细科目可按套期关系进行明细核算。

3. 主要账务处理。

（1）资产负债表日，对于期权的时间价值等的公允价值变动中与被套期项目相关的部分，应当借记或贷记“衍生工具”等科目，贷记或借记本明细科目。

（2）企业在将相关金额从其他综合收益中转出时，借记或贷记本明细科目，贷记或借记有关科目。

三、本科目期末贷方余额，反映企业的其他综合收益金额。

1.4.8 其他权益工具（4401）

一、本科目核算企业发行的除普通股以外的归类为权益工具的各种金融工具。

二、本科目可按照发行金融工具的种类等进行明细核算。

三、其他权益工具的主要账务处理。

（一）企业发行的金融工具归类为其他权益工具的，应按实际收到的金额，借记“银行存款”

或“存放中央银行款项”等科目，贷记本科目。

（二）分类为其他权益工具的金融工具，在存续期间分派股利（含分类为权益工具的工具所产生的“利息”，下同）的，作为利润分配处理。发行方应根据经批准的股利分配方案，按应分配给金融工具持有方的股利金额，借记“利润分配”科目，贷记“应付股利”科目。

（三）发行方发行的金融工具为既有负债成分又有权益工具成分的复合金融工具的，应按实际收到的金额，借记“银行存款”或“存放中央银行款项”等科目，按金融工具的面值，贷记“应付债券——面值”等科目，按负债成分的公允价值与金融工具面值之间的差额，借记或贷记“应付债券——利息调整”等科目，按实际收到的金额扣除负债成分的公允价值后的金额，贷记本科目。发行复合金融工具发生的交易费用，应当在负债成分和权益成分之间按照各自占总发行价款的比例进行分摊。与多项交易相关的共同交易费用，应当在合理的基础上，采用与其他类似交易一致的方法，在各项交易之间进行分摊。对于分摊至负债成分的交易费用应当计入该负债成分的初始计量金额（若该负债成分按摊余成本进行后续计量）或计入当期损益（若该负债成分按公允价值进行后续计量且其变动计入当期损益）；对于分摊至权益成分的交易费用，应当从权益中扣除。

（四）由于发行的金融工具原合同条款约定的条件或事项随着时间的推移或经济环境的改变而发生变化，原归类为权益工具的金融工具重分类为金融负债的，应当于重分类日，按该工具的账面价值，借记本科目，按该工具的面值，贷记“应付债券——面值”等科目，按该工具的公允价值与面值之间的差额，借记或贷记“应付债券——利息调整”等科目，按该工具的公允价值与账面价值的差额，贷记或借记“资本公积——资本溢价（或股本溢价）”科目，如资本公积不够冲减，依次冲减盈余公积和未分配利润。发行方以重分类日计算的实际利率作为应付债券后续计量利息调整等的基础。因发行的金融工具原合同条款约定的条件或事项随着时间的推移或经济环境的改变而发生变化，导致原归类为金融负债的金融工具重分类为权益工具的，应于重分类日，按金融负债的账面价值，贷记本科目，按金融负债的面值，借记“应付债券——面值”等科目，按其差额，借记或贷记“应付债券——利息调整”等科目。

（五）发行方按合同条款约定赎回所发行的除普通股以外的分类为权益工具的金融工具，按赎回价格，借记“库存股——其他权益工具”科目，贷记“银行存款”或“存放中央银行款项”等科目；注销所购回的金融工具，按该工具对应的其他权益工具的账面价值，借记本科目，按该工具的赎回价格，贷记“库存股——其他权益工具”科目，按其差额，借记或贷记“资本公积——资本溢价（或股本溢价）”等科目，如资本公积不够冲减，依次冲减盈余公积和未分配利润。

（六）发行方按合同条款约定将发行的除普通股以外的金融工具转换为普通股的，按该工具对应的其他权益工具或金融负债的账面价值，借记本科目、“应付债券”等科目，按普通股的面值，贷记“实收资本（或股本）”等科目，按其差额，贷记“资本公积——资本溢价（或股本溢价）”等科目（如转股时金融工具的账面价值零头不足转换为 1 股普通股，发行方以现金或其他金融资产退换零头时，还需按支付的现金或其他金融资产的金额，贷记“银行存款”或“存放中央银行款项”等科目）。

四、本科目期末贷方余额，反映企业持有其他权益工具金额。

1.5 成本类会计科目使用规则

成本类会计科目表如表1-5所示。

表1-5 成本类会计科目表

序号	编号	会计科目名称	会计科目适用范围
140	5001	生产成本	
141	5101	制造费用	
142	5201	劳务成本	
143	5301	研发支出	

1.5.1 生产成本（5001）

一、本科目核算企业进行工业性生产发生的各项生产成本，包括生产各种产品（产成品、自制半成品等）、自制材料、自制工具、自制设备等的成本。

企业（农业）进行农业生产发生的各项生产成本，可将本科目改为“5001农业生产成本”科目，并分别按种植业、畜牧养殖业、林业和水产业确定成本核算对象（消耗性生物资产、生产性生物资产、公益性生物资产和农产品）和成本项目，进行费用的归集和分配。

企业（房地产开发）可将本科目改为“5001开发成本”科目。

二、本科目可按基本生产成本和辅助生产成本进行明细核算。基本生产成本应当分别按照基本生产车间和成本核算对象（产品的品种、类别、订单、批别、生产阶段等）设置明细账（或成本计算单，下同），并按照规定的成本项目设置专栏。

三、生产成本的主要账务处理。

（一）企业发生的各项直接生产成本，借记本科目（基本生产成本、辅助生产成本），贷记“原材料”“库存现金”“银行存款”“应付职工薪酬”等科目。

各生产车间应负担的制造费用，借记本科目（基本生产成本、辅助生产成本），贷记“制造费用”科目。

辅助生产车间为基本生产车间、企业管理部门和其他部门提供劳务和产品的，期（月）末按照一定的分配标准分配给各受益对象，借记本科目（基本生产成本）、“管理费用”、“销售费用”、“其他业务成本”和“在建工程”等科目，贷记本科目（辅助生产成本）。

企业已经生产完成并已验收入库的产成品以及入库的自制半成品，应于期（月）末，借记“库存商品”等科目，贷记本科目（基本生产成本）。

（二）生产性生物资产在产出农产品过程中发生的各项费用，借记“农业生产成本”科目，贷记“库存现金”“银行存款”“原材料”“应付职工薪酬”“生产性生物资产累计折旧”等科目。

农业生产过程中发生的应由农产品、消耗性生物资产、生产性生物资产和公益性生物资产共同负担的费用，借记“农业生产成本——共同费用”科目，贷记“库存现金”“银行存款”“原材料”“应付职工薪酬”“农业生产成本”等科目。期（月）末，可按一定的分配标准对上述共同负担的费用进行分配，借记“农业生产成本——农产品”“消耗性生物资产”“生产性生物资产”“公益性生物资产”等科目，贷记“农业生产成本——共同费用”科目。

应由生产性生物资产收获的农产品负担的费用，应当采用合理的方法在农产品各品种之间进行分配；如有尚未收获的农产品，还应当在已收获和尚未收获的农产品之间进行分配。

生产性生物资产收获的农产品验收入库时，按其实际成本，借记“农产品”科目，贷记本科目（农产品）。

四、本科目期末借方余额，反映企业尚未加工完成的在产品成本或尚未收获的农产品成本。

1.5.2 制造费用（5101）

一、本科目核算企业生产车间（部门）为生产产品和提供劳务而发生的各项间接费用。企业行政管理部门为组织和管理生产经营活动而发生的管理费用，在“管理费用”科目核算。

二、本科目可按不同的生产车间、部门和费用项目进行明细核算。

三、制造费用的主要账务处理。

（一）生产车间发生的机物料消耗，借记本科目，贷记“原材料”等科目。

（二）发生的生产车间管理人员的工资等职工薪酬，借记本科目，贷记“应付职工薪酬”科目。

（三）生产车间计提的固定资产折旧，借记本科目，贷记“累计折旧”科目。

（四）生产车间支付的办公费、水电费等，借记本科目，贷记“银行存款”等科目。

（五）发生季节性的停工损失，借记本科目，贷记“原材料”“应付职工薪酬”“银行存款”等科目。

（六）将制造费用分配计入有关的成本核算对象，借记“生产成本（基本生产成本、辅助生产成本）”“劳务成本”等科目，贷记本科目。

（七）季节性生产企业制造费用全年实际发生额与分配额的差额，除其中属于为下一年开工生产做准备的可留待下一年分配外，其余部分实际发生额大于分配额的差额，借记“生产成本——基本生产成本”科目，贷记本科目；实际发生额小于分配额的差额做相反的会计分录。

四、除季节性的生产企业外，本科目期末应无余额。

1.5.3 劳务成本（5201）

一、本科目核算企业对外提供劳务发生的成本。

企业（证券）为上市公司进行承销业务发生的各项相关支出，可将本科目改为“5201待转承销费用”科目，并按照客户进行明细核算。

二、本科目可按提供劳务种类进行明细核算。

三、企业发生的各项劳务成本，借记本科目，贷记“银行存款”“应付职工薪酬”“原材料”等科目。建造承包商对外单位、专项工程等提供机械作业（包括运输设备）的成本，借记本科目，贷记“机械作业”科目。结转劳务成本，借记“主营业务成本”“其他业务成本”等科目，贷记本科目。

四、本科目期末借方余额，反映企业尚未完成或尚未结转的劳务成本。

1.5.4 研发支出（5301）

一、本科目核算企业进行研究与开发无形资产过程中发生的各项支出。

二、本科目可按研究开发项目，分别按“费用化支出”“资本化支出”进行明细核算。

三、研发支出的主要账务处理。

（一）企业自行开发无形资产发生的研发支出，不满足资本化条件的，借记本科目（费用化支出）；满足资本化条件的，借记本科目（资本化支出），贷记“原材料”“银行存款”“应付职工薪酬”等科目。

（二）研究开发项目达到预定用途形成无形资产的，应按本科目（资本化支出）的余额，借记“无形资产”科目，贷记本科目（资本化支出）。

期（月）末，应将本科目归集的费用化支出金额转入“管理费用”科目，借记“管理费用”科目，贷记本科目（费用化支出）。

四、本科目期末借方余额，反映企业正在进行无形资产研究开发项目满足资本化条件的支出。

1.6 损益类会计科目使用规则

损益类会计科目表如表 1-6 所示。

表 1-6 损益类会计科目表

序号	编号	会计科目名称	会计科目适用范围
144	6001	主营业务收入	
145	6011	利息收入	金融共用
146	6021	手续费收入	金融共用
147	6031	保费收入	保险专用
148	6041	租赁收入	租赁专用
149	6051	其他业务收入	
150	6061	汇兑损益	金融专用
151	6101	公允价值变动损益	
152	6111	投资收益	
153	6115	资产处置损益	
154	6117	其他收益	
155	6201	摊回保险责任准备金	保险专用
156	6202	摊回赔付支出	保险专用
157	6203	摊回分保费用	保险专用
158	6301	营业外收入	
159	6401	主营业务成本	
160	6402	其他业务成本	
161	6403	税金及附加	
162	6411	利息支出	金融共用
163	6421	手续费支出	金融共用
164	6501	提取未到期责任准备金	保险专用

续表

序号	编号	会计科目名称	会计科目适用范围
165	6502	提取保险责任准备金	保险专用
166	6511	赔付支出	保险专用
167	6521	保单红利支出	保险专用
168	6531	退保金	保险专用
169	6541	分出保费	保险专用
170	6542	分保费用	保险专用
171	6601	销售费用	
172	6602	管理费用	
173	6603	财务费用	
174	6604	勘探费用	石油天然气开采专用
175	6701	资产减值损失	
176	6702	信用减值损失	
177	6711	营业外支出	
178	6801	所得税费用	
179	6901	以前年度损益调整	
180	企业自行设置	套期损益	
181	企业自行设置	净敞口套期损益	

1.6.1 主营业务收入（6001）

一、本科目核算企业确认的销售商品、提供服务等主营业务的收入。

二、本科目可按主营业务的种类进行明细核算。

三、主营业务收入的主要账务处理。

（一）企业在履行了合同中的单项履约义务时，应按照已收或应收的合同价款，加上应收取的增值税额，借记“银行存款”“应收账款”“应收票据”“合同资产”等科目，按应确认的收入金额，贷记本科目，按应收取的增值税额，贷记“应交税费——应交增值税（销项税额）”“应交税费——待转销项税额”等科目。

（二）合同中存在企业为客户提供重大融资利益的，企业应按照应收合同价款，借记“长期应收款”等科目，按照假定客户在取得商品控制权时即以现金支付而需支付的金额（即现销价格）确定的交易价格，贷记本科目，按其差额，贷记“未实现融资收益”科目；合同中存在客户为企业提供重大融资利益的，企业应按照已收合同价款，借记“银行存款”等科目，按照假定客户在取得商品控制权时即以现金支付的应付金额（即现销价格）确定的交易价格，贷记“合同负债”等科目，按其差额，借记“未确认融资费用”科目。涉及增值税的，还应进行相应的处理。

（三）企业收到的对价为非现金资产时，应按该非现金资产在合同开始日的公允价值，借记“存货”“固定资产”“无形资产”等有关科目，贷记本科目。涉及增值税的，还应进行相应的处理。

四、期末，应将本科目的余额转入“本年利润”科目，结转后本科目应无余额。

1.6.2 其他业务收入（6051）

一、本科目核算企业确认的除主营业务活动以外的其他经营活动实现的收入，包括出租固定资产、出租无形资产、出租包装物和商品、销售材料、用材料进行非货币性交换（非货币性资产交换具有商业实质且公允价值能够可靠计量）或债务重组等实现的收入。企业（保险）经营受托管理业务收取的管理费收入，也通过本科目核算。

二、本科目可按其他业务的种类进行明细核算。

三、其他业务收入的主要账务处理。

企业确认其他业务收入的主要账务处理参见“主营业务收入”科目。

四、期末，应将本科目余额转入“本年利润”科目，结转后本科目应无余额。

1.6.3 公允价值变动损益（6101）

一、本科目核算企业交易性金融资产、交易性金融负债，以及采用公允价值模式计量的投资性房地产、衍生工具、套期保值业务等公允价值变动形成的应计入当期损益的利得或损失。

指定为以公允价值计量且其变动计入当期损益的金融资产或金融负债因公允价值变动形成的应计入当期损益的利得或损失，也在本科目核算。

企业开展套期保值业务的，有效套期关系中套期工具或被套期项目的公允价值变动，也可以单独设置“套期损益”科目核算。

二、本科目可按交易性金融资产、交易性金融负债、投资性房地产等进行明细核算。

三、公允价值变动损益的主要账务处理。

（一）资产负债表日，企业应按交易性金融资产的公允价值高于其账面余额的差额，借记“交易性金融资产——公允价值变动”科目，贷记本科目；公允价值低于其账面余额的差额做相反的会计分录。

出售交易性金融资产时，应按实际收到的金额，借记“银行存款”“存放中央银行款项”等科目，按该金融资产的账面余额，贷记“交易性金融资产”科目，按其差额，借记或贷记“投资收益”科目。同时，将原计入该金融资产的公允价值变动转出，借记或贷记本科目，贷记或借记“投资收益”科目。

（二）资产负债表日，交易性金融负债的公允价值高于其账面余额的差额，借记本科目，贷记“交易性金融负债”等科目；公允价值低于其账面余额的差额做相反的会计分录。

处置交易性金融负债时，应按该金融负债的账面余额，借记“交易性金融负债”科目，按实际支付的金额，贷记“银行存款”“存放中央银行款项”“结算备付金”等科目，按其差额，贷记或借记“投资收益”科目。同时，按该金融负债的公允价值变动，贷记或借记本科目，借记或贷记“投资收益”科目。

（三）采用公允价值模式计量的投资性房地产、衍生工具、套期工具、被套期项目等形成的公允价值变动，按照“投资性房地产”“衍生工具”“套期工具”“被套期项目”等科目的相关规定进行处理。

四、期末，应将本科目余额转入“本年利润”科目，结转后本科目应无余额。

1.6.4 投资收益（6111）

一、本科目核算企业确认的投资收益或投资损失。企业（金融）债券投资持有期间取得的利息收入，在“利息收入”科目核算。

二、本科目可按投资项目进行明细核算。

三、投资收益的主要账务处理。

（一）长期股权投资采用成本法核算的，企业应按被投资单位宣告发放的现金股利或利润中属于本企业的部分，借记“应收股利”科目，贷记本科目；属于被投资单位在取得本企业投资前实现净利润的分配额，应作为投资成本的收回，借记“应收股利”等科目，贷记“长期股权投资”科目。

长期股权投资采用权益法核算的，应按被投资单位实现的净利润或经调整的净利润计算应享有的份额，借记“长期股权投资——损益调整”科目，贷记本科目。被投资单位发生净亏损的，比照“长期股权投资”科目的相关规定进行处理。

处置长期股权投资时，应按实际收到的金额，借记“银行存款”等科目，按其账面余额，贷记“长期股权投资”科目，按尚未领取的现金股利或利润，贷记“应收股利”科目，按其差额，贷记或借记本科目。已计提减值准备的，还应同时结转减值准备。

处置采用权益法核算的长期股权投资，除上述规定外，还应结转原计入资本公积的相关金额，借记或贷记“资本公积——其他资本公积”科目，贷记或借记本科目。

（二）企业持有的金融资产和金融负债在投资期间取得的投资收益，借记“应收利息”等科目，贷记“投资收益”科目。

在处置以公允价值计量且其变动计入其他综合收益的金融资产时，应将其他综合收益转出，计入投资收益。

四、期末，应将本科目余额转入“本年利润”科目，本科目结转后应无余额。

1.6.5 资产处置损益（6115）

一、本科目核算企业出售划分为持有待售的非流动资产（金融工具、长期股权投资和投资性房地产除外）或处置组（子公司和业务除外）时确认的处置利得或损失，以及处置未划分为持有待售的固定资产、在建工程、生产性生物资产及无形资产而产生的处置利得或损失。

二、本科目按照处置的资产类别或处置组进行明细核算。

三、债务重组中因处置非流动资产产生的利得或损失和非货币性资产交换中换出非流动资产产生的利得或损失也在本科目核算。企业处置持有待售的非流动资产或处置组时，按处置过程中收到的价款，借记“银行存款”等科目，按相关负债的账面余额，借记“持有待售负债”科目，按相关资产的账面余额，贷记“持有待售资产”科目，按其差额借记或贷记本科目，已计提减值准备的，还应同时结转已计提的减值准备；按处置过程中发生的相关税费，借记本科目，贷记“银行存款”“应交税费”等科目。

四、期末，应将本科目余额转入“本年利润”科目，本科目结转后应无余额。

1.6.6 其他收益（6117）

一、本科目核算总额法下与日常活动相关的政府补助以及其他与日常活动相关且应直接记入本科目的项目。

二、记入本科目的政府补助可以按照类型进行明细核算。

三、对于总额法下与日常活动相关的政府补助，企业在实际收到或应收时，或者将先确认为“递延收益”的政府补助分摊计入收益时，借记“银行存款”“其他应收款”“递延收益”等科目，贷记“其他收益”科目。

四、期末，应将本科目余额转入“本年利润”科目，本科目结转后应无余额。

1.6.7 营业外收入（6301）

一、本科目核算企业发生的各项营业外收入，主要包括非流动资产处置利得、非货币性资产交换利得、债务重组利得、政府补助、盘盈利得、捐赠利得等。

二、本科目可按营业外收入项目进行明细核算。

三、企业确认处置非流动资产利得、非货币性资产交换利得、债务重组利得，比照“固定资产清理”“无形资产”“原材料”“库存商品”“应付账款”等科目的相关规定进行处理。

企业固定资产因报废毁损等原因而终止确认时，先结转固定资产原值和已提累计折旧额，借记“固定资产清理”“累计折旧”科目，贷记“固定资产”科目；收到双方协议价款，借记“银行存款”科目，贷记“固定资产清理”科目；最后结转清理损益，若转出价款高于固定资产账面净值，借记“固定资产清理”科目，贷记“营业外收入”科目。

确认的政府补助利得，借记“银行存款”“其他应收款”等科目，贷记本科目。

四、期末，应将本科目余额转入“本年利润”科目，结转后本科目应无余额。

1.6.8 主营业务成本（6401）

一、本科目核算企业确认销售商品、提供服务等主营业务收入时应结转的成本。

二、本科目可按主营业务的种类进行明细核算。

三、主营业务成本的主要账务处理。

（一）期末，企业应根据本期销售各种商品、提供各种服务等实际成本，计算应结转的主营业务成本，借记本科目，贷记“库存商品”“合同履约成本”等科目。

（二）采用计划成本或售价核算库存商品的，平时的营业成本按计划成本或售价结转，月末，还应结转本月销售商品应分摊的产品成本差异或商品进销差价。

四、期末，应将本科目的余额转入“本年利润”科目，结转后本科目应无余额。

1.6.9 其他业务成本（6402）

一、本科目核算企业确认的除主营业务活动以外的其他经营活动所发生的支出，包括销售材料的成本、出租固定资产的折旧额、出租无形资产的摊销额、出租包装物的成本或摊销额等。

除主营业务活动以外的其他经营活动发生的相关税费，在“税金及附加”科目核算。采用成本模式计量投资性房地产的，投资性房地产计提的折旧额或摊销额，也通过本科目核算。

二、本科目可按其他业务成本的种类进行明细核算。

三、企业发生的其他业务成本，借记本科目，贷记“原材料”“周转材料”等科目。

四、期末，应将本科目余额转入“本年利润”科目，结转后本科目应无余额。

1.6.10 税金及附加（6403）

一、本科目核算企业经营活动发生的消费税、城市维护建设税、资源税、教育费附加、房产税、城镇土地使用税、车船税、印花税等相关税费。

二、企业按规定计算确定的与经营活动相关的税费，借记本科目，贷记“应交税费”科目。

三、期末，应将本科目余额转入“本年利润”科目，结转后本科目应无余额。

1.6.11 销售费用（6601）

一、本科目核算企业销售商品和材料、提供劳务的过程中发生的各种费用，包括保险费、包装费、展览费和广告费、商品维修费、预计产品质量保证损失、运输费、装卸费等，以及为销售本企业商品而专设的销售机构（含销售网点、售后服务网点等）的职工薪酬、业务费、折旧费等经营费用。

企业发生的与专设销售机构相关的固定资产修理费用等后续支出，也在本科目核算。

企业（金融）应将本科目改为“6601 业务及管理费”科目，核算企业（金融）在业务经营和管理过程中所发生的各项费用，包括折旧费、业务宣传费、业务招待费、电子设备运转费、钞币运送费、安全防范费、邮电费、劳动保护费、外事费、印刷费、低值易耗品摊销、职工工资及福利费、差旅费、水电费、职工教育经费、工会经费、会议费、诉讼费、公证费、咨询费、无形资产摊销、长期待摊费用摊销、取暖降温费、聘请中介机构费、技术转让费、绿化费、董事会费、财产保险费、劳动保险费、待业保险费、住房公积金、物业管理费、研究费用、提取保险保障基金等。

企业（金融）不应设置“管理费用”科目。

二、本科目可按费用项目进行明细核算。

三、销售费用的主要账务处理。

（一）企业在销售商品过程中发生的包装费、保险费、展览费和广告费、运输费、装卸费等费用，借记本科目，贷记“库存现金”“银行存款”等科目。

（二）发生的为销售本企业商品而专设的销售机构的职工薪酬、业务费等经营费用，借记本科目，贷记“应付职工薪酬”“银行存款”“累计折旧”等科目。

四、期末，应将本科目余额转入“本年利润”科目，结转后本科目应无余额。

1.6.12 管理费用（6602）

一、本科目核算企业为组织和管理企业生产经营所发生的管理费用，包括企业在筹建期间内发生的开办费、董事会和行政管理部门在企业的经营管理中发生的或者应由企业统一负担的公司经费（包括行政管理部门职工工资及福利费、物料消耗、低值易耗品摊销、办公费和差旅费等）、工会经费、董事会费（包括董事会成员津贴、会议费和差旅费等）、聘请中介机构费、咨询费（含顾问费）、诉讼费、业务招待费、技术转让费、矿产资源补偿费、研究费用、排污费等。

企业（商品流通）管理费用不多的，可不设置本科目，本科目的核算内容可并入“销售费用”科目核算。

企业生产车间（部门）和行政管理部门等发生的固定资产修理费用等后续支出，也在本科目核算。

二、本科目可按费用项目进行明细核算。

三、管理费用的主要账务处理。

（一）企业在筹建期间内发生的开办费，包括人员工资、办公费、培训费、差旅费、印刷费、注册登记费以及不计入固定资产成本的借款费用等，在实际发生时，借记本科目（开办费），贷记“银行存款”等科目。

（二）行政管理部门人员的职工薪酬，借记本科目，贷记“应付职工薪酬”科目。

（三）行政管理部门计提的固定资产折旧，借记本科目，贷记“累计折旧”科目。发生的办公费、水电费、业务招待费、聘请中介机构费、咨询费、诉讼费、技术转让费、研究费用，借记本科目，贷记“银行存款”“研发支出”等科目。

四、期末，应将本科目的余额转入“本年利润”科目，结转后本科目应无余额。

1.6.13 财务费用（6603）

一、本科目核算企业为筹集生产经营所需资金等而发生的筹资费用，包括利息支出（减利息收入）、汇兑损益以及相关的手续费、企业发生的现金折扣或收到的现金折扣等。

为购建或生产满足资本化条件的资产发生的应予资本化的借款费用，在“在建工程”“制造费用”等科目核算。

二、本科目可按费用项目进行明细核算。

三、企业发生的财务费用，借记本科目，贷记“银行存款”“未确认融资费用”等科目。发生的应冲减财务费用的利息收入、汇兑损益、现金折扣，借记“银行存款”“应付账款”等科目，贷记本科目。

四、期末，应将本科目余额转入“本年利润”科目，结转后本科目应无余额。

1.6.14 资产减值损失（6701）

一、本科目核算企业计提各项资产减值准备所形成的损失。

二、本科目可按资产减值损失的项目进行明细核算。

三、企业的应收款项、存货、长期股权投资、债权投资、固定资产、无形资产、贷款等资产发生减值的，按应减记的金额，借记本科目，贷记“坏账准备”“存货跌价准备”“长期股权投资减值准备”“债权投资减值准备”“固定资产减值准备”“无形资产减值准备”等科目。

在建工程、工程物资、生产性生物资产、商誉、抵债资产、损余物资、采用成本模式计量的投资性房地产等资产发生减值的，应当设置相应的减值准备科目，比照上述规定进行处理。

四、企业计提坏账准备、存货跌价准备、债权投资减值准备、贷款损失准备等，相关资产的价值又得以恢复的，应在原已计提的减值准备金额内，按恢复增加的金额，借记“坏账准备”“存货跌价准备”“债权投资减值准备”等科目，贷记本科目。

五、期末，应将本科目余额转入“本年利润”科目，结转后本科目应无余额。

1.6.15 信用减值损失（6702）

本科目核算企业计提《企业会计准则第 22 号——金融工具确认和计量》要求的各项金融工具减值准备所形成的预期信用损失。

1.6.16 营业外支出（6711）

一、本科目核算企业发生的各项营业外支出，包括非流动资产处置损失、非货币性资产交换损失、债务重组损失、公益性捐赠支出、非常损失、盘亏损失等。

二、本科目可按支出项目进行明细核算。

三、企业确认处置非流动资产损失、非货币性资产交换损失、债务重组损失的，比照“固定资产清理”“无形资产”“原材料”“库存商品”“应付账款”等科目的相关规定进行处理。盘亏、毁损的资产发生的净损失，按管理权限报经批准后，借记本科目，贷记“待处理财产损溢”科目。

四、期末，应将本科目余额转入“本年利润”科目，结转后本科目应无余额。

1.6.17 所得税费用（6801）

一、本科目核算企业确认的应从当期利润总额中扣除的所得税费用。

二、本科目可按“当期所得税费用”“递延所得税费用”进行明细核算。

三、所得税费用的主要账务处理。

（一）资产负债表日，企业按照税法规定计算确定的当期应交所得税，借记本科目（当期所得税费用），贷记“应交税费——应交所得税”科目。

（二）资产负债表日，根据递延所得税资产的应有余额大于“递延所得税资产”科目余额的差额，借记“递延所得税资产”科目，贷记本科目（递延所得税费用）、“资本公积——其他资本公积”等科目；递延所得税资产的应有余额小于“递延所得税资产”科目余额的差额做相反的会计分录。

企业应予确认的递延所得税负债，应当比照上述原则调整本科目、“递延所得税负债”科目及有关科目。

四、期末，应将本科目的余额转入“本年利润”科目，结转后本科目应无余额。

1.6.18 以前年度损益调整（6901）

一、本科目核算企业本年度发生的调整以前年度损益的事项，以及本年度发现的重要前期差错更正涉及调整以前年度损益的事项。企业在资产负债表日至财务报告批准报出日之间发生的需要调整报告年度损益的事项，也可以通过本科目核算。

二、以前年度损益调整的主要账务处理。

（一）企业调整增加以前年度利润或减少以前年度亏损的，借记有关科目，贷记本科目；调整减少以前年度利润或增加以前年度亏损做相反的会计分录。

（二）由于以前年度损益调整增加的所得税费用，借记本科目，贷记“应交税费——应交所得税”等科目；由于以前年度损益调整减少的所得税费用做相反的会计分录。

（三）经上述调整后，应将本科目的余额转入“利润分配——未分配利润”科目。本科目如为贷方余额，借记本科目，贷记“利润分配——未分配利润”科目；如为借方余额，做相反的会计分录。

三、本科目结转后应无余额。

1.6.19 套期损益

一、本科目核算套期工具和被套期项目价值变动形成的利得和损失。

二、本科目可按套期关系进行明细核算。

三、套期损益的主要账务处理。

（一）资产负债表日，对于公允价值套期，应当按照套期工具产生的利得，借记“套期工具”科目，贷记本科目；套期工具产生损失的做相反的会计分录。对于现金流量套期，套期工具的利得中属于套期无效的部分，借记“套期工具”科目，贷记本科目；套期工具的损失中属于套期无效的部分，做相反的会计分录。

（二）资产负债表日，对于公允价值套期，应当按照被套期项目因被套期风险敞口形成的利得，借记“被套期项目”科目，贷记本科目；被套期项目因被套期风险敞口形成的损失做相反的会计分录。

四、期末，应当将本科目余额转入“本年利润”科目，结转后本科目应无余额。

1.6.20 净敞口套期损益

一、本科目核算净敞口套期下被套期项目累计公允价值变动转入当期损益的金额或现金流量套期储备转入当期损益的金额。

二、本科目可按套期关系进行明细核算。

三、净敞口套期损益的主要账务处理。

（一）对于净敞口公允价值套期，应当在被套期项目影响损益时将被套期项目因被套期风险敞口形成的累计利得或损失转出，贷记或借记“被套期项目”等科目，借记或贷记本科目。

（二）对于净敞口现金流量套期，应当在将相关现金流量套期储备转入当期损益时，借记或贷记“其他综合收益——套期储备”科目，贷记或借记本科目；将相关现金流量套期储备转入资产或负债的，当资产和负债影响损益时，借记或贷记资产（或其备抵）科目、负债科目，贷记或借记本科目。

四、期末，应当将本科目余额转入“本年利润”科目，结转后本科目应无余额。

1.7 金融企业专用科目使用规则

1.7.1 存放中央银行款项（1003）

一、本科目核算企业（银行）存放于中国人民银行（以下简称“中央银行”）的各种款项，包括业务资金的调拨、办理同城票据交换和异地跨系统资金汇划、提取或缴存现金等。企业（银行）按规定缴存的法定准备金和超额准备金存款，也通过本科目核算。

二、本科目可按存放款项的性质进行明细核算。

三、企业增加在中央银行的存款，借记本科目，贷记“吸收存款”“清算资金往来”等科目；减少在中央银行的存款做相反的会计分录。

四、本科目期末借方余额，反映企业（银行）存放在中央银行的各种款项金额。

1.7.2 存放同业（1011）

一、本科目核算企业（银行）存放于境内、境外银行和非银行金融机构的款项。企业（银行）存放在中央银行的款项，在“存放中央银行款项”科目核算。

二、本科目可按存放款项的性质和存放的金融机构进行明细核算。

三、企业增加在同业的存款，借记本科目，贷记“存放中央银行款项”等科目；减少在同业的存款做相反的会计分录。

四、本科目期末借方余额，反映企业（银行）存放在同业的各种款项。

1.7.3 结算备付金（1021）

一、本科目核算企业（证券）为证券交易的资金清算与交收而存入指定清算代理机构的款项。企业（证券）向客户收取的结算手续费、向证券交易所支付的结算手续费，也通过本科目核算。企业（证券）因证券交易与清算代理机构办理资金清算的款项等，可以单独设置“证券清算款”科目。

二、本科目可按清算代理机构，分别按“自有”“客户”等进行明细核算。

三、结算备付金的主要账务处理。

（一）企业将款项存入清算代理机构，借记本科目，贷记“银行存款”等科目；从清算代理机构划回资金做相反的会计分录。

（二）接受客户委托，买入证券成交总额大于卖出证券成交总额的，应按买卖证券成交价的差额加上代扣代缴的相关税费和应向客户收取的佣金等后的金额，借记“代理买卖证券款”等科目，贷记本科目（客户）、“银行存款”等科目。按企业应负担的交易费用，借记“手续费及佣金支出”科目，按应向客户收取的手续费及佣金，贷记“手续费及佣金收入”科目，按其差额，借记本科目（自有）、“银行存款”等科目。接受客户委托，卖出证券成交总额大于买入证券成交总额的，应按买卖证券成交价的差额减去代扣代缴的相关税费和应向客户收取的佣金等后的余额，借记本科目（客户）、“银行存款”等科目，贷记“代理买卖证券款”等科目。按企业应负担的交易费用，借记“手续费及佣金支出”科目，按应向客户收取的手续费及佣金，贷记“手续费及佣金收入”科目，按其差额，借记本科目（自有）、“银行存款”等科目。

（三）在证券交易所进行自营证券交易的，应在取得时根据持有证券的意图等对其进行分类，比照“交易性金融资产”“债权投资”“其他债权投资”等科目的相关规定进行处理。

四、本科目期末借方余额，反映企业存在指定清算代理机构的款项。

1.7.4　存出保证金（1031）

一、本科目核算企业（金融）因办理业务需要存出或缴纳的各种保证金款项。

二、本科目可按保证金的类别以及存放单位或交易场所进行明细核算。

三、企业存出保证金，借记本科目，贷记“银行存款”“存放中央银行款项”“结算备付金”“应收分保账款”等科目；减少或收回保证金时做相反的会计分录。

四、本科目期末借方余额，反映企业存出或缴纳的各种保证金余额。

1.7.5　买入返售金融资产（1111）

一、本科目核算企业（金融）按照返售协议约定先买入，再按固定价格返售的票据、证券、贷款等金融资产所融出的资金。

二、本科目可按买入返售金融资产的类别和融资方进行明细核算。

三、买入返售金融资产的主要账务处理。

（一）企业根据返售协议买入金融资产，应按实际支付的金额，借记本科目，贷记“存放中央银行款项”“结算备付金”“银行存款”等科目。

（二）资产负债表日，按照计算确定的买入返售金融资产的利息收入，借记“应收利息”科目，贷记“利息收入”科目。

（三）返售日，应按实际收到的金额，借记“存放中央银行款项”“结算备付金”“银行存款”等科目，按其账面余额，贷记本科目、“应收利息”科目，按其差额，贷记“利息收入”科目。

四、本科目期末借方余额，反映企业买入的尚未到期返售金融资产的摊余成本。

1.7.6　应收代位追偿款（1201）

一、本科目核算企业（保险）按照原保险合同约定承担赔付保险金责任后确认的代位追偿款。

二、本科目可按被追偿单位（或个人）进行明细核算。

三、应收代位追偿款的主要账务处理。

（一）企业承担赔付保险金责任后确认的代位追偿款，借记本科目，贷记“赔付支出”科目。

（二）收回应收代位追偿款时，按实际收到的金额，借记“库存现金”“银行存款”等科目，按其账面余额，贷记本科目，按其差额，借记或贷记“赔付支出”科目。已计提坏账准备的，还应同时结转坏账准备。

四、本科目期末借方余额，反映企业已确认尚未收回的代位追偿款。

1.7.7　应收分保账款（1211）

一、本科目核算企业（保险）从事再保险业务应收取的款项。

二、本科目可按再保险分出人或再保险接受人和再保险合同进行明细核算。

三、再保险分出人应收分保账款的主要账务处理。

（一）企业在确认原保险合同保费收入的当期，按相关再保险合同约定计算确定的应向再保险接受人摊回的分保费用，借记本科目，贷记“摊回分保费用”科目。

（二）在确定支付赔付款项金额或实际发生理赔费用而冲减原保险合同相应未决赔款准备金、寿险责任准备金、长期健康险责任准备金余额的当期，按相关再保险合同约定计算确定的应向再保险接受人摊回的赔付成本金额，借记本科目，贷记“摊回赔付支出”科目。

（三）在因取得和处置损余物资、确认和收到应收代位追偿款等而调整原保险合同赔付成本的当期，按相关再保险合同约定计算确定的摊回赔付支出的调整金额，借记或贷记“摊回赔付支出”科目，贷记或借记本科目。

（四）计算确定应向再保险接受人收取纯益手续费的，按相关再保险合同约定计算确定的纯益手续费，借记本科目，贷记“摊回分保费用”科目。

（五）在原保险合同提前解除的当期，按相关再保险合同约定计算确定的摊回分保费用的调整金额，借记“摊回分保费用”科目，贷记本科目。

（六）对于超额赔款再保险等非比例再保险合同，在能够计算确定应向再保险接受人摊回的赔付成本时，按摊回的赔付成本金额，借记本科目，贷记“摊回赔付支出”科目。

四、再保险接受人应收分保账款的主要账务处理。

（一）企业确认再保险合同保费收入时，借记本科目，贷记“保费收入”科目。

（二）收到分保业务账单时，按账单标明的金额对分保费收入进行调整，按调整增加额，借记本科目，贷记“保费收入”科目；按调整减少额做相反的会计分录。

按照账单标明的再保险分出人扣存本期分保保证金，借记“存出保证金”科目，贷记本科目。按账单标明的再保险分出人返还上期扣存分保保证金，借记本科目，贷记“存出保证金”科目。

（三）计算存出分保保证金利息，借记本科目，贷记“利息收入”科目。

五、再保险分出人、再保险接受人结算分保账款时，按应付分保账款金额，借记“应付分保账款”科目，按应收分保账款金额，贷记本科目，按其差额，借记或贷记“银行存款”科目。

六、本科目期末借方余额，反映企业从事再保险业务应收取的款项金额。

1.7.8 应收分保合同准备金（1212）

一、本科目核算企业（再保险分出人）从事再保险业务确认的应收分保未到期责任准备金，以及应向再保险接受人摊回的保险责任准备金。

企业（再保险分出人）可以单独设置“应收分保未到期责任准备金”“应收分保未决赔款准备金”“应收分保寿险责任准备金”“应收分保长期健康险责任准备金”等科目。

二、本科目可按再保险接受人和再保险合同进行明细核算。

三、应收分保合同准备金的主要账务处理。

（一）企业在确认非寿险原保险合同保费收入的当期，按相关再保险合同约定计算确定的应收分保未到期责任准备金金额，借记本科目，贷记“提取未到期责任准备金”科目。

资产负债表日，调整原保险合同未到期责任准备金余额，按相关再保险合同约定计算确定的应收分保未到期责任准备金的调整金额，借记“提取未到期责任准备金”科目，贷记本科目。

（二）在提取原保险合同未决赔款准备金、寿险责任准备金、长期健康险责任准备金的当期，按相关再保险合同约定计算确定的应向再保险接受人摊回的保险责任准备金金额，借记本科目，贷记“摊回保险责任准备金”科目。

（三）在确定支付赔付款项金额或实际发生理赔费用而冲减原保险合同相应未决赔款准备金、寿险责任准备金、长期健康险责任准备金余额的当期，按相关应收分保保险责任准备金的相应冲减金额，借记“摊回保险责任准备金”科目，贷记本科目。

（四）在对原保险合同未决赔款准备金、寿险责任准备金、长期健康险责任准备金进行充足性测试补提保险责任准备金时，按相关再保险合同约定计算确定的应收分保保险责任准备金的相应增加额，借记本科目，贷记“摊回保险责任准备金”科目。

（五）在原保险合同提前解除而转销相关未到期责任准备金余额的当期，借记“提取未到期责任准备金”科目，贷记本科目。在原保险合同提前解除而转销相关寿险责任准备金、长期健康险责任准备金余额的当期，按相关应收分保保险责任准备金余额，借记“摊回保险责任准备金”科目，贷记本科目。

四、本科目期末借方余额，反映企业从事再保险业务确认的应收分保合同准备金余额。

1.7.9　应收保户储金（1213）

一、本科目核算企业（保险）应向投保人收取但尚未收到的以储金利息作为保费收入的储金，以及投资型保险业务的投资本金，专用于保险行业。预收投保人储金和投资本金，也在本科目核算。

二、本科目应当按照投保人和险种进行明细核算。

三、应收保户储金的主要账务处理。

（一）企业应收投保人储金或投资本金时，借记本科目，贷记“保户储金”科目。收到投保人储金或投资本金时，借记“银行存款”“库存现金”等科目，贷记本科目。

（二）预收投保人储金或投资本金时，借记“银行存款”“库存现金”等科目，贷记本科目。转作保户储金或投资本金时，借记本科目，贷记“保户储金”科目。

四、本科目期末借方余额，反映企业尚未收取的储金或投资本金金额。

1.7.10　贴现资产（1301）

一、本科目核算企业（银行）办理商业票据的贴现、转贴现等业务所融出的资金。企业（银行）买入的即期外币票据，也通过本科目核算。

二、本科目可按贴现类别和贴现申请人进行明细核算。

三、贴现资产的主要账务处理。

（一）企业办理贴现时，按贴现票面金额，借记本科目（面值），按实际支付的金额，贷记“存放中央银行款项”“吸收存款”等科目，按其差额，贷记本科目（利息调整）。

（二）资产负债表日，按计算确定的贴现利息收入，借记本科目（利息调整），贷记“利息收入”科目。

（三）贴现票据到期，应按实际收到的金额，借记“存放中央银行款项”“吸收存款”等科目，按贴现的票面金额，贷记本科目（面值），按其差额，贷记“利息收入”科目。存在利息调整金额的，也应同时结转。

四、本科目期末借方余额，反映企业办理的贴现、转贴现等业务融出的资金金额。

1.7.11　拆出资金（1302）

一、本科目核算企业（金融）拆放给境内、境外其他金融机构的款项。

二、本科目可按拆放的金融机构进行明细核算。

三、企业拆出的资金，借记本科目，贷记“存放中央银行款项”“银行存款”等科目；收回资金时做相反的会计分录。

四、本科目期末借方余额，反映企业按规定拆放给其他金融机构的款项的金额。

1.7.12 贷款（1303）

一、本科目核算企业（银行）按规定发放的各种客户贷款，包括质押贷款、抵押贷款、保证贷款、信用贷款等。企业（银行）按规定发放的具有贷款性质的银团贷款、贸易融资、协议透支、信用卡透支、转贷款以及垫款等，在本科目核算；也可以单独设置“银团贷款”“贸易融资”“协议透支”“信用卡透支”“转贷款”“垫款”等科目。

企业（保险）的保户质押贷款，可将本科目改为“1303 保户质押贷款”科目。企业（典当）的质押贷款、抵押贷款，可将本科目改为“1303 质押贷款”“1305 抵押贷款”科目。企业委托银行或其他金融机构向其他单位贷出的款项，可将本科目改为“1303 委托贷款”科目。

二、本科目可按贷款类别、客户，分别按“本金”“利息调整”“已减值”等进行明细核算。

三、贷款的主要账务处理。

（一）企业发放的贷款，应按贷款的合同本金，借记本科目（本金），按实际支付的金额，贷记“吸收存款”“存放中央银行款项”等科目，有差额的，借记或贷记本科目（利息调整）。

资产负债表日，应按贷款的合同本金和合同利率计算确定的应收未收利息，借记“应收利息”科目，按贷款的摊余成本和实际利率计算确定的利息收入，贷记“利息收入”科目，按其差额，借记或贷记本科目（利息调整）。合同利率与实际利率差异较小的，也可以采用合同利率计算确定利息收入。

收回贷款时，应按客户归还的金额，借记“吸收存款”“存放中央银行款项”等科目，按收回的应收利息金额，贷记“应收利息”科目，按归还的贷款本金，贷记本科目（本金），按其差额，贷记“利息收入”科目。存在利息调整余额的，还应同时结转。

（二）资产负债表日，确定贷款发生减值的，按应减记的金额，借记“信用减值损失”科目，贷记“贷款损失准备”科目。同时，应将本科目（本金、利息调整）余额转入本科目（已减值），借记本科目（已减值），贷记本科目（本金、利息调整）。

资产负债表日，应按贷款的摊余成本和实际利率计算确定的利息收入，借记“贷款损失准备”科目，贷记“利息收入”科目。同时，将按合同本金和合同利率计算确定的应收利息金额进行表外登记。

收回减值贷款时，应按实际收到的金额，借记“吸收存款”“存放中央银行款项”等科目，按相关贷款损失准备余额，借记“贷款损失准备”科目，按相关贷款余额，贷记本科目（已减值），按其差额，贷记“信用减值损失”科目。

对于确实无法收回的贷款，按管理权限报经批准后作为呆账予以转销，借记“贷款损失准备”科目，贷记本科目（已减值）。按管理权限报经批准后转销表外应收未收利息，减少表外“应收未收利息”科目金额。

已确认并转销的贷款以后又收回的，按原转销的已减值贷款余额，借记本科目（已减值），贷记“贷款损失准备”科目。按实际收到的金额，借记“吸收存款”“存放中央银行款项”等科目，按原转销的已减值贷款余额，贷记本科目（已减值），按其差额，贷记“信用减值损失”科目。

四、本科目期末借方余额，反映企业按规定发放尚未收回贷款的摊余成本。

1.7.13 贷款损失准备（1304）

一、本科目核算企业（银行）贷款的减值准备。计提贷款损失准备的资产包括贴现资产、拆出资金、客户贷款、银团贷款、贸易融资、协议透支、信用卡透支、转贷款和垫款等。

企业（保险）的保户质押贷款计提的减值准备，也在本科目核算。企业（典当）的质押贷款、抵押贷款计提的减值准备，也在本科目核算。

企业委托银行或其他金融机构向其他单位贷出的款项计提的减值准备，可将本科目改为“1304委托贷款损失准备”科目。

二、本科目可按计提贷款损失准备的资产类别进行明细核算。

三、贷款损失准备的主要账务处理。

（一）资产负债表日，贷款发生减值的，按应减记的金额，借记“信用减值损失”科目，贷记本科目。

（二）对于确实无法收回的各项贷款，按管理权限报经批准后转销各项贷款，借记本科目，贷记“贷款”“贴现资产”“拆出资金”等科目。

（三）已计提贷款损失准备的贷款价值以后又得以恢复的，应在原已计提的贷款损失准备金额内，按恢复增加的金额，借记本科目，贷记“信用减值损失”科目。

四、本科目期末贷方余额，反映企业已计提但尚未转销的贷款损失准备。

1.7.14 代理兑付证券（1311）

一、本科目核算企业（证券、银行等）接受委托代理兑付到期的证券。

二、本科目可按委托单位和证券种类进行明细核算。

三、代理兑付证券的主要账务处理。

（一）委托单位尚未拨付兑付资金而由企业垫付的，在收到客户交来的证券时，应按兑付金额，借记本科目，贷记“银行存款”等科目。向委托单位交回已兑付的证券并收回垫付的资金时，借记“银行存款”等科目，贷记本科目。

（二）收到客户交来的无记名证券时，应按兑付金额，借记本科目，贷记“库存现金”“银行存款”等科目。向委托单位交回已兑付证券时，借记“代理兑付证券款”科目，贷记本科目。

四、本科目期末借方余额，反映企业已兑付但尚未收到委托单位兑付资金的证券金额。

1.7.15 代理业务资产（1321）

一、本科目核算企业不承担风险的代理业务形成的资产，包括受托理财业务进行的证券投资和受托贷款等。企业采用收取手续费方式受托代销的商品，可将本科目改为“1321受托代销商品”科目。

二、本科目可按委托单位、资产管理类别（如定向、集合和专项资产管理业务）、贷款对象，分别按“成本”“已实现未结算损益”等进行明细核算。

三、代理业务资产的主要账务处理。

（一）企业收到委托人的资金，应按实际收到的金额，借记“存放中央银行款项”“吸收存款”等科目，贷记“代理业务负债”科目。

（二）以代理业务资金购买证券等，借记本科目（成本），贷记“存放中央银行款项”“结算备付金——客户”“吸收存款”等科目。将购买的证券售出，应按实际收到的金额，借记“存放中央银行款项”“结算备付金——客户”“吸收存款”等科目，按卖出证券应结转的成本，贷记本科目（成本），按其差额，借记或贷记本科目（已实现未结算损益）。定期或在合同到期时与委托客户进行结算，按合同约定比例计算代理业务资产收益，结转已实现未结算损益，借记本科目（已实现未结算损益），贷记“代理业务负债”（委托客户的收益）、“手续费及佣金收入”（本企业的收益）等科目。

（三）发放受托的贷款，应按实际发放的金额，借记本科目（本金），贷记“吸收存款”“银行存款”等科目。收回受托贷款，应按实际收到的金额，借记“吸收存款”“银行存款”等科目，贷记本科目（本金），按其差额，贷记本科目（已实现未结算损益）等。

定期或在合同到期时与委托单位结算，按合同规定比例计算受托贷款收益，结算已实现未结算的收益，借记本科目（已实现未结算损益），贷记“代理业务负债”（委托客户的收益）、“手续费及佣金收入”（本企业的收益）等科目。

（四）收到受托代销的商品，按约定的价格，借记“受托代销商品”科目，贷记“受托代销商品款”科目。售出受托代销商品后，按实际收到或应收的金额，借记“银行存款”“应收账款”等科目，贷记“受托代销商品”科目。计算代销手续费等收入，借记“受托代销商品款”科目，贷记“其他业务收入”科目。结清代销商品款时，借记“受托代销商品款”科目，贷记“银行存款”科目。

四、本科目期末借方余额，反映企业代理业务资产的价值。

1.7.16 贵金属（1431）

一、本科目核算企业（金融）持有的黄金、白银等贵金属存货的成本。企业（金融）为上市交易而持有的贵金属，比照“交易性金融资产”科目进行处理。

二、本科目可按贵金属的类别进行明细核算。

三、贵金属的主要账务处理。

（一）企业购买的贵金属，借记本科目，贷记“存放中央银行款项”等科目。

（二）出售的贵金属，应按实际收到的金额，借记“存放中央银行款项”等科目，贷记“其他业务收入”科目。按其账面余额，借记“其他业务成本”科目，贷记本科目。

四、本科目期末借方余额，反映企业持有贵金属存货的成本。

1.7.17 抵债资产（1441）

一、本科目核算企业（金融）依法取得并准备按有关规定进行处置的实物抵债资产的成本。企业（金融）依法取得并准备按有关规定进行处置的非实物抵债资产（不含股权投资），也通过本科目核算。

二、本科目可按抵债资产类别及借款人进行明细核算。抵债资产发生减值的，可以单独设置“抵债资产跌价准备”科目，比照“存货跌价准备”科目进行处理。

三、抵债资产的主要账务处理。

（一）企业取得的抵债资产，按抵债资产的公允价值，借记本科目，按相关资产已计提的减值准备，借记“贷款损失准备”“坏账准备”等科目，按相关资产的账面余额，贷记“贷款”“应收手续费及佣金”等科目，按应支付的相关税费，贷记“应交税费”科目，按其差额，借记“营业外支出”科目。如为贷方差额，应贷记“信用减值损失”科目。

（二）抵债资产保管期间取得的收入，借记“库存现金”“银行存款”“存放中央银行款项”等科目，贷记“其他业务收入”等科目。保管期间发生的直接费用，借记“其他业务成本”等科目，贷记“库存现金”“银行存款”“存放中央银行款项”等科目。

（三）处置抵债资产时，应按实际收到的金额，借记“库存现金”“银行存款”“存放中央银行款项”等科目，按应支付的相关税费，贷记“应交税费”科目，按其账面余额，贷记本科目，按其差额，贷记“营业外收入”科目或借记“营业外支出”科目。已计提抵债资产跌价准备的，还应同时结转跌价准备。

（四）取得抵债资产后转为自用的，应在相关手续办妥时，按转换日抵债资产的账面余额，借记“固定资产”等科目，贷记本科目。已计提抵债资产跌价准备的，还应同时结转跌价准备。

四、本科目期末借方余额，反映企业取得的尚未处置的实物抵债资产的成本。

1.7.18 损余物资（1451）

一、本科目核算企业（保险）按照原保险合同约定承担赔偿保险金责任后取得的损余物资成本。

二、本科目可按损余物资种类进行明细核算。损余物资发生减值的，可以单独设置“损余物资跌价准备”科目，比照“存货跌价准备”科目进行处理。

三、损余物资的主要账务处理。

（一）企业承担赔偿保险金责任后取得的损余物资，按同类或类似资产的市场价格计算确定的金额，借记本科目，贷记“赔付支出”科目。

（二）处置损余物资时，按实际收到的金额，借记“库存现金”“银行存款”等科目，按其账面余额，贷记本科目，按其差额，借记或贷记“赔付支出”科目。已计提跌价准备的，还应同时结转跌价准备。

四、本科目期末借方余额，反映企业承担赔偿保险金责任后取得的损余物资成本。

1.7.19 存出资本保证金（1541）

一、本科目核算企业（保险）按规定比例缴存的资本保证金。

二、企业存出的资本保证金，借记本科目，贷记“银行存款”等科目。

三、本科目期末借方余额，反映企业缴存的资本保证金金额。

1.7.20 未担保余值（1611）

一、本科目核算企业（租赁）采用融资租赁方式租出资产的未担保余值。

二、本科目可按承租人、租赁资产类别和项目进行明细核算。未担保余值发生减值的，可以单独设置“未担保余值减值准备”科目。

三、未担保余值的主要账务处理。

（一）出租人融资租赁产生的应收租赁款，在租赁期开始日，应按租赁开始日最低租赁收款额与初始直接费用之和，借记“长期应收款”科目，按未担保余值，借记本科目，按融资租赁资产的公允价值（最低租赁收款额和未担保余值的现值之和），贷记“融资租赁资产”科目，按发生的初始直接费用，贷记“银行存款”等科目，按其差额，贷记“未实现融资收益”科目。

（二）租赁期限届满，承租人行使了优惠购买选择权的，企业（租赁）按收到承租人支付的购买价款，借记“银行存款”等科目，贷记“长期应收款”科目。存在未担保余值的，按未担保余值，借记“租赁收入”科目，贷记本科目。

承租人未行使优惠购买选择权，企业（租赁）收到承租人交还的租赁资产，存在未担保余值的，按未担保余值，借记“融资租赁资产”科目，贷记本科目；存在担保余值的，按担保余值，借记“融资租赁资产”科目，贷记“长期应收款”科目。

（三）资产负债表日，确定未担保余值发生减值的，按应减记的金额，借记“资产减值损失”科目，贷记“未担保余值减值准备”科目。未担保余值价值以后又得以恢复的，应在原已计提的未担保余值减值准备金额内，按恢复增加的金额，借记“未担保余值减值准备”科目，贷记“资产减值损失”科目。

四、本科目期末借方余额，反映企业融资租出资产的未担保余值。

1.7.21 独立账户资产（1821）

一、本科目核算企业（保险）确认的独立账户资产价值。

二、本科目应当按照资产类别进行明细核算。

三、独立账户资产的主要账务处理。

（一）在合同分拆的情况下向独立账户划入资金时，借记本科目（银行存款及现金），贷记“独立账户负债”科目。在合同不分拆的情况下向独立账户划入资金时，借记本科目（银行存款及现金）贷记“银行存款”科目。

（二）独立账户进行投资时，借记本科目（交易性金融资产、债权投资等），贷记本科目（银行存款及现金）。

（三）对独立账户投资估值时，按估值增值，借记本科目（估值增减值），贷记“独立账户负债”科目；估值减值的，做相反的会计分录。

（四）对独立账户计提保险费时，借记“银行存款”科目，贷记“保费收入”科目；同时，借记“独立账户负债”科目，贷记本科目（银行存款及现金）。

（五）对独立账户计提账户管理费时，借记“银行存款”科目，贷记“其他业务收入”科目；同时，借记“独立账户负债”科目，贷记本科目（银行存款及现金）。

（六）向投保人支付独立账户资产时，借记“独立账户负债”科目，贷记本科目（银行存款及现金）。

四、本科目期末借方余额，反映企业确认的独立账户资产的价值。

1.7.22 存入保证金（2002）

一、本科目核算企业（金融）收到客户存入的各种保证金，如信用证保证金、承兑汇票保证金、保函保证金、担保保证金等。

二、本科目可按客户进行明细核算。

三、企业收到客户存入的保证金，借记“银行存款”“存放中央银行款项”“应付分保账款”等科目，贷记本科目；向客户归还保证金做相反的会计分录。资产负债表日，应按计算确定的存入保证金利息费用，借记“财务费用”“利息支出”等科目，贷记“银行存款”“存放中央银行款项”等科目。

四、本科目期末贷方余额，反映企业接受存入但尚未返还的保证金。

1.7.23 拆入资金（2003）

一、本科目核算企业（金融）从境内、境外金融机构拆入的款项。

二、本科目可按拆入资金的金融机构进行明细核算。

三、企业应按实际收到的金额，借记“存放中央银行款项”“银行存款”等科目，贷记本科目；归还拆入资金做相反的会计分录。资产负债表日，应按计算确定的拆入资金的利息费用，借记“利息支出”科目，贷记“应付利息”科目。

四、本科目期末贷方余额，反映企业尚未归还的拆入资金余额。

1.7.24 向中央银行借款（2004）

一、本科目核算企业（银行）向中央银行借入的款项。

二、本科目可按借款性质进行明细核算。

三、企业应按实际收到的金额，借记“存放中央银行款项”科目，贷记本科目；归还借款做相反的会计分录。资产负债表日，应按计算确定的向中央银行借款的利息费用，借记“利息支出”科目，贷记“应付利息”科目。

四、本科目期末贷方余额，反映企业尚未归还中央银行借款的余额。

1.7.25 吸收存款（2011）

一、本科目核算企业（银行）吸收的除同业存放款项以外的其他各种存款，包括单位（企业、事业单位、机关、社会团体等）存款、个人存款、信用卡存款、特种存款、转贷款资金和财政性存款等。

二、本科目可按存款类别及存款单位，分别按“本金”“利息调整”等进行明细核算。

三、吸收存款的主要账务处理。

（一）企业收到客户存入的款项，应按实际收到的金额，借记“存放中央银行款项”等科目，贷记本科目（本金），如存在差额，借记或贷记本科目（利息调整）。

（二）资产负债表日，应按摊余成本和实际利率计算确定的存入资金的利息费用，借记“利息支出”科目，按合同利率计算确定的应付未付利息，贷记“应付利息”科目，按其差额，借记或贷记本科目（利息调整）。实际利率与合同利率差异较小的，也可以采用合同利率计算确定利息费用。

（三）支付的存入资金利息，借记“应付利息”科目，贷记本科目，支付的存款本金，借记本科目（本金），贷记“存放中央银行款项”“库存现金”等科目，按应转销的利息调整金额，贷记本科目（利息调整），按其差额，借记“利息支出”科目。

四、本科目期末贷方余额，反映企业吸收的除同业存放款项以外的其他各项存款金额。

1.7.26 同业存放（2012）

一、本科目核算企业（银行）吸收的境内、境外金融机构的存款。

二、本科目可按存放金融机构进行明细核算。

三、企业增加存款，应按实际收到的金额，借记“存放中央银行款项”等科目，贷记本科目；减少存款做相反的会计分录。

四、本科目期末贷方余额，反映企业吸收的同业存放款项金额。

1.7.27 贴现负债（2021）

一、本科目核算企业（银行）办理商业票据的转贴现等业务所融入的资金。

二、本科目可按贴现类别和贴现金融机构，分别按“面值”“利息调整”进行明细核算。

三、贴现负债的主要账务处理。

（一）企业持贴现票据向其他金融机构转贴现的，应按实际收到的金额，借记“存放中央银行款项”等科目，按贴现票据的票面金额，贷记本科目（面值），按其差额，借记本科目（利息调整）。

（二）资产负债表日，按计算确定的利息费用，借记“利息支出”科目，贷记本科目（利息调整）。

（三）贴现票据到期，应按贴现票据的票面金额，借记本科目（面值），按实际支付的金额，贷记“存放中央银行款项”等科目，按其差额，借记“利息支出”科目。存在利息调整的，也应同时结转。

四、本科目期末贷方余额，反映企业办理的转贴现等业务融入的资金。

1.7.28 卖出回购金融资产款（2111）

一、本科目核算企业（金融）按照回购协议先卖出，再按固定价格买入的票据、证券、贷款等金融资产所融入的资金。

二、本科目可按卖出回购金融资产的类别和融资方进行明细核算。

三、卖出回购金融资产款的主要账务处理。

（一）企业根据回购协议卖出票据、证券、贷款等金融资产，应按实际收到的金额，借记“存放中央银行款项”“结算备付金”“银行存款”等科目，贷记本科目。

（二）资产负债表日，按照计算确定的卖出回购金融资产的利息费用，借记“利息支出”科目，贷记“应付利息”科目。

（三）回购日，按其账面余额，借记本科目、“应付利息”科目，按实际支付的金额，贷记“存放中央银行款项”“结算备付金”“银行存款”等科目，按其差额，借记“利息支出”科目。

四、本科目期末贷方余额，反映企业尚未到期的卖出回购金融资产款。

1.7.29 应付保单红利（2251）

一、本科目核算企业（保险）按原保险合同约定应付未付投保人的红利。

二、本科目可按投保人进行明细核算。

三、企业按原保险合同约定计提应支付的保单红利，借记“保单红利支出”科目，贷记本科目。向投保人支付的保单红利，借记本科目，贷记“库存现金”“银行存款”等科目。

四、本科目期末贷方余额，反映企业应付未付投保人的红利。

1.7.30 应付分保账款（2261）

一、本科目核算企业（保险）从事再保险业务应付未付的款项。

二、本科目可按再保险分出人或再保险接受人和再保险合同进行明细核算。

三、再保险分出人应付分保账款的主要账务处理。

（一）企业在确认原保险合同保费收入的当期，按相关再保险合同约定计算确定的分出保费金额，借记“分出保费”科目，贷记本科目。在原保险合同提前解除的当期，按相关再保险合同约定计算确定的分出保费的调整金额，借记本科目，贷记“分出保费”科目。对于超额赔款再保险等非比例再保险合同，按相关再保险合同约定计算确定的分出保费金额，借记“分出保费”科目，贷记本科目。

（二）发出分保业务账单时，按账单标明的扣存本期分保保证金，借记本科目，贷记“存入保证金”科目。按账单标明的返还上期扣存分保保证金，借记“存入保证金”科目，贷记本科目。按期计算的存入分保保证金利息，借记“利息支出”科目，贷记本科目。

四、再保险接受人应付分保账款的主要账务处理。

（一）企业在确认分保费收入的当期，按相关再保险合同约定计算确定的分保费用金额，借记“分保费用”科目，贷记本科目。收到分保业务账单时，按账单标明的金额对分保费用进行调整，按调整增加额，借记“分保费用”科目，贷记本科目；按调整减少额做相反的会计分录。

（二）计算确定应向再保险分出人支付纯益手续费的，按相关再保险合同约定计算确定的纯益手续费金额，借记“分保费用”科目，贷记本科目。

（三）收到分保业务账单的当期，按账单标明的分保赔付款项金额，借记“赔付支出”科目，贷记本科目。

五、再保险分出人、再保险接受人结算分保账款时，按应付分保账款金额，借记本科目，按应收分保账款金额，贷记“应收分保账款”科目，按其差额，借记或贷记“银行存款”科目。

六、本科目期末贷方余额，反映企业从事再保险业务应付未付的款项。

1.7.31 代理买卖证券款（2311）

一、本科目核算企业（证券）接受客户委托，代理客户买卖股票、债券和基金等有价证券而收到的款项。

企业（证券）代理客户认购新股的款项、代理客户领取的现金股利和债券利息、代理客户向证券交易所支付的配股款等，也在本科目核算。

二、本科目可按客户类别等进行明细核算。

三、代理买卖证券款的主要账务处理。

（一）企业收到客户交来的款项，借记“银行存款——客户”等科目，贷记本科目；客户提取存款做相反的会计分录。

（二）接受客户委托，买入证券成交总额大于卖出证券成交总额的，应按买卖证券成交价的差额加上代扣代缴的相关税费和应向客户收取的佣金等后的金额，借记本科目等，贷记“结算备付金——客户”“银行存款”等科目。接受客户委托，卖出证券成交总额大于买入证券成交总额的，应按买卖证券成交价的差额减去代扣代缴的相关税费和应向客户收取的佣金等后的余额，借记“结算备付金——客户”“银行存款”等科目，贷记本科目等。

（三）代理客户认购新股，收到客户交来的认购款项，借记“银行存款——客户”等科目，贷记本科目。将款项划付证券交易所，借记“结算备付金——客户”科目，贷记“银行存款——客户”科目。客户办理申购手续，按实际支付的金额，借记本科目，贷记“结算备付金——客户”科目。证券交易所完成中签认定工作，将未中签资金退给客户时，借记“结算备付金——客户”科目，贷记本科目。企业将未中签的款项划回，借记“银行存款——客户”科目，贷记“结算备付金——客户”科目。企业将未中签的款项退给客户，借记本科目，贷记“银行存款——客户”科目。

（四）代理客户办理配股业务，采用当日向证券交易所缴纳配股款的，当客户提出配股要求时，借记本科目，贷记“结算备付金——客户”科目。采用定期向证券交易所缴纳配股款的，在客户提出配股要求时，借记本科目，贷记“其他应付款——应付客户配股款”科目。与证券交易所清算配股款，按配股金额，借记“其他应付款——应付客户配股款”科目，贷记“结算备付金——客户”科目。

四、本科目期末贷方余额，反映企业接受客户存放的代理买卖证券资金。

1.7.32 代理承销证券款（2312）

一、本科目核算企业（金融）接受委托，采用承购包销方式或代销方式承销证券所形成的、应付证券发行人的承销资金。

二、本科目可按委托单位和证券种类进行明细核算。

三、企业承销记名证券的主要账务处理。

（一）通过证券交易所上网发行的，在证券上网发行日根据承销合同确认的证券发行总额，按承销价款，在备查簿中记录承销证券的情况。

（二）与证券交易所交割清算，按实际收到的金额，借记“结算备付金”等科目，贷记本科目。

（三）承销期结束，将承销证券款项交付委托单位并收取承销手续费，按承销价款，借记本科目，按应收取的承销手续费，贷记“手续费及佣金收入”科目，按实际支付给委托单位的金额，贷记“银行存款”等科目。

（四）承销期结束有未售出证券、采用余额承购包销方式承销证券的，按合同规定由企业认购，应按承销价款，借记“交易性金融资产”“可供出售金融资产”等科目，贷记本科目。承销期结束，应将未售出证券退还委托单位。

四、企业承销无记名证券，比照承销记名证券的相关规定进行账务处理。

五、本科目期末贷方余额，反映企业承销证券应付未付给委托单位的款项金额。

1.7.33 代理兑付证券款（2313）

一、本科目核算企业（证券、银行等）接受委托代理兑付证券收到的兑付资金。

二、本科目可按委托单位和证券种类进行明细核算。

三、代理兑付证券款的主要账务处理。

（一）企业兑付记名证券，收到委托单位的兑付资金，借记“银行存款”等科目，贷记本科目。收到客户交来的证券，按兑付金额，借记本科目，贷记“库存现金”“银行存款”等科目。兑付无记名证券的，还应通过“代理兑付证券”科目核算。

（二）收取代理兑付证券手续费收入，向委托单位单独收取的，按应收或已收取的手续费，借记“应收手续费及佣金”等科目，贷记“手续费及佣金收入”科目。手续费与兑付款一并汇入的，在收到款项时，应按实际收到的金额，借记“结算备付金”等科目，按应兑付的金额，贷记本科目，按事先取得的手续费，贷记“其他应付款——预收代理兑付证券手续费”科目。兑付证券业务完成后确认手续费收入，借记“其他应付款——预收代理兑付证券手续费”科目，贷记“手续费及佣金收入”科目。

四、本科目期末贷方余额，反映企业已收到但尚未兑付的代理兑付证券款项金额。

1.7.34 代理业务负债（2314）

一、本科目核算企业不承担风险的代理业务收到的款项，包括受托投资资金、受托贷款资金等。企业采用收取手续费方式收到的代销商品款，可将本科目改为“2314受托代销商品款”科目。

二、本科目可按委托单位、资产管理类别（如定向、集合和专项资产管理业务）等进行明细核算。

三、代理业务负债的主要账务处理。

（一）企业收到的代理业务款项，借记“银行存款”“存放中央银行款项”“吸收存款”等科目，贷记本科目。定期或在合同到期与委托客户进行结算，按合同约定比例计算代理业务资产收益，结转已实现未结算损益，借记“代理业务资产——已实现未结算损益”科目，按属于委托客户的收益，贷记本科目，按属于企业的收益，贷记“手续费及佣金收入”科目。

按规定划转、核销或退还代理业务资金，借记本科目，贷记“银行存款”“存放中央银行款项”“吸收存款”等科目。

（二）收到受托代销的商品，按约定的价格，借记“受托代销商品”科目，贷记“受托代销商品款”科目。

售出受托代销商品后，按实际收到或应收的金额，借记“银行存款”“应收账款”等科目，贷记“受托代销商品”科目。计算代销手续费等收入，借记“受托代销商品款”科目，贷记“其他业务收入”科目。结清代销商品款时，借记“受托代销商品款”科目，贷记“银行存款”科目。

四、本科目期末贷方余额，反映企业收到的代理业务资金金额。

1.7.35 未到期责任准备金（2601）

一、本科目核算企业（保险）提取的非寿险原保险合同未到期责任准备金。再保险接受人提取的再保险合同分保未到期责任准备金，也在本科目核算。

二、本科目可按保险合同进行明细核算。

三、未到期责任准备金的主要账务处理。

（一）企业确认原保费收入、分保费收入的当期，应按保险精算确定的未到期责任准备金，借记“提取未到期责任准备金”科目，贷记本科目。

（二）资产负债表日，按保险精算重新计算确定的未到期责任准备金与已确认的未到期责任准备金的差额，借记本科目，贷记“提取未到期责任准备金”科目。

（三）原保险合同提前解除的，按相关未到期责任准备金余额，借记本科目，贷记“提取未到期责任准备金”科目。

四、本科目期末贷方余额，反映企业的未到期责任准备金金额。

1.7.36 保险责任准备金（2602）

一、本科目核算企业（保险）提取的原保险合同保险责任准备金，包括未决赔款准备金、寿险责任准备金、长期健康险责任准备金。

再保险接受人提取的再保险合同保险责任准备金，也在本科目核算。企业（保险）也可以单独设置“未决赔款准备金”“寿险责任准备金”“长期健康险责任准备金”等科目。

二、本科目可按保险责任准备金类别、保险合同进行明细核算。

三、保险责任准备金的主要账务处理。

（一）企业确认寿险保费收入，应按保险精算确定的寿险责任准备金、长期健康险责任准备金，借记“提取保险责任准备金”科目，贷记本科目。

投保人发生非寿险保险合同约定的保险事故当期，企业应按保险精算确定的未决赔款准备金，借记“提取保险责任准备金”科目，贷记本科目。

对保险责任准备金进行充足性测试，应按补提的保险责任准备金，借记“提取保险责任准备金”科目，贷记本科目。

（二）原保险合同保险人确定支付赔付款项金额或实际发生理赔费用的当期，应按冲减的相应保险责任准备金余额，借记本科目，贷记“提取保险责任准备金”科目。再保险接受人收到分保业务账单的当期，应按分保保险责任准备金的相应冲减金额，借记本科目，贷记“提取保险责任准备金”科目。

（三）寿险原保险合同提前解除的，应按相关寿险责任准备金、长期健康险责任准备金余额，借记本科目，贷记“提取保险责任准备金”科目。

四、本科目期末贷方余额，反映企业的保险责任准备金金额。

1.7.37 保户储金（2611）

一、本科目核算企业（保险）收到投保人以储金本金增值作为保费收入的储金。企业（保险）收到投保人投资型保险业务的投资款，可将本科目改为“保户投资款”科目。企业（保险）应向投保人支付的储金或投资款增值，也在本科目核算。

二、本科目可按投保人进行明细核算。

三、企业收到投保人缴纳的储金，借记“银行存款”“库存现金”等科目，贷记本科目。向投保人支付储金做相反的会计分录。

四、本科目期末贷方余额，反映企业应付未付投保人储金的金额。

1.7.38　独立账户负债（2621）

一、本科目核算企业（保险）对分拆核算的投资连结产品不属于风险保障部分确认的独立账户负债。

二、本科目可按负债类别进行明细核算。

三、独立账户负债的主要账务处理。

（一）向独立账户划入资金时，借记“独立账户资产——银行存款及现金”科目，贷记本科目。

（二）对独立账户投资进行估值，按估值增值，借记“独立账户资产”科目，贷记本科目；估值减值的做相反的会计分录。

（三）按照独立账户计提的保险费，借记“银行存款”科目，贷记“保费收入”科目；同时，借记本科目，贷记“独立账户资产”科目。对独立账户计提账户管理费，借记“银行存款”科目，贷记“手续费及佣金收入”科目；同时，借记本科目，贷记“独立账户资产”科目。

（四）支付独立账户资产，借记本科目，贷记“独立账户资产”科目。

四、本科目期末贷方余额，反映企业确认的独立账户负债金额。

1.7.39　清算资金往来（3001）

一、本科目核算企业（银行）间业务往来的资金清算款项。

二、本科目可按资金往来单位，分别按“同城票据清算”“信用卡清算”等进行明细核算。

三、同城票据清算业务的主要账务处理。

（一）提出借方凭证，借记本科目，贷记“其他应付款”科目。发生退票的，借记“其他应付款”科目，贷记本科目。已过退票时间未发生退票的，借记“其他应付款”科目，贷记“吸收存款”等科目。

提出贷方凭证，借记“吸收存款”等科目，贷记本科目；发生退票做相反的会计分录。

（二）提入借方凭证，提入凭证正确无误的，借记“吸收存款”等科目，贷记本科目。因误提他行凭证等不能入账的，借记“其他应收款”科目，贷记本科目。再提出时，借记本科目，贷记“其他应收款”科目。

提入贷方凭证，提入凭证正确无误的，借记本科目，贷记“吸收存款”等科目。因误提他行票据等原因不能入账的，借记本科目，贷记“其他应付款”科目。退票或再提出时，借记“其他应付款”科目，贷记本科目。

（三）将提出凭证和提入凭证计算轧差后为应收差额的，借记“存放中央银行款项”等科目，贷记本科目；如为应付差额做相反的会计分录。

四、发生的其他清算业务，按收到的清算资金，借记“存放中央银行款项”等科目，贷记本科目；划付清算资金时做相反的会计分录。

五、本科目期末借方余额，反映企业应收的清算资金金额；本科目期末贷方余额，反映企业应付的清算资金金额。

1.7.40 货币兑换（3002）

一、本科目核算企业（金融）采用分账制核算外币交易所产生的不同币种之间的兑换。

二、本科目按币种进行明细核算。

三、货币兑换的主要账务处理。

（一）企业发生的外币交易仅涉及货币性项目的，应按相同币种金额，借记或贷记有关货币性项目科目，贷记或借记本科目。

（二）发生的外币交易同时涉及货币性项目和非货币性项目的，按相同外币金额记入货币性项目科目和本科目（外币）；同时，按交易发生日即期汇率折算为记账本位币的金额记入非货币性项目和本科目（记账本位币）。结算货币性项目产生的汇兑差额记入“汇兑损益”科目。

（三）期末，应将所有以外币表示的本科目余额按期末汇率折算为记账本位币金额，折算后的记账本位币金额与本科目（记账本位币）余额进行比较，为贷方差额的，借记本科目（记账本位币），贷记“汇兑损益”科目；为借方差额的做相反的会计分录。

四、本科目期末应无余额。

1.7.41 一般风险准备（4102）

一、本科目核算企业（金融）按规定从净利润中提取的一般风险准备。一般风险准备是指从事证券业务的金融企业按规定从净利润中提取的，用于弥补亏损的风险准备。一般风险准备一般按净利润的 10% 计提，并且只能用于弥补亏损。

二、企业提取的一般风险准备，借记“利润分配——提取一般风险准备”科目，贷记本科目。用一般风险准备弥补亏损，借记本科目，贷记“利润分配——一般风险准备补亏”科目。

三、本科目期末贷方余额，反映企业按规定提取的一般风险准备余额。

1.7.42 利息收入（6011）

一、本科目核算企业（金融）确认的利息收入，包括发放的各类贷款（银团贷款、贸易融资、贴现和转贴现融出资金、协议透支、信用卡透支、转贷款、垫款等）、与其他金融机构（中央银行、同业等）之间发生资金往来业务、买入返售金融资产等实现的利息收入等。

二、本科目可按业务类别进行明细核算。

三、资产负债表日，企业应按合同利率计算确定的应收未收利息，借记“应收利息”等科目，按摊余成本和实际利率计算确定的利息收入，贷记本科目，按其差额，借记或贷记“贷款——利息调整”等科目。实际利率与合同利率差异较小的，也可以采用合同利率计算确定利息收入。

四、期末，应将本科目余额转入“本年利润”科目，结转后本科目应无余额。

1.7.43 手续费及佣金收入（6021）

一、本科目核算企业（金融）确认的手续费及佣金收入，包括办理结算业务、咨询业务、担保业务、代保管等代理业务，以及办理受托贷款及投资业务等取得的手续费及佣金，如结算手续费收入、佣金收入、业务代办手续费收入、基金托管收入、咨询服务收入、担保收入、受托贷款手续费收入、代保管收入，代理买卖证券、代理承销证券、代理兑付证券、代理保管证券、代理保险业务等代理业务，以及其他相关服务实现的手续费及佣金收入等。

二、本科目可按手续费及佣金收入类别进行明细核算。

三、企业确认的手续费及佣金收入，按应收的金额，借记“应收手续费及佣金”“代理承销证券款”等科目，贷记本科目。实际收到手续费及佣金，借记“存放中央银行款项”“银行存款”“结算备付金”“吸收存款”等科目，贷记“应收手续费及佣金”等科目。

四、期末，应将本科目余额转入“本年利润”科目，结转后本科目应无余额。

1.7.44 保费收入（6031）

一、本科目核算企业（保险）确认的保费收入。

二、本科目可按保险合同和险种进行明细核算。

三、保费收入的主要账务处理。

（一）企业确认的原保险合同保费收入，借记“应收保费”“预收保费”“银行存款”“库存现金”等科目，贷记本科目。

非寿险原保险合同提前解除的，按原保险合同约定计算确定的应退还投保人的金额，借记本科目，贷记“库存现金”“银行存款”等科目。

（二）确认的再保险合同分保费收入，借记“应收分保账款”科目，贷记本科目。

收到分保业务账单，按账单标明的金额对分保费收入进行调整，按调整增加额，借记“应收分保账款”科目，贷记本科目；按调整减少额做相反的会计分录。

四、期末，应将本科目余额转入“本年利润”科目，结转后本科目应无余额。

1.7.45 租赁收入（6041）

一、本科目核算企业（租赁）确认的租赁收入。

二、本科目可按租赁资产类别进行明细核算。

三、企业确认的租赁收入，借记“未实现融资收益”“应收账款”等科目，贷记本科目。取得或有租金，借记“银行存款”等科目，贷记本科目。

四、期末，应将本科目余额转入“本年利润”科目，结转后本科目应无余额。

1.7.46 汇兑损益（6061）

一、本科目核算企业（金融）发生的外币交易因汇率变动而产生的汇兑损益。

二、采用统账制核算的，各外币货币性项目的外币期（月）末余额，应当按照期（月）末汇率折算为记账本位币金额。按照期（月）末汇率折算的记账本位币金额与原账面记账本位币金额之间的差额，如为汇兑收益，借记有关科目，贷记本科目；如为汇兑损失，做相反的会计分录。

采用分账制核算的，期（月）末将所有以外币表示的“货币兑换”科目余额按期（月）末汇率折算为记账本位币金额，折算后的记账本位币金额与“货币兑换——记账本位币”科目余额进行比较，为贷方差额的，借记“货币兑换——记账本位币”科目，贷记“汇兑损益”科目；为借方差额的，做相反的会计分录。

三、期末，应将本科目的余额转入“本年利润”科目，结转后本科目应无余额。

1.7.47 摊回保险责任准备金（6201）

一、本科目核算企业（再保险分出人）从事再保险业务应向再保险接受人摊回的保险责任准备金，包括未决赔款准备金、寿险责任准备金、长期健康险责任准备金。

企业（再保险分出人）也可以单独设置“摊回未决赔款准备金”“摊回寿险责任准备金”“摊回长期健康险责任准备金”等科目。

二、本科目可按保险责任准备金类别和险种进行明细核算。

三、摊回保险责任准备金的主要账务处理。

（一）企业在提取原保险合同保险责任准备金的当期，应按相关再保险合同约定计算确定的应向再保险接受人摊回的保险责任准备金，借记“应收分保合同准备金”科目，贷记本科目。

对原保险合同保险责任准备金进行充足性测试补提保险责任准备金的，应按相关再保险合同约定计算确定的应收分保保险责任准备金的相应增加额，借记“应收分保合同准备金”科目，贷记本科目。

（二）在确定支付赔付款项金额或实际发生理赔费用而冲减原保险合同相应保险责任准备金余额的当期，应按相关应收分保保险责任准备金的相应冲减金额，借记本科目，贷记“应收分保合同准备金”科目。

（三）在寿险原保险合同提前解除而转销相关寿险责任准备金、长期健康险责任准备金余额的当期，应按相关应收分保保险责任准备金余额，借记本科目，贷记“应收分保合同准备金”科目。

四、期末，应将本科目余额转入“本年利润”科目，结转后本科目应无余额。

1.7.48 摊回赔付支出（6202）

一、本科目核算企业（再保险分出人）向再保险接受人摊回的赔付成本。

企业（再保险分出人）也可以单独设置“摊回赔款支出”“摊回年金给付”“摊回满期给付”“摊回死伤医疗给付”等科目。

二、本科目可按险种进行明细核算。

三、摊回赔付支出的主要账务处理。

（一）企业在确定支付赔付款项金额或实际发生理赔费用而确认原保险合同赔付成本的当期，应按相关再保险合同约定计算确定的应向再保险接受人摊回的赔付成本金额，借记“应收分保账款”科目，贷记本科目。

（二）在因取得和处置损余物资、确认和收到应收代位追偿款等而调整原保险合同赔付成本的当期，应按相关再保险合同约定计算确定的摊回赔付成本的调整金额，借记或贷记本科目，贷记或借记“应收分保账款”科目。

（三）对于超额赔款再保险等非比例再保险合同，计算确定应向再保险接受人摊回的赔付成本的，应按摊回的赔付成本金额，借记“应收分保账款”科目，贷记本科目。

四、期末，应将本科目余额转入“本年利润”科目，结转后本科目应无余额。

1.7.49 摊回分保费用（6203）

一、本科目核算企业（再保险分出人）向再保险接受人摊回的分保费用。

二、本科目可按险种进行明细核算。

三、摊回分保费用的主要账务处理。

（一）企业在确认原保险合同保费收入的当期，应按相关再保险合同约定计算确定的应向再保险接受人摊回的分保费用，借记“应收分保账款”科目，贷记本科目。

（二）计算确定应向再保险接受人收取的纯益手续费的，应按相关再保险合同约定计算确定的纯益手续费，借记“应收分保账款”科目，贷记本科目。

（三）在原保险合同提前解除的当期，应按相关再保险合同约定计算确定的摊回分保费用的调整金额，借记本科目，贷记“应收分保账款”科目。

四、期末，应将本科目余额转入“本年利润”科目，结转后本科目应无余额。

1.7.50 利息支出（6411）

一、本科目核算企业（金融）发生的利息支出，包括吸收的各种存款（单位存款、个人存款、信用卡存款、特种存款、转贷款资金等）、与其他金融机构（中央银行、同业等）之间发生资金往来业务、卖出回购金融资产等产生的利息支出。

二、本科目可按利息支出项目进行明细核算。

三、资产负债表日，企业应按摊余成本和实际利率计算确定的利息费用金额，借记本科目，按合同利率计算确定的应付未付利息，贷记“应付利息”科目，按其差额，借记或贷记“吸收存款——利息调整”等科目。实际利率与合同利率差异较小的，也可以采用合同利率计算确定利息费用。

四、期末，应将本科目余额转入“本年利润”科目，结转后本科目应无余额。

1.7.51 手续费及佣金支出（6421）

一、本科目核算企业（金融）发生的与其经营活动相关的各项手续费、佣金等支出。

二、本科目可按支出类别进行明细核算。

三、企业发生的与其经营活动相关的手续费、佣金等支出，借记本科目，贷记“银行存款”“存放中央银行款项”“存放同业”“库存现金”“应付手续费及佣金”等科目。

四、期末，应将本科目余额转入“本年利润”科目，结转后本科目应无余额。

1.7.52 提取未到期责任准备金（6501）

一、本科目核算企业（保险）提取的非寿险原保险合同未到期责任准备金和再保险合同分保未到期责任准备金。

二、本科目可按保险合同和险种进行明细核算。

三、提取未到期责任准备金的主要账务处理。

（一）企业在确认原保费收入、分保费收入的当期，应按保险精算确定的未到期责任准备金，借记本科目，贷记“未到期责任准备金”科目。

（二）资产负债表日，应按保险精算重新计算确定的未到期责任准备金与已确认的未到期责任准备金的差额，借记“未到期责任准备金”科目，贷记本科目。

（三）原保险合同提前解除的，应按相关未到期责任准备金余额，借记“未到期责任准备金”科目，贷记本科目。

（四）在确认非寿险原保险合同保费收入的当期，按相关再保险合同约定计算确定的应收分保未到期责任准备金金额，借记“应收分保合同准备金”科目，贷记本科目。

资产负债表日，调整原保险合同未到期责任准备金余额的，按相关再保险合同约定计算确定的应收分保未到期责任准备金的调整金额，借记本科目，贷记“应收分保合同准备金”科目。

四、期末，应将本科目余额转入“本年利润”科目，结转后本科目应无余额。

1.7.53 提取保险责任准备金（6502）

一、本科目核算企业（保险）提取的原保险合同保险责任准备金，包括提取的未决赔款准备金、提取的寿险责任准备金、提取的长期健康险责任准备金。

再保险接受人提取的再保险合同保险责任准备金，也在本科目核算。

企业（保险）也可以单独设置“提取未决赔款准备金”“提取寿险责任准备金”“提取长期健康险责任准备金”等科目。

二、本科目可按保险责任准备金类别、险种和保险合同进行明细核算。

三、提取保险责任准备金的主要账务处理。

（一）企业确认寿险保费收入，应按保险精算确定的寿险责任准备金、长期健康险责任准备金，借记本科目，贷记“保险责任准备金”科目。

投保人发生非寿险保险合同约定的保险事故当期，企业应按保险精算确定的未决赔款准备金，借记本科目，贷记“保险责任准备金”科目。对保险责任准备金进行充足性测试，应按补提的保险责任准备金，借记本科目，贷记“保险责任准备金”科目。

（二）原保险合同保险人确定支付赔付款项金额或实际发生理赔费用的当期，应按冲减的相应保险责任准备金余额，借记“保险责任准备金”科目，贷记本科目。

再保险接受人收到分保业务账单的当期，应按分保保险责任准备金的相应冲减金额，借记“保险责任准备金”科目，贷记本科目。

（三）寿险原保险合同提前解除的，应按相关寿险责任准备金、长期健康险责任准备金余额，借记“保险责任准备金”科目，贷记本科目。

四、期末，应将本科目余额转入“本年利润”科目，结转后本科目应无余额。

1.7.54 赔付支出（6511）

一、本科目核算企业（保险）支付的原保险合同赔付款项和再保险合同赔付款项。企业（保险）可以单独设置“赔款支出”“满期给付”“年金给付”“死伤医疗给付”“分保赔付支出”等科目。

二、本科目可按保险合同和险种进行明细核算。

三、赔付支出的主要账务处理。

（一）企业在确定支付赔付款项金额或实际发生理赔费用的当期，借记本科目，贷记“银行存款”“库存现金”等科目。

（二）承担赔付保险金责任后应当确认的代位追偿款，借记“应收代位追偿款”科目，贷记本科目。收到应收代位追偿款时，应按实际收到的金额，借记“库存现金”“银行存款”等科目，按应收代位追偿款的账面余额，贷记“应收代位追偿款”科目，按其差额，借记或贷记本科目。已计提坏账准备的，还应同时结转坏账准备。

（三）承担赔偿保险金责任后取得的损余物资，应按同类或类似资产的市场价格计算确定的金额，借记“损余物资”科目，贷记本科目。处置损余物资时，应按实际收到的金额，借记“库存现金”“银行存款”等科目，按损余物资的账面余额，贷记“损余物资”科目，按其差额，借记或贷记本科目。已计提跌价准备的，还应同时结转跌价准备。

（四）再保险接受人收到分保业务账单的当期，应按账单标明的分保赔付款项金额，借记本科目，贷记“应付分保账款”科目。

四、期末，应将本科目余额转入“本年利润”科目，结转后本科目应无余额。

1.7.55　保单红利支出（6521）

一、本科目核算企业（保险）按原保险合同约定支付给投保人的红利。

二、本科目可按保单红利来源进行明细核算。

三、企业按原保险合同约定计提应支付的保单红利，借记本科目，贷记“应付保单红利”科目。

四、期末，应将本科目余额转入“本年利润”科目，结转后本科目应无余额。

1.7.56　退保金（6531）

一、本科目核算企业（保险）寿险原保险合同提前解除时按照约定应当退还投保人的保单现金价值。企业（保险）寿险原保险合同提前解除时应当退还投保人的不属于保单现金价值的款项，以及非寿险原保险合同提前解除时应当退还投保人的款项，在“保费收入”科目核算。

二、本科目可按险种进行明细核算。

三、企业寿险原保险合同提前解除的，应按原保险合同约定计算确定的应退还投保人的保单现金价值，借记本科目，贷记“库存现金”“银行存款”等科目。

四、期末，应将本科目余额转入“本年利润”科目，结转后本科目应无余额。

1.7.57　分出保费（6541）

一、本科目核算企业（再保险分出人）向再保险接受人分出的保费。

二、本科目可按险种进行明细核算。

三、分出保费的主要账务处理。

（一）企业在确认原保险合同保费收入的当期，应按再保险合同约定计算确定的分出保费金额，借记本科目，贷记“应付分保账款”科目。

在原保险合同提前解除的当期，应按再保险合同约定计算确定的分出保费的调整金额，借记“应付分保账款”科目，贷记本科目。

（二）对于超额赔款再保险等非比例再保险合同，应按再保险合同约定计算确定的分出保费金额，借记本科目，贷记“应付分保账款”科目。调整分出保费时，借记或贷记本科目，贷记或借记“应付分保账款”科目。

四、期末，应将本科目余额转入“本年利润”科目，结转后本科目应无余额。

1.7.58　分保费用（6542）

一、本科目核算企业（再保险接受人）向再保险分出人支付的分保费用。

二、本科目可按险种进行明细核算。

三、分保费用的主要账务处理。

（一）企业在确认分保费收入的当期，应按再保险合同约定计算确定的分保费用金额，借记本科目，贷记“应付分保账款”科目。

收到分保业务账单，按账单标明的金额对分保费用进行调整，借记或贷记本科目，贷记或借记“应付分保账款”科目。

（二）计算确定应向再保险分出人支付的纯益手续费的，应按再保险合同约定计算确定的纯益手续费，借记本科目，贷记“应付分保账款”科目。

四、期末，应将本科目余额转入“本年利润”科目，结转后本科目应无余额。

1.8 农业企业专用科目

1.8.1 消耗性生物资产（1421）

一、本科目核算企业（农业）持有的消耗性生物资产的实际成本。消耗性生物资产发生减值的，可以单独设置“消耗性生物资产跌价准备”科目，比照“存货跌价准备”科目进行处理。

二、本科目可按消耗性生物资产的种类、群别等进行明细核算。

三、消耗性生物资产的主要账务处理。

（一）外购的消耗性生物资产，按应计入消耗性生物资产成本的金额，借记本科目，贷记“银行存款”“应付账款”“应付票据”等科目。

（二）自行栽培的大田作物和蔬菜，应按收获前发生的必要支出，借记本科目，贷记“银行存款”等科目。

自行营造的林木类消耗性生物资产，应按郁闭前发生的必要支出，借记本科目，贷记“银行存款”等科目。自行繁殖的育肥畜、水产养殖的动植物，应按出售前发生的必要支出，借记本科目，贷记“银行存款”等科目。

（三）取得天然起源的消耗性生物资产，应按名义金额，借记本科目，贷记“营业外收入”科目。

（四）产畜或役畜淘汰转为育肥畜的，按转群时的账面价值，借记本科目，按已计提的累计折旧，借记“生产性生物资产累计折旧”科目，按其账面余额，贷记“生产性生物资产”科目。已计提减值准备的，还应同时结转减值准备。育肥畜转为产畜或役畜的，应按其账面余额，借记“生产性生物资产”科目，贷记本科目。已计提跌价准备的，还应同时结转跌价准备。

（五）择伐、间伐或抚育更新性质采伐而补植林木类消耗性生物资产发生的后续支出，借记本科目，贷记“银行存款”等科目。林木类消耗性生物资产达到郁闭后发生的管护费用等后续支出，借记“管理费用”科目，贷记“银行存款”等科目。

（六）农业生产过程中发生的应归属于消耗性生物资产的费用，按应分配的金额，借记本科目，贷记“农业生产成本”科目。

（七）消耗性生物资产收获为农产品时，应按其账面余额，借记“农产品”科目，贷记本科目。已计提跌价准备的，还应同时结转跌价准备。

（八）出售消耗性生物资产，应按实际收到的金额，借记“银行存款”等科目，贷记“主营业务收入”等科目。按其账面余额，借记“主营业务成本”等科目，贷记本科目。已计提跌价准备的，还应同时结转跌价准备。

四、本科目期末借方余额，反映企业消耗性生物资产的实际成本。

1.8.2 生产性生物资产（1621）

一、本科目核算企业（农业）持有的生产性生物资产原价。

二、本科目可按“未成熟生产性生物资产”和“成熟生产性生物资产”，分别生物资产的种类、群别、所属部门等进行明细核算。

生产性生物资产发生减值的，可以单独设置“生产性生物资产减值准备”科目，比照“固定资产减值准备”科目进行处理。

三、生产性生物资产的主要账务处理。

（一）企业外购的生产性生物资产，按应计入生产性生物资产成本的金额，借记本科目，贷记“银行存款”等科目。

（二）自行营造的林木类生产性生物资产、自行繁殖的产畜和役畜，应按达到预定生产经营目的前发生的必要支出，借记本科目（未成熟生产性生物资产），贷记“银行存款”等科目。

（三）天然起源的生产性生物资产，应按名义金额，借记本科目，贷记“营业外收入”科目。

（四）育肥畜转为产畜或役畜的，应按其账面余额，借记本科目，贷记“消耗性生物资产”科目。已计提跌价准备的，还应同时结转跌价准备。

产畜或役畜淘汰转为育肥畜的，按转群时的账面价值，借记“消耗性生物资产”科目，按已计提的累计折旧，借记“生产性生物资产累计折旧”科目，按其账面余额，贷记本科目。已计提减值准备的，还应同时结转减值准备。

（五）未成熟生产性生物资产达到预定生产经营目的时，按其账面余额，借记本科目（成熟生产性生物资产），贷记本科目（未成熟生产性生物资产）。已计提减值准备的，还应同时结转减值准备。

（六）择伐、间伐或抚育更新等生产性采伐而补植林木类生产性生物资产发生的后续支出，借记本科目，贷记“银行存款”等科目。生产性生物资产达到预定生产经营目的后发生的管护、饲养费用等后续支出，借记“管理费用”科目，贷记“银行存款”等科目。

（七）处置生产性生物资产，应按实际收到的金额，借记“银行存款”等科目，按已计提的累计折旧，借记“生产性生物资产累计折旧”科目，按其账面余额，贷记本科目，按其差额，借记“营业外支出——处置非流动资产损失”科目或贷记“营业外收入——处置非流动资产利得”科目。已计提减值准备的，还应同时结转减值准备。

四、本科目期末借方余额，反映企业生产性生物资产的原价。

1.8.3 生产性生物资产累计折旧（1622）

一、本科目核算企业（农业）成熟生产性生物资产的累计折旧。

二、本科目可按生产性生物资产的种类、群别、所属部门等进行明细核算。

三、企业按期（月）计提成熟生产性生物资产的折旧，借记“农业生产成本”“管理费用”等科目，贷记本科目。处置生产性生物资产还应同时结转生产性生物资产累计折旧。

四、本科目期末贷方余额，反映企业成熟生产性生物资产的累计折旧额。

1.8.4 公益性生物资产（1623）

一、本科目核算企业（农业）持有的公益性生物资产的实际成本。

二、本科目可按公益性生物资产的种类或项目进行明细核算。

三、公益性生物资产的主要账务处理。

（一）企业外购的公益性生物资产，按应计入公益性生物资产成本的金额，借记本科目，贷记“银行存款”等科目。

（二）自行营造的公益性生物资产，应按郁闭前发生的必要支出，借记本科目，贷记“银行存款”等科目。

（三）天然起源的公益性生物资产，应按名义金额，借记本科目，贷记“营业外收入”科目。

（四）消耗性生物资产、生产性生物资产转为公益性生物资产的，应按其账面余额或账面价值，借记本科目，按已计提的生产性生物资产累计折旧，借记“生产性生物资产累计折旧”科目，按其账面余额，贷记“消耗性生物资产”“生产性生物资产”等科目。已计提跌价准备或减值准备的，还应同时结转跌价准备或减值准备。

（五）择伐、间伐或抚育更新等生产性采伐而补植林木类公益性生物资产发生的后续支出，借记本科目，贷记“银行存款”等科目。林木类公益性生物资产郁闭后发生的管护费用等其他后续支出，借记“管理费用”科目，贷记“银行存款”等科目。

四、本科目期末借方余额，反映企业公益性生物资产的原价。

1.9 石油天然气开采企业专用科目

1.9.1 油气资产（1631）

一、本科目核算企业（石油天然气开采）持有的矿区权益和油气井及相关设施的原价。企业（石油天然气开采）可以单独设置“油气资产清理”科目，比照“固定资产清理”科目进行处理。

企业（石油天然气开采）与油气开采活动相关的辅助设备及设施在“固定资产”科目核算。

二、本科目可按油气资产的类别、不同矿区或油田等进行明细核算。

三、油气资产的主要账务处理。

（一）企业购入油气资产（含申请取得矿区权益）的成本，借记本科目，贷记“银行存款”“应付票据”“其他应付款”等科目。

（二）自行建造的油气资产，在油气勘探、开发工程达到预定可使用状态时，借记本科目，贷记“油气勘探支出”“油气开发支出”等科目。

（三）油气资产存在弃置义务的，应在取得油气资产时，按预计弃置费用的现值，借记本科目，贷记“预计负债”科目。在油气资产的使用寿命内，计算确定各期应负担的利息费用，借记“财务费用”科目，贷记“预计负债”科目。

（四）处置油气资产时，应按该项油气资产的账面价值，借记“油气资产清理”科目，按已计提的累计折耗，借记“累计折耗”科目，按其账面原价，贷记本科目。已计提减值准备的，还应同时结转减值准备。

四、本科目期末借方余额，反映企业油气资产的原价。

1.9.2 累计折耗（1632）

一、本科目核算企业（石油天然气开采）油气资产的累计折耗。

二、本科目可按油气资产的类别、不同矿区或油田进行明细核算。

三、企业按期（月）计提油气资产的折耗，借记“生产成本”等科目，贷记本科目。处置油气资产时，还应同时结转油气资产累计折耗。

四、本科目期末贷方余额，反映企业油气资产的累计折耗额。

1.9.3 勘探费用（6604）

一、本科目核算企业（石油天然气开采）在油气勘探过程中发生的地质调查、物理化学勘探各项支出和非成功探井等支出。

二、本科目可按勘探项目进行明细核算。

三、企业在油气勘探过程中发生的各项非钻井勘探支出，借记本科目，贷记“银行存款”“累计折旧”“应付职工薪酬”等科目。油气勘探过程中发生的各项钻井勘探支出中属于未发现探明经济可采储量的钻井勘探支出，借记本科目，贷记“油气勘探支出”科目。

四、期末，应将本科目余额转入“本年利润”科目，结转后本科目应无余额。

第 2 部分　经济业务处理

第 2 章
资产类交易和事项的会计处理

资产是指企业由于过去的交易或事项产生的、由企业控制或拥有的、预期会给企业带来经济利益流入的资源。资产按照不同分类标准可以分为流动资产和非流动资产、有形资产和无形资产、短期资产和长期资产等。

2.1　库存现金

库存现金指立即可以投入流通和转让的交换媒介，在会计核算中库存现金具体指单位为了满足经营过程中零星支付需要而保留的现金。其可以随时用来购买所需的材料、固定资产，支付有关生产费用、管理费用和财务费用，也可以直接用来偿还债务，或者随时存入银行。

2.1.1　收到投资者投入的现金

1. 业务概述

企业按照章程规定或合同、协议约定，接受投资者投入企业的现金资本的业务。

按照我国有关法律规定，投资者设立企业首先必须投入资本。所有者向企业投入的资本，在一般情况下无须偿还，可以长期周转使用。投资者可以用现金投资，也可以用现金以外的其他有形资产投资，符合国家规定比例的，还可以用无形资产投资。股东以货币出资的，应当将货币出资足额存入企业在银行开设的账户。

初建有限责任公司时，各投资者按照合同、协议或公司章程投入企业的资本，应全部记入“实收资本”科目。注册资本为在公司登记机关登记的全体股东认缴的出资额。在企业增资时，如有新投资者介入，新介入的投资者缴纳的出资额大于其按约定比例计算的其在注册资本中所占的份额部分，不记入“实收资本”科目，而是作为资本公积，记入“资本公积”科目。

2. 账务处理

收到投资者投入的现金，应在实际收到或存入企业开户银行时，按实际收到的金额，借记“库存现金”或者“银行存款”科目，按投入资本在注册资本或股本中所占份额，贷记“实收资本”或“股本”科目，按其差额，贷记“资本公积——资本溢价”或“资本公积——股本溢价”等科目。编制会计分录如图 2-1 所示。

借：库存现金或银行存款 → 企业接受投资者投入的实际款项金额

贷：实收资本（股本） → 按其在注册资本或股本中所占份额，贷记“实收资本”或“股本”（股份有限公司）科目

资本公积 → 按其差额，贷记“资本公积”科目

图 2-1　收到投资者投入的现金

3. 案例解析

【例 2-1】甲、乙、丙共同出资设立A有限责任公司（简称“A公司”），公司注册资本为10 000 000元，甲、乙、丙持股比例分别为 50%、30% 和 20%。2×19 年 1 月 5 日，A 公司如期收到各投资者一次性缴足的款项。根据上述资料，A 公司应做以下账务处理。

借：银行存款　　10 000 000

　贷：实收资本——甲　　5 000 000

　　　　　　——乙　　3 000 000

　　　　　　——丙　　2 000 000

【例 2-2】B 股份有限公司发行普通股 20 000 000 股，每股面值为 1 元，发行价格为 6 元。股款 120 000 000 元已经全部收到，发行过程中发生相关税费 60 000 元。

根据上述资料，B 股份有限公司应做以下账务处理。

计入股本的金额 =20 000 000×1=20 000 000（元）

计入资本公积的金额 =（6-1）×20 000 000-60 000=99 940 000（元）

借：银行存款　　119 940 000

　贷：股本　　20 000 000

　　　资本公积——股本溢价　　99 940 000

2.1.2　出纳从银行提取现金或将现金送存银行

1. 业务概述

企业发生现金的收付业务必须取得或填制原始凭证，作为收付款的书面证明。企业从银行提取现金，要签发现金支票，以支票存根作为提取现金的证明；将现金存入银行，要填写进账单，以银行加盖印章后退回的进账单回单作为存入现金的证明。

按照《现金管理暂行条例》的规定，企业的现金收入应当于当日送存开户银行，当日送存有困难的企业由开户银行确定送存时间。企业每日的现金结存数不得超过核定的限额，超过部分应及时送存银行，以保证现金管理安全，不足部分可从银行提取现金。库存现金限额是指根据现金管理制度的规定，确定每一个企业出纳部门留存现金的最高限额，确定限额的原则一般是以各企业日常零星开支所需现金为标准由开户银行核定的，一般为企业 3 至 5 天所需的现金。

收款凭证和付款凭证可用于现金在银行存款收付业务核算的依据。为了避免填制凭证和记账的重复，在实际工作中，当从银行提取现金或将现金存入银行时，应按照收付款业务涉及的贷方科目填制记账凭证。从银行提取现金时只填制银行存款付款凭证，作为借记“库存现金”科目和贷记“银行存款”科目的依据，不再填制现金收款凭证；将现金存入银行时，只填制现金付款凭证，作为借记“银行存款”科目和贷记“库存现金”科目的依据，不再填制银行存款收款凭证。

2. 账务处理

从银行提取现金时，按所提取现金数额借记“库存现金”科目，贷记“银行存款”科目。编制会计分录如图 2-2 所示。

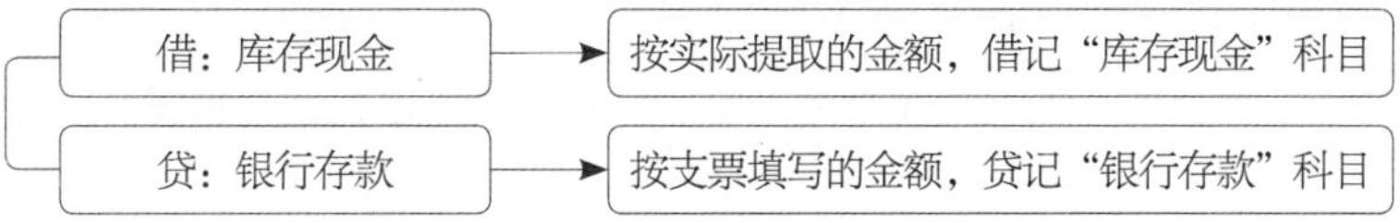

图 2-2　从银行提取现金

将现金存入银行时，借记“银行存款”科目，贷记“库存现金”科目。编制会计分录如图 2-3 所示。

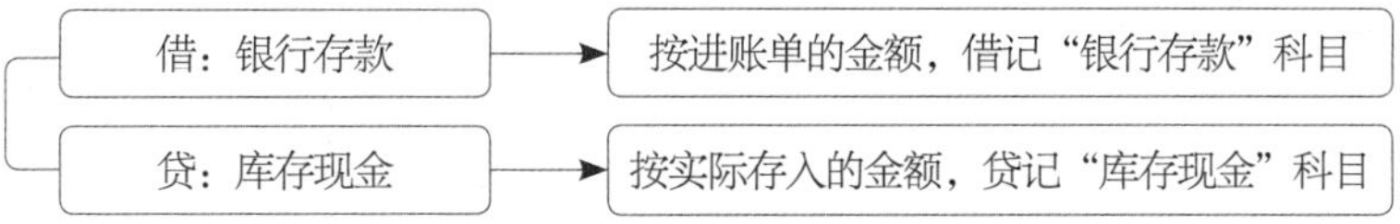

图 2-3　将现金存入银行

3. 案例解析

【**例 2-3**】从开户银行提取现金 10 000 元，补足库存限额。账务处理如下。

借：库存现金　　10 000

　　贷：银行存款　　10 000

2.1.3　员工出差引起现金收支业务

1. 业务概述

出差人员必须随身携带的差旅费，属于《现金管理暂行条例》中规定的单位可使用现金支付的款项之一。该业务指员工出差时，需要先向单位预借差旅费，回到公司后根据出差途中开支的原始凭证填写差旅费报销单，经财务人员审核后，对预算额度内的差旅费进行多退少补的业务。

2. 账务处理

实际支付现金时，按支出凭证所记载的金额，借记“其他应收款”等科目，贷记“库存现金”科目。编制会计分录如图 2-4 所示。

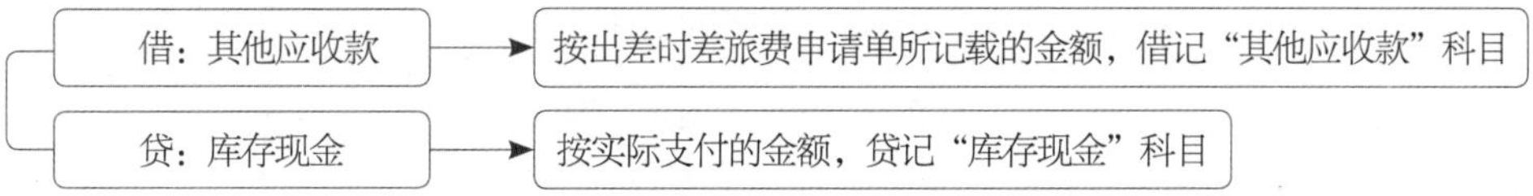

图 2-4　实际支付现金

收到出差人员交回的差旅费剩余款并结算时，按实际收回的现金金额，借记“库存现金”科目，按应报销的金额，借记“管理费用”等科目，按实际借出的现金金额，贷记“其他应收款”科目。编制会计分录如图 2-5 所示。

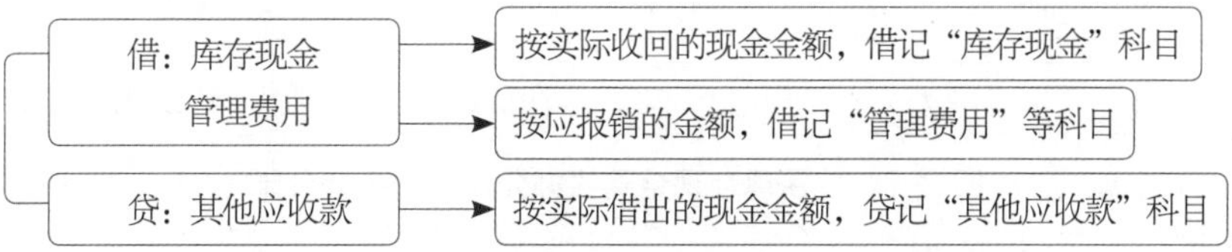

图 2-5　收到出差人员交回的差旅费剩余款并结算

3. 案例解析

【例 2-4】办公室职员张华出差预借差旅费 1 000 元，以现金付讫。账务处理如下。

借：其他应收款——张华　　　　1 000
　　贷：库存现金　　　　　　　　1 000

【例 2-5】办公室职员张华原出差借款 1 000 元，现报销 850 元，交回剩余现金 150 元。账务处理如下。

借：库存现金　　　　150
　　管理费用　　　　850
　　贷：其他应收款——张华　　　　1 000

2.1.4　用现金购买办公用品

1. 业务概述

《现金管理暂行条例》规定了现金的使用范围，如图 2-6 所示。

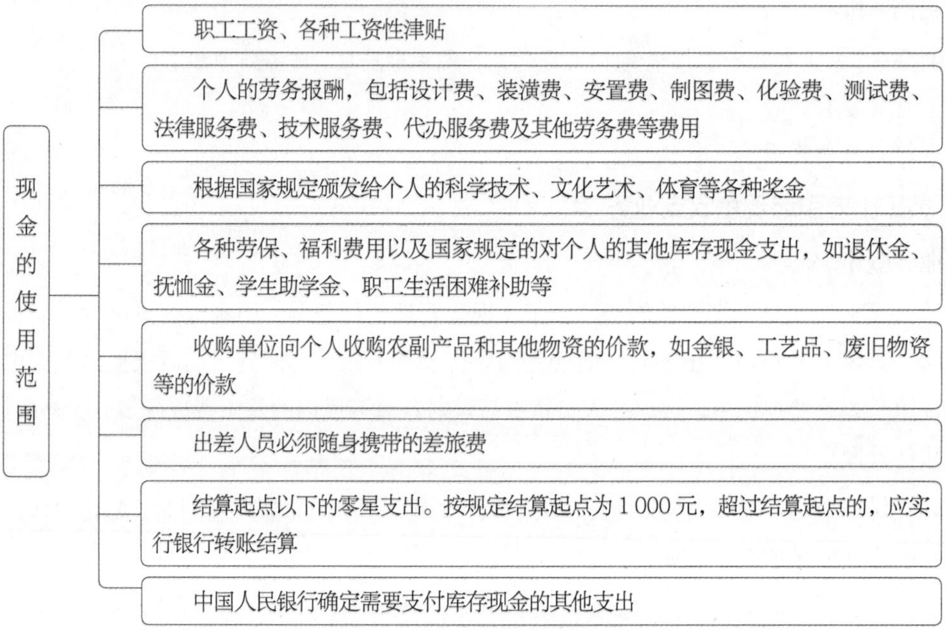

图 2-6　现金的使用范围

当购买办公用品支出少于 1 000 元时可以直接用库存现金结算。

2. 账务处理

使用库存现金购买办公用品时，按支出的金额借记“管理费用”科目，贷记“库存现金”科目。期末余额在借方，反映企业期末库存现金的实有数。编制会计分录如图 2-7 所示。

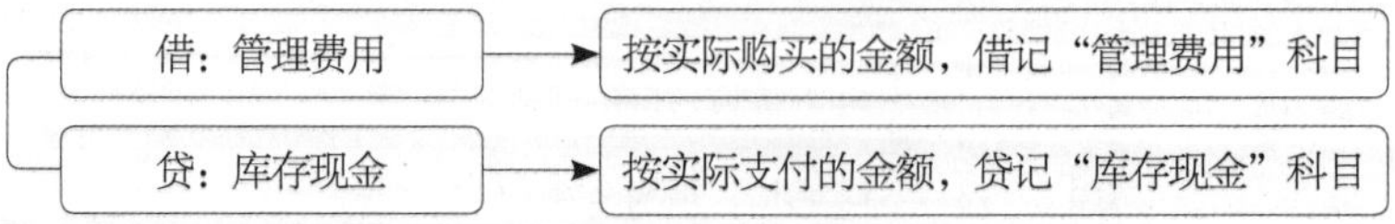

图 2-7　使用库存现金购买办公用品的会计分录

3. 案例解析

【例 2-6】用库存现金 610 元购买办公用品。账务处理如下。

借：管理费用　　610

　　贷：库存现金　　610

2.1.5　用现金支付职工工资、劳务报酬等

1. 业务概述

根据《现金管理暂行条例》规定，企业可以使用现金支付符合规定的相关职工工资、劳务报酬以及其他对个人的支出等。

2. 账务处理

实际支付时，按支付给员工的资金的数额，借记“应付职工薪酬”科目，贷记“库存现金”科目。编制会计分录如图 2-8 所示。

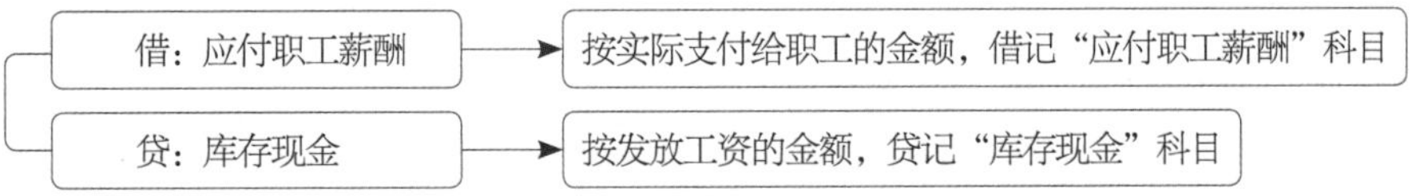

图 2-8　用现金支付职工工资、劳务报酬等

3. 案例解析

【例 2-7】甲公司以库存现金 35 000 元向职工发放上月工资。账务处理如下。

借：应付职工薪酬　　35 000

　　贷：库存现金　　35 000

2.1.6　现金盘点业务

1. 业务概述

库存现金实行“日清月结”的管理制度。为了加强对现金的管理，随时掌握现金收付的动态和库存余额，保证现金的账款相符和安全完整，企业必须设置“现金日记账”，按照现金业务发生的先后顺序逐笔序时登记。日清是指出纳人员应对当日的库存现金收付业务全部登记“现金日记账”，结出账面余额，并与库存现金核对相符；月结是指出纳人员必须对“现金日记账”按月结账。除此之外，还需要定期或不定期地清查库存现金。

清查库存现金采用实地盘点的方法，确定实有库存现金的数额，然后与“现金日记账”的账面余额核对，查明账款是否相符以及盈亏情况。库存现金盘点时，出纳人员必须在场；在清查过程中不能用不具法律效力的借条、收据充抵库存现金（即不允许“白条充抵库存现金”）。盘点后，应根据库存现金盘点结果，编制“现金盘点报告表”，并由盘点人员和出纳人员签章。

2. 账务处理

按清查结果编制“现金盘点报告表”，如果发现有待查明原因的现金短缺或溢余，应通过“待处理财产损溢”科目进行核算。

属于库存现金短缺的，应编制如下会计分录。

借：待处理财产损溢

　　贷：库存现金

属于库存现金溢余的，应编制如下会计分录。

借：库存现金

贷：待处理财产损溢

待查明原因后需做的会计处理如表 2-1 所示。

表 2-1　待查明原因后需做的会计处理

清查结果	查明的原因	会计处理
现金短缺	应由责任人赔偿部分	借：其他应收款——应收库存现金短缺款（×× 个人） 贷：待处理财产损溢
	应由保险公司赔偿部分	借：其他应收款——应收保险赔款 贷：待处理财产损溢
	无法查明原因部分经批准后处理	借：管理费用——现金短缺 贷：待处理财产损溢
现金溢余	应支付给有关人员或单位的	借：待处理财产损溢 贷：其他应付款——应付现金溢余（×× 个人或单位）
	无法查明原因的	借：待处理财产损溢 贷：营业外收入——现金溢余

3. 案例解析

【例 2-8】甲公司在库存现金清查中发现现金短缺 80 元。账务处理如下。

借：待处理财产损溢　80

　贷：库存现金　80

（1）如果属于出纳人员的责任，应由出纳人员赔偿，出纳人员之后缴纳了赔款。账务处理如下。

借：其他应收款——应收库存现金短缺款（出纳人员 ××）　80

　贷：待处理财产损溢　80

借：库存现金　80

　贷：其他应收款——应收库存现金短缺款（出纳人员 ××）　80

（2）如果属于无法查明原因的，应作为管理费用处理。账务处理如下。

借：管理费用　80

　贷：待处理财产损溢　80

【例 2-9】甲公司在库存现金清查中，发现实存数大于账面余额 100 元。账务处理如下。

借：库存现金　100

　贷：待处理财产损溢　100

（1）如果核查后属于应支付给其他单位的款项，则账务处理如下。

借：待处理财产损溢　100

　贷：其他应付款——应付现金溢余（×× 单位）　100

（2）如果核查后原因不明，经批准作为营业外收入，则账务处理如下。

借：待处理财产损溢　100

　贷：营业外收入　100

2.2 银行存款

银行存款是指企业存放在银行或其他金融机构的货币资金。企业除在规定限额以内存留少量现金外，其余的货币资金必须全部存入银行。根据《支付结算办法》规定，单位、个人和银行必须按规定开立、使用账户，正确开立和使用银行账户是做好资金结算工作的基础。

2.2.1 向银行借款使存款增加

1. 业务概述

当企业为了满足正常生产经营的需要，向银行或其他金融机构等借入款项时会导致银行存款增加。

2. 账务处理

企业从银行或其他金融机构取得借款时，借记“银行存款”科目，如果该借款的偿还期限在 1 年以下（含 1 年），则应该通过“短期借款”科目进行核算；如果该借款的偿还期限在 1 年以上（不含 1 年），则应该通过“长期借款”科目进行核算。编制会计分录如图 2-9 所示。

偿还借款时做相反分录，取得借款之后的后续分录见负债类交易和事项的会计处理。

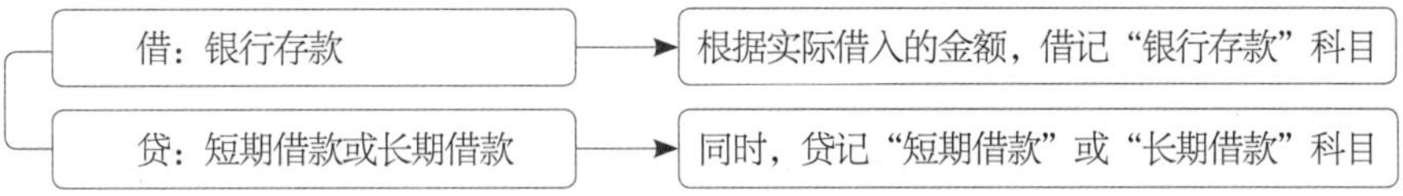

图 2-9 企业从银行或其他金融机构取得借款

3. 案例解析

【例 2-10】甲公司于 2×19 年 6 月 30 日向银行借入一笔短期借款以备生产运营所需。该笔借款总计 200 000 元，借款期限为 6 个月，该项借款的本金到期后一次归还；利息分月预提，按季支付。借款时甲公司的账务处理如下。

借：银行存款　　200 000

　　贷：短期借款　　200 000

【例 2-11】甲公司于 2×19 年 7 月 1 日向银行借入一笔长期借款共 500 000 元，约定 2×23 年 6 月 30 日归还，本金到期一次归还，利息分月预提，按季支付。借款时甲公司的账务处理如下。

借：银行存款　　500 000

　　贷：长期借款——本金　　500 000

2.2.2 出售产品获得银行存款

1. 业务概述

当企业在日常活动中通过销售商品或者提供劳务等主营业务满足收入确认条件时，若直接收到购买方支付的价款，应该按照已收金额将其记入“银行存款”科目。

2. 账务处理

企业通过向对方销售商品或提供劳务直接收到全部款项时，应该根据收款金额借记“银行存款”科目，贷记“主营业务收入”科目，同时将应交增值税记入“应交税费——应交增值税（销项税额）”科目。编制会计分录如图 2-10 所示。

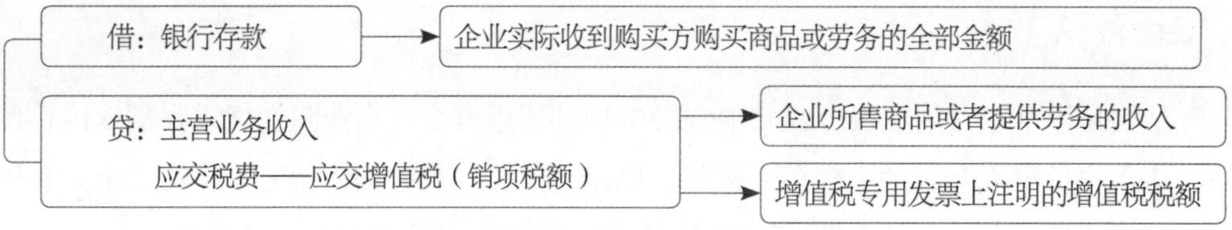

图 2-10　出售产品获得银行存款

3. 案例解析

【例 2-12】甲企业销售给乙企业一批商品，增值税发票上标明的售价为 50 000 元，增值税税率为 13%，乙企业收到货后立刻支付了 56 500 元的支票。甲企业的账务处理如下。

借：银行存款　　56 500

　贷：主营业务收入　　50 000

　　　应交税费——应交增值税（销项税额）　　6 500

2.2.3　购买商品支出银行存款

1. 业务概述

企业为了维持正常的经营周转，需要购买在生产过程或提供劳务的过程中耗用的材料、物料以及固定资产等，这些活动需要企业向出售方支付银行存款，从而导致银行存款的减少。

2. 账务处理

企业向对方购买材料、物料以及固定资产时，如果直接向对方全额支付货款，应该根据买入商品的售价借记“原材料”或“固定资产”科目，根据实际支付的金额贷记“银行存款”科目，并将可以抵扣的增值税借记“应交税费——应交增值税（进项税额）”科目。编制会计分录如图 2-11 所示。

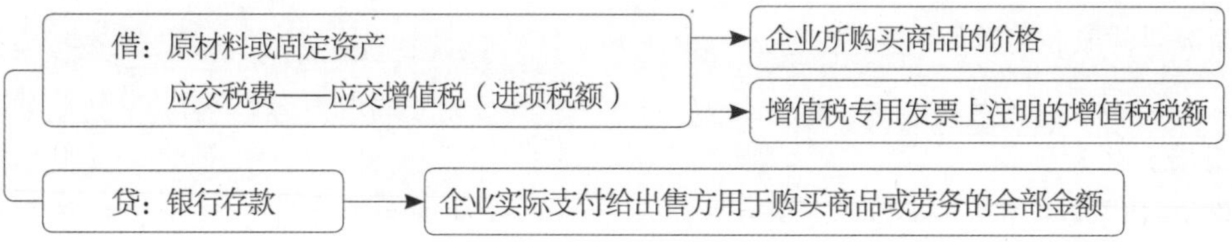

图 2-11　购买商品支出银行存款

3. 案例解析

【例 2-13】2×19 年 5 月 17 日，甲企业向乙企业购入一批原材料，用银行存款支付 11 300 元，其中包括增值税税额。甲企业的账务处理如下。

借：原材料　　10 000

　　应交税费——应交增值税（进项税额）　　1 300

　贷：银行存款　　11 300

2.2.4　银行汇票退回多余款

1. 业务概述

银行汇票是由出票银行签发的，并且由汇款个人或单位将款项预先存入出票银行，出票银行在见票时按照实际结算金额无条件支付给持票人或收款人的票据。当企业使用银行汇票后有多余款或因汇票超过付款期等原因，会发生退回。

2. 账务处理

当由于超过付款期或者多余款等导致银行汇票退回时，根据退回的金额借记“银行存款”科目，贷记“其他货币资金——银行汇票”科目。编制会计分录如图 2-12 所示。

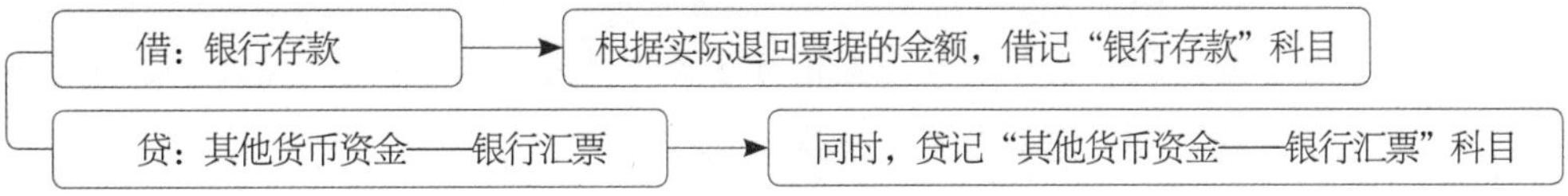

图 2-12　银行汇票退回多余款

3. 案例解析

【例 2-14】2×19 年 9 月 1 日甲企业派遣王强异地出差，其用持有 10 000 元的银行汇票购买生产所需原材料 5 650 元（包括增值税税额），9 月 25 日王强交回未使用完的银行汇票。甲企业的账务处理如下。

借：银行存款　　　　　　　　　　　　　　4 350

　　贷：其他货币资金——银行汇票　　　　　　　　4 350

2.2.5　银行对账业务

1. 业务概述

银行对账即银行存款清查，是指将“银行存款日记账”的账面余额与开户银行转来的“银行对账单”的余额进行核对，以查明账实是否相符。“银行存款日记账”账面余额与开户银行转来的“银行对账单”余额不一致的原因有两个方面：一是双方或一方记账有错误；二是存在未达账项。

银行对账的作用在于通过将企业“银行存款日记账”的记录与开户银行提供的“银行对账单”记录进行核对，找出所有的未达账项，并通过编制“银行存款余额调节表”使得调节后的“银行存款日记账”余额与调节后的“银行对账单”余额相符。

银行存款的清查通过与开户银行转来的对账单进行核对的方法，查明银行存款的实有数额。多记或者漏记的，应及时更正、补记。然后与从银行取来的对账单逐笔核对。核对的内容包括：收付款金额，结算凭证的种类和号数，收入的来源，支出的用途，发生时间以及存款余额等。如发现本单位记账有错误，应及时更正；如发现银行记账有错误，应及时通知银行查明并更正。在双方记账均无错误的情况下，未达账项的存在也会使企业出现“银行存款日记账”余额与“银行对账单”余额不一致的现象。所谓未达账项，是指在企业和银行之间，由于结算凭证传递的时间差而造成的一方已经入账，而另一方因未收到结算凭证尚未入账的款项。

未达账项有 4 种情况，如图 2-13 所示。

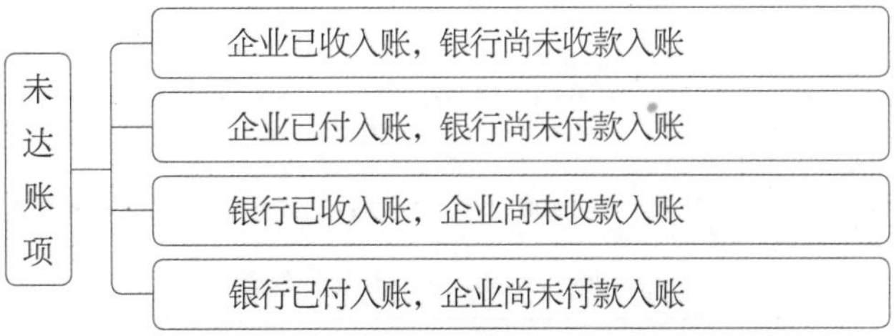

图 2-13　未达账项的 4 种情况

2. 账务处理

“银行存款余额调节表”的编制主要采用余额调节法进行。余额调节法，是指编制调节表时，在企业和其开户行现有银行存款余额的基础上，各自加减未达账项进行调节的方法。用公式表示如下。

企业“银行存款”科目调节后余额 = 企业银行存款日记账余额 + 银行已收入账，企业尚未入账的账款 − 银行已付入账，企业尚未入账的账款

银行对账单调节后余额 = 银行对账单余额 + 企业已收入账，银行尚未入账的账款 − 企业已付入账，银行尚未入账的账款

企业“银行存款”科目调节后余额 = 银行对账单调节后余额

余额调节法具体如图 2-14 所示。

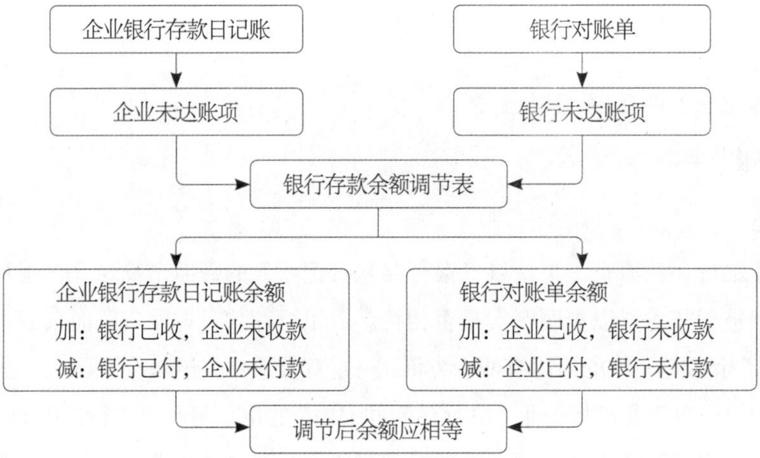

图 2-14　余额调节法

3. 案例解析

【例 2-15】宏发公司 2×19 年 5 月 31 日银行存款日记账的余额为 186 900 元，银行对账单余额为 175 700 元，经逐笔核对后，发现未达账项如下：

a. 公司收到转账支票一张 46 500 元，公司已入账，银行尚未入账；

b. 银行代扣本公司电话费 12 800 元，银行已入账，公司尚未入账；

c. 公司开出转账支票购买材料 14 600 元，公司已入账，银行尚未入账；

d. 银行收到某商场汇入购货款 33 500 元，银行已入账，公司尚未入账。

根据上述材料编制的“银行存款余额调节表”如表 2-2 所示。

表 2-2　银行存款余额调节表　　单位：元

项目	金额	项目	金额
公司银行存款日记账余额	186 900	银行对账单余额	175 700
加：银行已收，公司未收款项	33 500	加：公司已收，银行未收款项	46 500
减：银行已付，公司未付款项	12 800	减：公司已付，银行未付款项	14 600
调节后余额	207 600	调节后余额	207 600

经调节后，银行对账单余额与企业银行存款科目余额相等，由此可判断调节前后的差异均是由未达账项引起的。

2.3　其他货币资金

其他货币资金是指企业除了现金和银行存款之外的其他各种货币资金，其存放地点和用途均与现金以及银行存款的不同。其他货币资金包括企业的外埠存款、银行汇票存款、银行本票存款、存出投资款、信用证存款和信用卡存款等。

2.3.1　银行存款转作其他货币资金

1. 业务概述

外埠存款是指企业到外地进行临时或零星采购时，采用汇兑结算方式汇往采购地银行开立采购专户的款项。采购资金存款不计利息，除采购员差旅费可以支取少量现金外，一律转账。采购专户只付不收，付完结束账户。

银行汇票是汇款人将款项交存当地出票银行，由出票银行签发的，由其在见票时，按照实际结算金额无条件支付给收款人或持票人的票据。

银行本票是申请人将款项交存银行，由银行签发的承诺自己在见票时无条件支付确定的金额给收款人或者持票人的票据。

存出投资款是指企业已存入证券公司但尚未进行短期投资的现金。

信用证保证金存款，是指采用信用证结算方式的企业为取得信用证而按规定存入银行信用证保证金专户的款项。

信用卡存款是指企业为取得信用卡，按照规定存入银行信用卡专户的款项。

当企业将款项委托银行汇往采购地开立专户或者取得银行汇票或者银行本票等时，应该根据类别进行明细结算，记录银行存款的减少和其他货币资金的增加。

2. 账务处理

为了核算其他货币资金的收支和结存情况，应设置“其他货币资金”科目，企业将银行存款转作其他货币资金时，应借记“其他货币资金——外埠存款、银行汇票存款、银行本票存款、存出投资款”等科目，贷记“银行存款”科目。编制会计分录如图 2-15 所示。

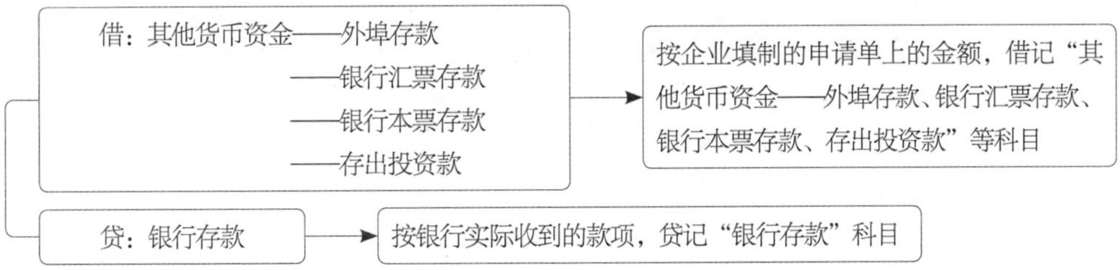

图 2-15　银行存款转作其他货币资金

3. 案例解析

见【例 2-16】。

2.3.2　将多余资金从其他货币资金账户转回

1. 业务概述

企业将多余款项从外埠存款转回、发生银行汇票与银行本票的退回、不需要继续使用信用卡时，会将资金从其他货币资金账户转出，并重新转入银行存款账户。

2. 账务处理

企业将多余的外埠存款、超过付款期限或其他原因未曾使用而退还款项的银行汇票和银行本票等转回银行账户时，应借记“银行存款”科目，贷记“其他货币资金——外埠存款、银行汇票存款、银行本票存款、存出投资款”等科目。编制会计分录如图2-16所示。

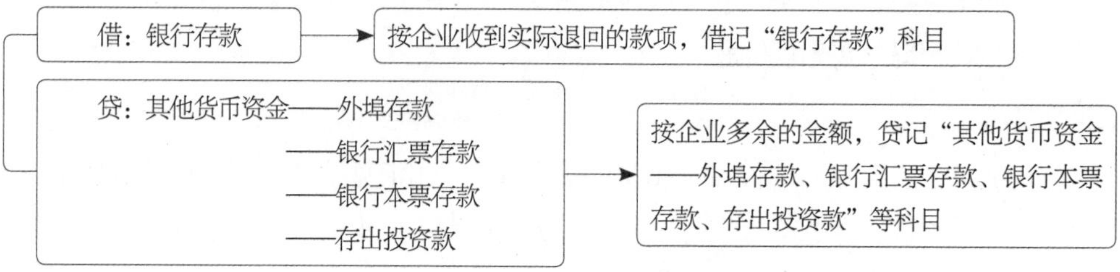

图2-16　将多余资金从其他货币资金账户转回

3. 案例解析

【例2-16】北京高强公司在2×19年发生了以下业务活动。

（1）将60 000元汇往上海开立采购物资专户。账务处理如下。

借：其他货币资金——外埠存款	60 000	
贷：银行存款		60 000

（2）在上海采购，支付材料价款50 000元，增值税6 500元。账务处理如下。

借：材料采购（或在途物资）	50 000	
应交税费——应交增值税（进项税额）	6 500	
贷：其他货币资金——外埠存款		56 500

（3）将多余的外埠存款转回北京开户银行。账务处理如下。

借：银行存款	3 500	
贷：其他货币资金——外埠存款		3 500

（4）以银行存款支付银行汇票存款14 000元。账务处理如下。

借：其他货币资金——银行汇票存款	14 000	
贷：银行存款		14 000

（5）以银行汇票支付采购材料价款10 000元，增值税1 300元。账务处理如下。

借：材料采购（或在途物资）	10 000	
应交税费——应交增值税（进项税额）	1 300	
贷：其他货币资金——银行汇票存款		11 300

（6）将银行汇票余额2 700元转销。账务处理如下。

借：银行存款	2 700	
贷：其他货币资金——银行汇票存款		2 700

（7）以银行存款4 520元支付银行本票存款。账务处理如下。

借：其他货币资金——银行本票存款	4 520	
贷：银行存款		4 520

（8）以银行本票支付材料采购款4 000元，增值税520元。账务处理如下。

借：材料采购（或在途物资）	4 000	
应交税费——应交增值税（进项税额）	520	

　　贷：其他货币资金——银行本票存款　　4 520

（9）若企业未使用该银行本票购买货物，则要求银行退款。账务处理如下。

借：银行存款（或库存现金）　　4 520

　　贷：其他货币资金——银行本票存款　　4 520

2.4 应收票据

应收票据仅指企业因销售商品、提供劳务等而收到的商业汇票，付款人承诺在一定期限后付款。商业汇票是出票人签发的，委托付款人在指定日期无条件支付确定的金额给收款人或者持票人的票据。商业汇票按承兑人不同，分为商业承兑汇票和银行承兑汇票。

2.4.1 销售商品取得应收票据

1. 业务概述

商业汇票按其是否带息，可以分为带息票据和不带息票据两种。

带息票据是指商业汇票上标明利率，汇票到期时，承兑人除向收款人或被背书人支付票面金额外，还应按票面金额和规定的利息率计算支付自票据生效日起至票据到期日止的利息；不带息票据是指商业汇票到期时，承兑人只按票面金额向收款人或被背书人支付款项的票据。

根据我国现行法规制度规定，商业汇票的付款期限最长不得超过 6 个月，企业持有的应收票据是一项短期债权。

2. 账务处理

企业因销售商品、产品或提供劳务收到对方承兑的商业汇票时，按商业汇票的票面金额，借记“应收票据”科目，按实现的营业收入，贷记“主营业务收入”科目，按专用发票上注明的增值税额，贷记“应交税费——应交增值税（销项税额）”科目。编制会计分录如图 2-17 所示。

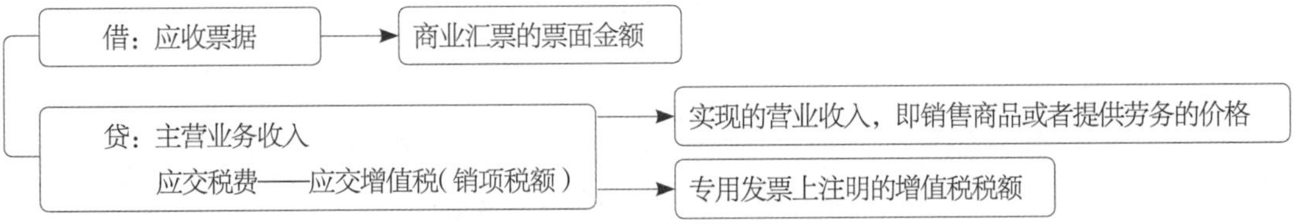

图 2-17　销售商品取得应收票据

3. 案例解析

【例 2-17】甲公司销售一批产品给 B 公司，货已发出，货款 10 000 元，增值税税额为 1 300 元。按合同约定 3 个月以后付款，B 公司交给甲公司一张 3 个月到期的商业承兑汇票，票面金额 11 300 元。甲公司的账务处理如下。

借：应收票据　　11 300

　　贷：主营业务收入　　10 000

　　　　应交税费——应交增值税（销项税额）　　1 300

2.4.2 票据到期

1. 业务概述

当企业接受的票据为带息票据时，到期除了收取本金外还需要向对方收取利息。商业汇票的利息是出票人使用货币资金的成本，它是按照使用货币的时间和规定的利率计算的。对付款人来讲，其承担的利息是费用；对收款人来讲，其收到的利息是收入。

商业汇票的利息计算公式如下。

商业汇票的利息＝商业汇票的票面金额 × 票面利率 × 票据期限

上式中，“票面利率”一般指年利率；“票据期限”指自签发日起至到期日止的时间间隔。商业汇票的期限，有按月表示和按日表示两种。

票据期限按月表示时，应以到期月份中与出票日相同的那一天为到期日。例如，4月1日签发的3个月票据，到期日应为7月1日。月末签发的票据，不论月份大小，以到期月份的月末那一天为到期日。与此同时，计算利息使用的利率要换成月利率（年利率÷12）。

票据期限按日表示时，应从出票日起按实际经历天数计算。出票日和到期日只能计算其中的一天，即“算头不算尾”或“算尾不算头”。例如，4月1日签发的90天票据，其到期日应为6月30日［90天－4月实有天数－5月实有天数：90-30-31=29（天）］。同时，计算利息使用的利率，要换算成日利率（年利率÷360）。

2. 账务处理

企业收到的带息商业汇票，应于资产负债表日按商业汇票的票面金额和确定的利率计提票据利息，计提的利息一方面增加应收票据的账面余额，另一方面冲减财务费用。

带息的商业汇票到期收回款项时，应按收到的本息，借记“银行存款”科目，按账面余额，贷记“应收票据”科目，按其差额（未计提利息部分），贷记“财务费用”科目。到期不能收回的带息应收票据，转入“应收账款”科目核算后，期末不再计提利息，其所包含的利息，在有关备查簿中登记，待实际收到时再冲减收到当期的财务费用。

商业汇票到期，应按实际收到的金额，借记“银行存款”科目，按商业汇票的票面金额，贷记“应收票据”科目。编制会计分录如图2-18所示。

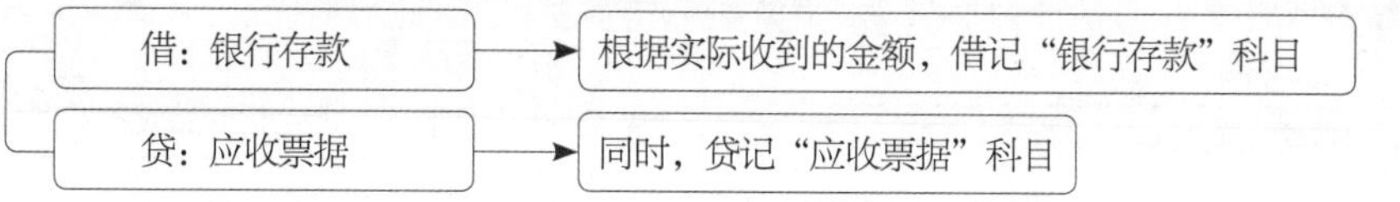

图2-18　商业汇票到期收到款项

商业承兑汇票到期，承兑人违约拒付或无力支付票款，企业收到银行退回的商业承兑汇票、委托收款凭证、未付票款通知书或拒绝付款证明等，将到期票据的票面金额转入“应收账款”科目。“应收票据”科目期末借方余额，反映企业持有的商业汇票的票面金额。编制会计分录如图2-19所示。

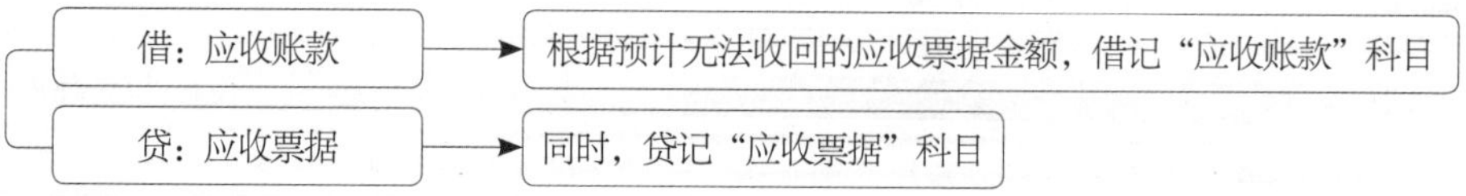

图2-19　承兑人违约拒付或无力支付票款

3. 案例解析

【例2-18】甲公司销售一批产品给B公司，货已发出，货款为10 000元，增值税税额为1 300元。按合同约定3个月以后付款，B公司交给甲公司一张3个月到期的商业承兑汇票，票面金额为11 300元。

甲公司的账务处理如下。

（1）3 个月后，该应收票据到期，甲公司收回款项 11 300 元，存入银行。

借：银行存款　　11 300

　　贷：应收票据　　11 300

（2）如果该票据到期，B 公司无力偿还票款，甲公司应将到期票据的票面金额转入“应收账款”科目。

借：应收账款　　11 300

　　贷：应收票据　　11 300

【例 2-19】 B 企业 2×19 年 9 月 1 日销售一批产品给甲公司，货已发出，增值税专用发票上注明的销售收入为 200 000 元，增值税税额为 26 000 元。收到甲公司交来的商业承兑汇票一张，期限为 6 个月，票面利率为 5%。

B 企业的账务处理如下。

（1）收到票据时。

借：应收票据　　226 000

　　贷：主营业务收入　　200 000

　　　　应交税费——应交增值税（销项税额）　　26 000

（2）年终（2×19 年 12 月 31 日）计提票据利息时。

票据利息 =226 000×5%÷12×4=3 766.67（元）

借：应收票据　　3 766.67

　　贷：财务费用　　3 766.67

（3）票据到期收回款项时。

收款金额 =226 000×（1+5%÷12×6）=231 650（元）

2×20 年 2 月末发生的票据利息 =226 000×5%÷12×2=1 883.33（元）

借：银行存款　　231 650

　　贷：应收票据　　229 766.67

　　　　财务费用　　1 883.33

（4）如果票据到期甲公司无力付款，B 企业应将带息应收票据的金额转入“应收账款”科目。

借：应收账款　　229 766.67

　　贷：应收票据　　229 766.67

其余的利息在备查簿中登记，待实际收到时再冲减收到当期的财务费用。

2.4.3 票据贴现

1. 业务概述

符合条件的持票人可持未到期的商业汇票向银行申请贴现。应收票据贴现是指持票人因急需资金，将未到期的商业汇票背书后转让给银行，银行受理后，从票面金额中扣除按银行的贴现率计算确定的贴现息后，将票款余额付给贴现企业的业务活动。

2. 账务处理

持未到期的商业汇票向银行贴现，符合《企业会计准则第 22 号——金融工具确认和计量》有关金融资产终止确认条件的，应按实际收到的金额（即减去贴现息后的净额），借记“银行存款”

等科目，按贴现利息部分，借记“财务费用”等科目，按商业汇票的票面金额，贷记“应收票据”科目。编制会计分录如图 2-20 所示。

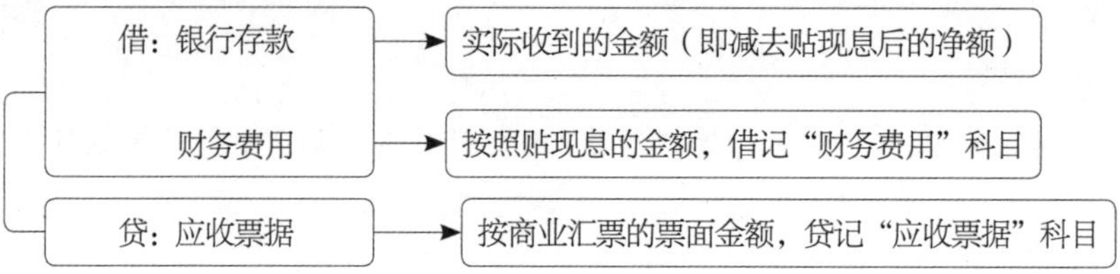

图 2-20　票据贴现

3. 案例解析

【例 2-20】甲公司 2×19 年 9 月销售 A 商品给乙企业，货已发出，甲公司开具的增值税专用发票上注明的商品价款为 100 000 元，增值税税额为 13 000 元。当日收到乙企业签发的不带息商业承兑汇票一张，该票据的期限为 3 个月。A 商品销售符合会计准则规定的收入确认条件。

甲公司的账务处理如下。

（1）A 商品销售实现时。

借：应收票据——乙企业　　113 000

　　贷：主营业务收入——A 商品　　100 000

　　　　应交税费——应交增值税（销项税额）　　13 000

（2）3 个月后，应收票据到期，甲公司收回款项 113 000 元，存入银行。

借：银行存款　　113 000

　　贷：应收票据——乙企业　　113 000

（3）如果甲公司在该票据到期前向银行贴现，且银行没有追索权，假定甲公司该票据贴现获得现金净额 111 870 元。

借：银行存款　　111 870

　　财务费用——票据贴现　　1 130

　　贷：应收票据　　113 000

2.4.4　票据转让业务

1. 业务概述

企业可以将自己持有的商业汇票背书转让。背书是指持票人将票据转让给他人时在票据背面或者粘单上记载有关事项并签章的票据行为。签章人称为背书人，接受票据转让的人称为被背书人。背书人对票据的到期付款负连带责任。

2. 账务处理

企业为取得所需物资而将持有的应收票据背书转让时，按应计入取得物资成本的金额，借记“材料采购”“原材料”或“库存商品”等科目，按专用发票上注明的增值税税额，借记“应交税费——应交增值税（进项税额）”科目，按商业汇票的票面金额，贷记“应收票据”科目，如有差额，借记或贷记“银行存款”等科目。编制会计分录如图 2-21 所示。

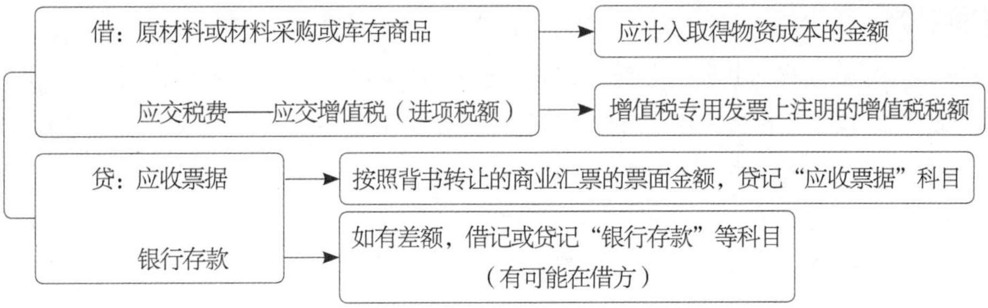

图 2-21 票据转让

3. 案例解析

【例 2-21】假设乙公司将持有的尚未到期的银行承兑汇票背书转让给某钢铁厂，用于购买钢材一批，取得的增值税专用发票上注明的价款为62 000元，增值税税额为8 060元，并签发转账支票一张，补付货款与票据面值之间的差额 2 260 元，材料已到货并验收入库。账务处理如下。

借：材料采购　　62 000
　应交税费——应交增值税（进项税额）　　8 060
　贷：应收票据　　67 800
　　银行存款　　2 260

2.5 应收账款

应收账款是指企业因销售产品、商品或提供劳务等，应向购货或接受劳务单位收取的款项。

2.5.1 销售商品、提供劳务，对方未支付货款

1. 业务概述

企业因销售产品、商品或提供劳务等，应向购货或接受劳务单位收取的款项，应通过“应收账款”科目核算。核算应收账款时，必须确定其入账价值，及时反映应收账款的形成、收回情况，合理地确认、计量坏账损失情况。

2. 账务处理

企业销售商品、产品或提供劳务发生应收款项时，借记“应收账款”科目，贷记“主营业务收入”“应交税费——应交增值税（销项税额）”等科目。企业代购货单位垫付包装费、运杂费时，借记“应收账款”科目，贷记“银行存款”等科目。编制会计分录如图 2-22 所示。

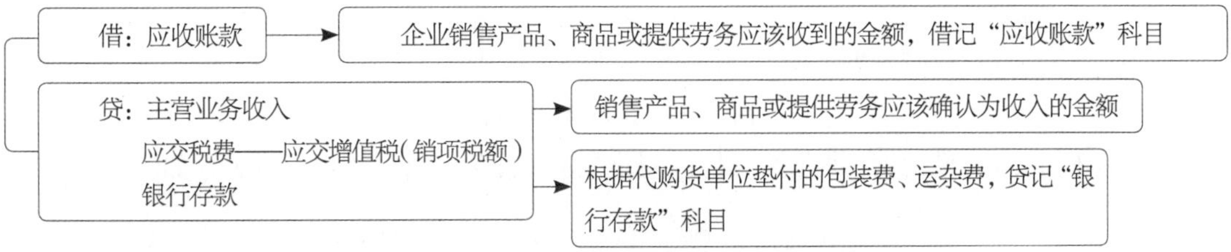

图 2-22 销售商品、产品或提供劳务发生应收款项

收回款项时，借记“银行存款”等科目，贷记“应收账款”科目。

3. 案例解析

【例 2-22】 甲企业采用托收承付结算方式向乙公司销售产品一批，货款为100 000元，增值税税额为13 000元，以银行存款代垫运杂费5 000元，已办理托收手续。甲企业账务处理如下。

借：应收账款——乙公司	118 000	
贷：主营业务收入		100 000
应交税费——应交增值税（销项税额）		13 000
银行存款		5 000

甲企业接到银行收款通知，上述应收乙公司款项已收到入账，账务处理如下。

借：银行存款	118 000	
贷：应收账款——乙公司		118 000

2.5.2　计提坏账

1. 业务概述

坏账是指企业无法收回或收回的可能性极小的应收账款。由于发生坏账而产生的损失，称为坏账损失。

企业确认坏账时，应遵循财务报告的目标和会计核算的基本原则，具体分析各应收账款的特性、金额的大小、信用期限、债务人的信誉和当时的经营情况等因素。一般来说，企业的应收账款符合如图2-23所示条件之一的，应确认为坏账。

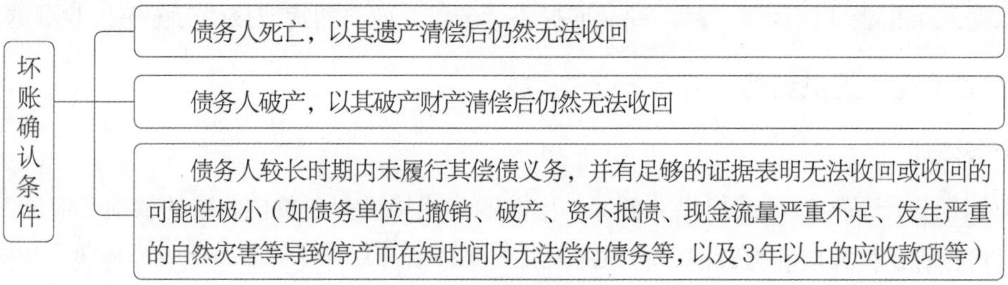

图 2-23　坏账确认条件

2. 账务处理

提取坏账准备时，借记“信用减值损失”科目，贷记“坏账准备”科目。编制会计分录如图2-24所示。

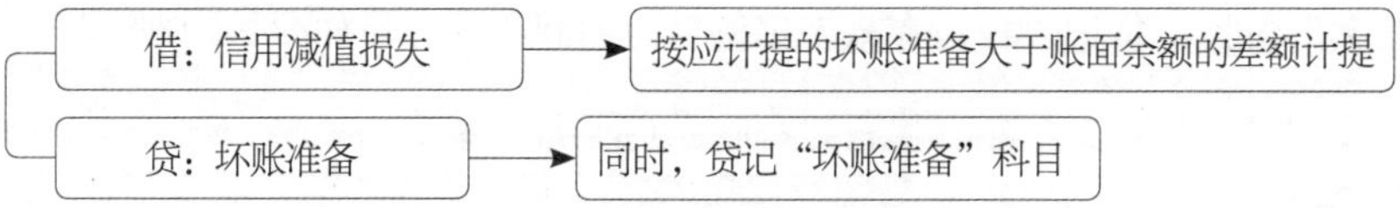

图 2-24　提取坏账准备

发生坏账损失时，借记“坏账准备”科目，贷记“应收账款”科目。编制会计分录如图2-25所示。

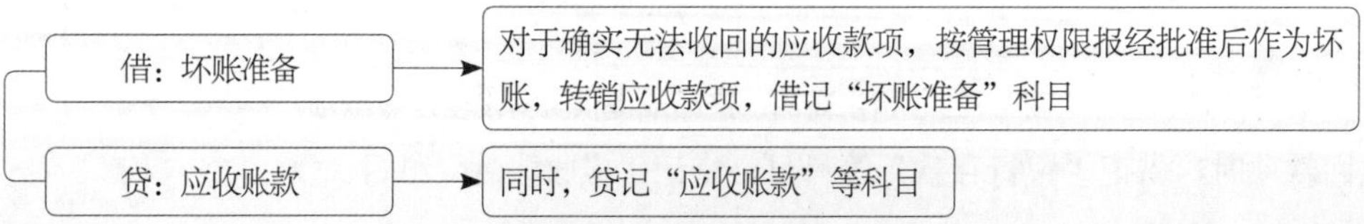

图 2-25　发生坏账损失

已确认并转销的坏账又收回时，借记“应收账款”等科目，贷记“坏账准备”科目；同时借记“银行存款”科目，贷记“应收账款”科目。编制会计分录如图 2-26 所示。

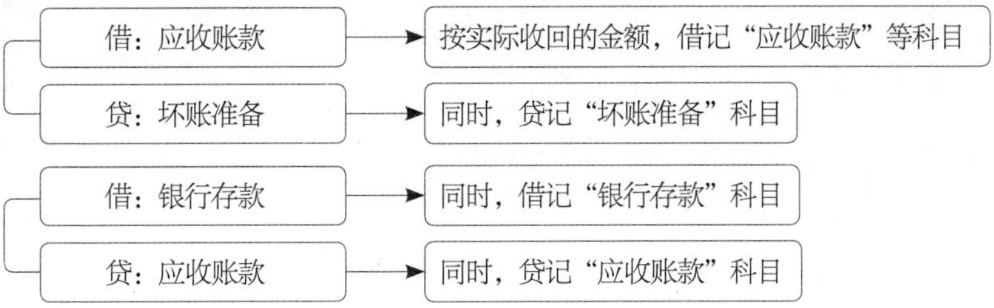

图 2-26　已确认并转销的坏账又收回

3. 案例解析

【例 2-23】甲公司采用应收款项余额百分比法计提坏账准备。2×16 年至 2×19 年发生下列经济业务。

（1）甲公司 2×16 年首次计提坏账准备。年末应收账款余额为 400 000 元，坏账准备的提取比例为 5%，2×16 年年末提取坏账准备的账务处理如下。

借：信用减值损失　　20 000

　　贷：坏账准备　　20 000

（2）甲公司 2×17 年实际发生坏账损失 28 000 元。确认坏账损失时，账务处理如下。

借：坏账准备　　28 000

　　贷：应收账款　　28 000

（3）甲公司 2×17 年年末应收账款余额为 600 000 元。“坏账准备”科目应保持的贷方余额为 30 000 元（600 000×5%）。“坏账准备”科目年末的实际余额为借方 8 000 元（20 000-28 000），因此本年年末应计提 38 000 元（8 000+30 000）。账务处理如下。

借：信用减值损失　　38 000

　　贷：坏账准备　　38 000

（4）甲公司 2×18 年 5 月 28 日收到 2×15 年已转销的坏账 15 000 元，已存入银行。2×18 年 8 月 23 日，又确认坏账损失 24 000 元，账务处理如下。

收到已转销的坏账时。

借：应收账款　　15 000

　　贷：坏账准备　　15 000

借：银行存款　　15 000

　　贷：应收账款　　15 000

新确认坏账损失时。

借：坏账准备　　24 000

　　贷：应收账款　　24 000

（5）甲公司 2×18 年年末应收账款余额为 500 000 元。“坏账准备”科目应保持的余额为 25 000 元（500 000×5%），现有贷方余额 21 000 元（30 000+15 000-24 000），因此本年年末应计提坏账准备 4 000 元（25 000-21 000）。账务处理如下。

借：信用减值损失　　4 000

　　贷：坏账准备　　4 000

（6）假定甲公司 2×19 年 3 月 3 日收到开户银行的收账通知，上年转销的一笔坏账 37 000

元又收回，已经存入银行。账务处理如下。

借：应收账款　　37 000
　　贷：坏账准备　　37 000
借：银行存款　　37 000
　　贷：应收账款　　37 000

2.6 预付账款

1. 业务概述

预付账款是指企业按照合同规定预付的款项。企业通常在采购货物时根据购货个体向供应单位预付款项，此时形成预付账款。

2. 账务处理

企业根据购货合同的规定向供应单位预付款项时，借记“预付账款”科目，贷记“银行存款”科目。企业收到所购物资时，按应计入购入物资成本的金额，借记“材料采购”“原材料”或“库存商品”科目；按相应的增值税进项税额，借记“应交税费——应交增值税（进项税额）”等科目，贷记“预付账款”科目。当预付货款小于采购货物所需支付的款项时，应补付不足部分，借记“预付账款”科目，贷记“银行存款”科目；当预付货款大于采购货物所需支付的款项时，对收回的多余款项，应借记“银行存款”科目，贷记“预付账款”科目。编制会计分录如图2-27所示。

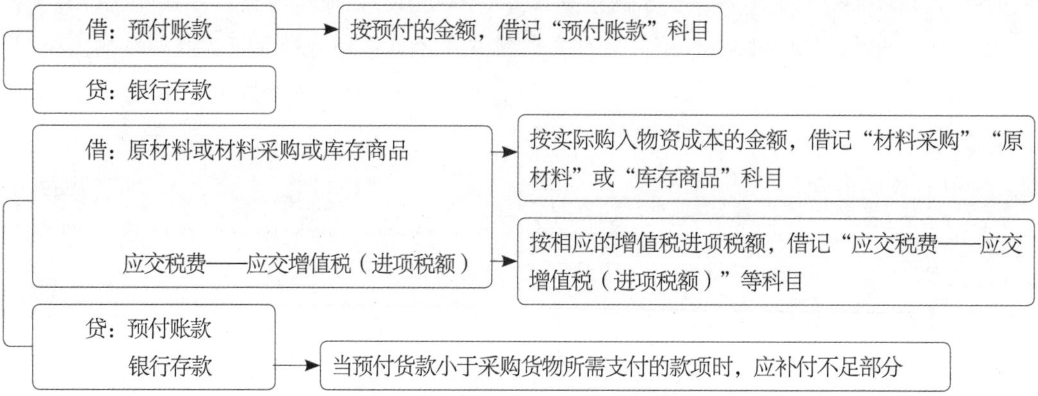

图2-27　预付货款或劳务款项

【例2-24】甲公司向乙公司采购材料5 000公斤，每公斤单价10元，所需支付的款项总额50 000元。按照合同规定向乙公司预付货款的50%，验收货物后补付其余款项。甲公司的账务处理如下。

（1）预付50%的货款时。

借：预付账款——乙公司　　25 000
　　贷：银行存款　　25 000

（2）收到乙公司发来的5 000公斤材料，验收无误，增值税专用发票记载的货款为50 000元，增值税税额为6 500元，以银行存款补付所欠款项31 500元。

借：原材料　　50 000
　　应交税费——应交增值税（进项税额）　　6 500
　　贷：预付账款——乙公司　　56 500

借：预付账款——乙公司　　31 500

　　贷：银行存款　　31 500

2.7　其他应收款

其他应收款是指除应收票据、应收账款、预付账款以外的其他各种应收、暂付款项，包括各种应收的赔款和罚款、备用金、为其他方垫付的费用、出租的包装物租金等。

2.7.1　应收的各种赔款和罚款以及收到相应款项

1. 业务概述

应收的各种赔款包括因职工失职给企业造成一定损失而向该职工收取的赔款，或因企业财产等遭受意外损失而向保险公司收取的赔款等。

2. 账务处理

该科目借方登记其他应收款的增加数，贷方登记其他应收款的收回数及确认的坏账损失数，余额一般在借方，表示尚未收回的其他应收款数额。

当企业发生应该收回的赔偿以及罚款时，应根据实际金额借记“其他应收款”科目，贷记“银行存款”或“待处理财产损溢”科目。编制会计分录如图 2-28 所示。

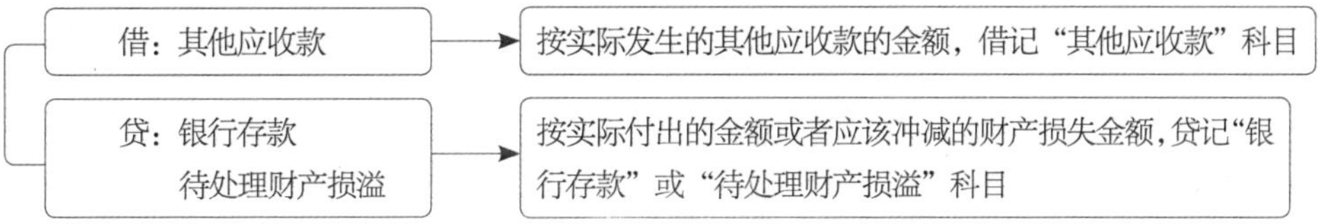

图 2-28　应收的各种赔款和罚款

当企业收到应收的其他应收款时，应根据实际收到的金额借记“银行存款”科目，贷记“其他应收款”科目。

3. 案例解析

【例 2-25】甲公司在采购过程中发生材料毁损，按保险合同规定，应由保险公司赔偿损失 30 000 元，赔款尚未收到，账务处理如下。

借：其他应收款——保险公司　　30 000

　　贷：材料采购　　30 000

上述保险公司赔款如数收到，甲公司账务处理如下。

借：银行存款　　30 000

　　贷：其他应收款——保险公司　　30 000

【例 2-26】甲公司库存的一批存货因自然灾害被毁损，经保险公司确认，甲公司应向保险公司收取赔款 20 000 元。根据有关索赔凭证，甲公司账务处理如下。

借：其他应收款——保险公司　　20 000

　　贷：待处理财产损溢——待处理流动资产损溢　　20 000

2.7.2　拨付备用金

1. 业务概述

备用金是指为了满足企业内部各部门和职工个人生产经营活动的需要，而暂付给有关部门和人员使用的备用库存现金。

为了反映和监督备用金的领用和使用情况，应在“其他应收款”科目下设置“备用金”二级科目，或设置“备用金”一级科目。

根据备用金的管理制度，备用金的核算分为定额备用金和非定额备用金两种情况：定额备用金是指根据使用部门和人员工作的实际需要，先核定其备用金定额并依次拨付备用金，使用后再拨付库存现金，补足其定额的制度；非定额备用金，也称一次性备用金，是指为了满足临时性需要暂付给有关部门和个人的库存现金，使用后实报实销的备用金制度。

2. 账务处理

领用备用金时，借记“其他应收款——备用金”科目，贷记“库存现金”科目。编制会计分录如图 2-29 所示。

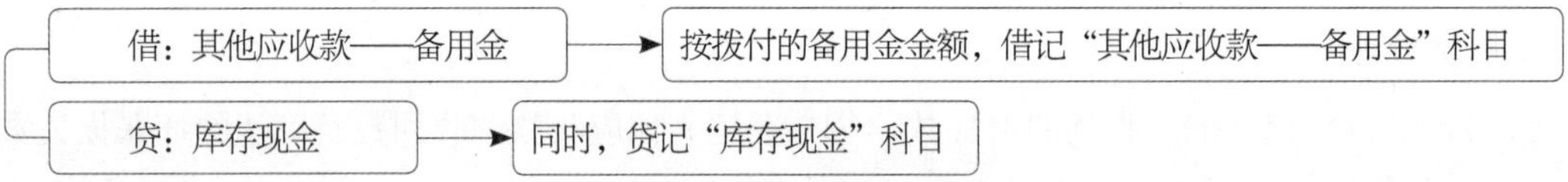

图 2-29　领用备用金

3. 案例解析

【例 2-27】甲企业某生产车间核定的备用金定额为 5 000 元，以库存现金拨付。账务处理如下。

借：其他应收款——备用金	5 000	
贷：库存现金		5 000

2.7.3　为员工垫付各种费用

1. 业务概述

企业在日常经营活动中常常会为职工垫付水电费，应由职工负担的医药费、房租费等，从而产生应向职工收取的各种垫付的款项。

2. 账务处理

当发生应向员工收取的代垫款项时，应该借记“其他应收款——× ×”科目，贷记“银行存款”科目。编制会计分录如图 2-30 所示。

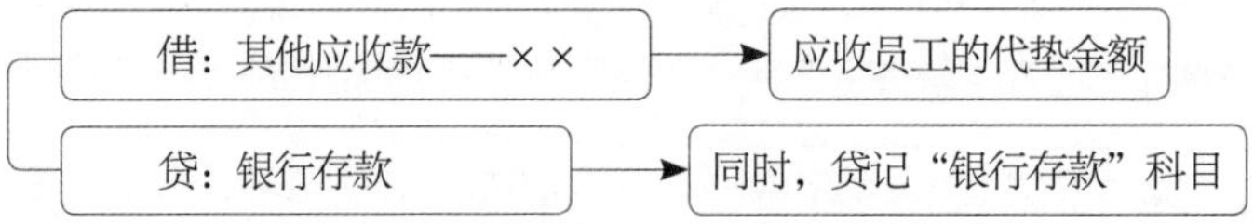

图 2-30　发生应向员工收取的代垫款项

3. 案例解析

【例 2-28】甲公司以银行存款替副总经理张某垫付应由其个人负担的医疗费 5 000 元，拟从其工资中扣回，账务处理如下。

（1）垫付时。

借：其他应收款——张某	5 000	
贷：银行存款		5 000

（2）扣款时。

借：应付职工薪酬	5 000	

贷：其他应收款——张某　　5 000

2.7.4 应收的出租包装物租金

1. 业务概述

企业对于能够长期周转使用的包装物，一般要求使用单位在用完后归还企业。其中有的包装物采用出租方式，有的包装物采用出借方式，出租包装物收取的租金，作为企业的一项其他业务收入。

2. 账务处理

企业将包装物出租给承租方时，根据应收取的租金借记“其他应收款”科目，贷记“其他业务收入”科目。编制会计分录如图 2-31 所示。

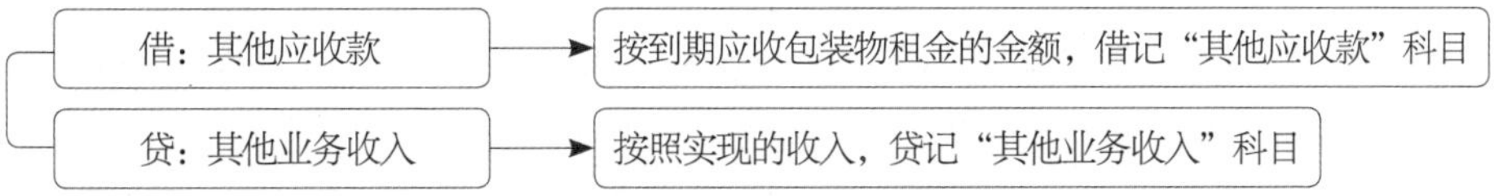

图 2-31　企业将包装物出租给承租方

3. 案例解析

【例 2-29】甲公司租入包装物一批，以银行存款向出租方支付押金 10 000 元，账务处理如下。

借：其他应收款——押金　　10 000

　　贷：银行存款　　10 000

租入包装物按期如数退回，甲公司收到出租方退还的押金 10 000 元，已存入银行，账务处理如下。

借：银行存款　　10 000

　　贷：其他应收款——押金　　10 000

2.7.5 出租人有关经营租赁的会计处理

1. 业务概述

租赁有两种形式：一种是经营租赁；另一种是融资租赁。在经营租赁下，与租赁资产所有权有关的风险和报酬并没有实质上转移给承租人，租赁资产的所有权始终归出租人所有。因此，出租人仍应该按自有资产的处理方法，将出租资产反映在资产负债表上。

2. 账务处理

在一般情况下，出租人应采用直线法或者采用其他更加合理的方法将收到的租金在租赁期内确认为收益。应该注意出租人可能会对经营租赁提供激励措施。如果出租人提供了免租期，企业应将租金总额在不扣除免租期的整个租赁期内按合适的方法进行分配，即免租期内应该确认租赁收入；如果出租人承担了承租人的某些费用，出租人应将该费用从租金收入总额中扣除，将剩余租金收入在租赁期内进行分配。企业在确认各期租金收入时，应借记“应收账款”或“其他应收款”等科目，贷记“租赁收入”科目。

企业应该编制的会计分录如图 2-32 所示。

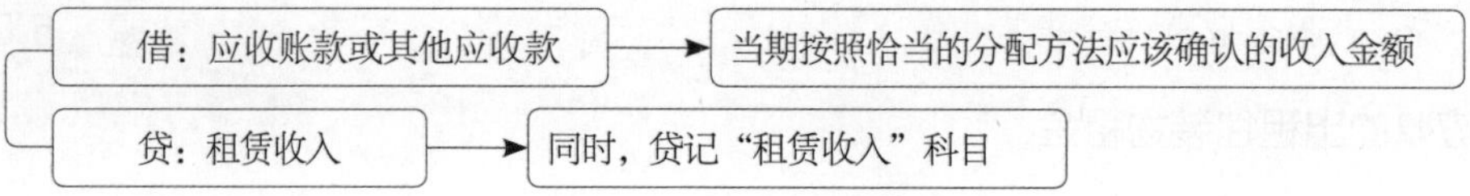

图 2-32　出租人确认租金

实际收到租金时，企业应该借记“银行存款”科目，贷记“应收账款”或“其他应收款”等科目。企业应该编制的会计分录如图 2-33 所示。

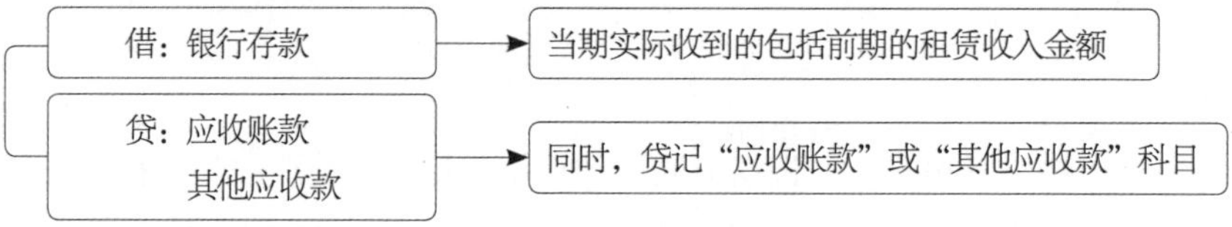

图 2-33　实际收到租金

经营租赁中出租人发生的初始直接费用是指在租赁谈判和签订租赁合同过程中发生的可归属于租赁项目的手续费、律师费、差旅费、印花税等，应当计入当期损益。金额较大的应该资本化，在整个经营租赁期间内按照与确认租金收入相同的基础分期计入当期损益。

企业应该编制的会计分录如图 2-34 所示。

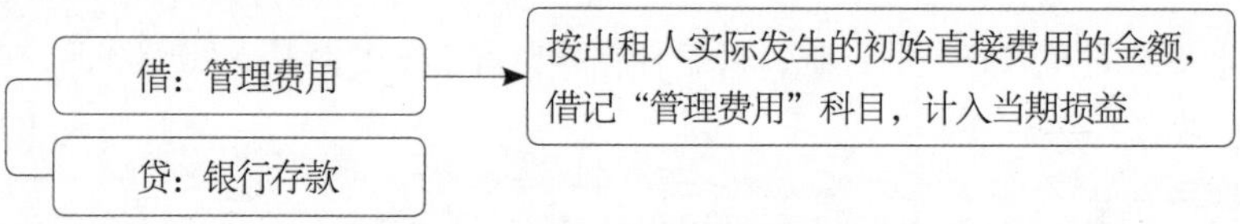

图 2-34　出租人发生初始直接费用

出租人要定期对经营租赁固定资产按照类似应计提折旧资产采用的折旧政策计提折旧。如果存在或有租金，则在实际发生时计入当期损益。

3. 案例解析

【例 2-30】2×19 年 1 月 1 日，甲公司将一套大型闲置的生产设备租给乙公司。租赁合同规定：租赁期为 5 年，第 1 年免租金；第 2 年和第 3 年各支付租金 20 万元；第 4 年和第 5 年各支付租金 40 万元；租金总额共计 120 万元。甲公司在租赁期的第 1 年和第 2 年应确认的租金收入分别为（　　）万元和（　　）万元。

A.0、20　　　　B.0、30　　　　C.24、20　　　　D.24、24

解析：D，在出租人提供了免租期的情况下，应将租金总额在整个租赁期内进行分摊，而不是在租赁期扣除免租期后的期间内进行分摊。所以出租人应该将租金总额 120 万元平均分摊到 5 年内。

2.8　在途物资

在途物资是指企业已经购买的材料、商品等尚未验收入库的各种物资。

2.8.1　实际成本法下，企业购买材料、商品

1. 业务概述

按实际成本计价进行的日常核算，是指从材料的收发凭证到明细分类账和总账均以实际成本来反映材料的收、发、结存情况的核算。

2. 账务处理

（1）发票账单与材料同时到达的钱货两清业务。

企业采购材料，如果付款后随即收到材料，或者货款支付或已开出、承兑商业汇票与材料的验收入库基本上同时进行，则在业务发生后，即可根据银行结算凭证、发票账单和收料单等确定的材料成本，借记“原材料”科目，根据取得的增值税专用发票上注明的税额，借记“应交税费——应交增值税（进项税额）”科目，按照实际支付的款项，贷记“银行存款”“库存现金”“其他货币资金”“应付票据”等科目。编制会计分录如图 2-35 所示。

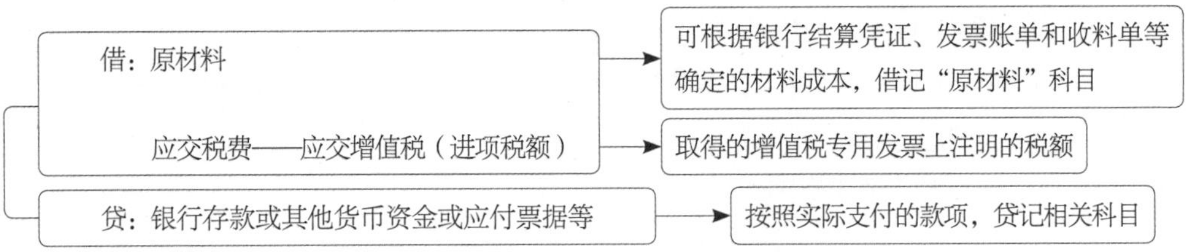

图 2-35　发票账单与材料同时到达

（2）付款在前，收料在后。

该项业务的产生，多数是企业从外地采购材料，发生结算凭证等单据已到，并已承付货款或开出、承兑商业汇票，但材料尚在运输途中的情况。在会计上将此项业务作为在途物资处理，通过“在途物资”科目核算。编制会计分录如图 2-36 所示。

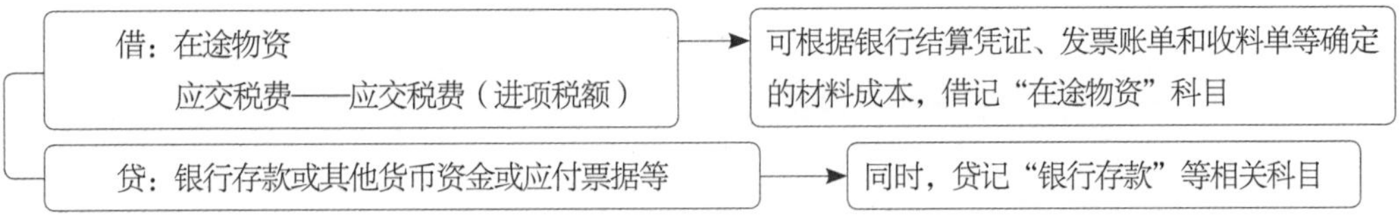

图 2-36　付款在前，收料在后

（3）收料在前，付款在后。

企业在材料采购过程中，发生材料已到，结算凭证未到或企业暂时无力支付的业务，如所收到的材料确属企业订购的品种，可先行办理材料的验收入库手续，并分情况进行必要的账务处理。

第一，材料已到，供应单位发票账单也已到达，但由于企业的银行存款不足而暂未付款。在此情况下，属于企业占用了供应单位的资金，形成了应付而未付供应单位的款项，构成了企业的一项流动负债，应通过“应付账款”科目核算。编制会计分录如下。

借：原材料

　　应交税费——应交增值税（进项税额）

　　贷：应付账款

第二，材料已到，但供应单位发票账单未到，且货款尚未支付。在此情况下，为做到材料账实相符，应先按双方合同价格或计划价格暂估入账，借记“原材料”科目，贷记“应付账款”科目。下月初用红字做同样的记账凭证，予以冲回，以便下月付款或开出承兑商业汇票时，按正常程序，借记“原材料”“应交税费——应交增值税（进项税额）”科目，贷记“银行存款”或“应付票据”等科目。编制会计分录如下。

借：原材料

　　应交税费——应交增值税（进项税额）

　　贷：银行存款等

在实际工作中，当发生材料已经验收入库，而发票账单尚未到达时，一般情况下，发票账单在材料到达后的几天内即可到达。为简化核算手续，对这些业务月份内可暂不进行总分类核算，只在材料明细分类账中登记收入数量，待发票账单到达后，按实际成本入账。但如果月终仍未收到发票账单，应暂估入账，下月初用红字将暂估价冲销，待发票账单到达后再按实际成本入账。

3. 案例解析

（1）发票账单与材料同时到达的钱货两清业务。

【例 2-31】某企业为一般纳税人，某日该企业购入原材料一批，取得的增值税专用发票上注明的原材料价款为 12 600 元，增值税税额为 1 638 元，发票等结算凭证已经收到，货款已通过银行转账支付，材料已验收入库。账务处理如下。

借：原材料　　12 600
　　应交税费——应交增值税（进项税额）　　1 638
　　贷：银行存款　　14 238

（2）付款在前，收料在后。

【例 2-32】假设**【例 2-31】**中购入材料的业务，发票等结算凭证已到，货款已经支付，但材料尚未运到。企业于收到发票等结算凭证时的账务处理如下。

借：在途物资　　12 600
　　应交税费——应交增值税（进项税额）　　1 638
　　贷：银行存款　　14 238

上述材料到达验收入库时，再做如下分录。

借：原材料　　12 600
　　贷：在途物资　　12 600

（3）收料在前，付款在后。

【例 2-33】企业从外地西江钢铁厂购入甲种材料 2 000 公斤，买价为 4 000 元，增值税发票上的增值税税额为 520 元，供应单位代垫运杂费 400 元。材料已到达并已验收入库，但货款尚未支付。账务处理如下。

借：原材料——甲材料　　4 400
　　应交税费——应交增值税（进项税额）　　520
　　贷：应付账款——西江钢铁厂　　4 920

【例 2-34】假设**【例 2-33】**中购入材料的业务，材料已经运到并验收入库，但发票等结算凭证尚未收到，货款尚未支付。月末，按照暂估价入账，假设其暂估价为 12 000 元。账务处理如下。

借：原材料　　12 000
　　贷：应付账款——暂估应付账款　　12 000

下月初用红字将上述分录原账冲回。

借：原材料　　[12 000]
　　贷：应付账款——暂估应付账款　　[12 000]

2.8.2 计划成本法下，企业购买材料、商品

1. 业务概述

按计划成本计价进行的日常核算，是指从材料的收发凭证到明细账、总账都以计划成本加以计量的核算。实际成本与计划成本之间的差异，单独通过专设的“材料成本差异”科目核算，最终于月末将领用材料的计划成本调整为实际成本。

2. 账务处理

（1）发票账单与材料同时到达的钱货两清业务。

在企业办理货款结算，同时办理材料验收入库手续后，财会部门应根据银行结算凭证、发票账单等，按采购的实际成本，借记“材料采购”科目，贷记“银行存款”“库存现金”“其他货币资金”“应付票据”等科目；同时根据收料单，按计划成本，借记有关材料科目，贷记“材料采购”科目。编制会计分录如图 2-37 所示。

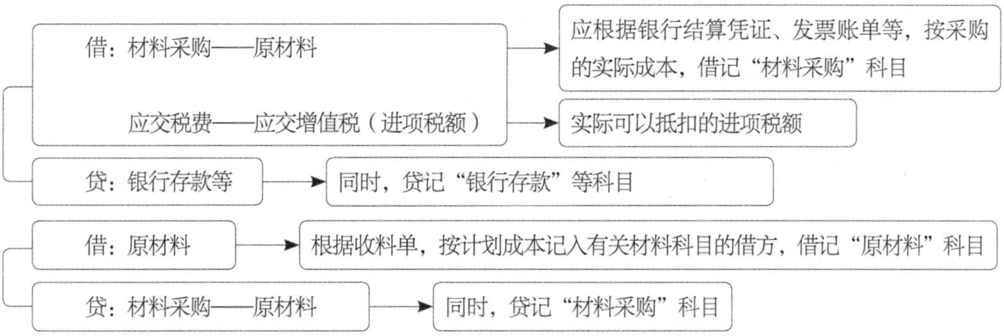

图 2-37 发票账单与材料同时到达

（2）付款在前，收料在后。

货款已经支付或已开出、承兑商业汇票，材料尚未到达，作为在途材料，借记“材料采购”科目。等材料到达验收入库后，再据“收料单”按计划成本，由“材料采购”科目的贷方转入有关材料科目的借方。编制会计分录如图 2-38 所示。

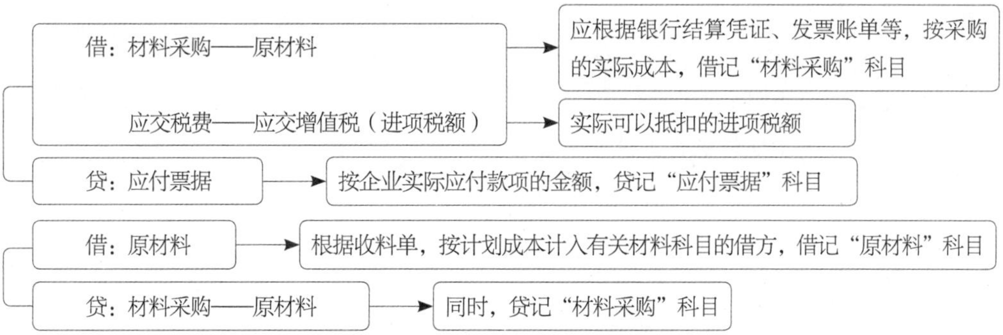

图 2-38 付款在前，收料在后

（3）收料在前，付款在后。

此类业务仍分为两种情况：一是结算凭证已到，但企业暂时无力支付或未开出、承兑商业汇票；二是发票账单等结算凭证未到，且货款尚未支付。应分情况做出必要的账务处理。

第一，材料已到，并已验收入库，供应单位发票账单也已到达，但企业因暂时存款不足而未付款或未开出、承兑商业汇票。在此情况下，属于企业占用了供应单位的资金，形成了企业的债务，

应借记“材料采购”科目，贷记“应付账款”科目。

第二，材料已到，但供应单位发票账单未到，且货款尚未支付。在此情况下，平时可不做账务处理，到月终发票账单仍未到达，为使材料账实相符，应按计划成本暂估入账，到下月初用红字冲回，以便下月付款或开出、承兑商业汇票后，按正常程序通过“材料采购”科目核算。

（4）外购材料成本差异的结转。

企业外购材料成本差异的结转一般在月终进行。月终时将已经付款或已开出、承兑商业汇票及暂无款支付的收料凭证，按实际成本和计划成本分别加以汇总，计算出成本差异，并由“材料采购”科目转入“材料成本差异”科目。

3. 案例解析

（1）发票账单与材料同时到达的钱货两清业务。

【例 2-35】7 月 5 日，某企业从南宏钢铁厂购入甲种材料 6 000 公斤，价款为 12 600 元，取得的增值税专用发票上注明的增值税税额为 1 638 元，当即以银行存款付清、材料已按计划成本 12 900 元验收入库。该企业账务处理如下。

第一步。

借：材料采购——原材料	12 600	
应交税费——应交增值税（进项税额）	1 638	
贷：银行存款		14 238

第二步。

借：原材料——甲材料	12 900	
贷：材料采购——原材料		12 900

（2）付款在前，收料在后。

【例 2-36】7 月 13 日，某企业从外地西江钢铁厂采购甲种材料 4 000 公斤，买价为 8 600 元，增值税税额为 1 118 元，采用商业汇票结算方式，签发银行承兑汇票一张，共计 9 718 元，向开户银行申请承兑，并以银行存款支付手续费 50 元，当日连同解讫通知一并交给供应单位，材料尚未运达。该企业账务处理如下。

第一步。

借：材料采购——原材料	8 600	
应交税费——应交增值税（进项税额）	1 118	
贷：应付票据		9 718
借：财务费用	50	
贷：银行存款		50

第二步，上述甲种材料于 18 日到达，并已验收入库，其计划成本为 9 200 元。据“收料单”做如下会计分录。

借：原材料——甲材料	9 200	
贷：材料采购——原材料		9 200

（3）收料在前，付款在后。

【例 2-37】7 月 29 日，某企业接到货场通知，从兰新钢铁厂按合同购入的 12 000 公斤乙种材料已经到达，并于当日验收入库，但对方发票账单未到，故按计划成本 19 000 元暂估入账。应于月终根据“收料单”做如下会计分录。

借：原材料——乙材料　　19 000

　　贷：应付账款——暂估应付账款　　19 000

下月初用红字填制相同的收料凭证并据以登账，将暂估价冲销。待收到发票账单后，据实按正常程序入账。

（4）外购材料成本差异的结转。

【例 2-38】现据【例 2-35】、【例 2-36】和【例 2-37】外购材料各项业务，经过汇总计算后得出，本月外购材料的实际成本小于计划成本，即发生节约差异 240 元。账务处理如下。

借：材料成本差异——原材料　　240

　　贷：材料采购——原材料　　240

2.9 库存商品

库存商品指企业已经完成了所有的生产步骤并且已经验收入库，可以作为存货或者对外销售的各种商品，包括企业自制产品、购入商品等。

2.9.1 工业生产企业自制产品入库以及销售

1. 业务概述

从事工业生产的企业，其库存商品主要是产成品。产成品是指已经完成全部生产过程并已验收入库符合标准规格和技术条件，可以作为商品对外销售的产品。企业接受外来原材料加工制造的代制品和为外单位加工修理的代修品，制造和修理完成验收入库后，视同本企业的产成品，其所发生的支出，也在本科目核算。

为了加强对产成品的管理，搞好产成品的核算，产成品的收入和发出有一定的制度和手续，并应填制相应的入库和出库的凭证。

2. 账务处理

企业的产成品一般应按实际成本进行核算。按实际成本核算的情况下，产成品的收入、发出和销售，平时只记数量不记金额。月度终了，计算入库产成品的实际成本。企业生产完成验收入库的产成品，按实际成本编制会计分录如图 2-39 所示。

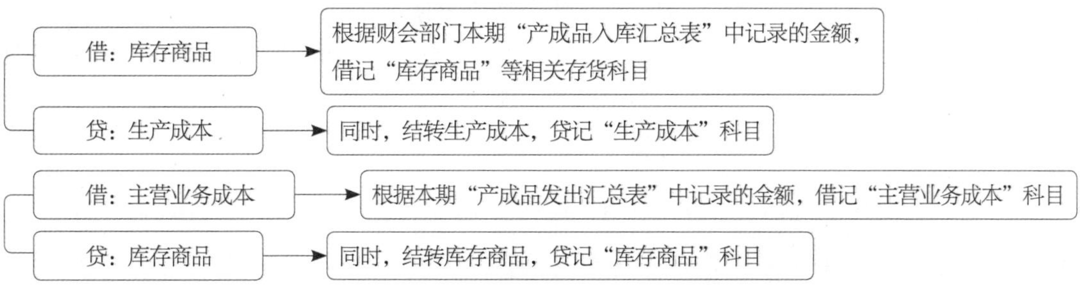

图 2-39 工业生产企业自制产品入库以及销售

3. 案例解析

【例 2-39】甲企业 7 月 3 日完工入库产成品一批，其实际制造成本为 19 000 元，按计划成本 20 000 元验收入库。其于 7 月 23 日销售该批部分产品，计划成本为 10 000 元。账务处理如下。

（1）甲企业验收产成品。

借：库存商品　　　　　　　　　　　　20 000

　　贷：生产成本　　　　　　　　　　　　19 000

　　　　产品成本差异　　　　　　　　　　　1 000

（2）甲企业销售部分产品。

借：主营业务成本　　　　　　　　　　9 500

　　产品成本差异　　　　　　　　　　　500

　　贷：库存商品　　　　　　　　　　　　10 000

2.9.2　商品流通企业库存商品购入以及销售

1. 业务概述

从事商品流通的企业，其库存商品主要指外购或委托加工完成验收入库用于销售的各种商品。从事商品流通的企业购入的商品在抵达仓库前发生的包装费、运杂费、运输存储过程中的保险费、装卸费、运输途中的合理损耗和入库前的挑选整理费用等采购费用，不计入购入商品的实际成本，而应于发生时确认为当期的营业费用。

2. 账务处理

（1）库存商品采用进价法核算。

企业库存商品采用进价法核算的，购入的商品在到达验收入库后，按商品进价，借记“库存商品”科目，按专用发票上注明的增值税税额，借记“应交税费——应交增值税（进项税额）”科目，按实际支付或应付的款项，贷记“银行存款”或“应付账款”科目。企业委托外单位加工收回的商品，按委托加工商品的实际成本，借记“库存商品”科目。贷记“委托加工物资”科目，编制会计分录如图 2-40 所示。

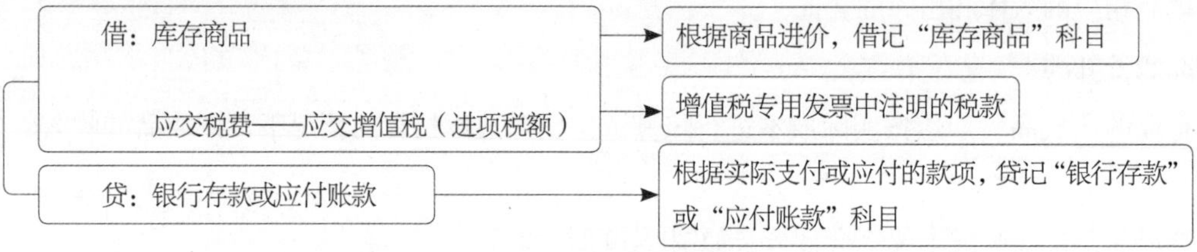

图 2-40　采用进价法核算

企业销售商品结转成本时，可按先进先出法、加权平均法、移动平均法、个别计价法等方法计算已销商品的销售成本，核算方法一经确定，不得随意变更。同时借记“主营业务成本”等科目，贷记“库存商品”科目。编制会计分录如图 2-41 所示。

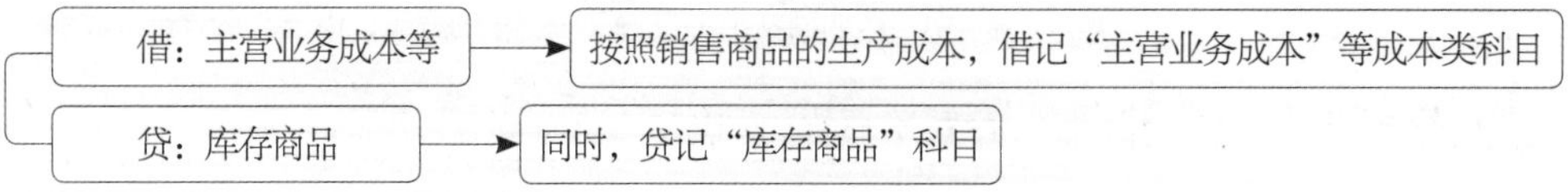

图 2-41　企业销售商品结转成本

（2）企业采用售价法核算。

企业库存商品采用售价法核算的，购入的商品到达验收入库后，按商品售价，借记“库存商品”科目，按专用发票上注明的增值税税额，借记“应交税费——应交增值税（进项税额）”科目，按商品进价和增值税进项税额的合计金额，贷记“银行存款”或“应付账款”科目，按商品售价与进价的差额，贷记“商品进销差价”科目。企业委托外单位加工收回的商品，按商品售价，借记“库存商品”科目，按委托加工商品的实际成本，贷记“委托加工物资”科目，按商品售价与进价的差额，贷记“商品进销差价”科目。编制会计分录如图 2-42 所示。

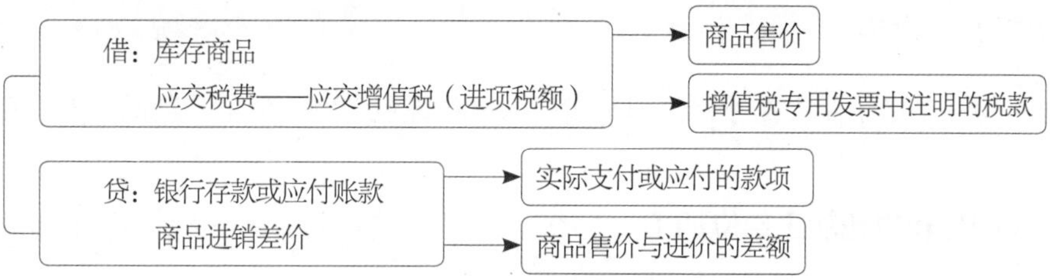

图 2-42　采用售价法核算

企业销售商品结转成本时，可按商品售价结转销售成本，借记“主营业务成本”科目，贷记“库存商品”科目。月度终了，应按商品进销差价率计算分摊本月已销商品应分摊的进销差价，借记“商品进销差价”科目，贷记“主营业务成本”科目。

已销售商品应分摊的进销差价可按以下公式计算。

进销差价率 = 月末分摊前“商品进销差价”科目余额 ÷（月末“库存商品”科目余额 + 月末“受托代销商品”科目余额 + “发出商品”科目余额 + 本月“主营业务收入”科目贷方发生额）×100%

本月销售商品应分摊的进销差价 = 本月“主营业务收入”科目贷方发生额 × 进销差价率

本期销售商品的实际成本 = 本期商品销售收入 − 本期已售商品应分摊的进销差价

已销售商品结转成本编制会计分录如图 2-43 所示。

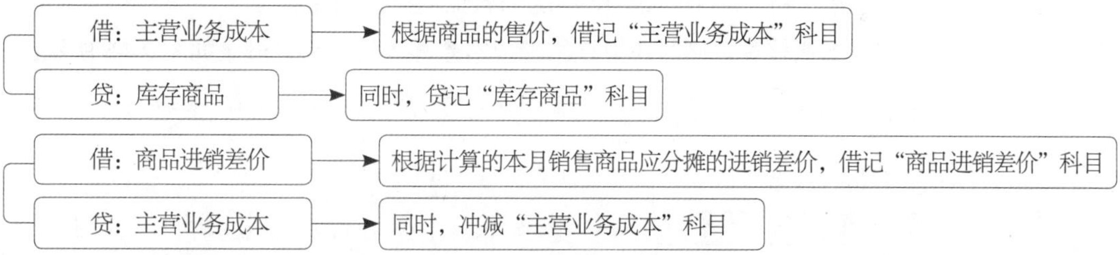

图 2-43　销售商品结转成本

3. 案例解析

【例 2-40】 乙公司属于商品流通企业，为增值税一般纳税人，售价中不含增值税。其只经营 A 类商品并采用售价法进行核算，其平均进销差价率为 20%。该公司第一季度购入 A 类商品，成本为 500 000 元，并且当季度取得销售收入 300 000 元。账务处理如下。

（1）乙公司购入 A 类商品。

借：库存商品　　600 000

　　应交税费——应交增值税（进项税额）　　65 000

　　贷：银行存款　　565 000

　　　　商品进销差价　　100 000

（2）乙公司取得销售收入。

借：银行存款　　339 000

　　贷：主营业务收入　　300 000

　　　应交税费——应交增值税（销项税额）　　　　39 000

借：主营业务成本　　　　250 000

　　商品进销差价　　　　50 000

　　贷：库存商品　　　　300 000

2.10 委托加工物资

委托加工物资是指企业委托外单位加工成新的材料或包装物、低值易耗品而非自己生产加工的物资。

2.10.1 拨付原材料委托加工单位加工

1. 业务概述

委托加工物资的成本应当包括加工中实际耗用物资的成本、支付的加工费用及应负担的运杂费、支付的税金如消费税和增值税等。企业根据加工合同的规定，拨付给加工单位加工用原材料时，由供应部门根据加工合同，填制“委托加工物资发料单”，经审核后由仓库据此单发料。

2. 账务处理

企业发给加工单位加工原材料时，应该将原材料转入委托加工物资。

如果企业采用实际成本法核算，应该编制会计分录如图2-44所示。

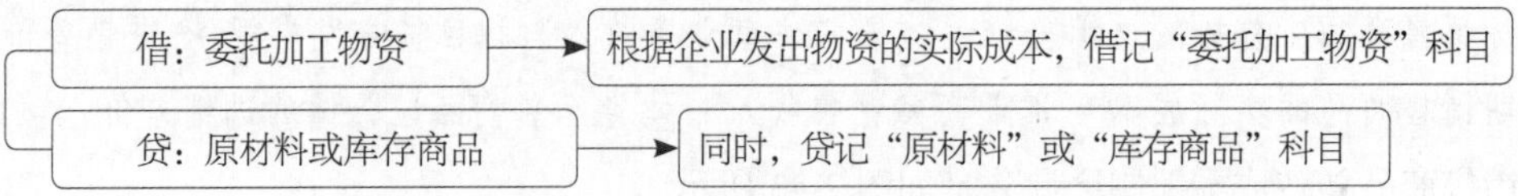

图2-44　采用实际成本法将原材料转入委托加工物资

如果企业采用计划成本法核算，同时还应该结转成本差异，编制会计分录如图2-45所示。

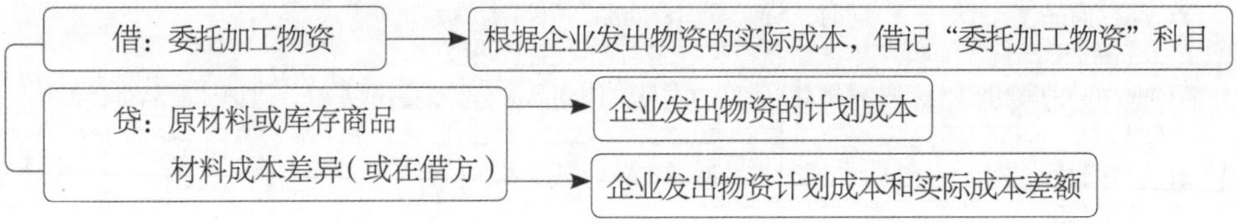

图2-45　采用计划成本法将原材料转入委托加工物资

3. 案例解析

见【例2-41】。

2.10.2 支付加工费、增值税等

1. 业务概述

企业将原材料交付给加工企业进行加工之后，需要按照加工费标准支付给对方一定的加工费，另外还要按加工费计算缴纳增值税。如果按税法规定需要缴纳消费税，还应该计算缴纳消费税。

2. 账务处理

加工物资应该负担的增值税，凡属加工物资用于应交增值税项目并取得增值税专用发票的一般纳税人，可将这部分增值税作为进项税额，不计入加工物资成本；凡属于加工物资用于非应交增值税项目或免征增值税项目的，以及未取得增值税专用发票的一般纳税人和小规模纳税人的加工物资，应将这部分增值税计入加工物资的成本。

加工物资应负担的消费税，凡属加工物资收回后直接用于销售的，应将受托方代收代缴的消费税计入委托加工物资的成本；凡属加工物资收回后用于连续生产，按规定准予抵扣的，按受托方代收代缴的消费税记入“应交税费——应交消费税”科目的借方，待应交消费税的加工物资连续生产完工销售后，抵交其应缴纳的销售环节的消费税。

（1）委托加工材料收回用于连续生产应税消费品，企业应编制会计分录如图 2-46 所示。

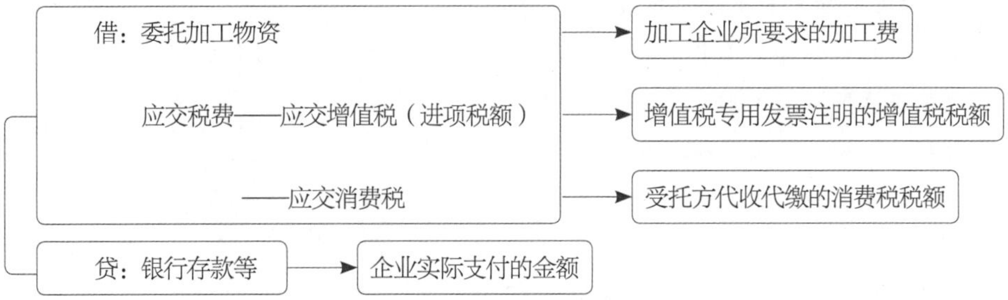

图 2-46　委托加工材料收回用于连续生产应税消费品

（2）委托加工材料收回用于直接销售，企业应编制会计分录如图 2-47 所示。

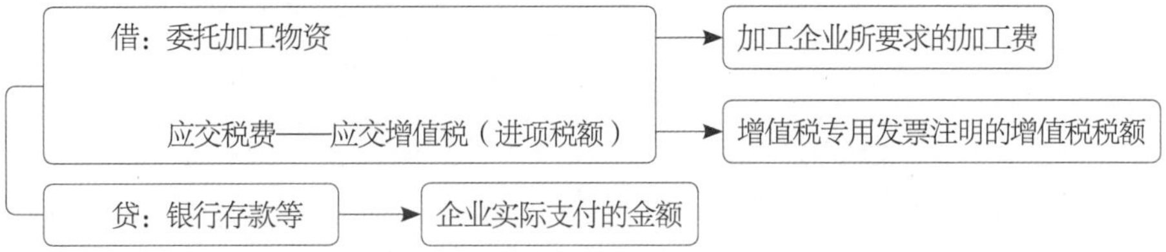

图 2-47　委托加工材料收回用于直接销售

3. 案例解析

见【例 2-41】。

2.10.3　收回委托加工物资和剩余物资

1. 业务概述

收回委托加工物资时，应由供应部门填制“委托加工物资收料单”，并通知仓库据此单收料。

2. 账务处理

委托加工物资加工完成验收入库后，应按加工收回物资的实际成本和剩余物资的实际成本，借记“原材料”“库存商品”等科目，贷记“委托加工物资”科目。如果采用计划成本核算，还应该将实际成本与计划成本的差异记入“材料成本差异”科目。企业应编制的会计分录如图 2-48 所示。

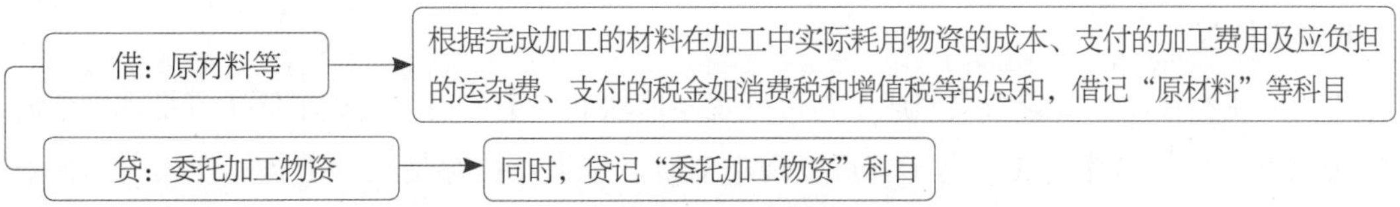

图 2-48　收回委托加工物资和剩余物资

3. 案例解析

【例 2-41】甲公司委托乙公司加工一批 A 材料，该批材料的成本是 40 000 元，A 材料属于应税消费品。另外，甲公司应支付给乙公司6 800元加工费用（不含增值税），消费税税率为10%。两个月后，甲公司收到加工完毕的A材料，并且已经验收入库，加工费用尚未支付。双方适用的增值税税率均为13%。甲公司的账务处理如下。

（1）甲公司拨付A材料给乙公司加工。

借：委托加工物资　　40 000

　　贷：原材料　　40 000

（2）发生相关的加工费用以及税费。

消费税的组成计税价格＝（40 000+6 800）÷（1−10%）=52 000（元）

代扣代缴的消费税=52 000×10%=5 200（元）

应纳增值税=6 800×13%=884（元）

如果甲公司收回A材料后继续用于生产应税消费品，应编制如下会计分录。

借：委托加工物资　　6 800

　　应交税费——应交增值税（进项税额）　　884

　　　　　　——应交消费税　　5 200

　　贷：应付账款　　12 884

如果甲公司收回A材料后直接用于销售，应编制如下会计分录。

借：委托加工物资　　12 000

　　应交税费——应交增值税（进项税额）　　884

　　贷：应付账款　　12 884

（3）加工完成后收回委托加工的A材料。

如果甲公司收回A材料后继续用于生产应税消费品，应编制如下会计分录。

借：原材料　　46 800

　　贷：委托加工物资　　46 800

如果甲公司收回A材料后直接用于销售，应编制如下会计分录。

借：原材料　　52 000

　　贷：委托加工物资　　52 000

2.11　存货跌价准备

存货跌价准备是指在会计期末由于存货过分陈旧或者销售价格将低于成本以及其他原因导致存货的可变现净值低于成本的部分。

2.11.1　计提存货跌价准备

1. 业务概述

资产负债表日，存货应当按照成本与可变现净值孰低计量：当存货成本低于可变现净值时，存货按成本计量；当存货成本高于其可变现净值时，应当计提存货跌价准备，计入当期损益。其中：可变现净值是指在日常活动中，存货的估计售价减去至完工时估计将要发生的成本、估计的销售费用以及相关税费后的金额；存货成本是指期末存货的实际成本。如果企业在存货成本的日常核算中采用计划成本法、售价金额核算法等简化核算方法，则成本应为经调整后的实际成本。

资产负债表日，如果存货的可变现净值低于其成本，企业应当计提存货跌价准备。当存在以下情况之一时，企业应当计提存货跌价准备：

（1）该存货的市场价格持续下跌，并且在可预见的未来无回升的希望；

（2）企业使用该项原材料生产的产品的成本大于产品的销售价格；

（3）企业因产品更新换代，原有库存原材料已不适应新产品的需要，而该原材料的市场价格又低于其账面成本；

（4）因企业所提供的商品、劳务过时或消费者偏好改变而使市场的需求发生变化，导致市场价格逐渐下跌；

（5）其他足以证明该项存货实质上已经发生减值的情形。

存在下列情形之一的，表明存货的可变现净值为零：

（1）已霉烂变质的存货；

（2）已过期且无转让价值的存货；

（3）生产中已不再需要，并且已无使用价值和转让价值的存货；

（4）其他足以证明已无使用价值和转让价值的存货。

2. 账务处理

企业通常应当按照单个存货项目计提存货跌价准备，该方法又称“单项比较法”。即资产负债表日，企业将每个存货项目的成本与其可变现净值逐一进行比较，按较低者计量存货。其中可变现净值低于成本的，两者的差额即为应计提的存货跌价准备。企业计提的存货跌价准备应计入当期损益。

对于数量繁多、单价较低的存货，可以按照存货类别计提存货跌价准备，该方法又称“分类比较法”。与在同一地区生产和销售的产品系列相关、具有相同或类似最终用途或目的，且难以与其他项目分开计量的存货，由于其具有相同或类似最终用途或目的，并在同一地区生产和销售，意味着存货所处的经济环境、法律环境、市场环境等相同，具有相同的风险和报酬，因此可以对其进行合并计提存货跌价准备，该方法又称为“合并比较法”。

存货跌价准备采用备抵法计提，即对于存货可变现净值低于成本的损失不直接冲减有关存货科目，而是另设“存货跌价准备”科目反映。每一会计期末比较根据成本与可变现净值的差额所计算的应提取的存货跌价准备和已提取的存货跌价准备，若应提数大于已提数，应予补提。企业应编制的会计分录如图 2-49 所示。

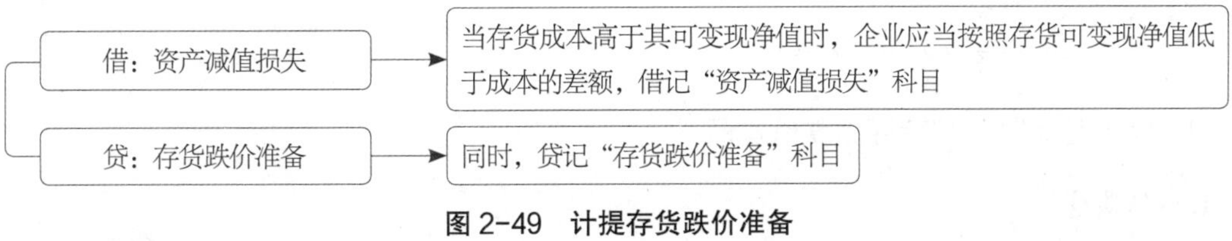

图 2-49　计提存货跌价准备

3. 案例解析

【例 2-42】丙公司 2×19 年年末，A 存货的账面成本为 100 000 元，由于本年以来 A 存货的市场价格持续下跌，根据资产负债表日状况确定的 A 存货的可变现净值为 95 000 元，“存货跌价准备”科目期初余额为零，应计提的存货跌价准备为 5 000（100 000−95 000）元。账务处理如下。

借：资产减值损失——A存货　　5 000
　　贷：存货跌价准备——A存货　　5 000

2.11.2 转回存货跌价准备

1. 业务概述

当以前导致存货减值的影响因素已经消失时，减记的金额应当予以恢复，并在原已计提的存货跌价准备金额内转回，转回的金额计入当期损益。

需要注意的是，导致存货跌价准备转回的是以前减记存货价值的影响因素的消失，而不是在当期造成存货可变现净值高于其成本的其他影响因素。如果本期导致存货可变现净值高于其成本的影响因素不是以前减记该存货价值的影响因素，则不允许将该存货跌价准备转回。

2. 账务处理

每一会计期末比较根据成本与可变现净值的差额所计算的应提取的存货跌价准备和已提取的存货跌价准备，若应提数小于已提数，应该冲销部分已提数。在核算存货跌价准备的转回时，转回的存货跌价准备与计提该准备的存货项目或类别应当存在直接对应关系。在原已计提的存货跌价准备金额内转回，意味着转回的金额以将存货跌价准备的余额冲减至零为限。

转回已计提的存货跌价准备金额时，按恢复增加的金额，借记“存货跌价准备”科目，贷记“资产减值损失”科目。编制会计分录如图2-50所示。

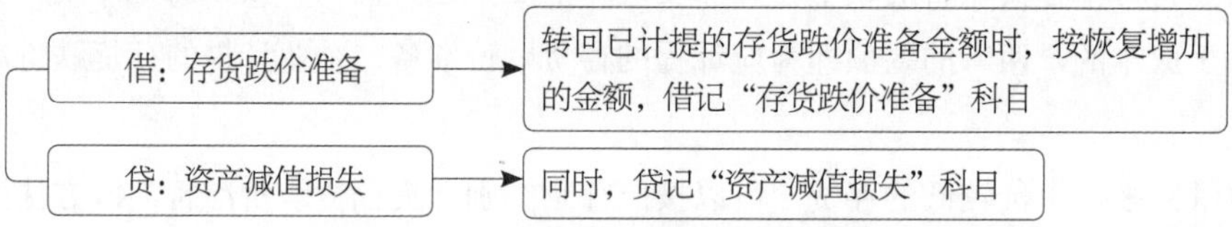

图2-50 转回已计提的存货跌价准备

3. 案例解析

【例2-43】沿用【例2-42】，假设2×19年年末，丙公司存货的种类和数量、账面成本和已计提的存货跌价准备均未发生变化，但是2×19年以来A存货市场价格持续上升，市场前景明显好转，至2×19年年末根据当时状态确定的A存货的可变现净值为110 000元。

本例中，由于A存货市场价格上涨，2×19年年末A存货的可变现净值（110 000元）高于其账面成本（100 000元），可以判断以前造成减记存货价值的影响因素（价格下跌）已经消失。A存货贬值的金额应当在原已计提的存货跌价准备金额5 000元内予以恢复。账务处理如下。

借：存货跌价准备——A存货　　5 000
　　贷：资产减值损失——A存货　　5 000

2.11.3 销售商品时，结转存货跌价准备

1. 业务概述

企业计提了存货跌价准备，如果其中有部分存货已经销售，则企业在结转销售成本时，应同时结转对其已计提的存货跌价准备。对于因债务重组、非货币性资产交换转出的存货，也应同时结转已计提的存货跌价准备。如果按存货类别计提存货跌价准备，应当按照发生销售、债务重组、

非货币性资产交换等而转出存货的成本占该存货未转出前该类别存货成本的比例结转相应的存货跌价准备。

2. 账务处理

企业结转存货销售成本时，对于已计提存货跌价准备的，借记“存货跌价准备”科目，贷记“主营业务成本”“其他业务成本”等科目。编制会计分录如图 2-51 所示。

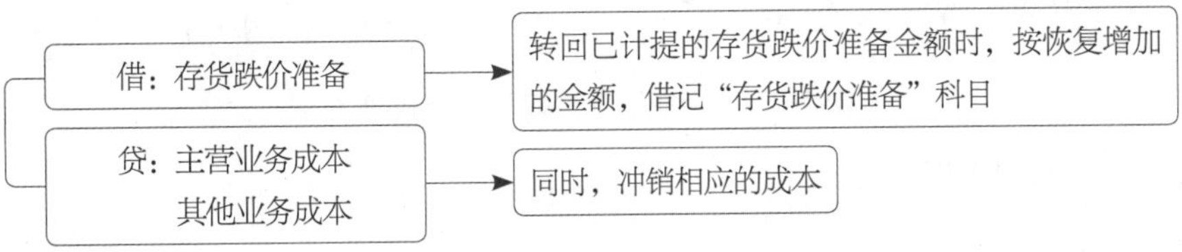

图 2-51　结转存货销售成本

3. 案例解析

【例 2-44】2×18 年，甲公司库存 A 机器 5 台，每台成本为 5 000 元，已经计提的存货跌价准备合计为 6 000 元。2×19 年，甲公司将库存的 5 台机器全部以每台 6 000 元的价格售出，适用的增值税税率为 13%，货款未收到。

甲公司的账务处理如下。

借：应收账款　　33 900
　　贷：主营业务收入——A 机器　　30 000
　　　　应交税费——应交增值税（销项税额）　　3 900

借：主营业务成本——A 机器　　19 000
　　存货跌价准备——A 机器　　6 000
　　贷：库存商品——A 机器　　25 000

2.12　债权投资

2.12.1　企业取得债权作为债权投资

1. 业务概述

债权投资是分类为以摊余成本计量的金融资产。企业管理该金融资产的业务模式是以收取合同现金流量为目标。该金融资产的合同条款规定，在特定日期产生的现金流量，仅为对本金和以未偿付本金金额为基础的利息的支付。

在整个阶段会发生购买、持有阶段的贬值、出售等业务。

2. 账务处理

债权投资的会计处理主要应解决该金融资产实际利率的计算、摊余成本的确定、持有期间的收益确认及将其处置时损益的处理。

企业应按该投资的面值，借记“债权投资——成本”科目，按支付的价款中包含的已到付息期但尚未领取的利息，借记“应收利息”科目，按实际支付的金额，贷记“银行存款”等科目，按其差额，借记或贷记“债权投资——利息调整”科目。编制会计分录如图 2-52 所示。

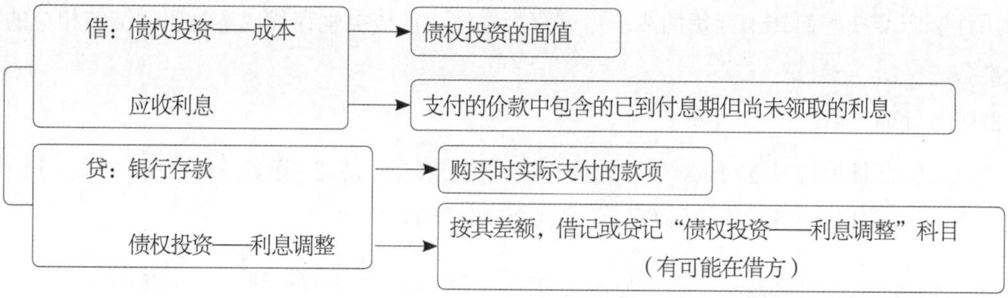

图 2-52　企业取得债权作为债权投资

2.12.2　持有期间取得利息

1. 业务概述

企业应当按照实际利率法确认利息收入。利息收入应当根据金融资产账面余额乘以实际利率计算确定，但下列情况除外：（1）对于购入或源生的已发生信用减值的金融资产，企业应当自初始确认起，按照该金融资产的摊余成本和经信用调整的实际利率计算确定其利息收入；（2）对于购入或源生的未发生信用减值、但在后续期间成为已发生信用减值的金融资产，企业应当在后续期间，按照该金融资产的摊余成本和实际利率计算确定其利息收入。

企业按照上述规定对金融资产的摊余成本运用实际利率法计算利息收入的，若该金融工具在后续期间因其信用风险有所改善而不再存在信用减值，并且这一改善在客观上可与应用上述规定之后发生的某一事件相联系（如债务人的信用评级被上调等），企业应当转按实际利率乘以该金融资产账面余额来计算确定利息收入。

2. 账务处理

资产负债表日，债权投资为分期付息、一次还本债券投资的，应按票面利率计算确定的应收未收利息，借记“应收利息”科目。按债权投资摊余成本和实际利率计算确定的利息收入，贷记“投资收益”科目。按其差额，借记或贷记“债权投资——利息调整”科目。编制会计分录如图 2-53 所示。

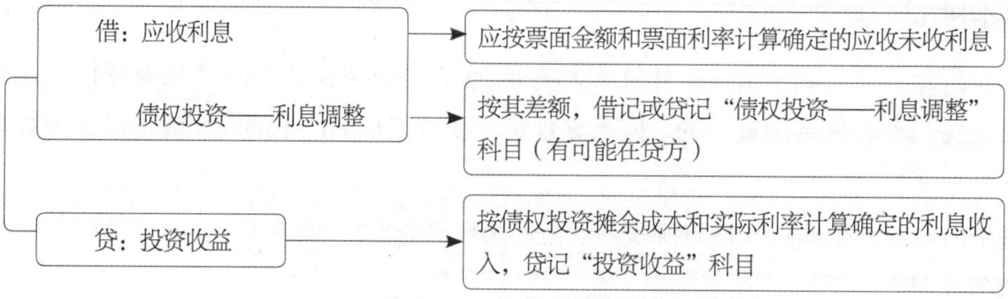

图 2-53　分期付息、一次还本债券投资取得利息

债权投资为一次还本付息债券投资的，应按票面利率计算确定的应收未收利息，借记“债权投资——应计利息”科目。按债权投资摊余成本和实际利率计算确定的利息收入，贷记“投资收益”科目。按其差额，借记或贷记“债权投资——利息调整”科目。编制会计分录如图 2-54 所示。

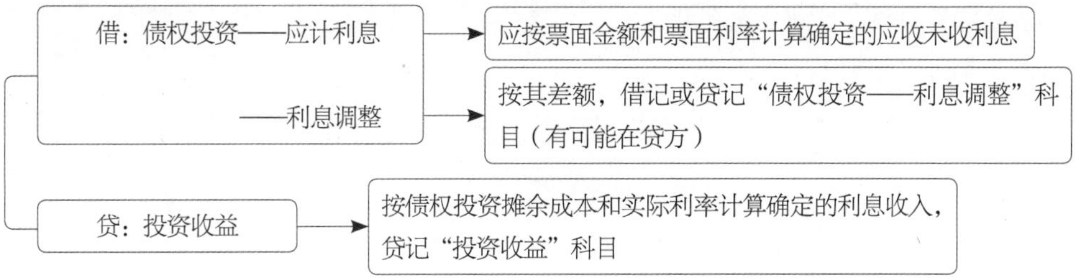

图 2-54 一次还本付息债券投资取得利息

2.12.3 持有期间发生减值

1. 业务概述

企业应当以预期信用损失为基础，对用摊余成本计量的金融工具进行减值会计处理并确认损失准备。

预期信用损失，是指以发生违约的风险为权重的金融工具信用损失的加权平均值。

信用损失，是指企业按照原实际利率折现的、根据合同应收的所有合同现金流量与预期收取的所有现金流量之间的差额，即全部现金短缺的现值。其中，对于企业购买或源生的已发生信用减值的金融资产，应按照该金融资产经信用调整的实际利率折现。由于预期信用损失考虑付款的金额和时间分布，即使企业预计可以全额收款但收款时间晚于合同规定的到期期限，也会产生信用损失。

在估计现金流量时，企业应当考虑金融工具在整个预计存续期的所有合同条款（如提前还款、展期、看涨期权或其他类似期权等）。企业所考虑的现金流量应当包括出售所持担保品获得的现金流量，以及属于合同条款组成部分的其他信用增级所产生的现金流量。

企业通常能够可靠估计金融工具的预计存续期。在极少数情况下，金融工具预计存续期无法可靠估计的，企业在计算确定预期信用损失时，应当基于该金融工具的剩余合同期间。

2. 账务处理

债权投资以摊余成本进行后续计量的，当市场利率上升，其发生减值时，应当将该债权投资的账面价值与预计未来现金流量现值之间的差额，确认为减值损失，计入当期损益。编制会计分录如图 2-55 所示。

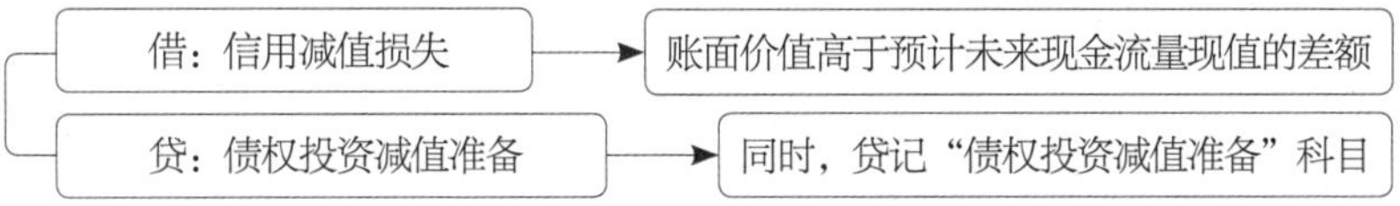

图 2-55 持有期间发生减值

3. 案例解析

【例 2-45】 2×19 年 1 月 1 日，甲公司支付价款 1 000 000 元（含交易费用）从上海证券交易所购入 A 公司同日发行的 5 年期公司债券 12 500 份，债券票面价值总额为 1 250 000 元，票面年利率为 4.72%，于年末支付本年度债券利息（即每年利息为 59 000 元），本金在债券到期时一次性偿还。合同约定：A 公司在遇到特定情况时可以将债券赎回，且不需要为提前赎回支付额外款项。甲公司在购买该债券时，预计 A 公司不会提前赎回。甲公司根据其管理该债券的业务模式和该债券的合同现金流量特征，将该债券分类为以摊余成本计量的金融资产。

假定不考虑所得税、减值损失等因素。

计算该债券的实际利率 r 如下。

$59\ 000\times(1+r)^{-1}+59\ 000\times(1+r)^{-2}+59\ 000\times(1+r)^{-3}+59\ 000\times(1+r)^{-4}+(59\ 000+1\ 250\ 000)\times(1+r)^{-5}=1\ 000\ 000$

采用插值法计算，r=10%。

摊余成本计算表如表2-3所示。

表2-3　摊余成本计算表（1）

单位：元

日 期	现金流入（a）	实际利息收入（b）＝期初（d）×10%	已收回的本金（c）＝（a）－（b）	摊余成本余额（d）＝期初（d）－（c）
2×19年1月1日				1 000 000
2×19年12月31日	59 000	100 000	−41 000	1 041 000
2×20年12月31日	59 000	104 100	−45 100	1 086 100
2×21年12月31日	59 000	108 610	−49 610	1 135 710
2×22年12月31日	59 000	113 571	−54 571	1 190 281
2×23年12月31日	59 000	118 719*	−59 719	1 250 000
小 计	295 000	545 000	−250 000	1 250 000
2×23年12月31日	1 250 000	—	1 250 000	—
合 计	1 545 000	545 000	1 000 000	—

注：* 尾数调整：1 250 000+59 000−1 190 281=118 719（元）。

根据表2-3中的数据，甲公司的有关账务处理如下。

（1）2×19年1月1日，购入A公司债券。

借：债权投资——A公司债券——成本　　1 250 000
　　贷：银行存款　　1 000 000
　　　　债权投资——A公司债券——利息调整　　250 000

（2）2×19年12月31日，确认A公司债券实际利息收入、收到债券利息。

借：应收利息——A公司　　59 000
　　债权投资——A公司债券——利息调整　　41 000
　　贷：投资收益——A公司债券　　100 000

借：银行存款　　59 000
　　贷：应收利息——A公司　　59 000

（3）2×20年12月31日，确认A公司债券实际利息收入、收到债券利息。

借：应收利息——A公司　　59 000
　　债权投资——A公司债券——利息调整　　45 100
　　贷：投资收益——A公司债券　　104 100

借：银行存款　　59 000
　　贷：应收利息——A公司　　59 000

（4）2×21 年 12 月 31 日，确认 A 公司债券实际利息收入、收到债券利息。

借：应收利息——A 公司　　59 000
　　债权投资——A 公司债券——利息调整　　49 610
　　贷：投资收益——A 公司债券　　108 610
借：银行存款　　59 000
　　贷：应收利息——A 公司　　59 000

（5）2×22 年 12 月 31 日，确认 A 公司债券实际利息收入、收到债券利息。

借：应收利息——A 公司　　59 000
　　债权投资——A 公司债券——利息调整　　54 571
　　贷：投资收益——A 公司债券　　113 571
借：银行存款　　59 000
　　贷：应收利息——A 公司　　59 000

（6）2×23 年 12 月 31 日，确认 A 公司债券实际利息收入、收到债券利息和本金。

借：应收利息——A 公司　　59 000
　　债权投资——A 公司债券——利息调整　　59 719
　　贷：投资收益——A 公司债券　　118 719
借：银行存款　　59 000
　　贷：应收利息——A 公司　　59 000
借：银行存款　　1 250 000
　　贷：债权投资——A 公司债券——成本　　1 250 000

假定甲公司购买的 A 公司债券不是分次付息的，而是到期一次还本付息且利息不是以复利计算的。此时，甲公司所购买 A 公司债券的实际利率 r 计算如下。

$$(59\ 000+59\ 000+59\ 000+59\ 000+59\ 000+1\ 250\ 000)\times(1+r)^{-5}=1\ 000\ 000$$

由此计算得出 $r\approx9.05\%$。

据此，调整表 2-3 中相关数据后如表 2-4 所示。

表 2-4　摊余成本计算表 (2)

单位：元

日 期	现金流入（a）	实际利息收入（b）= 期初（d）×9.05%	已收回的本金（c）=（a）-（b）	摊余成本余额（d）= 期初（d）-（c）
2×19 年 1 月 1 日				1 000 000
2×19 年 12 月 31 日	0	90 500	−90 500	1 090 500
2×20 年 12 月 31 日	0	98 690.25	−98 690.25	1 189 190.25
2×21 年 12 月 31 日	0	107 621.72	−107 621.72	1 296 811.97
2×22 年 12 月 31 日	0	117 361.48	−117 361.48	1 414 173.45
2×23 年 12 月 31 日	295 000	130 826.55*	164 173.45	1 250 000
小 计	295 000	545 000	−250 000	1 250 000
2×23 年 12 月 31 日	1 250 000	—	1 250 000	0
合 计	1 545 000	545 000	1 000 000	—

注：* 尾数调整：545 000−90 500−98 690.25−107 621.72−117 361.48=130 826.55（元）。

根据表2-4中的数据，甲公司的有关账务处理如下。

（1）2×19年1月1日，购入A公司债券。

借：债权投资——A公司债券——成本　1 250 000

　贷：银行存款　1 000 000

　　债权投资——A公司债券——利息调整　250 000

（2）2×19年12月31日，确认A公司债券实际利息收入。

借：债权投资——A公司债券——应计利息　59 000

　　——利息调整　31 500

　贷：投资收益——A公司债券　90 500

（3）2×20年12月31日，确认A公司债券实际利息收入。

借：债权投资——A公司债券——应计利息　59 000

　　——利息调整　39 690.25

　贷：投资收益——A公司债券　98 690.25

（4）2×21年12月31日，确认A公司债券实际利息收入。

借：债权投资——A公司债券——应计利息　59 000

　　——利息调整　48 621.72

　贷：投资收益——A公司债券　107 621.72

（5）2×22年12月31日，确认A公司债券实际利息收入。

借：债权投资——A公司债券——应计利息　59 000

　　——利息调整　58 361.48

　贷：投资收益——A公司债券　117 361.48

（6）2×23年12月31日，确认A公司债券实际利息收入、收回债券本金和票面利息。

借：债权投资——A公司债券——应计利息　59 000

　　——利息调整　71 826.55

　贷：投资收益——A公司债券　130 826.55

借：银行存款　1 545 000

　贷：债权投资——A公司债券——成本　1 250 000

　　——应计利息　295 000

2.12.4 企业处置债权投资

企业出售债权投资，应按实际收到的金额，借记“银行存款”等科目，按其账面余额，贷记“债权投资——成本、利息调整、应计利息”科目，按其差额，贷记或借记“投资收益”科目。已计提减值准备的，还应同时结转减值准备。编制会计分录如图2-56所示。

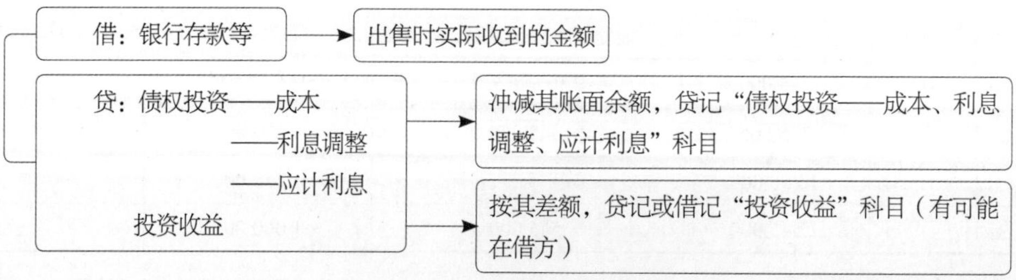

图2-56　企业处置债权投资

2.13　其他债权投资

2.13.1　企业初始取得其他债权投资

1. 业务概述

其他债权投资，是指由公允价值计量且其变动计入其他综合收益的金融资产。该类金融资产的条件如下：企业管理该资产的业务模式既以收取合同现金流量为目标，又以出售该金融资产为目标；该金融资产的合同条款规定，在特定日期产生的现金流量，仅对本金和以未来偿付本金金额为基础的利息的支付。

在整个过程中会发生购买、持有阶段的升值和贬值、出售等业务。

2. 账务处理

企业应按其公允价值与交易费用之和，借记“其他债权投资——成本”科目，按支付的价款中包含的已宣告但尚未发放的现金股利，借记“应收股利”科目，按实际支付的金额，贷记“银行存款”等科目。编制会计分录如图 2-57 所示。

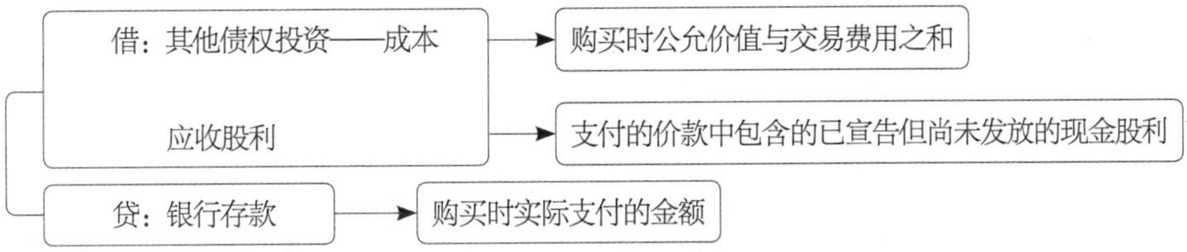

图 2-57　初始取得其他债权投资

企业取得的其他债权投资为债券投资的，应按债券的面值，借记“其他债权投资——成本”科目，按支付的价款中包含的已到付息期但尚未领取的利息，借记“应收利息”科目，按实际支付的金额，贷记“银行存款”等科目，按其差额，借记或贷记“其他债权投资——利息调整”科目。编制会计分录如图 2-58 所示。

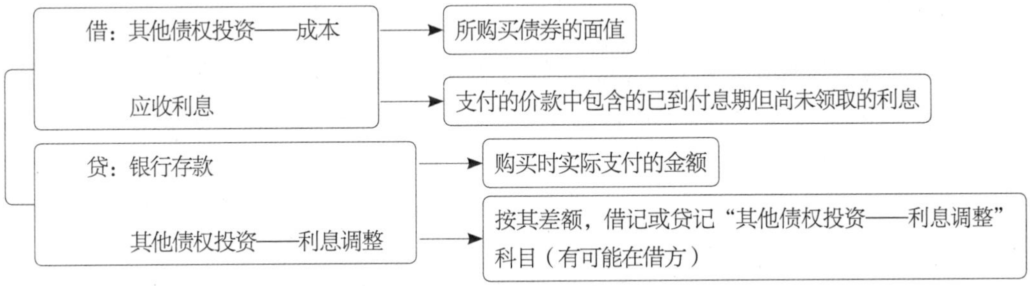

图 2-58　取得的其他债权投资为债券投资

2.13.2　持有期间收到债券的利息

1. 业务概述

持有期间，企业会收到以公允价值计量且其变动计入其他综合收益的金融资产在持有期间被投资单位宣告发放的现金股利，或在资产负债表日按分期付息、一次还本债券投资的票面利率计算的利息。

2. 账务处理

资产负债表日，其他债权投资为分期付息、一次还本债券投资的，应按票面利率计算确定的应收未收利息，借记“应收利息”科目，按可供出售债券的摊余成本和实际利率计算确定的利息收入，贷记“投资收益”科目，按其差额，借记或贷记“其他债权投资——利息调整”科目。编制会计分录如图 2-59 所示。

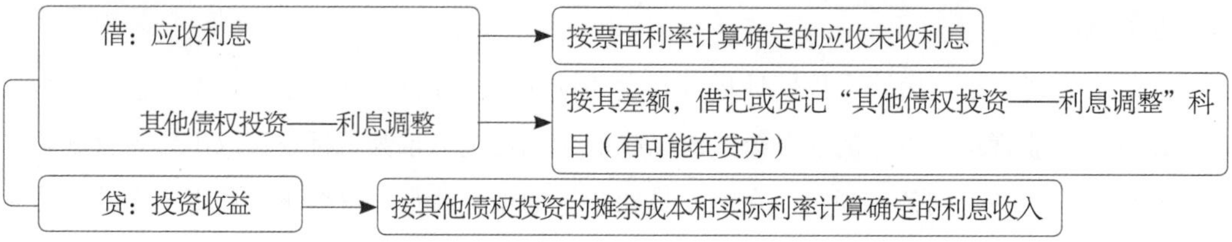

图 2-59　持有期间收到分期付息、一次还本债券的利息

其他债权投资为一次还本付息债券投资的，应按票面利率计算确定的应收未收利息，借记“其他债权投资——应计利息”科目，按可供出售债券的摊余成本和实际利率计算确定的利息收入，贷记“投资收益”科目，按其差额，借记或贷记“其他债权投资——利息调整”科目。编制会计分录如图 2-60 所示。

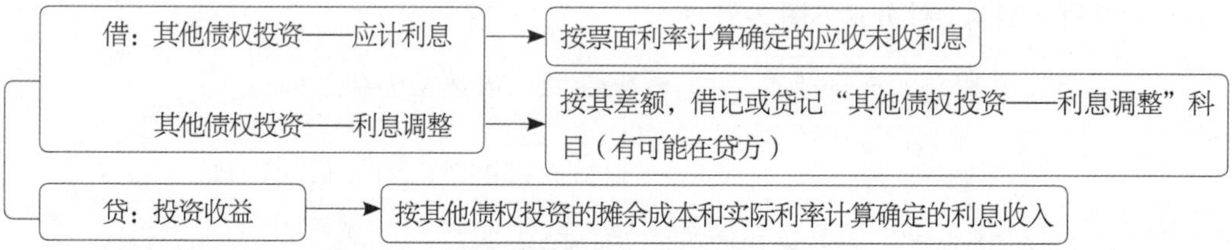

图 2-60　持有期间收到一次还本付息债券的利息

2.13.3　持有期间其他债权投资公允价值发生变动

1. 业务概述

以公允价值计量且其变动计入其他综合收益的金融资产应在资产负债表日确定公允价值，除减值损失或利得和汇兑损益之外的所有利得和损失均应计入其他综合收益，待处置时转出。

2. 账务处理

资产负债表日，其他债权投资的公允价值高于其账面余额的差额，借记“其他债权投资——公允价值变动”科目，贷记“其他综合收益”科目；公允价值低于其账面余额的差额做相反的会计分录。编制会计分录如图 2-61 所示。

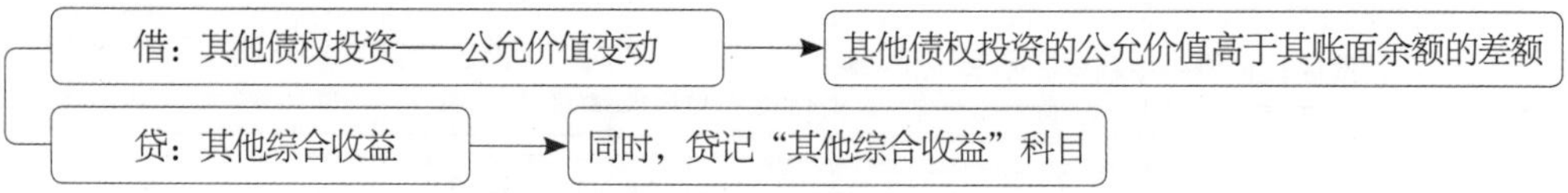

图 2-61　持有期间其他债权投资公允价值发生变动

2.13.4　处置其他债权投资

企业出售其他债权投资时，应按实际收到的金额，借记“银行存款”等科目，按其账面余额，贷记“其他债权投资——成本、公允价值变动、利息调整、应计利息”科目，按应从所有者权益中转出的公允价值累计变动额，借记或贷记“其他综合收益”科目，按其差额，贷记或借记“投资收益”科目。编制会计分录如图 2-62 所示。

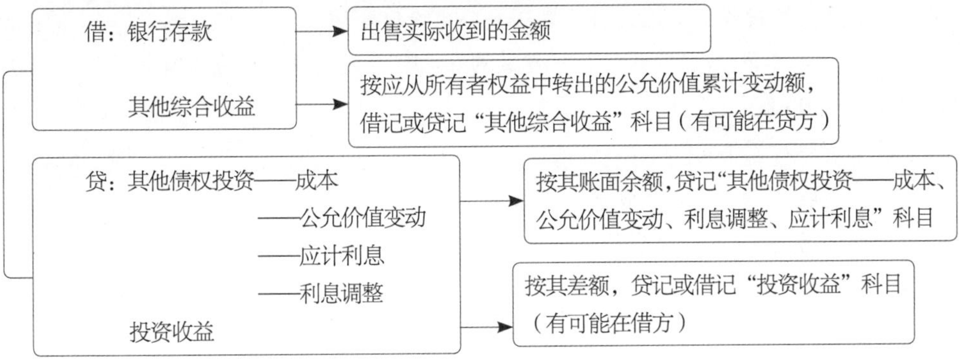

图 2-62　处置其他债权投资

案例解析

【例 2-46】 2×19 年 5 月 20 日，甲公司从深圳证券交易所购入乙公司股票 1 000 000 股，占乙公司有表决权股份的 5%，支付价款合计 5 080 000 元，其中，证券交易税等交易费用 8 000 元，已宣告发放现金股利 72 000 元。甲公司没有在乙公司董事会中派出代表，甲公司将其划分为以公允价值计量且其变动计入其他综合收益的投资。

2×19 年 6 月 20 日，甲公司收到乙公司发放的 2×18 年现金股利 72 000 元。

2×19 年 6 月 30 日，乙公司股票收盘价为每股 5.20 元。

2×19 年 12 月 31 日，乙公司股票收盘价为每股 4.90 元。

2×20 年 4 月 20 日，乙公司宣告发放 2×19 年现金股利 2 000 000 元。

2×20 年 5 月 10 日，甲公司收到乙公司发放的 2×19 年现金股利。

2×25 年 1 月 10 日，甲公司以每股 4.50 元的价格将股票全部转让，同时支付证券交易税等交易费用 7 200 元。

假定不考虑其他因素，同时为方便计算，假定乙公司股票自 2×20 年 1 月 1 日至 2×24 年 12 月 31 日价格未发生变化，一直保持为 4.90 元 / 股。

甲公司的账务处理如下。

（1）2×19 年 5 月 20 日，购入乙公司股票 1 000 000 股。

借：其他债权投资——乙公司股票——成本　　5 008 000
　　应收股利——乙公司　　72 000
　　贷：银行存款　　5 080 000

乙公司股票的单位成本 =（5 080 000-72 000）÷1 000 000 = 5.008（元 / 股）。

（2）2×19 年 6 月 20 日，收到乙公司发放的 2×18 年现金股利 72 000 元。

借：银行存款　　72 000
　　贷：应收股利——乙公司　　72 000

（3）2×19 年 6 月 30 日，确认乙公司股票公允价值变动为 192 000[（5.20-5.008）×1 000 000] 元。

借：其他债权投资——乙公司股票——公允价值变动　　192 000
　　贷：其他综合收益——其他债权投资公允价值变动　　192 000

（4）2×19 年 12 月 31 日，确认乙公司股票公允价值变动为 -300 000 [（4.90-5.20）×1 000 000] 元。

借：其他综合收益——其他债权投资公允价值变动　　300 000

贷：其他债权投资——乙公司股票——公允价值变动　　300 000

（5）2×20年4月20日，确认乙公司发放的2×19年现金股利中应享有的份额为100 000元［2 000 000×5%=100 000（元）］。

借：应收股利——乙公司　　100 000

贷：投资收益——乙公司股票　　100 000

（6）2×20年5月10日，收到乙公司发放的2×19年现金股利。

借：银行存款　　100 000

贷：应收股利——乙公司　　100 000

（7）2×20年1月1日至2×24年12月31日止，每年12月31日，乙公司股票公允价值变动为0，每年会计分录相同。

（8）2×25年1月10日，出售乙公司股票1 000 000股。

借：银行存款　　4 492 800

投资收益——乙公司股票　　407 200

其他债权投资——乙公司股票——公允价值变动　　108 000

贷：其他债权投资——乙公司股票——成本　　5 008 000

乙公司股票出售价格＝4.50×1 000 000＝4 500 000（元）

出售乙公司股票取得的价款＝4 500 000−7 200＝4 492 800（元）

出售乙公司股票时的账面余额＝5 008 000+（−108 000）＝4 900 000（元），同时做如下会计分录。

借：投资收益——乙公司股票　　108 000

贷：其他综合收益——其他债权投资公允价值变动　　108 000

应从所有者权益中转出的公允价值累计变动额＝192 000−300 000 =−108 000（元）

【例2-47】20×9年1月1日，甲公司支付价款1 000 000元（包含交易费用）从上海证券交易所购入A公司同日发行的5年期公司债券12 500份，债券票面价值总额为1 250 000元，票面年利率为4.72%，于年末支付本年度债券利息（即每年利息为59 000元），本金在债券到期时一次性偿还。合同约定，该债券的发行方在遇到特定情况时可以将债券赎回，且不需要为提前赎回支付额外款项。甲公司在购买该债券时，预计发行方不会提前赎回。甲公司根据其管理该债券的业务模式和该债券的合同现金流量特征，将该债券分类为以公允价值计量且其变动计入其他综合收益的金融资产。

其他资料如下。

（1）2×19年12月31日，A公司债券的公允价值为1 200 000元（不含利息）；

（2）2×20年12月31日，A公司债券的公允价值为1 300 000元（不含利息）；

（3）2×21年12月31日，A公司债券的公允价值为1 250 000元（不含利息）；

（4）2×22年12月31日，A公司债券的公允价值为1 200 000元（不含利息）；

（5）2×23年1月20日，通过上海证券交易所出售了A公司债券12 500份，取得价款1 260 000元。

假定不考虑所得税、减值损失等因素。

计算该债券的实际利率r。

$$59\ 000\times(1+r)^{-1}+59\ 000\times(1+r)^{-2}+59\ 000\times(1+r)^{-3}+59\ 000\times(1+r)^{-4}+(59\ 000+1\ 250\ 000)\times(1+r)^{-5}=1\ 000\ 000$$

采用插值法，计算得出 r = 10%。

摊余成本计算表如表 2-5 所示。

表 2-5 摊余成本计算表 (3)

单位：元

日 期	现金流入(a)	实际利息收入 (b) = 期初 (d) × 10%	已收回的本金 (c) = (a) − (b)	摊余成本余额 (d) = 期初 (d) − (c)
2×19 年 1 月 1 日				1 000 000
2×19 年 12 月 31 日	59 000	100 000	−41 000	1 041 000
2×20 年 12 月 31 日	59 000	104 100	−45 100	1 086 100
2×21 年 12 月 31 日	59 000	108 610	−49 610	1 135 710
2×22 年 12 月 31 日	59 000	113 571	−54 571	1 190 281
2×23 年 12 月 31 日	59 000	118 719*	−59 719	1 250 000
小 计	295 000	545 000	−250 000	1 250 000
2×23 年 12 月 31 日	1 250 000	—	1 250 000	0
合 计	1 545 000	545 000	1 000 000	—
2×23 年 1 月 20 日	1 260 000	69 719**	1 190 281	0

注：* 尾数调整：1 250 000+59 000−1 190 281 = 118 719（元）。

** 尾数调整：1 260 000−1 190 281 = 69 719（元）。

根据表 2-5 中的数据，甲公司的有关账务处理如下。

（1）2×19 年 1 月 1 日，购入 A 公司债券。

借：其他债权投资——A 公司债券——成本　　1 250 000

　　贷：银行存款　　1 000 000

　　　　其他债权投资——A 公司债券——利息调整　　250 000

（2）2×19 年 12 月 31 日，确认 A 公司债券实际利息收入、公允价值变动，收到债券利息。

借：应收利息——A 公司　　59 000

　　其他债权投资——A 公司债券——利息调整　　41 000

　　贷：投资收益——A 公司债券　　100 000

借：银行存款　　59 000

　　贷：应收利息——A 公司　　59 000

借：其他债权投资——A 公司债券——公允价值变动　　200 000

　　贷：其他综合收益——其他债权投资公允价值变动　　200 000

（3）2×20 年 12 月 31 日，确认 A 公司债券实际利息收入、公允价值变动，收到债券利息。

借：应收利息——A 公司　　59 000

　　其他债权投资——A 公司债券——利息调整　　45 100

　　贷：投资收益——A 公司债券　　104 100

借：银行存款　　59 000

　　贷：应收利息——A 公司　　59 000

借：其他债权投资——A公司债券——公允价值变动　　100 000

　　贷：其他综合收益——其他债权投资公允价值变动　　100 000

（4）2×21年12月31日，确认A公司债券实际利息收入、公允价值变动，收到债券利息。

借：应收利息——A公司　　59 000

　　其他债权投资——A公司债券——利息调整　　49 610

　　贷：投资收益——A公司债券　　108 610

借：银行存款　　59 000

　　贷：应收利息——A公司　　59 000

借：其他综合收益——其他债权投资公允价值变动　　50 000

　　贷：其他债权投资——A公司债券——公允价值变动　　50 000

（5）2×22年12月31日，确认A公司债券实际利息收入、公允价值变动，收到债券利息。

借：应收利息——A公司　　59 000

　　其他债权投资——A公司债券——利息调整　　54 571

　　贷：投资收益——A公司债券　　113 571

借：银行存款　　59 000

　　贷：应收利息——A公司　　59 000

借：其他综合收益——其他债权投资公允价值变动　　50 000

　　贷：其他债权投资——A公司债券——公允价值变动　　50 000

（6）2×23年1月20日，确认出售A公司债券实现的损益。

借：银行存款　　1 260 000

　　其他债权投资——A公司债券——利息调整　　59 719

　　投资收益——A公司债券　　130 281

　　贷：其他债权投资——A公司债券——成本　　1 250 000

　　　　　　　　　　　　　　　——公允价值变动　　200 000

A公司债券的成本 = 1 250 000（元）

A公司债券的利息调整余额 =-250 000+41 000+45 100+49 610+54 571 =-59 719（元）

A公司债券公允价值变动余额 = 200 000+100 000-50 000-50 000 = 200 000（元），同时做如下会计分录。

借：其他综合收益——其他债权投资公允价值变动　　200 000

　　贷：投资收益——A公司债券　　200 000

应从所有者权益中转出的公允价值累计变动额 = 200 000+100 000-50 000-50 000=200 000（元）

假定甲公司购买的A公司债券不是分次付息的，而是到期一次还本付息且利息不是以复利计算的。此时，甲公司所购买A公司债券的实际利率 r 计算如下。

$(59\ 000+59\ 000+59\ 000+59\ 000+59\ 000+1\ 250\ 000)\times(1+r)^{-5}=1\ 000\ 000$

由此计算得出 $r\approx 9.05\%$。

据此，调整表2-5中相关数据后如表2-6所示。

表 2-6 摊余成本计算表 (4)

单位：元

日 期	现金流入 (a)	实际利息收入 (b) = 期初 (d) ×9.05%	已收回的本金 (c) = (a) - (b)	摊余成本余额 (d) = 期初 (d) - (c)
2×19 年 1 月 1 日				1 000 000
2×19 年 12 月 31 日	0	90 500	−90 500	1 090 500
2×20 年 12 月 31 日	0	98 690.25	−98 690.25	1 189 190.25
2×21 年 12 月 31 日	0	107 621.72	−107 621.72	1 296 811.97
2×22 年 12 月 31 日	0	117 361.48	−117 361.48	1 414 173.45
2×23 年 12 月 31 日	259 000	130 826.55*	164 173.45	1 250 000
小 计	295 000	545 000	−250 000	1 250 000
2×23 年 12 月 31 日	1 250 000	—	1 250 000	0
合 计	1 545 000	545 000	1 000 000	—
2×23 年 1 月 20 日	1 260 000	−154 173.45**	1 414 173.45	0

注：* 尾数调整：545 000−90 500−98 690.25−107 621.72−117 361.48=130 826.55（元）。

** 尾数调整：1 260 000−1 414 173.45 =−154 173.45（元）。

根据表 2-6 中的数据，甲公司的有关账务处理如下。

（1）2×19 年 1 月 1 日，购入 A 公司债券。

借：其他债权投资——A 公司债券——成本　　1 250 000

　贷：银行存款　　1 000 000

　　其他债权投资——A 公司债券——利息调整　　250 000

（2）2×19 年 12 月 31 日，确认 A 公司债券实际利息收入、公允价值变动。

借：其他债权投资——A 公司债券——应计利息　　59 000

　　　　　　　　——利息调整　　31 500

　贷：投资收益——A 公司债券　　90 500

借：其他债权投资——A 公司债券——公允价值变动　　200 000

　贷：其他综合收益——其他债权投资公允价值变动　　200 000

（3）2×20 年 12 月 31 日，确认 A 公司债券实际利息收入、公允价值变动。

借：其他债权投资——A 公司债券——应计利息　　59 000

　　　　　　　　——利息调整　　39 690.25

　贷：投资收益——A 公司债券　　98 690.25

借：其他债权投资——A 公司债券——公允价值变动　　100 000

　贷：其他综合收益——其他债权投资公允价值变动　　100 000

（4）2×21 年 12 月 31 日，确认 A 公司债券实际利息收入、公允价值变动。

借：其他债权投资——A 公司债券——应计利息　　59 000

　　　　　　　　——利息调整　　48 621.72

　贷：投资收益——A 公司债券　　107 621.72

借：其他综合收益——其他债权投资公允价值变动　　50 000

　　贷：其他债权投资——A公司债券——公允价值变动　　50 000

（5）2×22年12月31日，确认A公司债券实际利息收入、公允价值变动。

借：其他债权投资——A公司债券——应计利息　　59 000

　　　　　　　　　　　　　　　——利息调整　　58 361.48

　　贷：投资收益——A公司债券　　117 361.48

借：其他综合收益——其他债权投资公允价值变动　　50 000

　　贷：其他债权投资——A公司债券——公允价值变动　　50 000

（6）2×23年1月20日，确认出售A公司债券实现的损益。

借：银行存款　　1 260 000

　　其他债权投资——A公司债券——利息调整　　71 826.55

　　投资收益——A公司债券　　354 173.45

　　贷：其他债权投资——A公司债券——成本　　1 250 000

　　　　　　　　　　　　　　　　　——应计利息　　236 000

　　　　　　　　　　　　　　　　　——公允价值变动　　200 000

A公司债券的成本 = 1 250 000（元）

A公司债券的利息调整余额 =-250 000+31 500+39 690.25+48 621.72+58 361.48

= -71 826.55（元）

A公司债券的应计利息余额 = 59 000+59 000+59 000+59 000 = 236 000（元）

A公司债券公允价值变动余额 = 200 000+100 000-50 000-50 000 = 200 000（元）

出售A公司债券实现的损益 = 1 260 000-（1 250 000-71 826.55+236 000+200 000）

= 1 260 000-1 614 173.45 =-354 173.45（元）

同时做如下会计分录。

借：其他综合收益——其他债权投资公允价值变动　　200 000

　　贷：投资收益——A公司债券　　200 000

应从所有者权益中转出公允价值累计变动额 =200 000+100 000-50 000-50 000=200 000（元）

2.14 交易性金融资产

2.14.1 企业购买股票、债券和基金作为交易性金融资产

1. 业务概述

企业分类为以摊余成本计量的金融资产和以公允价值计量且其变动计入其他综合收益的金融资产之外的金融资产，应当分类为以公允价值计量且其变动计入当期损益的金融资产。例如，企业常见的下列投资产品通常应当分类为以公允价值计量且其变动计入当期损益的金融资产。

（1）股票。股票的合同现金流量源自收取被投资企业未来股利分配以及其清算时获得剩余收益的权利。由于股利及获得剩余收益的权利均不符合本金和利息的定义，因此股票不符合本金加利息的合同现金流量特征。在不考虑特殊指定的情况下，企业持有的股票应当分类为以公允价值计量且其变动计入当期损益的金融资产。

（2）基金。常见的股票型基金、债券型基金、货币基金或混合基金，通常投资于动态管理的资产组合，投资者从该类投资中所取得的现金流量既包括投资期间基础资产产生的合同现金流量，也包括处置基础资产的现金流量。基金一般情况下不符合本金加利息的合同现金流量特征。企业持有的基金通常应当分类为以公允价值计量且其变动计入当期损益的金融资产。

（3）可转换债券。可转换债券除按一般债权类投资的特性到期收回本金、获取约定利息或收益外，还嵌入了一项转股权。通过嵌入衍生工具，企业获得的收益在基本借贷安排的基础上，会产生基于其他因素变动的不确定性。企业持有的可转换债券不再将转股权单独分拆，而是将可转换债券作为一个整体进行评估，由于可转换债券不符合本金加利息的合同现金流量特征，企业持有的可转换债券投资应当分类为以公允价值计量且其变动计入当期损益的金融资产。

此外，在初始确认时，如果能够消除或显著减少会计错配，企业可以将金融资产指定为以公允价值计量且其变动计入当期损益的金融资产。该指定一经做出，不得撤销。

2. 账务处理

企业应该按其公允价值，借记“交易性金融资产——成本”科目，按发生的交易费用，借记“投资收益”科目，按已到付息期但尚未领取的利息或已宣告但尚未发放的现金股利，借记“应收利息”或“应收股利”科目，按实际支付的金额，贷记“银行存款”等科目。编制会计分录如图 2-63 所示。

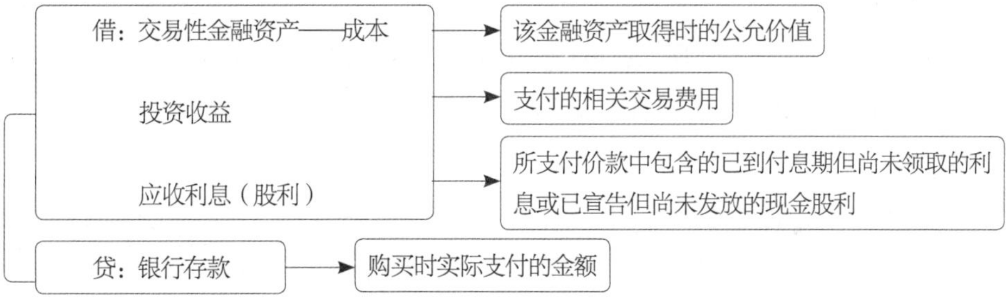

图 2-63 企业购买股票、债券和基金作为交易性金融资产

2.14.2 持有期间发放现金股利和利息

1. 业务概述

持有期间，企业会收到以公允价值计量且其变动计入当期损益的金融资产在持有期间被投资单位宣告发放的现金股利，或在资产负债表日按分期付息、一次还本债券投资的票面利率计算的利息。

2. 账务处理

以公允价值计量且其变动计入当期损益的金融资产持有期间被投资单位宣告发放的现金股利或利息，借记“应收股利”或“应收利息”科目，贷记“投资收益”科目。编制会计分录如图 2-64 所示。

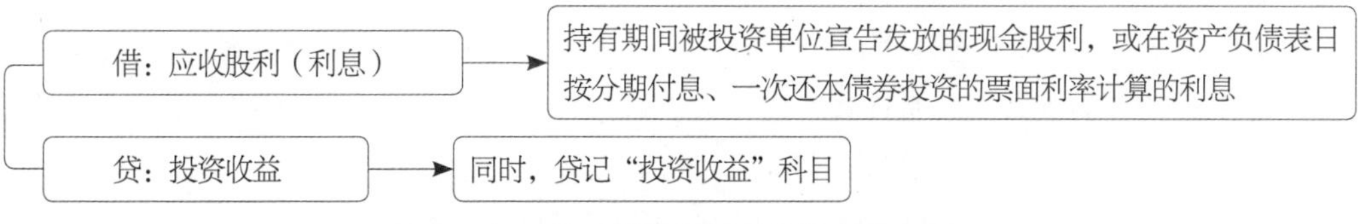

图 2-64 持有期间发放现金股利和利息

2.14.3 持有期间公允价值发生变动

1. 业务概述

对以公允价值计量且其变动计入当期损益的金融资产的会计处理，着重于该金融资产与金融市场的紧密结合性，反映该类金融资产相关市场变量变化对其价值的影响，进而反映对企业财务状况和经营成果的影响。

2. 账务处理

资产负债表日，交易性金融资产的公允价值高于其账面余额的差额，借记“交易性金融资产——公允价值变动”科目，贷记“公允价值变动损益”科目；公允价值低于其账面余额的差额做相反的会计分录。编制会计分录如图 2-65 所示。

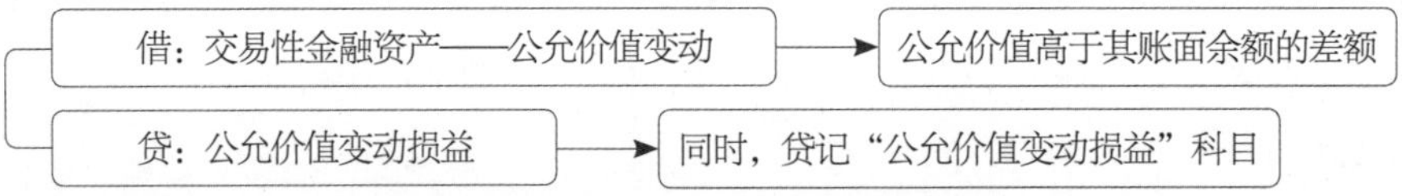

图 2-65　持有期间公允价值发生变动

2.14.4 企业处置以公允价值计量且其变动计入当期损益的金融资产

1. 业务概述

企业在处置以公允价值计量且其变动计入当期损益的金融资产时，应将金融资产的公允价值与初始入账金额之间的差额确认为投资收益，同时调整公允价值变动损益。

2. 账务处理

按实际收到的金额，借记“银行存款”等科目，按该金融资产的账面余额，贷记“交易性金融资产——成本、公允价值变动”科目，按其差额，贷记或借记“投资收益”科目。同时，将原计入该金融资产的公允价值变动转出，借记或贷记“公允价值变动损益”科目，贷记或借记“投资收益”科目。编制会计分录如图 2-66 所示。

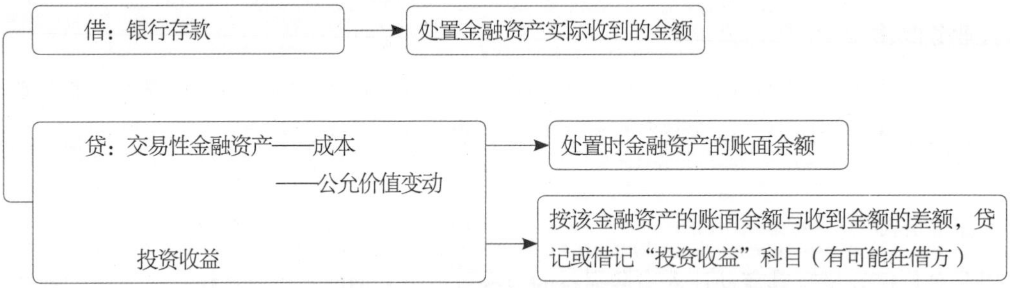

图 2-66　处置以公允价值计量且其变动计入当期损益的金融资产

3. 案例解析

【例 2-48】2×18 年 5 月 20 日，甲公司从深圳证券交易所购入乙公司股票 1 000 000 股，占乙公司有表决权股份的 5%，支付价款合计 5 080 000 元。其中，证券交易税等交易费用 8 000 元，已宣告发放现金股利 72 000 元。甲公司没有在乙公司董事会中派出代表，甲公司将其划分为交易性金融资产。

2×18 年 6 月 20 日，甲公司收到乙公司发放的 2×17 年现金股利 72 000 元。

2×18 年 6 月 30 日，乙公司股票收盘价为每股 5.20 元。

2×18 年 12 月 31 日，甲公司仍持有乙公司股票；当日，乙公司股票收盘价为每股 4.90 元。

2×19 年 4 月 20 日，乙公司宣告发放 2×18 年现金股利 2 000 000 元。

2×19 年 5 月 10 日，甲公司收到乙公司发放的 2×18 年现金股利。

2×19 年 5 月 17 日，甲公司以每股 4.50 元的价格将股票全部转让，同时支付证券交易税等交易费用 7 200 元。

假定不考虑其他因素，甲公司的账务处理如下。

（1）2×18 年 5 月 20 日，购入乙公司股票 1 000 000 股。

借：交易性金融资产——乙公司股票——成本　　5 000 000

　　应收股利——乙公司　　72 000

　　投资收益　　8 000

　　贷：银行存款　　5 080 000

乙公司股票的单位成本 = （5 080 000-72 000-8 000）÷1 000 000 = 5.00（元 / 股）

（2）2×18 年 6 月 20 日，收到乙公司发放的 2×17 年现金股利 72 000 元。

借：银行存款　　72 000

　　贷：应收股利——乙公司　　72 000

（3）2×18 年 6 月 30 日，确认乙公司股票公允价值变动 = （5.20-5.00）×1 000 000= 200 000（元）。

借：交易性金融资产——乙公司股票——公允价值变动　　200 000

　　贷：公允价值变动损益——乙公司股票　　200 000

（4）2×18 年 12 月 31 日，确认乙公司股票公允价值变动 =（4.90-5.20）×1 000 000= -300 000（元）。

借：公允价值变动损益——乙公司股票　　300 000

　　贷：交易性金融资产——乙公司股票——公允价值变动　　300 000

（5）2×19 年 4 月 20 日，确认乙公司发放的 2×18 年现金股利中应享有的份额 =2 000 000×5%= 100 000（元）。

借：应收股利——乙公司　　100 000

　　贷：投资收益　　100 000

（6）2×19 年 5 月 10 日，收到乙公司发放的 2×18 年现金股利。

借：银行存款　　100 000

　　贷：应收股利——乙公司　　100 000

（7）2×19 年 5 月 17 日，出售乙公司股票 1 000 000 股。

借：银行存款　　4 492 800

　　投资收益　　407 200

　　交易性金融资产——乙公司股票——公允价值变动　　100 000

　　贷：交易性金融资产——乙公司股票——成本　　5 000 000

乙公司股票出售价格 = 4.50×1 000 000 = 4 500 000（元）

出售乙公司股票取得的价款 = 4 500 000-7 200 = 4 492 800（元）

乙公司股票持有期间公允价值变动计入当期损益的金额 =200 000-300 000=-100 000（元）

出售乙公司股票时的账面余额 = 5 000 000+（-100 000） = 4 900 000（元）

出售乙公司股票的损益 = 4 492 800-4 900 000 = -407 200（元）

2.15 长期股权投资

长期股权投资是指通过投资取得被投资单位的股份。企业对其他单位的股权投资，通常视为长期持有，目的是通过股权投资达到控制被投资单位，或对被投资单位施加重大影响，或与被投资单位建立密切关系，以分散经营风险。除股票投资外，长期股权投资通常不能随时出售。

2.15.1 企业合并取得长期股权投资

1. 业务概述

企业合并形成的长期股权投资，其初始投资成本的确定应遵循《企业会计准则第20号——企业合并》的相关原则，即应区分企业合并的类型，分别按同一控制下控股合并与非同一控制下控股合并确定形成长期股权投资的成本。其中企业合并是指两个或两个以上单独的企业合并形成一个报告主体的交易或事项。

2. 账务处理

（1）同一控制下企业合并取得长期股权投资。

同一控制下的企业合并是指参与合并的企业前后均受同一方或相同多方的最终控制且该控制并非暂时性的企业合并。由于对能够在合并前及合并后均最终控制参与合并各方的一方来看，这项合并并不构成一项实质性交易，最终合并方能够控制的资产并没有发生变化，因此在同一控制下的企业合并时，合并方在企业合并中取得的资产和负债应当按照合并日在被合并方的账面价值计量。

①合并方以支付现金、转让非现金资产或承担债务方式作为合并对价的，应当在合并日按照取得被合并方所有者权益在最终控制方合并财务报表中的账面价值的份额作为长期股权投资的初始投资成本。长期股权投资的初始投资成本与支付的现金、转让的非现金资产及所承担债务账面价值之间的差额，应当调整资本公积（资本溢价或股本溢价）；资本公积（资本溢价或股本溢价）的余额不足冲减的，调整留存收益。

具体进行会计处理时，合并方在合并日按取得被合并方所有者权益在最终控制方合并财务报表中账面价值的份额，借记“长期股权投资”科目，按应享有被投资单位已宣告但尚未发放的现金股利或利润，借记“应收股利”科目，按支付的合并对价的账面价值，贷记有关资产或负债科目，如为贷方差额，贷记“资本公积——资本溢价或股本溢价”科目；如为借方差额，应借记“资本公积——资本溢价或股本溢价”科目，“资本公积——资本溢价或股本溢价”科目不足冲减的，借记“盈余公积”“利润分配——未分配利润”科目。

②合并方以发行权益性证券作为合并对价的，应按合并日取得被合并方所有者权益在最终控制方合并财务报表中的账面价值的份额确认长期股权投资，按发行权益性证券的面值总额作为股本，长期股权投资初始成本与所发行权益性证券面值总额之间的差额，应当调整“资本公积——资本溢价或股本溢价”科目；“资本公积——资本溢价或股本溢价”科目不足冲减的，调整留存收益。企业应编制的会计分录如图2-67所示。

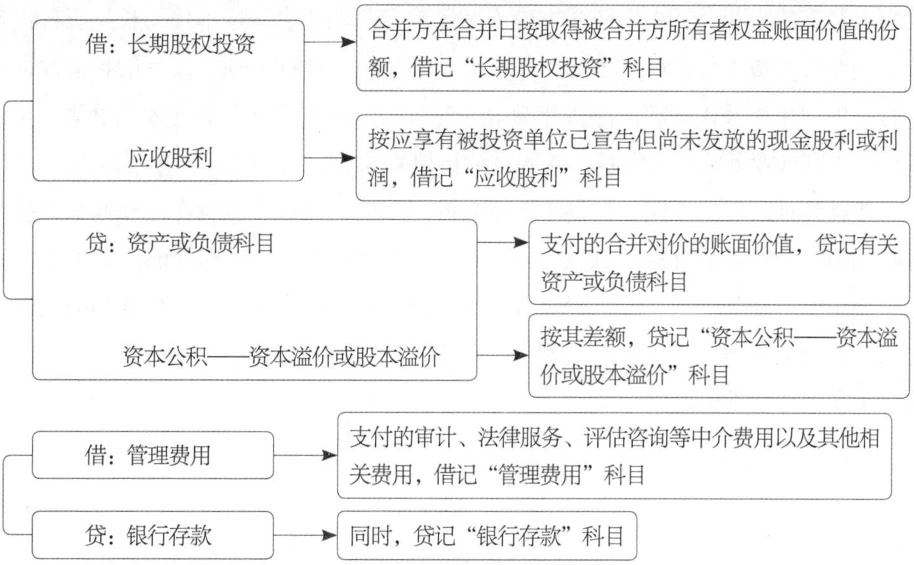

图 2-67　同一控制下企业合并取得长期股权投资

如为借方差额，应借记“资本公积——资本溢价或股本溢价”科目，“资本公积——资本溢价或股本溢价”科目不足冲减的，借记“盈余公积”“利润分配——未分配利润”科目。上述业务如以发行权益性证券方式进行，应按发行权益性证券的面值总额，贷记“股本”科目。编制会计分录如图 2-68 所示。

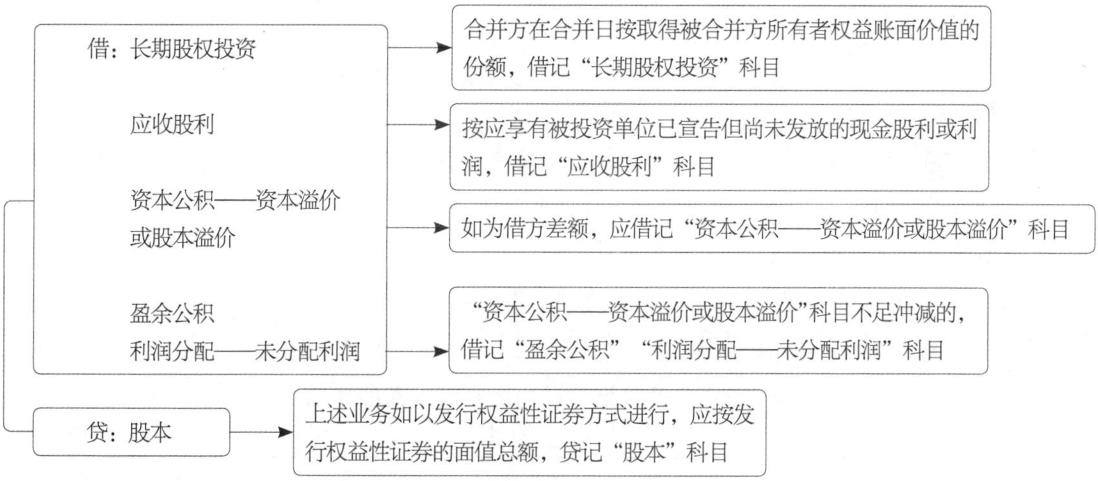

图 2-68　差额在借方时的会计处理

在确定同一控制下企业合并形成的长期股权投资时，应注意存在企业合并前合并方与被合并方适用的会计政策不同的情况，在以被合并方的账面价值为基础确定形成的长期股权投资成本时，首先应基于重要性原则，统一合并方与被合并方的会计政策。在按照合并方的会计政策对被合并方资产、负债的账面价值进行调整的基础上，计算确定长期股权投资的初始投资成本。

（2）非同一控制下企业合并取得长期股权投资。

非同一控制下的企业合并是指参与合并的企业前后不受同一方或相同多方的最终控制的企业合并。非同一控制下的企业合并实质上是将合并行为看作是一方购买另一方的交易，购买方为了取得对被购买方的控制权而放弃的资产、发生或承担的负债、发行的权益性证券均应按其在购买日的公允价值计量。

非同一控制下的企业合并中，购买方应当按照确定的企业合并成本作为长期股权投资的初始投资成本。企业合并成本包括购买方付出的资产、发生或承担的负债、发行的权益性证券的公允价值。该合并中如果涉及以库存商品等作为合并对价的，应按库存商品的公允价值，贷记“主营业务收入”或“其他业务收入”科目，并同时结转相关成本。

在做具体会计处理时，非同一控制下企业合并形成的长期股权投资，应在购买日按企业合并成本，借记“长期股权投资”科目，按支付合并对价的账面价值，贷记或借记有关资产、负债科目，按其差额，贷记“营业外收入”或“投资收益”等科目。企业合并成本中包含的应从被投资单位收取的已宣告但尚未发放的现金股利或利润，应在“应收股利”科目的借方进行核算。企业应编制的会计分录如图 2-69 所示。

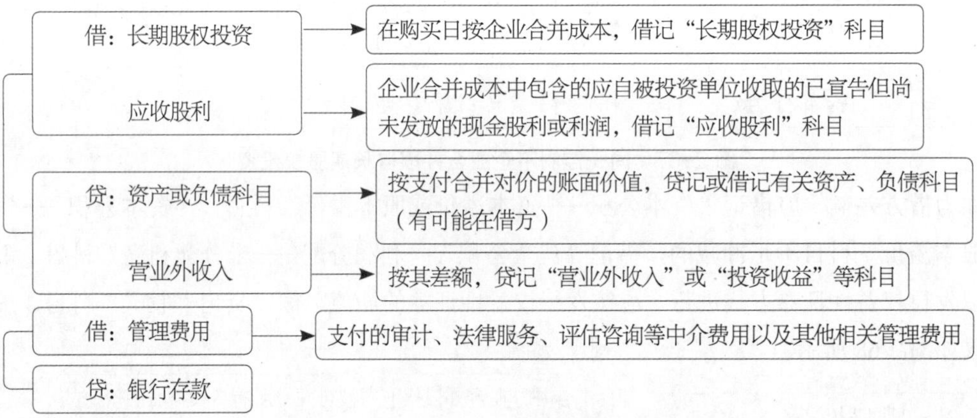

图 2-69　非同一控制下企业取得长期股权投资

3. 案例解析

【例 2-49】 2×19 年 6 月 30 日，A 公司向其母公司 P 发行 10 000 000 股普通股（每股面值为 1 元，市价为 4.34 元），取得母公司 P 拥有对 S 公司 100% 的股权，并于当日起能够对 S 公司实施控制。合并后 S 公司仍维持其独立法人地位继续经营。2×19 年 6 月 30 日 S 公司净资产的账面价值为 40 020 000 元。假定 A 公司和 S 公司在企业合并前采用的会计政策相同。合并日，A 公司与 S 公司所有者权益的构成如表 2-7 所示。

表 2-7　A 公司与 S 公司所有者权益的构成

2×19 年 6 月 30 日　　单位：元

项目	A 公司	S 公司
实收资本	30 000 000	10 000 000
资本公积	20 000 000	6 000 000
盈余公积	20 000 000	20 000 000
未分配利润	23 550 000	4 020 000
合　计	93 550 000	40 020 000

S 公司在合并后维持其法人资格继续经营，合并日 A 公司在其账簿及个别财务报表中应确认对 S 公司的长期股权投资，其成本为合并日享有 S 公司账面所有者权益的份额，账务处理如下。

借：长期股权投资——S 公司　　40 020 000

　贷：股本　　10 000 000

资本公积——股本溢价　　30 020 000

【例 2-50】A 公司于 2×19 年 3 月 31 日取得了 B 公司 70% 的股权，A 公司支付的有关资产在购买日的账面价值与公允价值如表 2-8 所示。合并中，A 公司为核实 B 公司的资产价值，聘请专业资产评估机构对 B 公司的资产进行评估，支付评估费用 1 000 000 元。本例中假定合并前 A 公司与 B 公司及其股东不存在任何关联方关系。

表 2-8　A 公司支付的有关资产在购买日的账面价值与公允价值

2×19 年 3 月 31 日　　单位：元

项　目	账面价值	公允价值
土地使用权	20 000 000 （成本为 30 000 000，累计摊销 10 000 000）	32 000 000
专利技术	8 000 000 （成本为 10 000 000，累计摊销 2 000 000）	10 000 000
银行存款	8 000 000	8 000 000
合　计	36 000 000	50 000 000

本例中因 A 公司与 B 公司及其股东在合并前不存在任何关联方关系，应将其作为非同一控制下的企业合并处理。

A 公司对于合并形成的对 B 公司的长期股权投资，应按支付对价的公允价值确定其初始投资成本。A 公司的账务处理如下。

借：长期股权投资　　50 000 000

　　累计摊销　　12 000 000

　　贷：无形资产　　40 000 000

　　　　银行存款　　8 000 000

　　　　营业外收入　　14 000 000

借：管理费用　　1 000 000

　　贷：银行存款　　1 000 000

2.15.2　企业合并以外其他方式取得的长期股权投资

1. 业务概述

除了企业合并以外，企业还可能通过现金、发行债券、投资者投入等方式取得长期股权投资。

2. 账务处理

（1）以支付现金取得长期股权投资。

企业应当按照实际支付的购买价款作为长期股权投资的初始投资成本，包括购买过程中支付的手续费等必要支出，但不包括被投资单位已宣告发放的现金股利或利润。

（2）以发行权益性证券方式取得的长期股权投资。

企业取得该长期股权投资的成本为所发行权益性证券的公允价值，但不包括应从被投资单位收取的已宣告但尚未发放的现金股利和利润。为发行权益性证券支付给有关证券承销机构的手续费、佣金等应从权益性证券的溢价发行收入中扣除，溢价收入不足冲减的，应冲减盈余公积和未分配利润。

（3）投资投入的长期股权投资。

投资者投入的长期股权投资，应当按照投资合同或协议约定的价值作为初始投资成本，但合同或协议约定价值不公允的除外。

投资者投入的长期股权投资，是指投资者以其持有的对第三方的投资作为出资投入企业，接受投资的企业在确定所取得的长期股权投资的成本时，原则上应按照投资各方在投资合同或协议中约定的价值作为其初始投资成本。例外的情况是，如果投资各方在投资合同或协议中约定的价值明显高于或低于该项投资公允价值，应以公允价值作为长期股权投资的初始投资成本，由该项出资构成实收资本（或股本）的部分与确认的长期股权投资初始投资成本之间的差额，相应调整资本公积（资本溢价）。

相关会计分录参照企业合并取得的长期股权投资。

3. 案例解析

【例2-51】甲公司于2×19年2月10日，从公开市场中买入乙公司20%的股份，实际支付价款80 000 000元。在购买过程中支付手续费等相关费用1 000 000元。该股份取得后能够对乙公司施加重大影响。

甲公司应当按照实际支付的购买价款作为取得长期股权投资的成本，账务处理如下。

借：长期股权投资——乙公司——成本　　81 000 000

　贷：银行存款　　81 000 000

【例2-52】2×19年3月，A公司通过增发30 000 000股（每股面值1元）本企业普通股为对价取得B公司20%的股权。按照增发前一定时期的平均股价计算，该30 000 000股普通股的公允价值为52 000 000元。为增发该部分普通股，A公司支付了2 000 000元的佣金和手续费。取得B公司该部分股权后，A公司能够对B公司施加重大影响。

本例中A公司应当以所发行股份的公允价值作为取得长期股权投资的成本。账务处理如下。

借：长期股权投资——B公司——成本　　52 000 000

　贷：股本　　30 000 000

　　　资本公积——股本溢价　　22 000 000

借：资本公积——股本溢价　　2 000 000

　贷：银行存款　　2 000 000

【例2-53】A公司以其持有的对B公司的长期股权投资作为出资，在C公司增资扩股的过程中投入C公司，取得C公司10 000 000股普通股（每股面值为1元）。该项对B公司的投资本身不存在活跃的市场，无法取得其公允价值信息，但根据C公司股票在增资扩股后的价格判断，该项作为出资的长期股权投资的公允价值约为40 000 000元。C公司取得B公司股权后，无法对B公司实施控制、共同控制或是施加重大影响，也无法通过合理的方式确定其公允价值。

C公司的账务处理如下。

借：长期股权投资——B公司——成本　　40 000 000

　贷：股本　　10 000 000

　　　资本公积——股本溢价　　30 000 000

2.15.3　长期股权投资的后续计量——成本法

1. 业务概述

长期股权投资在持有期间，根据投资企业对被投资单位的影响程度及是否存在活跃市场、公允价值能否可靠计量等进行划分，应当分别采用成本法及权益法核算股利的发放、公允价值的变动以及子公司实现的利润等。

成本法是指投资按成本计价进行核算的方法。对子公司投资在投资方作为母公司的个别财务报表中采用成本法核算。

2. 账务处理

采用成本法核算的长期股权投资，初始投资或追加投资时，按照初始投资或追加投资时的成本增加长期股权投资的账面价值，同一控制下的控股合并形成的长期股权投资初始投资成本为合并日取得被合并方账面所有者权益的份额。除取得投资时实际支付的价款或对价中包含的已宣告但尚未发放的现金股利或利润外，投资企业应当按照享有被投资单位宣告发放的现金股利或利润确认投资收益，不管有关利润分配是属于对取得投资前还是取得投资后被投资单位实现净利润的分配。

具体会计核算如下，“长期股权投资”科目反映取得时的成本，当被投资单位宣告发放现金股利时，编制会计分录如图 2-70 所示。

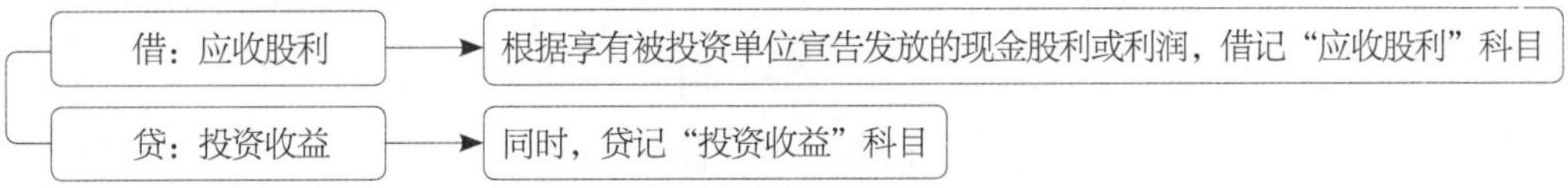

图 2-70　被投资单位宣告发放现金股利

3. 案例解析

【例 2-54】甲公司于 2×18 年 4 月 10 日取得乙公司 6% 的股权，成本为 12 000 000 元。2×19 年 2 月 6 日，乙公司宣告分派利润，甲公司按照持股比例可取得 100 000 元。假定甲公司在取得乙公司股权后，对乙公司的财务和经营决策不具有控制、共同控制或重大影响，且该投资不存在活跃的交易市场、公允价值无法可靠取得。乙公司于 2×19 年 2 月 12 日实际分派利润。

甲公司的账务处理如下。

借：长期股权投资——乙公司　　12 000 000

　　贷：银行存款　　12 000 000

借：应收股利　　100 000

　　贷：投资收益　　100 000

借：银行存款　　100 000

　　贷：应收股利　　100 000

进行上述处理后，如相关长期股权投资存在减值迹象，应当进行减值测试。

2.15.4　长期股权投资的后续计量——权益法

1. 业务概述

权益法是指投资以初始投资成本计量后，在投资持有期间根据投资企业享有被投资单位所有者权益的份额的变动对投资的账面价值进行调整的方法。投资企业对被投资单位具有共同控制或重大影响的长期股权投资，即对合营企业投资及联营企业投资，应当采用权益法核算。在确定能否对被投资单位实施共同控制或重大影响时，应当考虑投资企业和其他方持有的被投资单位当期可转换公司债券、当期可执行认股权证等潜在表决权因素的影响。

“共同控制”是指按照合同约定对某项经济活动共有的控制。其特点是，合营各方均受到合营合同的限制和约束，任何一个合营方均不能单独控制合营企业的生产经营活动，涉及合营企业基本经营活动的决策需要各合营方一致同意。投资企业与其他合营方一同对被投资单位实施共同控制的，被投资单位为投资企业的合营企业。

“重大影响”是指对一个企业的财务和经营政策有参与决策的权力，但并不能够控制或与其他方一起共同控制这些政策的制定。重大影响通常体现为在被投资单位的董事会或类似权力机构中派有代表、参与被投资单位的政策制定过程、与被投资单位之间发生重要交易、向被投资单位派出管理人员或是向被投资单位提供关键技术资料等。投资企业能够对被投资单位施加重大影响的情况下，被投资单位为其联营企业。

2. 账务处理

采用权益法核算的长期股权投资，其一般的核算程序如下。

（1）初始投资成本的调整。

投资企业取得对联营企业或合营企业的投资以后，对于取得投资时投资成本与应享有被投资单位可辨认净资产公允价值份额之间的差额，应该区别情况分别处理。

当长期股权投资的初始投资成本大于投资时应享有被投资单位可辨认净资产公允价值份额的，该部分差额从本质上是投资企业在取得投资过程中通过购买作价体现出的商誉以及不符合确认条件的资产价值，因此不调整长期股权投资的初始投资成本；长期股权投资的初始投资成本小于投资时应享有被投资单位可辨认净资产公允价值份额的，应按其差额计入当期的营业外收入，同时调整增加长期股权投资的账面价值。企业应该编制的会计分录如图 2-71 所示。

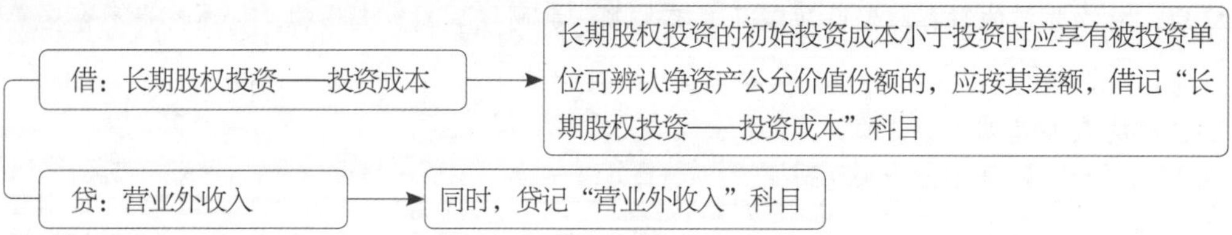

图 2-71　初始投资成本的调整

（2）投资损益的确认。

投资企业取得长期股权投资后，应当按照应享有或应分担的被投资单位实现的净利润或发生净亏损的份额，调整长期股权投资的账面价值，并确认为当期投资收益。在确认应享有或应分担被投资单位的净利润或净亏损时，在被投资单位账面净利润的基础上，应考虑以下因素的影响进行适当调整。

一是被投资单位采用的会计政策及会计期间与投资企业不一致，应按投资企业的会计政策及会计期间对被投资单位的财务报表进行调整。

二是以取得投资时被投资单位固定资产、无形资产的公允价值为基础计提的折旧额或摊销额，以及以投资企业取得投资时的公允价值为基础计算确定的资产减值准备金额等对被投资单位净利润的影响。

投资企业按照被投资单位实现的利润计算应分得的部分，相应增加长期股权投资的账面价值。

当被投资单位实现净利润时，编制会计分录如图 2-72 所示。

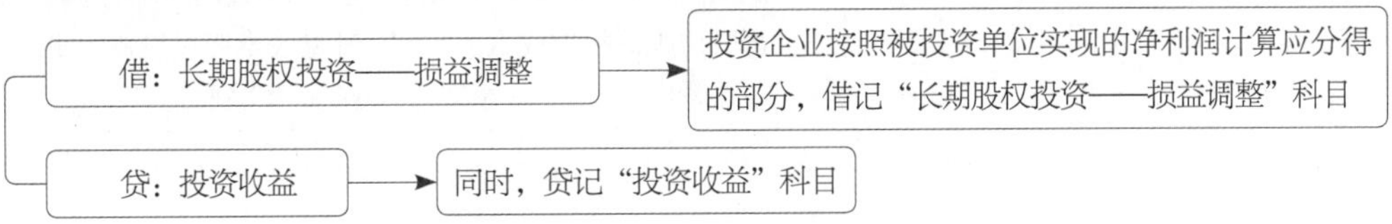

图 2-72 被投资单位实现净利润

当被投资单位发生净亏损时，编制会计分录如图 2-73 所示。

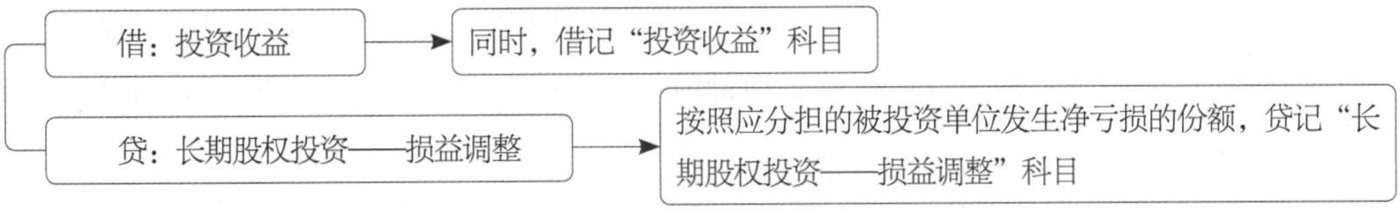

图 2-73 被投资单位发生净亏损

（3）超额亏损的确认。

投资企业确认应分担被投资单位发生的损失，原则上应以长期股权投资及其他实质上构成对被投资单位净投资的长期权益减记至零为限，投资企业负有额外损失义务的除外。此处的“其他实质上构成对被投资单位净投资的长期权益”通常是指长期应收项目。投资企业在确认应分担被投资单位发生的亏损时，具体应按照以下顺序处理。

首先，减记长期股权投资的账面价值。

其次，在长期股权投资的账面价值减记为零的情况下，对于没有确认的投资损失，考虑账面上是否有除长期股权投资以外的其他实质构成对被投资单位净投资的长期权益项目，若有则以其账面价值为限，继续冲减。

最后，如果按照投资合同或者协议的约定，投资企业还需要承担额外损失弥补义务等，应按预计将承担的义务金额确认预计负债，计入当期投资损失。

企业应该编制如下会计分录。

借：投资收益

　　贷：长期股权投资——损益调整

　　　　长期应收款

　　　　预计负债

在确认了有关损失后，被投资单位于后期实现盈利的，应按相反顺序分别做相反分录。

（4）取得现金股利或利润的处理。

采用权益法核算的长期股权投资，投资企业从被投资单位取得的现金股利或利润，应冲减长期股权投资的账面价值。在被投资单位宣告分派现金股利或利润时，借记“应收股利”科目，贷记“长期股权投资——损益调整”科目。累计收到的现金股利超过投资以后已经确认的投资收益的金额部分确认成本明细的冲减，小于已经确认的投资收益的部分冲减“长期股权投资——损益调整”科目，从被投资单位取得的现金股利或利润超过已确认损益调整的部分应视同投资成本的收回，冲减长期股权投资的账面价值，贷记“长期股权投资——投资成本”科目。编制会计分录如图 2-74 所示。

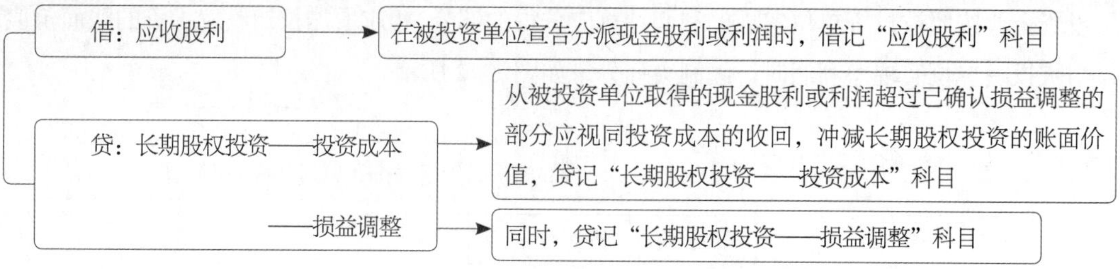

图 2-74　取得现金股利或利润的处理

（5）被投资单位除净损益以外所有者权益的其他变动。

在持股比例不变的情况下，被投资单位除净损益以外所有者权益的其他变动，企业按持股比例计算应享有的份额调整长期股权投资的账面价值并计入所有者权益。企业应该编制以下会计分录或者相反分录，如图 2-75 所示。

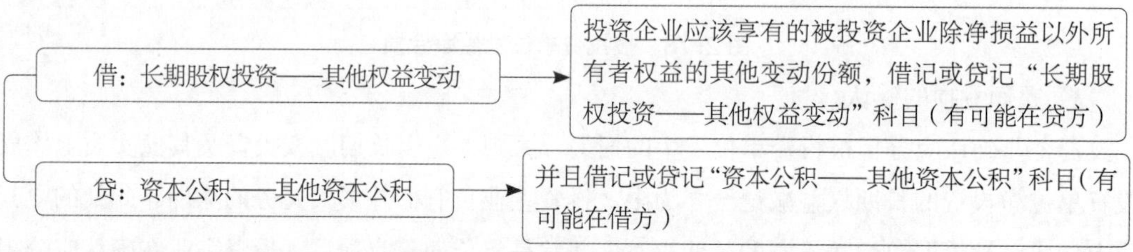

图 2-75　被投资单位除净损益以外所有者权益的其他变动

（6）分派股票股利。

被投资单位分派的股票股利，投资企业不做账务处理。

3. 案例解析

【例 2-55】A 公司于 2×19 年 1 月 1 日取得 B 公司 30% 的股权，实际支付价款 30 000 000 元。取得投资时被投资单位账面所有者权益的构成如下（假定该时点被投资单位各项可辨认资产、负债的公允价值与其账面价值相同，单位：元）。

实收资本	30 000 000
资本公积	24 000 000
盈余公积	6 000 000
未分配利润	15 000 000
所有者权益总额	75 000 000

假定在 B 公司的董事会中，所有股东均以其持股比例行使表决权。A 公司在取得 B 公司的股权后，派人参与了 B 公司的财务和生产经营决策。因能够对 B 公司的生产经营决策施加重大影响，A 公司对该项投资采用权益法核算。取得投资时，A 公司应进行的账务处理如下。

借：长期股权投资——B 公司——成本　　30 000 000

　　贷：银行存款　　30 000 000

长期股权投资的成本 30 000 000 元大于取得投资时应享有 B 公司可辨认净资产公允价值的份额 22 500 000（75 000 000×30%）元，不对其初始投资成本进行调整。

假定上例中取得投资时 B 公司可辨认净资产公允价值为 120 000 000 元，A 公司按持股比例

30% 计算确定应享有 36 000 000 元，则初始投资成本与应享有 B 公司可辨认净资产公允价值份额之间的差额 6 000 000 元应计入取得投资当期的损益。

借：长期股权投资——B 公司——成本　　36 000 000

　贷：银行存款　　30 000 000

　　营业外收入　　6 000 000

【例 2-56】接**【例 2-55】**，假定 A 公司长期股权投资的成本大于取得投资时 B 公司可辨认净资产公允价值份额的情况下，2×19 年 B 公司实现净利润 8 000 000 元。A 公司、B 公司均以公历年度作为会计年度，采用相同的会计政策。由于投资时 B 公司各项资产、负债的账面价值与其公允价值相同，不需要对 B 公司的净利润进行调整，A 公司应确认的投资收益为 2 400 000 元（8 000 000×30%），一方面增加长期股权投资的账面价值，另一方面作为利润表中的投资收益确认。

A 公司的账务处理如下。

借：长期股权投资——B 公司——损益调整　　2 400 000

　贷：投资收益——B 公司　　2 400 000

【例 2-57】甲公司于 2×19 年 1 月 2 日购入乙公司 30% 的股份，购买价款为 20 000 000 元，并自取得股份之日起派人参与乙公司的生产经营决策。取得投资日，乙公司可辨认净资产公允价值为 60 000 000 元，除表 2-9 所示的项目外，其他资产、负债的公允价值与账面价值相同。

表 2-9　乙公司公允价值与账面价值不同的资产

单位：元

项目	账面原价	已提折旧	公允价值	原预计使用年限	剩余使用年限
存货	5 000 000		7 000 000		
固定资产	10 000 000	2 000 000	12 000 000	20	16
无形资产	6 000 000	1 200 000	8 000 000	10	8
小计	21 000 000	3 200 000	27 000 000		

假定乙公司 2×19 年实现净利润 6 000 000 元，其中在甲公司取得投资时的账面存货 5 000 000 元中有 80% 对外出售。甲公司与乙公司的会计年度和采用的会计政策相同。

甲公司在确定其应享有乙公司 2×19 年的投资收益时，应在乙公司实现净利润的基础上，根据取得投资时有关资产的账面价值与其公允价值差额的影响进行调整（假定不考虑所得税影响）。

调整后的净利润 =6 000 000-（7 000 000-5 000 000）×80%-（12 000 000÷16-10 000 000÷20）-（8 000 000÷8-6 000 000÷10）= 3 750 000（元）

甲公司应享有份额 =3 750 000×30%=1 125 000（元）

借：长期股权投资——乙公司——损益调整　　1 125 000

　贷：投资收益　　1 125 000

【例 2-58】被投资单位宣告发放现金股利 10 000 000 元，按照持股比例 25% 计算的应该享有的 2 500 000 元，超过投资以后累计确认的投资收益 2 000 000 元份额的冲减投资成本，之前累计确认投资收益 1 800 000 元，投资单位的账务处理如下。

借：应收股利　　2 500 000

　贷：长期股权投资——投资成本　　700 000

　　长期股权投资——损益调整　　1 800 000

收到现金股利。

借：银行存款　　2 500 000

　贷：应收股利　　2 500 000

【例 2-59】A 公司持有 B 公司 30% 的股份，当期 B 公司因持有的其他债权投资公允价值的变动计入资本公积的金额为 6 000 000 元，除该事项外，B 公司当期实现的净利润为 32 000 000 元。假定 A 公司与 B 公司采用的会计政策、会计期间相同，投资时 B 公司有关资产的公允价值与其账面价值亦相同，无其他内部交易。

A 公司在确认应享有 B 公司所有者权益的变动时的账务处理如下。

借：长期股权投资——B 公司——损益调整（32 000 000×30%）　　9 600 000

　　　　　　　　　　——其他权益变动（6 000 000×30%）　　1 800 000

　贷：投资收益　　9 600 000

　　资本公积——其他资本公积——B 公司　　1 800 000

2.15.5 长期股权投资核算方法的转换

1. 业务概述

长期股权投资在持有期间可能会发生一些变化从而导致其核算需要由一种核算方法转换为另一种核算方法。长期股权投资核算方法转换的情况如图 2-76 所示。

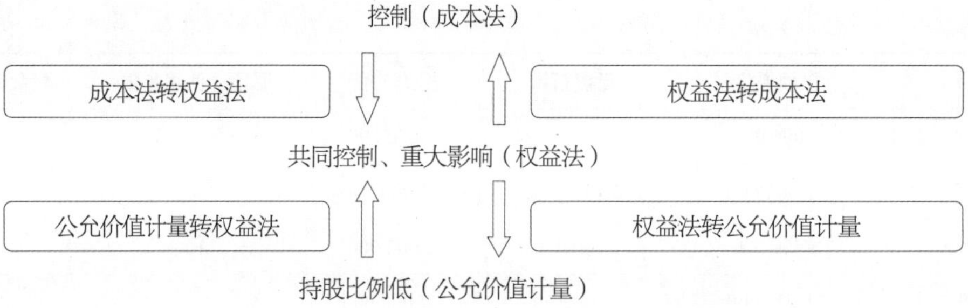

图 2-76　长期股权投资核算方法的转换

2. 账务处理

（1）公允价值计量改为权益法。

原持有的对被投资单位不具有控制、共同控制或重大影响，按照金融工具确认和计量准则进行会计处理的，因追加投资导致持股比例上升，使其能够对被投资单位实施共同控制或重大影响而转按权益法核算的，应在转换日，按照原股权的公允价值加上为取得新增投资而应支付对价的公允价值，作为改按权益法核算的初始投资成本；原股权投资于转换日的公允价值与账面价值之间的差额，以及原计入其他综合收益的累计公允价值变动转入改按权益法核算的当期损益。在此基础上，比较初始投资成本与获得被投资单位共同控制或重大影响时应享有被投资单位可辨认净资产公允价值份额之间的差额：前者大于后者的，不调整长期股权投资的账面价值；前者小于后者的，按差额调整长期股权投资的账面价值，并计入当期营业外收入。

企业应该编制的会计分录如图 2-77 所示。

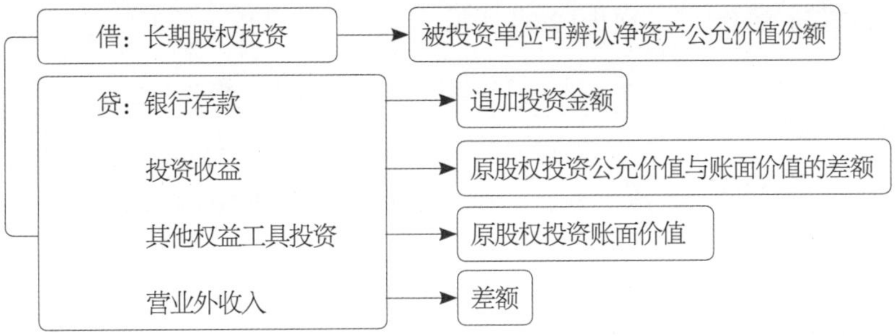

图 2-77　公允价值计量改为权益法

（2）成本法改为权益法。

因处置投资导致对被投资单位的影响能力由控制转为具有重大影响或者与其他投资方一起实施共同控制的情况下，首先应按处置或收回投资的比例结转应终止确认的长期股权投资成本。在此基础上，应当比较剩余的长期股权投资成本与按照剩余持股比例计算原投资时应享有被投资单位可辨认净资产公允价值的份额，属于投资作价中体现的商誉部分不调整长期股权投资的账面价值；属于投资成本小于原投资时应享有被投资单位可辨认净资产公允价值份额的，在调整长期股权投资成本的同时，应调整留存收益。对于原取得投资后至处置投资导致转变为权益法核算之间被投资单位实现的净损益中应享有的份额，一方面应调整长期股权投资的账面价值，另一方面，对于原取得投资时至处置投资当期期初被投资单位实现的净损益（扣除已发放及已宣告发放的现金股利及利润）中应享有的份额，调整留存收益。对于处置投资当期期初至处置投资之日被投资单位实现的净损益中享有的份额，调整当期损益；其他原因导致被投资单位所有者权益变动中应享有的份额，在调整长期股权投资账面价值的同时，应当记入“资本公积——其他资本公积”科目。

长期股权投资自成本法转为权益法后，未来期间应当按照《企业会计准则第 2 号——长期股权投资》规定计算确认应享有被投资单位实现的净损益、其他综合收益及所有者权益其他变动的份额。

投资后的追溯调整，企业应该编制的会计分录如图 2-78 所示。

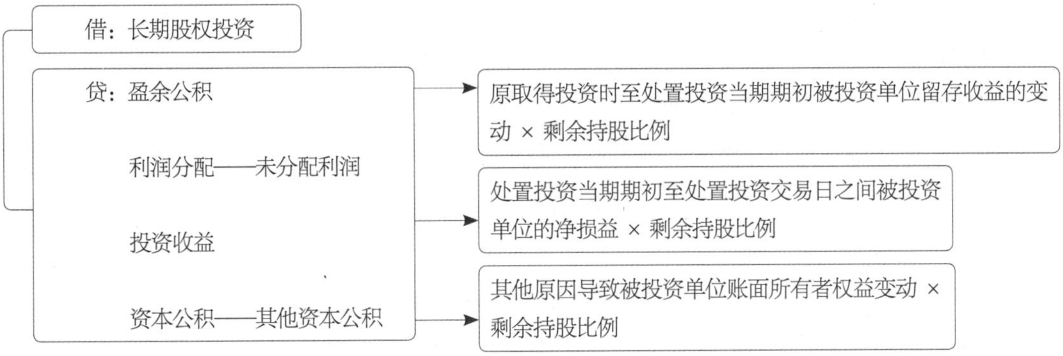

图 2-78　成本法改为权益法

（3）权益法改为成本法。

因追加投资导致原持有的对联营企业或合营企业的投资转变为对子公司投资的，长期股权投资账面价值的调整应当按照分步实现企业合并的原则处理。除此之外，因减少投资导致长期股权投资的核算由权益法转换为成本法（投资企业对被投资单位不具有控制、共同控制或重大影响的，并且在活跃市场中没有报价，公允价值不能可靠计量的长期股权投资）的，应以转换时长期股权投资的账面价值作为按照成本法核算的基础。

此时企业应该编制的会计分录如图 2-79 所示。

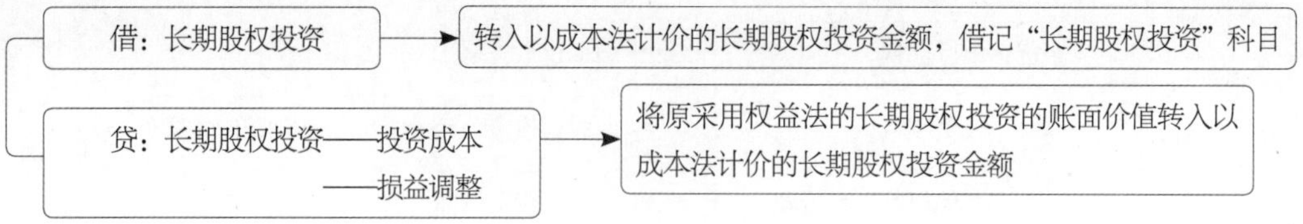

图 2-79　权益法改为成本法

（4）成本法改为公允价值计量。

投资企业原持有被投资单位的股份达到控制，其后因部分处置等导致持股比例下降，不能再对被投资单位实施控制的，应将剩余股权改按金融工具确认和计量准则的要求进行会计处理，并于丧失控制权日将剩余股权按公允价值重新计量，公允价值与其账面价值的差额计入当期损益，如图 2-80 所示。

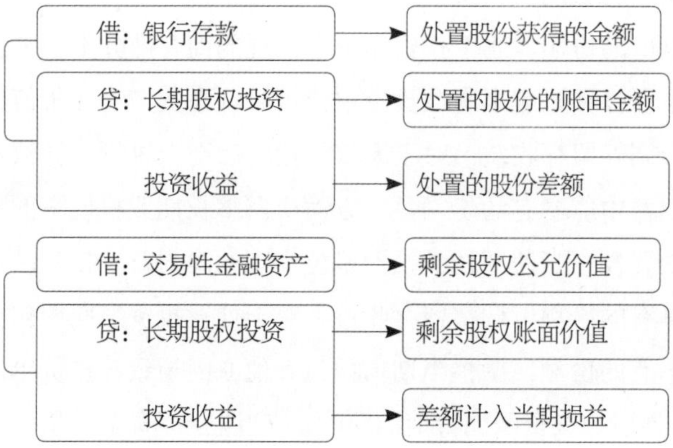

图 2-80　成本法改为公允价值计量

（5）公允价值计量或权益法改为成本法。

因追加投资导致原持有的分类为以公允价值计量且其变动计入当期损益的金融资产，或非交易性权益工具投资分类为以公允价值计量且其变动计入其他综合收益的金融资产，以及对联营企业或合营企业的投资转变为对子公司投资的，长期股权投资账面价值的调整应当按照本章关于对子公司投资初始计量的相关规定处理。

对于原作为金融资产，转换为采用成本法核算的对子公司投资的，如有关金融资产分类为以公允价值计量且其变动计入当期损益的金融资产的，应当按照转换时的公允价值确认为长期股权投资，公允价值与其原账面价值之间的差额计入当期损益；如非交易性权益工具投资分类为以公允价值计量且其变动计入其他综合收益的金融资产，在按照转换时的公允价值确认长期股权投资，该公允价值与账面价值之间的差额计入当期损益外，原确认计入其他综合收益的前期公允价值变动亦应结转计入当期损益。

3. 案例解析

（1）公允价值计量改为权益法。

【例 2-60】甲公司于 2×18 年 2 月取得乙公司 10% 股权，对乙公司不具有控制、共同控制和重大影响，甲公司将其分类为其他债权投资，投资成本为 9 000 000 元，取得时乙公司可辨认净资产公允价值总额为 84 000 000 元（假定公允价值与账面价值相同）。

2×19 年 3 月 1 日，甲公司又以 18 000 000 元取得乙公司 12% 的股权，当日乙公司可辨认净资产公允价值总额为 120 000 000 元。取得该部分股权后，按照乙公司章程规定，甲公司能够派人参与乙公司的财务和生产经营决策，对该项长期股权投资转为采用权益法核算。假定甲公司在取得乙公司 10% 的股权后，双方未发生任何内部交易。乙公司通过生产经营活动实现的净利润为 9 000 000 元，未派发现金股利或利润。除所实现净利润外，未发生其他所有者权益变动事项。2×19 年 3 月 1 日，甲公司对乙公司投资原 10% 股权的公允价值为 13 000 000 元，原计入其他综合收益的累计公允价值变动收益为 1 200 000 元。

本例中，2×19 年 3 月 1 日，甲公司对乙公司投资原 10% 股权的公允价值为 13 000 000 元，账面价值为 10 200 000 元，差额计入损益；同时，因追加投资改按权益法核算，原计入其他综合收益的累计公允价值变动收益 1 200 000 元转入损益。

甲公司对乙公司股权增持后，持股比例改为 22%，初始投资成本为 31 000 000 元（13 000 000+18 000 000），应享有乙公司可辨认净资产公允价值份额为 26 400 000 元（120 000 000×22%），前者大于后者 4 600 000 元，不调整长期股权投资的账面价值。

甲公司对上述交易的账务处理如下。

借：长期股权投资——投资成本	31 000 000	
贷：银行存款		18 000 000
投资收益		2 800 000
其他债权投资		10 200 000
借：其他综合收益	1 200 000	
贷：投资收益		1 200 000

（2）成本法改为权益法。

【例 2-61】 A 公司原持有 B 公司 60% 的股权，其账面余额为 30 000 000 元，未计提减值准备。2×19 年 5 月 3 日，A 公司将其持有的对 B 公司长期股权投资中的 1/3 出售给某企业。出售取得价款 18 000 000 元，当日被投资单位可辨认净资产公允价值总额为 80 000 000 元。A 公司取得 B 公司 60% 股权时，B 公司可辨认净资产公允价值总额为 45 000 000 元（假定公允价值与账面价值相同）。自 A 公司取得对 B 公司长期股权投资后至部分处置投资前，B 公司实现净利润 25 000 000 元，其中，自 A 公司取得投资日至 2×19 年年初实现净利润 20 000 000 元。假定 B 公司一直未进行利润分配。除所实现净利润外，B 公司未发生其他计入资本公积的交易或事项。本例中 A 公司按净利润的 10% 提取盈余公积。

在出售 20% 的股权后，A 公司对 B 公司的持股比例为 40%，在被投资单位董事会中派有代表，但不能对 B 公司生产经营决策实施控制。对 B 公司长期股权投资应由成本法改为权益法核算。

A 公司的相关账务处理如下。

①确认长期股权投资处置损益。

借：银行存款	18 000 000	
贷：长期股权投资——B 公司		10 000 000
投资收益		8 000 000

②调整长期股权投资账面价值。

剩余长期股权投资的账面价值为 20 000 000 元，与原投资时应享有被投资单位可辨认净资产公允价值份额之间的差额 2 000 000（20 000 000−45 000 000×40%）元为商誉，该部分商誉的价值不需要对长期股权投资的成本进行调整。

处置投资以后按照持股比例计算享有被投资单位自购买日至处置投资日期间实现的净利润为10 000 000（25 000 000×40%）元，应调整增加长期股权投资的账面价值，同时调整留存收益和当期损益。A公司应进行以下账务处理。

借：长期股权投资——B公司——损益调整　　10 000 000
　　贷：盈余公积　　800 000
　　　　利润分配——未分配利润　　7 200 000
　　　　投资收益　　2 000 000

（3）权益法改为成本法。

【例2-62】甲公司持有乙公司30%的有表决权股份，能够对乙公司的生产经营决策施加重大影响，采用权益法核算。2×19年10月，甲公司将该项投资中的50%对外出售。出售以后，无法再对乙公司施加重大影响，且该项投资不存在活跃市场，公允价值无法可靠计量，转为采用成本法核算。出售时，该项长期股权投资的账面价值为16 000 000元，其中投资成本为13 000 000元，损益调整为3 000 000元，出售取得价款9 000 000元。

甲公司确认处置部分投资相关的账务处理如下。

借：银行存款　　9 000 000
　　贷：长期股权投资——乙公司——投资成本　　6 500 000
　　　　　　　　　　　　　　——损益调整　　1 500 000
　　　　投资收益　　1 000 000

借：长期股权投资　　8 000 000
　　贷：长期股权投资——乙公司——投资成本　　6 500 000
　　　　　　　　　　　　　　——损益调整　　1 500 000

（4）成本法转公允价值计量。

【例2-63】甲公司持有乙公司60%股权并能控制乙公司，投资成本为12 000 000元，按成本法核算。2×19年5月12日，甲公司出售所持乙公司股权的90%给非关联方，所得价款为18 000 000元，剩余6%股权于丧失控制权日的公允价值为2 000 000元，甲公司将其分类为以公允价值计量且其变动计入当期损益的金融资产中的交易性金融资产。假定不考虑其他因素，甲公司于丧失控制权日的账务处理如下。

①出售股权。

借：银行存款　　18 000 000
　　贷：长期股权投资　　10 800 000
　　　　投资收益　　7 200 000

②剩余股权的处理。

借：交易性金融资产　　2 000 000
　　贷：长期股权投资　　1 200 000
　　　　投资收益　　800 000

2.15.6　长期股权投资的减值

1. 业务概述

投资企业在确认应从被投资单位分得的现金股利或利润后，应当考虑长期股权投资是否发生减值。在判断该类长期股权投资是否存在减值迹象时，应当关注长期股权投资的账面价值是否大于享有被投资单位净资产（包括相关商誉）账面价值的份额等情况。出现类似情况时，企业应当按照《企业会计准则第 8 号——资产减值》的规定对长期股权投资进行减值测试，可收回金额低于长期股权投资账面价值的，应当计提减值准备。处置长期股权投资时，应同时结转已计提的长期股权投资减值准备。

2. 账务处理

资产负债日，企业应该对长期股权投资进行减值测试，如果长期股权投资发生减值，应按减记的金额，编制的会计分录如图 2-81 所示。

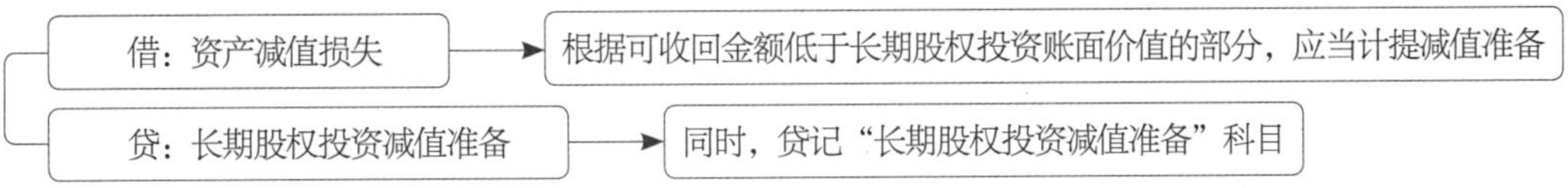

图 2-81　长期股权投资的减值

长期股权投资减值准备一经计提，在以后期间不得转回。

3. 案例解析

【例 2-64】2×19 年年末，甲企业确认的长期股权投资减值准备金额为 20 000 元，账务处理如下。

借：资产减值损失　　20 000

　贷：长期股权投资减值准备　　20 000

2.15.7　长期股权投资的处置

1. 业务概述

企业处置长期股权投资时，应相应结转与所售股权相对应的长期股权投资的账面价值，出售所得价款与处置长期股权投资账面价值之间的差额，应确认为处置损益。

采用权益法核算的长期股权投资，原计入资本公积的金额，在处置时亦应进行结转，将与所出售股权相对应的部分在处置时自资本公积转入当期损益（投资收益）。

2. 账务处理

处置长期股权投资时，应按实际收到的金额，借记“银行存款”等科目，按其账面余值，贷记“长期股权投资”科目，按尚未领取的现金股利或利润，贷记“应收股利”科目，按其差额，贷记或借记“投资收益”科目。已计提减值准备的，还应同时结转减值准备。编制会计分录如图 2-82 所示。

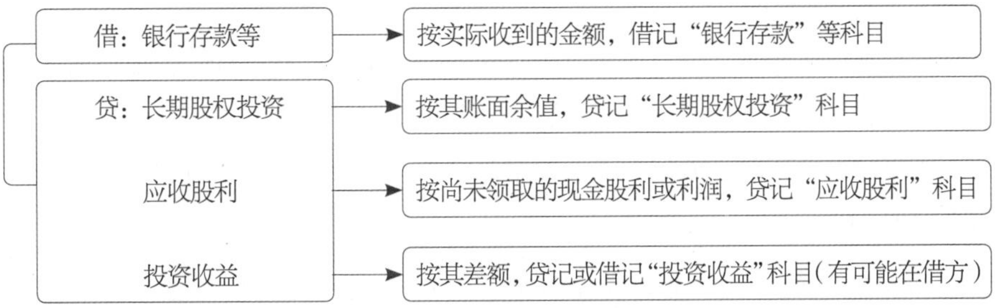

图 2-82　长期股权投资的处置

3. 案例解析

【例 2-65】A 公司原持有 B 公司 40% 的股权，2×19 年 11 月 30 日，A 公司出售所持有 B 公司 25% 股权，出售时 A 公司账面上对 B 公司长期股权投资的构成为：投资成本 36 000 000 元，损益调整 9 600 000 元，其他权益变动 6 000 000 元。出售取得价款 14 100 000 元，A 公司的账务处理如下。

（1）A 公司确认处置损益。

借：银行存款　　14 100 000

　　贷：长期股权投资——B 公司——投资成本　　9 000 000

　　　　　　　　　　　　　　——损益调整　　2 400 000

　　　　　　　　　　　　　　——其他权益变动　　1 500 000

　　　　投资收益　　1 200 000

（2）除应将实际取得价款与出售长期股权投资的账面价值进行结转，确认为处置当期损益外，还应将原计入资本公积的部分按比例转入当期损益。

借：资本公积——其他资本公积——B 公司　　1 500 000

　　贷：投资收益　　1 500 000

2.16 投资性房地产

投资性房地产是指为赚取资本租金或者资本增值而持有的房地产。投资性房地产主要包括自用房地产，即为生产商品、提供劳务或者经营管理而持有的房地产以及作为存货的房地产。

2.16.1 取得投资性房地产

1. 业务概述

与其他资产项目一样，某个项目在符合投资性房地产定义的前提下，同时满足下列两项条件的，才能确认为投资性房地产：一是与该投资性房地产有关的经济利益很可能流入企业；二是该投资性房地产的成本能够可靠地计量。

投资性房地产应当按照其取得时的成本进行计量。

2. 账务处理

（1）外购投资性房地产。

企业外购的房地产，只有在购入的同时开始对外出租或用于资本增值时，才能作为投资性房地产加以确认。

企业购入房地产，自用一段时间之后再改为出租或用于资本增值的，应当先将外购的房地产确认为固定资产或无形资产，自租赁期开始日或用于资本增值之日起，才能从固定资产或无形资产转换为投资性房地产。

企业外购投资性房地产时，应当按照取得时的实际成本进行初始计量。取得时的实际成本，包括购买价款、相关税费和可直接归属于该资产的其他支出。采用成本模式进行后续计量的，企业应当在购入投资性房地产时，借记“投资性房地产”科目，贷记“银行存款”等科目。编制会计分录如图 2-83 所示。

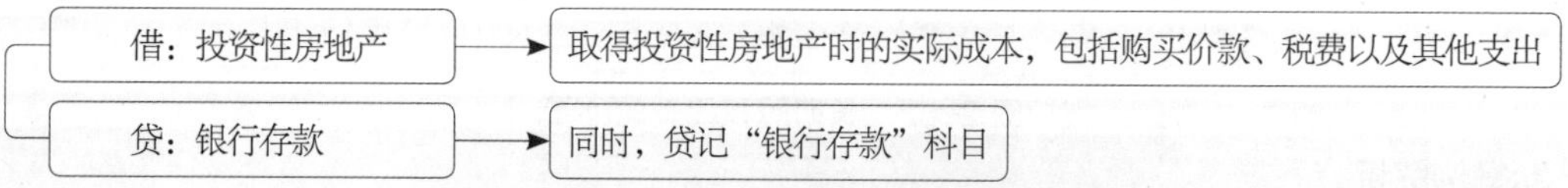

图 2-83　采用成本模式进行后续计量的初始确认

采用公允价值模式进行后续计量的，企业应当在购入投资性房地产时，借记“投资性房地产——

成本”科目，贷记“银行存款”等科目。编制会计分录如图 2-84 所示。

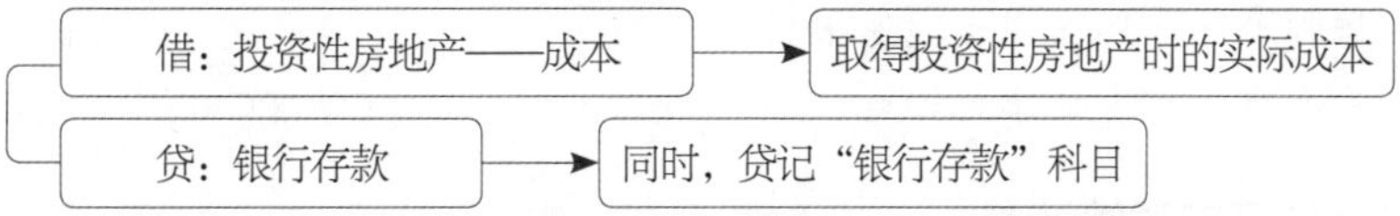

图 2-84　采用公允价值模式进行后续计量的初始确认

（2）自行建造投资性房地产。

企业自行建造的房地产，只有在自行建造活动完成（即达到预定可使用状态）的同时开始对外出租或用于资本增值，才能将自行建造的房地产确认为投资性房地产。自行建造投资性房地产的成本，由建造该项房地产达到预定可使用状态前发生的必要支出构成。

企业自行建造房地产达到预定可使用状态一段时间后才对外出租或用于资本增值的，应当先将自行建造的房地产确认为固定资产、无形资产或存货，自租赁期开始日或用于资本增值之日开始，从固定资产、无形资产或存货转换为投资性房地产。

自行建造投资性房地产，其成本由建造该项资产达到预定可使用状态前发生的必要支出构成，包括土地开发费、建筑成本、安装成本、应予资本化的借款费用、支付的其他费用和分摊的间接费用等。采用成本模式进行后续计量的，应按照确定的自行建造投资性房地产成本，借记“投资性房地产”科目，贷记“在建工程”或“开发产品”科目。编制会计分录如图 2-85 所示。

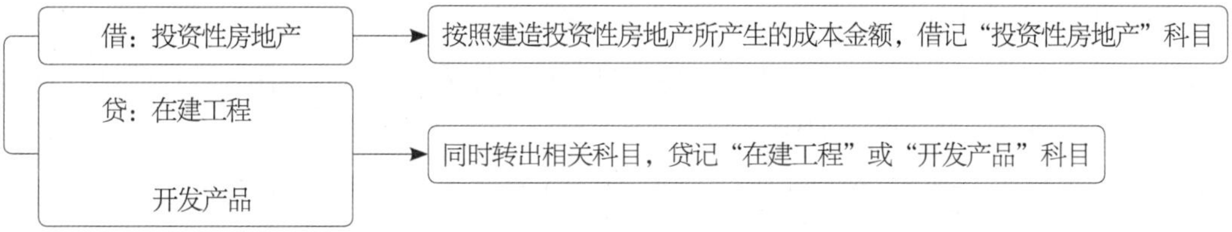

图 2-85　采用成本模式的后续计量

采用公允价值模式进行后续计量的，应按照确定的自行建造投资性房地产成本，借记“投资性房地产——成本”科目，贷记“在建工程”或“开发产品”科目。编制会计分录如下。

借：投资性房地产——成本

　　贷：在建工程

　　　　开发产品

3. 案例解析

【例 2-66】2×19 年 2 月，甲公司从其他单位购入一块土地，并在这块土地上开始自行建造两栋厂房。2×19 年 11 月，甲公司预计厂房即将完工，与乙公司签订了经营租赁合同，将其中的一栋厂房租赁给乙公司使用。租赁合同约定，该厂房于完工时开始起租。2×19 年 12 月 5 日，两栋厂房同时完工。该块土地使用权的成本为 9 000 000 元；两栋厂房的实际造价均为 12 000 000 元，能够单独出售。假设甲公司采用成本模式进行后续计量。

甲公司的账务处理如下。

土地使用权中的对应部分同时转换为投资性房地产 = 9 000 000×（12 000 000÷24 000 000）= 4 500 000（元）

借：固定资产——厂房　　　　12 000 000

　　投资性房地产——厂房　　12 000 000

贷：在建工程——厂房　　24 000 000

借：投资性房地产——已出租土地使用权　　4 500 000

贷：无形资产——土地使用权　　（9 000 000÷2）4 500 000

2.16.2　投资性房地产的后续计量

1. 业务概述

投资性房地产的后续计量有成本和公允价值两种模式，通常应当采用成本模式计量，满足特定条件时也可以采用公允价值模式计量。但是，同一企业只能采用一种模式对所有投资性房地产进行后续计量，不得同时采用两种计量模式。

在极少数情况下，采用公允价值模式对投资性房地产进行后续计量的企业，有证据表明，当企业首次取得某项投资性房地产（或某项现有房地产在完成建造或开发活动或改变用途后首次成为投资性房地产）时，该投资性房地产的公允价值不能持续可靠取得的，应当对该投资性房地产采用成本模式计量直至处置，并且假设无残值。但是，采用成本模式对投资性房地产进行后续计量的企业，即使有证据表明，企业首次取得某项投资性房地产时，该投资性房地产的公允价值能够持续可靠取得的，该企业仍应对该投资性房地产采用成本模式进行后续计量。

2. 账务处理

（1）采用成本模式计量。

企业通常应当采用成本模式对投资性房地产进行后续计量。采用成本模式进行后续计量的投资性房地产，应当遵循以下会计处理规定。

按照固定资产或无形资产的有关规定，按期（月）计提折旧或摊销，借记“其他业务成本”等科目，贷记“投资性房地产累计折旧（摊销）”科目。编制会计分录如图2-86所示。

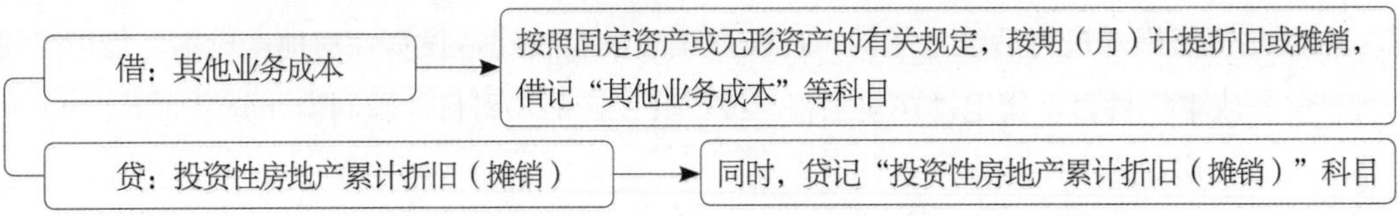

图2-86　采用成本模式计量的折旧或摊销

取得的租金收入，借记“银行存款”等科目，贷记“其他业务收入”科目。编制会计分录如图2-87所示。

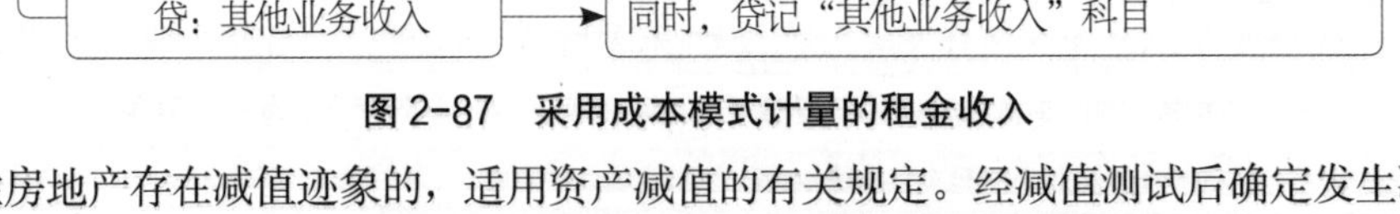

图2-87　采用成本模式计量的租金收入

投资性房地产存在减值迹象的，适用资产减值的有关规定。经减值测试后确定发生减值的，应当计提减值准备，借记“资产减值损失”科目，贷记“投资性房地产减值准备”科目。已经计提减值准备的投资性房地产，其减值损失在以后的会计期间不得转回。编制会计分录如图2-88所示。

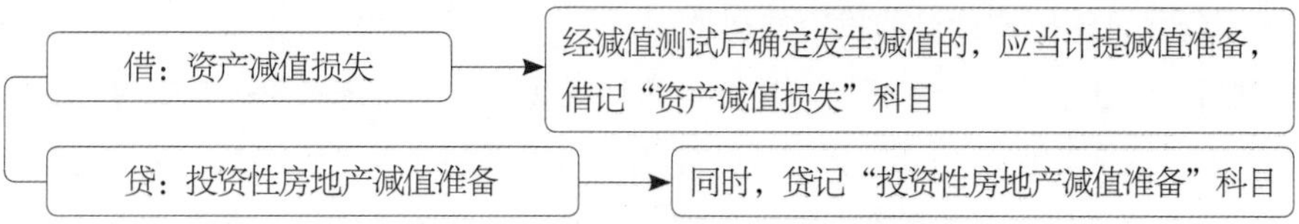

图 2-88　采用成本模式计量的减值

（2）采用公允价值模式计量。

只有存在确凿证据表明投资性房地产的公允价值能够持续可靠取得的情况下，企业才可以采用公允价值模式对投资性房地产进行后续计量。企业一旦选择采用公允价值模式计量，就应当对其所有投资性房地产均采用公允价值模式进行后续计量。

采用公允价值模式进行后续计量的投资性房地产，应当遵循以下会计处理规定。

不对投资性房地产计提折旧或摊销。企业应当以资产负债表日投资性房地产的公允价值为基础调整其账面价值，公允价值与原账面价值之间的差额计入当期损益。

资产负债表日，投资性房地产的公允价值高于原账面价值的差额，借记“投资性房地产——公允价值变动”科目，贷记“公允价值变动损益”科目；公允价值低于原账面价值的差额，做相反的会计分录。编制会计分录如图 2-89 所示。

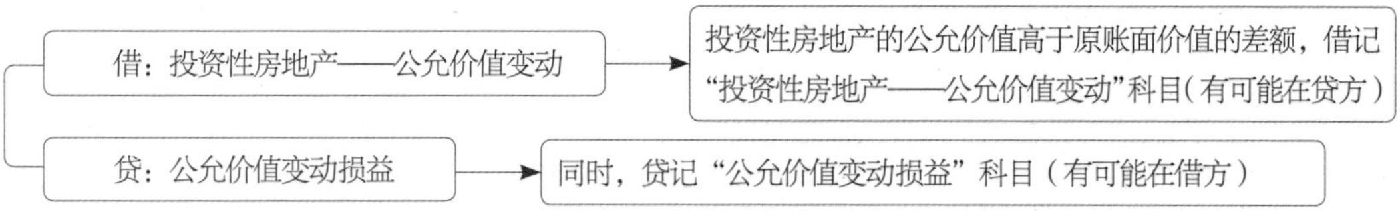

图 2-89　采用公允价值模式计量的公允价值变动

取得的租金收入，借记“银行存款”等科目，贷记“其他业务收入”等科目。编制会计分录如图 2-90 所示。

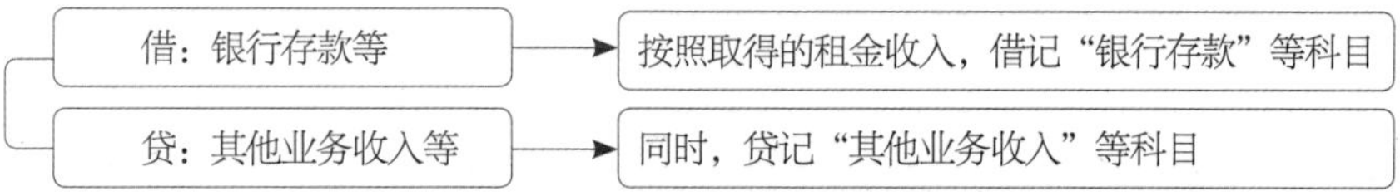

图 2-90　采用公允价值模式计量的租金收入

3. 案例解析

（1）采用成本模式计量的投资性房地产。

【例 2-67】甲公司将一栋写字楼出租给乙公司使用，确认为投资性房地产，采用成本模式进行后续计量。假设这栋写字楼的成本为 72 000 000 元，按照年限平均法计提折旧，使用寿命为 20 年，预计净残值为零。经营租赁合同约定，乙公司每月等额支付甲公司租金 400 000 元。

甲公司的账务处理如下。

（1）每月计提折旧。

每月计提的折旧 =（72 000 000 ÷ 20）÷ 12 = 300 000（元）

借：其他业务成本——出租写字楼折旧	300 000	
贷：投资性房地产累计折旧		300 000

（2）每月收到租金收入。

借：银行存款	400 000	
贷：其他业务收入——出租写字楼租金收入		400 000

（2）采用公允价值模式计量的投资性房地产。

【例2-68】2×19年9月，甲公司与乙公司签订租赁协议，约定将甲公司新建造的一栋写字楼租赁给乙公司使用，租赁期为10年。2×19年12月1日，该写字楼开始起租，写字楼的工程造价为80 000 000元，公允价值也为相同金额。该写字楼所在区域有活跃的房地产交易市场，而且能够从房地产交易市场上取得同类房地产的市场报价，甲公司决定采用公允价值模式对该项出租的房地产进行后续计量。

在确定该投资性房地产的公允价值时，甲公司选取了与该房地产所处地区相近、结构及用途相同的房地产，参照公司所在地房地产交易市场上平均销售价格，结合周边市场信息和自有房产的特点。2×19年12月31日，该写字楼的公允价值为84 000 000元。

甲公司的账务处理如下。

（1）2×19年12月1日，甲公司出租写字楼。

借：投资性房地产——写字楼——成本　　80 000 000

　　贷：固定资产——写字楼　　80 000 000

（2）2×19年12月31日，按照公允价值调整其账面价值，公允价值与原账面价值之间的差额计入当期损益。

借：投资性房地产——写字楼——公允价值变动　　4 000 000

　　贷：公允价值变动损益——投资性房地产　　4 000 000

2.16.3 处置投资性房地产

1. 业务概述

当投资性房地产被处置，或者永久退出使用且预计不能从其处置中取得经济利益时，应当终止确认该项投资性房地产。企业出售、转让、报废投资性房地产或者发生投资性房地产毁损的，应当将处置收入扣除其账面价值和相关税费后的金额计入当期损益。此外，企业因其他原因，如非货币性资产交换等而减少投资性房地产，也属于投资性房地产的处置。

2. 账务处理

（1）采用成本模式计量的投资性房地产的处置。

出售、转让按成本模式进行后续计量的投资性房地产时，应当按实际收到的处置收入金额，借记“银行存款”等科目，贷记“其他业务收入”科目；按该项投资性房地产的账面价值，借记“其他业务成本”科目，按其账面余额，贷记“投资性房地产”科目，按照已计提的折旧或摊销，借记“投资性房地产累计折旧（摊销）”科目，原已计提减值准备的，借记“投资性房地产减值准备”科目。编制会计分录分别如图2-91和图2-92所示。

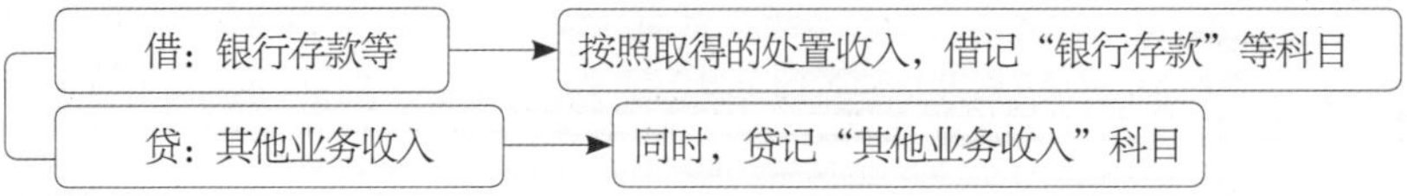

图2-91　处置取得收入

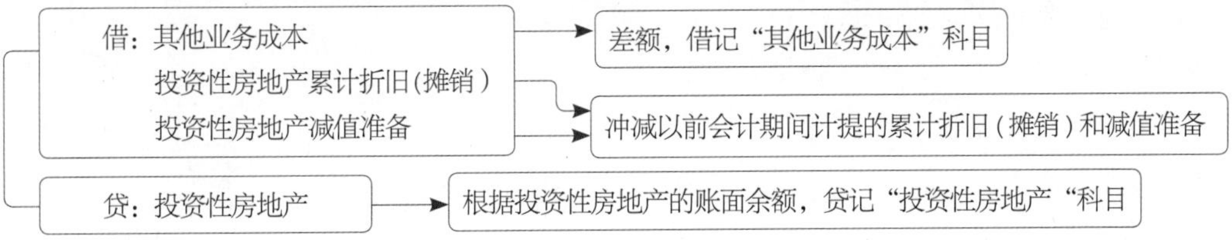

图 2-92　结转成本

（2）采用公允价值模式计量的投资性房地产的处置。

处置采用公允价值模式计量的投资性房地产，应当按实际收到的金额，借记“银行存款”等科目，贷记“其他业务收入”科目；按该项投资性房地产的账面余额，借记“其他业务成本”科目，按其成本，贷记“投资性房地产——成本”科目，按其累计公允价值变动，贷记或借记“投资性房地产——公允价值变动”科目。同时，结转投资性房地产累计的公允价值变动。若存在原转换日计入其他综合收益的金额，也一并结转。编制会计分录分别如图 2-93 和图 2-94 所示。

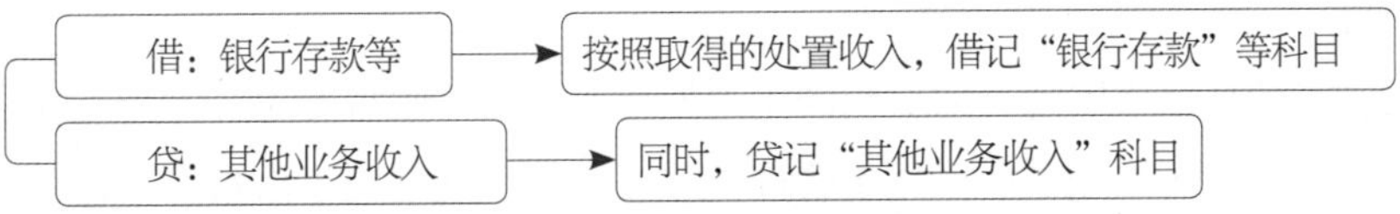

图 2-93　处置取得收入

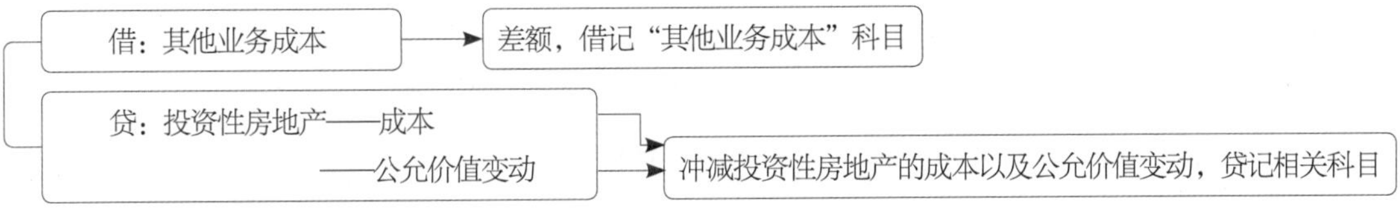

图 2-94　结转成本

3. 案例解析

（1）采用成本模式计量的投资性房地产的处置。

【例 2-69】甲公司将其出租的一栋写字楼确认为投资性房地产，采用成本模式计量。租赁期届满后，甲公司将该栋写字楼出售给乙公司，合同价款为 150 000 000 元，乙公司已用银行存款付清。出售时，该栋写字楼的成本为 140 000 000 元，已计提折旧 10 000 000 元。假定不考虑税费等因素。甲公司的账务处理如下。

①收取处置收入。

借：银行存款	150 000 000	
贷：其他业务收入		150 000 000

②结转处置成本。

借：其他业务成本	130 000 000	
投资性房地产累计折旧	10 000 000	
贷：投资性房地产——写字楼		140 000 000

（2）采用公允价值模式计量的投资性房地产的处置。

【例 2-70】甲公司将其出租的一栋写字楼确认为投资性房地产，采用公允价值模式计量。租赁期届满后，甲公司将该栋写字楼出售给乙公司，合同价款为 150 000 000 元，乙公司已用银行存款付清。出售时，该栋写字楼的成本为 120 000 000 元，公允价值变动为借方余额 10 000 000 元。假定不考虑增值税等税费。甲公司的账务处理如下。

①收取处置收入。

借：银行存款　　150 000 000

　　贷：其他业务收入　　150 000 000

②结转处置成本。

借：其他业务成本　　130 000 000

　　贷：投资性房地产——××写字楼（成本）　　120 000 000

　　　　　　　　　——××写字楼（公允价值变动）　　10 000 000

③结转投资性房地产累计公允价值变动。

借：公允价值变动损益　　10 000 000

　　贷：其他业务成本　　10 000 000

2.16.4 投资性房地产的转换

1. 业务概述

当企业有确凿的证据表明持有的房地产用途发生改变时，则需要对其进行重新分类，如将原来用于出租的房地产改为自用于生产或者管理，将自用的土地使用权出租获取租金，房地产商作为存货的房地产以经营租赁的方式进行出租，或者相反地，房地产商将之前经营出租的房地产重新开发以便对外销售。

2. 账务处理

（1）采用成本模式核算的投资性房地产的相互转换。

由于是用成本模式进行核算，投资性房地产与存货、自用性房地产之间的转换均按照资产的账面价值进行。

投资性房地产转换为自用房地产，即企业将之前用于出租的房地产现改为自用生产商品或者提供劳务时，企业应该在转换日按照投资性房地产的账面余额，借记“固定资产”“无形资产”科目，贷记“投资性房地产”科目，按照此投资性房地产以前会计期间计提的累计折旧或者摊销金额，借记“投资性房地产累计折旧”“投资性房地产累计摊销”科目，贷记“累计折旧”“累计摊销”科目，按照以前会计期间计提的减值准备，借记“投资性房地产减值准备”科目，贷记“固定资产减值准备”“无形资产减值准备”科目。此处的转换日是指房地产能够达到自用的状态的日期，使企业可以将房地产用于生产产品或者提供劳务。企业应该编制的会计分录如图2-95所示。

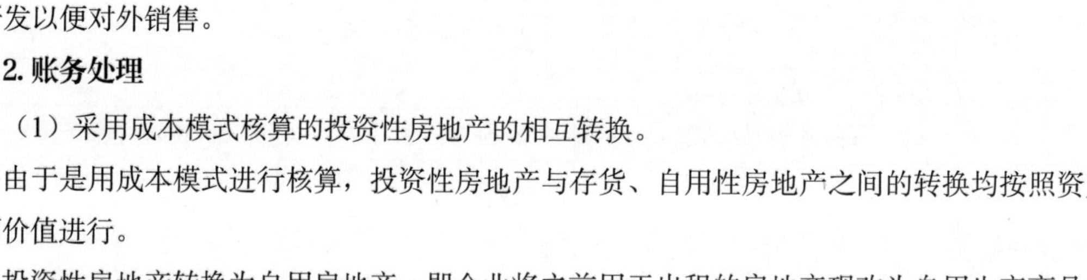

图2-95　投资性房地产转为自用房地产

投资性房地产转换为存货，即房地产开发商对之前用作出租的房地产重新开发，以待日后出售。

企业应该在转换日做类似于投资性房地产转换为自用房地产的账务处理，应该将房地产在转换日的账面价值借记“开发产品”科目。此处的转换日是指企业董事会或类似机构做出明确的书面决议表明企业要将原投资性房地产重新开发以待对外出售的日期。

自用房地产转换为投资性房地产，即将企业之前用于生产产品或者提供劳务的房地产改用为出租，企业应该在租赁期开始日按照固定资产或者无形资产的原价，贷记“固定资产”或“无形资产”科目，借记“投资性房地产”科目，将以前会计年度计提的累计折旧和减值准备转入“投资性房地产”“投资性房地产累计折旧（摊销）”“投资性房地产减值准备”科目。企业应该编制的会计分录如图 2-96 所示。

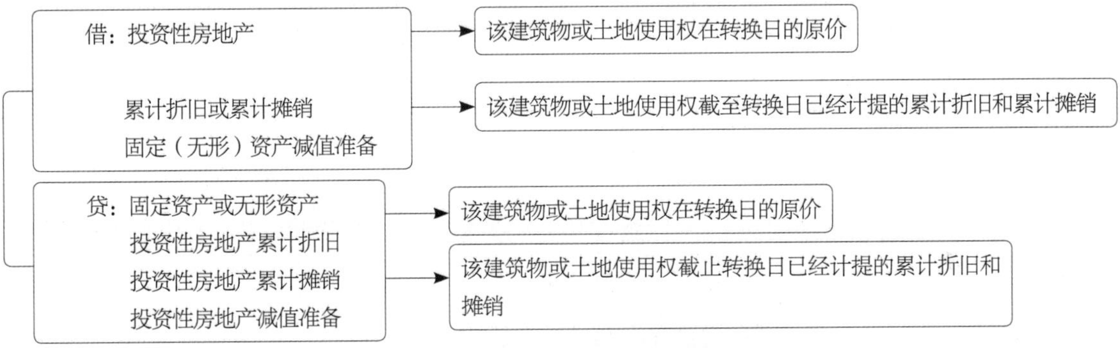

图 2-96　自用房地产转为投资性房地产

存货转换为投资性房地产，即房地产开发商将其持有的之前准备出售的房地产以经营租赁的方式租出，企业应该在转换日按照存货的账面价值，借记“投资性房地产”科目，按照原来存货已经计提的跌价准备，借记“存货跌价准备”科目，按其账面余额，贷记“开发产品”等科目。此处的转换日是指企业董事会或类似机构正式做出书面决定以明确表明用作存货的房地产转为用于经营出租的房地产的日期。相关会计分录与上述类似，此处就不再赘述。

（2）采用公允价值模式核算的投资性房地产的相互转换。

由于是用公允价值模式进行核算的，投资性房地产与存货、自用性房地产之间的转换均按照资产的公允价值进行。

投资性房地产转换为自用房地产时，企业应该按照投资性房地产的公允价值，借记“固定资产”或“无形资产”科目，按照投资性房地产的成本，贷记“投资性房地产——成本”科目，按照累计的公允价值变动，借记或者贷记“投资性房地产——公允价值变动”科目，将借贷方的差额借记或者贷记“公允价值变动损益”科目。企业应该编制的会计分录如图 2-97 所示。

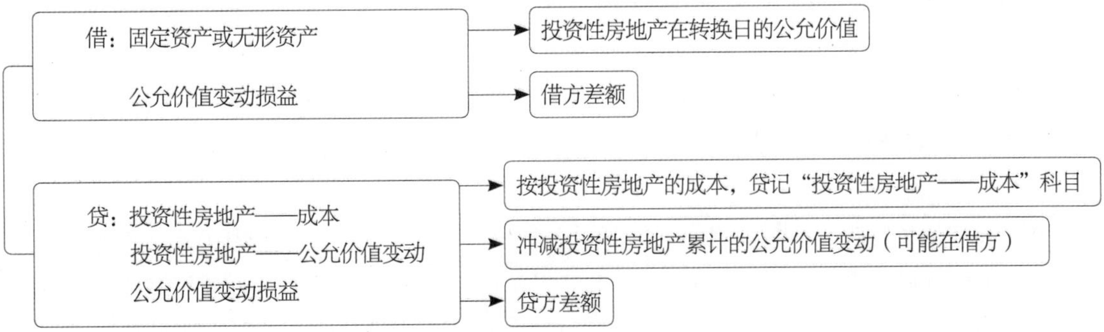

图 2-97　投资性房地产转为自用房地产

投资性房地产转换为存货时，企业应该在转换日按投资性房地产的公允价值，借记“开发产品”科目，其他会计处理同投资性房地产转换为自用房地产的会计处理。

自用房地产转换为投资性房地产时，企业应该在转换日按照该自用房地产的公允价值，借记“投资性房地产——成本”科目，按照已经计提的累计摊销或累计折旧，借记“累计摊销”或“累计折旧”科目，按照已经计提减值准备的金额，借记“固定资产减值准备”或“无形资产减值准备”科目。当公允价值小于账面价值时，则应该将差额借记“公允价值变动损益”科目；当公允价值大于账面价值，则应该将其差额贷记“其他综合收益”科目，在日后处置时转入当期的损益。企业应该编制的会计分录如图 2-98 所示。

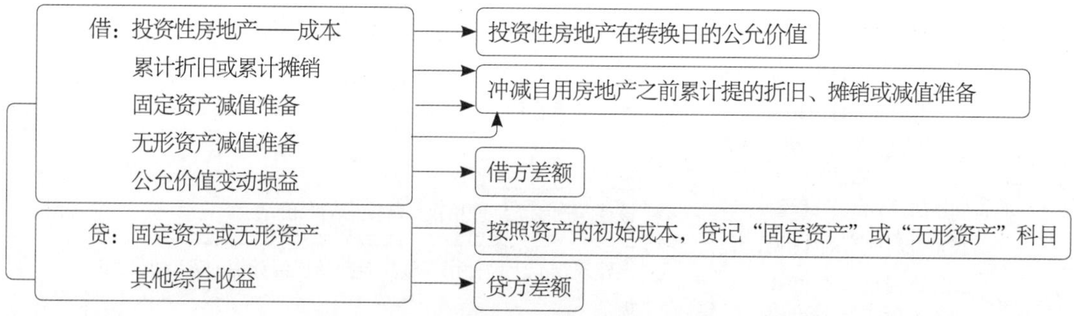

图 2-98　自用房地产转为投资性房地产

存货转换为投资性房地产时，应该按照存货在转换日的账面余额，贷记“开发产品”科目，已计提跌价准备的，借记“存货跌价准备”科目，其他会计处理同自用房地产转化为投资性房地产的会计处理。

3. 案例解析

【例 2-71】2×18 年 12 月 31 日租赁期满，甲公司将出租在外的某厂房收回，公司董事会就将该厂房用于本公司生产产品形成了书面决议，决定从 2×19 年起开始自用于生产产品。该项房地产在转换前一直采用成本模式计量，截至 2×18 年 12 月 31 日其账面价值为 5 000 000 元，其中，原价 9 000 000 元，累计已提折旧 4 000 000 元。

甲公司的账务处理如下。

借：固定资产——厂房	9 000 000	
投资性房地产累计折旧	4 000 000	
贷：投资性房地产——厂房		9 000 000
累计折旧——厂房		4 000 000

【例 2-72】2×19 年 12 月 31 日，甲公司召开董事会就将某自用于生产的厂房对外出租形成书面决议，当日该厂房的公允价值为 81 000 000 元，截至转换日该固定资产已经计提了折旧 27 000 000 元，减值准备 3 000 000 元，原价为 100 000 000 元。甲公司将该资产转换为投资性房地产决定采用公允价值模式进行计量。

甲公司的账务处理如下。

借：投资性房地产——成本	81 000 000	
累计折旧	27 000 000	
固定资产减值准备	3 000 000	
贷：固定资产		100 000 000

其他综合收益 11 000 000

2.17 融资租赁资产

融资租赁资产核算租赁企业作为出租人为开展融资租赁业务取得资产的成本。租赁业务不多的企业，也可通过“固定资产”等科目核算。租赁企业和其他企业对于融资租赁资产在未融资租赁期间的会计处理遵循固定资产准则或其他适用的会计准则。

出租人有关融资租赁的处理

1. 业务概述

出租人应当在租赁开始日将租赁分为融资租赁和经营租赁。一项租赁属于融资租赁还是经营租赁取决于交易的实质，而不是合同的形式。如果一项租赁实质上转移了与租赁资产所有权有关的几乎全部风险和报酬，出租人应当将该项租赁分类为融资租赁。出租人应当将除融资租赁以外的其他租赁分类为经营租赁。

2. 账务处理

（1）初始计量。

①出租人购入和以其他方式取得融资租赁资产的，借记本科目，贷记“银行存款”等科目。

②在租赁期开始日，出租人应当按尚未收到的租赁收款额，借记“应收融资租赁款——租赁收款额”科目，按预计租赁期结束时的未担保余值，借记“应收融资租赁款——未担保余值”科目，按已经收取的租赁款，借记“银行存款”等科目，按融资租赁方式租出资产的账面价值，贷记本科目；融资租赁方式租出资产的公允价值与账面价值的差额，借记或贷记“资产处置损益”科目；按发生的初始直接费用，贷记“银行存款”等科目；差额贷记“应收融资租赁款——未实现融资收益”科目。

（2）应收融资租赁款。

①在租赁期开始日，出租人应当按尚未收到的租赁收款额，借记“应收融资租赁款——租赁收款额”科目，按预计租赁期结束时的未担保余值，借记“应收融资租赁款——未担保余值”科目，按已经收取的租赁款，借记“银行存款”等科目，按融资租赁方式租出资产的账面价值，贷记“融资租赁资产”等科目，按融资租赁方式租出资产的公允价值与其账面价值的差额，借记或贷记“资产处置损益”科目，按发生的初始直接费用，贷记“银行存款”等科目，差额贷记“应收融资租赁款——未实现融资收益”科目。

企业认为有必要对发生的初始直接费用进行单独核算的，也可以按照发生的初始直接费用的金额，借记“应收融资租赁款——初始直接费用”科目，贷记“银行存款”等科目；然后借记“应收融资租赁款——未实现融资收益”科目，贷记“应收融资租赁款——初始直接费用”科目。

②出租人在确认租赁期内各个期间的利息收入时，应当借记“应收融资租赁款——未实现融资收益”科目，贷记“租赁收入——利息收入”“其他业务收入”等科目。

③出租人收到租赁收款额时，应当借记“银行存款”科目，贷记“应收融资租赁款——租赁收款额”科目。

（3）应收融资租赁款减值准备。

应收融资租赁款的预期信用损失，按应减记的金额，借记“信用减值损失”科目，贷记本科目。转回已计提的减值准备时，做相反的会计分录。本科目期末贷方余额，反映应收融资租赁款的累计减值准备金额。

（4）租赁收入。

①出租人在经营租赁下，将租赁收款额采用直线法或其他系统合理的方法在租赁期内进行分摊确认时，应当借记“银行存款”“应收账款”等科目，贷记“租赁收入——经营租赁收入”科目。

出租人在融资租赁下，在确认租赁期内各个期间的利息收入时，应当借记“应收融资租赁款——未实现融资收益”科目，贷记“租赁收入——利息收入”“其他业务收入”等科目。出租人为金融企业的，在融资租赁下，在确认租赁期内各个期间的利息收入时，应当借记“应收融资租赁款——未实现融资收益”科目，贷记“利息收入”等科目。

②出租人确认未计入租赁收款额的可变租赁付款额时，应当借记“银行存款”“应收账款”等科目，贷记“租赁收入——可变租赁付款额”科目。

3. 案例解析

【例2-73】2×19年12月1日，甲公司与乙公司签订了一份租赁合同，从乙公司租入塑钢机一台。租赁合同主要条款如下：

（1）租赁资产：全新塑钢机。

（2）租赁期开始日：2×20年1月1日。

（3）租赁期：2×20年1月1日—2×25年12月31日，共72个月。

（4）固定租金支付：自2×20年1月1日，每年年末支付租金160 000元。如果甲公司能够在每年年末的最后一天及时付款，则给予减少租金10 000元的奖励。

（5）取决于指数或比率的可变租赁付款额：租赁期限内，如遇中国人民银行贷款基准利率调整时，出租人将对租赁利率作出同方向、同幅度的调整。基准利率调整日之前各期和调整日当期租金不变，从下一期租金开始按调整后的租金金额收取。

（6）租赁开始日租赁资产的公允价值：该机器在2×19年12月31日的公允价值为700 000元，账面价值为600 000元。

（7）初始直接费用：签订租赁合同过程中乙公司发生可归属于租赁项目的手续费、佣金10 000元。

（8）承租人的购买选择权：租赁期届满时，甲公司享有优惠购买该机器的选择权，购买价为20 000元，估计该日租赁资产的公允价值为80 000元。

（9）取决于租赁资产绩效的可变租赁付款额：2×21年和2×22年两年，甲公司每年按该机器所生产的产品——塑钢窗户的年销售收入的5%向乙公司支付。

（10）承租人的终止租赁选择权：甲公司享有终止租赁选择权。在租赁期间，如果甲公司终止租赁，需支付的款项为剩余租赁期间的固定租金支付金额。

（11）担保余值和未担保余值均为0。

（12）全新塑钢机的使用寿命为7年。

分析：出租人乙公司的会计处理如下：

第一步，判断租赁类型。

本例存在优惠购买选择权，优惠购买价 20 000 元远低于行使选择权日租赁资产的公允价值 80 000 元，因此在 2×19 年 12 月 31 日就可合理确定甲公司将会行使这种选择权。另外，在本例中，租赁期 6 年，占租赁开始日租赁资产使用寿命的 86%（占租赁资产使用寿命的大部分）。同时，乙公司综合考虑其他各种情形和迹象，认为该租赁实质上转移了与该项设备所有权有关的几乎全部风险和报酬，因此将这项租赁认定为融资租赁。

第二步，确定租赁收款额。

（1）承租人的固定付款额为考虑扣除租赁激励后的金额。

（160 000−10 000）×6=900 000（元）

（2）取决于指数或比率的可变租赁付款额。

该款项在初始计量时根据租赁期开始日的指数或比率确定，因此本例题在租赁期开始日不做考虑。

（3）承租人购买选择权的行权价格。

租赁期届满时，甲公司享有优惠购买该机器的选择权，购买价为 20 000 元，估计该日租赁资产的公允价值为 80 000 元。优惠购买价 20 000 元远低于行使选择权日租赁资产的公允价值，因此在 2×19 年 12 月 31 日就可合理确定甲公司将会行使这种选择权。

结论：租赁付款额中应包括承租人购买选择权的行权价格 20 000 元。

（4）终止租赁的罚款。

虽然甲公司享有终止租赁选择权，但若终止租赁，甲公司需支付的款项为剩余租赁期间的固定租金支付金额。

结论：根据上述条款，可以合理确定甲公司不会行使终止租赁选择权。

（5）由承租人向出租人提供的担保余值：甲公司向乙公司提供的担保余值为 0 元。

综上所述租赁收款额为：900 000+20 000 = 920 000（元）

第三步，确认租赁投资总额。

租赁投资总额 = 在融资租赁下出租人应收的租赁收款额 + 未担保余值

本例中租赁投资总额 = 920 000+0=920 000（元）

第四步：确认租赁投资净额的金额和未实现融资收益。

租赁投资净额在金额上等于租赁资产在租赁期开始日公允价值 700 000 + 出租人发生的租赁初始直接费用 10 000=710 000（元）

未实现融资收益 = 租赁投资总额 − 租赁投资净额 = 920 000−710 000=210 000（元）

第五步，计算租赁内含利率。

租赁内含利率是使租赁投资总额的现值（即租赁投资净额）等于租赁资产在租赁开始日的公允价值与出租人的初始直接费用之和的利率。

本例中列出公式 $150\ 000\times(P/A,\ r,\ 6)+20\ 000\times(P/F,\ r,\ 6)=710\ 000$ 计算得到租赁的内含利率为 7.82%。

第六步，账务处理。

2×20 年 1 月 1 日

借：应收融资租赁款——租赁收款额	920 000	
贷：银行存款		10 000
融资租赁资产		600 000

资产处置损益　　100 000

应收融资租赁款——未实现融资收益　　210 000

若某融资租赁合同必须以收到租赁保证金为生效条件，出租人收到承租人交来的租赁保证金，借记“银行存款”，贷记“其他应收款——租赁保证金”科目。承租人到期不交租金，以保证金抵作租金时，借记“其他应收款——租赁保证金”，贷记“应收融资租赁款”科目。承租人违约，按租赁合同或协议规定没收保证金时，借记“其他应收款——租赁保证金”，贷记“营业外收入”等科目。

【例2-74】沿用**【例2-73】**，以下说明出租人如何确认计量租赁期内各期间的利息收入。

分析：

第一步，计算租赁期内各期的利息收入，如表2-10所示。

表2-10　未实现融资收益分配表

2×20年1月1日　　单位：元

日期	租金	确认的利息收入	租赁投资净额余额
①	②	③＝期初④ ×7.82%	期末④＝期初④－②＋③
2×20年1月1日			710 000
2×20年12月31日	150 000	55 522	615 522
2×21年12月31日	150 000	48 134	513 656
2×22年12月31日	150 000	40 168	403 824
2×23年12月31日	150 000	31 579	285 403
2×24年12月31日	150 000	22 319	157 722
2×25年12月31日	150 000	12 278*	20 000
2×25年12月31日	20 000		
合计	920 000	210 000	

注：*尾数调整12 278=150 000＋20 000－157 722。

第二步，会计分录：

2×20年12月31日收到第一期租金时

借：银行存款　　150 000

　　贷：应收融资租赁款——租赁收款额　　150 000

借：应收融资租赁款——未实现融资收益　　55 522

　　贷：租赁收入　　55 522

2×21年12月31日收到第二期租金

借：银行存款　　150 000

　　贷：应收融资租赁款——租赁收款额　　150 000

借：应收融资租赁款——未实现融资收益　　48 134

　　贷：租赁收入　　48 134

纳入出租人租赁投资净额的可变租赁付款额只包含取决于指数或比率的可变租赁付款额。在初始计量时，应当采用租赁期开始日的指数或比率进行初始计量。出租人应定期复核计算租赁投资总额时所使用的未担保余值。若预计未担保余值降低，出租人应修改租赁期内的收益分配，并立即确认预计的减少额。

出租人取得的未纳入租赁投资净额计量的可变租赁付款额，如与资产的未来绩效或使用情况挂钩的可变租赁付款额，应当在实际发生时计入当期损益。

2.18　固定资产

固定资产是指同时具有下列特征的有形资产：为生产商品、提供劳务、出租或经营管理而持有的，使用寿命超过一个会计年度。

2.18.1　购买固定资产

1. 业务概述

企业外购固定资产的成本，包括购买价款，相关税费，使固定资产达到预定可使用状态前所发生的可归属于该项资产的运输费、装卸费、安装费和专业人员服务费等。外购固定资产是否达到预定可使用状态，需要根据具体情况进行分析判断。如果购入不需安装的固定资产，购入后即可发挥作用，则购入后即可达到预定可使用状态。如果购入需安装的固定资产，只有在安装调试后达到设计要求或合同规定的标准，才达到预定可使用状态。

2. 账务处理

企业购入不需要安装的固定资产，应将实际支付的购买价款，相关税费以及使固定资产达到预定可使用状态前所发生的可归属于该项资产的运输费、装卸费和专业人员服务费等，作为固定资产的成本，借记“固定资产”科目，贷记“银行存款”等科目。编制会计分录如图 2-99 所示。

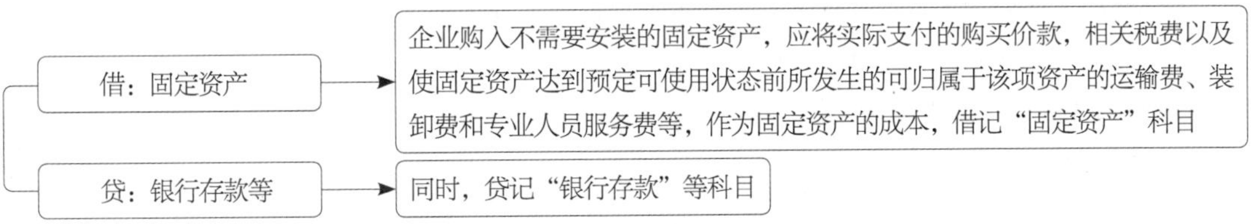

图 2-99　购入不需要安装的固定资产

若企业为增值税一般纳税人，则企业购进机器设备等固定资产的进项税额不纳入固定资产成本核算，可以在销项税额中抵扣。

购入需要安装的固定资产，应在购入的固定资产取得成本的基础上加上安装调试成本等，作为购入固定资产的成本，先通过“在建工程”科目核算，待安装完毕达到预定可使用状态时，再由“在建工程”科目转入“固定资产”科目。

企业购入需要安装的固定资产时，按实际支付的购买价款、运输费、装卸费和其他相关税费等，借记“在建工程”科目，贷记“银行存款”等科目；支付安装费用时，借记“在建工程”科目，贷记“银行存款”等科目；安装完毕达到预定可使用状态时，按其实际成本，借记“固定资产”科目，贷记“在建工程”科目。编制会计分录分别如图 2-100、图 2-101 和图 2-102 所示。

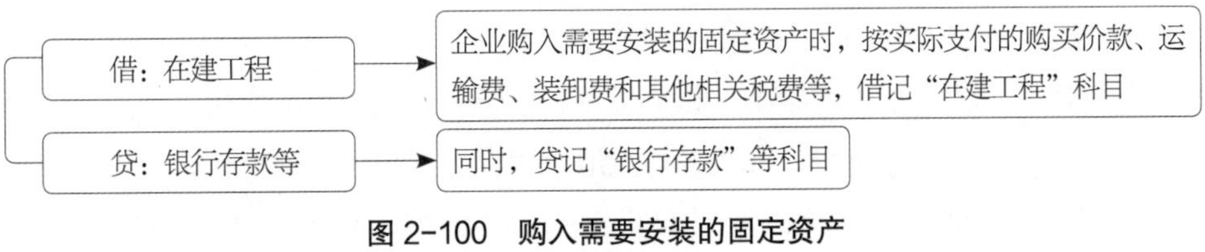

图 2-100　购入需要安装的固定资产

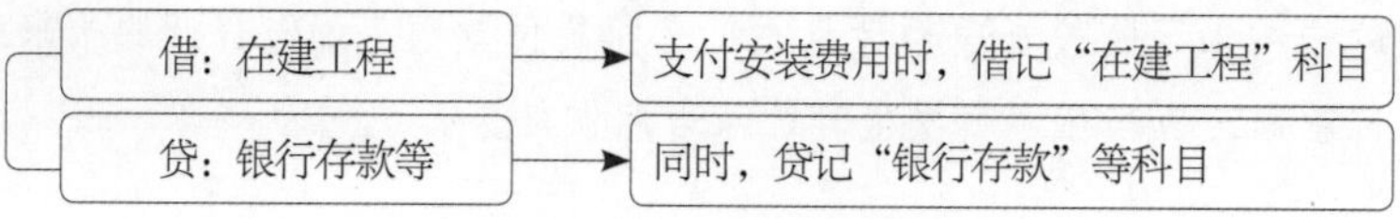

图 2-101　支付安装费用

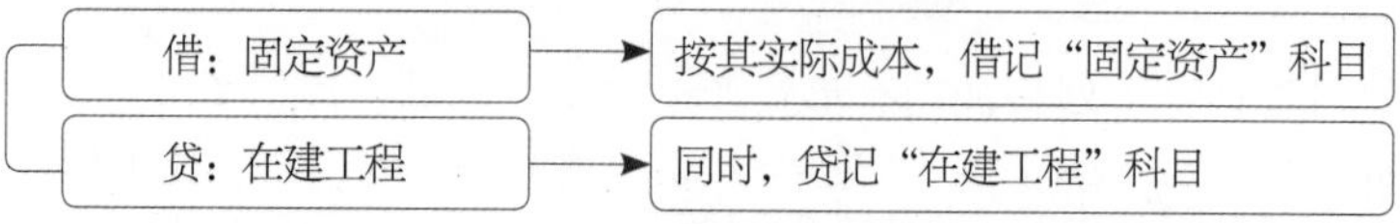

图 2-102　安装完毕达到预定可使用状态

3. 案例解析

【例 2-75】甲公司购入一台不需要安装即可投入使用的设备，取得的增值税专用发票上注明的设备价款为 30 000 元，增值税税额为 3 900 元，另支付运输费 300 元、包装费 400 元，款项以银行存款支付。假设甲公司属于增值税一般纳税人，增值税进项税额不纳入固定资产成本核算。甲公司的账务处理如下。

（1）计算固定资产成本。

固定资产成本 =30 000+300+400=30 700（元）

（2）编制购入固定资产的会计分录。

借：固定资产　　30 700

　　应交税费——应交增值税（进项税额）　　3 900

　　贷：银行存款　　34 600

【例 2-76】甲公司用银行存款购入一台需要安装的设备，增值税专用发票上注明的设备价款为 200 000 元，增值税税额为 26 000 元，支付运输费 10 000 元，支付安装费 30 000 元，甲公司为增值税一般纳税人。甲公司的账务处理如下。

（1）购入设备进行安装时。

借：在建工程　　210 000

　　应交税费——应交增值税（进项税额）　　26 000

　　贷：银行存款　　236 000

（2）支付安装费时。

借：在建工程　　30 000

　　贷：银行存款　　30 000

（3）设备安装完毕交付使用时，确定的固定资产成本 =210 000+30 000=240 000（元）。

借：固定资产　　240 000

　　贷：在建工程　　240 000

2.18.2　自行建造固定资产

1. 业务概述

自行建造的固定资产，其成本由建造该项资产达到预定可使用状态前所发生的必要支出构成，包括工程用物资成本、人工成本、缴纳的相关税费、应予资本化的借款费用以及应分摊的间接费用等。企业为建造固定资产通过出让方式取得土地使用权而支付的土地出让金不计入在建工程成本，而应确认为无形资产（土地使用权）。企业自行建造固定资产包括自营建造和出包建造两种方式。

2. 账务处理

（1）自营建造。

自营工程，是指企业自行组织工程物资采购、自行组织施工人员施工的建筑工程和安装工程。购入工程物资时，借记“工程物资”科目，贷记“银行存款”等科目；领用工程物资时，借记“在建工程”科目，贷记“工程物资”科目；自营工程领用本企业原材料时，借记“在建工程”科目，贷记“原材料”等科目；自营工程领用本企业生产的商品时，借记“在建工程”科目，贷记“库存商品”等科目；在建工程发生的其他费用（如分配工程人员工资等），借记“在建工程”科目，贷记“银行存款”“应付职工薪酬”等科目；在建工程达到预定可使用状态时，按其成本，借记“固定资产”科目，贷记“在建工程”科目。编制会计分录分别如图 2-103、图 2-104 和图 2-105 所示。

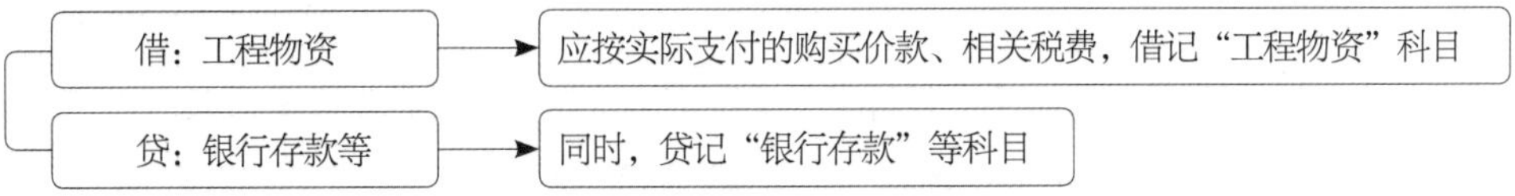

图 2-103　购入工程物资

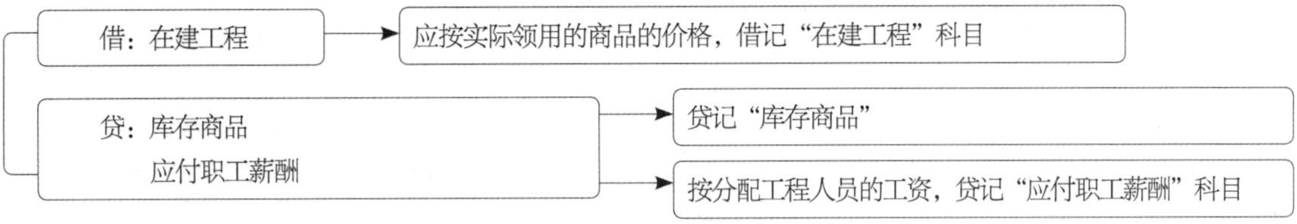

图 2-104　领用工程物资

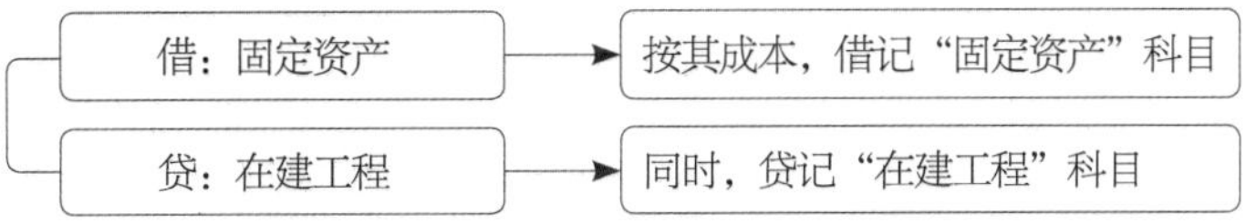

图 2-105　自营工程达到预定可使用状态

（2）出包建造。

出包工程是指企业通过招标方式将工程项目发包给建造承包商，由建造承包商组织施工的建筑工程和安装工程。企业采用出包方式建造的固定资产工程，其工程的具体支出主要由建造承包商核算，在这种方式下，“在建工程”科目主要是企业与建造承包商办理工程价款的结算科目，企业支付给建造承包商的工程价款作为工程成本，通过“在建工程”科目核算。企业按合理估计的发包工程进度和合同规定向建造承包商结算的进度款，借记“在建工程”科目，贷记“银行存款”等科目；工程完成时，按合同规定补付的工程款，借记“在建工程”科目，贷记“银行存款”等科目；工程达到预定可使用状态时，按其成本，借记“固定资产”科目，贷记“在建工程”科目。编制会计分录分别如图 2-106、图 2-107 和图 2-108 所示。

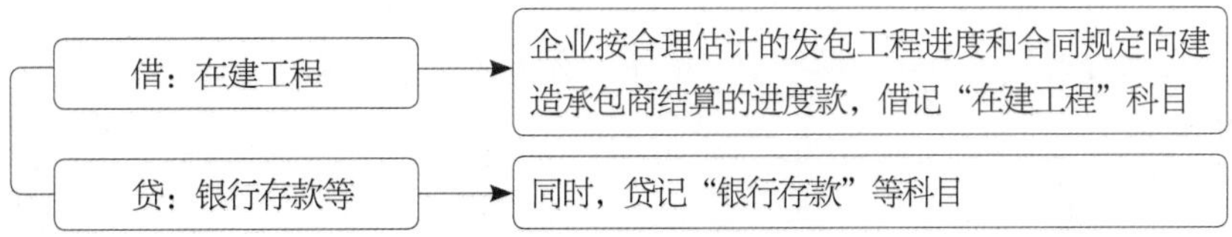

图 2-106　工程建造

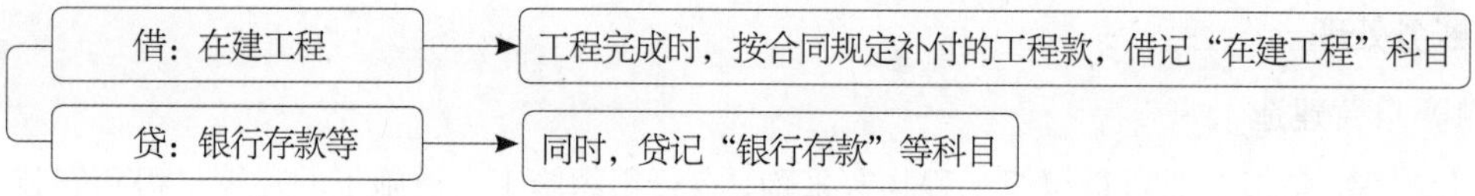

图 2-107　工程完成

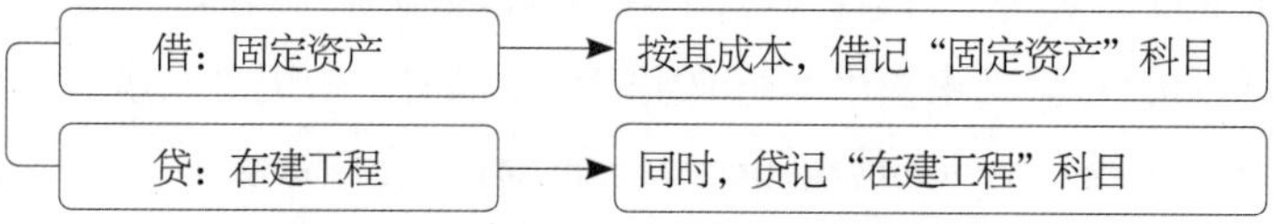

图 2-108　工程达到预定可使用状态

3. 案例解析

【例 2-77】某企业自建厂房一幢，购入为工程准备的各种物资 500 000 元，支付的增值税税额为 65 000 元，物资全部用于工程建设。领用本企业生产的水泥一批，实际成本为 80 000 元，税务部门确定的计税价格为 100 000 元，增值税税率为 13%。工程人员应计工资为 100 000 元，支付的其他费用为 30 000 元。工程完工并达到预定可使用状态。该企业的账务处理如下。

（1）购入工程物资。

借：工程物资　　565 000

　　贷：银行存款　　565 000

（2）领用工程物资。

借：在建工程　　565 000

　　贷：工程物资　　565 000

（3）领用本企业生产的水泥，确定应计入在建工程成本的金额为 80 000 元。

借：在建工程　　80 000

　　贷：库存商品　　80 000

（4）分配工程人员工资。

借：在建工程　　100 000

　　贷：应付职工薪酬　　100 000

（5）支付工程发生的其他费用。

借：在建工程　　30 000

　　贷：银行存款　　30 000

（6）工程完工转入固定资产的成本 =565 000+80 000+100 000+30 000=775 000（元）。

借：固定资产　　775 000

　　贷：在建工程　　775 000

【例 2-78】甲公司将一幢厂房的建造工程出包给丙公司承建，按合理估计的发包工程进度和合同规定向丙公司结算进度款 600 000 元。工程完工后，收到丙公司有关工程结算单据，补付工程款 400 000 元，工程完工并达到预定可使用状态。甲公司的账务处理如下。

（1）按合理估计的发包工程进度和合同规定向丙公司结算进度款。

借：在建工程　　600 000

　　贷：银行存款　　600 000

（2）补付工程款。

借：在建工程　　400 000

贷：银行存款		400 000
（3）工程完工并达到预定可使用状态。		
借：固定资产	1 000 000	
贷：在建工程		1 000 000

2.18.3 融资租入固定资产

1. 业务概述

租赁有两种形式：一种是经营租赁，另一种是融资租赁。承租人应当在租赁开始日将租赁分为融资租赁和经营租赁。租赁开始日，是指租赁协议日与租赁各方就主要条款做出承诺日中的较早者。在租赁开始日，承租人应当将租赁认定为融资租赁或经营租赁，并确定租赁期开始日应确认的金额。

企业对租赁进行分类时，应当全面考虑租赁期届满时租赁资产所有权是否转移给承租人、承租人是否有购买租赁资产的选择权、租赁期占租赁资产使用寿命的比例等各种因素。租赁期，是指租赁协议规定的不可撤销的租赁期间。如果承租人有权选择续租该资产，并且在租赁开始日就可以合理确定承租人将会行使这种选择权，不论是否再支付租金，续租期也包括在租赁期之内。

具体地说，满足下列标准之一的，应认定为融资租赁。

（1）在租赁期届满时，资产的所有权转移给承租人。即如果在租赁协议中已经约定，或者根据其他条件在租赁开始日就可以合理地判断，租赁期届满时出租人会将资产的所有权转移给承租人，那么该项租赁应当认定为融资租赁。

（2）承租人有购买租赁资产的选择权，所订立的购价预计远低于行使选择权时租赁资产的公允价值，因而在租赁开始日就可合理地确定承租人将会行使这种选择权。

（3）租赁期占租赁资产使用寿命的大部分。这里的“大部分”掌握在租赁期占租赁开始日租赁资产使用寿命的 75% 以上（含 75%）。需要说明的是，这里的量化标准只是指导性标准，企业在具体运用时，必须以《企业会计准则第 21 号——租赁》规定的相关条件判断。

需要注意的是，这条标准强调的是租赁期占租赁资产使用寿命的比例，而非租赁期占该项资产全部可使用年限的比例。如果租赁资产是旧资产，在租赁前已使用年限超过资产自全新时起算可使用年限的 75% 以上（含 75%）时，则这条判断标准不适用，不能使用这条标准确定租赁的分类。

（4）就承租人而言，租赁开始日最低租赁付款额的现值几乎相当于租赁开始日租赁资产的公允价值。这里的“几乎相当于”掌握在 90% 以上（含 90%）。需要说明的是，这里的量化标准只是指导性标准，企业在具体运用时，必须以《企业会计准则第 21 号——租赁》规定的相关条件判断。

最低租赁付款额，是指在租赁期内，承租人应支付或可能被要求支付的款项（不包括或有租金和履约成本），加上由承租人或与其有关的第三方担保的资产余值。

承租人有购买租赁资产选择权，所订立的购买价款预计将远低于行使选择权时租赁资产的公允价值，因而在租赁开始日就可以合理确定承租人将会行使这种选择权的，购买价款应当计入最低租赁付款额。

（5）租赁资产性质特殊，如果不做较大改造，只有承租人才能使用。这条标准是指，租赁资产是出租人根据承租人对资产型号、规格等方面的特殊要求专门购买或建造的，具有专购、专用性质。这些租赁资产如果不做较大的重新改制，其他企业通常难以使用。这种情况下，该项租赁也应当认定为融资租赁。

2. 账务处理

（1）租赁期开始日的会计处理。

租赁期开始日，是指承租人有权行使其使用租赁资产权利的日期，表明租赁行为的开始。在租赁期开始日，承租人应当对租入资产、最低租赁付款额和未确认融资费用进行初始确认。

企业采用融资租赁方式租入的固定资产，应在租赁期开始日，将租赁开始日租赁资产公允价值与最低租赁付款额现值两者中较低者，加上初始直接费用，作为租入资产的入账价值，借记“固定资产”等科目，按最低租赁付款额，贷记“长期应付款”科目，按发生的初始直接费用，贷记“银行存款”等科目，按其差额，借记“未确认融资费用”科目。编制会计分录如图 2-109 所示。

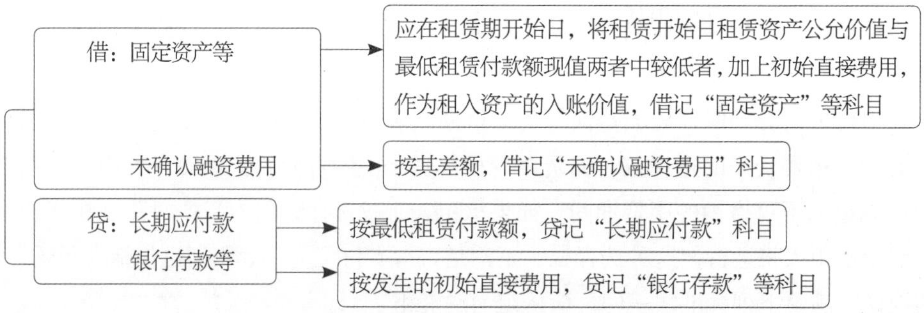

图 2-109　租赁期开始日的会计处理

初始直接费用，是指在租赁谈判和签订租赁协议的过程中发生的可直接归属于租赁项目的费用。承租人发生的初始直接费用，通常包括印花税、佣金、律师费、差旅费、谈判费等。承租人发生的初始直接费用，应当计入租入资产价值。

企业在计算最低租赁付款额的现值时，能够取得出租人租赁内含利率的，应当采用租赁内含利率作为折现率；否则，应当采用租赁合同规定的利率作为折现率。企业无法取得出租人的租赁内含利率且租赁合同没有规定利率的，应当采用同期银行贷款利率作为折现率。其中租赁内含利率，是指在租赁开始日，使最低租赁收款额的现值与未担保余值的现值之和等于租赁资产公允价值与出租人的初始直接费用之和的利率。

未担保余值，是指租赁资产余值中，出租人无法保证能够实现或仅由与出租有关的一方予以担保的部分。

（2）未确认融资费用的分摊。

在融资租赁下，承租人向出租人支付的租金中，包含了本金和利息两部分。承租人支付租金时，一方面应减少长期应付款，另一方面应同时将未确认的融资费用按一定的方法确认为当期融资费用。

在分摊未确认的融资费用时，承租人应当采用实际利率法。根据租赁开始日租赁资产和负债的入账价值基础的不同，融资费用分摊率的选择也不同。未确认融资费用的分摊率的确定具体分为下列几种情况。

① 以出租人的租赁内含利率为折现率将最低租赁付款额折现，且以该现值作为租赁资产入账价值的，应当将租赁内含利率作为未确认融资费用的分摊率。

② 以合同规定利率为折现率将最低租赁付款额折现，且以该现值作为租赁资产入账价值的，应当将合同规定利率作为未确认融资费用的分摊率。

③ 以银行同期贷款利率为折现率将最低租赁付款额折现，且以该现值作为租赁资产入账价值的，应当将银行同期贷款利率作为未确认融资费用的分摊率。

④ 以租赁资产公允价值为入账价值的，应当重新计算分摊率。该分摊率是使最低租赁付款额的现值等于租赁资产公允价值的折现率。

存在优惠购买选择权的，在租赁期届满时，未确认融资费用应全部摊销完毕，租赁负债应当减少至优惠购买金额。在承租人或与其有关的第三方对租赁资产提供了担保的情况下，在租赁期届满时，未确认融资费用应当全部摊销完毕，租赁负债还应减少至担保余值。

担保余值，就承租人而言，是指由承租人或与其有关的第三方担保的资产余值。其中，资产余值是指在租赁开始日估计的租赁期届满时租赁资产的公允价值。为了促使承租人谨慎地使用租赁资产，尽量减少出租人自身的风险和损失，租赁协议有时要求承租人或与其有关的第三方对租赁资产的余值进行担保，此时的担保余值是针对承租人而言的。除此以外，担保人还可能是与承租人和出租人均无关，但在财务上有能力担保的第三方，如担保公司等，此时的担保余值是针对出租人而言的。

（3）履约成本的会计处理。

履约成本，是指租赁期内为租赁资产支付的各种使用费用，如技术咨询和服务费、人员培训费、维修费、保险费等。

承租人发生的履约成本通常应计入当期损益。

（4）或有租金的会计处理。

或有租金，是指金额不固定、以时间长短以外的其他因素（如销售量、使用量、物价指数等）为依据计算的租金。

由于或有租金的金额不固定，无法采用系统合理的方法对其进行分摊，或有租金在实际发生时，应计入当期损益。

（5）租赁期届满时的会计处理。

租赁期届满时，承租人通常对租赁资产的处理有 3 种情况，即返还、优惠续租和留购。

租赁期届满，承租人向出租人返还租赁资产的，通常借记“长期应付款——应付融资租赁款”“累计折旧”科目，贷记“固定资产——融资租入固定资产”科目。编制会计分录如图 2-110 所示。

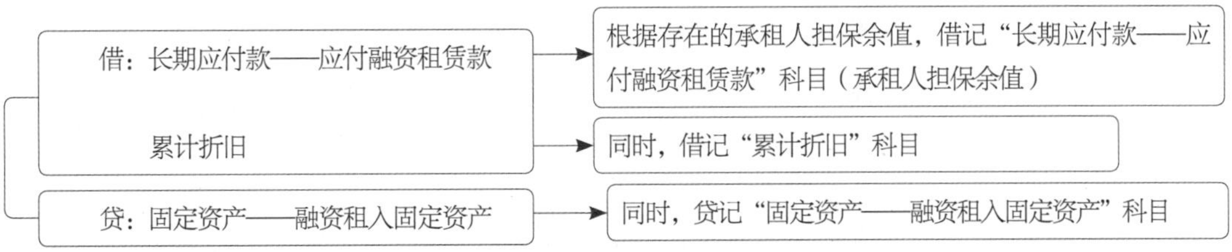

图 2-110 租赁期届满时的会计处理

如果承租人行使优惠续租选择权，则应视同该项租赁一直存在而做出相应的会计处理。如果承租人在租赁期届满时没有续租，根据租赁协议规定向出租人支付违约金时，应当借记“营业外支出”科目，贷记“银行存款”等科目。

在承租人享有优惠购买选择权的情况下，支付购买价款时，借记“长期应付款——应付融资租赁款”科目，贷记“银行存款”等科目；同时，将固定资产从“融资租赁固定资产”明细科目转入有关明细科目。编制会计分录如图 2-111 所示。

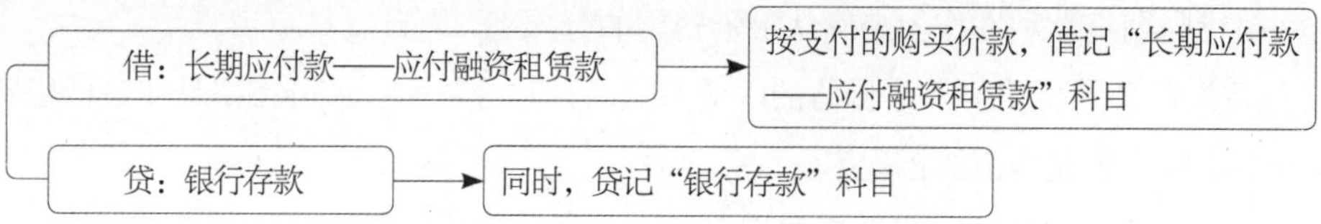

图 2-111　承租人享有优惠购买选择权

3. 案例解析

【例 2-79】资料如下。

2×17 年 12 月 28 日，A 公司与 B 公司签订了一份租赁合同。合同主要条款如下。

（1）租赁标的物：程控生产线。

（2）租赁期开始日：租赁物运抵 A 公司生产车间之日（即 2×18 年 1 月 1 日）。

（3）租赁期：从租赁期开始日算起 36 个月（即 2×18 年 1 月 1 日至 2×20 年 12 月 31 日）。

（4）租金支付方式：自租赁期开始日起每年年末支付租金 1 000 000 元。

（5）该生产线在 2×18 年 1 月 1 日的公允价值为 2 600 000 元。

（6）租赁合同规定的利率为 8%（年利率）。

（7）该生产线为全新设备，估计使用年限为 5 年。

（8）2×19 年和 2×20 年两年，A 公司每年按该生产线所生产的产品——微波炉的年销售收入的 1% 向 B 公司支付经营分享收入。

A 公司发生的相关交易和事项如下。

（1）采用实际利率法确认本期应分摊的未确认融资费用。

（2）采用年限平均法计提固定资产折旧。

（3）2×19 年、2×20 年 A 公司分别实现微波炉销售收入 10 000 000 元和 15 000 000 元。

（4）2×20 年 12 月 31 日，将该生产线退还 B 公司。

（5）A 公司在租赁谈判和签订租赁合同过程中发生可归属于租赁项目的手续费、差旅费 10 000 元。

A 公司的账务处理如下。

（1）租赁开始日的账务处理。

①判断租赁类型。

本例中租赁期（3 年）占租赁资产尚可使用年限（5 年）的 60%（小于 75%），没有满足融资租赁的第 3 条标准；另外最低租赁付款额的现值为 2 577 100 元（计算过程见后），大于租赁资产原账面价值的 90%，即 2 340 000 元（2 600 000×90%），满足融资租赁的第 4 条标准。因此，A 公司应当将该项租赁认定为融资租赁。

②计算租赁开始日最低租赁付款额的现值，确定租赁资产的入账价值。

本例中 A 公司不知道出租人的租赁内含利率，因此应选择租赁合同规定的利率 8% 作为最低租赁付款额的折现率。

最低租赁付款额 = 各期租金之和 + 承租人担保的资产余值

=1 000 000×3+0=3 000 000（元）

计算现值的过程如下。

每期租金 1 000 000 元的年金现值 =1 000 000×（*P/A*，3，8%），查表得知：

（P/A，3，8%）=2.5771

每期租金的现值之和 =1 000 000×2.5771=2 577 100（元），小于租赁资产公允价值 2 600 000 元。

根据孰低原则，租赁资产的入账价值应为其折现值 2 577 100 元。

③计算未确认融资费用。

未确认融资费用 = 最低租赁付款额 − 最低租赁付款额现值

=3 000 000−2 577 100=422 900（元）

④将初始直接费用计入租入资产价值。

初始直接费用是指在租赁谈判和签订租赁协议的过程中发生的可直接归属于租赁项目的费用。承租人发生的初始直接费用，通常包括印花税、佣金、律师费、差旅费、谈判费等。承租人发生的初始直接费用，应当计入租入资产价值。

账务处理如下。

2×18 年 1 月 1 日，租入程控生产线。

借：固定资产——融资租入固定资产　　2 587 100
　　未确认融资费用　　422 900
　　贷：长期应付款——应付融资租赁款　　3 000 000
　　　　银行存款　　10 000

（2）分摊未确认融资费用的会计处理。

①确定融资费用分摊率。

由于租赁资产的入账价值为其最低租赁付款额的折现值，该折现率就是其融资费用分摊率，即 8%。

②在租赁期内采用实际利率法分摊未确认融资费用，如表 2-11 所示。

表 2-11　未确认融资费用分摊表（实际利率法）

2×18 年 1 月 1 日　　单位：元

日期	租金	确认的融资费用	应付本金减少额	应付本金余额
①	②	③ = 期初⑤ ×8%	④ = ② − ③	期末⑤ = 期初⑤ − ④
（1）2×18 年 1 月 1 日				2 577 100
（2）2×18 年 12 月 31 日	1 000 000	206 168	793 832	1 783 268
（3）2×19 年 12 月 31 日	1 000 000	142 661.44	857 338.56	925 929.44
（4）2×20 年 12 月 31 日	1 000 000	74 070.56*	925 929.44**	0
合计	3 000 000	422 900	2 577 100	

注：* 尾数调整：1 000 000−925 929.44=74 070.56。
　　** 尾数调整：925 929.44−0=925 924.44。

③账务处理如下。

2×18 年 12 月 31 日，支付第一期租金。

借：长期应付款——应付融资租赁款　　1 000 000
　　贷：银行存款　　1 000 000

2×18 年 1 ～ 12 月，每月分摊未确认融资费用时，每月财务费用为：

206 168÷12=17 180.67（元）。

借：财务费用　　17 180.67

　　贷：未确认融资费用　　17 180.67

2×19 年 12 月 31 日，支付第二期租金。

借：长期应付款——应付融资租赁款　　1 000 000

　　贷：银行存款　　1 000 000

2×19 年 1 ～ 12 月，每月分摊未确认融资费用时，每月财务费用为：

142 661.44÷12=11 888.45（元）。

借：财务费用　　11 888.45

　　贷：未确认融资费用　　11 888.45

2×20 年 12 月 31 日，支付第三期租金。

借：长期应付款——应付融资租赁款　　1 000 000

　　贷：银行存款　　1 000 000

2×20 年 1 ～ 12 月，每月分摊未确认融资费用时，每月财务费用为：

74 070.56÷12=6 172.55（元）。

借：财务费用　　6 172.55

　　贷：未确认融资费用　　6 172.55

（3）计提租赁资产折旧的账务处理。

①融资租入固定资产折旧的计算（见表 2-12）。

②账务处理如下。

2×18 年 2 月 28 日，计提本月折旧 =812 866.82÷11=73 896.98（元）

借：制造费用——折旧费　　73 896.98

　　贷：累计折旧　　73 896.98

2×18 年 3 月至 2×20 年 12 月的会计分录同上。

表 2-12　融资租入固定资产折旧计算表（年限平均法）

2×18 年 1 月 1 日　　单位：元

日期	固定资产原价	估计余值	折旧率 *	当年折旧费	累计折旧	固定资产净值
（1）2×18 年 1 月 1 日	2 587 100	0				2 587 100
（2）2×18 年 12 月 31 日			31.42%	812 866.82	812 866.82	1 774 233.18
（3）2×19 年 12 月 31 日			34.29%	887 116.59	1 699 983.41	887 116.59
（4）2×20 年 12 月 31 日			34.29%	887 116.59	2 587 100	0
合计	2 587 100	0	100.00%	2 587 100		

*根据合同规定，由于 A 公司无法合理确定在租赁期届满时能否取得租赁资产的所有权，因此应当在租赁期与租赁资产尚可使用年限两者中的较短的期间内计提折旧。本例中租赁期为 3 年，短于租赁资产尚可使用年限 5 年，因此应按 3 年计提折旧。同时，根据“当月增加的固定资产，当月不提折旧，从下月起计提折旧”这一规定，本租赁合同应按 35 个月计提折旧，即 2×18 年应按 11 个月计提折旧，其他 2 年分别按 12 个月计提折旧。

（4）或有租金的账务处理。

2×19 年 12 月 31 日，根据合同规定应向 B 公司支付经营分享收入 100 000 元。

借：销售费用　　100 000

　　贷：其他应付款——B 公司　　100 000

2×20 年 12 月 31 日，根据合同规定应向 B 公司支付经营分享收入 150 000 元。

借：销售费用　　150 000

　　贷：其他应付款——B 公司　　150 000

（5）租赁期届满时的账务处理。

2×20 年 12 月 31 日，将该生产线退还 B 公司。

借：累计折旧　　2 587 100

　　贷：固定资产——融资租入固定资产　　2 587 100

2.18.4 固定资产后续支出业务

1. 业务概述

固定资产的后续支出是指固定资产在使用过程中发生的更新改造支出、修理费用等。企业的固定资产投入使用后，由于各个组成部分耐用程度不同或者使用条件不同，往往会发生固定资产的局部损坏。为了保持固定资产的正常运转和使用，充分发挥其使用效能，就必须对其进行必要的后续支出。

2. 账务处理

后续支出的处理原则为：符合固定资产确认条件的，应当计入固定资产成本，同时将被替换部分的账面价值扣除；不符合固定资产确认条件的，应当计入当期损益。

（1）资本化的后续支出。

固定资产发生可资本化的后续支出时，企业一般应将该固定资产的原价、已计提的累计折旧和减值准备转销，将其账面价值转入在建工程，并停止计提折旧。发生的可资本化的后续支出，通过“在建工程”科目核算。在固定资产发生的后续支出完工并达到预定可使用状态时，再从在建工程转入固定资产，并按重新确定的使用寿命、预计净残值和折旧方法计提折旧。企业应该编制的会计分录如图 2-112 所示。

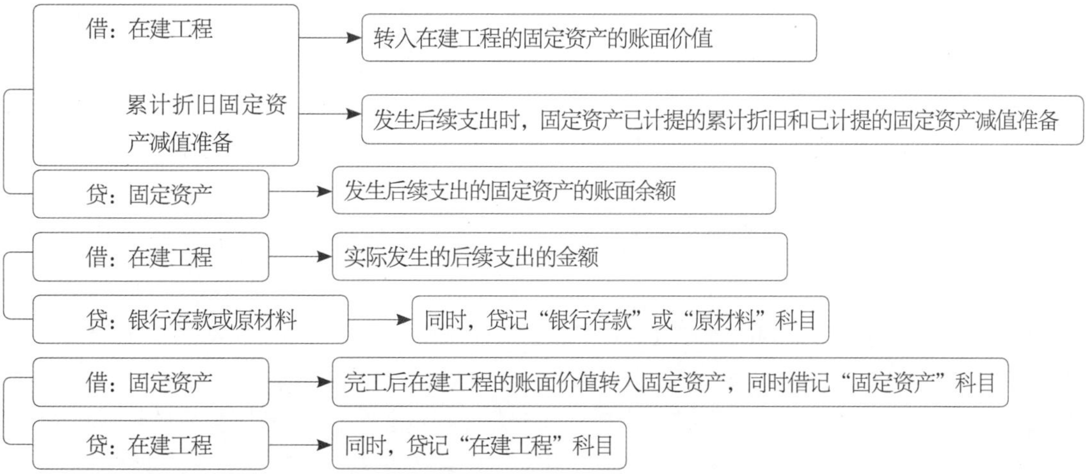

图 2-112　资本化的后续支出

企业发生的一些固定资产后续支出可能涉及替换原固定资产的某组成部分。当发生的后续支出符合固定资产确认条件时，应将其计入固定资产成本，同时将被替换部分的账面价值扣除，以避免将替换部分的成本和被替换部分的成本同时计入固定资产成本，导致固定资产成本的高估。例如，对某项机器设备进行检测时，发现其中的电机（未单独确认为一项固定资产）出现难以修复的故障，将其拆除，重新安装了一个新电机。在这种情况下，当发生的后续支出符合固定资产确认条件时，应将其计入固定资产成本，同时将被替换部分的账面价值扣除，以避免将替换部分的成本和被替换部分的成本同时计入固定资产成本，导致固定资产成本重复计算。

企业对固定资产进行定期检查发生的大修理费用，符合资本化条件的，可以计入固定资产成本；不符合资本化条件的，计入当期损益。

（2）费用化的后续支出。

一般情况下，固定资产在投入使用之后，由于固定资产磨损程度、各组成部分耐用程度不同，可能导致固定资产的局部损坏。为了维护固定资产的正常运转和使用，充分发挥其使用效能，企业应对固定资产进行必要的维护。

固定资产的日常维护支出通常不满足固定资产的确认条件，应在发生时直接计入当期损益。企业生产车间和行政管理部门等发生的固定资产修理费用等后续支出，计入管理费用；企业专设销售机构的，其发生的与专设销售机构相关的固定资产修理费用等后续支出，计入销售费用。固定资产更新改造支出不满足固定资产确认条件的，也应在发生时直接计入当期损益。

融资租赁固定资产发生的固定资产后续支出，比照上述原则处理。经营租赁固定资产发生的改良支出，应通过“长期待摊费用”科目核算，并在剩余租赁期与租赁资产尚可使用年限两者中较短的期间内，采用合理的方法进行摊销。

3.案例解析

【例2-80】甲公司是一家饮料生产企业，其有关业务资料如下。

（1）2×16年12月，该公司自行建成了一条饮料生产线并投入使用，建造成本为600 000元；采用年限平均法计提折旧；预计净残值率为固定资产原价的3%，预计使用年限为6年。

（2）2×18年12月31日，由于生产的产品适销对路，现有这条饮料生产线的生产能力已难以满足公司生产发展的需要，但新建生产线的成本过高、周期过长，于是公司决定对现有生产线进行改扩建，以提高其生产能力。假定该生产线未发生过减值。

（3）至2×19年4月30日，完成了对这条生产线的改扩建工程，该生产线达到预定可使用状态。改扩建过程中发生以下支出：用银行存款购买工程物资一批，增值税专用发票上注明的价款为210 000元，增值税税额为27 300元，已全部用于改扩建工程；发生有关人员薪酬84 000元。

（4）该生产线改扩建工程达到预定可使用状态后，大大提高了生产能力，预计尚可使用年限为7年。假定改扩建后的生产线的预计净残值率为改扩建后其账面价值的4%；折旧方法仍为年限平均法。

假定甲公司按年度计提固定资产折旧，为简化计算过程，整个过程不考虑其他相关税费，甲公司的账务处理如下。

（1）本例中，饮料生产线改扩建后生产能力大大提高，能够为企业带来更多的经济利益，改扩建的支出金额也能可靠计量，因此该后续支出符合固定资产的确认条件，应计入固定资产的成本。

固定资产后续支出发生前，该条饮料生产线的应计折旧额 = 600 000×（1−3%）= 582 000（元）

年折旧额 = 582 000÷6 = 97 000（元）

2×16 年 1 月 1 日至 2×17 月 12 月 31 日两年间，各年计提固定资产折旧。

借：制造费用　　97 000

　贷：累计折旧　　97 000

（2）2×17 年 12 月 31 日，将该生产线的账面价值 406 000（600 000-97 000×2）元转入在建工程。

借：在建工程——饮料生产线　　406 000

　累计折旧　　194 000

　贷：固定资产——饮料生产线　　600 000

（3）发生改扩建工程支出。

借：工程物资　　210 000

　应交税费——应交增值税（进项税额）　　27 300

　贷：银行存款　　237 300

借：在建工程——饮料生产线　　294 000

　贷：工程物资　　210 000

　　应付职工薪酬　　84 000

（4）2×18 年 4 月 30 日，生产线改扩建工程达到预定可使用状态，转为固定资产。

借：固定资产——饮料生产线　　700 000

　贷：在建工程——饮料生产线　　700 000

（5）2×19 年 4 月 30 日，转为固定资产后，按重新确定的使用寿命、预计净残值和折旧方法计提折旧。

应计折旧额 = 700 000×（1-4%）= 672 000（元）

月折旧额 = 672 000÷（7×12）= 8 000（元）

2×19 年应计提的折旧额为 64 000（8 000×8）元，会计分录如下。

借：制造费用　　64 000

　贷：累计折旧　　64 000

【例 2-81】2×19 年 6 月 30 日，甲公司一台生产用升降机械出现故障，经检修发现其中的电动机磨损严重，需要更换。该升降机械购买于 2×15 年 6 月 30 日，甲公司已将其整体作为一项固定资产进行了确认，原价为 400 000 元（其中的电动机在 2×15 年 6 月 30 日的市场价格为 85 000 元），预计净残值为 0，预计使用年限为 10 年，采用年限平均法计提折旧。为继续使用该升降机械并提高工作效率，甲公司决定对其进行改造，为此购买了一台更大功率的电动机代替原电动机。新购置电动机的价款为 82 000 元，增值税税额为 10 660 元，款项已通过银行转账支付；改造过程中，辅助生产车间提供了劳务支出 15 000 元。

假定原电动机磨损严重，没有任何价值。不考虑其他相关税费，甲公司的账务处理如下。

（1）固定资产转入在建工程。

本例中的更新改造支出符合固定资产的确认条件，应予资本化；同时应终止确认原电动机价值。2×19 年 6 月 30 日，原电动机的价值为：85 000-（85 000÷10）×4 = 51 000（元）。

借：资产处置损益　　51 000

　在建工程——升降机械　　189 000

累计折旧——升降机械（400 000÷10×4）	160 000	
贷：固定资产——升降机械		400 000

（2）更新改造支出。

借：工程物资——新电动机	82 000	
应交税费——应交增值税（进项税额）	10 660	
贷：银行存款		92 660
借：在建工程——升降机械	97 000	
贷：工程物资——新电动机		82 000
生产成本——辅助生产成本		15 000

（3）在建工程转回固定资产。

借：固定资产——升降机械	286 000	
贷：在建工程——升降机械		286 000

2.18.5 计提固定资产折旧

1. 业务概述

企业应当在固定资产的使用寿命内，按照确定的方法对应计折旧额进行系统分摊，并根据固定资产的性质和使用情况，合理确定固定资产的使用寿命和预计净残值。固定资产的使用寿命、预计净残值一经确定，不得随意变更，但是符合《企业会计准则第4号——固定资产》第十九条规定的除外。上述事项在报经股东大会或董事会、经理（厂长）会议或类似机构批准后，作为计提折旧的依据，并按照法律、行政法规等的规定报送有关各方备案。

企业应该对所有的固定资产计提折旧，已提足折旧仍继续使用的固定资产和单独计价入账的土地除外，在确定计提折旧的范围时还应注意以下几点。

（1）固定资产应当按月计提折旧。固定资产应在达到预定可使用状态时开始计提折旧，终止确认时或划分为持有待售非流动资产时停止计提折旧。当月增加的固定资产，当月不计提折旧，从下月起计提折旧；当月减少的固定资产，当月仍计提折旧，从下月起不计提折旧。

（2）固定资产提足折旧后，不论是否继续使用，均不再计提折旧，提前报废的固定资产也不再补提折旧。

（3）已达到预定可使用状态但尚未办理竣工决算的固定资产，应当按照估计价值确定其成本，并计提折旧；待办理竣工决算后再按实际成本调整原来的暂估价值，但不需要调整原已计提的折旧额。

（4）处于更新改造过程停止使用的固定资产，应将其账面价值转入在建工程，不再计提折旧。更新改造项目达到预定可使用状态转为固定资产后，再按重新确定的折旧方法和该项固定资产尚可使用寿命计提折旧。

2. 账务处理

企业应当根据与固定资产有关的经济利益的预期实现方式合理选择固定资产的折旧方法。

（1）年限平均法。

年折旧额＝（固定资产原价－预计净残值）÷预计使用年限

（2）工作量法。

单位工作量折旧额 =（固定资产原价 − 预计净残值）÷ 预计总工作量

某项固定资产月折旧额 = 该项固定资产当月工作量 × 单位工作量折旧额

（3）双倍余额递减法。

年折旧率 =2÷ 预计的折旧年限 ×100%

年折旧额 = 固定资产期初折余价值 × 年折旧率

由于双倍余额法不考虑固定资产的净残值，因此在应用这种方法时，必须注意不能使固定资产的账面折余价值小于其预计净残值。当双倍余额法计算的折旧金额小于用固定资产的折余价值扣除预计净残值后在剩余使用年限内平均摊销算得的折旧金额时，就要将固定资产折余价值（净值）扣除净残值后在剩余使用年限内平均摊销。

一般最后两年改为年限平均法。

（4）年数总和法。

年折旧额 =（原价 − 预计净残值）× 年折旧率

年折旧率 = 尚可使用年限 / 预计使用寿命的年数总和 ×100%

年折旧率用一递减分数表示，将逐期年数相加的和作为递减分数的分母，将逐期年数倒转顺序分别作为各年递减分数的分子。

固定资产应当按月计提折旧，计提的折旧应当计入“累计折旧”科目，并根据用途计入相关资产的成本或者当期损益。企业自行建造固定资产过程中使用的固定资产，其计提的折旧应计入在建工程成本；基本生产车间所使用的固定资产，其计提的折旧应计入制造费用；管理部门所使用的固定资产，其计提的折旧应计入管理费用；销售部门所使用的固定资产，其计提的折旧应计入销售费用；以经营租赁方式租出的固定资产，其计提的折旧额应计入其他业务成本。企业计提固定资产折旧时，借记“制造费用”“销售费用”“管理费用”等科目，贷记“累计折旧”科目。编制会计分录如图 2-113 所示。

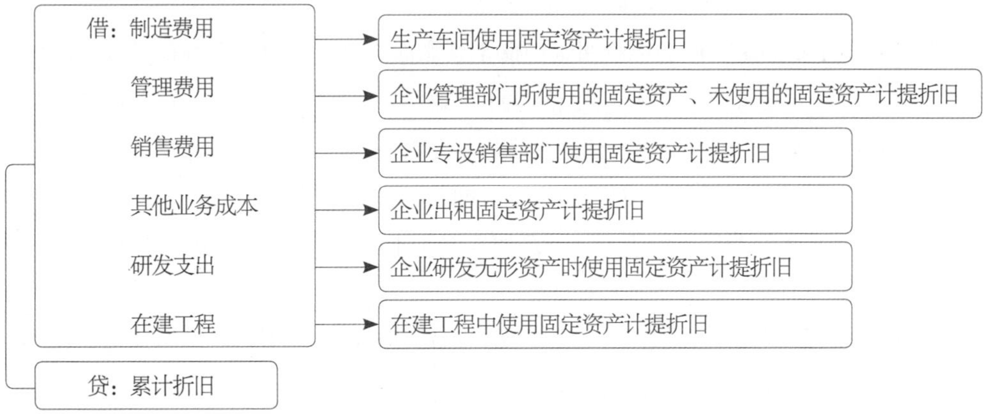

图 2–113　固定资产按月计提折旧

3. 案例解析

【例 2–82】某企业采用年限平均法对固定资产计提折旧。2×17 年 1 月根据“固定资产折旧计算表”确定的各车间及厂部管理部门应分配的折旧额为：一车间 1 500 000 元，二车间 2 400 000 元，三车间 3 000 000 元，厂管理部门 600 000 元。该企业的账务处理如下：

借：制造费用——一车间　　1 500 000
　　　　　　——二车间　　2 400 000
　　　　　　——三车间　　3 000 000
　　管理费用　　600 000
　　贷：累计折旧　　7 500 000

【例2-83】乙公司2×19年6月固定资产计提折旧情况如下：一车间厂房计提折旧3 800 000元，机器设备计提折旧4 500 000元；管理部门房屋建筑物计提折旧6 500 000元，运输工具计提折旧2 400 000元；销售部门房屋建筑物计提折旧3 200 000元，运输工具计提折旧2 630 000元。当月新购置机器设备一台，价值为5 400 000元，预计使用寿命为10年，该公司同类设备计提折旧采用年限平均法。

本例中，新购置的机器设备本月不计提折旧。本月计提的折旧费用中，车间使用的固定资产计提的折旧费用计入制造费用，管理部门使用的固定资产计提的折旧费用计入管理费用，销售部门使用的固定资产计提的折旧费用计入销售费用。乙公司的账务处理如下。

借：制造费用——一车间　　8 300 000
　　管理费用　　8 900 000
　　销售费用　　5 830 000
　　贷：累计折旧　　23 030 000

2.18.6 计提固定资产减值准备

1. 业务概述

固定资产的初始入账价值是历史成本。由于固定资产使用年限较长，市场条件和经营环境的变化、科学技术的进步以及企业经营管理不善等，都可能导致固定资产创造未来经济利益的能力大大下降。因此，固定资产的真实价值有可能低于其账面价值，在期末必须对固定资产减值损失进行确认。企业的固定资产应当在期末时按照其账面价值与可收回金额孰低计量，对可回收金额低于账面价值的差额，应当计提固定资产减值准备。

固定资产减值是指固定资产的可收回金额低于其账面价值。可回收金额是指资产的公允价值减去处置费用后的净值与资产预计未来现金流量的现值之间较高者。其中处置费用包括与资产处置有关的法律费用、搬运费以及使资产达到可销售状态所发生的直接费用等。

固定资产可能发生减值的迹象主要包括以下方面。

（1）固定资产市价在当期大幅下跌，其跌幅大大高于因时间推移或正常使用而预计的下跌，并且预计在近期内不可能恢复。

（2）企业所处经营环境，如技术、市场、经济或法律环境，或者产品的营销市场在当期或在近期发生重大变化，并对企业产生负面影响。

（3）同期市场利率或市场的其他投资回报率等大幅提高，从而很可能影响企业计算固定资产可收回金额的折现率，并导致固定资产的可收回金额大幅度降低。

（4）有证据表明，固定资产已经陈旧过时或发生实体损坏。

（5）固定资产已经或者将被闲置终止使用或者计划提前处置。

（6）企业内部报告的证据表明资产的经济绩效已经低于或者将低于预期，如资产所创造的净现金流量或者实现的营业利润（或者亏损）远远低于（或者高于）预计金额等。

（7）其他有可能表明固定资产已发生减值的迹象。

2. 账务处理

固定资产在资产负债表日存在可能发生减值的迹象时，其可收回金额低于账面价值的，企业应当将该固定资产的账面价值减记至可收回金额，减记的金额确认为减值损失，计入当期损益，同时计提相应的资产减值准备，借记“资产减值损失——计提的固定资产减值准备”科目，贷记“固定资产减值准备”科目。编制会计分录如图 2-114 所示。

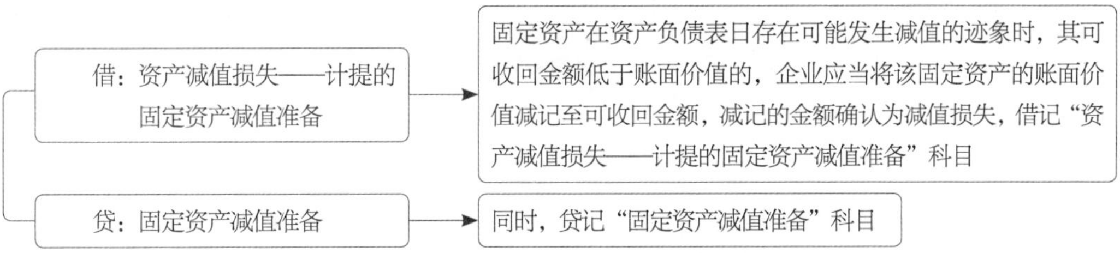

图 2-114　固定资产发生减值损失

固定资产减值损失一经确认，在以后会计期间不得转回。当处置、出售固定资产或用固定资产对外投资、以非货币性资产交换方式换出、在债务重组中抵偿债务等情况，同时符合资产终止确认条件时，企业应当将相关资产减值准备予以转销。

3. 案例解析

【例 2-84】2×19 年 12 月 31 日，丁公司的某生产线存在可能发生减值的迹象。经计算，该生产线的可收回金额合计为 1 230 000 元，账面价值为 1 400 000 元，以前年度未对该生产线计提过减值准备。由于该生产线的可收回金额为 1 230 000 元，账面价值为 1 400 000 元，可收回金额低于账面价值，应按两者之间的差额 170 000（1 400 000-1 230 000）元计提固定资产减值准备。丁公司的账务处理如下。

借：资产减值损失——计提的固定资产减值准备　　170 000

　　贷：固定资产减值准备　　170 000

2.18.7　处置固定资产

1. 业务概述

企业在生产经营过程中，可能将不适用或不需用的固定资产对外出售转让，或因磨损、技术进步等对固定资产进行报废，或因遭受自然灾害而对毁损的固定资产进行处理。固定资产满足下列条件之一的应当予以终止确认：该固定资产处于处置状态；该固定资产预期通过使用或处置不能产生经济利益。对于上述事项在进行会计核算时，应按规定程序办理有关手续，结转固定资产的账面价值，计算有关的清理收入、清理费用及残料价值等。

固定资产处置包括固定资产的出售、报废、毁损，对外投资，非货币性资产交换，债务重组等。处置固定资产应通过“固定资产清理”科目核算。

2. 账务处理

（1）固定资产转入清理。

企业因出售、报废、毁损、对外投资、非货币性资产交换、债务重组等转出的固定资产，按该项固定资产的账面价值，借记“固定资产清理”科目，按已计提的累计折旧，借记“累计折旧”科目，按已计提的减值准备，借记“固定资产减值准备”科目，按其账面原价，贷记“固定资产”科目。编制会计分录如图2-115所示。

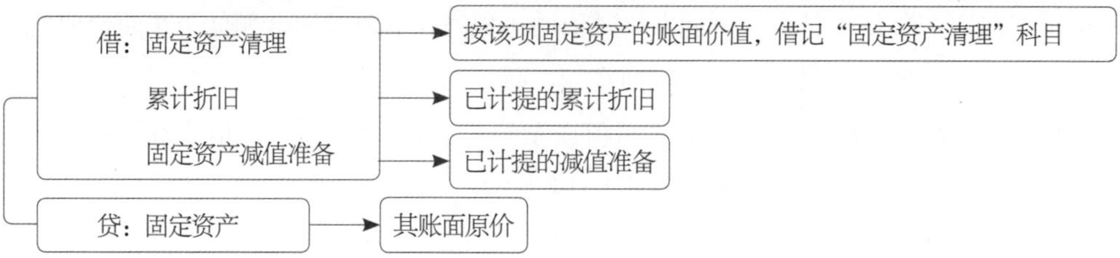

图2-115　固定资产转入清理

（2）发生清理费用等的处理。

固定资产清理过程中应支付的相关税费及其他费用，借记“固定资产清理”科目，贷记“银行存款”“应交税费——应交增值税”等科目。编制会计分录如图2-116所示。

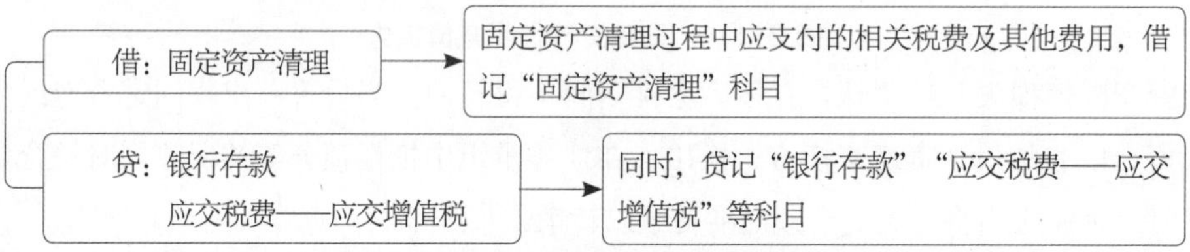

图2-116　发生清理费用等的处理

（3）结转残料价值和变价收入。

企业收回出售固定资产的价款、残料价值和变价收入等，借记“银行存款”“原材料”等科目，贷记“固定资产清理”科目。编制会计分录如图2-117所示。

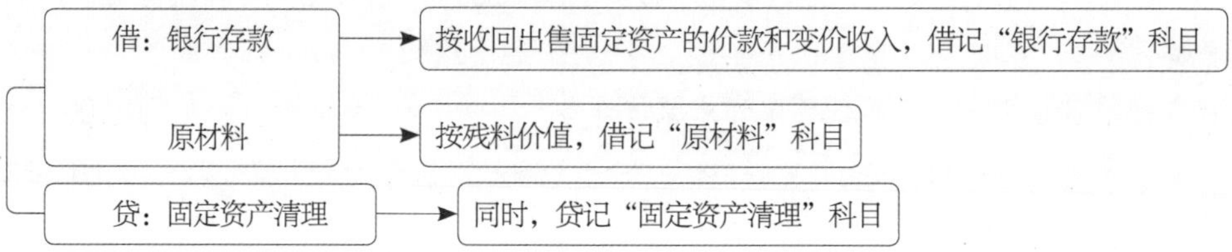

图2-117　结转残料价值和变价收入

（4）保险赔偿等的处理。

应由保险公司或过失人赔偿的损失，借记“其他应收款”科目，贷记“固定资产清理”科目。编制会计分录如图2-118所示。

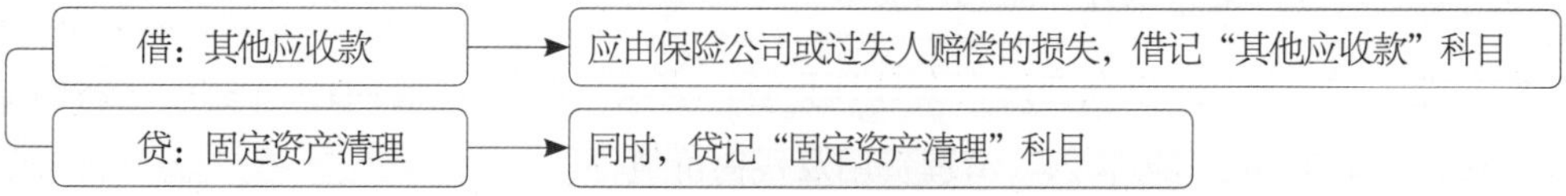

图2-118　保险赔偿等的处理

（5）清理净损益的处理。

固定资产清理完成后，属于生产经营期间正常的处理损失，借记“资产处置损益”科目，贷记“固定资产清理”科目；属于自然灾害等非正常原因造成的损失，借记“营业外支出——非常损失”科目，贷记“固定资产清理”科目。如为贷方余额，借记“固定资产清理”科目，贷记“营业外收入”科目。

编制会计分录如图 2-119 所示。

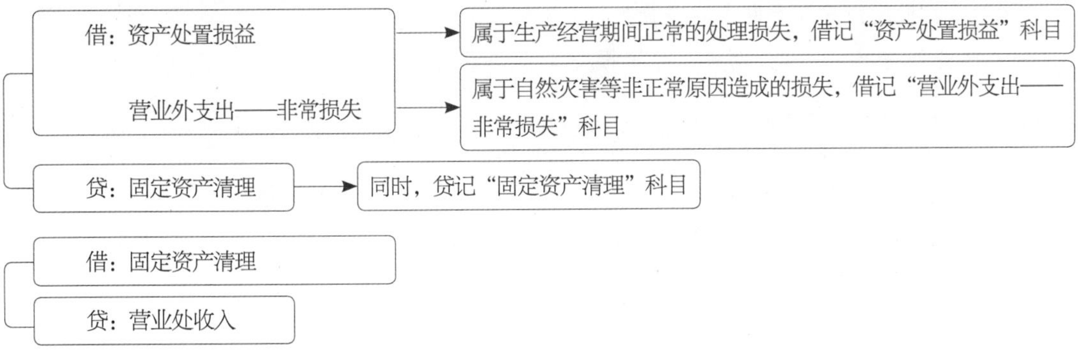

图 2-119　清理净损益的处理

3. 案例解析

【例 2-85】甲公司出售一幢建筑物，原价为 2 000 000 元，已计提折旧 1 000 000 元，未计提减值准备，实际出售价格为 1 200 000 元，已通过银行收回价款。甲公司的账务处理如下。

（1）将出售固定资产转入清理。

借：固定资产清理　　1 000 000
　　累计折旧　　1 000 000
　　贷：固定资产　　2 000 000

（2）收回出售固定资产的价款。

借：银行存款　　1 200 000
　　贷：固定资产清理　　1 200 000

（3）计算销售该固定资产应缴纳的增值税，按规定适用的增值税税率为 13%，应交税费为 156 000（1 200 000×13%）元。

借：固定资产清理　　156 000
　　贷：应交税费——应交增值税　　156 000

（4）结转出售固定资产实现的收益。

借：固定资产清理　　44 000
　　贷：营业外收入　　44 000

【例 2-86】乙公司现有一台设备由于性能等决定提前报废，原价为 500 000 元，已计提折旧 450 000 元，未计提减值准备。报废时的残料变价收入为 20 000 元，报废清理过程中发生清理费用 3 500 元。有关收入、支出均通过银行办理结算。假定不考虑相关税费影响，乙公司的账务处理如下。

（1）将报废固定资产转入清理。

借：固定资产清理　　50 000
　　累计折旧　　450 000
　　贷：固定资产　　500 000

（2）收回残料变价收入。

借：银行存款　　20 000
　　贷：固定资产清理　　20 000

（3）支付清理费用。

借：固定资产清理　　3 500

贷：银行存款　　3 500

（4）结转报废固定资产发生的净损失。

借：营业外支出——非流动资产处置损失　　33 500

　　贷：固定资产清理　　33 500

【例2-87】丙公司因遭受水灾而毁损一座仓库，该仓库原价为4 000 000元，已计提折旧1 000 000元，未计提减值准备。其残料估计价值为50 000元，残料已办理入库。发生的清理费用20 000元以现金支付。经保险公司核定应赔偿损失1 500 000元，尚未收到赔款。假定不考虑相关税费，丙公司的账务处理如下。

（1）将毁损的仓库转入清理。

借：固定资产清理　　3 000 000

　　累计折旧　　1 000 000

　　贷：固定资产　　4 000 000

（2）残料入库。

借：原材料　　50 000

　　贷：固定资产清理　　50 000

（3）支付清理费用。

借：固定资产清理　　20 000

　　贷：库存现金　　20 000

（4）确定应由保险公司理赔的损失。

借：其他应收款　　1 500 000

　　贷：固定资产清理　　1 500 000

（5）结转毁损固定资产发生的损失。

借：营业外支出——非常损失　　1 470 000

　　贷：固定资产清理　　1 470 000

2.18.8　固定资产清查

1. 业务概述

企业应定期或者至少于每年年末对固定资产进行清查盘点，以保证固定资产核算的真实性，充分挖掘企业现有固定资产的潜力。在固定资产清查过程中，如果发现盘盈、盘亏的固定资产，应填制“固定资产盘盈盘亏报告表”。清查固定资产的损益，应及时查明原因，并按照规定程序报批处理。

2. 账务处理

（1）固定资产盘盈。

企业在财产清查中盘盈的固定资产，作为前期差错处理。企业在财产清查中盘盈的固定资产，在按管理权限报经批准处理前应先通过“以前年度损益调整”科目核算。盘盈的固定资产，应按重置成本确定其入账价值，借记“固定资产”科目，贷记“以前年度损益调整”科目。编制会计分录如图2-120所示。

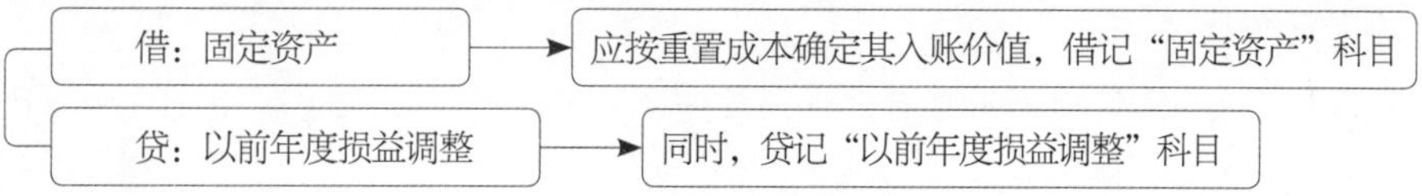

图 2-120 固定资产盘盈图

（2）固定资产盘亏。

企业在财产清查中盘亏的固定资产，按盘亏固定资产的账面价值，借记“待处理财产损溢”科目，按已计提的累计折旧，借记“累计折旧”科目，按已计提的减值准备，借记“固定资产减值准备”科目，按固定资产的原价，贷记“固定资产”科目。按管理权限报经批准后处理时，按可收回的保险赔偿或过失人赔偿，借记“其他应收款”科目，按应计入营业外支出的金额，借记“营业外支出——盘亏损失”科目，贷记“待处理财产损溢”科目。编制会计分录分别如图 2-121 和图 2-122 所示。

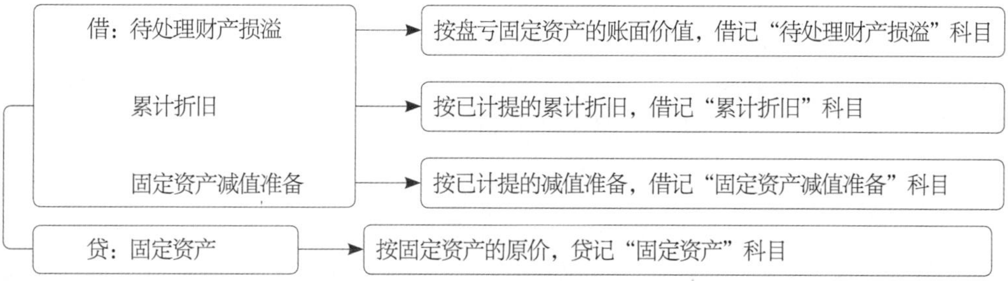

图 2-121 固定资产盘亏

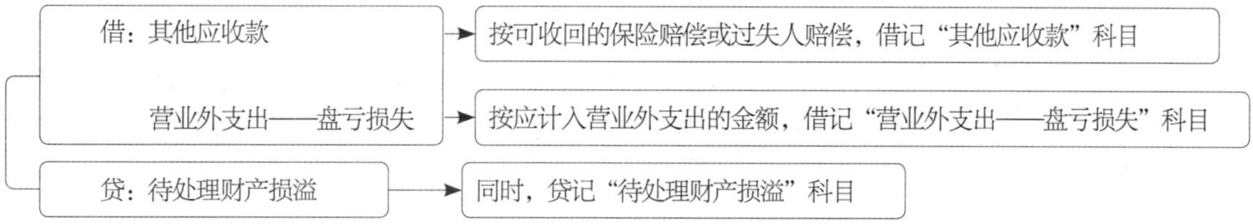

图 2-122 按管理权限报经批准后的处理

3. 案例解析

（1）固定资产盘盈。

【例 2-88】 2×19 年 1 月 20 日，丁公司在财产清查过程中发现 2×18 年 12 月购入的一台设备尚未入账，重置成本为 30 000 元（假定与其计税基础不存在差异）。根据《企业会计准则第 28 号——会计政策、会计估计变更和差错更正》规定，该盘盈固定资产作为前期差错进行处理。假定丁公司按净利润的 10% 计提法定盈余公积，不考虑相关税费及其他因素的影响。丁公司的账务处理如下。

① 盘盈固定资产。

借：固定资产	30 000	
贷：以前年度损益调整		30 000

② 结转为留存收益。

借：以前年度损益调整	30 000	
贷：盈余公积——法定盈余公积		3 000
利润分配——未分配利润		27 000

（2）固定资产盘亏。

【例 2-89】乙公司进行财产清查时发现短缺一台笔记本电脑，原价为 10 000 元，已计提折旧 7 000 元。乙公司的账务处理如下。

① 盘亏固定资产。

借：待处理财产损溢	3 000	
累计折旧	7 000	
贷：固定资产		10 000

② 报经批准转销。

借：营业外支出——盘亏损失	3 000	
贷：待处理财产损溢		3 000

2.19　无形资产

无形资产是指企业拥有或者控制的没有实物形态的可辨认非货币性资产，主要包括专利权、非专利技术、商标权、著作权、土地使用权和特许权等。

2.19.1　取得无形资产

1. 业务概述

无形资产在符合定义的前提下应该同时满足下列条件：与该无形资产有关的经济利益很可能流入企业；该无形资产的成本能够可靠计量。

无形资产应当按照成本进行初始计量。企业取得无形资产的主要方式有外购、自行研究开发等。取得无形资产的方式不同，其账务处理也有所差别。

2. 账务处理

（1）外购无形资产。

外购无形资产的成本包括购买价款、相关税费以及直接归属于使该项资产达到预定用途所发生的其他支出。其中直接归属于使该项资产达到预定用途所发生的其他支出包括使无形资产达到预定用途所发生的专业服务费用、测试其是否能够正常发挥作用的费用。编制会计分录如图 2-123 所示。

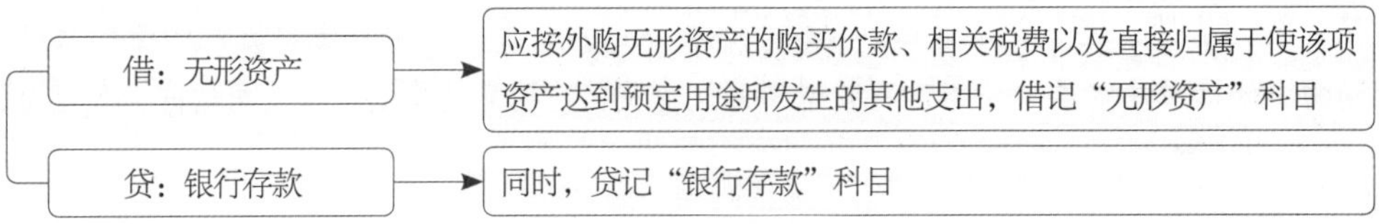

图 2-123　外购无形资产

（2）自行研究开发无形资产。

企业内部研究开发项目所发生的支出应区分研究阶段支出和开发阶段支出。企业自行开发无形资产发生的研发支出，不满足资本化条件的，借记“研发支出——费用化支出”科目；满足资本化条件的，借记“研发支出——资本化支出”科目，贷记“原材料”“银行存款”“应付职工薪酬”等科目。研究开发项目达到预定用途形成无形资产的，应按“研发支出——资本化支出”科目的余额，借记“无形资产”科目，贷记“研发支出——资本化支出”科目。期末，应将“研发支出——费用化支出”科目归集的金额转入“管理费用”科目，借记“管理费用”科目，贷记“研发支出——费用化支出”科目。如果无法可靠区分研究阶段的支出和开发阶段的支出，应将其所发生的研发支出全部费用化，计入当期损益。编制会计分录分别如图 2-124、图 2-125 和图 2-126 所示。

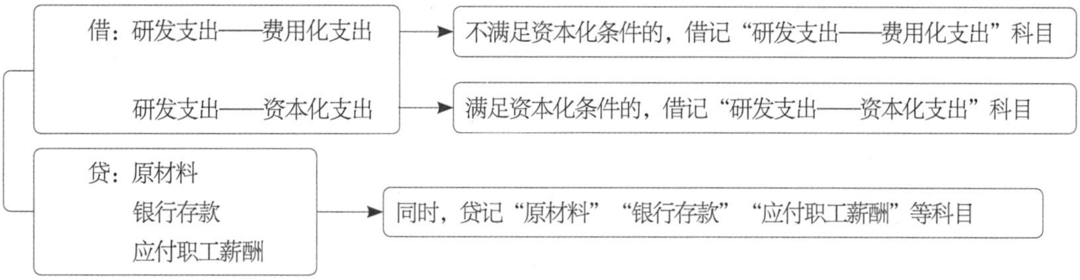

图 2-124　发生的研发支出

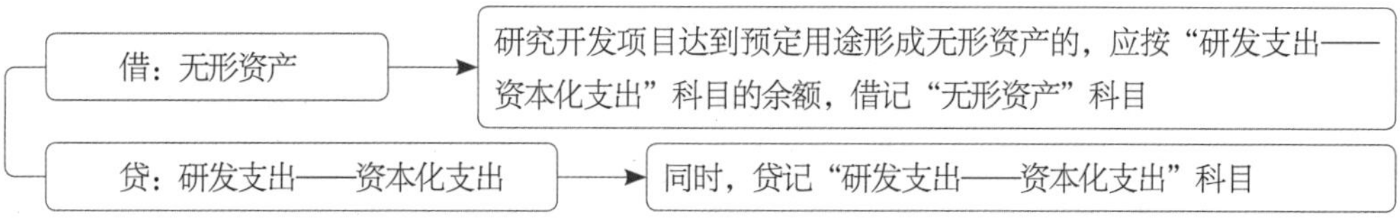

图 2-125　资本化支出的转出

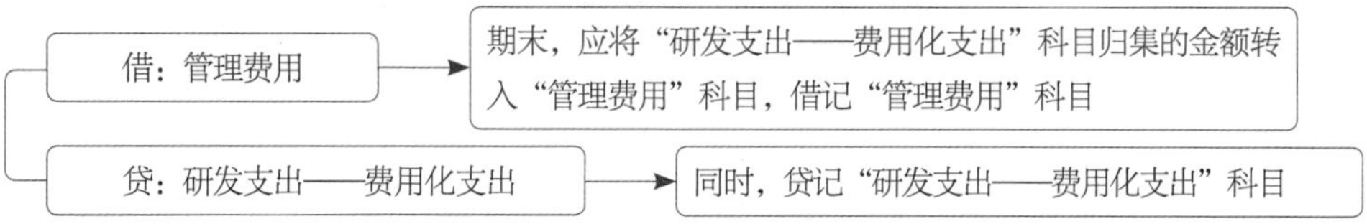

图 2-126　费用化支出的转出

（3）投资者投入的无形资产。

投资者投入无形资产的成本应当按照投资合同或协议约定的价值确定，但是合同或协议约定价值不公允的除外。

3. 案例解析

（1）外购无形资产。

【例 2-90】甲公司购入一项非专利技术，支付的买价和有关费用合计 900 000 元，以银行存款支付。甲公司的账务处理如下。

借：无形资产——非专利技术　　900 000

　贷：银行存款　　900 000

（2）自行研究开发无形资产。

【例 2-91】甲公司自行研究开发一项技术，截至 2×18 年 12 月 31 日，发生研发支出合计 2 000 000 元；经测试，该项研发活动完成了研究阶段，从 2×19 年 1 月 1 日开始进入开发阶段，2×19 年发生开发支出 300 000 元，均已通过银行存款支付。假定符合《企业会计准则第 6 号——无形资产》规定的开发支出资本化的条件。2×19 年 6 月 30 日，该项研发活动结束，最终开发出一项非专利技术。甲公司的账务处理如下。

①2×18 年发生的研发支出。

借：研发支出——费用化支出　　2 000 000

　贷：银行存款　　2 000 000

②2×18年12月31日，发生的研发支出全部属于研究阶段的支出。

借：管理费用　　2 000 000

　　贷：研发支出——费用化支出　　2 000 000

③2×19年，发生开发支出并满足资本化确认条件。

借：研发支出——资本化支出　　300 000

　　贷：银行存款　　300 000

④2×19年6月30日，该技术研发完成并形成无形资产。

借：无形资产——非专利技术　　300 000

　　贷：研发支出——资本化支出　　300 000

2.19.2　无形资产摊销

1. 业务概述

企业应当于取得无形资产时分析判断其使用寿命，并对使用寿命有限的无形资产应进行摊销。使用寿命不确定的无形资产不应摊销。使用寿命有限的无形资产，通常其残值视为零。对于使用寿命有限的无形资产应当自可供使用（即其达到预定用途）当月起开始摊销，处置当月不再摊销。

无形资产摊销方法包括直线法、生产总量法等。企业选择的无形资产的摊销方法，应当反映与该项无形资产有关的经济利益的预期实现方式。无法可靠确定预期实现方式的，应当采用直线法摊销。

2. 账务处理

企业应当按月对无形资产进行摊销。无形资产的摊销额一般应当计入当期损益。企业自用的无形资产，其摊销金额计入管理费用；出租的无形资产，其摊销金额计入其他业务成本；某项无形资产包含的经济利益通过所生产的产品或其他资产实现的，其摊销金额应当计入相关资产成本。编制会计分录如图2-127所示。

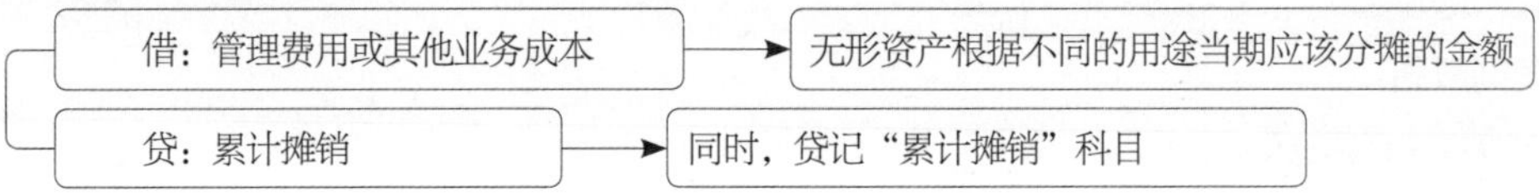

图2-127　无形资产摊销

3. 案例解析

【例2-92】甲公司购买了一项特许权，成本为4 800 000元，合同规定受益年限为10年，甲公司每月应摊销40 000（4 800 000÷10÷12）元。每月摊销时，甲公司的账务处理如下。

借：管理费用　　40 000

　　贷：累计摊销　　40 000

【例2-93】2×19年1月1日，甲公司将其自行开发完成的非专利技术出租给丁公司，该非专利技术成本为3 600 000元，双方约定的租赁期限为10年，甲公司每月应摊销30 000（3 600 000÷10÷12）元。每月摊销时，甲公司的账务处理如下。

借：其他业务成本　　30 000

　　贷：累计摊销　　30 000

2.19.3 计提无形资产减值准备

1. 业务概述

根据可获得的相关信息判断，有确凿证据表明无法合理估计其使用寿命的无形资产，应作为使用寿命不确定的无形资产。对于使用寿命不确定的无形资产，其在持有期间内不需要进行摊销，但应当至少在每年年度终了按照《企业会计准则第 8 号——资产减值》的有关规定进行减值测试。

对于使用寿命不确定的无形资产在资产负债表日存在可能发生减值的迹象时，应当计提无形资产减值准备。

2. 账务处理

无形资产在资产负债表日存在可能发生减值的迹象时，其可收回金额低于账面价值的，企业应当将该无形资产的账面价值减记至可收回金额，减记的金额确认为减值损失，计入当期损益，同时计提相应的资产减值准备，按应减记的金额，借记“资产减值损失——计提的无形资产减值准备”科目，贷记“无形资产减值准备”科目。无形资产减值损失一经确认，在以后会计期间不得转回。编制会计分录如图 2-128 所示。

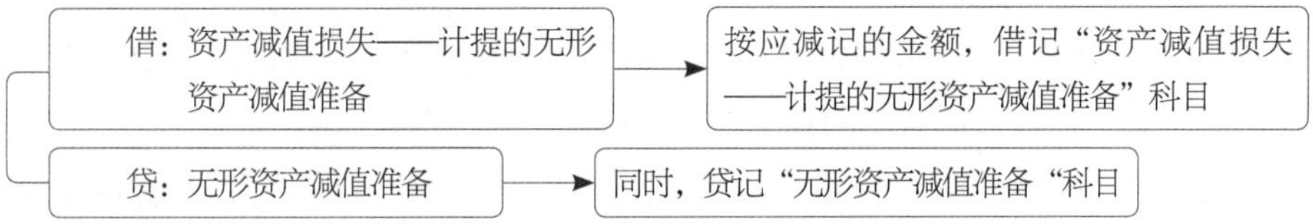

图 2-128 计提无形资产减值准备

3. 案例解析

【例 2-94】2×19 年 12 月 31 日，市场上某项新技术生产的产品销售势头较好，已对甲公司产品的销售产生重大不利影响。甲公司外购的类似专利技术的账面价值为 800 000 元，剩余摊销年限为 4 年，经减值测试，该专利技术的可收回金额为 750 000 元。

由于甲公司该专利技术在资产负债表日的账面价值为 800 000 元，可收回金额为 750 000 元，可收回金额低于其账面价值，应按其差额 50 000（800 000−750 000）元计提减值准备。

甲公司的账务处理如下。

借：资产减值损失——计提的无形资产减值准备	50 000
贷：无形资产减值准备	50 000

2.19.4 无形资产的处置和报废

1. 业务概述

无形资产的处置和报废，主要是指无形资产对外出租、出售，或者是无法为企业带来未来经济利益时，应予转销并终止确认的过程。

2. 账务处理

（1）无形资产出租。

企业让渡无形资产使用权并收取租金，在满足收入确认条件的情况下，应确认相关的收入和费用。

出租无形资产取得租金收入时，借记“银行存款”等科目，贷记“其他业务收入”等科目；

摊销出租无形资产的成本和发生与转让有关的各种费用支出时，借记“其他业务成本”“税金及附加”等科目，贷记“累计摊销”“应交税费”等科目。编制会计分录分别如图2-129和图2-130所示。

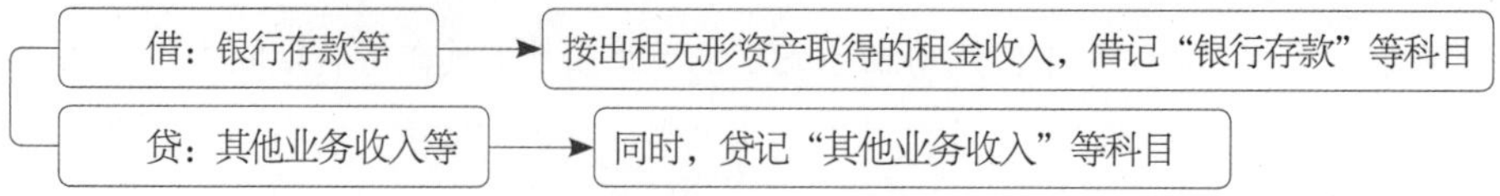

图2-129　出租无形资产取得租金收入

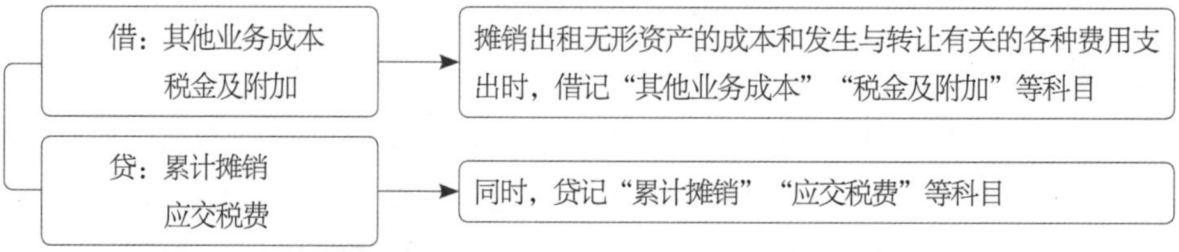

图2-130　摊销出租无形资产的成本和发生与转让有关的各项费用支出

（2）无形资产出售。

企业出售无形资产，表明企业放弃该无形资产的所有权，应将所取得的价款与该无形资产账面价值的差额作为资产处置利得或损失，计入当期损益。但是值得注意的是，企业出售无形资产确认其利得的时点应按照收入确认中的相关原则进行。

出售无形资产时，应按实际收到的金额，借记“银行存款”等科目，按已计提的累计摊销额，借记“累计摊销”科目，原已计提减值准备的，借记“无形资产减值准备”科目，按应支付的相关税费，贷记“应交税费——应交增值税”科目，按其账面余额，贷记“无形资产”科目，按其差额，借记或贷记“资产处置损益”科目。编制会计分录如图2-131所示。

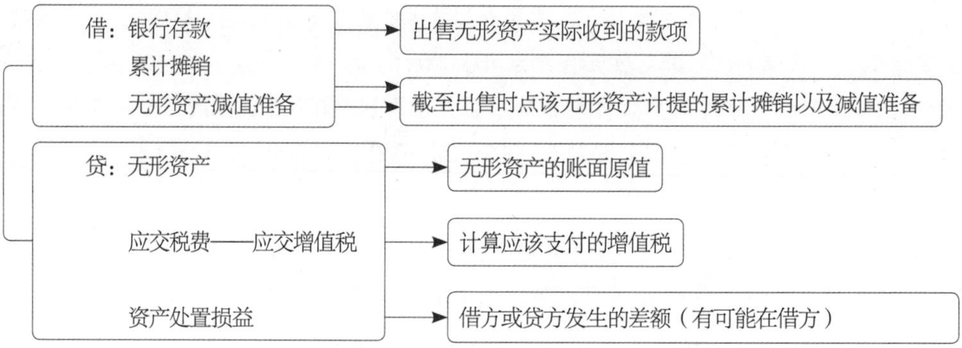

图2-131　出售无形资产

（3）无形资产报废。

如果无形资产预期不能为企业带来未来经济利益，例如，某无形资产已被其他新技术所替代或超过法律保护期，不能再为企业带来经济利益的，则不再符合无形资产的定义，应将其报废并予以转销，其账面价值转作当期损益。

转销时，应按已计提的累计摊销额，借记“累计摊销”科目，按已计提的减值准备，借记“无形资产减值准备”科目，按无形资产账面余额，贷记“无形资产”科目，按其差额，借记“营业外支出”科目。编制会计分录如图2-132所示。

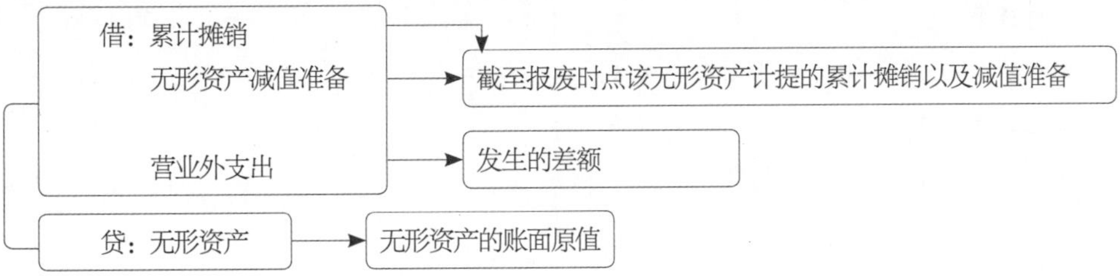

图 2-132　无形资产报废

3. 案例解析

（1）无形资产出租。

【例 2-95】 2×19 年 1 月 1 日，甲公司将某商标权出租给乙公司使用，租期为 4 年，每年收取租金 150 000 元。租金收入适用的增值税税率为 6%，甲公司在出租期间内不再使用该商标权。该商标权是甲公司 2×18 年 1 月 1 日购入的，初始入账价值为 1 800 000 元，预计使用年限为 15 年，采用直线法摊销。假定不考虑增值税以外的其他税费并按年摊销。

甲公司的账务处理如下。

①每年取得租金。

借：银行存款	159 000	
贷：其他业务收入——出租商标权		150 000
应交税费——应交增值税（销项税额）		9 000

②按年对该商标权进行摊销。

借：其他业务成本——商标权摊销	120 000	
贷：累计摊销		120 000

（2）无形资产出售。

【例 2-96】 甲企业出售一项商标权，所得价款为 1 200 000 元，应缴纳的增值税为 72 000 元（不考虑其他税费）。该商标权成本为 3 000 000 元，出售时已摊销金额为 1 800 000 元，已计提的减值准备为 300 000 元。

甲企业的账务处理如下。

借：银行存款	1 200 000	
累计摊销	1 800 000	
无形资产减值准备——商标权	300 000	
贷：无形资产——商标权		3 000 000
应交税费——应交增值税（销项税额）		72 000
资产处置损益		228 000

（3）无形资产报废。

【例 2-97】 甲企业原拥有一项非专利技术，采用直线法进行摊销，预计使用期限为 10 年。现该项非专利技术已被内部研发成功的新技术所替代，并且根据市场调查，用该非专利技术生产的产品已没有市场，预期不能再为企业带来任何经济利益，故应当予以转销。转销时，该项非专利技术的成本为 9 000 000 元，已摊销 6 年，累计计提减值准备 2 400 000 元，该项非专利技术的残值为 0。假定不考虑其他相关因素。

甲企业的账务处理如下。

借：累计摊销　　5 400 000
　　无形资产减值准备——非专利技术　　2 400 000
　　营业外支出——处置非流动资产损失　　1 200 000
　贷：无形资产——非专利技术　　9 000 000

2.20 商誉

1. 业务概述

商誉是指能在未来期间为企业经营带来超额利润的潜在经济价值，或一家企业预期的获利能力超过可辨认资产正常获利能力（如社会平均投资回报率等）的资本化价值。商誉是企业整体价值的组成部分。在企业合并时，它是购买企业投资成本超过被合并企业净资产公允价值的差额。

2. 账务处理

在编制购买日的合并资产负债表时，需要将母公司对子公司长期股权投资与子公司所有者权益中所拥有的份额予以抵销。母公司对非同一控制下取得的子公司长期股权投资进行账务处理时，是按子公司资产、负债的公允价值确定其在子公司所有者权益中所拥有的份额，合并成本超过这一金额的差额则作为合并商誉处理。

编制会计分录如图 2-133 所示。

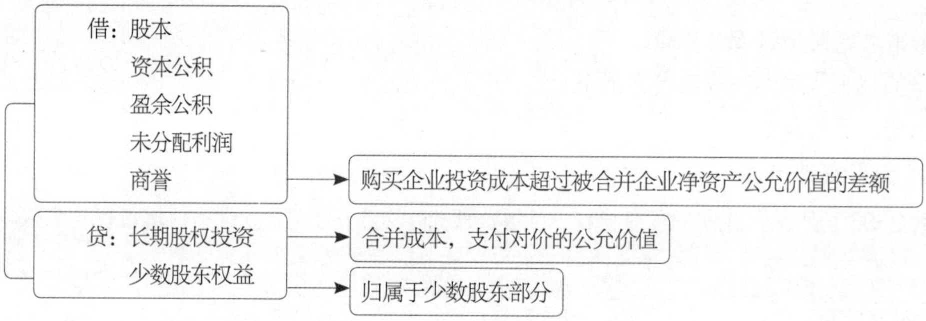

图 2-133　企业合并中形成的商誉

3. 案例解析

【例 2-98】甲公司 2×19 年 1 月 1 日以定向增发公司普通股股票的方式，购买取得 A 公司 70% 的股权。A 公司当日资产负债表中，基于资产和负债的公允价值，A 公司的股本为 200 000 000 元，资本公积为 120 000 000 元，盈余公积为 12 000 000 元，未分配利润为 28 000 000 元。甲公司定向增发普通股股票 100 000 000 股，每股面值为 1 元，市场价格每股为 2.95 元。甲公司并购 A 公司属于非同一控制下的企业合并，假定不考虑所得税、甲公司增发该普通股股票所发生的审计以及发行等相关的费用。

（1）甲公司将购买取得 A 公司 70% 的股权作为长期股权投资入账，账务处理如下。

借：长期股权投资——A 公司　　295 000 000
　贷：股本　　100 000 000
　　　资本公积　　195 000 000

（2）在合并报表中，账务处理如下。

借：股本　　200 000 000

资本公积　　120 000 000

盈余公积　　12 000 000

未分配利润　　28 000 000

商誉　　43 000 000

贷：长期股权投资——A 公司　　295 000 000

　　少数股东权益　　108 000 000

2.21 长期待摊费用

长期待摊费用是指企业已经发生但应由本期以及以后各期负担的分摊期限在一年以上的各项费用，如以经营租赁方式租入的固定资产发生的改良支出等。

2.21.1 企业发生的长期待摊费用

1. 业务概述

长期待摊费用属于长期资产，企业在本期已经支出但是能够在以后期间受益。

2. 账务处理

企业应设置“长期待摊费用”科目对此类项目进行核算，企业发生的长期待摊费用，借记“长期待摊费用”科目，贷记“原材料”“银行存款”等科目。编制会计分录如图 2-134 所示。

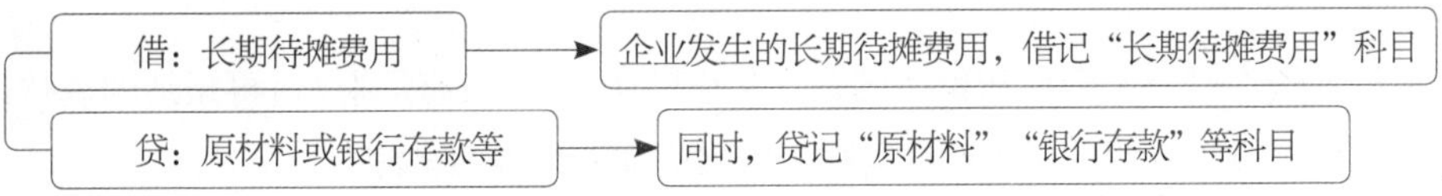

图 2-134 企业发生的长期待摊费用

3. 案例解析

见【例 2-99】。

2.21.2 长期待摊费用的摊销业务

1. 业务概述

根据权责发生制，以前年度已经支付的长期待摊费用如果本期受益，需要在本期摊销相关的长期待摊费用计入成本或者损益。

2. 账务处理

企业应该根据本期应该摊销的长期待摊费用的用途和金额编制的会计分录如图 2-135 所示。

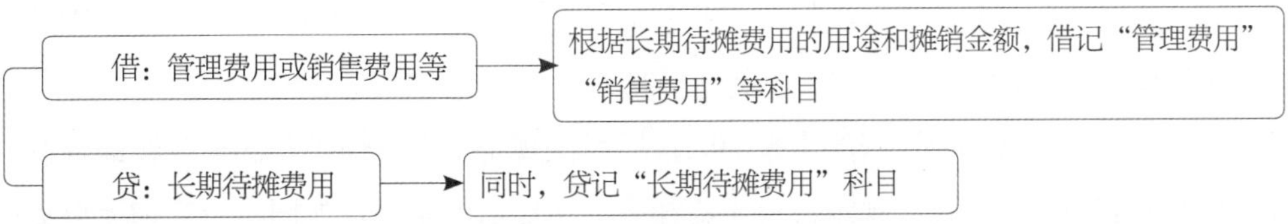

图 2-135 长期待摊费用的摊销

3. 案例解析

【例 2-99】2×19 年 4 月 1 日，甲公司对其以经营租赁方式新租入的办公楼进行装修，发生以下有关支出：领用生产用材料 500 000 元，购进该批原材料时支付的增值税进项税额为 65 000 元；

辅助生产车间为该装修工程提供的劳务支出为180 000元；有关人员工资等职工薪酬435 000元。2×19年11月30日，该办公楼装修完工，达到预定可使用状态并交付使用，按租赁期10年开始进行摊销。假定不考虑其他因素，甲公司的账务处理如下。

（1）装修领用原材料。

借：长期待摊费用　565 000

　　贷：原材料　500 000

　　　　应交税费——应交增值税（进项税额转出）　65 000

（2）辅助生产车间为装修工程提供劳务。

借：长期待摊费用　180 000

　　贷：生产成本——辅助生产成本　180 000

（3）确认工程人员职工薪酬。

借：长期待摊费用　435 000

　　贷：应付职工薪酬　435 000

（4）2×19年12月摊销装修支出。

借：管理费用　9 833.33

　　贷：长期待摊费用　9 833.33

2.22 递延所得税资产

递延所得税资产是由于会计和税法的差异产生的企业可以递延到以后再缴纳的税款。根据可抵扣暂时性差异以及适当的税率计算可以减少未来应交所得税的金额。

2.22.1 递延所得税资产的取得

1. 业务概述

所得税会计采用资产负债表法核算所得税，即以资产负债表为基础，通过比较资产负债表上列示的资产、负债按照会计准则规定确定的账面价值与按照税法规定确定的计税基础之间的差异，即应纳税暂时差异或可抵扣暂时性差异的变动，从而确认或冲减相关的递延所得税负债与递延所得税资产，并在此基础上确定每一期间利润表中的所得税费用。

递延所得税资产主要来自企业产生的可抵扣暂时性差异。可抵扣暂时性差异是指在确定未来收回资产或清偿负债期间的应纳税所得额时，将导致产生可抵扣金额的暂时性差异，也就是说在当期税法所要求缴纳的所得税大于会计核算的所得税，在以后期间能够通过收回资产或者清偿债务使得该部分预缴的所得税得以冲抵。可抵扣暂时性差异通常产生于两种情况，即资产的账面价值小于其计税基础和负债的账面价值大于其计税基础。

资产的计税基础是指某项资产的未来期间按照税法规定可以税前抵扣的金额，即资产的初始取得成本减去以前期间按照税法规定已经税前扣除的金额后的余额，如固定资产和无形资产等在资产负债表日的计税基础就是其成本扣除按照税法规定已在以前期间税前扣除累计折旧额或累计摊销后的金额。造成资产的账面价值小于其计税基础的情况主要有以下几种。

（1）固定资产的折旧方法、折旧年限和无形资产的摊销方法与税法规定的差异。

税法规定的折旧年限和方法往往会与会计准则规定的年限和方法不一致，当本期会计准则规定应该计提的折旧、摊销等金额大于税法规定的应该计提的折旧、摊销金额时，资产账面价值小于其计税基础，产生可抵扣暂时性差异。

（2）存货的跌价准备、固定资产和无形资产的减值准备的计提。

按照税法的规定，企业在资产的持有期间计提的减值准备并没有真正实现损失，因此企业计提的资产减值准备只有在发生实质性损失，如存货的销售实现、固定资产和无形资产的处置等时才予以税前抵扣。此时在资产的持有期间也会产生资产账面价值和计税基础的差异。

（3）以公允价值计量的金融资产的公允价值变动。

类似于减值准备的计提，税法规定该类金融资产在持有期间的公允价值变动只有在实际处置时才在纳税中予以考虑，当会计期间该资产的公允价值下降时，导致资产的账面价值小于计税基础。

除了上述情况之外，还有一些其他资产也会产生类似的结果，如计提减值准备等，此处不再赘述。

负债的计税基础是指负债的账面价值减去未来期间计算应纳税所得额时按照税法规定可予抵扣的金额。一般来说，负债在未来期间计算应纳税所得额时按照税法可以抵扣的金额为零，计税基础为其账面价值，但是某些负债确认的期间会影响应纳税所得额，使得其计税基础和账面价值之间存在差额。

造成负债的账面价值大于其计税基础的情况主要有以下几种。

（1）预计负债。

根据税法规定，企业的预计负债在企业计提时并没有实际发生，与销售产品相关的支出应该在发生时进行税前扣除。预计负债的账面价值为当年年初余额加上当年计提数减去当年冲减数，而其计税基础为零，因此预计负债产生了可抵扣暂时性差异。但是某些特殊情况下税法规定有关一些事项计提的预计负债无论是否实际发生均不允许税前扣除，则在该情况下预计负债的账面价值等于计税基础，不产生暂时性差异。

（2）预收账款。

根据税法规定，某些在会计上不符合收入确认的款项应该计入当期应纳税额，此时企业将该部分款项计入预收款项，此项负债的计税基础为零，小于账面价值，因此预收账款产生了可抵扣暂时性差异。

2. 账务处理

资产和负债的账面价值与其计税基础不同产生可抵扣暂时性差异的，在估计未来期间能够取得足够的应纳税所得额以利用该可抵扣暂时性差异时，应当以很可能取得用来抵扣可抵扣暂时性差异的应纳税所得额为限，确认相关的递延所得税资产。确认递延所得税资产时应估计相关可抵扣暂时性差异的转回时间，以转回期间使用的所得税税率为基础计算确定，无论相关的可抵扣暂时性差异转回期间如何，递延所得税资产均不予折现。

资产负债表日，企业根据《企业会计准则第 18 号——所得税准则应予确认的递延所得税》资产大于本科目余额的，借记“递延所得税资产”科目，贷记“所得税费用——递延所得税费用”科目，如图 2-136 所示；应予确认的递延所得税资产小于本科目余额的，做相反的会计分录。

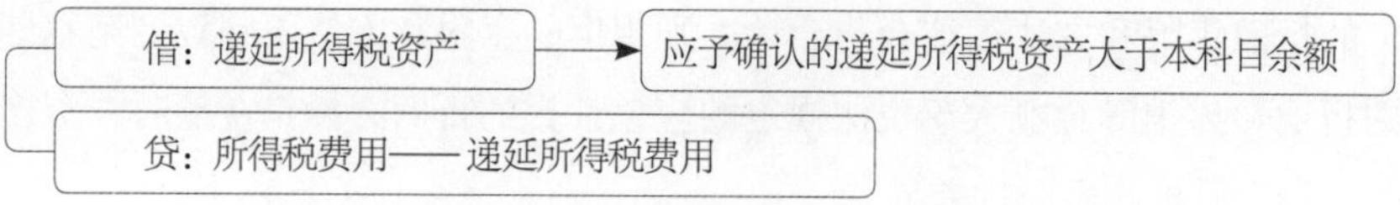

图 2-136　应予确认的递延所得税资产大于本科目余额

3. 案例解析

见【例 2-100】。

2.22.2　递延所得税资产的转回

1. 业务概述

当企业产生递延所得税资产的情况消失，如预计负债的实现等时，将导致以前期间计提的递延所得税资产的转回。

2. 账务处理

资产负债表日，预计未来期间很可能无法获得足够的应纳税所得额用以抵扣可抵扣暂时性差异的，按应减记的金额，借记“所得税费用——递延所得税费用”科目，贷记“递延所得税资产”科目，如图 2-137 所示。

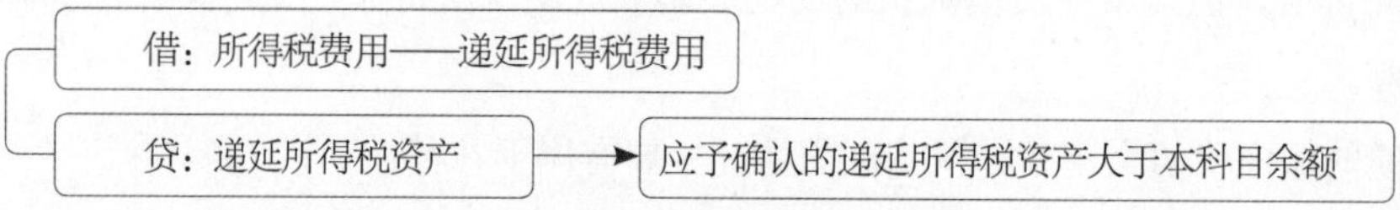

图 2-137　递延所得税资产的转回

3. 案例解析

【例 2-100】甲公司的主要业务是生产热水器，其每年的税前利润是 200 000 000 元，2×18 年预计了 2 000 000 元的保修费用，实际均发生于后两年且金额相等，其适用的所得税税率为 25%。

甲公司在此两年的账务处理如下。

2×19 年年末，会计将 2 000 000 元的保修费用确认为预计负债，而根据税法只有当该费用实际发生时才可以予以税前扣除。此时预计负债的账面价值是 2 000 000 元，计税基础为 0，产生了可抵扣暂时性差异 2 000 000 元，产生的递延所得税资产为 500 000 元，当期应交所得税为（20 000 000+2 000 000）×25%=5 500 000（元），所得税费用为 5 000 000 元。

借：所得税费用——递延所得税费用	5 000 000	
递延所得税资产	500 000	
贷：应交税费——应交所得税		5 500 000

2×19 年实际发生的保修费用为 1 000 000 元，年末的预计负债为 1 000 000 元，计税基础仍是 0，可抵扣暂时性差异为 1 000 000 元，递延所得税资产的余额应该是 250 000 元，当期应交所得税为（20 000 000+1 000 000）×25%=5 250 000（元），所得税费用为 5 000 000 元。

借：所得税费用——递延所得税费用	5 000 000	
递延所得税资产	250 000	
贷：应交税费——应交所得税		5 250 000

2.23 持有待售资产

2.23.1 划分为持有待售类别时的计量

1. 业务概述

企业主要通过出售而非持续使用一项非流动资产或处置组收回其账面价值的，应当将其划分为持有待售类别。对于符合持有待售类别划分条件（① 可立即出售；② 出售极可能发生）但仍在使用的非流动资产或处置组，由于通过该资产或处置组的使用收回的价值相对于通过出售收回的价值是微不足道的，资产的账面价值仍然主要通过出售收回，因此企业不应该因持有待售的非流动资产或处置组仍在产生零星收入而不将其划分为持有待售类别。对于持有待售的非流动资产或处置组，企业在初始计量时，应当按照相关会计准则规定计量流动资产，使用其他准则计量规定的非流动资产和负债。

2. 账务处理

当企业将某资产划分为持有待售资产时，对于该项目的账面价值低于其公允价值减去出售费用后的净额的，企业应按照该项目的账面价值借记“持有待售资产”科目，贷记“固定资产”“其他权益工具投资”“长期股权投资”等科目；对于账面价值高于其公允价值减去出售费用后的净额的，企业应当将差额确认为资产减值损失，计入当期损益，同时计提持有待售资产减值准备。

编制会计分录如图 2-138 所示。

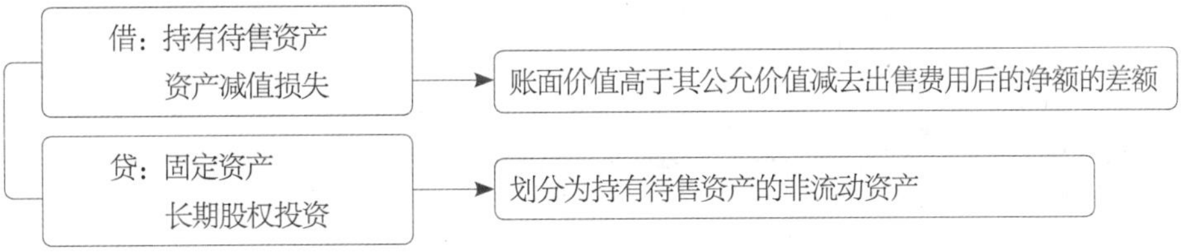

图 2-138 划分为持有待售类别时的计量

3. 案例解析

【例 2-101】2×19 年 3 月 1 日，L 公司购入 M 公司全部股权，支付价款 16 000 000 元。购入该股权之前，L 公司的管理层已经做出决议，一旦购入 M 公司，将在一年内将其出售给 N 公司，M 公司当前状况下即可立即出售。预计 L 公司还将为出售该子公司支付 120 000 元的出售费用。L 公司与 N 公司计划于 2×19 年 3 月 31 日签署股权转让合同。情形一：L 公司与 N 公司初步议定股权转让价格为 16 200 000 元。情形二：L 公司尚未与 N 公司议定转让价格，购买日股权公允价值与支付价款一致。

情形一：M 公司是专为转售而取得的子公司，其不划分为持有待售类别情况下的初始计量金额应当为 16 000 000 元，当日公允价值减去出售费用后的净额为 16 080 000 元，按照二者孰低计量。L 公司 2×19 年 3 月 1 日的账务处理如下。

借：持有待售资产——长期股权投资　　16 000 000

　　贷：银行存款　　16 000 000

情形二：M 公司是专为转售而取得的子公司，其不划分为持有待售类别情况下的初始计量金额为 16 000 000 元，当日公允价值减去出售费用后的净额为 15 880 000 元，按照二者孰低计量。L 公司 2×19 年 3 月 1 日的账务处理如下。

借：持有待售资产——长期股权投资　　15 880 000

资产减值损失　　120 000

贷：银行存款　　16 000 000

2.23.2　划分为持有待售类别后的计量

1. 业务概述

企业在资产负债表日重新计量持有待售的处置时，应当首先按照相关会计准则规定计量处置组中的流动资产，使用其他准则计量规定的非流动资产和负债的账面价值。例如，处置组中的金融工具，应当按照《企业会计准则第 22 号——金融工具确认和计量》的规定计量。

2. 账务处理

企业在资产负债表日重新计量持有待售的非流动资产时，如果其账面价值高于公允价值减去出售费用后的净额，应当将账面价值减记至公允价值减去出售费用后的净额，减记的金额确认为资产减值损失，计入当期损益，同时计提持有待售资产减值准备。

如果后续资产负债表日持有待售的非流动资产公允价值减去出售费用后的净额增加，以前减记的金额应当予以恢复，并在划分为持有待售类别后非流动资产确认的资产减值损失金额内转回，转回金额计入当期损益，划分为持有待售类别前确认的资产减值损失不得转回。

持有待售的非流动资产不应计提折旧或摊销。

编制的会计分录如图 2-139 所示。

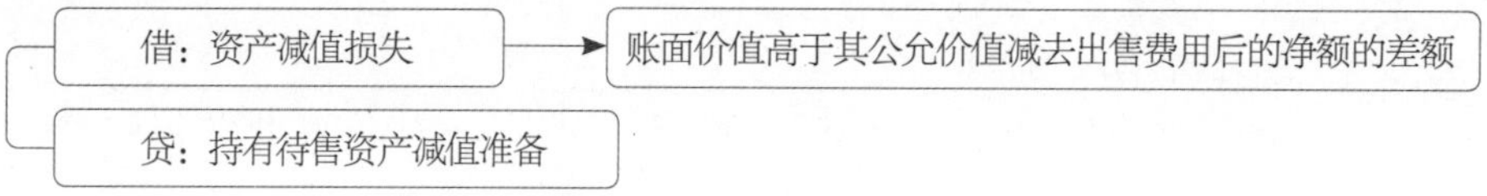

图 2-139　划分为持有待售类别后的计量

3. 案例解析

【例 2-102】接**【例 2-101】**。2×19 年 3 月 31 日，L 公司与 N 公司签订合同，转让所持有 M 公司的全部股权，转让价格为 16 070 000 元，L 公司预计还将支付 80 000 元的出售费用。

情形一：2×19 年 3 月 31 日，L 公司持有的 M 公司的股权公允价值减去出售费用后的净额为 15 990 000 元，账面价值为 16 000 000 元，以二者孰低计量，L 公司 2×19 年 3 月 31 日的账务处理如下。

借：资产减值损失　　10 000

贷：持有待售资产减值准备——长期股权投资　　10 000

情形二：2×19 年 3 月 31 日，L 公司持有的 M 公司的股权公允价值减去出售费用后的净额为 15 990 000 元，账面价值为 15 880 000 元，以二者孰低计量，L 公司不需要进行账务处理。

第3章 负债类交易和事项的会计处理

负债是指企业由于过去的交易或事项形成的，预期会导致未来经济利益流出企业并且能够可靠计量的现实义务。负债可以按照偿还时间的长短分为长期负债和短期负债。

3.1 短期借款

短期借款是指企业向银行或其他金融机构等借入的期限在1年以下（含1年）的各种借款，通常是为了满足正常生产经营的需要，如企业以应收债权取得质押借款等。

短期借款的借入、付息和偿还

1. 业务概述

企业应通过“短期借款”科目，核算短期借款的发生、偿还等情况。短期借款应当按照借款本金和约定的利息按期计提利息，并且计入当期损益（财务费用）。

2. 账务处理

企业从银行或其他金融机构取得短期借款时，借记“银行存款”科目，贷记“短期借款”科目。编制会计分录如图3-1所示。

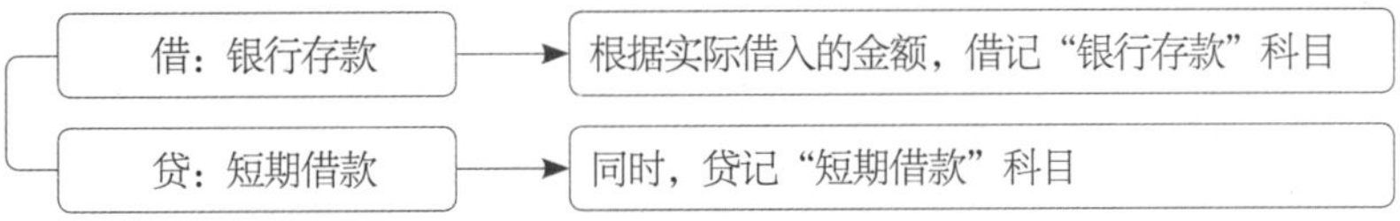

图3-1　取得短期借款

在实际工作中，银行一般于每季度末收取短期借款利息，为此，企业的短期借款利息一般采用月末预提的方式进行核算。短期借款利息属于筹资费用，应记入“财务费用”科目。企业应当在资产负债表日按照计算确定的短期借款利息费用，借记“财务费用”科目，贷记“应付利息”科目。编制会计分录如图3-2所示。

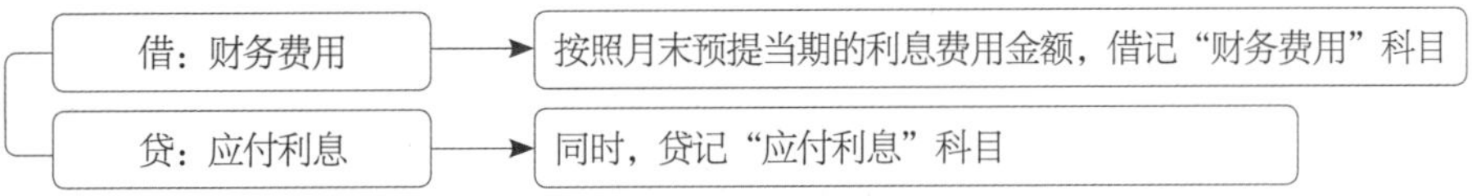

图3-2　按月预提当期利息费用

实际支付利息时，借记“应付利息”科目，贷记“银行存款”科目。编制会计分录如图3-3所示。

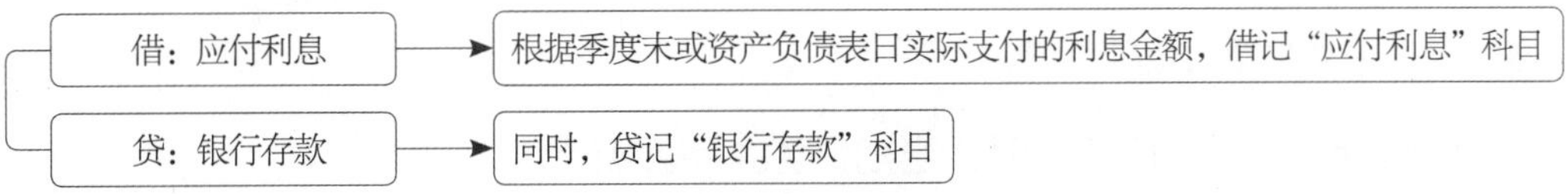

图3-3　实际支付利息

企业短期借款到期偿还本金时，借记“短期借款”科目，贷记“银行存款”科目。编制会计分录如图 3-4 所示。

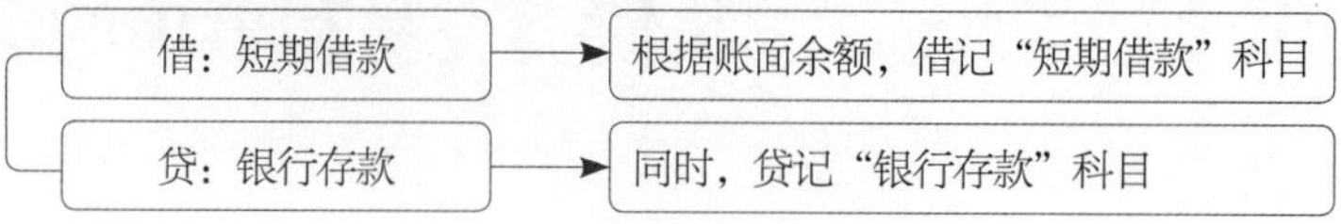

图 3-4 短期借款到期偿还本金

3. 案例解析

【**例 3-1**】A 股份有限公司于 2×19 年 1 月 1 日向银行借入一笔生产经营用短期借款，共计 120 000 元，期限为 9 个月，年利率为 4%。根据与银行签署的借款协议，该项借款的本金到期后一次归还，利息按月预提、按季支付。A 股份有限公司的账务处理如下。

（1）1 月 1 日借入短期借款。

借：银行存款　　120 000

　　贷：短期借款　　120 000

（2）1 月月末，计提 1 月应计利息。

借：财务费用　　400

　　贷：应付利息　　400

本月应计提的利息金额 =120 000×4%÷12=400（元）

2 月月末计提 2 月利息费用的处理与 1 月的处理相同。

（3）3 月月末支付第一季度银行借款利息。

借：财务费用　　400

　　应付利息　　800

　　贷：银行存款　　1 200

第二、三季度的账务处理同上。

（4）10 月 1 日偿还银行借款本金。

借：短期借款　　120 000

　　贷：银行存款　　120 000

如果上述借款期限是 8 个月，则到期日为 9 月 1 日，8 月月末之前的账务处理与上述相同。9 月 1 日偿还银行借款本金，同时支付 7 月和 8 月已提未付利息。

借：短期借款　　120 000

　　应付利息　　800

　　贷：银行存款　　120 800

3.2 交易性金融负债

以公允价值计量且其变动计入当期损益的金融负债包括交易性金融负债和指定为以公允价值计量且其变动计入当期损益的金融负债。

3.2.1 取得以公允价值计量且其变动计入当期损益的金融负债

1. 业务概述

在非同一控制下的企业合并中，企业作为购买方确认的或用对价形成金融负债的，该金融负债应当按照以公允价值计量且其变动计入当期损益进行账务处理。

2. 账务处理

企业应该按公允价值对以公允价值计量且其变动计入当期损益的金融负债进行初始计量，发生的相关交易费用应直接计入当期损益（投资收益）。交易性金融负债初始计量的会计处理如图 3-5 所示。

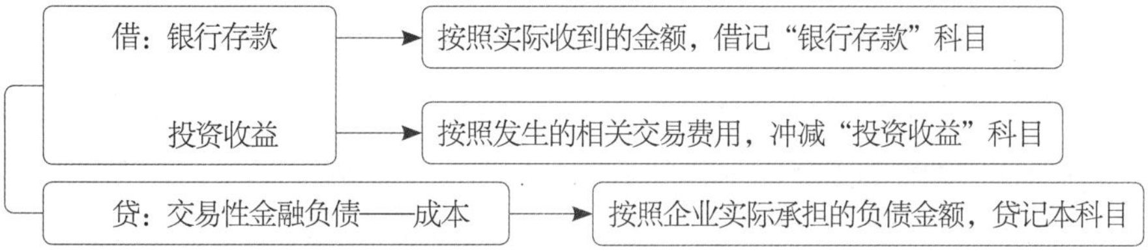

图 3-5 交易性金融负债初始计量的会计处理

3. 案例解析

见【例 3-2】。

3.2.2 以公允价值计量且其变动计入当期损益的金融负债的后续计量

1. 业务概述

该负债需要根据公允价值进行后续计量，因此在每个资产负债表日都必须对其公允价值进行计量，并对该价值变动进行处理。

2. 账务处理

资产负债表日，企业应当按照公允价值进行后续计量，其公允价值变动形成的利得或损失应当计入当期损益。交易性金融负债的公允价值高于其账面余额的差额，借记“公允价值变动损益”科目，贷记“交易性金融负债——公允价值变动”科目；公允价值低于其账面余额的差额做相反的会计分录。交易性金融负债公允价值变动的账务处理如图 3-6 所示。

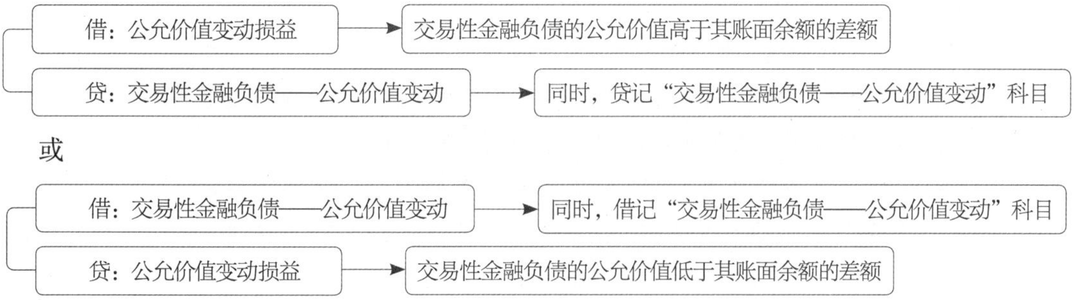

图 3-6 交易性金融负债公允价值变动的账务处理

资产负债表日，按交易性金融负债票面利率计算的利息，借记“投资收益”科目，贷记“应付利息”科目。企业应该编制的会计分录如图 3-7 所示。

图 3-7 资产负债表日按交易性金融负债计息的账务处理

3. 案例解析

见【例 3-2】。

3.2.3 以公允价值计量且其变动计入当期损益的金融负债的处置

1. 业务概述

企业出于调整其资产结构或者其他原因会出售或者偿还交易性金融负债。

2. 账务处理

企业出售交易性金融负债时，应按其账面余额，借记“交易性金融负债——成本、公允价值变动”科目，按实际支付的金额，贷记“银行存款”科目，将差额借记或者贷记“投资收益”科目。同时将累计的公允价值变动损益转入“投资收益”科目中。以公允价值计量且其变动计入当期损益的金融负债的处置如图3-8所示。

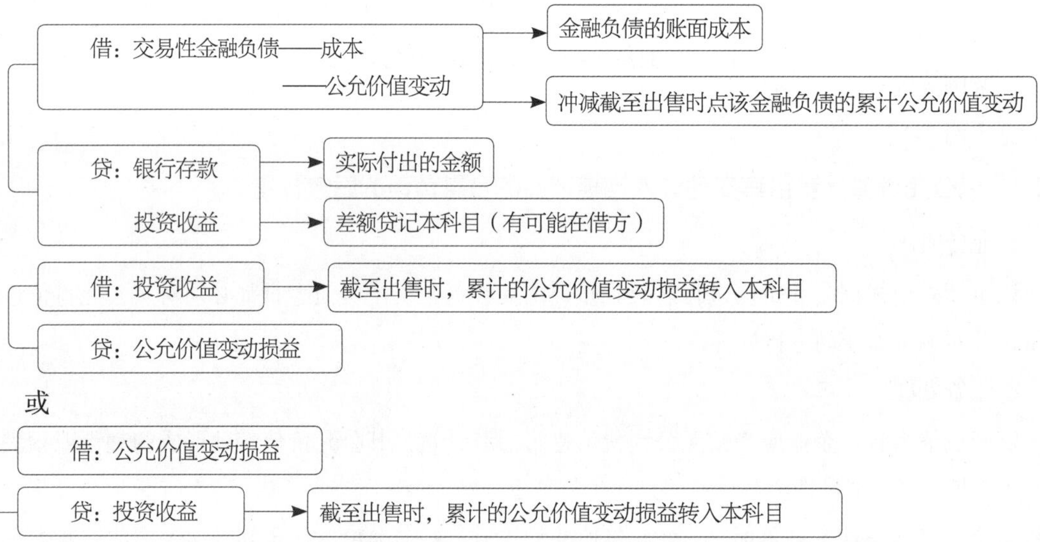

图3-8 以公允价值计量且其变动计入当期损益的金融负债的处置

3. 案例解析

【例3-2】2×18年10月1日，甲公司为了购买生产经营所需的原材料及配套件，经批准按面值公开发行10亿元人民币短期融资券，期限为1年，票面利率为8%，每张面值为100元，到期一次性还本付息。公司将该短期融资券指定为以公允价值计量且其变动计入当期损益的金融负债。假定发行短期融资券相关的交易费用为100万元。2×18年12月31日，该短期融资券市场价格为每张106元（不含利息）；2×19年3月31日，该短期融资券市场价格为每张103元（不含利息）；2×19年6月30日，该短期融资券市场价格为每张101元（不含利息）；2×19年9月30日到期完成兑付。假定不考虑其他相关因素，则甲公司从发行短期融资券至其到期的账务处理如下（单位：万元）。

（1）2×18年10月1日，发行短期融资券。

借：银行存款　99 900

　　投资收益　100

　　贷：交易性金融负债——成本　100 000

（2）2×18年12月31日，确认公允价值变动，并计算利息费用。

借：公允价值变动损益　6 000

　　贷：交易性金融负债——公允价值变动　6 000

借：财务费用　2 000

　　贷：应付利息　2 000

（3）2×19 年 3 月 31 日，季末确认公允价值变动，并计算利息费用。

借：交易性金融负债——公允价值变动	3 000	
贷：公允价值变动损益		3 000
借：财务费用	2 000	
贷：应付利息		2 000

（4）2×19 年 6 月 30 日，季末确认公允价值变动，并计算利息费用。

借：交易性金融负债——公允价值变动	2 000	
贷：公允价值变动损益		2 000
借：财务费用	2 000	
贷：应付利息		2 000

（5）2×19 年 9 月 30 日，金融债券到期。

借：财务费用	2 000	
贷：应付利息		2 000
借：交易性金融负债——成本	100 000	
——公允价值变动	1 000	
应付利息	8 000	
贷：银行存款		108 000
公允价值变动损益		1 000

3.3 以摊余成本计量的金融负债

除下列各项外，企业应当将金融负债分类为以摊余成本计量的金融负债。

（1）以公允价值计量且其变动计入当期损益的金融负债，包括交易性金融负债（含属于金融负债的衍生工具）和指定为以公允价值计量且其变动计入当期损益的金融负债。

（2）不符合终止确认条件的金融资产转移或继续涉入被转移金融资产所形成的金融负债。对此类金融负债，企业应当按照《企业会计准则第 23 号——金融资产转移》相关规定进行计量。

（3）不属于上述第（1）项或第（2）项情形的财务担保合同，以及不属于上述第（1）项的、以低于市场利率贷款的贷款承诺。企业作为此类金融负债发行方的，应当在初始确认后按照《企业会计准则第 22 号—— 金融工具确认和计量》第八章所确定的损失准备金额以及初始确认金额扣除依据《企业会计准则第 14 号——收入》相关规定所确定的累计摊销额后的余额孰高进行计量。

在非同一控制下的企业合并中，企业作为购买方确认的或有对价形成金融负债的，该金融负债应当按照以公允价值计量且其变动计入当期损益进行账务处理。

3.3.1 取得以摊余成本计量的金融负债

1. 业务概述

企业初始确认金融负债，应当按照公允价值计量，相关交易费用应当计入初始确认金额。

2. 账务处理

账务处理参见“应付债券”的账务处理。

企业发行债券，应当按实际收到的金额，借记“银行存款”科目，按债务工具的面值，贷记“应付债券——面值”科目，按其差额，贷记或借记“应付债券——利息调整”科目。

3. 案例解析

见【例3-3】。

3.3.2 以摊余成本计量的金融负债的后续计量

1. 业务概述

以摊余成本计量且不属于任何套期关系的一部分的金融负债所产生的利得和损失，应当在终止确认时计入当期损益或在按照实际利率法摊销时计入相关期间损益。

2. 账务处理

资产负债表日，对于分期付息、一次还本的债券，应按摊余成本和实际利率计算确定的债券利息费用，借记“在建工程”“制造费用”“财务费用”“研发支出”等科目，按票面利率计算确定的应付未付利息，贷记“应付利息”科目，按其差额，借记或贷记“应付债券——利息调整”科目。

对于一次还本付息的债券，应于资产负债表日按摊余成本和实际利率计算确定的债券利息费用，借记“在建工程”“制造费用”“财务费用”“研发支出”等科目，按票面利率计算确定的应付未付利息，贷记“应付债券——应计利息”科目，按其差额，借记或贷记“应付债券——利息调整”科目。实际利率票面利率差异较小的，也可以采用票面利率计算确定利息费用。

长期债券到期，支付债券本息，借记“应付债券——面值、应计利息”“应付利息”等科目，贷记“银行存款”等科目。同时，存在利息调整余额的，借记或贷记“应付债券——利息调整”科目，贷记或借记“在建工程”“制造费用”“财务费用”“研发支出”等科目。

3. 案例解析

【例3-3】甲公司发行公司债券为建造专用生产线筹集资金。有关资料如下。

（1）2×16年12月31日，委托证券公司以7 755万元的价格发行3年期分期付息公司债券。债券面值为8 000万元，票面年利率为4.5%，实际年利率为5.64%，每年付息一次，到期后按面值偿还。支付的发行费用与发行期间冻结资金产生的利息收入相等。

（2）生产线建造工程采用出包方式，于2×17年1月1日开始动工，发行债券所得款项当日全部支付给建造承包商，2×18年12月31日所建造生产线达到预定可使用状态。

（3）假定各年度利息的实际支付日期均为下年度的1月10日；2×20年1月10日支付2×19年度利息，一并偿付面值。

（4）所有款项均以银行存款支付。据此，甲公司计算得出该债券在各年末的摊余成本、应付利息金额、当年应予资本化或费用化的利息金额、利息调整的本年摊销和年末余额，如表3-1所示。

表 3-1 各年末摊余成本、应付利息金额、利息调整

单位：万元

时间		2×16 年 12 月 31 日	2×17 年 12 月 31 日	2×18 年 12 月 31 日	2×19 年 12 月 31 日
年末摊余成本	面值	8 000	8 000	8 000	8 000
	利息调整	−245	−167.62	−85.87	0
	合计	7 755	7 832.38	7 914.13	8 000
当年应予资本化或费用化的利息费用			437.38	441.75	445.87
年末应付利息金额			360	360	360
“利息调整”本年摊销额			77.38	81.75	85.87

甲公司的账务处理如下（单位：万元）。

（1）2×16 年 12 月 31 日发行债券。

借：银行存款　　7 755

　　应付债券——利息调整　　245

　　贷：应付债券——面值　　8 000

（2）2×17 年 12 月 31 日，确认利息。

借：在建工程　　（7 755×5.64%）437.38

　　贷：应付利息　　（8 000×4.5%）360

　　　　应付债券——利息调整　　77.38

2×18 年 1 月 10 日，支付上年度利息。

借：应付利息　　360

　　贷：银行存款　　360

2×17 年 12 月 31 日，应付债券摊余成本 =7 755+77.38=7 832.38（万元）。

（3）2×18 年 12 月 31 日，确认利息。

借：在建工程　　（7 832.38×5.64%）441.75

　　贷：应付利息　　（8 000×4.5%）360

　　　　应付债券——利息调整　　81.75

2×19 年 1 月 10 日，支付上年度利息。

借：应付利息　　360

　　贷：银行存款　　360

借：固定资产　　（7 755+437.38+441.75）8 634.13

　　贷：在建工程　　8 634.13

3.4 应付账款

应付账款是指因购买材料、商品或接受劳务供应等而发生的债务，即由买卖双方的物资劳务与支付货款在时间上的不一致而产生的负债。

3.4.1　应付账款的发生

1. 业务概述

应付账款入账时间的确定，应以所购买物资的所有权有关的风险和报酬已经转移或劳务已经接受为标志。但在实际工作中应区别下列情况处理。

（1）在物资和发票账单同时到达的情况下，要区分两种情况处理：如果物资验收入库的同时支付货款，则不通过“应付账款”科目核算；如果物资验收入库后仍未付款，则按发票账单登记入账，主要是为了确认所购入物资是否在质量、数量和品种上都与合同上定明的条件相符，以免因先入账而在验收入库时发现购入物资问题进行调账。

（2）在物资和发票账单不是同时到达的情况下，要区分两种情况处理：在发票账单已到而物资未到的情况下，应当直接根据发票账单支付物资价款和运杂费，计入有关物资的成本和应付账款；在物资已到而发票账单未到，也无法确定实际成本情况下，月末需要按照所购物资和应付债务暂估入账，待下月初再用红字予以冲回的办法进行处理。

2. 账务处理

应付账款一般按应付金额入账，而不按到期应付金额的现值入账。企业购入材料、商品或接受劳务等所产生的应付账款，应按应付金额入账。购入材料、商品等验收入库，但货款尚未支付，根据有关凭证（发票账单、随货同行发票上记载的实际价款或暂估价值），借记“材料采购”“在途物资”等科目，按可抵扣的增值税税额，借记“应交税费——应交增值税（进项税额）”科目，按应付的价款，贷记“应付账款”科目。企业接受供应单位提供劳务而发生的应付未付款项，根据供应单位的发票账单，借记“生产成本”“管理费用”等科目，贷记“应付账款”科目。企业应编制的会计分录如图 3-9 所示。

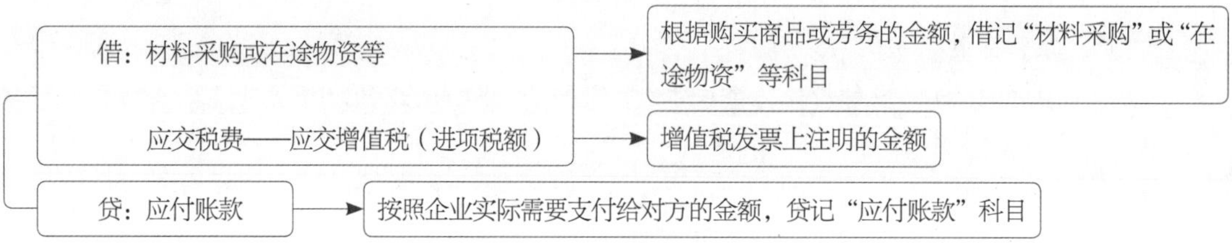

图 3-9　应付账款的发生

3. 案例解析

【例 3-4】乙百货商场于 2×19 年 4 月 2 日从 A 公司购入一批家电产品并已验收入库。增值税专用发票上列明该批家电的价款为 1 000 000 元，增值税为 130 000 元。乙百货商场的账务处理如下。

借：库存商品	1 000 000	
应交税费——应交增值税（进项税额）	130 000	
贷：应付账款——A 公司		1 130 000

3.4.2　归还应付账款

1. 业务概述

企业偿还应付账款或开出商业汇票抵付应付账款时，如果应付账款附有现金折扣，应按照扣除现金折扣前的应付款总额入账。因在折扣期限内付款而获得的现金折扣，应在偿付应付账款时冲减财务费用。

2. 账务处理

企业偿还应付账款或开出商业汇票抵付应付账款时，借记“应付账款”科目，贷记“银行存款”和“应付票据”等科目。编制会计分录如图 3-10 所示。

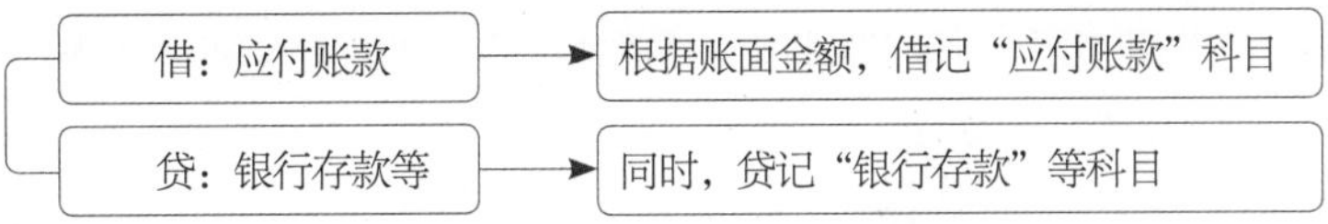

图 3-10 偿还应付账款或开出商业汇票抵付应付账款

如果应付账款附有现金折扣，应按照扣除现金折扣前的应付款总额入账。因在折扣期限内付款而获得的现金折扣，应在偿付应付账款时冲减财务费用。编制会计分录如图 3-11 所示。

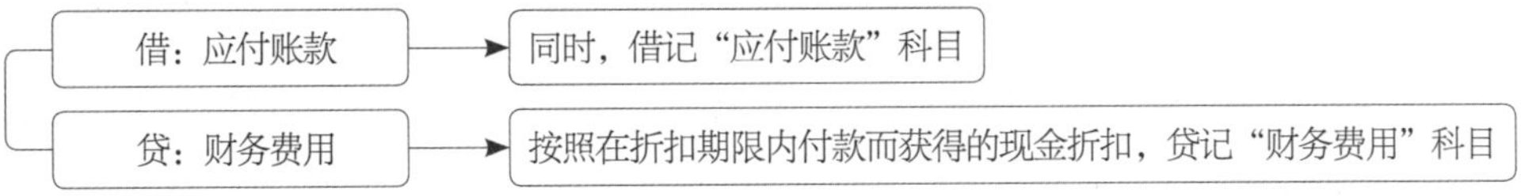

图 3-11 应付账款附有现金折扣

3. 案例解析

【例 3-5】接**【例 3-4】**，按照购货协议的规定，乙百货商场如在 15 天内付清货款，将获得 1% 的现金折扣（假定计算现金折扣时需考虑增值税）。乙百货商场于 2×19 年 4 月 10 日，按照扣除现金折扣后的金额，用银行存款付清了所欠 A 公司的货款。乙百货商场的账务处理如下。

借：应付账款——A 公司	1 130 000	
贷：银行存款		1 118 700
财务费用		11 300

本例中，乙百货商场在 4 月 10 日（即购货后的第 8 天）付清所欠 A 公司的货款，按照购货协议可以获得现金折扣。乙百货商场获得的现金折扣 =1 130 000×1%=11 300（元），实际支付的货款 = 1 130 000-1 130 000×1%=1 118 700（元）。

3.5 应付票据

应付票据，用于企业在商品购销活动和对工程价款进行结算因采用商业汇票结算方式而发生的，由出票人出票，委托付款人在指定日期无条件支付确定的金额给收款人或者票据持票人的情况。

3.5.1 应付票据的发生

1. 业务概述

应付票据包括商业承兑汇票和银行承兑汇票。应付票据按是否带息分为带息应付票据和不带息应付票据两种。通常而言，商业汇票的付款期限不超过 6 个月，因此，在会计上应作为流动负债管理和核算。同时，由于应付票据的偿付时间较短，在会计实务中，一般均按照开出、承兑的应付票据的面值入账。

2. 账务处理

企业因购买材料、商品和接受劳务供应等而开出、承兑的商业汇票，应当按其票面金额作为应付票据的入账金额，借记“材料采购”“原材料”“库存商品”“应付账款”“应交税费——

应交增值税（进项税额）”等科目，贷记“应付票据”科目。企业支付的银行承兑汇票手续费应当计入当期财务费用，借记“财务费用”科目，贷记“银行存款”科目。编制会计分录如图3-12所示。

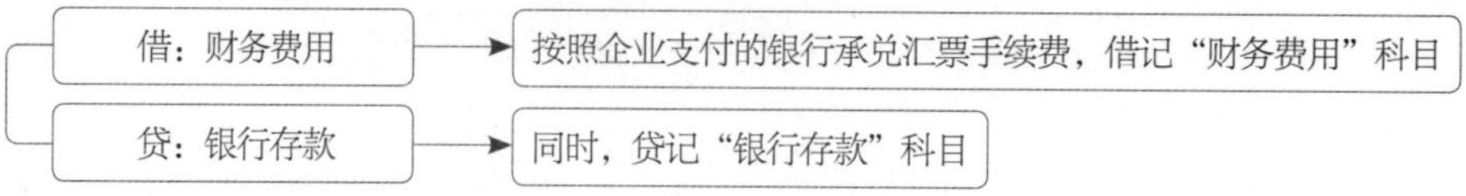

图3-12　开出、承兑的商业汇票手续费

3. 案例解析

【**例3-6**】甲企业为增值税一般纳税人。该企业于2×19年4月6日，开出并承兑一张面值为56 500元、期限为5个月的不带息商业承兑汇票，用以采购一批材料，材料已收到，按计划成本核算。增值税专用发票上注明的材料价款为50 000元，增值税税额为6 500元。该企业的账务处理如下。

借：材料采购　　50 000

　　应交税费——应交增值税（进项税额）　　6 500

　　贷：应付票据　　56 500

假设上例中的商业汇票为银行承兑汇票，甲企业已缴纳承兑手续费29元。账务处理如下。

借：财务费用　　29

　　贷：银行存款　　29

3.5.2　不带息应付票据的偿还

1. 业务概述

应付票据到期支付票款时，应按账面余额予以结转。应付商业承兑汇票到期，如企业无力支付票款，应将应付票据的账面余额转作应付账款；应付银行承兑汇票到期，如企业无力支付票款，应将应付票据的账面余额转作短期借款。

2. 账务处理

应付票据到期支付票款时，借记“应付票据”科目，贷记“银行存款”科目。编制会计分录如图3-13所示。

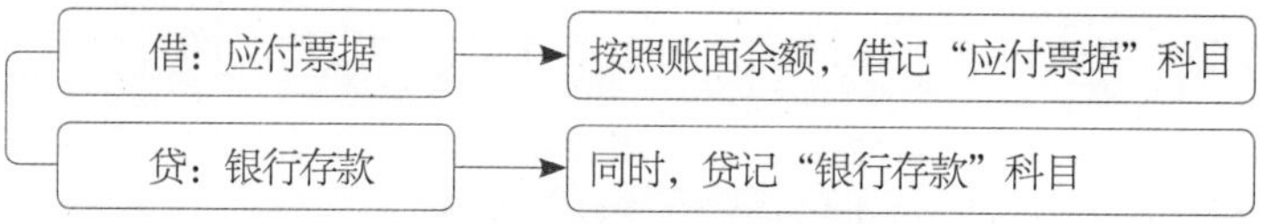

图3-13　应付票据到期支付票款

应付商业承兑汇票到期，如企业无力支付票款，借记“应付票据”科目，贷记“应付账款”科目。编制会计分录如图3-14所示。

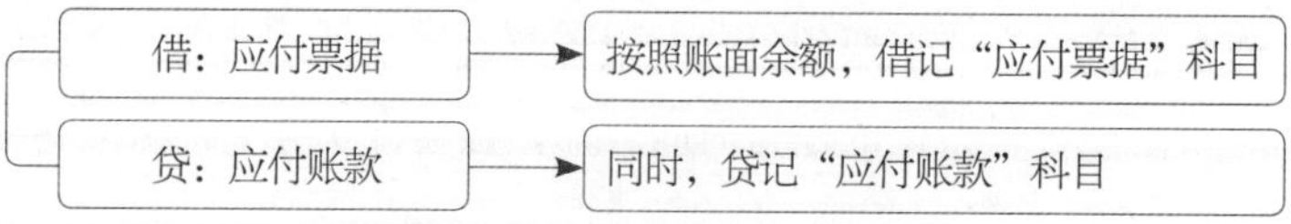

图3-14　应付商业承兑汇票到期，企业无力支付票款

应付银行承兑汇票到期，如企业无力支付票款，借记“应付票据”科目，贷记“短期借款”科目。编制会计分录如图3-15所示。

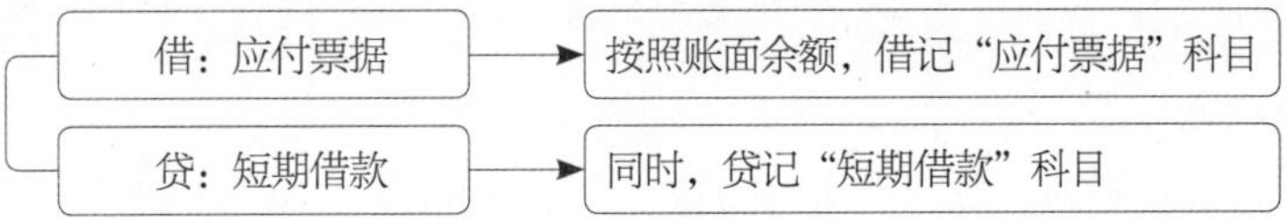

图 3-15 应付银行承兑汇票到期，企业无力支付票款

3. 案例解析

【例 3-7】接**【例 3-6】**，2×19 年 9 月 6 日，甲企业于 4 月 6 日开出的商业汇票到期，甲企业通知其开户银行以银行存款支付票款。该企业的账务处理如下。

借：应付票据　　　　56 500

　　贷：银行存款　　　　56 500

假设上述商业汇票为银行承兑汇票，该汇票到期时甲企业无力支付票款。该企业的账务处理如下。

借：应付票据　　　　56 500

　　贷：短期借款　　　　56 500

3.5.3 带息应付票据的偿还

1. 业务概述

带息应付票据的账务处理与不带息应付票据的账务处理的不同之处是，企业开出、承兑的带息票据，应于期末计算应付利息。

2. 账务处理

企业开出、承兑的带息应付票据，期末计算应付利息时，借记“财务费用”科目，贷记“应付票据”科目。编制会计分录如图 3-16 所示。

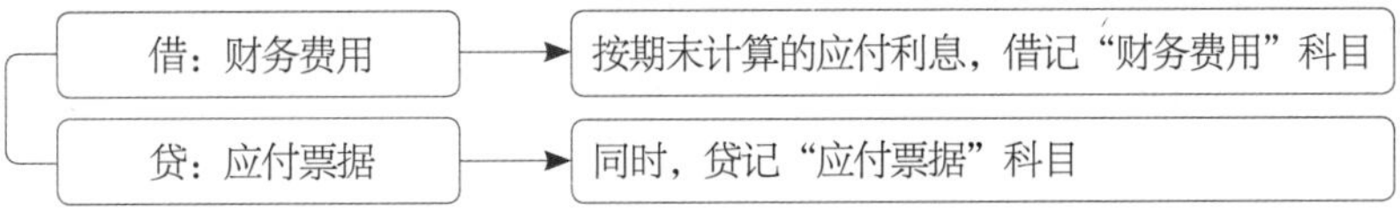

图 3-16 期末计算应付利息

3. 案例解析

【例 3-8】2×19 年 3 月 1 日，乙企业开出带息商业汇票一张，面值为 320 000 元，用于抵付其前欠 H 公司的货款。该票据票面利率为 6%，期限为 3 个月。该企业的账务处理如下。

（1）3 月 1 日，乙企业开出商业汇票。

借：应付账款——H 公司　　　　320 000

　　贷：应付票据　　　　320 000

（2）3 月 31 日，乙企业计算开出的带息应付票据应计利息。

借：财务费用　　　　1 600

　　贷：应付票据　　　　1 600

3 月份应计提的应付票据利息 =320 000×6%÷12=1 600（元）

乙企业 4 月月末和 5 月月末的账务处理同上。

（3）6 月 1 日，乙企业开出的带息商业汇票到期，以银行存款全额支付到期票款和 3 个月的票据利息。

借：应付票据　　324 800

　　贷：银行存款　　324 800

该商业汇票到期应偿还的金额 = 本金 + 利息 =320 000+320 000×6%÷12×3=324 800（元）

（4）6 月 1 日，带息商业汇票到期，若乙企业无力支付票款，应将应付票据的账面余额转入“应付账款”科目。

借：应付票据　　324 800

　　贷：应付账款　　324 800

3.6 预收账款

预收账款是买卖双方协议商定，由购货方预先支付一部分货款给供应方而发生的一项负债。

1. 业务概述

企业按照合同规定先向购货单位预收款项，后以货物或者劳务偿付。预收账款比较多的企业应通过“预收账款”科目核算预收账款的取得、偿付等情况。企业应当按照购货单位设置明细科目进行明细核算。预收账款业务不多的企业，可以不单独设置“预收账款”科目，其所发生的预收账款，可通过“应收账款”科目核算。

2. 账务处理

单独设置“预收账款”科目核算的，其贷方反映预收的货款和补付的货款；借方反映应收的货款和退回多收的货款；期末贷方余额反映尚未结清的预收款项，借方余额反映应收的款项。企业预收购货单位的款项时，借记“银行存款”科目，贷记“预收账款”科目。编制会计分录如图 3-17 所示。

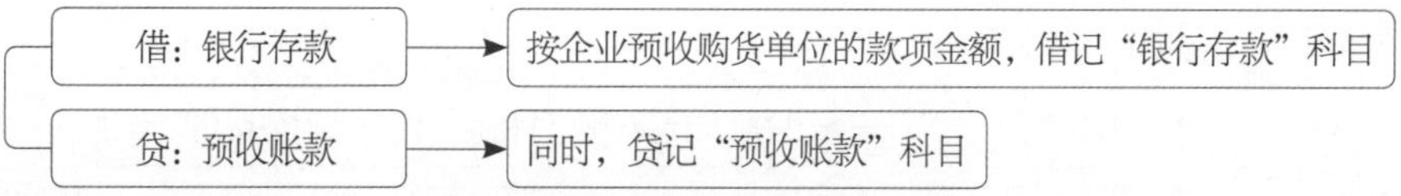

图 3-17　企业预收购货单位款项

销售实现时，按实现的收入和应交的增值税销项税额，借记“预收账款”科目，按照实现的营业收入，贷记“主营业务收入”科目，按照增值税专用发票上注明的增值税税额，贷记“应交税费——应交增值税（销项税额）”科目。编制会计分录如图 3-18 所示。

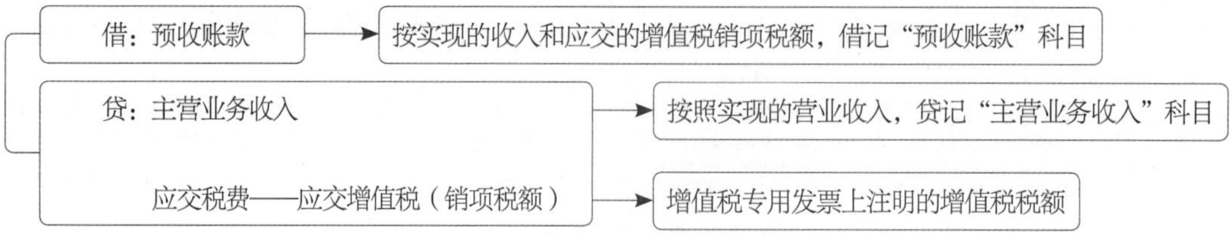

图 3-18　销售实现时的会计处理

企业收到购货单位补付的款项，借记“银行存款”科目，贷记“预收账款”科目。编制会计分录如图 3-19 所示。

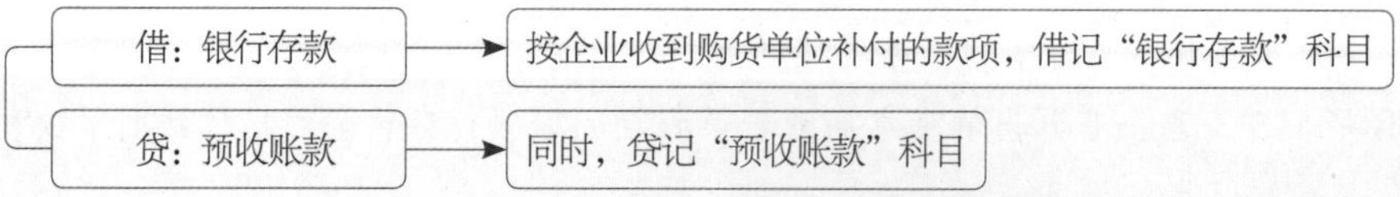

图 3-19　企业收到购货单位补付的款项

向购货单位退回其多付的款项时，借记“预收账款”科目，贷记“银行存款”科目。编制会计分录如图 3-20 所示。

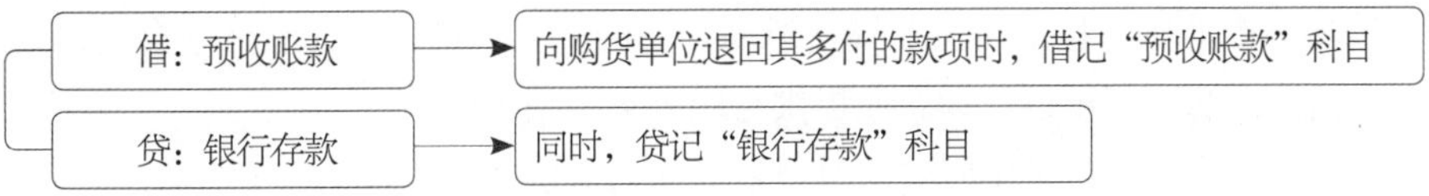

图 3-20 向购货单位退回多付的款项

3. 案例解析

【例 3-9】甲公司为增值税一般纳税人。2×19 年 6 月 3 日，甲公司与乙公司签订供货合同，向其出售一批产品，货款金额共计 100 000 元，应交增值税 13 000 元。根据购货合同的规定，乙公司在购货合同签订后一周内，应当向甲公司预付货款 60 000 元，剩余货款在交货后付清。2×19 年 6 月 9 日，甲公司收到乙公司交来的预付货款 60 000 元并存入银行；6 月 19 日，甲公司将货物发到乙公司并开出增值税专用发票，乙公司验收后付清了剩余货款。甲公司的账务处理如下。

（1）6 月 9 日，收到乙公司交来的预付货款 60 000 元。

借：银行存款　　　　60 000

　　贷：预收账款——乙公司　　　　60 000

（2）6 月 19 日，按合同规定，向乙公司发出货物。

借：预收账款——乙公司　　　　113 000

　　贷：主营业务收入　　　　100 000

　　　　应交税费——应交增值税（销项税额）　　　　13 000

（3）收到乙公司补付的货款。

借：银行存款　　　　53 000

　　贷：预收账款　　　　53 000

假设甲公司不设置“预收账款”科目，通过“应收账款”科目核算有关业务。甲公司的账务处理如下。

（1）6 月 9 日，收到乙公司交来的预付货款 60 000 元。

借：银行存款　　　　60 000

　　贷：应收账款——乙公司　　　　60 000

（2）6 月 19 日，向乙公司发出货物。

借：应收账款——乙公司　　　　113 000

　　贷：主营业务收入　　　　100 000

　　　　应交税费——应交增值税（销项税额）　　　　13 000

（3）收到乙公司补付的货款。

借：银行存款　　　　53 000

　　贷：应收账款——乙公司　　　　53 000

3.7 应付职工薪酬

职工薪酬是指企业为获得职工提供的服务而给予各种形式的报酬以及其他相关支出。

3.7.1 货币性职工薪酬的计提

1. 业务概述

应付职工薪酬中的职工包括与企业订立劳动合同的所有人员、未订立劳动合同但是由企业正式任命的企业治理层和管理层以及为企业提供与职工类似服务的人员。

职工薪酬核算企业因职工提供服务支付或者放弃的对价，主要包括以下内容：

（1）职工工资、奖金、津贴、补贴；

（2）职工福利费；

（3）医疗保险费、养老保险费、事业保险费、工伤保险费和生育保险费等社会保险费；

（4）住房公积金；

（5）工会经费和职工教育经费；

（6）非货币性福利；

（7）因解除与职工劳动关系而给予的补偿；

（8）其他与获得职工提供服务相关的支出。

企业应当在职工为其提供服务的会计期间，将应付的职工薪酬确认为负债，并根据接收职工提供服务的受益对象计入相应的成本或者费用。

企业在计量应付职工薪酬时，应当注意国家是否有相关的明确计提标准并加以区别处理：一般而言，对于企业应向社会保险经办机构（或企业年金基金账户管理人）缴纳的医疗保险费、养老保险费、失业保险费、工伤保险费、生育保险费等社会保险费，应向住房公积金管理中心缴存的住房公积金，以及应向工会部门缴纳的工会经费等，国家（或企业年金计划）统一规定了计提基础和计提比例，企业应当按照国家规定的标准计提；而对于职工福利费等职工薪酬，国家（或企业年金计划）没有明确规定计提基础和计提比例，企业应当根据历史经验数据和实际情况，合理预计当期应付职工薪酬。当期实际发生金额大于预计金额的，应当补提应付职工薪酬；当期实际发生金额小于预计金额的，应当冲回多提的应付职工薪酬。

2. 账务处理

生产部门人员的职工薪酬，借记“生产成本”“制造费用”“劳务成本”等科目，贷记“应付职工薪酬”科目。管理部门人员的职工薪酬，借记“管理费用”科目，贷记“应付职工薪酬”科目。销售人员的职工薪酬，借记“销售费用”科目，贷记“应付职工薪酬”科目。

应由在建工程、研发支出负担的职工薪酬，借记“在建工程”“研发支出”科目，贷记“应付职工薪酬”科目。编制会计分录如图3-21所示。

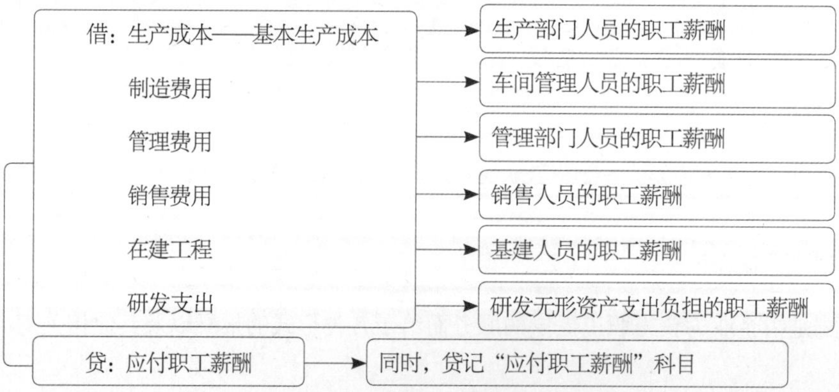

图3-21 货币性职工薪酬的计提

3. 案例解析

【例 3-10】丙企业下设一所职工食堂，每月根据在岗职工数量及岗位分布情况、相关历史经验数据等计算需要补贴食堂的金额，从而确定企业每期因职工食堂而需要承担的福利费金额。2×19 年 11 月，丙企业在岗职工共计 100 人，其中管理部门 20 人，生产车间 80 人。丙企业的历史经验数据表明，每个职工每月需补贴食堂 120 元。丙企业的账务处理如下。

借：生产成本——基本生产成本	9 600	
管理费用	2 400	
贷：应付职工薪酬——职工福利		12 000

企业应当提取的职工福利 =120×100=12 000（元）

【例 3-11】根据国家规定的计提标准计算，甲企业本月应向社会保险经办机构缴纳职工基本养老保险费共计 64 680 元，其中，应计入基本生产车间生产成本的金额为 44 800 元，应计入制造费用的金额为 9 800 元，应计入管理费用的金额为 10 080 元。甲企业的账务处理如下。

借：生产成本——基本生产成本	44 800	
制造费用	9 800	
管理费用	10 080	
贷：应付职工薪酬——社会保险费（基本养老保险）		64 680

3.7.2　非货币性职工薪酬的计提

1. 业务概述

企业以其生产的产品作为非货币性福利提供给职工的，应按该产品的公允价值和相关税费计入相关资产成本或当期损益，并确认应付职工薪酬；同时确认主营业务收入，其销售成本的结转和相关税费的处理与正常商品销售的相同。

企业以外购商品作为非货币性福利提供给职工的，应按该商品的公允价值和相关税费计入相关资产成本或当期损益，同时确认应付职工薪酬；实际购买时冲销应付职工薪酬。

企业还可能将其拥有的住房等资产无偿提供给职工使用，应根据相应的受益对象计入相关成本。需要注意的是，企业在进行账务处理时应先通过“应付职工薪酬”科目归集当期应计入成本费用的非货币性福利，以准确确定企业人工成本。

2. 账务处理

（1）以其自产产品作为非货币性福利发放给职工。

企业应当根据受益对象，按照该产品的公允价值和相关税费，计入相关资产成本或当期损益，同时确认应付职工薪酬，借记“管理费用”“生产成本”“制造费用”等科目，贷记“应付职工薪酬——非货币性福利”科目。编制会计分录如图 3-22 所示。

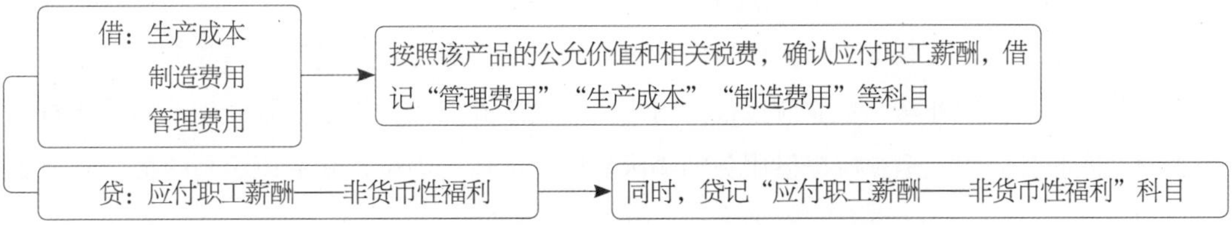

图 3-22　以其自产产品作为非货币性福利发放给职工

（2）外购商品作为非货币性福利发放给职工。

企业应当按照该商品的公允价值和相关税费（不确认为收入），计量应计入成本费用的职工薪酬，同时确认应付职工薪酬。编制会计分录如图3-23所示。

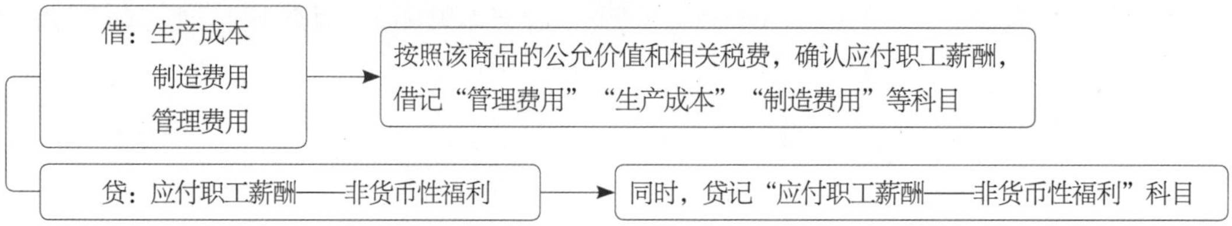

图3-23 外购商品作为非货币性福利发放给职工

（3）将拥有的房屋或租赁住房等资产无偿提供给职工使用。

企业应当根据受益对象，将该住房每期应计提的折旧计入相关资产成本或当期损益，同时确认应付职工薪酬，借记“管理费用”“生产成本”“制造费用”等科目，贷记“应付职工薪酬——非货币性福利”科目，并且同时借记“应付职工薪酬——非货币性福利”科目，贷记“累计折旧”科目。编制会计分录如图3-24所示。

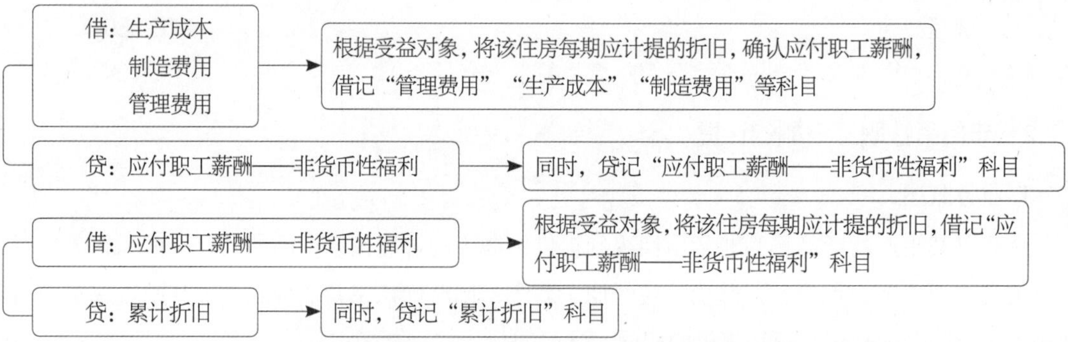

图3-24 将拥有的房屋等资产无偿提供给职工使用

租赁住房等资产供职工无偿使用的，应当根据受益对象，将每期应付的租金计入相关资产成本或当期损益，并确认应付职工薪酬，借记“管理费用”“生产成本”“制造费用”等科目，贷记“应付职工薪酬——非货币性福利”科目。编制会计分录如图3-25所示。

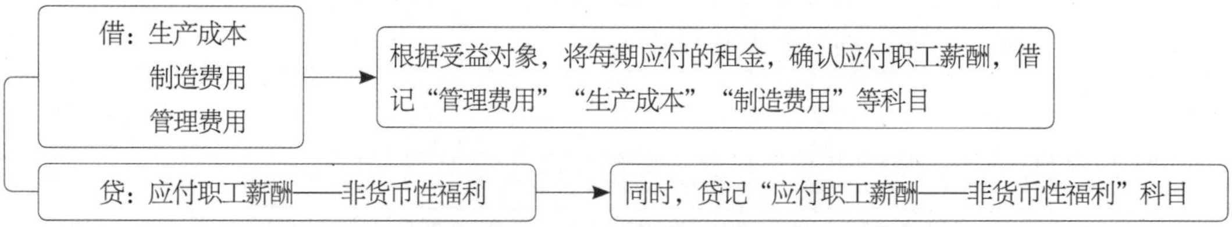

图3-25 将每期应付的租金计入相关资产成本或当期损益

难以认定受益对象的非货币性福利的，直接计入当期损益和应付职工薪酬。

（4）提供企业支付了补贴的商品或服务。

企业可能会以低于其取得成本的价格向职工提供商品或服务，如出售住房或提供医疗保健服务，实质是向职工提供补贴。企业应该根据出售商品或服务条款的规定分别处理：如果合同规定获得了商品或服务后职工至少应提供服务的年限，以出售住房为例，企业应编制的会计分录如图3-26所示。

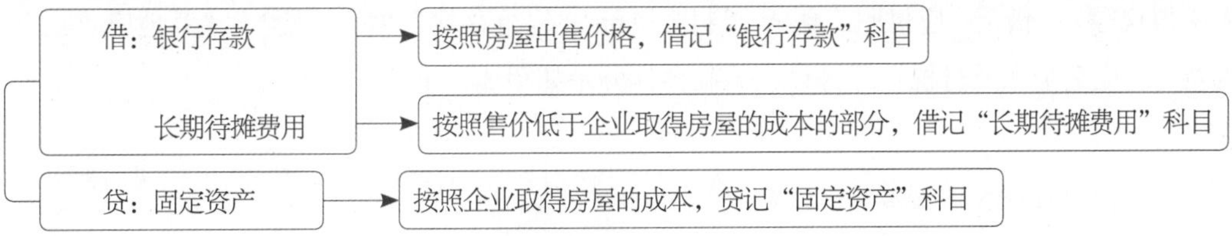

图 3-26 提供企业支付了补贴的商品或服务

如果未规定职工应提供服务的年限，则表示是对职工过去服务的补贴，企业应将出售商品或服务的价格与成本之间的差额计入当期损益。

3. 案例解析

【例 3-12】 B 公司为小家电生产企业，共有职工 200 名，其中 170 名为直接参加生产的职工，30 名为总部管理人员。2×19 年 9 月，B 公司以其生产的每台成本为 900 元的电暖器作为福利发放给公司每名职工。该型号的电暖器市场售价为每台 1 000 元，B 公司适用的增值税税率为 13%。B 公司的账务处理如下。

借：生产成本——基本生产成本	192 100	
管理费用	33 900	
贷：应付职工薪酬——非货币性福利		226 000

本例中，应确认的应付职工薪酬金额 =200×1 000×13%+200×1 000=226 000（元）

其中，应记入“生产成本”科目的金额 =170×1 000×13%+170×1 000=192 100（元）

应记入“管理费用”科目的金额 =30×1 000×13%+30×1 000=33 900（元）

【例 3-13】 C 公司为总部各部门经理级别以上职工提供汽车免费使用，同时为副总裁以上高级管理人员每人租赁一套住房。C 公司总部共有部门经理以上职工 20 名，为每人提供一辆桑塔纳汽车免费使用，假定每辆桑塔纳汽车每月计提折旧 1 000 元；该公司共有副总裁以上高级管理人员 5 名，公司为其每人租赁一套面积为 200 平方米带有家具和电器的公寓，月租金为每套 8 000 元。C 公司的账务处理如下。

借：管理费用	60 000	
贷：应付职工薪酬——非货币性福利		60 000
借：应付职工薪酬——非货币性福利	20 000	
贷：累计折旧		20 000

应确认的应付职工薪酬金额 =20×1 000+5×8 000=60 000（元）

其中，提供企业拥有的汽车供职工使用的非货币性福利金额 =20×1 000=20 000（元）

租赁住房供职工使用的非货币性福利金额 =5×8 000=40 000（元）

3.7.3 职工薪酬的发放

1. 业务概述

在实务中，企业一般先计提应付职工薪酬，再统一在规定的时间发放职工薪酬。

2. 账务处理

（1）支付职工工资、奖金、津贴和补贴。

企业按照有关规定向职工支付工资、奖金、津贴等，借记“应付职工薪酬——工资”科目，贷记“银行存款”“库存现金”等科目；企业从应付职工薪酬扣还的各种款项（代垫的家属药费、个人所得税等），借记“应付职工薪酬”科目，贷记“银行存款”“库存现金”“其他应收款”“应交税费——应交个人所得税”等科目。编制会计分录如图3-27所示。

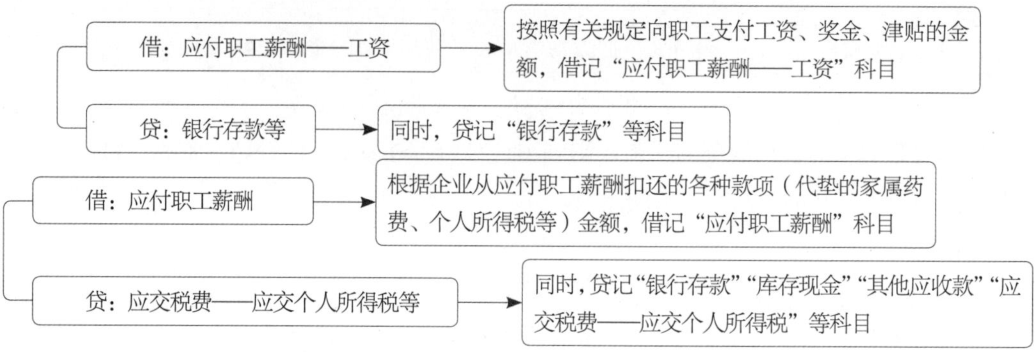

图3-27　支付职工工资、奖金、津贴和补贴

（2）支付职工福利费。

企业向职工食堂、职工医院、生活困难职工等支付职工福利费时，借记“应付职工薪酬——职工福利”科目，贷记“银行存款”“库存现金”等科目。编制会计分录如图3-28所示。

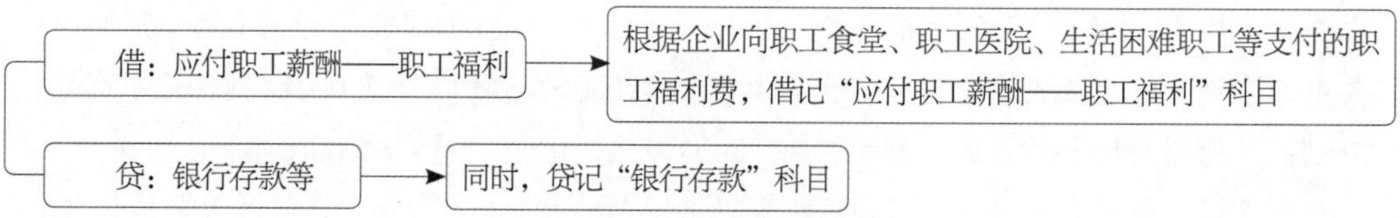

图3-28　支付职工福利费

（3）支付工会经费、职工教育经费和缴纳社会保险费、住房公积金。

企业支付工会经费和职工教育经费用于工会运营和职工培训，或按照国家有关规定缴纳社会保险费或住房公积金时，借记“应付职工薪酬——工会经费（或职工教育经费、社会保险费、住房公积金）”科目，贷记“银行存款”“库存现金”等科目。编制会计分录如图3-29所示。

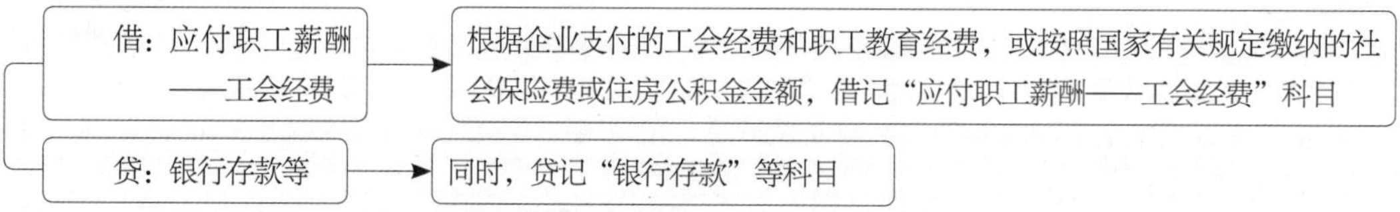

图3-29　支付工会经费、职工教育经费和缴纳社会保险费、住房公积金

（4）发放非货币性福利。

企业以自产产品作为职工薪酬发放给职工时，应确认主营业务收入，借记“应付职工薪酬——非货币性福利”科目，贷记“主营业务收入”科目，同时结转相关成本，涉及增值税销项税额的，还应进行相应的处理。编制会计分录如图3-30所示。

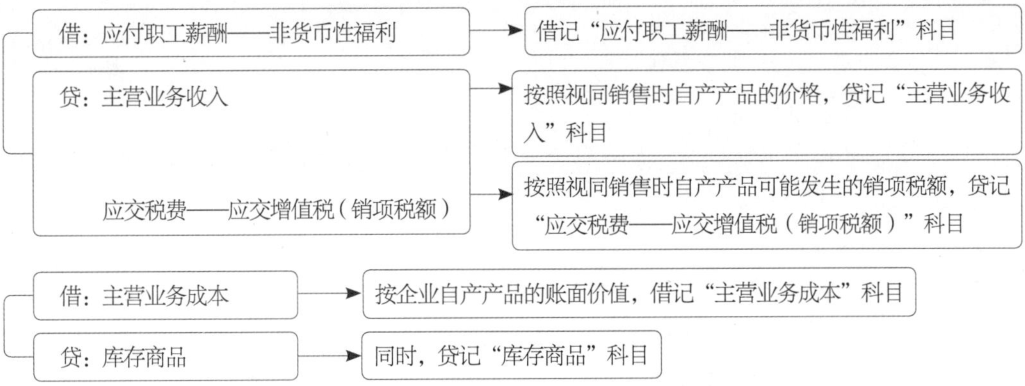

图 3-30　企业以自产产品作为职工薪酬发放给职工

企业支付租赁住房等资产供职工无偿使用所发生的租金，借记“应付职工薪酬——非货币性福利”科目，贷记“银行存款”等科目。编制会计分录如图 3-31 所示。

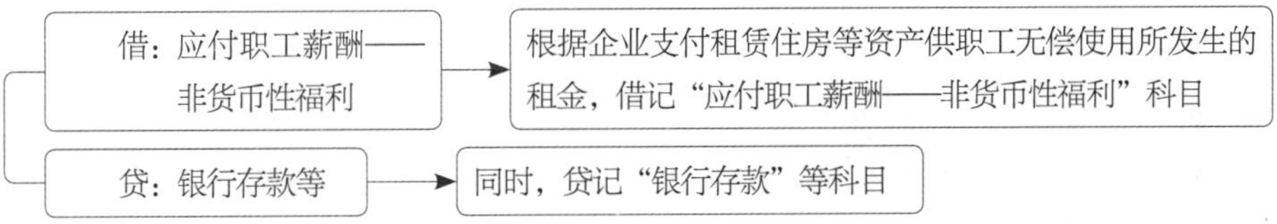

图 3-31　企业支付租赁住房等资产供职工无偿使用所发生的租金

企业向职工提供支付了补贴的商品或服务并且规定了职工获得后应该提供服务的年限，应于每期摊销时做如下分录。

借：管理费用等

　　贷：应付职工薪酬——非货币性福利

借：应付职工薪酬——非货币性福利

　　贷：长期待摊费用

3. 案例解析

（1）支付职工工资、奖金、津贴和补贴。

【例 3-14】A 企业根据“工资结算汇总表”结算本月应付职工工资总额 462 000 元，其中代扣职工房租 40 000 元，代垫职工家属医药费 2 000 元，实发工资 420 000 元。A 企业的账务处理如下。

①向银行提取现金。

借：库存现金　　420 000

　　贷：银行存款　　420 000

②发放工资，支付现金。

借：应付职工薪酬——工资　　420 000

　　贷：库存现金　　420 000

③代扣款项。

借：应付职工薪酬——工资　　42 000

　　贷：其他应收款——职工房租　　40 000

　　　　　　　　——代垫医药费　　2 000

（2）支付职工福利费。

【例 3-15】2×19 年 9 月，甲企业以现金支付职工张某生活困难补助 800 元。甲企业的账务处理如下。

借：应付职工薪酬——职工福利　　800

　贷：库存现金　　800

【例3-16】2×19年11月，丙企业以现金支付12 000元补贴给食堂。丙企业的账务处理如下。

借：应付职工薪酬——职工福利　　12 000

　贷：库存现金　　12 000

（3）支付工会经费、职工教育经费和缴纳社会保险费、住房公积金。

【例3-17】B企业以银行存款缴纳参加职工医疗保险的医疗保险费40 000元。B企业的账务处理如下。

借：应付职工薪酬——社会保险费　　40 000

　贷：银行存款　　40 000

（4）发放非货币性福利。

【例3-18】接【例3-12】，B公司向职工发放电暖器作为福利，应确认主营业务收入，同时要根据相关税收规定，计算增值税销项税额。B公司的账务处理如下。

借：应付职工薪酬——非货币性福利　　226 000

　贷：主营业务收入　　200 000

　　应交税费——应交增值税（销项税额）　　26 000

借：主营业务成本　　180 000

　贷：库存商品——电暖器　　180 000

B公司应确认的主营业务收入=200×1 000=200 000（元）

B公司应确认的增值税销项税额=200×1 000×13%=26 000（元）

B公司应结转的销售成本=200×900=180 000（元）

3.7.4　辞退福利的计量

1. 业务概述

企业在职工劳动合同到期之前解除与职工的劳动关系，或者为鼓励职工自愿接受裁减而提出给予补偿的建议，并且同时满足下列条件的，应当确定因解除与职工的劳动关系给予补偿而产生的预计负债，同时计入当期损益（管理费用）：企业已经制定正式的解除劳务关系计划或提出自愿裁减建议，并即将实施；企业不能单方面撤回解除劳动关系计划或裁减建议。

2. 账务处理

对于实质性辞退工作在一年内实施完毕，但补偿款项超过一年支付的辞退计划，企业应当选择恰当的折现率，以折现后的金额计量应计入当期管理费用的辞退福利金额，该项金额与实际应支付的辞退福利之间的差额，作为未确认融资费用在以后各期实际支付辞退福利款项时，计入财务费用。

（1）企业确认因辞退产生的预计负债时，应编制会计分录如图 3-32 所示。

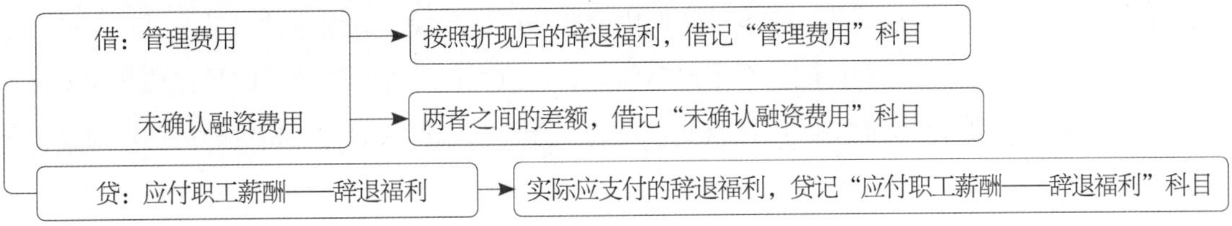

图 3-32　企业确认因辞退产生的预计负债

（2）企业实际支付辞退福利时，应编制会计分录如图 3-33 所示。

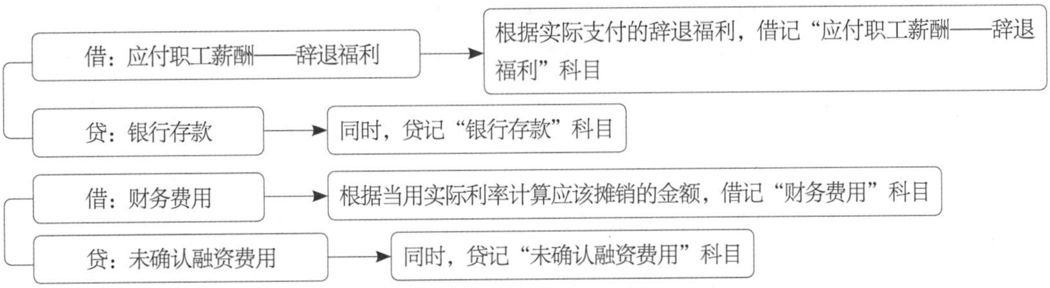

图 3-33　实际支付辞退福利

3. 案例解析

【例 3-19】甲公司是一家加工企业，2×19 年 8 月进行了一次较大的公司规模调整，为了公司以后能更好地发展，其管理层制定了一项辞退计划，已经与职工工会达成一致意见，并且得到董事会正式批准，实质性辞退工作将于下一年度内实施完毕，但是根据协议，补偿款项 2 400 000 元均将在计划实施两年后支付，甲公司适当的折现率为 7%。

（1）甲公司实施辞退计划时，经计算，补偿款项 2 400 000 元折现后为 2 096 253 元。账务处理如下。

借：管理费用　　2 096 253
　　未确认融资费用　　303 747
　　贷：应付职工薪酬——辞退福利　　2 400 000

（2）两年后企业实际支付辞退款项时，账务处理如下。

借：应付职工薪酬——辞退福利　　2 400 000
　　贷：银行存款　　2 400 000
借：财务费用　　303 747
　　贷：未确认融资费用　　303 747

3.7.5　以现金结算的股份支付

1. 业务概述

股份支付是指企业为获取职工和其他方提供的服务而授予权益工具或者承担以权益工具为基础确定的负债的交易。其中，以现金结算的股份支付是指企业为了获取服务承担以股份或其他权益工具（仅指企业自身权益工具）为基础计算确定的交付现金或其他资产义务的交易。股份支付的确认与计量应当以真实、完整、有效的股份支付协议为基础。该股份支付应当按照企业承担的以股份或其他权益工具为基础计算确定的负债的公允价值计量。

2. 账务处理

（1）授予日的初始确认和计量。

授予后立即可行权的以现金结算的股份支付，应当在授予日以企业承担负债的公允价值计入相关成本或费用，相应增加负债。完成等待期内的服务或达到规定业绩条件以后才可行权的以现金结算的股份支付，在等待期内的每个资产负债表日，应当以对可行权情况的最佳估计为基础，按照企业承担负债的公允价值金额，将当期取得的服务计入成本或费用和相应的负债，而在授予日不做账务处理。

（2）等待期内的每个资产负债表日。

股份支付在授予后通常不可立即行权，一般需要在职工或其他方履行一定期限的服务或在企业达到一定业绩条件之后才可行权。等待期内每个资产负债表日，企业应将取得的职工提供的服务计入成本费用，计入成本费用的金额应当按照权益工具的公允价值计量。后续信息表明企业当期承担债务的公允价值与以前估计值存在差异的，应该对其进行调整，并在可行权日调整至实际可行权水平，如图 3-34 所示。

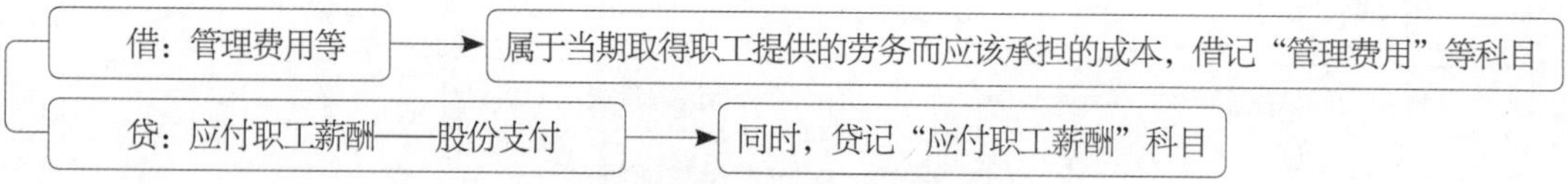

图 3-34　等待期内的每个资产负债表日

（3）可行权日后。

企业在可行权日之后不再确认由换入服务引起的成本费用的增加，但应当在相关负债结算前的每个资产负债表日以及结算日对其公允价值重新计量，其变动计入公允价值变动损益。企业应编制的会计分录如图 3-35 所示。

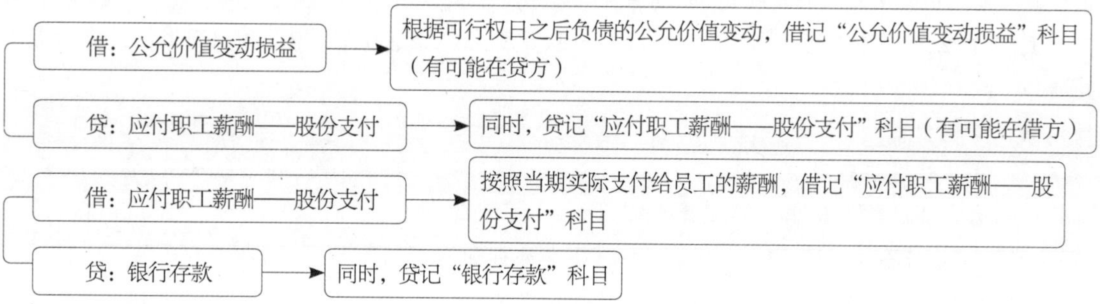

图 3-35　可行权日后

3. 案例解析

【例 3-20】2×18 年年初，A 公司为其 200 名中层以上职员每人授予 100 份现金股票增值权，这些职员从 2×18 年 1 月 1 日起在该公司连续服务三年，即可按照当时股价的增长幅度获得现金，该增值权应在 2×22 年 12 月 31 日之前行使。A 公司估计，该增值权在负债结算之前的每一资产负债表日以及结算日的公允价值和可行权后的每份增值权现金支出额如表 3-2 所示。

表 3-2　每份增值权现金支出额

单位：元

年份	公允价值	支付现金
2×18	14	
2×19	15	

续表

年份	公允价值	支付现金
2×20	18	16
2×21	21	20
2×22		25

第一年有 20 名职员离开 A 公司，A 公司估计三年中还将有 15 名职员离开；第二年又有 10 名职员离开公司，公司估计还将有 10 名职员离开；第三年又有 15 名职员离开。第三年年末，有 70 人行使股份增值权取得了现金；第四年年末，有 50 人行使了股份增值权；第五年年末，剩余 35 人也行使了股份增值权。

（1）费用和应付职工薪酬的计算过程如表 3-3 所示。

表 3-3　费用和应付职工薪酬的计算过程

单位：元

年份	负债计算（1）	支付现金计算（2）	当期费用（3）
2×18	（200−35）×100×14×1÷3=77 000		77 000
2×19	（200−40）×100×15×2÷3=160 000		83 000
2×20	（200−45−70）×100×18=153 000	70×100×16=112 000	105 000
2×21	（200−45−70−50）×100×21=73 500	50×100×20=100 000	20 500
2×22	73 500−73 500=0	35×100×25=87 500	14 000
总额		299 500	299 500

其中：本期（3）= 本期（1）− 上期（1）+ 本期（2）

（2）账务处理如下。

① 2×18 年 1 月 1 日。

授予日不做处理。

② 2×18 年 12 月 31 日。

借：管理费用　　77 000

　　贷：应付职工薪酬——股份支付　　77 000

③ 2×19 年 12 月 31 日。

借：管理费用　　83 000

　　贷：应付职工薪酬——股份支付　　83 000

④ 2×20 年 12 月 31 日。

借：管理费用　　105 000

　　贷：应付职工薪酬——股份支付　　105 000

借：应付职工薪酬——股份支付　　112 000

　　贷：银行存款　　112 000

⑤ 2×21 年 12 月 31 日（可行权日后）。

借：公允价值变动损益　　20 500
　　贷：应付职工薪酬——股份支付　　20 500
借：应付职工薪酬——股份支付　　100 000
　　贷：银行存款　　100 000

⑥2×22年12月31日。

借：公允价值变动损益　　14 000
　　贷：应付职工薪酬——股份支付　　14 000
借：应付职工薪酬——股份支付　　87 500
　　贷：银行存款　　87 500

3.8　应付股利

应付股利是指企业经过董事会或者股东大会以及类似机构决议确定分配的现金股利或利润，通过股票进行红利分配不在本科目中进行核算。

1. 业务概述

企业根据股东大会或类似机构审议批准的利润分配方案，先确定或宣告支付现金股利或利润，但此时尚未实际支付；在宣告发放后的某一时刻，企业会向投资者实际支付现金股利或利润。

2. 账务处理

企业根据股东大会或类似机构审议批准的利润分配方案，确认应付给投资者的现金股利或利润时，借记“利润分配——应付现金股利或利润”科目，贷记“应付股利”科目。编制会计分录如图3-36所示。

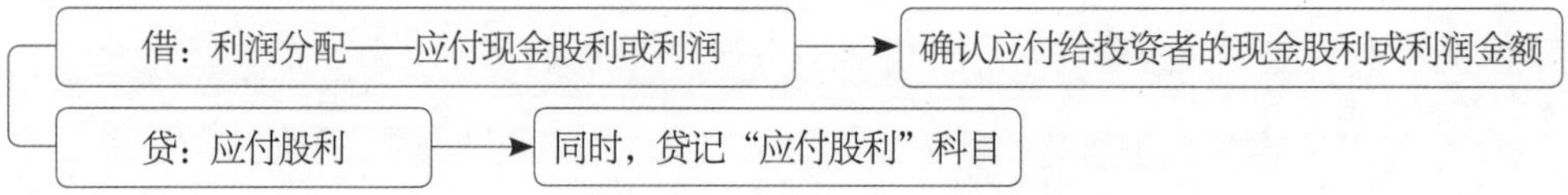

图3-36　确认应付给投资者的现金股利或利润

向投资者实际支付现金股利或利润时，借记“应付股利”科目，贷记“银行存款”科目。编制会计分录如图3-37所示。

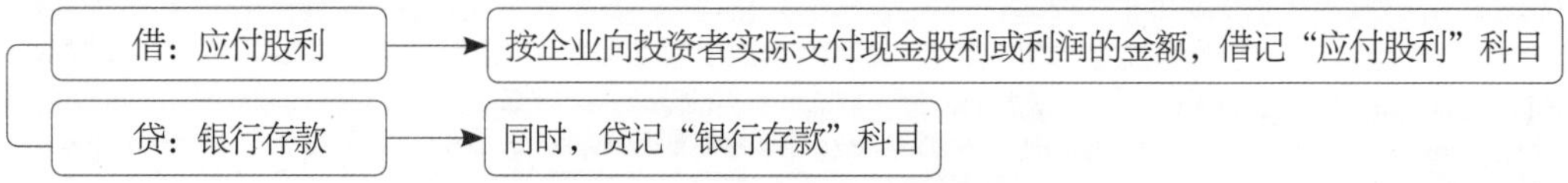

图3-37　向投资者实际支付现金股利或利润

此外，需要说明的是，企业董事会或类似机构通过的利润分配方案中拟分配的现金股利或利润，不做账务处理，不作为应付股利核算，但应在附注中披露。企业分配的股票股利不通过“应付股利”科目核算。

3. 案例解析

【例3-21】A有限责任公司有甲、乙两个股东，分别占注册资本的40%和60%。2×19年度该公司实现净利润8 000 000元，经过股东会批准，决定2×19年分配股利5 000 000元，股利已经用银行存款支付。A有限责任公司的账务处理如下。

借：利润分配——应付股利　　5 000 000

　　贷：应付股利——甲股东　　2 000 000

　　　　　　　　——乙股东　　3 000 000

借：应付股利——甲股东　　2 000 000

　　　　　　——乙股东　　3 000 000

　　贷：银行存款　　5 000 000

甲股东应分配的股利 =5 000 000×40%=2 000 000（元）

乙股东应分配的股利 =5 000 000×60%=3 000 000（元）

3.9 应交税费

应交税费是指企业尚未缴纳而暂时留在企业的各种税费，用于反映多种税费的缴纳情况，形成企业的一项负债。

3.9.1 增值税

1. 业务概述

增值税是对货物或应税劳务的增值部分进行征收的一种税。实行增值税后，一般纳税企业销售货物或者提供应税劳务均应开具增值税专用发票，上面记载了销售货物的售价、税率以及税额，购货方凭借增值税专用发票上记载的购入货物已支付的税额进行扣税和记账。企业进口货物也必须缴纳增值税。企业购入货物或者接受应税劳务，没有按照规定取得并保存增值税扣税凭证，或者增值税扣税凭证上未按照规定注明增值税税额以及其他相关事项的，进项税额不能从销项税额中抵扣。

2. 账务处理

（1）一般纳税人的购销业务处理。

企业采购货物或接受应税劳务等需要核算增值税进项税额。编制的会计分录如图 3-38 所示。

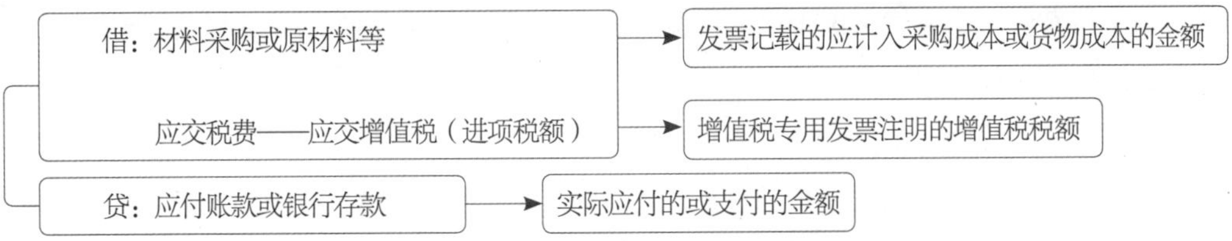

图 3-38　企业采购货物或接受应税劳务等需要核算增值税进项税额

企业销售货物或提供应税劳务需要核算增值税销项税额。编制的会计分录如图 3-39 所示。

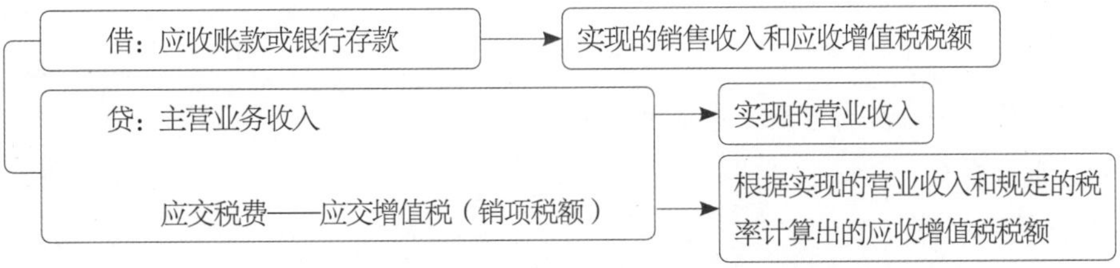

图 3-39　企业销售货物或提供应税劳务需要核算增值税销项税额

根据《中华人民共和国增值税暂行条例》规定，对农业生产者销售的自产农业产品、古旧图书等部分项目免征增值税。企业购进免税产品，一般情况下不能扣税，但按税法规定，对于购入免税农产品可以按购入的免税农业产品的买价的一定比率计算进项税额，并准予从销项税额中抵扣。

（2）小规模纳税人的购销业务处理。

小规模纳税企业有如下特点：销售货物或提供应税劳务一般情况下只能开具普通发票，不能开具增值税专用发票；其销售货物或提供应税劳务应纳税额按照销售额的一定比例计算；销售额不包括其应纳税额。其购入货物无论是否具有增值税专用发票，其支付的增值税税额均不计入进项税额，不得从销项税额抵扣，应该计入购入货物的成本；其他企业从小规模纳税企业购入货物或接受劳务支付的增值税税额开具的增值税专用发票，也不能作为进项税额抵扣。

（3）视同销售的业务。

企业将资产或委托加工物资用于非应税项目或者用于集体福利或个人消费的货物按规定不予抵扣增值税进项税额。

当购入货物时即能认定其进项税额不能抵扣，如购进货物用于集体福利或个人消费的，其增值税专用发票上注明的增值税税额计入购入货物及接受劳务的成本。

当购入货物时不能直接认定其进项税额能否抵扣的，增值税专用发票上注明的增值税税额应该先计入进项税额，如果部分购入货物之后用于规定不得抵扣进项税额项目的，应该将原先计入进项税额的增值税转入相应的科目。企业应编制的会计分录如图3-40所示。

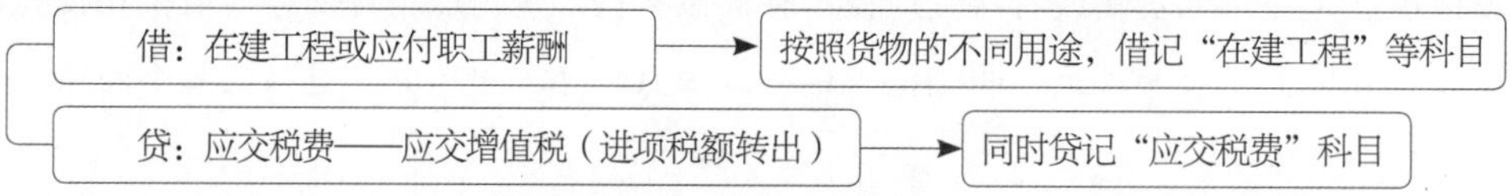

图3-40　视同销售的业务

（4）增值税的缴纳业务。

企业按规定期限申报缴纳增值税，收到银行退回的税收缴款书后，编制如下会计分录。

借：应交税费——应交增值税（已交税费）

　　贷：银行存款

3. 案例解析

【例3-22】某企业为增值税一般纳税人，本期购入一批材料，增值税专用发票上注明的增值税税额为130 000元，材料价款为1 000 000元。材料已经入库，货款已经支付，该企业将该批材料全部用于办公楼工程建设。该企业的账务处理如下。

（1）材料购入。

借：原材料　　1 000 000

　　应交税费——应交增值税（进项税额）　　130 000

　　贷：银行存款　　1 130 000

（2）工程领用材料。

借：在建工程　　1 000 000

　　贷：原材料　　1 000 000

3.9.2 消费税

1. 业务概述

消费税是以消费品的流转额作为课税对象的各种税收的统称，是政府向消费品征收的税项。消费税实行价内税，只在应税消费品的生产、委托加工和进口环节缴纳，在以后的批发和零售等环节，因为价款中已包含消费税，不用再缴纳消费税，税费最终由消费者承担。

2. 账务处理

（1）企业对外销售应税消费品，应编制的会计分录如图 3-41 所示。

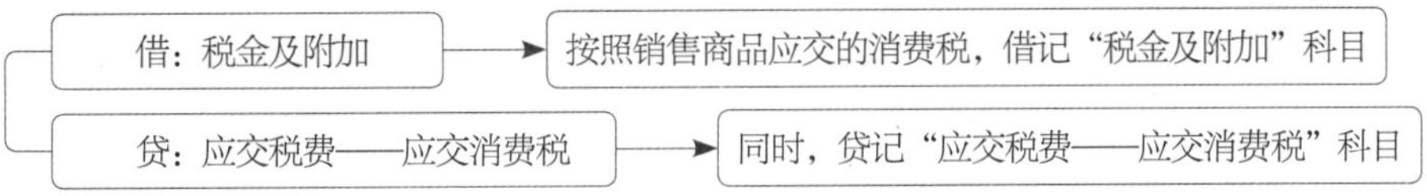

图 3-41 企业对外销售应税消费品

（2）企业将自产应税消费品用于在建工程、非应税项目等，应编制的会计分录如图 3-42 所示。

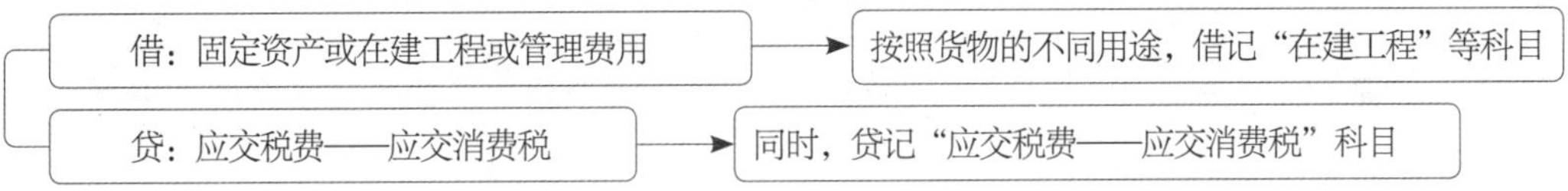

图 3-42 企业将自产应税消费品用于在建工程、非应税项目等

（3）企业委托加工应税消费品和外购应税消费品。

企业将原材料交付给加工企业进行加工之后，需要按照加工费标准支付给对方一定的加工费，如果按税法规定需要缴纳消费税的，还应该计算缴纳消费税，并且由受托方在向委托方交货时代扣代缴税款。

加工物资应负担的消费税，凡属加工物资收回后直接用于销售的，应将受托方代收代缴的消费税计入委托加工物资的成本；凡属加工物资收回后用于连续生产的，按规定准予抵扣的，按受托方代收代缴的消费税记入“应交税费——应交消费税”科目的借方，待应交消费税的加工物资连续生产完工销售后，抵交其应缴纳的销售环节的消费税。

委托加工材料收回用于连续生产应税消费品的企业应编制的会计分录如图 3-43 所示。

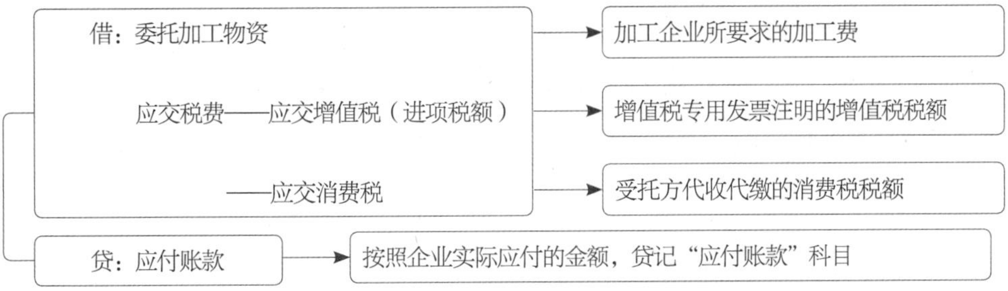

图 3-43 委托加工材料收回用于连续生产应税消费品

委托加工材料收回用于直接销售的企业应编制的会计分录如图 3-44 所示。

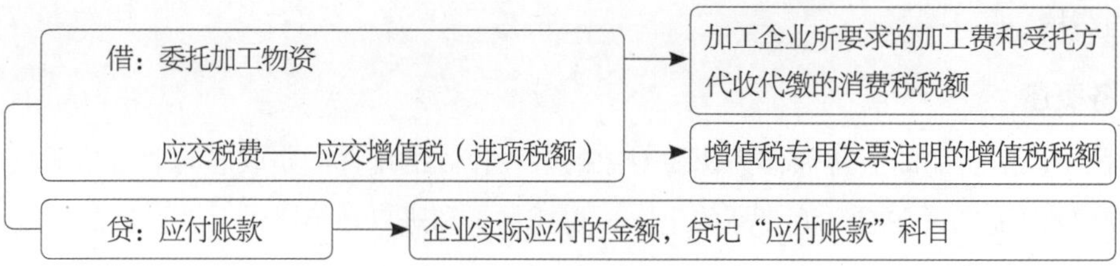

图 3-44　委托加工材料收回用于直接销售

（4）消费税的缴纳业务。

企业按规定期限缴纳消费税，收到银行退回的税收缴款书后，应编制如下会计分录。

借：应交税费——应交消费税

　　贷：银行存款

3.10　其他应付款

其他应付款是指企业除应付票据、应付账款、预收账款、应付职工薪酬、应交税费、应付股利等经营活动以外的其他各项应付、暂收的款项，如应付租入包装物租金、存入保证金等。

3.10.1　发生和偿还其他应付款

1. 业务概述

企业应通过“其他应付款”科目，核算其他应付款的增减变动及其结存情况，并按照其他应付款的项目和对方单位（或个人）设置明细科目进行明细核算。该科目贷方登记发生的各种应付、暂收款项，借方登记偿还或转销的各种应付、暂收款项；该科目期末贷方余额，反映企业应付未付的其他应付款项金额。

2. 账务处理

企业发生其他各种应付、暂收款项时，借记“管理费用”等科目，贷记“其他应付款”科目。编制会计分录如图 3-45 所示。

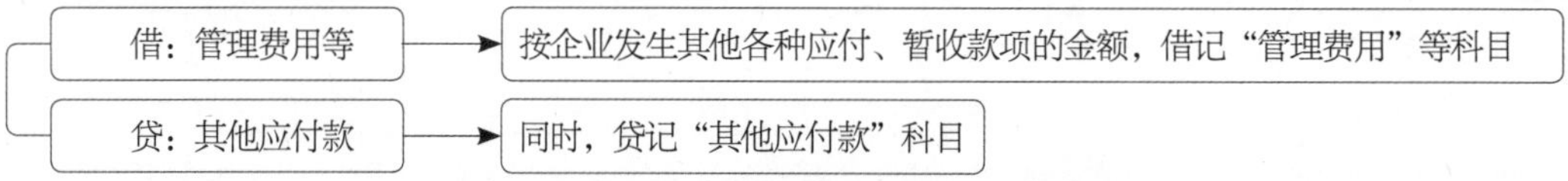

图 3-45　企业发生其他各种应付、暂收款项

支付或退回其他各种应付、暂收款项时，借记“其他应付款”科目，贷记“银行存款”科目。编制会计分录如图 3-46 所示。

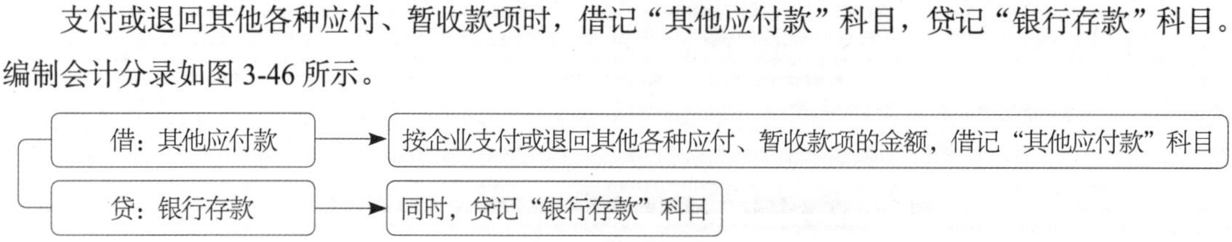

图 3-46　支付或退回其他各种应付、暂收款项

3. 案例解析

【例 3-23】甲公司自 2×19 年 1 月 1 日起，以经营租赁方式租入管理用办公设备一批，每月租金为 5 000 元，按季支付。3 月 31 日，甲公司以银行存款支付应付租金。甲公司的账务处理如下。

（1）1月31日，计提应付经营租入固定资产租金。

借：管理费用　　5 000

　　贷：其他应付款　　5 000

2月底计提应付经营租入固定资产租金的账务处理同上。

（2）3月31日，支付租金。

借：其他应付款　　10 000

　　管理费用　　5 000

　　贷：银行存款　　15 000

3.10.2 售后回购

1. 业务概述

售后回购，即销售商品的同时，销售方同意日后再将同样或类似的商品购回。此时，销售方应该根据合同或协议条款判断企业是否已将商品所有权上的主要风险报酬转移给购货方，从而确定是否能够确认销售商品收入。在大部分情况下，回购价格往往高于原售价，实质上相当于融资交易，商品所有权上的主要风险和报酬没有转移。

2. 账务处理

由于此事项实质上并不构成企业的收入，企业收到的款项应该确认为负债，贷记“其他应付款”科目，而回购价格大于原售价的部分应该分摊到回购期的各个期间中，借记“财务费用”科目。

企业与购买方签订协议后，将商品销售出去，应编制的会计分录如图3-47所示。

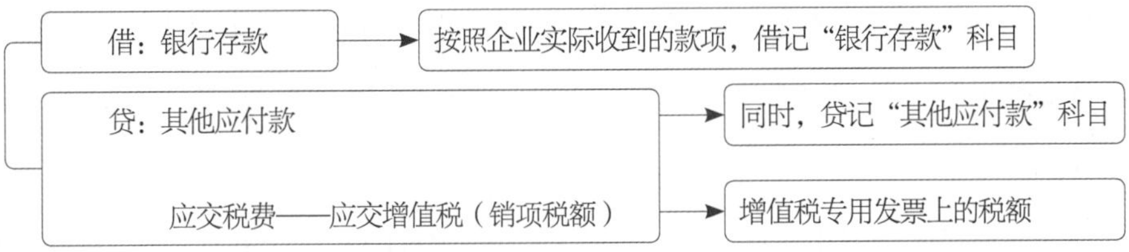

图3-47 企业与购买方签订协议后，将商品销售出去

回购价大于原售价的差额应该于每期期末进行摊销，企业应编制的会计分录如图3-48所示。

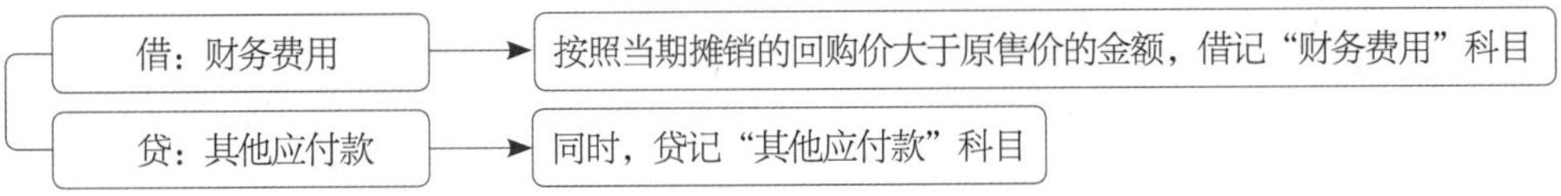

图3-48 回购价大于原售价的差额应该于每期期末进行摊销

回购时，企业应编制的会计分录如图3-49所示。

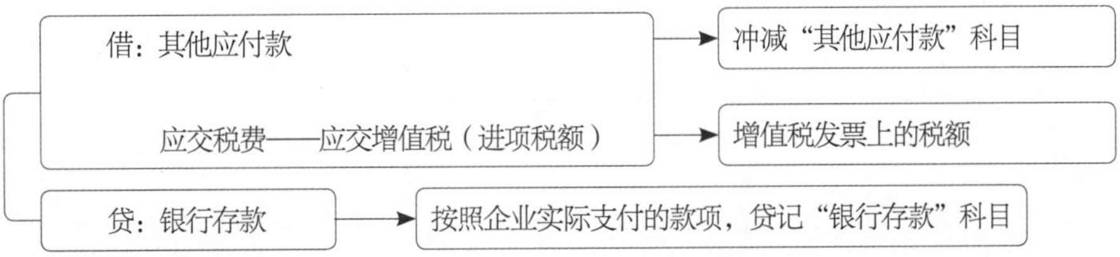

图3-49 回购时的账务处理

3. 案例解析

【**例3-24**】2×19年4月1日，甲公司由于资金紧张，与乙公司签订销售回购的合同，合同约定甲公司向乙公司销售一批商品，开出的增值税专用发票上注明的销售价款为2 000 000元，增值税税额为260 000元。该批商品的成本为1 600 000元，商品未发出，但是款项已经收到，甲公司应该于2×19年8月31日将所售商品购回，回购价为2 200 000元，增值税为286 000元。

甲公司的账务处理如下。

（1）2×19年4月1日，甲公司销售商品，开出增值税专用发票。

借：银行存款　　2 260 000

　　贷：其他应付款　　2 000 000

　　　　应交税费——应交增值税（销项税额）　　260 000

（2）每月月末计提利息费用。

借：财务费用　　40 000

　　贷：其他应付款　　40 000

（3）2×19年8月31日回购商品时，支付款项。

借：财务费用　　40 000

　　贷：其他应付款　　40 000

借：其他应付款　　2 200 000

　　应交税费——应交增值税（进项税额）　　286 000

　　贷：银行存款　　2 486 000

3.11 长期借款

长期借款是指企业向银行或其他金融机构借入的期限在1年以上（不含1年）的各种借款。

3.11.1 取得长期借款

1. 业务概述

企业取得的长期借款一般用于固定资产的购建、改扩建工程、大修理工程、对外投资以及保持长期经营能力等方面。

2. 账务处理

企业取得的长期借款，应按实际收到的金额，借记“银行存款”科目，贷记“长期借款——本金”科目；如存在差额，还应借记“长期借款——利息调整”科目。编制会计分录如图3-50所示。

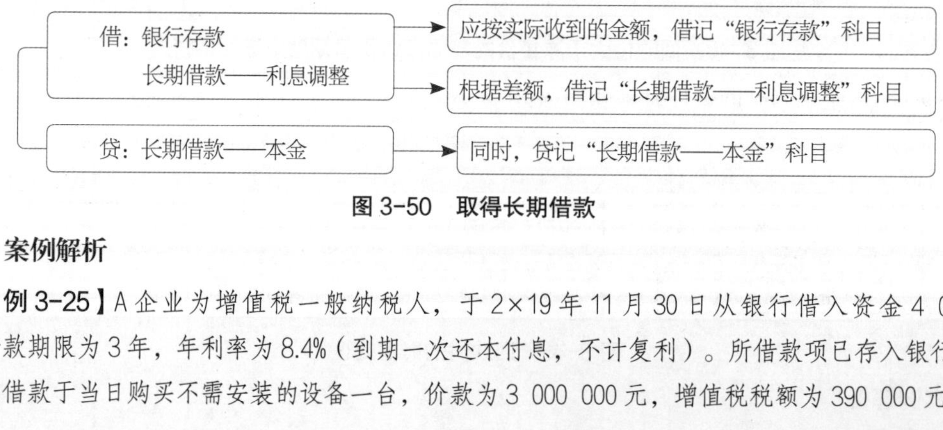

图3-50　取得长期借款

3. 案例解析

【例3-25】A企业为增值税一般纳税人，于2×19年11月30日从银行借入资金4 000 000元，借款期限为3年，年利率为8.4%（到期一次还本付息，不计复利）。所借款项已存入银行。A企业用该借款于当日购买不需安装的设备一台，价款为3 000 000元，增值税税额为390 000元，另支付保险等费用 100 000 元，设备已于当日投入使用。A 企业的账务处理如下。

（1）取得借款。

借：银行存款　　4 000 000

　　贷：长期借款——本金　　4 000 000

（2）支付设备款和保险费。

借：固定资产　　3 100 000

　　应交税费——应交增值税（进项税额）　　390 000

　　贷：银行存款　　3 490 000

3.11.2 发生长期借款利息

1. 业务概述

长期借款利息费用应当在资产负债表日按照实际利率法计算确定，实际利率与合同利率差异较小的，也可以采用合同利率计算确定利息费用。

2. 账务处理

长期借款计算确定的利息费用，应当按以下原则计入有关成本、费用：属于筹建期间的，计入管理费用；属于生产经营期间的，计入财务费用。如果长期借款用于购建固定资产等符合资本化条件的资产，在资产尚未达到预定可使用状态前，所发生的利息支出应当资本化，计入在建工程等相关资产成本；资产达到预定可使用状态后发生的利息支出，以及按规定不予资本化的利息支出，计入财务费用。

长期借款按合同利率计算确定的应付未付利息，借记"在建工程""制造费用""财务费用""研发支出"等科目，贷记"应付利息"科目。编制会计分录如图 3-51 所示。

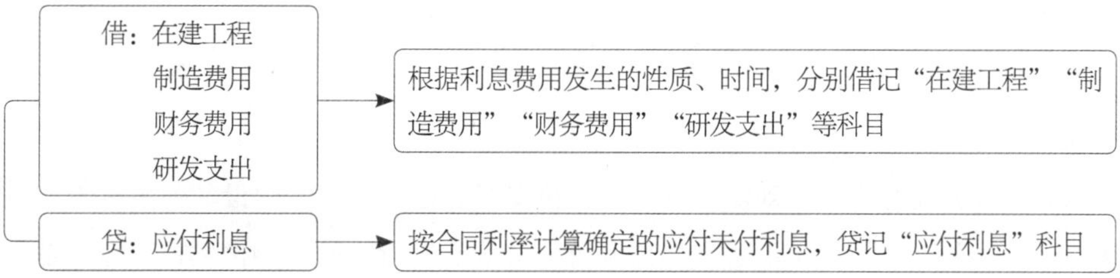

图 3-51　发生长期借款利息

3. 案例解析

【例 3-26】接**【例 3-25】**，A 企业于 2×19 年 12 月 31 日计提长期借款利息。该企业的账务处理如下。

借：财务费用　　28 000

　　贷：长期借款——应计利息　　28 000

2×19 年 12 月 31 日计提的长期借款利息 =4 000 000×8.4%÷12=28 000（元）

2×20 年 1 月至 2×22 年 10 月月末计提利息的会计分录同上。

3.11.3 偿还长期借款

1. 业务概述

企业到期需偿还长期借款。

2. 账务处理

企业归还长期借款的本金时，应按归还的金额，借记“长期借款——本金”科目，贷记“银行存款”科目；按归还的利息，借记“应付利息”科目，贷记“银行存款”科目。编制会计分录如图3-52所示。

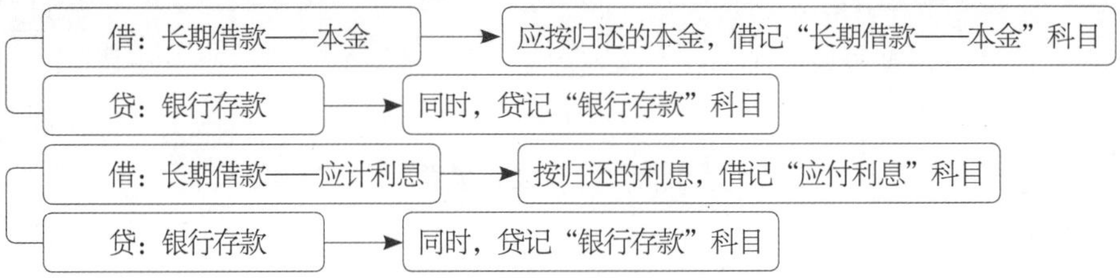

图3-52　到期偿还长期借款

3. 案例解析

【例3-27】接【例3-26】，2×22年11月30日，A企业偿还该笔银行借款本息。该企业的账务处理如下。

借：财务费用	28 000	
长期借款——本金	4 000 000	
长期借款——应计利息	980 000	
贷：银行存款		5 008 000

3.12　应付债券

应付债券是指企业发行的一年期以上的债券，构成了企业的长期负债。应付债券是企业举借长期债务而发行的一种书面凭证，是企业依照法定程序对外发行、约定在一定期限内还本付息的有价证券。

3.12.1　一般公司债券的发行、计息及偿还

1. 业务概述

公司债券的发行方式有3种，即溢价发行、折价发行和面值发行。假设其他条件不变，债券的票面利率高于市场利率时，可按超过债券票面价值的价格发行，称为溢价发行，溢价是企业以后各期多付利息而事先得到的补偿；如果债券的票面利率低于市场利率，可按低于债券票面价值的价格发行，称为折价发行，折价是企业以后各期少付利息而预先给投资者的补偿；如果债券的票面利率与市场利率相同，可按票面价值的价格发行，称为面值发行。溢价或折价实质上是发行债券企业在债券存续期内对利息费用的一种调整。

2. 账务处理

企业应设置“应付债券”科目，并在该科目下设置“面值”“利息调整”“应计利息”等明细科目，用于核算应付债券发行、计提利息、还本付息等情况。该科目贷方登记应付债券的本金和利息，借方登记归还的债券本金和利息，期末贷方余额表示企业尚未偿还的长期债券。

（1）发行债券。

企业按面值发行债券时，应按实际收到的金额，借记“银行存款”科目，按债券票面金额，贷记“应付债券——面值”科目；存在差额的，还应借记或贷记“应付债券——利息调整”科目。

编制会计分录如图 3-53 所示。

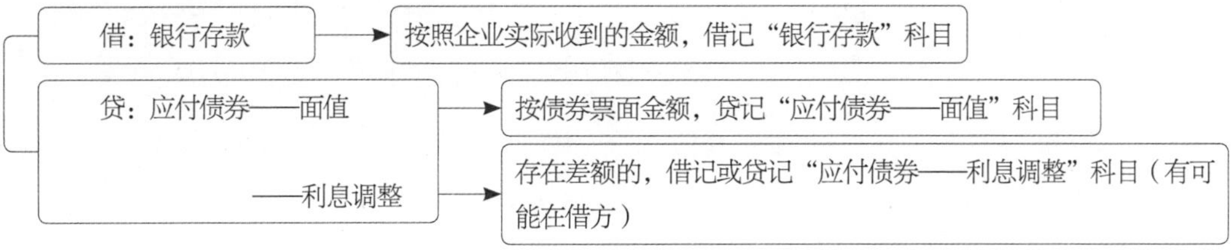

图 3-53 发行债券

（2）计提债券利息。

利息调整应在债券存续期间内采用实际利率法进行摊销。

企业发行的债券通常分为到期一次还本付息或分期付息、一次还本两种。资产负债表日，对于分期付息、一次还本的债券，企业应按应付债券的摊余成本和实际利率计算确定的债券利息费用，借记“在建工程”“制造费用”“财务费用”等科目，按票面利率计算确定的应付未付利息，贷记“应付利息”科目，按其差额，借记或贷记“应付债券——利息调整”科目。编制会计分录如图 3-54 所示。

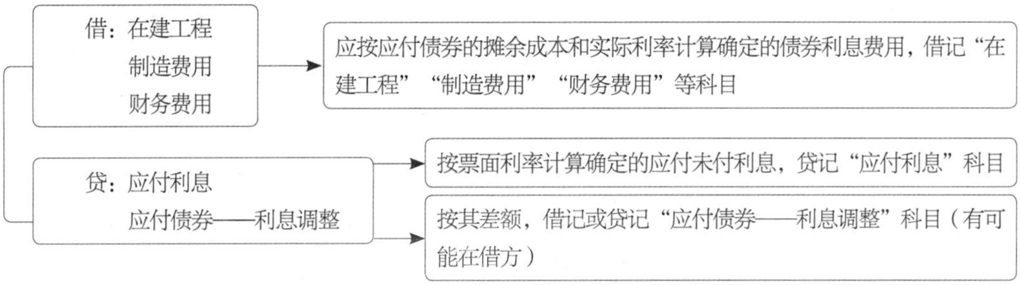

图 3-54 分期付息、一次还本的债券计提利息

对于到期一次还本付息的债券，企业应于资产负债表日按摊余成本和实际利率计算确定的债券利息费用，借记“在建工程”“制造费用”“财务费用”等科目，按票面利率计算确定的应付未付利息，贷记“应付债券——应计利息”科目，按其差额，借记或贷记“应付债券——利息调整”科目。编制会计分录如图 3-55 所示。

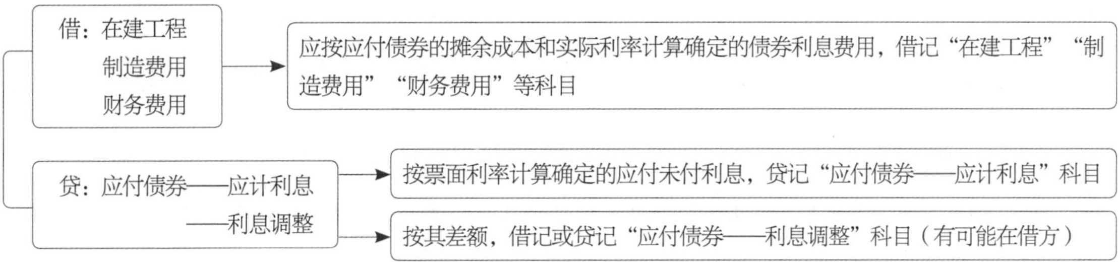

图 3-55 一次还本付息的债券计提利息

（3）债券还本付息。

采用到期一次还本付息方式的企业应于债券到期支付债券本息时，借记“应付债券——面值”“应付债券——应计利息”科目，贷记“银行存款”科目。编制会计分录如图 3-56 所示。

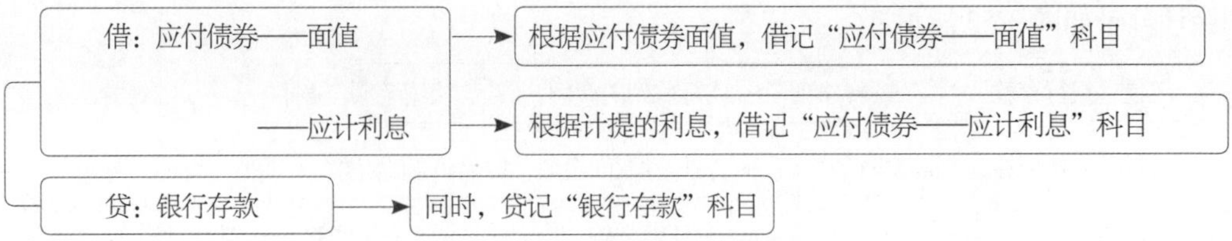

图 3-56　采用一次还本付息方式

采用分期付息、一次还本方式的，在每期支付利息时，借记“应付利息”科目，贷记“银行存款”科目。债券到期偿还本金并支付最后一期利息时，借记“应付债券——面值”“在建工程”“财务费用”“制造费用”等科目，贷记“银行存款”科目，按其差额，借记或贷记“应付债券——利息调整”科目。编制会计分录分别如图 3-57 和图 3-58 所示。

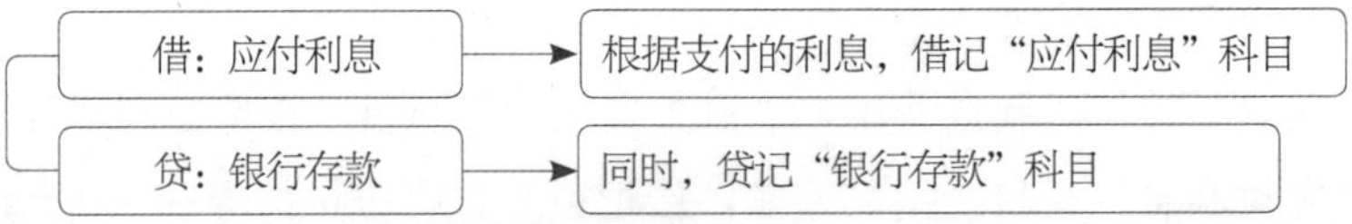

图 3-57　采用分期付息、一次还本方式

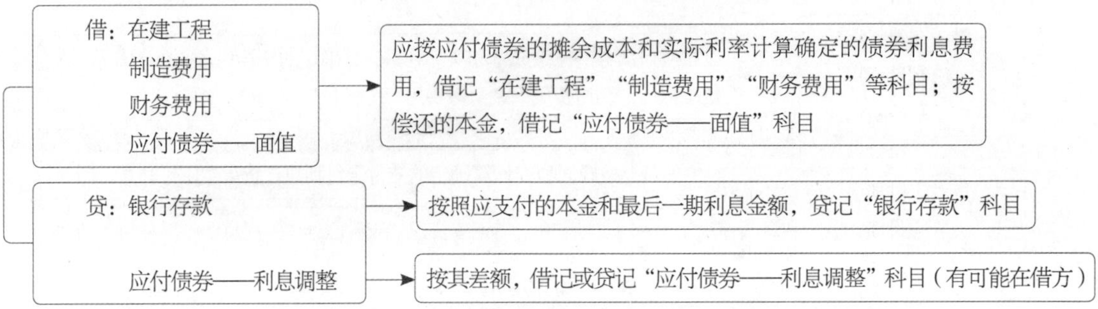

图 3-58　债券到期偿还本金并支付最后一期利息

3. 案例解析

【例 3-28】2×17 年 1 月 1 日，甲公司经批准发行 5 年期分期付息、一次还本的公司债券 60 000 000 元，债券利息在每年 12 月 31 日支付，票面利率为年利率 6%。假定债券发行时的市场利率为 5%。

甲公司该批债券实际发行价格如下。

60 000 000×（*P/F*，5%，5）+60 000 000×6%×（*P/A*，5%，5）=60 000 000×0.7835+60 000 000×6%×4.3295 = 62 596 200（元）

甲公司根据上述资料，采用实际利率法和摊余成本计算确定的利息费用如表 3-4 所示。

表 3-4　采用实际利率法和摊余成本计算确定的利息费用

单位：元

日　期	现金流出 （*a*）	实际利息费用 （*b*）= 期初（*d*）×5%	已偿还的本金 （*c*）=（*a*）-（*b*）	摊余成本余额 （*d*）= 期初（*d*）-（*c*）
2×17 年 1 月 1 日				62 596 200
2×17 年 12 月 31 日	3 600 000	3 129 810	470 190	62 126 010
2×18 年 12 月 31 日	3 600 000	3 106 300.50	493 699.50	61 632 310.50
2×19 年 12 月 31 日	3 600 000	3 081 615.53	518 384.47	61 113 926.03

续表

日 期	现金流出 (a)	实际利息费用 (b) = 期初 (d) ×5%	已偿还的本金 (c) = (a) - (b)	摊余成本余额 (d) = 期初(d)-(c)
2×20 年 12 月 31 日	3 600 000	3 055 696.30	544 303.70	60 569 622.33
2×21 年 12 月 31 日	3 600 000	3 030 377.67*	569 622.33	60 000 000
小 计	18 000 000	15 403 800	2 596 200	60 000 000
2×21 年 12 月 31 日	60 000 000	—	60 000 000	0
合 计	78 000 000	15 403 800	62 596 200	—

注：* 尾数调整：60 000 000+3 600 000−60 569 622.33 = 3 030 377.67（元）。

根据表 3-4 的资料，甲公司的账务处理如下。

（1）2×17 年 1 月 1 日，发行债券。

借：银行存款　　62 596 200
　　贷：应付债券——面值　　60 000 000
　　　　　　　　——利息调整　　2 596 200

（2）2×17 年 12 月 31 日，计算利息费用。

借：财务费用　　3 129 810
　　应付债券——利息调整　　470 190
　　贷：应付利息——×× 银行　　3 600 000

（3）2×17 年 12 月 31 日，支付利息。

借：应付利息——×× 银行　　3 600 000
　　贷：银行存款　　3 600 000

2×18 年、2×19 年、2×20 年确认利息费用的会计分录与 2×17 年的相同，金额与表 3-4 中的对应金额一致。

（4）2×21 年 12 月 31 日，归还债券本金及最后一期利息费用。

借：财务费用　　3 030 377.67
　　应付债券——面值　　60 000 000
　　　　　　——利息调整　　569 622.33
　　贷：银行存款　　63 600 000

3.12.2 可转换债券的发行、计息及偿还

1. 业务概述

可转换公司债券属于混合金融工具，对于发行方具有负债和股权的双重性质。我国发行可转换公司债券采取记名式无纸化发行方式。根据《企业会计准则第 37 号——金融工具列报》的规定，应当在可转换公司债券的初始确认时将负债和权益成分进行分拆，分别进行处理。企业在进行分拆时，应当先确定负债成分的公允价值并以此作为其初始确认金额，确认为应付债券；再按照该可转换公司债券整体的发行价格扣除负债成分初始确认金额后的金额确定权益成分的初始确认金额，确认为资本公积。负债成分的公允价值是合同规定的未来现金流量按一定利率折现的现值。其中，利率根据市场上具有可比信用等级并在相同条件下提供几乎相同现金流量，但不具有转换

权的工具的适用利率确定。发行该可转换公司债券发生的交易费用，应当在负债成分和权益成分之间按照其初始确认金额的相对比例进行分摊。

2. 账务处理

（1）发行可转换公司债券。

企业发行的可转换公司债券在“应付债券”科目下通过设置“可转换公司债券”明细科目核算。企业应按实际收到的款项，借记“银行存款”科目，按可转换公司债券包含的负债成分面值，贷记“应付债券——可转换公司债券（面值）”科目，按权益成分的公允价值，贷记“资本公积——其他资本公积”科目，按其差额，借记或贷记“应付债券——可转换公司债券（利息调整）”科目。编制会计分录如图 3-59 所示。

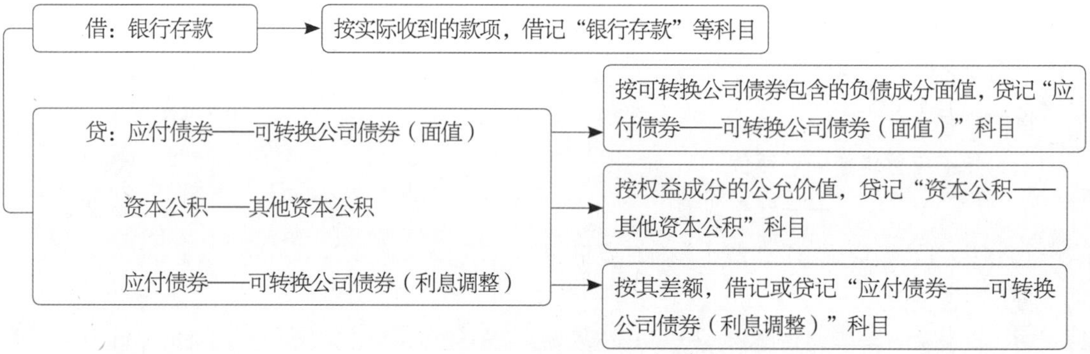

图 3-59　发行可转换公司债券

发行可转换公司债券发生的交易费用，应当在负债成分和权益成分之间按照各自的相对公允价值进行分摊。负债成分负担的发行费用记入“应付债券——可转换公司债券（利息调整）”科目，权益成分负担的发行费用应该记入“资本公积——其他资本公积”科目。

（2）转换股份前。

对于可转换公司债券的负债成分，在转换为股份前，其账务处理与一般公司债券的处理相同，即按照实际利率和摊余成本确认利息费用，按照面值和票面利率确认应付债券和应付利息，差额作为利息调整记入相关科目。

（3）转换股份时。

可转换公司债券持有人行使转换权利，将其持有的债券转换为股票的，按可转换公司债券的余额，借记“应付债券——可转换公司债券（面值）”科目，借记或贷记“应付债券——可转换公司债券（利息调整）”科目，按其权益成分的金额，借记“资本公积——其他资本公积”科目，按股票面值和转换的股数计算的股票面值总额，贷记“股本”科目，按其差额，贷记“资本公积——股本溢价”科目。如用现金或银行存款支付不可转换股票的部分，还应贷记“库存现金”“银行存款”科目。编制会计分录如图 3-60 所示。

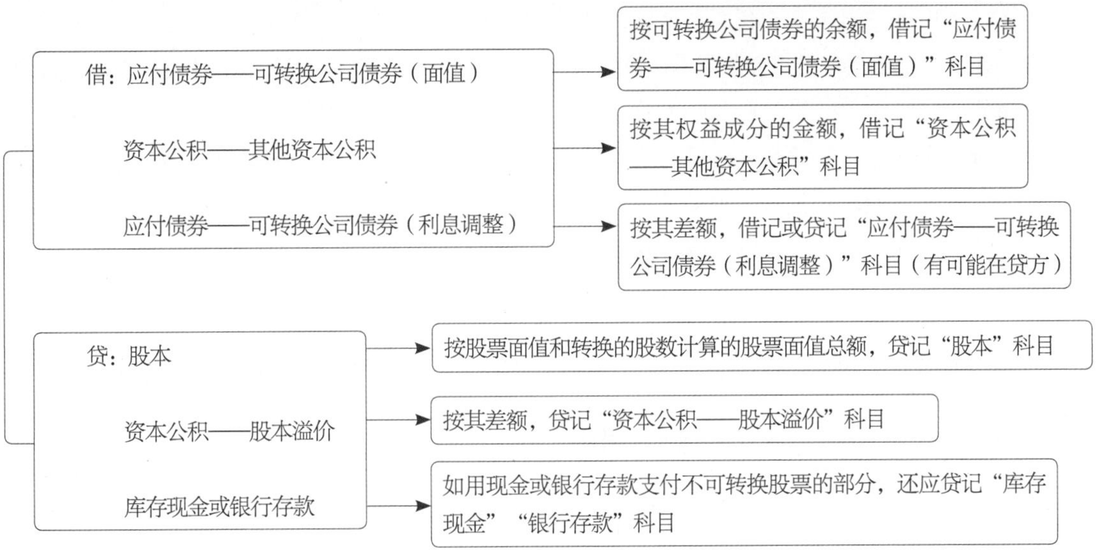

图 3-60 转换股份时

企业发行附有赎回选择权的可转换公司债券，其在赎回日可能支付的利息补偿金，即债券约定赎回期届满日应当支付的利息减去应付债券票面利息的差额，应当在债券发行日至债券约定赎回届满日期间计提应付利息，计提的应付利息分别计入相关资产成本或财务费用。

3. 案例解析

【例 3-29】甲上市公司经批准于 2×18 年 1 月 1 日按每份面值 100 元发行了 1 000 000 份 5 年期一次还本付息的可转换公司债券，共计 100 000 000 元，款项已收存银行，债券票面年利率为 6%。债券发行 1 年后可转换为甲上市公司普通股股票，转股时每份债券可转 10 股，股票面值为每股 1 元。假定 2×19 年 1 月 1 日债券持有人将持有的可转换公司债券全部转换为甲上市公司普通股股票。甲上市公司发行可转换公司债券时二级市场上与之类似的没有转换权的债券市场利率为 9%。该可转换公司债券发生的利息费用不符合资本化条件。

甲上市公司有关该可转换公司债券的账务处理如下。

（1）2×18 年 1 月 1 日，发行可转换公司债券。

首先，确定可转换公司债券负债成分的公允价值为：

100 000 000×（*P/F*，9%，5）+100 000 000×6%×（*P/A*，9%，5）=100 000 000×0.6499+100 000 000×6%×3.8897=88 328 200（元）

可转换公司债券权益成分的公允价值为：100 000 000−88 328 200 = 11 671 800（元）

借：银行存款　　100 000 000

　　应付债券——可转换公司债券（利息调整）　　11 671 800

　　贷：应付债券——可转换公司债券（面值）　　100 000 000

　　　　资本公积——其他资本公积（可转换公司债券）　　11 671 800

（2）2×18 年 12 月 31 日，确认利息费用。

应计入财务费用的利息 = 88 328 200×9% = 7 949 538（元）

当期应付未付的利息费用 = 100 000 000×6% = 6 000 000（元）

借：财务费用　　7 949 538

　　贷：应付债券——可转换公司债券（应计利息）　　6 000 000

　　　　　　　　——可转换公司债券（利息调整）　　1 949 538

（3）2×19年1月1日，债券持有人行使转换权。

债券持有人在当期付息前转换股票，应按债券面值和应计利息之和除以10，计算转换的股份数。

转换的股份数 ＝（100 000 000+6 000 000）÷10 ＝ 10 600 000（股）

借：应付债券——可转换公司债券（面值）	100 000 000
——可转换公司债券（应计利息）	6 000 000
资本公积——其他资本公积（可转换公司债券）	11 671 800
贷：股本	10 600 000
应付债券——可转换公司债券（利息调整）	9 722 262
资本公积——股本溢价	97 349 538

3.13 以长期应付款和未确认融资费用

长期应付款是指企业除了长期借款和应付债券以外的其他各种长期应付款项，包括应付融资租入固定资产的租赁费和以分期付款方式购入固定资产发生的应付款项。

未确认融资费用主要服务于融资租入资产，它主要发生于如固定资产、无形资产或长期借款所发生在租赁期内各个期间进行分摊的、未实现的融资费用。

3.13.1 以分期付款方式购入固定资产

1. 业务概述

企业购买资产采用延期支付相关款项的方式，若此延期支付的购买价款超过正常信用条件延期支付价款、实质上具有融资性质的，所购资产的成本应当以延期支付购买价款的现值为基础确定。

2. 账务处理

企业应该按购买价款的现值，借记“固定资产”“无形资产”等科目，按应支付的价款总额，贷记“长期应付款”科目，将实际支付的价款与购买价款的现值之间的差额，借记“未确认融资费用”科目，并且在信用期内采用实际利率法进行摊销，计入相关资产成本或当期损益，按购买日首付的价款金额，贷记“银行存款”科目。企业应编制的会计分录如图3-61所示。

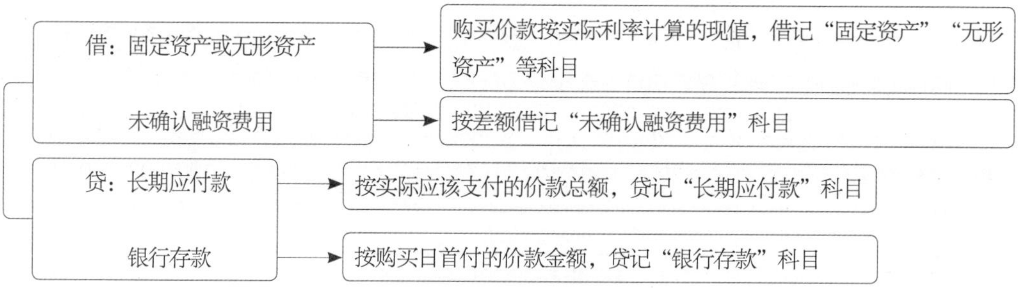

图3-61 购入固定资产

按期支付价款时，借记“长期应付款”科目，贷记“银行存款”科目。同时采用实际利率法计算确定当期的利息费用，借记“财务费用”“在建工程”“研发支出”科目，贷记“未确认融资费用”科目。企业应编制会计分录如图3-62所示。

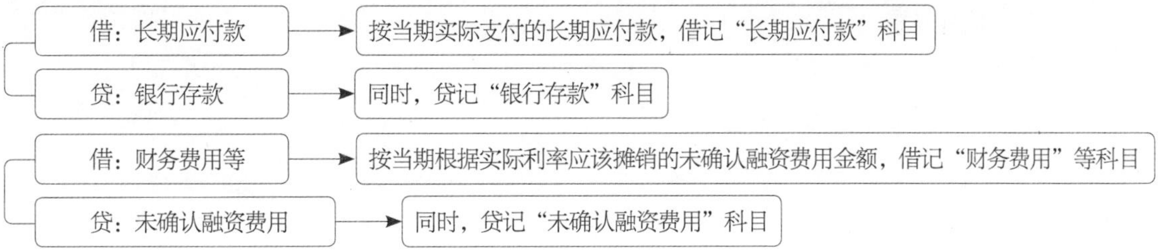

图 3-62　按期支付价款

3. 案例解析

【**例 3-30**】某公司 2×17 年 1 月 1 日以分期付款方式购入一台设备，总价款为 1 500 000 元，购货合同约定购买之日首付 600 000 元，以后每年年末支付 300 000 元，分 3 年于 2×19 年 12 月 31 日付清。假设银行同期贷款利率为 10%，根据上述经济业务，该公司的账务处理如下。

（1）2×17 年 1 月 1 日购入设备。

分期应付款的应付本金 =300 000×（*P/A*,10%,3）=300 000×2.4869=746 070 （元）

总价款的现值 =600 000+746 070=1 346 070（元）

未确认融资费用 =1 500 000−1 346 070=153 930（元）

借：固定资产　　1 346 070

　　未确认融资费用　　153 930

　　贷：长期应付款　　9 000 000

　　　　银行存款　　6 000 000

（2）按期支付价款，分摊未确认融资费用。

该公司根据上述资料，采用实际利率法分摊未确认融资费用，如表 3-5 所示。

表 3-5　按期支付价款，分摊未确认融资费用

单位：元

日 期	每期付款金额（1）	确认的融资费用 （2）=（4）×10%	应付本金减少额 （3）=（1）-（2）	应付本金余额 （4）= 期初（4）-（3）
2×17 年 1 月 1 日				746 070
2×17 年 12 月 31 日	300 000	74 607	225 393	520 677
2×18 年 12 月 31 日	300 000	52 067.70	247 932.30	272 744.70
2×19 年 12 月 31 日	300 000	27 255.30*	272 744.70	0
合 计	900 000	153 930	746 070	—

注：* 尾数调整：153 930−74 607−52 067.70=27 255.30（元）。

①2×17 年 12 月 31 日。

借：长期应付款　　300 000

　　贷：银行存款　　300 000

借：财务费用　　74 607

　　贷：未确认融资费用　　74 607

②2×18 年 12 月 31 日。

借：长期应付款　　300 000

　　贷：银行存款　　　　　　　　　　　　　　　　　　　300 000

借：财务费用　　　　　　　　　　　　　　　　52 067.70

　　贷：未确认融资费用　　　　　　　　　　　　　　　52 067.70

③ 2×19年12月31日。

借：长期应付款　　　　　　　　　　　　　　　300 000

　　贷：银行存款　　　　　　　　　　　　　　　　　　　300 000

借：财务费用　　　　　　　　　　　　　　　　27 255.30

　　贷：未确认融资费用　　　　　　　　　　　　　　　27 255.30

3.13.2　应付融资租入固定资产的租赁费

见“固定资产——融资租入固定资产”科目相关内容。

3.14　专项应付款

1. 业务概述

专项应付款是企业接受国家拨入的具有专门用途的款项所形成的不需要以资产或增加其他负债偿还的负债，如新产品试制费拨款、中间试验费拨款和重要科学研究补助费拨款等。

因专项应付款是不需要企业以资产或增加其他负债偿还的负债，故在后期核销时，直接冲减该款项即可。不需要上缴的原拨款部门的款项应转为企业的资本公积。

2. 账务处理

企业收到或应收的资本性拨款，借记“银行存款”等科目，贷记本科目。将专项或特定用途的拨款用于工程项目，借记“在建工程”等科目，贷记“银行存款”“应付职工薪酬”等科目。

工程项目完成形成长期资产的部分，借记本科目，贷记“资本公积——资本溢价”科目；对未形成长期资产需要核销的部分，借记本科目，贷记“在建工程”等科目；拨款结余需要返还的，借记本科目，贷记“银行存款”科目。

上述资本溢价转增实收资本或股本的，借记“资本公积——资本溢价或股本溢价”科目，贷记“实收资本”或“股本”科目。

企业应编制的会计分录如图3-63所示。

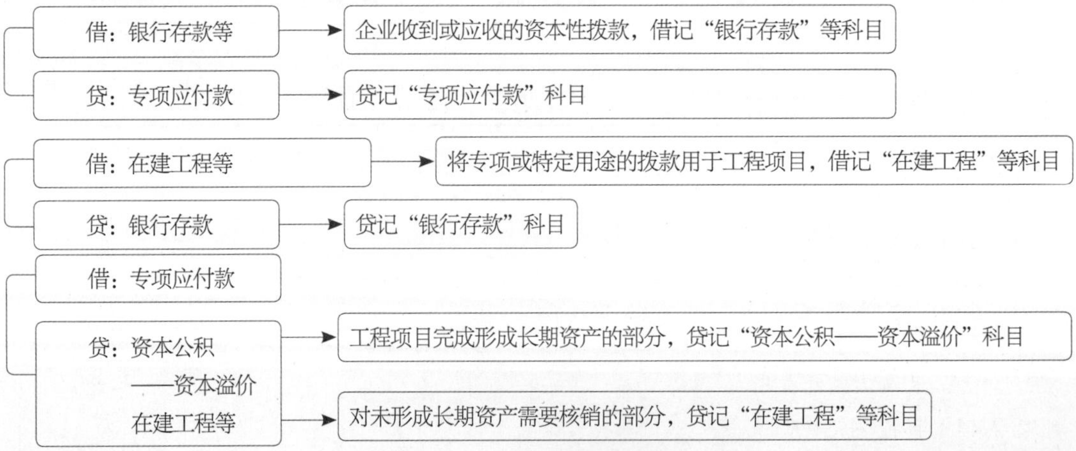

图3-63　专门用途的拨款

3. 案例解析

【例 3-31】企业用新产品试制费拨款购入一台无须安装的设备，不含税销售价为 8 547 元，增值税税额为 1 111 元。账务处理如下：

借：固定资产	8 547
应交税费——应交增值税（进项税额）	1 111
贷：银行存款	9 658
借：专项应付款——科技三项拨款	9 658
贷：资本公积——资本溢价	9 658

3.15 预计负债

预计负债产生于企业发生或有事项承担的符合条件的义务。企业在日常的经营活动中无法避免地会发生一些具有很大不确定性的经济事项，这些事项是由过去的交易形成的，其对企业的财务状况和经营成果的具体影响需要根据未来事项的发生情况加以确定，这些事项即为或有事项。例如，未决诉讼或未决仲裁是企业由于过去的经济行为被其他单位起诉的情况，这种状况是现存的和已经发生的，而之后是否会败诉目前是难以确定的，需要根据之后的法院判决确定。企业为其他单位提供债务担保，若对方无法按期偿还款项，则担保方将负连带责任，此事项构成或有事项。产品质量保证、亏损合同、重组义务等均属于或有事项。

或有负债是指由过去的交易或事项形成的潜在义务，其存在须通过未来不确定事项的发生或不发生予以证实；或由过去的交易或事项形成的现实义务，履行该义务不是很可能导致经济利益流出企业或该义务的金额不能可靠计量。

履行或有事项相关义务而导致经济利益流出的可能性可以分为以下几个层次："基本确定"是指发生的可能性大于 95%；"很可能"是指发生的可能性大于 50% 但小于或等于 95%；"可能"是指发生的可能性大于 5% 但小于或等于 50%；"极小可能"是指发生的可能性大于 0 但小于或等于 5%。一般来说，当结果的可能性为"很可能"时，通过"预计负债"科目进行核算；当结果的可能性为"可能"时，不记账只披露；当结果的可能性为"极小可能"时，不记账也不披露。

企业计量预计负债的金额时通常考虑下列情况。

（1）充分考虑与或有事项有关的风险和不确定性，在此基础上确定最佳估计数。

第一，如果所需支出存在一个连续范围并且该范围内的各种结果发生的可能性均等，则最佳估计数应当按照该范围内的中间值确定。

第二，如果所需支出不存在一个连续范围，或者存在连续范围但是范围内各种结果发生的可能性不相同，则若该事项仅仅涉及单个项目，最佳估计数按照最可能发生的金额确定；若该事项涉及多个项目，最佳估计数按照各种可能结果和相关概率计算确定。例如，某公司涉及一项诉讼事件，根据以往的经验以及专家的判断，该公司胜诉的可能性为 20%，败诉的可能性为 80%，并且需要赔偿 300 000 元，则该公司应该确认的预计负债金额为 300 000 元。某公司本年销售产品 10 000 000 元，根据产品质量保证条款的规定，产品售出一年内，如果发生正常质量问题，公司将免费修理。根据往常经验，出现小的问题发生的修理费为销售额的 3%，出现较大的质量问题发生的修理费为销售额的 5%，预测本年度售出的产品 80% 不会发生质量问题，有 5% 会发生较大的质量问题，有 15% 会发生比较小的质量问题。因此本年度该公司应该确认的预计负债的最佳估计数为：

（10 000 000 × 3%）× 15%+（10 000 000 × 5%）× 5%=70 000（元）

（2）预计负债的金额通常等于未来应支付的金额，但未来应支付金额与其现值相差较大的，应当按照未来应支付金额的现值确定。

（3）有确凿证据表明相关未来事项将会发生的应考虑未来相关事项的影响。

（4）预计负债的金额不应考虑预期处置相关资产形成的利得。

如果企业清偿因或有事项而确认的预计负债时，全部或部分预期由第三方补偿的金额只有在基本确定能收到时，才能作为资产单独确认，确认的补偿金额不能超过所确认预计负债的账面价值。例如，企业能够从保险公司或者相关责任人处取得的赔偿等。根据资产和负债不能够随意抵销的原则，预期可获得的补偿在基本确定能够收到时应确认为一项资产，而不能作为预计负债金额的扣减。

企业应当在资产负债表日对预计负债的账面价值进行复核，有确凿证据表明账面价值不能真实反映当前最佳估计数的，应当按照当前最佳估计数对账面价值进行调整。如果属于会计差错，应当根据《企业会计准则第 28 号——会计政策、会计估计变更和会计差错更正》进行处理。

3.15.1　未决诉讼或未决仲裁

1. 业务概述

企业在日常的经营活动中时常面临诉讼、仲裁的风险，但是这些风险具体对企业的财务状况和经营成果产生多少影响具有较大的不确定性。诉讼，是指当事人不能通过协商解决争议，因而在人民法院起诉、应诉，请求人民法院通过审判程序解决纠纷的活动。诉讼尚未裁决之前，对于被告者来说，其可能形成一项或有负债或者预计负债；对于原告来说，则可能形成一项或有资产。仲裁，是指经济法的各方当事人依照事先约定或事后达成的书面仲裁协议，共同选定仲裁机构并由其对争议依法做出具有约束力裁决的一种活动。作为当事人一方，仲裁的结果在仲裁决定公布以前是不确定的，会构成一项潜在义务或现时义务，或者潜在资产。

2. 账务处理

如果相关未决诉讼引起的相关义务符合预计负债的确认条件，发生损失的可能性属于“很可能”并且能够可靠预计，则企业应将预计要发生的支出确认为预计负债，借记“营业外支出”“管理费用”等科目，贷记“预计负债——预计未决诉讼”科目；实际支付确定的诉讼费用时，应该借记“预计负债——预计未决诉讼损失”科目，贷记“银行存款”等科目。

企业应该编制的会计分录如图 3-64 所示。

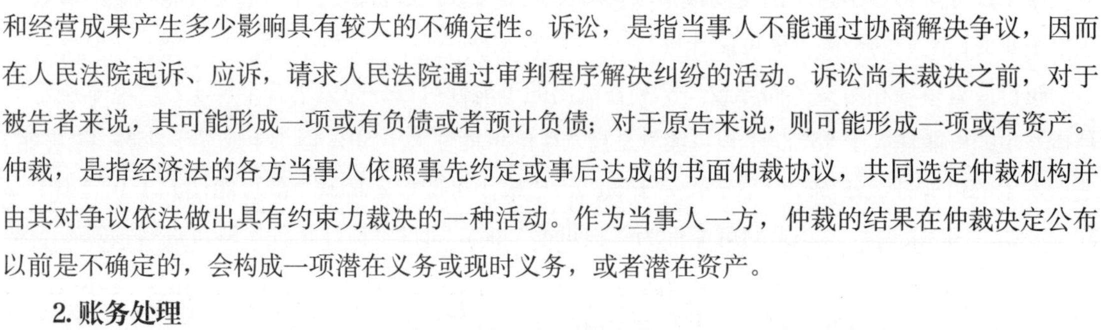

图 3-64　未决诉讼或未决仲裁

企业到期实际发生的诉讼损失金额和已经计提的相关预计负债之间的差额应该做如下处理。

（1）在前期资产负债表日，企业依据当时实际情况和所掌握的信息合理确认了预计负债，但法院的判决结果很可能和估计的金额不相等，这时应当将本期实际发生的诉讼损失与已确认的预计负债之间的差额，直接计入或冲减营业外支出。企业应该做以下会计分录，如图 3-65 所示。实际发生的支出小于预计的负债金额时，做相反会计分录。

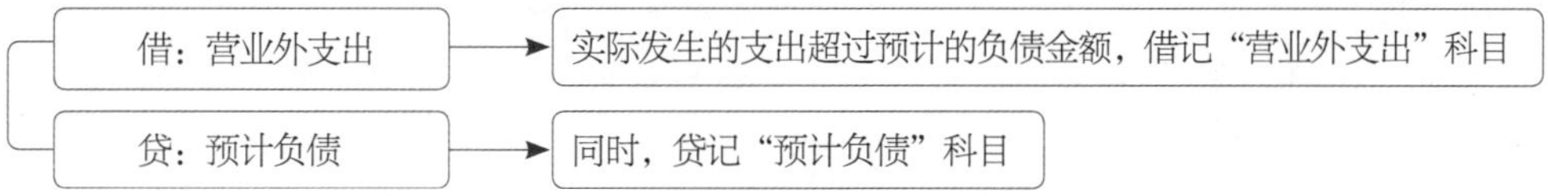

图 3-65　实际发生的支出超过预计的负债金额

（2）在前期资产负债表日，企业依据当时实际情况和所掌握的信息，确实无法合理预计诉讼损失，未确认预计负债；在本期取得裁决结果时将其作为当期的损失，直接计入营业外支出。

（3）在资产负债表日至财务报告批准报出日期间取得了裁决结果，则作为资产负债表日后调整事项处理。

（4）在前期资产负债表日，企业依据当时的实际情况和所掌握的信息应当能够合理估计诉讼损失，但企业所做的估计却与当时的事实严重不符的，在以后前期资产负债表日发现时应当按照前期重大会计差错进行处理。

3. 案例解析

【例 3-32】A 公司 2×19 年度发生的有关交易或事项如下。

（1）2×19 年 10 月 1 日有一笔已到期的银行贷款本金 10 000 000 元，利息 1 500 000 元，A 公司具有还款能力，但因与 B 银行存在其他经济纠纷，而未按时归还 B 银行的贷款。2×19 年 12 月 1 日，B 银行向人民法院提起诉讼。截至 2×19 年 12 月 31 日，人民法院尚未对案件进行审理。A 公司法律顾问认为败诉的可能性为 60%，预计将要支付的罚息、诉讼费用在 1 000 000 ~ 1 200 000 元之间，其中诉讼费为 50 000 元。

（2）2×18 年 10 月 6 日，A 公司委托银行向 K 公司贷款 60 000 000 元，由于经营困难，2×19 年 10 月 6 日贷款到期时 K 公司无力偿还贷款，A 公司依法起诉 K 公司。2×19 年 12 月 6 日，人民法院一审判决 A 公司胜诉，责成 K 公司向 A 公司偿付贷款本息 70 000 000 元，并支付罚息及其他费用 6 000 000 元，两项合计 76 000 000 元。但出于种种原因，K 公司未履行判决，直到 2×19 年 12 月 31 日，A 公司尚未采取进一步的行动。

（1）A 公司的账务处理如下。

A 公司败诉的可能性为 60%，即很可能败诉，则 A 公司应在 2×19 年 12 月 31 日确认一项预计负债为：（1 000 000+1 200 000）÷2 = 1 100 000（元）

借：管理费用——诉讼费	50 000	
营业外支出——罚息支出（1 100 000−50 000）	1 050 000	
贷：预计负债——未决诉讼——B 银行		1 100 000

A 公司应在 2×19 年 12 月 31 日的财务报表附注中做如下披露。

本公司欠 B 银行贷款于 2×19 年 10 月 1 日到期，到期本金和利息合计 11 500 000 元，由于与 B 银行存在其他经济纠纷，本公司尚未偿还上述借款本金和利息。为此，B 银行起诉本公司，除要求本公司偿还本金和利息外，还要求支付罚息等费用。由于以上情况，本公司在 2×19 年 12 月 31 日确认了一项预计负债 1 100 000 元。目前，此案正在审理中。

（2）A 公司的账务处理如下。

虽然一审判决 A 公司胜诉，将很可能从 K 公司收回委托贷款本金、利息及罚息，但是由于 K 公司本身经营困难，该款项是否能全额收回存在较大的不确定性。因此 A 公司 2×19 年 12 月 31 日不应确认资产，但应考虑该项委托贷款的减值问题。

A 公司应在 2×19 年 12 月 31 日的财务报表附注中做如下披露。

本公司于 2×18 年 10 月 6 日委托银行向 K 公司贷款 60 000 000 元，K 公司逾期未还，为此本公司依法向人民法院起诉 K 公司。2×19 年 12 月 6 日，一审判决本公司胜诉，并可从 K 公司索偿款项 76 000 000 元，其中贷款本金 60 000 000 元、利息 10 000 000 元以及罚息等其他费用 6 000 000 元。截至 2×19 年 12 月 31 日，K 公司未履行判决，本公司也未采取进一步的措施。

3.15.2 债务担保

1. 业务概述

担保是为了担保债权实现而采取的措施。当事人以一定的财产为基础，能够督促债务人履行债务，保证债权实现，担保方在被担保方无法履行合同的情况下，常常承担连带责任。作为提供担保的一方，从保护投资者、债权人的利益出发，客观、充分地反映企业因担保义务而承担的潜在风险是十分必要的。

2. 账务处理

企业对外提供担保可能产生的负债如果符合预计负债的确认条件应当确认为预计负债。企业对外提供债务担保常常会涉及未决诉讼，这时可以分别按以下情况进行处理。

（1）已判决败诉，但企业正在上诉，或者经上一级人民法院裁定暂缓执行，或者由上一级人民法院发回重审等，企业应当在资产负债表日，根据已有判决结果合理估计可能产生的损失金额，确认为预计负债，并计入当期营业外支出。

（2）人民法院尚未判决的，企业应向其律师或法律顾问等咨询，估计败诉的可能性，以及败诉后可能发生的损失金额，并取得有关书面意见。如果败诉的可能性大于胜诉的可能性，并且损失金额能够合理估计，应当在资产负债表日将预计担保损失金额确认为预计负债，并计入当期营业外支出。

企业应该编制的会计分录如图 3-66 所示。

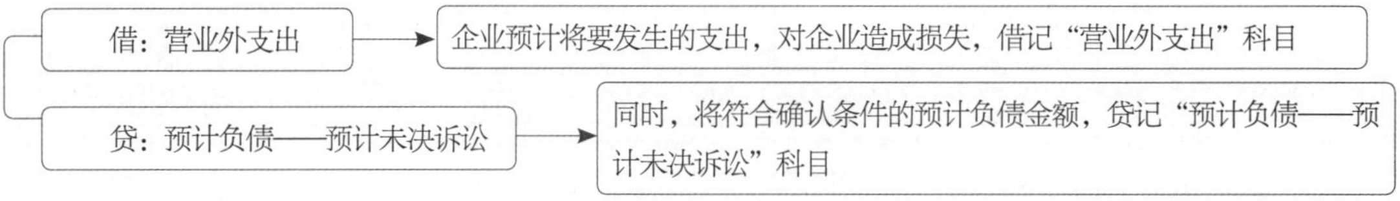

图 3-66　债务担保

3. 案例解析

【例 3-33】 2×18 年 10 月，A 公司为 B 公司人民币 20 000 000 元、期限 2 年的银行贷款提供全额担保；2×19 年 4 月，A 公司为 C 公司人民币 1 000 000 元、期限 1 年的银行贷款提供 50% 的担保。截至 2×19 年 12 月 31 日，各贷款单位的情况如下。

B 公司贷款逾期未还，银行已起诉 B 公司和 A 公司，A 公司因连带责任需赔偿多少金额尚无法确定；C 公司由于受政策影响和内部管理不善等，经营效益不如以往，可能不能偿还到期债务。

本例中，对 B 公司而言，A 公司很可能需履行连带责任，但损失金额是多少，目前还难以预计；就 C 公司而言，A 公司可能需履行连带责任。这两项债务担保形成 A 公司的或有负债，但不符合预计负债的确认条件，A 公司应在 2×19 年 12 月 31 日的财务报表附注中披露相关债务担保的被担保单位、担保金额以及财务影响等。

3.15.3 产品质量保证

1. 业务概述

产品质量保证，通常指销售商或制造商为了在消费者中树立信誉、扩大销售和提高产品的市场竞争能力，在销售产品或提供劳务后对客户提供服务的一种承诺。在约定期内（或终身保修），若产品或劳务在正常使用过程中出现质量或与之相关的其他属于正常范围的问题，企业负有更换产品、免费或只收成本价进行修理等责任。按照权责发生制的要求，上述相关支出符合确认条件就应在收入实现时确认相关预计负债。

2. 账务处理

由于产品质量问题基本是无法避免的，其发生的金额往往也可以根据以往经验合理预计，即企业在对外售出产品同时做出的质量保证而发生的费用可能性为“很可能”，并且能可靠计量，所以产品质量保证通常可以确认为一项预计负债。企业应该在销售产品之后根据相关质量保证条款并且结合以往的经验，确定预计质量保证费用的最佳估计数以及负债金额。企业在确认时，应该借记“销售费用——预计产品质量保证损失”科目，贷记“预计负债——预计产品质量保证损失”科目；当实际发生产品质量保证费用时，应该借记“预计负债——预计产品质量保证损失”科目，贷记“银行存款”科目。

企业应该编制的会计分录如图 3-67 所示。

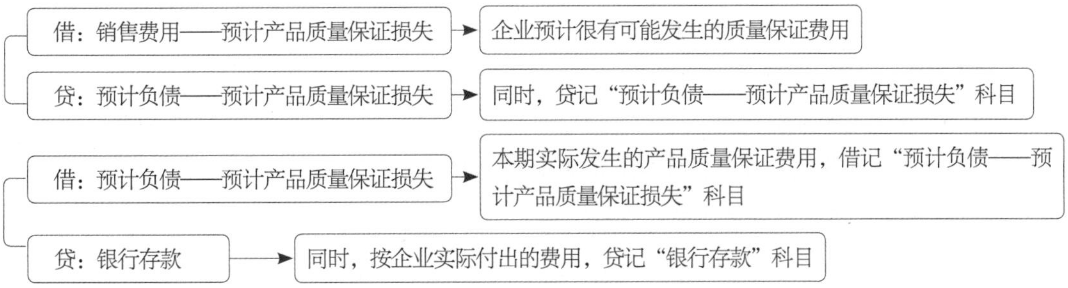

图 3-67 产品质量保证

在对产品质量保证确认预计负债时还需要注意以下 3 个方面：第一，如果发现保证费用的实际发生额与预计数相差较大，应及时对预计比例进行调整；第二，如果企业针对特定批次产品确认预计负债，则在保修期结束时，应将“预计负债——产品质量保证”科目余额冲销，同时冲销销售费用；第三，已对其确认预计负债的产品，如果企业不再生产了，那么应在相应的产品质量保证期满后，将“预计负债——产品质量保证”科目余额冲销，同时冲销销售费用。

3. 案例解析

【例 3-34】 A 公司为机床生产和销售企业。A 公司对购买其机床的消费者做出承诺：机床售出后 3 年内如出现非意外事件造成的机床故障和质量问题，A 公司免费负责保修（含零配件更换）。A 公司 2×19 年第 1 季度、第 2 季度、第 3 季度、第 4 季度分别销售机床 400 台、600 台、800 台和 700 台，每台售价为50 000元。根据以往的经验，机床发生的保修费一般为销售额的1%～1.5%之间。A公司2×19年4个季度实际发生的维修费用分别为40 000元、400 000元、360 000元和700 000元（假定用银行存款支付50%，另50%为耗用的原材料）。假定2×18年12月31日，“预计负债——产品质量保证——机床”科目年末余额为240 000元。

本例中，A公司因销售机床而承担了现实义务，该现实义务的履行很可能导致经济利益流出A公司，且该义务的金额能够可靠计量。A公司应在每季度末确认一次预计负债。相关账务处理如下。

（1）第1季度：发生产品质量保证费用（维修费）。

借：预计负债——产品质量保证——机床　　40 000

　　贷：银行存款　　20 000

　　　　原材料　　20 000

应确认的产品质量保证负债金额＝400×50 000×（1%+1.5%）÷2＝250 000（元）

借：销售费用——产品质量保证——机床　　250 000

　　贷：预计负债——产品质量保证——机床　　250 000

第1季度末，“预计负债——产品质量保证——机床”科目余额＝240 000+250 000-40 000＝450 000（元）

（2）第2季度：发生产品质量保证费用（维修费）。

借：预计负债——产品质量保证——机床　　400 000

　　贷：银行存款　　200 000

　　　　原材料　　200 000

应确认的产品质量保证负债金额＝600×50 000×（1%+1.5%）÷2＝375 000（元）

借：销售费用——产品质量保证——机床　　375 000

　　贷：预计负债——产品质量保证——机床　　375 000

第2季度末，“预计负债——产品质量保证——机床”科目余额＝450 000+375 000-400 000＝425 000（元）

（3）第3季度：发生产品质量保证费用（维修费）。

借：预计负债——产品质量保证——机床　　360 000

　　贷：银行存款　　180 000

　　　　原材料　　180 000

应确认的产品质量保证负债金额＝800×50 000×（1%+1.5%）÷2＝500 000（元）

借：销售费用——产品质量保证——机床　　500 000

　　贷：预计负债——产品质量保证——机床　　500 000

第3季度末，“预计负债——产品质量保证——机床”科目余额＝425 000+500 000-360 000＝565 000（元）

（4）第4季度：发生产品质量保证费用（维修费）。

借：预计负债——产品质量保证——机床　　700 000

　　贷：银行存款　　350 000

　　　　原材料　　350 000

应确认的产品质量保证负债金额＝700×50 000×（1%+1.5%）÷2＝437 500（元）

借：销售费用——产品质量保证——机床　　437 500

　　贷：预计负债——产品质量保证——机床　　437 500

第 4 季度末，“预计负债——产品质量保证——机床”科目余额 =565 000+437 500−700 000 = 302 500（元）

3.15.4 待执行合同变成亏损合同

1. 业务概述

待执行合同是指合同各方尚未履行任何合同义务，或部分地履行了同等义务的合同。亏损合同是指履行合同义务不可避免发生的成本超过预期经济利益的合同。亏损合同产生的义务满足预计负债的确认条件，应当确认为预计负债。企业在履行合同义务过程中，如发生的成本预期将超过与合同相关的未来流入的经济利益，待执行合同即变成了亏损合同。但是如果与该合同相关的义务不需任何补偿即可撤销，则不存在现实义务，不应该确认为预计负债。反之，义务不可撤销，企业履行该义务很可能导致经济利益流出企业，同时，金额能够可靠计量，通常应当确认为预计负债。企业与其他企业签订的商品销售合同、劳务合同、租赁合同等，均可能变为亏损合同。

2. 账务处理

预计负债的计量应当反映退出该合同的最低净成本，即履行该合同的成本与未能履行该合同而发生的补偿或处罚两者之中的较低者。企业对亏损合同进行账务处理时需要注意：合同如果存在标的资产，应当对标的资产进行减值测试并按规定确认减值损失，如果预计亏损超过该减值损失，应该将超过部分确认为预计负债；如果合同不存在标的资产，则亏损合同相关义务满足预计负债确认条件，应直接将其确认为预计负债。

3. 案例解析

【例 3-35】甲公司于 2×18 年 12 月 10 日与丙公司签订不可撤销合同，约定在 2×19 年 3 月 1 日以每件 200 元的价格向丙公司提供 A 产品 1 000 件，若不能按期交货，将对甲公司处以总价款 20% 的违约金。签订合同时 A 产品尚未开始生产，甲公司准备生产 A 产品时，原材料价格突然上涨，预计生产 A 产品的单位成本将超过合同单价。不考虑相关税费，甲公司的相关账务处理如下。

（1）若生产 A 产品的单位成本为 210 元。

履行合同发生的损失 = 1 000×（210−200） = 10 000（元）

不履行合同支付的违约金 = 1 000×200×20% = 40 000（元）

本例中，甲公司与丙公司签订了不可撤销合同，但是执行合同不可避免发生的费用超过了预期获得的经济利益，属于亏损合同。由于该合同变为亏损合同时不存在标的资产，甲公司应当按照履行合同造成的损失与违约金两者中的较低者确认一项预计负债，即应确认预计负债 10 000 元。

借：营业外支出——亏损合同损失——A 产品　　10 000

　　贷：预计负债——亏损合同损失——A 产品　　10 000

待产品完工后，将已确认的预计负债冲减产品成本。

借：预计负债——亏损合同损失——A 产品　　10 000

　　贷：库存商品——A 产品　　10 000

（2）若生产 A 产品的单位成本为 270 元。

履行合同发生的损失 = 1 000×（270−200） = 70 000（元）

不履行合同支付的违约金 = 1 000×200×20% = 40 000（元）

应确认预计负债 40 000 元。

借：营业外支出——亏损合同损失——A 产品　　40 000

　　贷：预计负债——亏损合同损失——A 产品　　40 000

支付违约金时。

借：预计负债——亏损合同损失——A 产品　　40 000

　　贷：银行存款　　40 000

【例 3-36】甲公司与乙公司于 2×18 年 11 月签订不可撤销合同，甲公司向乙公司销售 A 设备 50 台，合同价格为每台 1 000 000 元（不含税）。该批设备在 2×19 年 1 月 25 日交货。至 2×18 年末甲公司已生产 40 台 A 设备，由于原材料价格上涨，单位成本达到 1 020 000 元，每销售一台 A 设备亏损 20 000 元，因此这项合同已成为亏损合同。预计其余未生产的 10 台 A 设备的单位成本与已生产的 A 设备的单位成本相同。则甲公司应对有标的的 40 台 A 设备计提存货跌价准备，对没有标的的 10 台 A 设备确认预计负债。不考虑相关税费。

有关账务处理如下。

（1）有标的的部分，合同为亏损合同，确认减值损失。

借：资产减值损失——存货跌价准备——A 设备　　800 000

　　贷：存货跌价准备——A 设备（40×20 000）　　800 000

（2）无标的的部分，合同为亏损合同，确认预计负债。

借：营业外支出——亏损合同损失——A 设备　　200 000

　　贷：预计负债——亏损合同损失——A 设备（10×20 000）　　200 000

（3）在产品生产出来后，将预计负债冲减成本。

借：预计负债——亏损合同损失——A 设备　　200 000

　　贷：库存商品——A 设备　　200 000

3.16 递延收益

递延收益是指尚待确认的收入或收益，是权责发生制在确认收益方面的运用。本科目主要核算企业根据《企业会计准则第 16 号——政府补助》确认的应在以后期间计入当期损益的政府补助金额以及售后租回的未实现收益。

3.16.1 收到政府补助

1. 业务概述

政府补助是指企业从政府无偿取得的货币性资产或者非货币性资产，但是政府作为企业所有者向企业投入的资本不属于此类。政府补助具有无偿性和直接取得资产这两个特征，目前我国政府补助主要有财政拨款、财政贴息、税收返还和无偿划拨非货币性资产 4 种形式。其中财政拨款是政府为了支持某些企业而无偿拨付的款项；财政贴息是政府为了支持某些特定领域或区域发展而根据国家宏观经济形式和政策目标对承贷企业的银行存款利息给予的补贴；税收返还是指政府按照国家有关规定采取先征后返或退的税收优惠形式；无偿划拨非货币性资产主要指无偿划拨土地使用权等。

有时企业收到的政府补助是用于补偿以后期间费用或损失或者是与资产相关的政府补助，企业应该先记入“递延收益”科目，然后在确认相关费用的期间或者相关资产的使用期间计入当期收益。

2. 账务处理

根据政府补助给企业带来经济利益或者弥补成本或费用的形式不同，可以将其分为两种不同的类型：与资产相关的政府补助和与收益相关的政府补助。两种补助的账务处理方法是不同的。

（1）与资产相关的政府补助。

与资产相关的政府补助是指企业取得的、用于构建或以其他方式形成长期资产的政府补助，例如，政府给予企业财政贴息以支持其建造固定资产或者购买无形资产等。企业应该在实际收到款项时按照到账的实际金额确认和计量，不能全部确认为当期收益，因为购买的资产涉及以后期间的收益，所以应当随着相关资产的使用逐渐计入以后的使用期间。即收到补助时，企业应该按照实际收到的金额，贷记“递延收益”科目；当企业使用补助购买资产时，按照资产相关内容中的处理方式编制会计分录即可，借记“在建工程”或“研发支出”等科目，贷记“银行存款”等科目；当此长期资产可供使用时起计提相关折旧或摊销，将递延收益平均分摊到各期的损益中，借记“递延收益”科目，贷记“营业外收入”或“其他收益”科目。如果相关资产在处置之前还有未分摊完的递延收益，则全部转入资产处置当期的收益。企业应该编制的会计分录如图 3-68 所示。

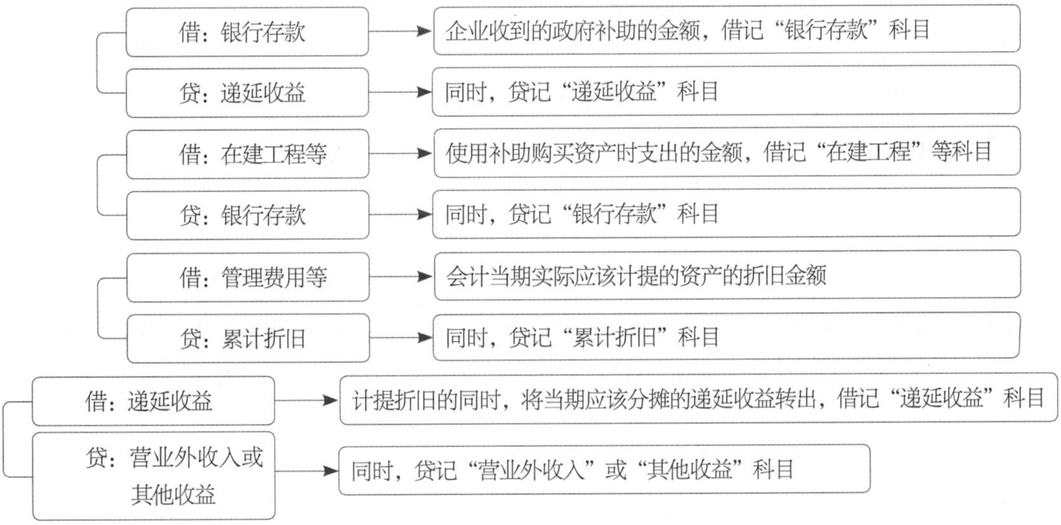

图 3-68　与资产相关的政府补助

（2）与收益相关的政府补助。

除了与资产相关的政府补助之外，其他都是与收益相关的政府补助，如政府对企业某些特定产品由于非市场原因导致的价格低于成本的一种补偿等，主要是以银行转账的方式支付的。企业应当在当期实际收到款项时按照到账的金额确认和计量，除非企业能够找到确凿证据表明该项补助是按照定额标准支付的。

企业收到的与收益相关的政府补助用于补偿企业以后期间费用和损失的，在初始取得时应该先确认为递延收益，然后在相关成本、费用或损失得到确认的期间计入当期损益或冲减当期成本。

企业应该按照应收的金额借记“其他应收款”科目，贷记“递延收益”科目；按期分摊递延收益的，企业应该借记“递延收益”科目，贷记“营业外收入”或“其他收益”科目。如果企业收到的政府补助是为了弥补企业在以前期间已经发生的费用，则企业应该在收到补助时直接借记“银行存款”科目，贷记“营业外收入”或“其他收益”科目。

补助用于弥补以后期间的费用或损失，企业应该编制的会计分录如图3-69所示。

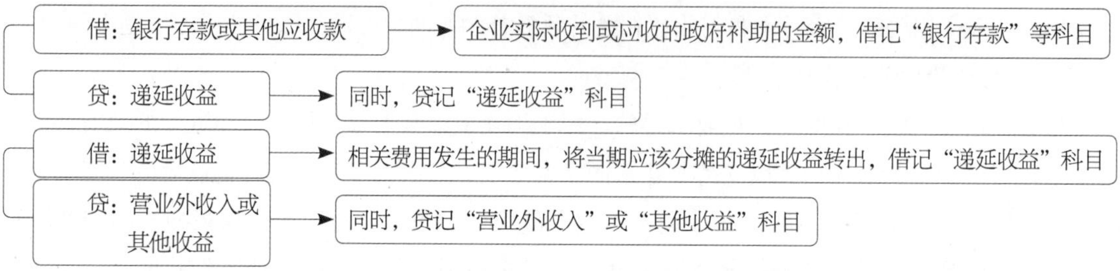

图3-69　补助用于弥补以后期间的费用或损失

补助用于弥补以前期间的费用或损失，企业应该编制的会计分录如图3-70所示。

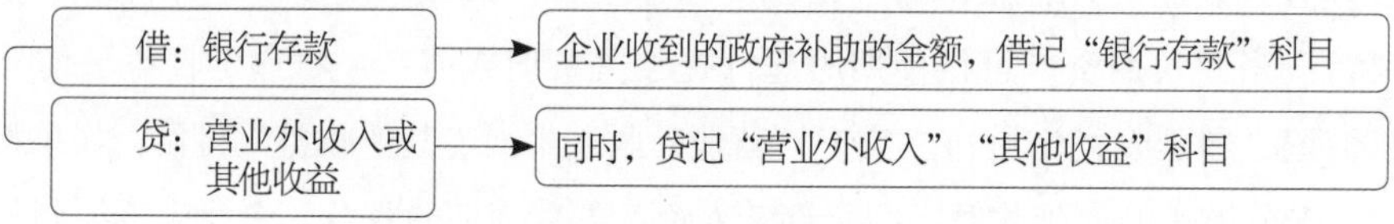

图3-70　补助用于弥补以前期间的费用或损失

如果企业收到的政府补助中既包含与资产相关的补助又包括与收益相关的补助，则企业应该将它们分开，并分别进行会计处理。如果企业难以明确区分两者，则将收到的政府补助全部计入与收益相关的政府补助，分情况计入当期收益或者在以后期间分期确认。

3. 案例解析

【例3-37】2×10年1月，甲企业购买一台机床设备，预计需要支出7 000 000元，但是由于资金不足，按照相关规定向政府提出需要补助2 400 000元。2×10年3月1日，政府批准甲企业的申请并且拨付甲企业2 400 000元财政拨款，甲企业于当日收到此笔资金。2×10年3月31日，甲企业购入该不需要安装的机床设备，实际支出6 000 000元，预计使用年限为10年，采用直线法计提折旧，残值为0。2×19年3月31日出售该台设备，取得价款700 000元（假定不考虑其他因素）。

甲企业的账务处理如下。

（1）2×10年3月1日实际收到政府补助时进行确认。

借：银行存款　　2 400 000

　　贷：递延收益　　2 400 000

（2）2×10年3月31日购入机床设备。

借：固定资产　　6 000 000

　　贷：银行存款　　6 000 000

（3）2×10年4月开始每个月末计提相关资产的折旧，同时分摊递延收益。

借：制造费用　　50 000

　　贷：累计折旧　　50 000

借：递延收益　　20 000

　　贷：其他收益　　20 000

（4）出售设备。

借：固定资产清理　　600 000

　　累计折旧　　5 400 000

　　贷：固定资产　　6 000 000

借：递延收益　　240 000

　　贷：固定资产清理　　240 000

借：银行存款　　700 000

　　贷：其他收益　　360 000

　　　　资产处置损益　　340 000

【例 3-38】甲企业生产政府进行补助的产品，根据国家有关规定，甲企业每生产一单位产品能够收到 0.042 元的补助，该补贴于每个季度初支付。甲企业 2×19 年实际生产该产品 2 亿单位，于 1 月 20 日收到财政拨付的补贴款。

甲企业的账务处理如下。

（1）2×19 年 1 月 1 日，甲企业确认应收的财政补贴款。

借：其他应收款　　8 400 000

　　贷：递延收益　　8 400 000

（2）2×19 年 1 月 20 日，甲企业收到财政补贴。

借：银行存款　　8 400 000

　　贷：其他应收款　　8 400 000

（3）2×19 年 1 月起，每月将属于本期的补贴转入当期收益。

借：递延收益　　700 000

　　贷：其他收益　　700 000

3.16.2　售后租回

1. 业务概述

若企业（卖方兼承租人）将资产转让给其他企业（买方兼出租人），并从买方兼出租人租回该项资产，则卖方兼承租人和买方兼出租人均应按照售后租回交易的规定进行会计处理。企业应当按照《企业会计准则第 14 号——收入》（2017）的规定，评估确定售后租回交易中的资产转让是否属于销售，并区别进行会计处理。在标的资产的法定所有权转移给出租人并将资产租赁给承租人之前，承租人可能会先获得标的资产的法定所有权。但是，是否具有标的资产的法定所有权本身并非会计处理的决定性因素。如果承租人在资产转移给出租人之前已经取得对标的资产的控制，则该交易属于售 后租回交易。然而，如果承租人未能在资产转移给出租人之前取得对标的资产的控制，那么即便承租人在资产转移给出租人之前先获得标的资产的法定所有权，该交易也不属于售后租回交易。

2. 账务处理

（1）售后租回交易中的资产转让属于销售

卖方兼承租人应当按原资产账面价值中与租回获得的使用权有关的部分，计量售后租回所形成的使用权资产，并仅就转让至买方兼出租人的权利确认相关利得或损失。买方兼出租人根据其他适用的《企业会计准则》对资产购买进行会计处理，并根据本准则对资产出租进行会计处理。如果销售对价的公允价值与资产的公允价值不同，或者出租人未按市场价格收取租金，企业应当进行以下调整：

① 销售对价低于市场价格的款项作为预付租金进行会计处理；

② 销售对价高于市场价格的款项作为买方兼出租人向卖方兼承租人提供的额外融资进行会计处理。同时，承租人按照公允价值调整相关销售利得或损失，出租人按市场价格调整租金收入。

在进行上述调整时，企业应当按以下二者中较易确定者进行：

①销售对价的公允价值与资产的公允价值的差异；

②合同付款额的现值与按市场租金计算的付款额的现值的差异。

销售方出售资产时，应该按照固定资产账面净值，借记“固定资产清理”科目，按固定资产已提折旧，借记“累计折旧”科目，同时按出售固定资产账面原值，贷记“固定资产”科目，按照以前会计期间计提的减值准备，借记“固定资产减值准备”科目。企业应做如下会计分录。

借：固定资产清理

　　累计折旧

　　固定资产减值准备

　　贷：固定资产

销售方收到出售资产的价款时，应该借记“银行存款”科目，贷记“固定资产清理”科目，将差额记入“递延收益——未实现融资损益”科目。企业应该编制的会计分录如图 3-71 所示。

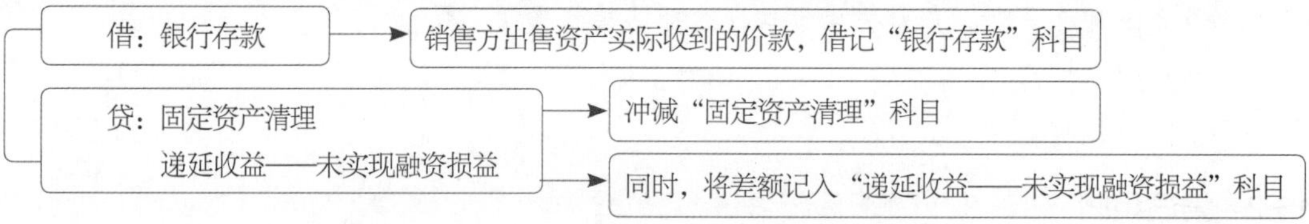

图 3-71　销售方收到出售资产的价款

承租方租回资产时，按照租赁资产的公允价值和最低租赁付款额的现值较低者，借记“融资租赁资产”科目，同时贷记“长期应付款——应付融资租赁款”科目，将差额记入“未确认融资费用”科目。企业应做如下会计分录。

借：融资租赁资产

　　未确认融资费用

　　贷：长期应付款——应付融资租赁款

在之后的租赁期间根据租赁资产的折旧进度分摊未实现售后租回损益时，借记或者贷记“递延收益——未实现售后租回损益”科目，贷记或借记“制造费用”“销售费用”“管理费用”等科目。企业应编制的会计分录如图 3-72 所示。

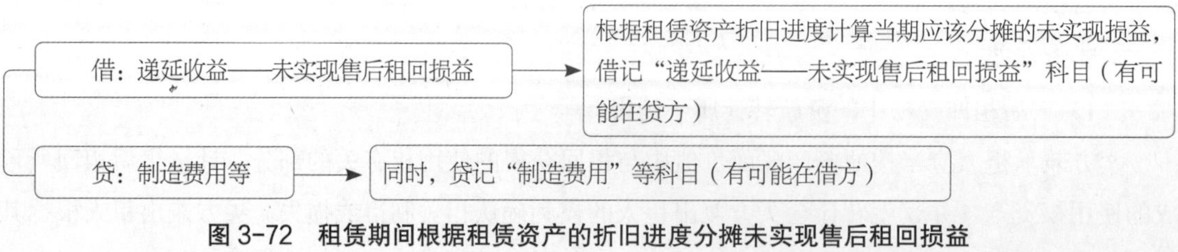

图 3-72　租赁期间根据租赁资产的折旧进度分摊未实现售后租回损益

购买方购买资产应该按照实际支付的价款，借记“融资租赁资产”科目，同时贷记“银行存款”科目。之后的账务处理与一般融资租赁业务的相同。企业应该做如下会计分录。

借：融资租赁资产

　　贷：银行存款

（2）售后租回交易中的资产转让不属于销售

卖方兼承租人不终止确认所转让的资产，而应当将收到的现金作为金融负债，并按照《企业会计准则第 22 号——金融工具确认和计量》（2017）进行会计处理。买方兼出租人不确认被转让资产，而应当将支付的现金作为金融资产，并按照《企业会计准则第 22 号——金融工具确认和计量》（2017）进行会计处理。

如果该交易并不是按照公允价值达成的，售价低于公允价值的差额应计入当期损益。但是若该损失将由低于市价的未来租赁付款额补偿，有关损失应予以递延，计入递延收益，并按与确认租金费用相一致的方法在租赁期内进行分摊。如果售价大于公允价值，其大于公允价值的部分应计入递延收益，并在租赁期内分摊。

销售方出售资产时，应该按照固定资产账面净值，借记“固定资产清理”科目，按固定资产已提折旧，借记“累计折旧”科目，同时按出售固定资产账面原值，贷记“固定资产”科目，按照以前会计期间计提的减值准备，借记“固定资产减值准备”科目。企业应做如下会计分录。

借：固定资产清理

　　累计折旧

　　固定资产减值准备

　　贷：固定资产

销售方收到出售资产的价款时，应该借记“银行存款”科目，贷记“固定资产清理”科目，将差额记入“递延收益——未实现融资损益”“营业外收入”“营业外支出”科目。企业应该编制的会计分录如图 3-73 所示。

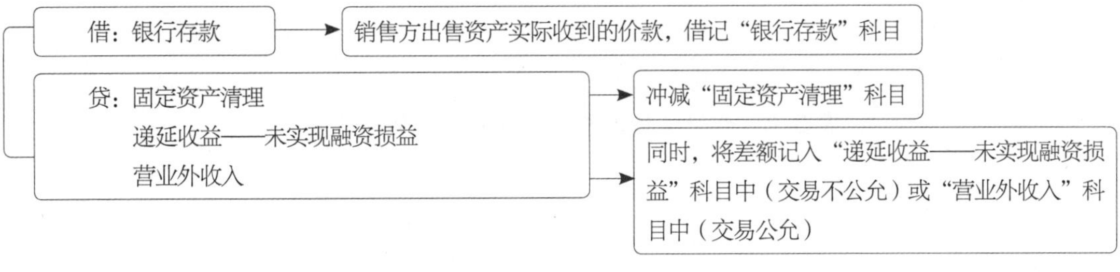

图 3-73　销售方收到出售资产的价款

租回资产时，承租人应该做备查登记。

在之后的租赁期间根据租金的支付比例分摊未实现售后租回损益时，借记或者贷记“递延收益——未实现售后租回损益”科目，贷记或借记“制造费用”“销售费用”“管理费用”等科目。企业应编制的会计分录如图 3-74 所示。

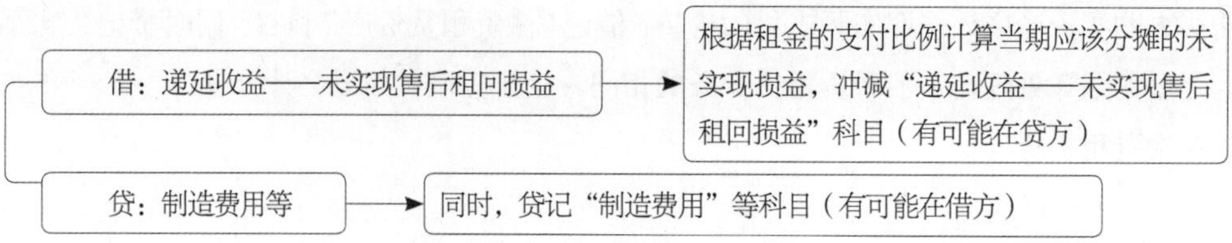

图3-74　租赁期间根据租金的支付比例分摊未实现售后租回损益

3. 案例解析

【例3-39】甲公司将一条生产线于2×17年1月1日按260 000元的价格销售给乙公司。该生产线2×17年1月1日的账面原值为240 000元，此设备没有计提过折旧。在当天甲公司和乙公司又签订了一份租赁合同将该生产线租回，假定不考虑相关税费，该合同主要内容如下。

（1）租赁标的物：生产线。

（2）租赁期开始日：租赁物运抵甲公司生产车间之日为2×17年1月1日。

（3）租赁期：2×17年1月1日至2×19年12月31日，共36个月。

（4）租金支付方式：在租赁期内每年年末支付租金100 000元。

（5）租赁合同规定的年利率为8%。

（6）该生产线为全新设备，预计可以使用的年限为5年。

甲公司采用年限平均法计提固定资产折旧。

分析如下。

（1）首先判断租赁的类型。

租赁合同中租赁期为3年，占租赁资产尚可使用年限5年的60%，小于规定中的75%；最低租赁付款额为257 710元，大于租赁资产公允价值的90%，即234 000元，所以甲公司应当将该项租赁认定为融资租赁。

每期租金现值之和小于租赁资产公允价值260 000元，根据孰低原则，租赁资产的入账价值应为最低租赁付款额现值257 710元。

（2）计算未实现售后租回损益。

未实现售后租回损益＝售价－资产的账面价值＝260 000－240 000＝20 000（元）

（3）分配未确认融资费用如表3-6所示。

表3-6　未确认融资费用分摊表（实际利率法）

2×17年1月1日　　单位：元

日期	租金	确认的融资费用	应付本金减少额	应付本金余额
①	②	③＝期初⑤×8%	④＝②－③	期末⑤＝期初⑤－④
（1）2×17年1月1日				257 710
（2）2×17年12月31日	100 000	20 616.80	79 383.20	178 326.80
（3）2×18年12月31日	100 000	14 266.14	85 733.86	92 592.94
（4）2×19年12月31日	100 000	7 407.06*	92 592.94**	0
合计	300 000	42 290	257 710	

注：* 尾数调整：42 290－20 616.80－14 266.14＝7 407.06（元）。

** 尾数调整：257 710－79 383.20－85 733.86＝92 592.94（元）。

（4）在折旧期内按照折旧的进度分摊未实现售后租回损益如表 3-7 所示。

表 3-7 未实现售后租回损益分摊表

2×17 年 1 月 1 日　　单位：元

日期	售价	固定资产账面价值	摊销期	分摊率	摊销额	未实现售后租回损益
(1) 2×17 年 1 月 1 日	260 000	240 000	35 个月			20 000
(2) 2×17 年 12 月 31 日				31.42%	6 284	13 716
(3) 2×18 年 12 月 31 日				34.29%	6 858	6 858
(4) 2×19 年 12 月 31 日				34.29%	6 858	0
合计	260 000	240 000		100%	20 000	

由于当月购入的固定资产当月不计提折旧，所以本例中该租赁资产的折旧期为 35 个月，即未实现售后租回损益的分摊期也为 35 个月。

（5）账务处理。

①2×17 年 1 月 1 日，甲公司出售固定资产。

借：固定资产清理　　240 000
　　贷：固定资产　　240 000
借：银行存款　　260 000
　　贷：固定资产清理　　240 000
　　　　递延收益——未实现售后租回损益　　20 000

②2×17 年 2 月 28 日，甲企业确认本月应分摊的未实现售后租回损益。

借：递延收益——未实现售后租回损益　　571.27
　　贷：制造费用——折旧费　　571.27

③乙公司 2×17 年 1 月 1 日向甲公司购买生产线。

借：融资租赁资产　　260 000
　　贷：银行存款　　260 000

其他相关账务处理与其他一般租赁业务的账务处理相同，此处不再赘述。

【例 3-40】2×17 年 1 月 1 日甲公司将一台办公设备以 100 000 元的价格出售给乙公司，该设备的账面价值为 80 000 元，市价为 90 000 元，在当天双方又签订了一份租赁合同将该设备租回，双方签订的租赁合同中约定租期为 4 年，每年年末支付租金 20 000 元。

分析如下。

（1）首先判断租赁的类型。

由于此项租赁没有满足融资租赁的任何一条标准，所以应该作为经营租赁处理。

（2）计算未实现售后租回损益。

未实现售后租回损益 = 售价 − 资产的账面价值 =100 000−80 000=20 000（元）

（3）在租赁期内按照租金支付比例分摊未实现售后租回损益，如表 3-8 所示。

表 3-8　未实现售后租回损益分摊表

2×17年1月1日　　单位：元

日期	售价	固定资产账面价值	支付的租金	分摊率	摊销额	未实现售后租回损益
（1）2×17-1-1			20 000	25%	5 000	20 000
（2）2×17-12-31			20 000	25%	5 000	15 000
（3）2×18-12-31	100 000	80 000	20 000	25%	5 000	10 000
（4）2×19-12-31	100 000	80 000	20 000	25%	5 000	5 000
合计			80 000	100%	20 000	0

（4）账务处理。

①2×17年1月1日，甲公司出售固定资产。

借：固定资产清理　80 000

　　贷：固定资产　80 000

借：银行存款　100 000

　　贷：固定资产清理　80 000

　　　　递延收益——未实现售后租回损益　20 000

②2×17年12月31日，本年应分摊未实现售后租回损益。

借：递延收益——未实现售后租回损益（经营租赁）　5 000

　　贷：管理费用　5 000

其他账务处理与一般经营租赁业务的账务处理相同，此处不再赘述。

（5）如果有确凿证据表明，售后租回交易是按照公允价值达成的，售价与资产账面价值之间的差额应该计入当期损益。

①2×17年1月1日，甲公司出售固定资产。

借：固定资产清理　80 000

　　贷：固定资产　80 000

借：银行存款　100 000

　　贷：固定资产清理　80 000

　　　　营业外收入　20 000

②2×17年1月1日，乙公司购买设备。

借：固定资产　100 000

　　贷：银行存款　100 000

其他账务处理与一般经营租赁业务的账务处理相同，此处不再赘述。

3.17　递延所得税负债

递延所得税负债是由于会计和税法的差异产生的企业应在以后期间缴纳的税款。根据应纳税暂时性差异以及适当的税率计算未来应多交所得税的金额。

3.17.1 递延所得税负债的取得

1. 业务概述

递延所得税负债与递延所得税资产相对应，当资产和负债的账面价值和其计税基础不同时，便产生了暂时性差异，即在未来收回资产或清偿负债的期间，应纳税所得额增加或减少并导致未来期间应交所得税增加或减少的情况，形成企业资产或负债，在符合一定条件下确认为递延所得税资产或递延所得税负债。

递延所得税负债主要来自企业产生的应纳税暂时性差异。应纳税暂时性差异是指在确定未来收回资产或清偿负债期间的应纳税所得额时，将导致产生应税金额的暂时性差异，即在未来期间不考虑该事项影响的应纳税所得额的基础上，由于该暂时性差异的转回将进一步增加转回期间的应纳税所得额和应交所得税金额，在其产生当期应当确认为递延所得税负债。应纳税暂时性差异通常产生于两种情况，即资产的账面价值大于其计税基础以及负债的账面价值小于计税基础。

资产在资产负债表日的计税基础就是其成本扣除按照税法规定已在以前期间税前扣除累计折旧额或累计摊销后的金额。造成资产的账面价值大于其计税基础的情况主要有以下几种。

（1）固定资产的折旧方法、折旧年限，无形资产的摊销方法和税法规定的差异。

税法规定的折旧年限和方法往往会和会计准则规定的年限和方法不一致，当本期会计准则规定应该计提的折旧、摊销等金额小于税法规定的应该计提的折旧、摊销金额时，资产账面价值大于其计税基础，产生应纳税暂时性差异。

（2）以公允价值计量的金融资产的公允价值变动。

税法规定该类金融资产在持有期间的公允价值变动只有在实际处置时才在纳税中予以考虑，当会计期间该资产的公允价值上升时，会导致资产的账面价值大于计税基础。

负债的计税基础是指负债的账面价值减去未来期间计算应纳税所得额时按照税法规定可予抵扣的金额。企业预计在未来期间清偿该项负债时的经济利益流出小于账面价值在扣除税法规定未来期间允许税前扣除的金额之后的差额，该暂时性差异实际上是税法规定的该项负债在未来期间可以税前扣除的金额。当负债的账面价值小于其计税基础，表明该项负债在未来期间可以税前抵扣的金额为负数，即在未来期间增加应纳税所得额和应交所得税金额，产生应纳税暂时性差异，确认为递延所得税负债。

2. 账务处理

除了《企业会计准则第 18 号——所得税》中明确规定可不确认递延所得税负债的情况以外，企业对于应纳税暂时性差异均应确认相关的递延所得税负债。资产负债表日与直接计入所有者权益的交易或事项有关的递延所得税负债在确认时，借记“资本公积——其他资本公积”科目，贷记“递延所得税负债”科目；其他一般情况下企业根据《企业会计准则第 18 号——所得税》应予确认的递延所得税资产大于本科目余额的，借记“所得税费用——递延所得税费用”科目，贷记“递延所得税负债”科目；应予确认的递延所得税资产小于本科目余额的，做相反的会计分录，如图 3-75 所示。

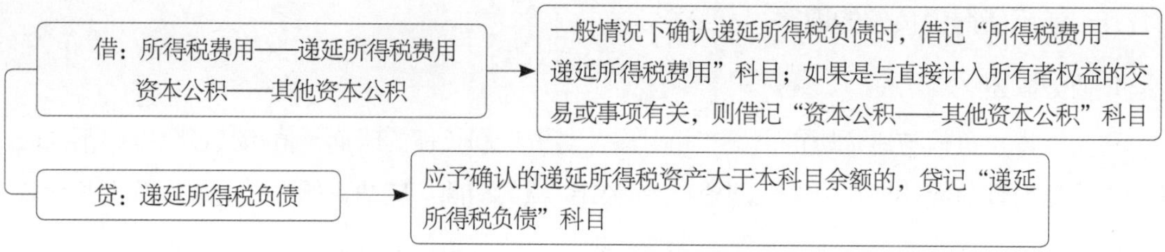

图3-75　递延所得税负债的取得

3. 案例解析

见【例3-41】。

3.17.2　递延所得税负债的转回

1. 业务概述

当企业产生递延所得税负债的情况消失时，企业需要将导致以前期间计提的递延所得税负债转回。

2. 账务处理

资产负债表日，企业计算本期期末的递延所得税负债的余额小于上期期末的递延所得税负债余额，应该根据减少的金额，借记“递延所得税负债”科目，贷记“所得税费用——递延所得税费用”或“资本公积——其他资本公积”科目，如图3-76所示。

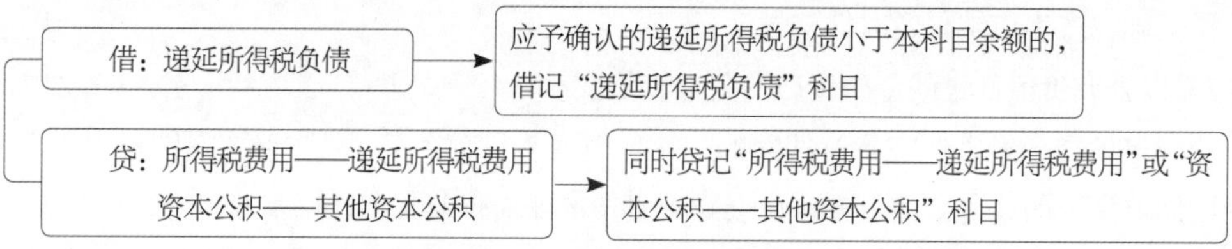

图3-76　递延所得税负债的转回

3. 案例解析

【例3-41】 甲公司于2×18年12月底购入一台机器设备，成本为525 000元，预计使用年限为6年，预计净残值为零。会计上按直线法计提折旧，因该设备符合税法规定的税收优惠条件，计税时可按年数总和法计提折旧，假定税法规定的使用年限及净残值均与会计上规定的相同。本例中假定该公司各会计期间均未对固定资产计提减值准备，除该项固定资产产生的会计与税法之间的差异外，不存在其他会计与税收的差异。

分析：

该项固定资产各年度的账面价值与计税基础确定如下。

（1）2×19年资产负债表日。

账面价值＝实际成本－会计折旧=525 000−87 500=437 500（元）

计税基础＝实际成本－税前扣除的折旧额=525 000−150 000=375 000（元）

可见账面价值437 500元大于其计税基础375 000元，两者之间产生的62 500元差异将增加未来期间的应纳税所得额和应交所得税，属于应纳税暂时性差异，应确认为与其相关的递延所得税负债15 625（62 500×25%）元，账务处理如下。

借：所得税费用——递延所得税费用　　15 625

　　贷：递延所得税负债　　15 625

该公司每年因固定资产账面价值与计税基础不同应予确认的递延所得税情况如表3-9所示。

表3-9 应予确认的递延所得税情况

项目	2×19年	2×20年	2×21年	2×22年	2×23年	2×24年
实际成本（元）	525 000	525 000	525 000	525 000	525 000	525 000
累计会计折旧（元）	87 500	175 000	262 500	350 000	437 500	525 000
账面价值（元）	437 500	350 000	262 500	175 000	87 500	0
累计计税折旧（元）	150 000	275 000	375 000	450 000	500 000	525 000
计税基础（元）	375 000	250 000	150 000	75 000	25 000	0
暂时性差异（元）	62 500	100 000	112 500	100 000	62 500	0
使用税率（%）	25%	25%	25%	25%	25%	25%
递延所得税负债余额（元）	15 625	25 000	28 125	25 000	15 625	0

（2）2×20年资产负债表日。

账面价值=525 000-87 500-87 500=350 000（元）

计税基础=实际成本－累计已税前扣除的折旧额=525 000-275 000=250 000（元）

因资产的账面价值350 000元大于其计税基础250 000元，两者之间的差异为应纳税暂时性差异，应确认与其相关的递延所得税负债25 000元，但期初余额为15 625元，当期应进一步确认递延所得税负债9 375元，账务处理如下。

借：所得税费用——递延所得税费用　　9 375

　　贷：递延所得税负债　　9 375

（3）2×21年资产负债表日，情况与上述类似。

借：所得税费用——递延所得税费用　　3 125

　　贷：递延所得税负债　　3 125

（4）2×22年资产负债表日。

借：递延所得税负债　　3 125

　　贷：所得税费用——递延所得税费用　　3 125

（5）2×23年资产负债表日。

借：递延所得税负债　　9 375

　　贷：所得税费用——递延所得税费用　　9 375

（6）2×24年资产负债表日。

该项固定资产的账面价值及计税基础均为零，两者之间不存在暂时性差异，原已确认的与该项资产相关的递延所得税负债应予全额转回，账务处理如下。

借：递延所得税负债　　15 625

　　贷：所得税费用——递延所得税费用　　15 625

3.18　持有待售负债

1. 业务概述

企业主要通过出售而非持续使用一项非流动负债或处置组收回其账面价值的，应当将其划分为持有待售类别。对于持有待售的非流动资产或处置组，企业在初始计量时，应当按照相关会计准则规定计量流动资产、使用其他准则计量规定的非流动资产和负债。

2. 账务处理

企业将相关处置组划分为持有待售类别时，按相关负债的账面余额，借记“应付账款”“应付职工薪酬”等科目，贷记本科目。

编制会计分录如图 3-77 所示。

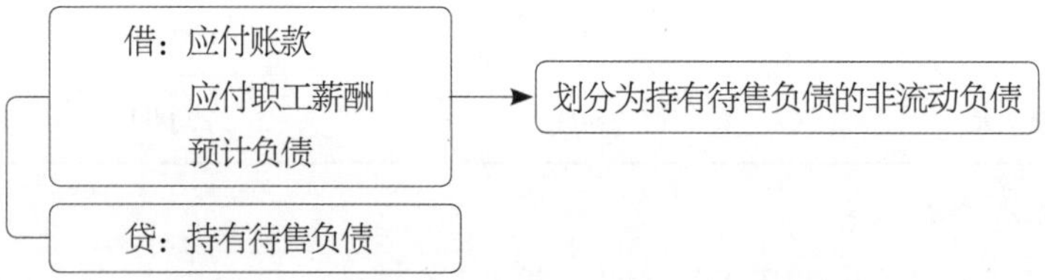

图 3-77　企业将相关处置组划分为持有待售类别

3. 案例解析

【例 3-42】A 企业拥有一个销售门店，2×19 年 6 月 15 日，该门店的部分科目余额如表 3-10 所示，经调整后的账面价值如表 3-11 所示。当日，A 企业与 B 企业签订转让协议，将该门店整体转让。

表 3-10　2×19 年 6 月 15 日门店部分科目余额表

单位：元

科目名称	借方余额	贷方余额
库存现金	310 000	
应收账款	260 000	
库存商品	300 000	
存货跌价准备		100 000
其他权益工具投资	360 000	
固定资产	1 100 000	
累计折旧		35 000
固定资产减值准备		45 000
无形资产	950 000	
累计摊销		15 000
无形资产减值准备		5 000
商誉	200 000	
应付账款		310 000
应付职工薪酬		560 000
预计负债		250 000

表 3-11　2×19 年 6 月 15 日门店资产和负债账面价值

单位：元

项目	账面价值
持有待售资产：	
库存现金	310 000
应收账款	260 000
库存商品	200 000
其他权益工具投资	360 000
固定资产	1 020 000
无形资产	930 000
商誉	200 000
持有待售资产小计	3 280 000
持有待售负债：	
应付账款	（310 000）
应付职工薪酬	（560 000）
预计负债	（250 000）
持有待售负债小计	（1 120 000）
合计	2 160 000

分析如下。

2×19 年 6 月 15 日，A 企业将该门店处置组划分为持有待售类别时，账务处理如下。

借：持有待售资产——库存现金　　310 000
　　　　　　　　——应收账款　　260 000
　　　　　　　　——库存商品　　300 000
　　　　　　　　——其他权益工具投资　　360 000
　　　　　　　　——固定资产　　1 020 000
　　　　　　　　——无形资产　　930 000
　　　　　　　　——商誉　　200 000
　　存货跌价准备　　100 000
　　固定资产减值准备　　45 000
　　累计折旧　　35 000
　　累计摊销　　15 000
　　无形资产减值准备　　5 000
　　贷：持有待售资产减值准备——存货跌价准备　　100 000
　　　　库存现金　　310 000
　　　　应收账款　　260 000
　　　　库存商品　　300 000
　　　　其他权益工具投资　　360 000

固定资产		1 100 000
无形资产		950 000
商誉		200 000
借：应付账款	310 000	
应付职工薪酬	560 000	
预计负债	250 000	
贷：持有待售负债——应付账款		310 000
——应付职工薪酬		560 000
——预计负债		250 000

第 4 章
共同类交易和事项的会计处理

4.1 衍生工具

1. 业务概述

对于衍生工具，如果发行方只能通过以固定数量的自身权益工具交换固定金额的现金或其他金融资产进行结算（即“固定换固定”），则该衍生工具是权益工具；如果发行方以固定数量自身权益工具交换可变金额现金或其他金融资产，或以可变数量自身权益工具交换固定金额现金或其他金融资产，或以可变数量自身权益工具交换可变金额现金或其他金融资产，则该衍生工具应当确认为衍生金融负债或衍生金融资产。因此，除非满足“固定换固定”条件，否则将来须用或可用企业自身权益工具结算的衍生工具应分类为衍生金融负债或衍生金融资产。

2. 账务处理

企业取得衍生工具，按其公允价值，借记本科目，按发生的交易费用，借记“投资收益”科目，按实际支付的金额，贷记“银行存款”“存放中央银行款项”等科目。资产负债表日，衍生工具的公允价值高于其账面余额的差额，借记本科目，贷记“公允价值变动损益”科目；公允价值低于其账面余额的差额做相反的会计分录。终止确认的衍生工具，应当比照“交易性金融资产”“交易性金融负债”等科目的相关规定进行处理。

相关账务处理如图 4-1 所示。

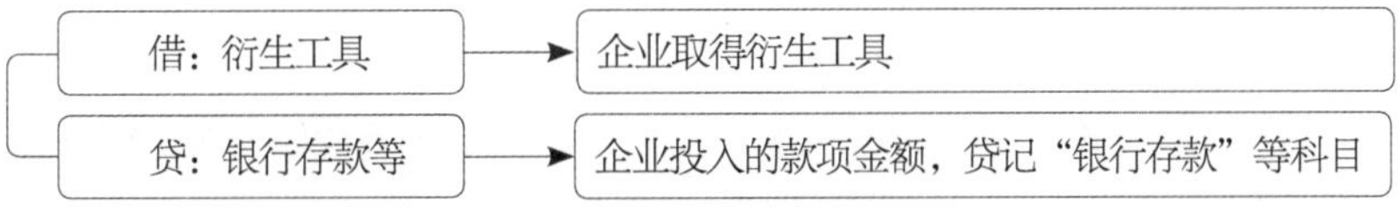

图 4-1　企业取得衍生工具

3. 案例解析

【例 4-1】甲公司于 2×18 年 2 月 1 日向乙公司发行以自身普通股为标的看涨期权。根据该期权合同，如果乙公司行权（行权价为每股 102 元），乙公司有权以每股 102 元的价格从甲公司购入普通股 1 000 股。其他有关资料如下。

（1）合同签订日：2×18 年 2 月 1 日。

（2）行权日（欧式期权）：2×19 年 1 月 31 日。

（3）2×18 年 2 月 1 日每股市价：100 元。

（4）2×18 年 12 月 31 日每股市价：104 元。

（5）2×19 年 1 月 31 日每股市价：104 元。

（6）2×19 年 1 月 31 日应支付的固定行权价格：102 元。

（7）期权合同中的普通股数量：1 000 股。

（8）2×18 年 2 月 1 日期权的公允价值：5 000 元。

（9）2×18年12月31日期权的公允价值：3 000元。

（10）2×19年1月31日期权的公允价值：2 000元。

情形1：期权将以现金净额结算。

甲公司：2×19年1月31日，假设以现金净额方式结算，应向乙公司支付相当于本公司普通股1 000股市值的金额。

乙公司：同日，假设以现金净额方式结算，应向甲公司支付1 000×102=102 000（元）。

甲公司的账务处理如下。

①2×18年2月1日，确认发行的看涨期权。

借：银行存款	5 000	
贷：衍生工具——看涨期权		5 000

②2×18年12月31日，确认期权公允价值减少。

借：衍生工具——看涨期权	2 000	
贷：公允价值变动损益		2 000

③2×19年1月31日，确认期权公允价值减少。

借：衍生工具——看涨期权	1 000	
贷：公允价值变动损益		1 000

在同一天，乙公司行使了该看涨期权，合同以现金净额方式进行结算。甲公司有义务向乙公司交付104 000（104×1 000）元，并向乙公司收取102 000（102×1 000）元，甲公司实际支付净额为2 000元。反映看涨期权结算的账务处理如下。

借：衍生工具——看涨期权	2 000	
贷：银行存款		2 000

情形2：期权将以普通股净额结算。

除期权以普通股净额结算外，其他资料与情形1相同。甲公司实际向乙公司交付普通股数量约为19.2（2 000÷104）股，因交付的普通股数量须为整数，实际交付19股，余下的金额（24元）将以银行存款支付。因此，甲公司除做以下账务处理外，其他账务处理与情形1的相同。

2×19年1月31日。

借：衍生工具——看涨期权	2 000	
贷：股本		19
资本公积——股本溢价		1 957
银行存款		24

4.2　套期会计

1. 套期

套期，是指企业为管理外汇风险、利率风险、价格风险、信用风险等特定风险引起的风险敞口，指定金融工具为套期工具，以使套期工具的公允价值或现金流量变动，预期抵销被套期项目全部或部分公允价值或现金流量变动的风险管理活动。在套期会计中，套期分为公允价值套期、现金流量套期和境外经营净投资套期。

2. 套期会计方法

套期会计方法，是指企业将套期工具和被套期项目产生的利得或损失在相同会计期间计入当期损益（或其他综合收益）以反映风险管理活动影响的方法。

3. 套期工具与被套期项目

套期工具，是指企业为进行套期而指定的、其公允价值或现金流量变动预期可抵销被套期项目的公允价值或现金流量变动的金融工具。

被套期项目，是指使企业面临公允价值或现金流量变动风险，且被指定为被套期对象的、能够可靠计量的项目。

4. 套期会计科目设置

企业使用套期会计，需要设置的科目如表 4-1 所示。

表 4-1　套期会计科目设置

科目或明细科目名称	核算内容
套期工具	开展套期业务的套期工具及其公允价值变动形成的资产或负债
被套期项目	开展套期业务的被套期项目及其公允价值变动形成的资产或负债
套期损益	套期工具和被套期项目公允价值变动形成的利得和损失
净敞口套期损益	净敞口套期下被套期项目累计公允价值变动转入当期损益的金额或现金流量套期储备转入当期损益的金额
其他综合收益——套期储备	现金流量套期下套期工具累计公允价值变动中的套期有效部分
其他综合收益——套期损益	公允价值套期下对指定为以公允价值计量且其变动计入其他综合收益的非交易性权益工具投资或其组成部分进行套期时，套期工具和被套期项目公允价值变动形成的利得和损失
其他综合收益——套期成本	企业将期权的时间价值、远期合同的远期要素或金融工具的外汇基差排除在套期工具之外时，期权的时间价值等产生的公允价值变动

年末，将“套期损益”与“净敞口套期损益”科目余额转入“本年利润”科目，结转后这两个科目应无余额。

4.2.1　公允价值套期

1. 业务概述

公允价值套期，是指对已确认资产或负债、尚未确认的确定承诺，或上述项目组成部分的公允价值变动风险敞口进行的套期。该公允价值变动源于特定风险，且将影响企业的损益或其他综合收益。其中，影响其他综合收益的情形，仅限于企业对指定为以公允价值计量且其变动计入其他综合收益的非交易性权益工具投资的公允价值变动风险敞口进行的套期。

2. 账务处理

（1）指定套期工具、被套期项目时。

企业将已确认的衍生工具、以公允价值计量且其变动计入当期损益的非衍生金融资产或非衍生金融负债等金融资产或金融负债指定为套期工具的，应当按照其账面价值，借记或贷记“套期工具”科目，贷记或借记“衍生工具”“交易性金融资产”等科目。

企业将已确认的资产、负债或其组成部分指定为被套期项目的，应当按照其账面价值，借记或贷记“被套期项目”科目，贷记或借记“原材料”“债权投资”“长期借款”等科目。已计提跌价准备或减值准备的，还应当同时结转跌价准备或减值准备。编制会计分录如图 4-2 所示。

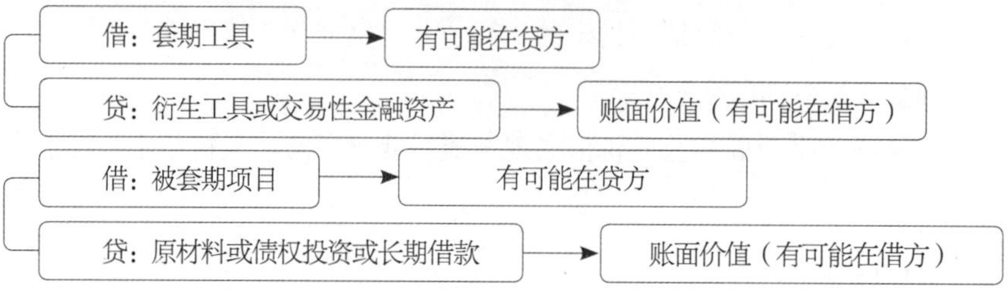

图 4-2　指定套期工具、被套期项目的账务处理（1）

（2）后续计量。

套期工具产生的利得或损失应当计入当期损益。如果套期工具是对选择以公允价值计量且其变动计入其他综合收益的非交易性权益工具投资（或其组成部分）进行套期的，套期工具产生的利得或损失应当计入其他综合收益。即按照产生的利得或损失，借记或贷记“套期工具”科目，贷记或借记“套期损益”“其他综合收益——套期损益”等科目。

被套期项目因被套期风险敞口形成的利得或损失应当计入当期损益，同时调整为以公允价值计量的已确认被套期项目的账面价值。即按照因被套期风险敞口形成的利得或损失，借记或贷记“被套期项目”科目，贷记或借记“套期损益”“其他综合收益——套期损益”等科目。编制会计分录如图 4-3 所示。

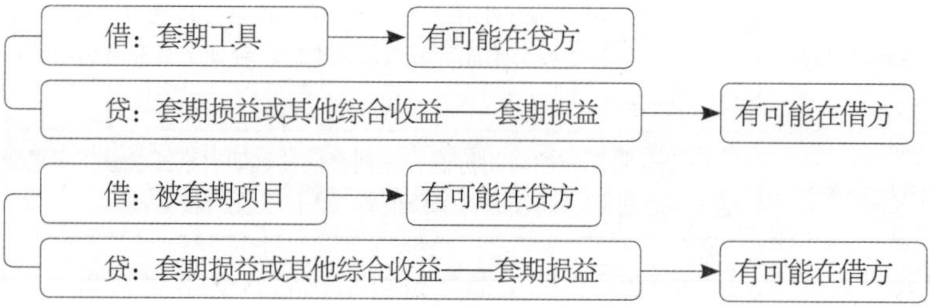

图 4-3　后续计量账务处理（1）

（3）结算或终止确认。

金融资产或金融负债不再作为套期工具核算的，应当按照套期工具形成的资产或负债，借记或贷记有关科目，贷记或借记“套期工具”科目。

资产或负债不再作为被套期项目核算的，应当按照被套期项目形成的资产或负债，借记或贷记有关科目，贷记或借记“被套期项目”科目。编制会计分录如图 4-4 所示。

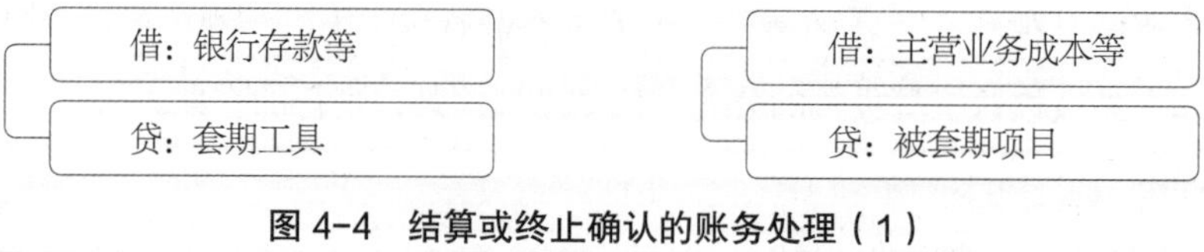

图 4-4　结算或终止确认的账务处理（1）

3. 案例解析

【例 4-2】 2×19 年 1 月 1 日，甲公司为规避所持有铜存货公允价值变动风险，与某金融机构签订了一项铜期货合同，并将其指定为对 2×19 年前两个月铜存货的商品价格变化引起的公允价值变动风险的套期工具。铜期货合同的标的资产与被套期项目铜存货在数量、质次和产地方面相同。假设不考虑期货市场中每日无负债结算制度的影响。

2×19 年 1 月 1 日，铜期货合同的公允价值为 0，被套期项目（铜存货）的账面价值和成本均为 1 000 000 元，公允价值为 1 100 000 元。2×19 年 1 月 31 日，铜期货合同公允价值上涨了 25 000 元，铜存货的公允价值下降了 25 000 元。2×19 年 2 月 28 日，铜期货合同公允价值下降了 15 000 元，铜存货的公允价值上升了 15 000 元。当日，甲公司将铜存货以 1 090 000 元的价格出售，银行已收款，并将铜期货合同结算。

甲公司通过分析发现，铜存货与铜期货合同存在经济关系，且经济关系产生的价值变动中信用风险不占主导地位，套期比率也反映了套期的实际数量，符合套期有效性要求。

假定不考虑商品销售相关的增值税及其他因素，甲公司的账务处理如下。

（1）2×19 年 1 月 1 日，指定铜存货为被套期项目。

借：被套期项目——库存商品铜　　1 000 000

　　贷：库存商品——铜　　1 000 000

2×19 年 1 月 1 日，被指定为套期工具的铜期货合同的公允价值为 0，不做账务处理。

（2）2×19 年 1 月 31 日，确认套期工具和被套期项目公允价值变动。

借：套期工具——铜期货合同　　25 000

　　贷：套期损益　　25 000

借：套期损益　　25 000

　　贷：被套期项目——库存商品铜　　25 000

（3）2×19 年 2 月 28 日，确认套期工具和被套期项目公允价值变动。

借：套期损益　　15 000

　　贷：套期工具——铜期货合同　　15 000

借：被套期项目——库存商品铜　　15 000

　　贷：套期损益　　15 000

（4）确认铜存货销售收入。

借：银行存款　　1 090 000

　　贷：主营业务收入　　1 090 000

（5）结转铜存货销售成本。

借：主营业务成本　　990 000

　　贷：被套期项目——库存商品铜　　990 000

（6）结算铜期货合同。

借：银行存款　　10 000

　　贷：套期工具——铜期货合同　　10 000

注：由于甲公司采用套期进行风险管理，规避了铜存货公允价值变动风险，其铜存货公允价值下降没有对预期毛利 100 000（即 1 100 000−1 000 000）元产生不利影响。同时，甲公司运用公允价值套期将套期工具与被套期项目的公允价值变动损益计入相同会计期间，消除了因企业风险管理活动可能导致的损益波动。

4.2.2 现金流量套期

1. 业务概述

现金流量套期，是指对现金流量变动风险敞口进行的套期。该现金流量变动源于与已确认资产或负债、极可能发生的预期交易，或与上述项目组成部分有关的特定风险，且将影响企业的损益。现金流量套期的目的是将套期工具产生的利得或损失递延至被套期的预期未来现金流量影响损益的同一期间或多个期间。

2. 账务处理

（1）指定套期工具、被套期项目。

企业将已确认的衍生工具、以公允价值计量且其变动计入当期损益的非衍生金融资产或非衍生金融负债等金融资产或金融负债指定为套期工具的，应当按照其账面价值，借记或贷记“套期工具”科目，贷记或借记“衍生工具”“交易性金融资产”等科目。

企业将已确认的资产、负债或其组成部分指定为被套期项目的，应当按照其账面价值，借记或贷记“被套期项目”科目，贷记或借记“原材料”“债权投资”“长期借款”等科目。已计提跌价准备或减值准备的，还应当同时结转跌价准备或减值准备。编制会计分录如图4-5所示。

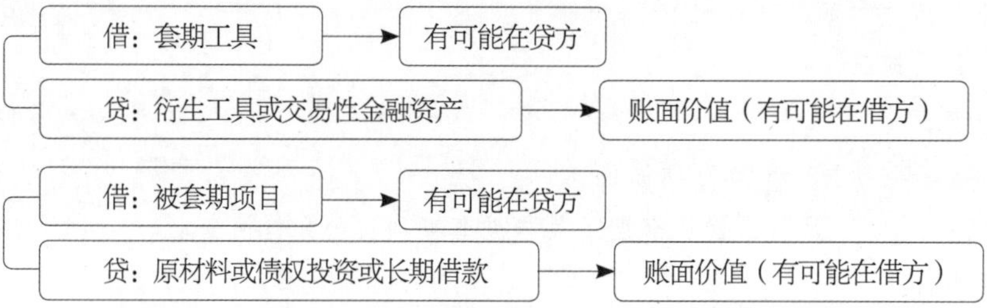

图4-5　指定套期工具、被套期项目的账务处理（2）

（2）后续计量。

套期工具产生的利得或损失中属于有效套期的部分，作为现金流量套期储备，应当计入其他综合收益。现金流量套期储备的金额，应当按照下列两项的绝对额中较低者确定：

①套期工具自套期开始的累计利得或损失；

②被套期项目自套期开始的预计未来现金流量现值的累计变动额。

套期工具产生的利得或损失中属于无效套期的部分（即扣除计入其他综合收益后的其他利得或损失），应当计入当期损益。

资产负债表日，套期工具产生的利得或损失中属于套期有效部分的，借记或贷记“套期工具”科目，贷记或借记“其他综合收益——套期储备”科目；属于套期无效部分的，借记或贷记“套期工具”科目，贷记或借记“套期损益”科目。编制会计分录如图4-6所示。

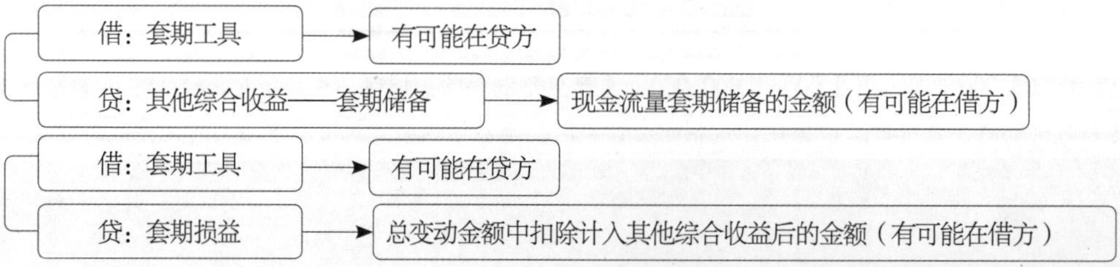

图4-6　后续计量账务处理（2）

（3）结算或终止确认时。

金融资产或金融负债不再作为套期工具核算的，应当按照套期工具形成的资产或负债，借记或贷记有关科目，贷记或借记“套期工具”科目。

企业将套期储备转出时，借记或贷记“其他综合收益——套期储备”科目，贷记或借记有关科目。编制会计分录如图 4-7 所示。

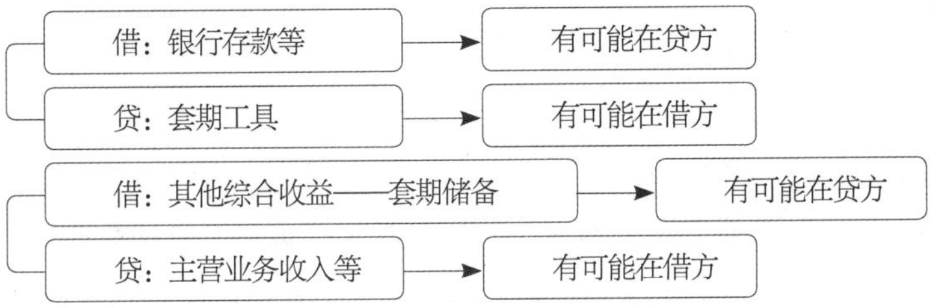

图 4-7 结算或终止确认的账务处理（2）

3. 案例解析

【例 4-3】 2×19 年 1 月 1 日，甲公司预期在 2×19 年 2 月 28 日销售一批商品，数量为 100 吨，预期售价为 1 100 000 元。为规避该预期销售中与商品价格有关的现金流量变动风险，甲公司于 2×19 年 1 月 1 日与某金融机构签订了一项商品期货合同，且将其指定为对该预期商品销售的套期工具。商品期货合同的标的资产与被套期预期销售商品在数量、质次、价格变动和产地等方面相同，并且商品期货合同的结算日和预期商品销售日均为 2×19 年 2 月 28 日。

2×19 年 1 月 1 日，商品期货合同的公允价值为 0。2×19 年 1 月 31 日，商品期货合同的公允价值上涨了 25 000 元，预期销售价格下降了 25 000 元。2×19 年 2 月 28 日，商品期货合同的公允价值上涨了 10 000 元，商品销售价格下降了 10 000 元。当日，甲公司将商品出售，银行已收款，并结算了商品期货合同。

甲公司分析认为该套期符合套期有效性的条件。假定不考虑商品销售相关的增值税及其他因素，且不考虑期货市场每日无负债结算制度的影响。

甲公司的账务处理如下。

（1）2×19 年 1 月 1 日，甲公司不做账务处理，但需编制指定文档。

（2）2×19 年 1 月 31 日，确认现金流量套期储备。

借：套期工具——商品期货合同　　25 000

　　贷：其他综合收益——套期储备　　25 000

（3）2×19 年 2 月 28 日，确认现金流量套期储备。

借：套期工具——商品期货合同　　10 000

　　贷：其他综合收益——套期储备　　10 000

套期工具自套期开始的累计利得或损失与被套期项目自套期开始的预计未来现金流量现值的累计变动额一致，因此将套期工具公允价值变动全部作为现金流量套期储备计入其他综合收益。

（4）确认商品的销售收入。

借：银行存款　　1 065 000

　　贷：主营业务收入　　1 065 000

（5）结算商品期货合同。

借：银行存款　　35 000

　　贷：套期工具——商品期货合同　　35 000

将现金流量套期储备金额转出，调整主营业务收入。

借：其他综合收益——套期储备　　35 000

　　贷：主营业务收入　　35 000

4.2.3 境外经营净投资套期

1. 业务概述

境外经营净投资套期，是指对境外经营净投资外汇风险敞口进行的套期。境外经营净投资套期中的被套期风险是指境外经营的记账本位币与母公司的记账本位币之间的折算差额。

2. 账务处理

对境外经营净投资的套期，包括对作为净投资的一部分进行账务处理的货币性项目的套期，应当按照类似于现金流量套期会计的规定处理。

（1）套期工具形成的利得或损失中属于套期有效的部分，应当计入其他综合收益，借记或贷记“套期工具”科目，贷记或借记“其他综合收益”科目。

全部或部分处置境外经营时，上述计入其他综合收益的套期工具利得或损失应当相应转出，计入当期损益。

（2）套期工具形成的利得或损失中属于套期无效的部分，应当计入当期损益，借记或贷记“套期工具”科目，贷记或借记“套期损益”科目。

编制会计分录如图4-8所示。

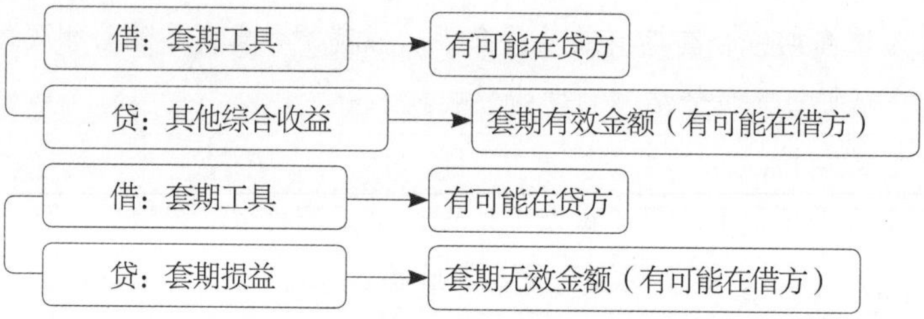

图4-8　境外经营净投资的账务处理

3. 案例解析

【**例4-4**】2×18年10月1日，甲公司（记账本位币为人民币）在其境外子公司有一项境外经营净投资外币（FC）5 000 000元。为规避境外经营净投资外汇风险，甲公司与某境外金融机构签订了一项外汇远期合同，约定于2×19年4月1日卖出FC 5 000 000元。其他有关资料如表4-2所示。

表4-2　其他有关资料

日期	即期汇率（FC/人民币）	远期汇率（FC/人民币）	远期合同的公允价值（人民币元）
2×18年10月1日	1.71	1.70	0
2×18年12月31日	1.64	1.63	3 430 000
2×19年3月31日	1.60	不适用	5 000 000

假定不考虑远期合同的远期要素。甲公司的上述套期满足运用套期会计方法的所有条件。

甲公司的账务处理如下。

（1）2×18 年 10 月 1 日，外汇远期合同的公允价值为 0，不做账务处理。

（2）2×18 年 12 月 31 日，确认外汇远期合同的公允价值变动。

借：套期工具——外汇远期合同　　3 430 000

　　贷：其他综合收益——外币报表折算差额　　3 430 000

（3）2×19 年 3 月 31 日，确认外汇远期合同的公允价值变动。

借：套期工具——外汇远期合同　　1 570 000

　　贷：其他综合收益——外币报表折算差额　　1 570 000

结算外汇远期合同。

借：银行存款　　5 000 000

　　贷：套期工具——外汇远期合同　　5 000 000

注：境外经营净投资中套期工具形成的利得在其他综合收益中列示，直至子公司被处置。

4.2.4 套期关系再平衡的账务处理

1. 业务概述

套期关系再平衡，是指对已经存在的套期关系中被套期项目或套期工具的数量进行调整，以使套期比率重新符合套期有效性要求。基于其他目的对被套期项目或套期工具所指定的数量进行调整，例如，仅对特定风险敞口更多或更少的数量进行套期以符合企业的风险管理策略，不构成本准则所称的套期关系再平衡。

2. 账务处理

企业对套期关系做出再平衡的，应当在调整套期关系之前确定套期关系的套期无效部分，并将相关利得或损失记入“套期损益”科目。编制会计分录如图 4-9 所示。

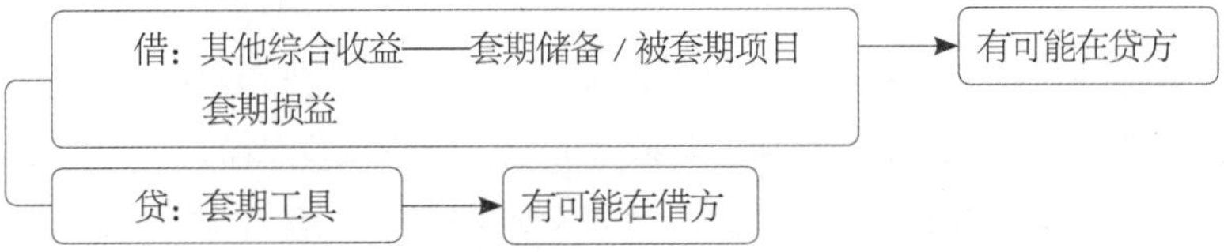

图 4-9　调整前转出利得或损失的账务处理

套期关系再平衡可能会导致企业增加或减少指定套期关系中被套期项目或套期工具的数量。企业增加了指定的被套期项目或套期工具的，增加部分自指定增加之日起作为套期关系的一部分进行处理；企业减少了指定的被套期项目或套期工具的，减少部分自指定减少之日起不再作为套期关系的一部分，作为套期关系终止处理。编制会计分录如图 4-10 所示。

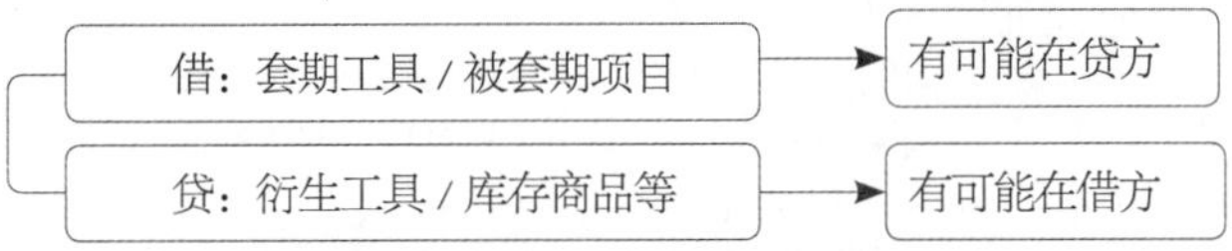

图 4-10　调整数量的账务处理

3. 案例解析

【例 4-5】2×19 年 1 月 1 日，甲公司预计在未来 12 个月内采购 100 万桶轻质原油（WTI 原油）。甲公司采用现金流量套期，并购入 105 万桶布伦特原油（Brent 原油）期货合约，以对极可能发生的

100 万桶 WTI 原油的预期采购进行套期（套期比率为 1:1.05）。该期货合约在指定日的公允价值为 0。

2×19 年 6 月 30 日，被套期项目 WTI 原油的预期采购自套期开始的预计未来现金流量现值的累计变动额为 200 万美元，套期工具的公允价值累计下降了 229 万美元。甲公司通过分析发现，Brent 原油相对 WTI 原油的经济关系与预期不同，因此考虑对套期关系进行再平衡。甲公司通过分析决定将套期比率重新设定为 1:0.98。

为了在 2×19 年 6 月 30 日进行再平衡，甲公司可以指定更大的被套期风险敞口或终止指定部分套期工具。甲公司决定选择后者，即终止指定 7 万桶 Brent 原油期货合约的套期工具。

假定甲公司的上述套期满足运用套期会计方法的所有条件，不考虑其他因素。

甲公司的账务处理如下（假定美元兑人民币的汇率为 1:6）。

（1）2×19 年 1 月 1 日，甲公司不做账务处理。

（2）2×19 年 6 月 30 日。

借：其他综合收益——套期储备	12 000 000	
套期损益	1 740 000	
贷：套期工具——期货合同		13 740 000

在总计 105 万桶 Brent 原油期货合约中，7 万桶不再属于该套期关系。因此，甲公司需将 7/105 的套期工具重分类为衍生工具，有关套期文件的书面记录应当相应更新。

甲公司进行再平衡时的账务处理如下。

借：套期工具——期货合同	916 000	
贷：衍生工具——期货合同		916 000

再平衡时，重分类的套期工具的公允价值为 13 740 000×7÷105=916 000（人民币元）

4.2.5 风险净敞口套期的账务处理

1. 业务概述

当企业出于风险管理目的对一组项目进行组合管理，且组合中的每一个项目（包括其组成部分）单独都属于符合条件的被套期项目时，可以将该项目组合指定为被套期项目。一组风险相互抵销的项目形成风险净敞口，一组风险不存在相互抵销的项目形成风险总敞口。

当企业将形成风险净敞口的一组项目指定为被套期项目时，应当将构成该净敞口的所有项目的项目组合整体指定为被套期项目，不应当将不明确的净敞口抽象金额指定为被套期项目。即只有当企业出于风险管理目的以净额为基础进行套期时，风险净敞口才符合运用套期会计的条件。

2. 账务处理

（1）对于净敞口公允价值套期，应当在被套期项目影响损益时，将被套期项目因被套期风险敞口形成的累计利得或损失转出，贷记或借记“被套期项目”等科目，借记或贷记“净敞口套期损益”科目。编制会计分录如图 4-11 所示。

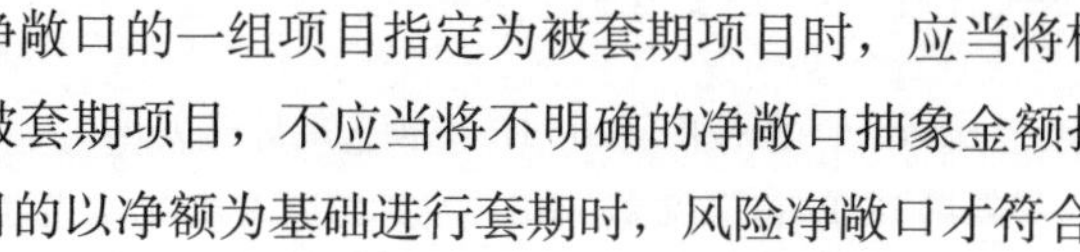

图 4-11　净敞口公允价值套期的账务处理

（2）对于净敞口现金流量套期，应当在将相关现金流量套期储备转入当期损益时，借记或贷记“其他综合收益——套期储备”科目，贷记或借记“净敞口套期损益”科目；将相关现金流量套期储备转入资产或负债的，当资产和负债影响损益时，借记或贷记资产科目（或其备抵科目）、负债科目，贷记或借记“净敞口套期损益”科目。编制会计分录如图 4-12 所示。

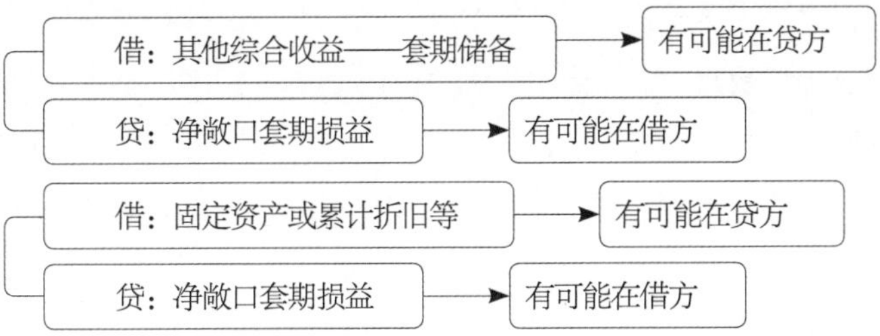

图 4-12 净敞口现金流量套期的账务处理

3. 案例解析

【例 4-6】2×19 年 1 月 1 日，甲公司预期 2×19 年 12 月 31 日将有一项 1 000 万美元的现金销售和一项 1 200 万美元的固定资产现金采购，上述交易极有可能发生。甲公司的记账本位币为人民币。

2×19 年 1 月 1 日，甲公司签订了一项 1 年期外汇远期合同对上述 200 万美元的外汇净头寸进行套期，甲公司 1 年后将按 1 美元 =6.5 人民币的汇率购入 200 万美元。上述固定资产将采用直线法在 5 年内计提折旧。

2×19 年 1 月 1 日及 2×19 年 12 月 31 日美元的即期汇率分别为 1 美元 =6.5 人民币元及 1 美元 = 6.4 人民币元。2×19 年 1 月 1 日，外汇远期合同的公允价值为 0。2×19 年 12 月 31 日，外汇远期合同的公允价值为亏损 20 万人民币元。

预期销售现金流入和预期采购现金流出如期于 2×19 年 12 月 31 日发生，外汇远期合同也于 2×19 年 12 月 31 日结算。假设不考虑外汇远期合同的远期要素。

甲公司相关账务处理如下。

（1）2×19 年 1 月 1 日，外汇远期合同公允价值为 0，无须进行账务处理。

（2）2×19 年 12 月 31 日，确认套期工具公允价值变动。

借：其他综合收益——套期储备　　200 000

　　贷：套期工具——外汇远期合同　　200 000

结算外汇远期合同。

借：套期工具——外汇远期合同　　200 000

　　贷：银行存款　　200 000

将套期工具的累计损失中对应预期销售的部分：10 000 000×（6.5−6.4）=1 000 000（人民币元）利得从其他综合收益中转出，并将其计入净敞口套期损益。

借：其他综合收益——套期储备　　1 000 000

　　贷：净敞口套期损益　　1 000 000

借：应收账款或银行存款　　64 000 000

　　贷：主营业务收入　　64 000 000

将套期工具的累计损失中对应预期采购的部分：12 000 000×（6.4−6.5）=−1 200 000（人民币元）损失从其他综合收益中转出，并将其计入固定资产的初始确认金额。

借：固定资产　　78 000 000

　　贷：银行存款　　76 800 000

其他综合收益——套期储备　　1 200 000

后续第2年至第6年，基于固定资产采购价格（不含套期调整）每年计提折旧=76 800 000÷5=15 360 000（人民币元）。

借：制造费用——折旧费用　　15 360 000

　贷：累计折旧　　15 360 000

将套期调整在固定资产折旧期间进行摊销=1 200 000÷5=240 000（人民币元），并将其计入净敞口套期损益。

借：净敞口套期损益　　240 000

　贷：累计折旧　　240 000

注：由于本例涉及净敞口套期，与被套期项目相关的利润表列示项目（即营业收入和营业成本）不会因采用套期会计而受到影响。

4.2.6 期权时间价值的账务处理

1. 业务概述

对于期权，企业可以将期权的内在价值和时间价值分开，而只将期权的内在价值变动指定为套期工具。期权的价值包括内在价值（立即执行期权时现货价格与行权价格之差所带来的收益）和时间价值（期权的价格与内在价值之差）。随着期权临近到期，期权的时间价值不断减少直至为零。当企业仅指定期权的内在价值变动为套期工具时，与期权的时间价值相关的公允价值变动被排除在套期有效性评估之外，从而能够提高套期的有效性。

2. 账务处理

企业将期权合同的内在价值和时间价值分开，只将期权的内在价值变动指定为套期工具时，应当区分被套期项目的性质是与交易相关的还是与时间段相关的，并进行不同的账务处理。

被套期项目与交易相关的，企业应当将期权时间价值的公允价值变动中与被套期项目相关的部分计入其他综合收益，并按照与现金流量套期储备相同的会计处理方法进行处理；被套期项目与时间段相关的，企业应当将期权时间价值的公允价值变动中与被套期项目相关的部分计入其他综合收益。同时，企业应当按照系统、合理的方法，将期权被指定为套期工具当日的时间价值中与被套期项目相关的部分，在套期关系影响损益或其他综合收益（仅限于企业对指定为以公允价值计量且其变动计入其他综合收益的非交易性权益工具投资的公允价值套期）的期间内摊销，摊销金额从其他综合收益中转出，计入当期损益，具体如下。

（1）资产负债表日，对于期权的时间价值的公允价值变动中与被套期项目相关的部分，应当借记或贷记“衍生工具”等科目，贷记或借记“其他综合收益——套期成本”科目。

（2）企业在将相关金额从其他综合收益中转出时，借记或贷记“其他综合收益——套期成本”科目，贷记或借记有关科目。编制会计分录如图4-13所示。

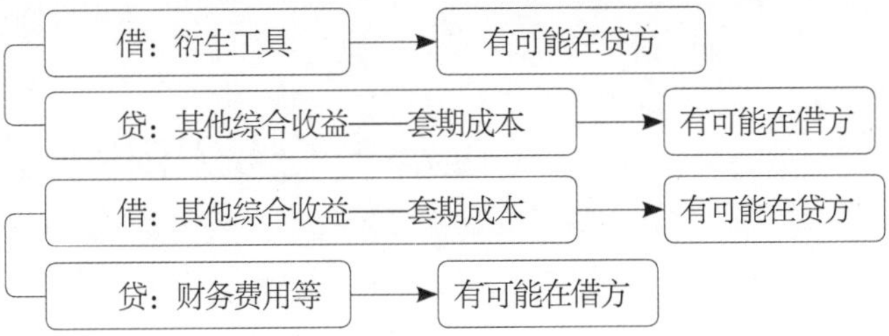

图 4-13 期权时间价值的账务处理

3. 案例解析

【例 4-7】甲公司发行了一项 7 年期浮动利率债券，并希望在前 2 年内使其免于因利率上升而导致利息费用增加所带来的风险。因此，甲公司买进了一份为期 2 年的利率上限期权。在现金流量套期中，仅将利率上限期权的内在价值指定为套期工具。

假定该期权被指定时的实际时间价值为 200 000 元，甲公司将该金额按照系统、合理的方法在保护期（即前 2 年）内分摊至当期损益。为简化核算，本例中以直线法分摊至当期损益。

由于期权被指定时的实际时间价值为 200 000 元，假定其开始时的校准时间价值也为 200 000 元，期权实际时间价值等于校准时间价值。假定期权的时间价值在第 1 年年末金额为 130 000 元。

在这种情形下，期权时间价值的变动如表 4-3 所示。

表 4-3 期权时间价值的变动

单位：元

项目	指定套期时	第 1 年年末	第 2 年年末	合计
期权的时间价值	200 000	130 000	0	
计入其他综合收益的公允价值变动		70 000	130 000	200 000
从其他综合收益转出（分摊）的金额		100 000	100 000	200 000

甲公司有关期权时间价值的账务处理如下。

（1）第 1 年。

借：其他综合收益——套期成本　　70 000

　　贷：衍生工具　　70 000

借：财务费用　　100 000

　　贷：其他综合收益——套期成本　　100 000

（2）第 2 年。

借：其他综合收益——套期成本　　130 000

　　贷：衍生工具　　130 000

借：财务费用　　100 000

　　贷：其他综合收益——套期成本　　100 000

第5章
权益类交易和事项的会计处理

5.1 实收资本

5.1.1 接受投资

1. 业务概述

实收资本是指企业的投资者投入形成企业法定资本的各种资产的价值，不仅包括货币资金还包括非货币的实物。我国法律规定，投资者设立企业首先必须投入资本，因为注册资本是为了提高企业承担民事责任的能力而设定的财产保证，一般情况下实收资本不需要偿还给出资人，可以长久使用。各位投资者的出资比例往往决定其在企业中的决策权力以及分配利润的资格。

企业接受投资者作价投入的房屋、建筑物、机器设备等固定资产，材料物资，无形资产等，应按投资合同或协议约定的价值确定资产价值（但投资合同或协议约定价值不公允的除外）和在注册资本中可以享有的份额。

2. 账务处理

有限责任公司应该设置“实收资本”科目核算企业收到投资人投入的资本，而股份有限公司应该设置“股本”科目核算企业收到股东投入企业的资本。初建时，各投资者按照合同、协议或公司章程向企业投入资本。企业收到投资时，一般在实际收到或者存入企业开户银行时，按实际收到的金额，借记“银行存款”科目，按投入资本在注册资本或股本中所占份额，贷记“实收资本”或“股本”科目，按其差额，贷记“资本公积——资本溢价”或“资本公积——股本溢价”等科目。企业应编制的会计分录如图5-1所示。

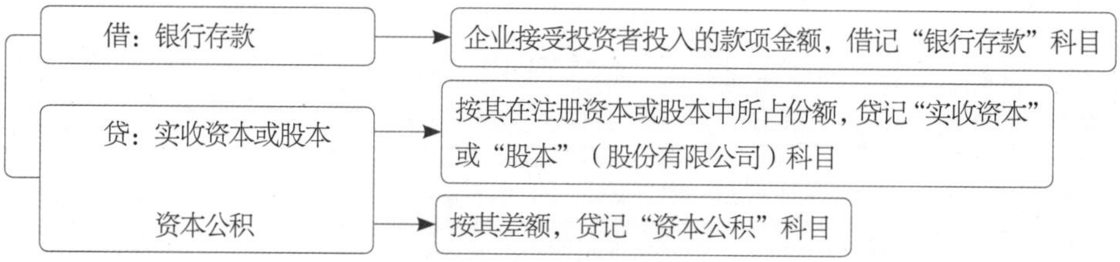

图5-1 收到投资

企业接受投资者作价投入的存货、固定资产和无形资产，应按投资合同或协议约定价值确定资产价值（但投资合同或协议约定价值不公允的除外）和在注册资本或股本中应享有的份额，借记“库存商品”“固定资产”“应交税费——应交增值税（进项税额）”“无形资产”等科目，同时贷记“实收资本”或“股本”科目。企业应编制的会计分录如图5-2所示。

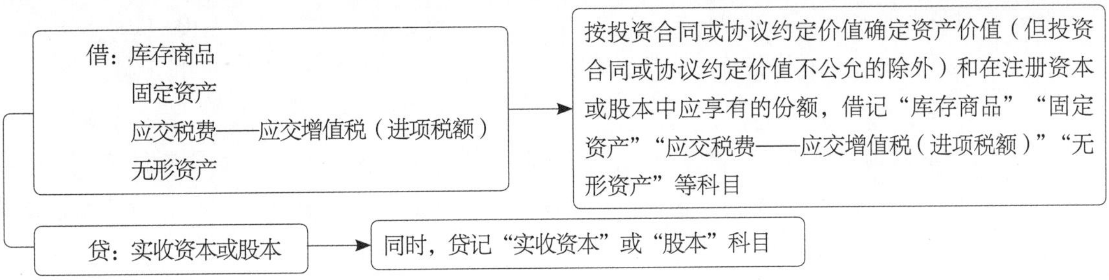

图 5-2 接受投资者作价投入的存货、固定资产和无形资产

3. 案例解析

【例 5-1】甲、乙、丙共同出资设立 A 有限责任公司（以下简称“A 公司”），公司注册资本为 10 000 000 元，甲、乙、丙持股比例分别为 50%、30% 和 20%。2×17 年 1 月 5 日，A 公司如期收到各投资者一次性缴足的款项。

根据上述资料，A 公司的账务处理如下。

借：银行存款　　10 000 000
　　贷：实收资本——甲　　5 000 000
　　　　　　　　——乙　　3 000 000
　　　　　　　　——丙　　2 000 000

【例 5-2】甲股份有限公司发行普通股 20 000 000 股，每股面值为 1 元，发行价格为 6 元。股款 120 000 000 元已经全部收到，发行过程中发生相关税费 60 000 元。

根据上述资料，甲股份有限公司的账务处理如下。

记入“股本”科目的金额 =20 000 000×1=20 000 000（元）

记入“资本公积”科目的金额 =（6−1）×20 000 000−60 000=99 940 000（元）

借：银行存款　　119 940 000
　　贷：股本　　20 000 000
　　　　资本公积——股本溢价　　99 940 000

【例 5-3】甲公司（有限责任公司）于设立时收到乙公司作为资本投入的不需要安装的机器设备一台，合同约定该机器设备的价值为 2 000 000 元，增值税进项税额为 260 000 元。经约定甲公司接受乙公司的投入资本为 2 260 000 元。合同约定的固定资产价值与公允价值相符，不考虑其他因素。

甲公司的账务处理如下。

借：固定资产　　2 000 000
　　应交税费——应交增值税（进项税额）　　260 000
　　贷：实收资本——乙公司　　2 260 000

本例中，该项固定资产合同约定的价值与公允价值相符，甲公司接受乙公司投入的固定资产按约定的金额作为实收资本，因此，可按 2 260 000 元的金额贷记“实收资本”科目。

【例 5-4】乙公司（有限责任公司）于设立时收到 B 公司作为资本投入的原材料一批，该批原材料投资合同或协议约定价值（不含可抵扣的增值税进项税额部分）为 100 000 元，增值税进项税额为 13 000 元。B 公司已开具了增值税专用发票。假设合同约定的价值与公允价值相符，该进项税额允许抵扣，不考虑其他因素，原材料按实际成本进行日常核算。

乙公司的账务处理如下。

借：原材料　　100 000

　　应交税费——应交增值税（进项税额）　　13 000

　　贷：实收资本——B公司　　113 000

本例中，原材料的合同约定价值与公允价值相符，因此，可按照100 000元的金额借记“原材料”科目；同时，该进项税额允许抵扣，因此，增值税专用发票上注明的增值税税额13 000元，应借记“应交税费——应交增值税（进项税额）”科目。乙公司接受的B公司投入的原材料按合同约定金额作为实收资本，因此可按113 000元的金额贷记“实收资本”科目。

【例5-5】 丙公司（有限责任公司）于设立时收到A公司作为资本投入的非专利技术一项，该非专利技术投资合同约定价值为60 000元；同时收到B公司作为资本投入的土地使用权一项，投资合同约定价值为80 000元。假设丙公司接受该非专利技术和土地使用权符合国家注册资本管理的有关规定，可按合同约定作为实收资本入账，合同约定的价值与公允价值相符，不考虑其他因素。

丙公司的账务处理如下。

借：无形资产——非专利技术　　60 000

　　　　　　——土地使用权　　80 000

　　贷：实收资本——A公司　　60 000

　　　　　　　　——B公司　　80 000

本例中，非专利技术与土地使用权的合同约定价值与公允价值相符，因此，可分别按照60 000元和80 000元的金额借记“无形资产”科目。A、B公司分别投入的非专利技术和土地使用权按合同约定金额作为实收资本，因此可分别按60 000元和80 000元的金额贷记“实收资本”科目。

5.1.2　新增、转增资本

1. 业务概述

一般情况下，企业的实收资本应相对固定不变，但在某些特定情况下，实收资本也可能发生增减变化。《中华人民共和国企业法人登记管理条例》中规定，除国家另有规定外，企业的注册资金应当与实收资本相一致，当实收资本比原注册资金增加或减少的幅度超过20%时，应持资金使用证明或者验资证明，向原登记主管机关申请变更登记。如擅自改变注册资本或抽逃资金，会受到工商行政管理部门的处罚。公司增加注册资本或者股东认缴新增资本的出资或认购新股，需要按照相关规定执行。企业增加资本的途径一般有以下3条：将资本公积转为实收资本或股本、将盈余公积转为实收资本或者股本、所有者的新投入。公司法定公积金转增为注册资本的，验资证明应当载明留存的该项公积金不少于转增前公司注册资本的25%。

2. 账务处理

将资本公积转为实收资本或者股本时，企业应该按照相应的金额借记“资本公积——资本溢价”或“资本公积——股本溢价”科目，贷记“实收资本”或“股本”科目。企业应该做如下会计分录。

借：资本公积——资本溢价（或股本溢价）

　　贷：实收资本（或股本）

将盈余公积转为实收资本或股本时，企业应该借记“盈余公积”科目，贷记“实收资本”或“股本”科目。企业应该做如下会计分录。

借：盈余公积

  贷：实收资本（或股本）

需要注意的是，由于资本公积和盈余公积均属于所有者权益，用其转增资本时，如果是独资企业，财务处理比较简单；其直接结转即可；如果是股份公司或有限责任公司，其应该按照原投资者各自出资比例相应增加各投资者的出资额，如图 5-3 所示。

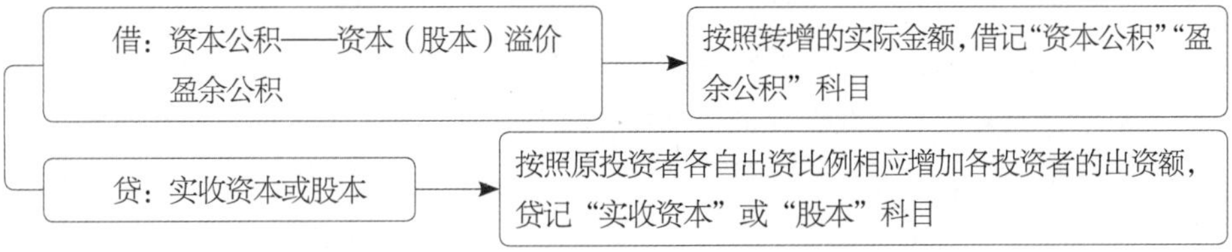

图 5-3 股份公司或有限责任公司的账务处理

所有者新投入资本，企业应该将接受投资者投入的资本借记"银行存款""固定资产""无形资产""长期股权投资"等科目，贷记"实收资本"或"股本"科目。企业应编制的会计分录如图 5-4 所示。

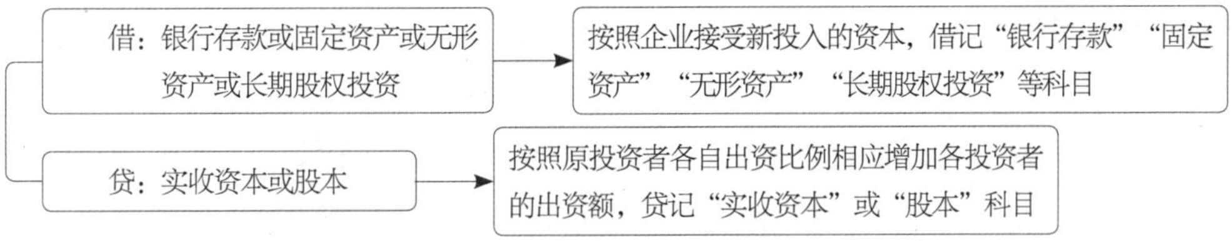

图 5-4 所有者新投入资本

3. 案例解析

【例 5-6】甲、乙、丙三人共同投资设立了 A 有限责任公司（简称"A 公司"），原注册资本为 4 000 000 元，甲、乙、丙分别出资 500 000 元、2 000 000 元和 1 500 000 元。为扩大经营规模，经批准，A 公司注册资本扩大为 5 000 000 元，甲、乙、丙按照原出资比例分别追加投资 125 000 元、500 000 元和 375 000 元。A 公司如期收到甲、乙、丙追加的现金投资。A 公司的账务处理如下。

借：银行存款	1 000 000	
贷：实收资本——甲		125 000
——乙		500 000
——丙		375 000

本例中，甲、乙、丙按原出资比例追加实收资本，因此，A 公司应分别按照 125 000 元、500 000 元和 375 000 元贷记"实收资本"科目中甲、乙、丙明细分类科目。

【例 5-7】接**【例 5-6】**，因扩大经营规模需要，经批准，A 公司按原出资比例将资本公积 1 000 000 元转增资本。A 公司的账务处理如下。

借：资本公积	1 000 000	
贷：实收资本——甲		125 000
——乙		500 000
——丙		375 000

本例中，资本公积 1 000 000 元按原出资比例转增实收资本，因此 A 公司应分别按照 125 000 元、500 000 元和 375 000 元贷记"实收资本"科目中甲、乙、丙明细分类科目。

【例5-8】接【例5-7】，因扩大经营规模需要，经批准，A公司按原出资比例将盈余公积1 000 000元转增资本。A公司的账务处理如下。

借：盈余公积　　1 000 000

　　贷：实收资本——甲　　125 000

　　　　　　　　——乙　　500 000

　　　　　　　　——丙　　375 000

本例中，盈余公积1 000 000元按原出资比例转增实收资本，因此A公司应分别按照125 000元、500 000元和375 000元贷记“实收资本”科目中甲、乙、丙明细分类科目。

5.1.3　股份公司发放股票股利

1. 业务概述

股份有限公司发放股票股利，实际上只是在所有者权益内部进行转换，对股本本身没有实质性的影响。股份有限公司采用发放股票股利的方式实现增资时，应该在发放股票股利时按照各股东原来持有的股份分配。在实际工作中，如果股票股利存在不足一股的情况，可以改为现金支付或者由股东相互转让。

2. 账务处理

分配的股票股利，分配方案经股东大会批准后，应在办理增资手续后，借记“利润分配——转作股本的股利”科目，贷记“股本”科目。企业应编制的会计分录如图5-5所示。

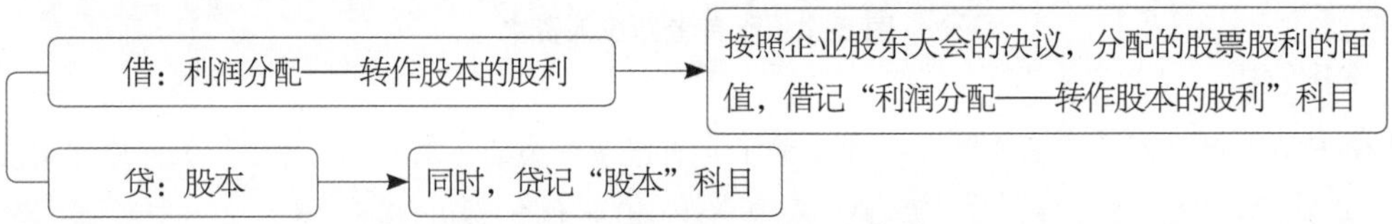

图5-5　股份公司发放股票股利

3. 案例解析

【例5-9】甲公司经股东大会决议，拟于当年分配股票股利，每10股派发1股股票股利，本年发行在外的流通股为100 000万股。

甲公司的账务处理如下。

借：利润分配——转作股本的股利　　100 000 000

　　贷：股本　　100 000 000

5.1.4　可转换债券到期转换

1. 业务概述

公司发行的可转换债券属于具有负债和权益双重成分的非衍生金融工具，当可转换公司债券持有人到期行使转换权利，将其所持有的债券转换为股票时，债券发行公司实现了负债转为股东权益的过程。

2. 账务处理

可转换公司债券持有人行使转换权利时，按照可转换公司债券的余额借记“应付债券——可转换债券——面值”科目，按其差额借记或贷记“应付债券——可转换公司债券——利息调整”

科目，按其权益成分的金额借记“资本公积——其他资本公积”科目，按照差额贷记“资本公积——股本溢价”科目。如用现金或银行存款支付不可转换股票的部分，还应贷记“库存现金”“银行存款”等科目。其他相关详细分录见“应付债券”部分。企业应该编制的会计分录如图 5-6 所示。

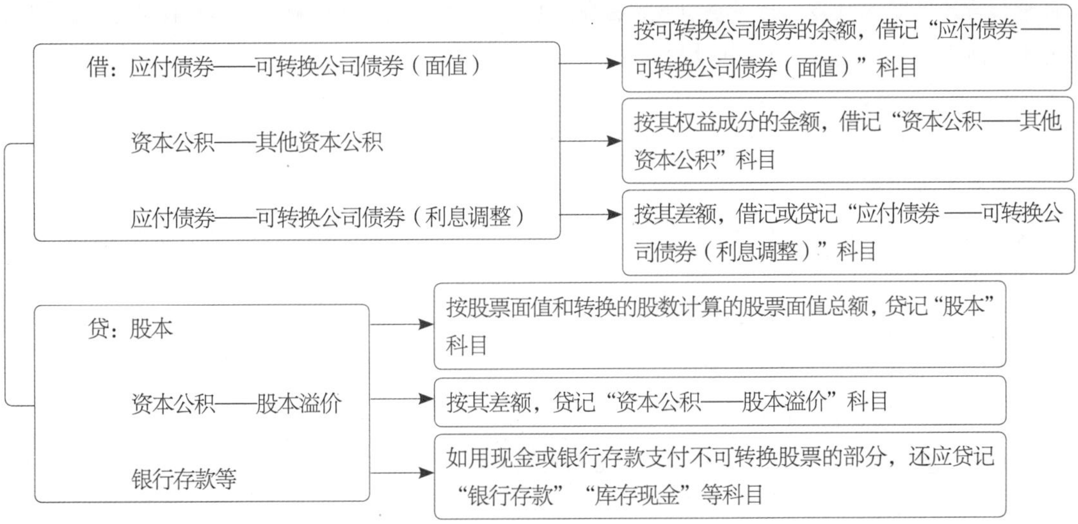

图 5-6　可转换债券到期转换

5.1.5　债务转为资本

1. 业务概述

当债务人发生财务困难时，债权人可能会与债务人达成协议做出一些让步，其中包括将债券转为资本。债权人将债券转为股权，债务人因此而增加股本（或实收资本），债权人因此而增加长期股权投资等。债务人根据转换协议，将应付可转换公司债券转为资本的，属于正常情况下的债务转为资本，不能作为债务重组。

2. 账务处理

企业将重组债务转为资本的，应该按重组债务的账面余额，借记“应付账款”等科目，按照债权人因为放弃债权而享有本企业股份的面值总额，贷记“实收资本”或“股本”科目，将股份的公允价值总额与相应的实收资本或股本之间的差额，借记或贷记“资本公积——资本溢价”或“资本公积——股本溢价”科目，按总的差额，贷记“其他收益——债务重组收益”科目。

企业应编制的会计分录如图 5-7 所示。

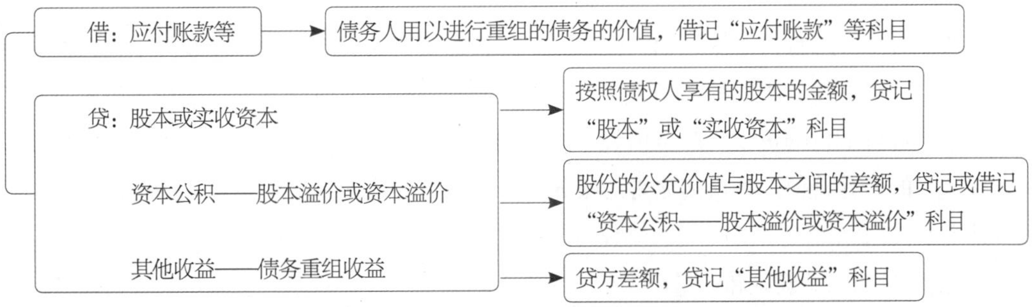

图 5-7　债务转为资本

3. 案例解析

【例 5-10】2×19 年 2 月 10 日，乙公司销售一批材料给甲公司，价款为 200 000 元（包括应收取的增值税税额），合同约定6个月后结清款项。6个月后，由于甲公司发生财务困难，无法支付该价款，与乙公司协商进行债务重组。经双方协议，乙公司同意甲公司将该债务转为甲公司的股份。乙公司对该项应收账款计提了坏账准备10 000元。转股后甲公司注册资本为5 000 000元，抵偿股权占甲公司注册资本的2%。债务重组日，抵债股权的公允价值为152 000元。2×19年11月1日，相关手续办理完毕。假定不考虑其他相关税费。

（1）甲公司的账务处理如下。

计算应计入资本公积的金额为：152 000-5 000 000×2% = 52 000（元）

计算债务重组利得为：200 000-152 000 = 48 000（元）

借：应付账款——乙公司　　200 000

　　贷：股本——乙公司　　100 000

　　　　资本公积——股本溢价　　52 000

　　　　其他收益——债务重组收益　　48 000

（2）乙公司的账务处理如下。

计算债务重组损失为：200 000-152 000-10 000 = 38 000（元）

借：长期股权投资——甲公司　　152 000

　　坏账准备　　10 000

　　其他收益——债务重组损失　　38 000

　　贷：应收账款——甲公司　　200 000

5.1.6 以权益结算的股份支付的行权

1. 业务概述

股份支付是指企业为获取职工和其他方提供服务而授予权益工具或者承担权益工具为基础确定的负债的交易。其中以权益结算的股份支付是指企业为获取服务、以股份或其他权益工具为对价进行结算的交易。以权益结算的股份支付最常用的工具有两种：限制性股票和股票期权，前者是指职工或其他方按照股份支付协议规定的条款和条件，从企业获得一定数量的本企业股票；后者是指企业授予职工或其他方在未来一定期限内以预先确定的价格和条件购买本企业一定数量股票的权利。股份支付的确认与计量应当以真实、完整、有效的股份支付协议为基础。该股份支付应当按照企业承担的以股份或其他权益工具为基础计算确定的负债的公允价值计量。

2. 账务处理

对于授予后立即可行权的换取职工提供服务的权益结算的股份支付，应在授予日按照权益工具的公允价值，将取得的服务计入相关资产成本或当期费用，同时计入资本公积中的股本溢价。企业应当以在等待期内的每个资产负债表日对可行权权益工具数量的最佳估计为基础，按照权益工具在授予日的公允价值，将当期取得的服务计入相关资产成本或当期费用，同时计入资本公积中的其他资本公积。

（1）授予日的初始确认和计量。

除了立即可行权的股份支付外，对于权益结算的股份支付企业在授予日不做会计处理。

（2）等待期内的每个资产负债表日。

企业应该在等待期内的每个资产负债表日按照其为了取得职工提供的服务而所承担的成本确

认为所有者权益，其中付出成本应该根据授予日权益工具的公允价值进行计算，借记“管理费用”科目，贷记“资本公积——其他资本公积”科目，不确认其后续公允价值变动。同时在每个资产负债日企业应当根据最新的可行权职工人数变动信息做出最佳估计，并且根据权益工具的公允价值和预计可行权的权益工具数量计算截至当期累计应确认的成本费用金额，再减去前期累计已确认金额，作为当期应确认的成本费用金额。

企业应编制的会计分录如图 5-8 所示。

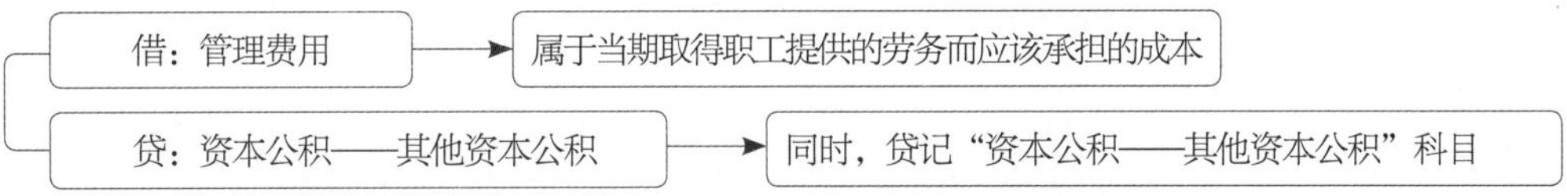

图 5-8　等待期内的每个资产负债表日的会计处理

（3）可行权日之后。

对于用权益结算的股份支付，在可行权日之后不再对已确认的成本费用和所有者权益进行调整，企业应该在员工实际行权时确认股本和相应的股本溢价，结转之前会计期间确认的资本公积。企业在行权日应该按实际行权的权益工具数量计算确定的金额，借记“资本公积——其他资本公积”科目，按照增加的资本的金额，贷记“实收资本”或“股本”科目，将差额记入“资本公积——资本溢价或股本溢价”科目。企业应该编制的会计分录如图 5-9 所示。

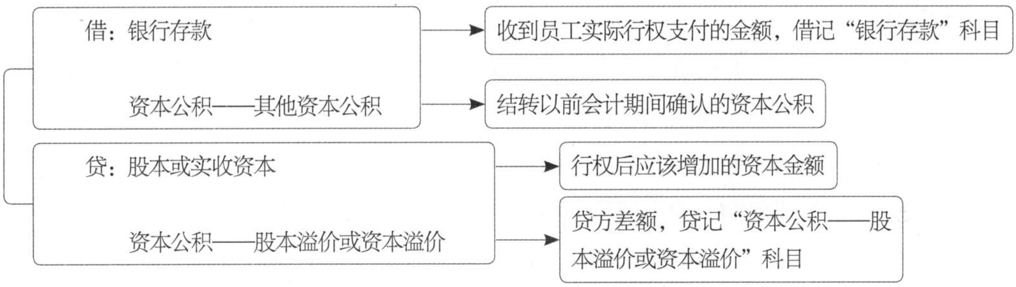

图 5-9　可行权日之后的会计处理

3. 案例解析

【例 5-11】甲公司为上市公司，2×17 年 1 月 1 日公司向其 200 名管理人员每人授予 100 份股份期权，他们如果从 2×17 年 1 月 1 日起在该公司连续服务 3 年，则可以用每股 5 元购买 100 股甲公司股票。公司估计该期权在授予日的公允价值为 21 元。第一年有 20 名职员离开了甲公司，甲公司估计三年中离开的职员比例将达到 20%；第二年又有 10 名员工离开了公司，公司将估计的职员离开比例修正为 15%；第三年又有 15 名职员离职，在可行权日后剩余员工全部行权，每股股票的面值为 1 元。

分析如下。

（1）费用和资本公积计算过程如下。

单位：元

年份	计算	当期费用	累计费用
2×17 年	200×100×（1−20%）×21×1÷3	112 000	112 000
2×18 年	200×100×（1−15%）×21×2÷3−112 000	126 000	238 000
2×19 年	155×100×21−238 000	87 500	325 500

（2）2×17 年 1 月 1 日。

授予日不做处理。

（3）2×17年12月31日。

借：管理费用　112 000

　贷：资本公积——其他资本公积　112 000

（4）2×18年12月31日。

借：管理费用　126 000

　贷：资本公积——其他资本公积　126 000

（5）2×19年12月31日。

借：管理费用　87 500

　贷：资本公积——其他资本公积　87 500

（6）行权日。

借：银行存款　77 500

　资本公积——其他资本公积　325 500

　贷：股本　15 500

　　资本公积——股本溢价　387 500

5.1.7 回购公司股票

1. 业务概述

股票回购是指上市公司利用现金等方式从股票市场上购回本公司发行在外的一定数额的股票的行为，但是公司减资后的注册资本不得低于法定的最低限额。上市公司进行股票回购往往出于一些特定的目的，如资本过剩、防止恶意的兼并和收购、改善资本结构、刺激股价回升等，而采用的回购方式可以是举债回购、现金回购或混合回购。公司回购的股票作为其库存股可以暂时保留在企业，也可以用于之后发行可转换债券以及员工的持股计划，亦可以将其注销或者重新出售。

2. 账务处理

对于有限责任公司来说，如果减少公司的实收资本，一般在法定程序过后，借记“实收资本”科目，贷记“库存现金”“银行存款”科目。企业应该编制的会计分录如图5-10所示。

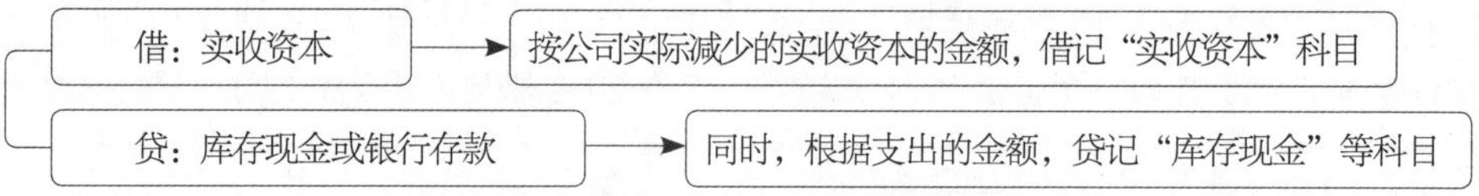

图5-10　有限责任公司减少公司的实收资本

对于股份有限公司，其减少公司的股本采用的是回购股票的方式。当企业进行回购时，股票的价格往往与面值和发行价格均不同，企业应该按实际支付的金额，借记“库存股”科目，贷记“银行存款”“库存现金”科目。企业应该编制的会计分录如图5-11所示。

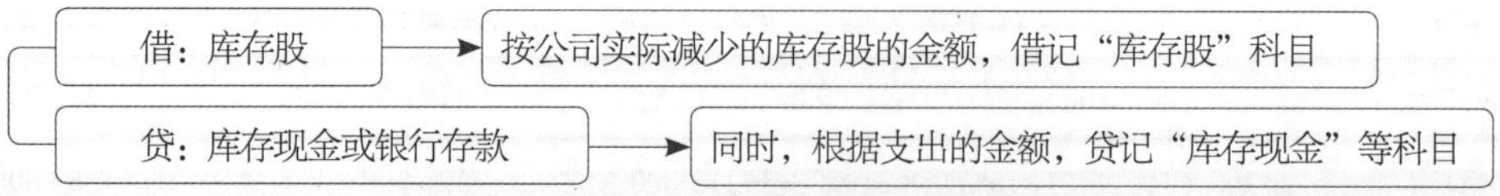

图5-11　股份有限公司减少公司的股本

当公司注销库存股时，应该按股票面值和注销股数计算的股票面值总额，借记“股本”科目，根据注销库存股的账面余额，贷记“库存股”科目，若产生借方差额，则将差额冲减之前发行股票时计入资本公积的部分，借记“资本公积——股本溢价”科目，如果之前计入的资本公积不足以冲减，则依次借记“盈余公积”“利润分配——未分配利润”等科目；若产生贷方差额，则应该将注销库存股的账面余额和所冲减股本的差额作为增加股本溢价处理，贷记“资本公积——股本溢价”科目。企业应该编制的会计分录如图 5-12 所示。

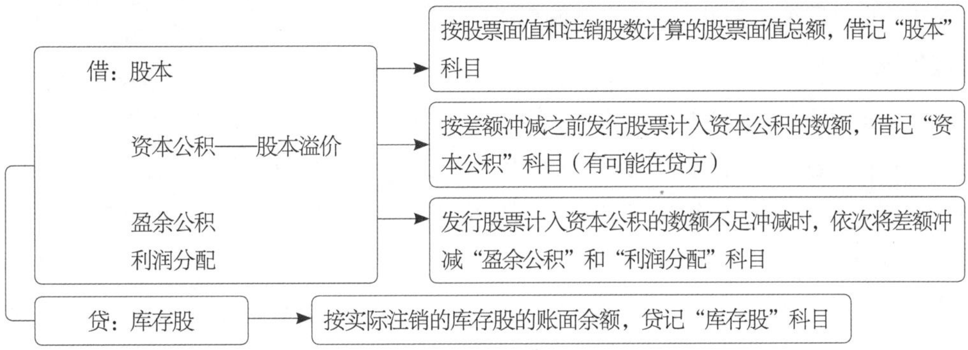

图 5-12　公司注销库存股

3. 案例解析

【例 5-12】甲公司为了改善公司的资本结构，经股东大会批准，其以每股 5 元的价格回购公司发行在外的股票 2 000 000 股并且注销，每股股票的面值为 1 元，不考虑其他因素。假定甲公司已有资本公积（股本溢价）6 000 000 元，盈余公积 3 000 000 元。

甲公司的账务处理如下。

借：库存股	10 000 000	
贷：银行存款		10 000 000
借：股本	2 000 000	
资本公积——股本溢价	6 000 000	
盈余公积	2 000 000	
贷：库存股		10 000 000

5.2　资本公积

资本公积是指企业收到投资者超出其在企业的注册资本（或股本）中所占份额的投资，以及直接计入所有者权益的利得和损失等。其主要包括资本溢价（股本溢价）和直接计入所有者权益的利得和损失等，其中资本溢价（股本溢价）是由于溢价发行股票以及超额缴入资本造成的，而直接计入所有者权益利得和损失是指不应该计入当期损益、会导致所有者权益发生增减变动的、与所有者投入资本或者向所有者分配利润无关的利得或者损失。

5.2.1　资本溢价或股本溢价的产生

1. 业务概述

投资者对公司进行投资的时间存在差异，而不同时间段投入企业正常经营过程中的资金获利能力不一致。投资者在公司的初始创业期需要承担较大的风险以及开辟新市场和试生产经营，资本利润率相对较低。当企业发展稳定时，其投入资本为企业带来的利润要高于初始阶段的利润，即早期出资者为后期出资者带来了收益。因此，早期出资带给投资者的权利要大于后期出资带给投资者的权利。除此之外，初始投资人的投资资金经过企业的运转实现利润，部分利润没有返还给投资者从而形成了留存收益，这部分留存收益是所有投资者共同分享的，所以后期的投资者为了获取与初始投资者相同的投资比例或权利需要付出更多的出资额。

对于有限责任公司来说，投资者付出的多于按照投资比例计算的出资额部分形成资本溢价；同理，对于股份有限公司来说，这部分差额形成股本溢价。

2. 账务处理

企业应该按照收到投资者投入的资本，借记“银行存款”“其他应收款”“固定资产”“无形资产”科目，按照相当于股票的面值金额或按照投资者投资比例计算的出资额部分，贷记“实收资本”或“股本”科目，按其差额贷记“资本公积——资本溢价”或“资本公积——股本溢价”科目。委托证券商代理发行股票而支付的手续费、佣金等应该从溢价发行收入计入的相关的资本公积中扣除，企业应该按扣除手续费、佣金后的数额记入“资本公积”科目。企业应该编制的会计分录如图 5-13 所示。

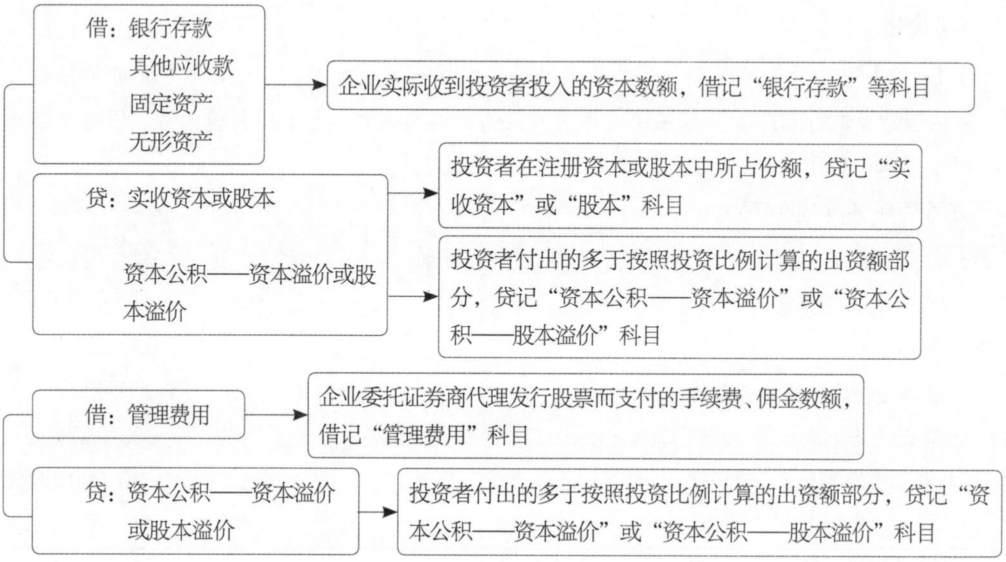

图 5-13　资本溢价或股本溢价的产生

5.2.2　其他资本公积

1. 业务概述

除了资本（股本）溢价项目以外的资本公积变动都记入“资本公积——其他资本公积”科目核算，主要包括以下交易或事项：采用权益法核算长期股权投资时，当被投资单位除了净损益以外存在其他原因导致所有者权益变动时，企业应该按所持有份额调整资本公积的数额；采用权益结算的股份支付用来换取职工的服务，服务期间确定的相关费用增加资本公积；发行可转换公司债券时，将其中含有的权益成分的公允价值计入其他资本公积，实际转换时应该将发行时计入其他资本公积的数额转出。相关具体业务亦可见资产和负债相关内容的详细阐述，此处不再赘述。

2. 账务处理

按照业务概述中所述的业务，企业应该分别做如下处理。

（1）采用权益法核算长期股权投资。

按照被投资单位除净损益以外的所有者权益发生增减的金额以及投资方的持股比例计算应该确认的其他资本公积的变动，如图 5-14 所示。

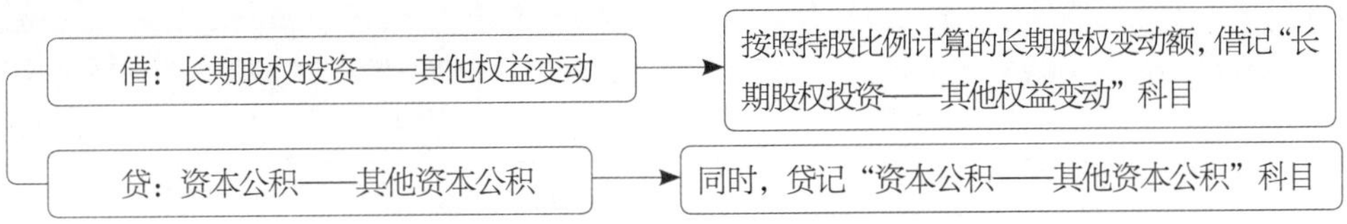

图 5-14 应该确认的其他资本公积的变动

当对该长期股权投资进行处理时，应该将之前计入资本公积的未实现收益转入投资收益，如图 5-15 所示。

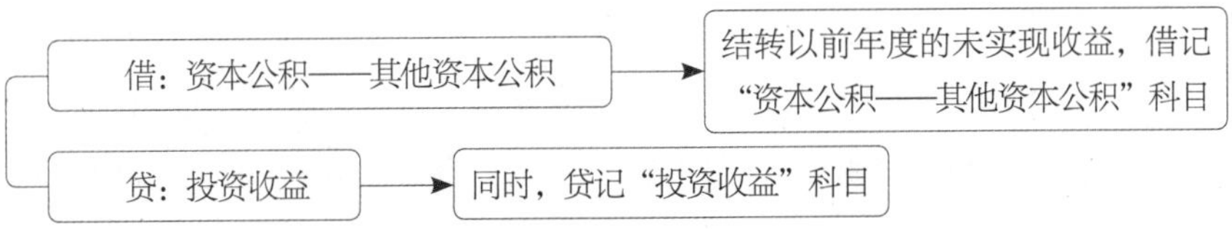

图 5-15 将之前计入资本公积的未实现收益转入投资收益

（2）用权益结算的股份支付。

企业在等待期的每个资产负债表日应该按照为了获得职工的服务而付出的成本金额，借记“管理费用”等科目，同时贷记“资本公积——其他资本公积”科目。在行权日，将之前计入的其他资本公积转出，如图 5-16 所示。

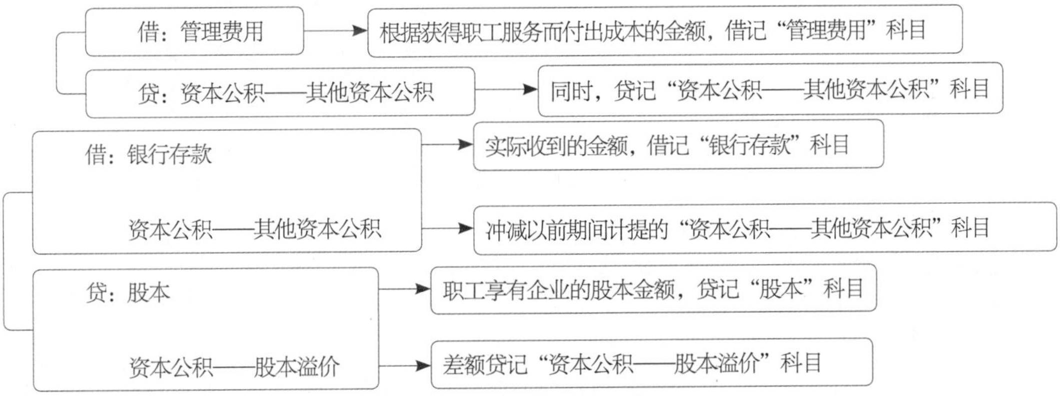

图 5-16 用权益结算的股份支付

（3）可转换公司债券。

企业发行可转换公司债券的时候，应该按面值记入“应付债券——可转换公司债券（面值）”科目，按照面值与公允价值之间的差额记入“应付债券——可转换公司债券（利息调整）”科目，其中公允价值是指该债券的未来现金流量的现值。将发行实际收到的款项借记“银行存款”科目，按照发行价款和负债成分的公允价值之间的差额记入“资本公积——其他资本公积”科目。发行可转换债券时产生的发行费用按照负债和权益的公允价值的比例进行分配，负债成分应该承担的发行费用记入“应付债券——可转换公司债券（利息调整）”科目，权益成分应该承担的发行费用记入“资本公积——其他资本公积”科目。企业应该编制的会计分录如图 5-17 所示。

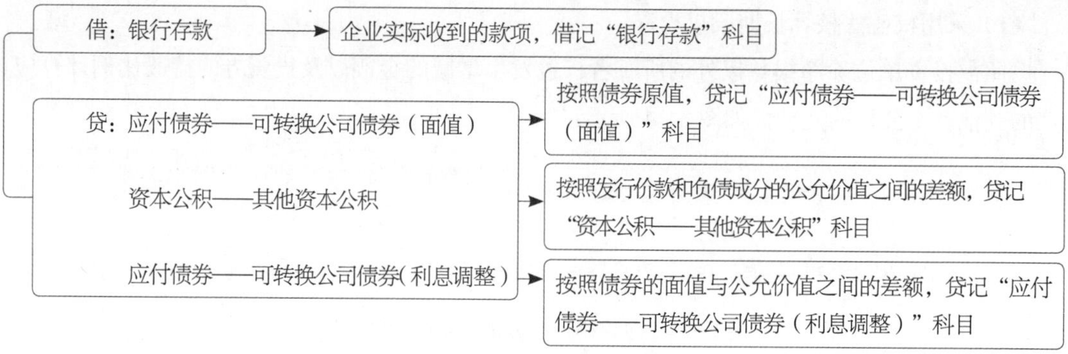

图 5-17　发行可转换公司债券

当可转换债券持有人行使转换权利时，按可转换公司债券的余额，借记“应付债券——可转换公司债券（面值）”科目，借记或贷记“应付债券——可转换公司债券（利息调整）”科目，按其权益成分的金额，借记“资本公积——其他资本公积”科目，按股票面值和转换的股数计算的股票面值总额，贷记“股本”科目，按其差额，贷记“资本公积——股本溢价”科目。编制会计分录如图5-18所示。

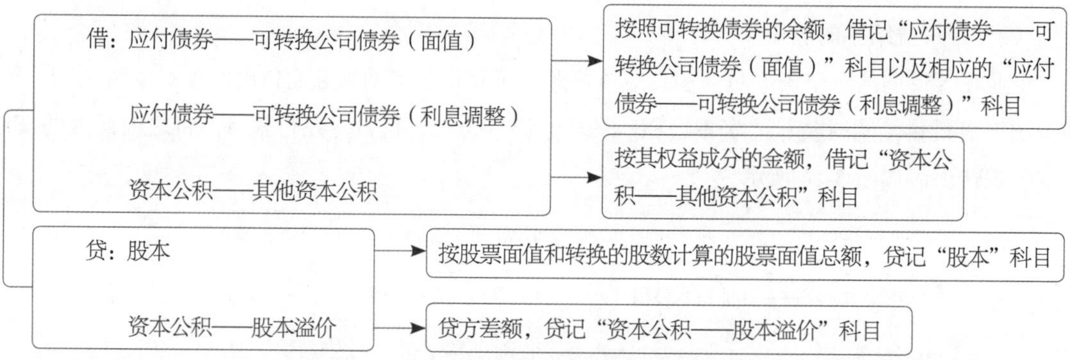

图 5-18　当可转换债券持有人行使转换权利

5.3　盈余公积

1. 业务概述

盈余公积是指企业按照规定从净利润中提取的各种积累资金，公司制企业根据计提的依据不同可以将盈余公积分为法定盈余公积和任意盈余公积。其中法定盈余公积是以国家的法律或行政规章为依据进行提取的，任意盈余公积是由企业自行决定提取的。公司制企业的法定盈余公积根据规定应该按照税后利润的10%的比例进行提取，提取法定盈余公积的基数不应该包括企业年初未分配的利润，当公司计提的累计法定盈余公积金额超过公司注册资本的50%时，则可以不再强制提取。当从税后利润中提取完法定盈余公积时，企业可以根据股东大会决议从税后利润中提取任意盈余公积。

盈余公积的主要用途有以下几点：一是弥补亏损，企业发生亏损时，一般用以后年度税前利润弥补，如果下一纳税年度的所得不足弥补的，可以在5年内逐年延续弥补，如果企业发生的亏损经过5年时间未弥补完，剩余部分应该用扣除所得税后的利润进行弥补，也可以经过公司董事会提议和股东大会批准用盈余公积弥补亏损；二是转增资本，企业经过股东大会决议批准后可以将盈余公积转增资本。

2. 账务处理

（1）盈余公积的确认与计量。

企业按照规定从税后利润中提取盈余公积时，应该借记“利润分配——提取法定盈余公积”“利润分配——提取任意盈余公积”科目，贷记“盈余公积——法定盈余公积”“盈余公积——任意盈余公积”科目。企业应该编制的会计分录如图 5-19 所示。

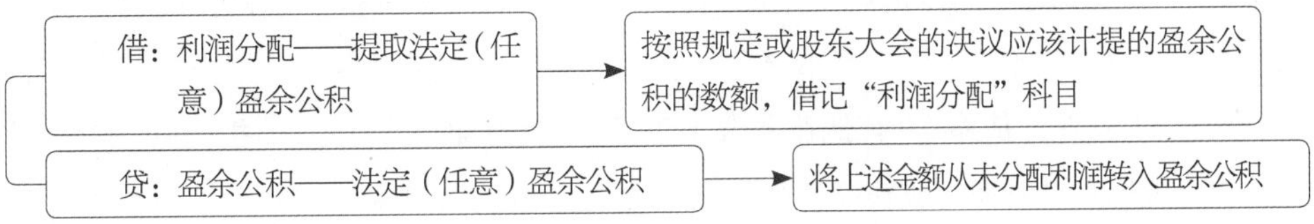

图 5-19　按照规定从税后利润中提取盈余公积

（2）用盈余公积弥补亏损。

当用盈余公积弥补亏损时，企业应该将应弥补的数额借记“盈余公积”科目，贷记“利润分配——盈余公积补亏”科目。企业应该编制的会计分录如图 5-20 所示。

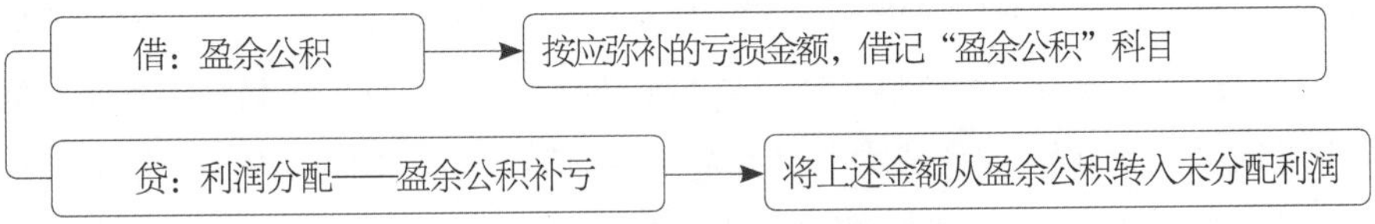

图 5-20　用盈余公积弥补亏损

（3）用盈余公积转增资本。

当股东大会或类似机构决议做出决议，即用盈余公积派送新股或转增资本时，企业应该借记“盈余公积”科目，贷记“股本”或“实收资本”科目，按照两者的差额，贷记“资本公积——股本溢价”科目。企业应该编制的会计分录如图 5-21 所示。

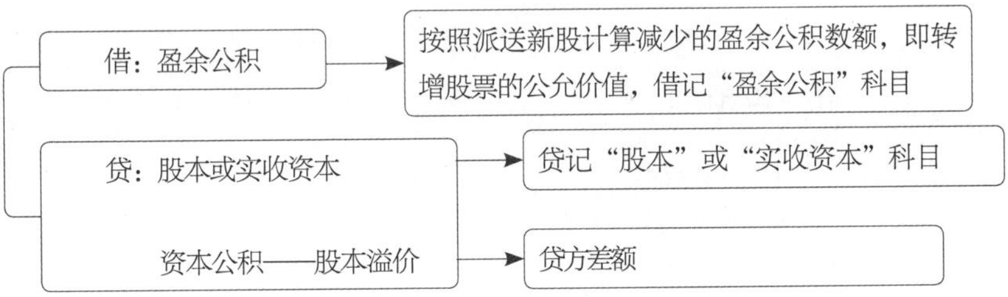

图 5-21　用盈余公积转增资本

3. 案例解析

【例 5-13】2×19 年由于受经济形势的影响，甲公司发生年度经营亏损 40 000 000 元，经过股东大会批准，甲公司同意用以前年度累计的法定盈余公积 10 000 000 元和任意盈余公积 30 000 000 元进行亏损弥补。

甲公司的账务处理如下。

借：盈余公积——法定盈余公积　　10 000 000

　　　　　　——任意盈余公积　　30 000 000

　贷：利润分配——盈余公积补亏　　40 000 000

年度末企业将利润分配的其他科目余额均转入“利润分配——未分配利润”科目。

借：利润分配——盈余公积补亏　　40 000 000

　　贷：利润分配——未分配利润　　40 000 000

5.4　本年利润

1. 业务概述

“本年利润”科目用于核算企业本年度内实现的净利润或净亏损。该科目的贷方登记“主营业务收入”“其他业务收入”“营业外收入”“投资收益”“公允价值变动损益”等科目的期末结转额，借方登记“主营业务成本”“其他业务成本”“税金及附加”“资产减值损失”“销售费用”“管理费用”“财务费用”“营业外支出”“所得税费用”等科目的期末结转额，结转后“本年利润”科目如为贷方余额即为本期净利润数，如为借方余额则为本期亏损数。

年度终了，应将本年实现的净利润转入“利润分配”科目，借记“本年利润”科目，贷记“利润分配——未分配利润”科目；如为亏损，做相反的会计分录。结转后，“本年利润”科目应无余额。

2. 账务处理

会计期末，企业结转利润时，应借记“主营业务收入”“其他业务收入”“营业外收入”“投资收益”“公允价值变动损益”等科目，贷记“本年利润”科目；同时，借记“本年利润”科目，贷记“主营业务成本”“其他业务成本”“税金及附加”“资产减值损失”“销售费用”“管理费用”“财务费用”“营业外支出”“所得税费用”等科目。编制会计分录如图 5-22 所示。

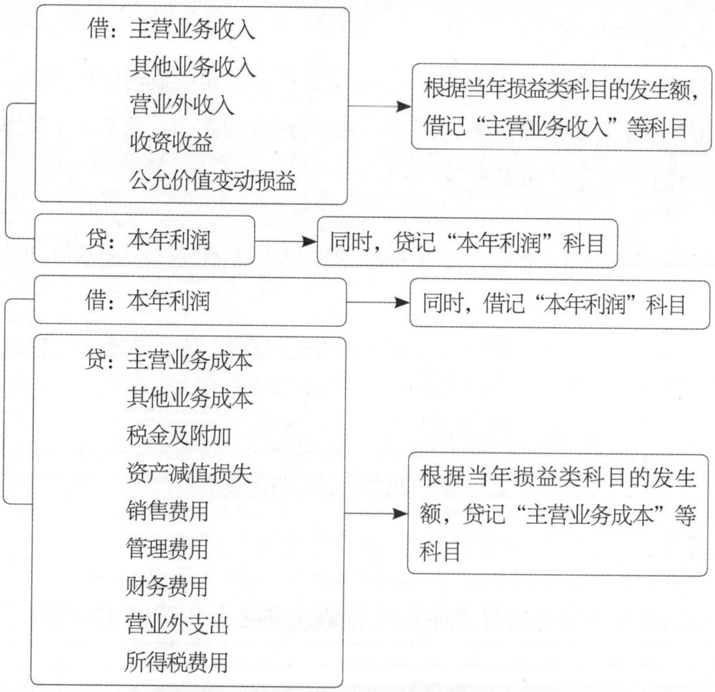

图 5-22　本年利润科目相关的会计处理

如前所述，年度终了，应将本年实现的净利润转入利润分配科目，借记“本年利润”，贷记“利润分配——未分配利润”科目；如为亏损，做相反的会计分录。结转后，“本年利润”科目应无余额。编制会计分录如图 5-23 所示。

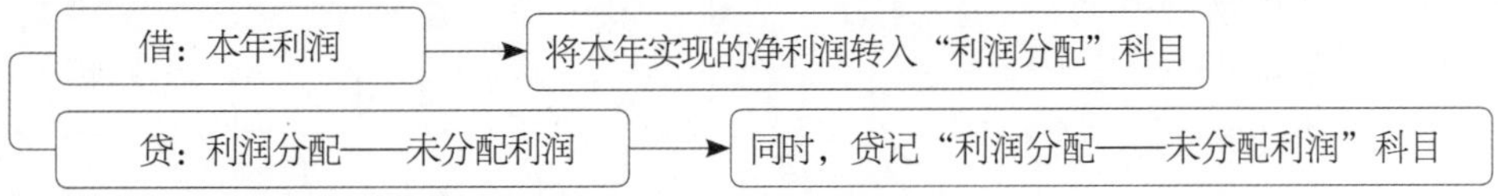

图 5-23　年度终了，应将本年实现的净利润转入“利润分配”科目

3. 案例解析

【**例 5-14**】某企业 2×19 年 12 月结账前各损益类科目的余额见表 5-1。

表 5-1　损益类科目余额表

2×19 年 12 月 31 日　　单位：元

科目名称	借方余额	贷方余额
主营业务收入		200 000
主营业务成本	120 000	
其他业务收入		2 000
其他业务成本	1 000	
税金及附加	800	
销售费用	15 000	
管理费用	18 000	
财务费用	10 000	
资产减值损失	12 000	
公允价值变动损益		23 000
投资收益		30 000
营业外收入		8 000
营业外支出	5 000	
所得税费用	16 000	

根据表 5-1 的资料，该企业采用账结法的账务处理如下。

借：主营业务收入　200 000
　　其他业务收入　2 000
　　营业外收入　8 000
　　投资收益　30 000
　　公允价值变动损益　23 000
　　贷：本年利润　263 000

借：本年利润　197 800
　　贷：主营业务成本　120 000
　　　　其他业务成本　1 000
　　　　税金及附加　800
　　　　销售费用　15 000

管理费用　　18 000
财务费用　　10 000
资产减值损失　　12 000
营业外支出　　5 000
所得税费用　　16 000

5.5 利润分配

1. 业务概述

利润分配是指企业通过以前年度积累的用于以后年度进行分配的结存利润。每年年末的“利润分配”科目的余额是截至本会计年度末的累计值，其包括本年的经营利润分配后的剩余以及以前年度经营成果的积累，在数值上等于期初的未分配利润加上本期实现的净利润，减去提取的各种盈余公积和分出利润之后的余额。企业可以较自由地使用该部分所有者权益。

2. 账务处理

企业进行利润分配的核算应该在“利润分配”科目下设立“提取法定盈余公积”“提取任意盈余公积”“应付现金股利或利润”“转作股本的股利”“盈余公积补亏”“未分配利润”明细科目进行核算。

（1）分配股利或利润。

企业如果在年度终了有利润结余，可以在经过股东大会或者其他类似机构的决议之后分配给投资者现金股利等，此时企业应该借记“利润分配——应付现金股利或利润”科目，贷记“应付股利”科目；如果股东大会决定发放股票股利，则企业应该按照发放的金额，借记“利润分配——转作股本的股利”科目，贷记“股本”科目。企业应该编制的会计分录如图 5-24 所示。

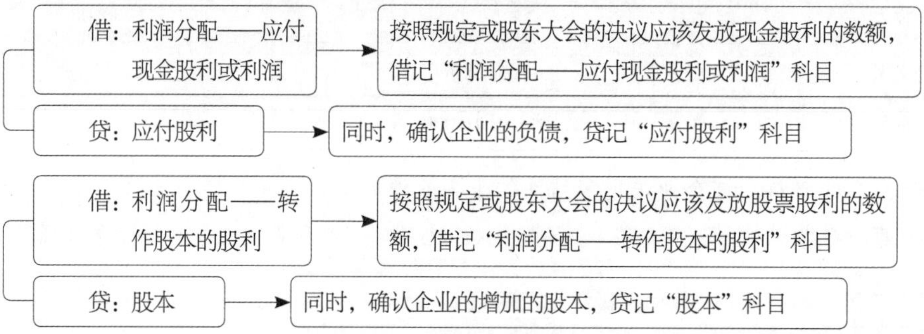

图 5-24　分配股利或利润

（2）期末结转。

企业在会计年度终了时应该将所有损益类科目的余额转入“本年利润”科目，然后将“本年利润”科目中的余额转入该科目，企业应该借记或者贷记“本年利润”科目，贷记或借记“利润分配——未分配利润”科目；同时，企业需要将该科目的其他明细科目都转入“未分配利润”明细科目，即贷记“提取法定盈余公积”“提取任意盈余公积”“应付现金股利或利润”“转作股本的股利”“盈余公积补亏”明细科目，借记“未分配利润”明细科目。结账之后，企业应该编制的会计分录如图 5-25 所示。

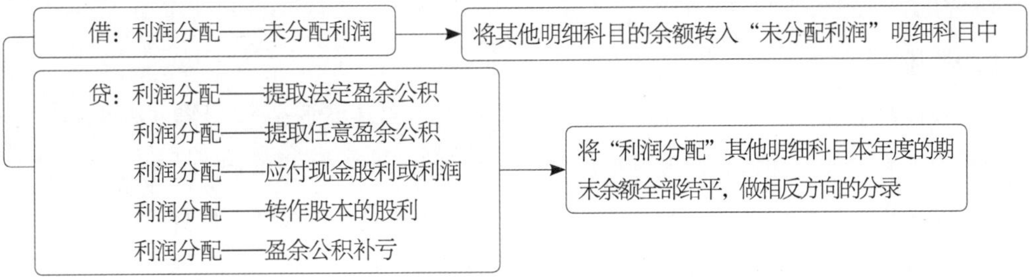

图 5-25 期末结转

3. 案例解析

【例 5-15】甲公司于 2×19 年实现净利润 100 000 000 元，该年年初甲公司账上的未分配利润为 170 000 000 元，股本为 200 000 000 股，每股的面值为 1 元。根据股东大会的决议，甲公司决定将按照 2×19 年实现的净利润的 10% 提取法定盈余公积，5% 提取任意盈余公积，并且向股东按照每股 0.1 元发放现金股利，每 10 股送 3 股的比例发放股票股利。截至第二年 3 月 10 日，甲公司已经用银行存款支付了所有的现金股利，相关资本变动也已经办理完毕。

甲公司的账务处理如下。

（1）2×19 年 12 月 31 日，甲公司应该结转本年实现的净利润。

借：本年利润	100 000 000	
贷：利润分配——未分配利润		100 000 000

（2）提取本年的法定盈余公积和任意盈余公积。

借：利润分配——提取法定盈余公积	10 000 000	
利润分配——提取任意盈余公积	5 000 000	
贷：盈余公积——法定盈余公积		10 000 000
盈余公积——任意盈余公积		5 000 000

（3）股东大会批准发放现金股利。

借：利润分配——应付现金股利	20 000 000	
贷：应付股利		20 000 000

（4）实际发放现金股利。

借：应付股利	20 000 000	
贷：银行存款		20 000 000

（5）新增股本股权登记办理完毕。

借：利润分配——转作股本的股利	60 000 000	
贷：股本		60 000 000

（6）结转“利润分配”的相关明细科目。

借：利润分配——未分配利润	95 000 000	
贷：利润分配——提取法定盈余公积		10 000 000
——提取任意盈余公积		5 000 000
——应付现金股利		20 000 000
——转作股本的股利		60 000 000

5.6 库存股

1. 业务概述

回购自身权益工具（库存股）支付的对价和交易费用，应当减少所有者权益，不得确认金融资产。库存股可由企业自身购回和持有，也可由集团合并范围内的其他成员购回和持有。其他成员包括子公司，但是不包括集团的联营和合营企业。此外，如果企业是替他人持有自身的权益工具，例如，金融机构作为代理人代其客户持有该金融机构自身的股票，那么其所持有的这些股票不是金融机构自身的资产，也不属于库存股。

如果企业持有库存股之后又将其重新出售，反映的是不同所有者之间的转让，而非企业本身的利得或损失，那么，无论这些库存股的公允价值如何波动，企业应直接将支付或收取的任何对价在权益中确认，而不产生任何损益影响。

2. 账务处理

企业实收资本减少的原因大体有两种：一是资本过剩；二是企业发生重大亏损而需要减少实收资本。企业因资本过剩而减资，一般要发还股款。有限责任公司和一般企业发还投资的会计处理比较简单，按法定程序报经批准减少注册资本的，借记“实收资本”或“股本”科目，贷记“库存现金”“银行存款”等科目。

股份有限公司由于采用的是发行股票的方式筹集股本，发还股款时，则要回购发行的股票，发行股票的价格与股票面值可能不同，回购股票的价格也可能与发行价格不同，账务处理较为复杂。股份有限公司因减少注册资本而回购本公司股份的，应按实际支付的金额，借记“库存股”科目，贷记“银行存款”等科目。注销库存股时，应按股票面值和注销股数计算的股票面值总额，借记“股本”科目，按注销库存股的账面余额，贷记“库存股”科目，按其差额，冲减股票发行时原计入资本公积的溢价部分，借记“资本公积——股本溢价”科目，回购价格超过上述冲减“股本”及“资本公积——股本溢价”科目的部分，应依次借记“盈余公积”“利润分配——未分配利润”等科目；如回购价格低于回购股份所对应的股本，所注销库存股的账面余额与所冲减股本的差额作为增加股本溢价处理，按回购股份所对应的股本面值，借记“股本”科目，按注销库存股的账面余额，贷记“库存股”科目，按其差额，贷记“资本公积——股本溢价”科目。

企业应该编制的会计分录如图5-26所示。

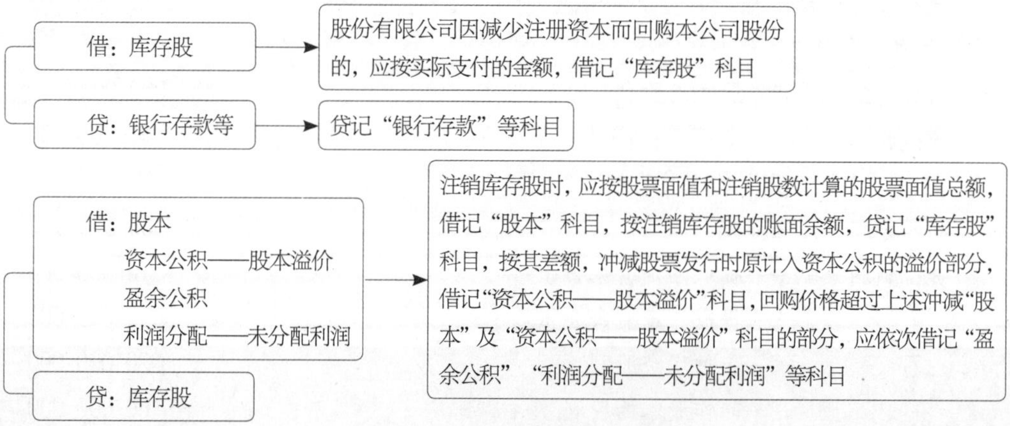

图5-26 库存股相关账务处理

3. 案例解析

【例 5-16】 B 股份有限公司（简称“B 公司”）截至 2×18 年 12 月 31 日共发行股票 30 000 000 股，股票面值为 1 元，资本公积（股本溢价）为 6 000 000 元，盈余公积为 4 000 000 元。经股东大会批准，B 公司以现金回购本公司股票 3 000 000 股并注销。假定 B 公司按照每股 4 元回购股票，不考虑其他因素。B 公司的账务处理如下。

库存股的成本 =3 000 000×4 =12 000 000（元）

借：库存股　　12 000 000

　　贷：银行存款　　12 000 000

借：股本　　3 000 000

　　资本公积——股本溢价　　6 000 000

　　盈余公积　　3 000 000

　　贷：库存股　　12 000 000

5.7　其他综合收益

5.7.1　设定收益的重新计量

1. 业务概述

设定收益净负债或净资产的重新计量应当计入其他综合收益，且在后续期间不应重分类计入收益，但是企业可以在权益范围内转移这些其他综合收益中确认的金额。

2. 账务处理

重新计量设定受益计划净负债增加或净资产减少，则借记“其他综合收益”科目，贷记“应付职工薪酬”科目；若是重新计量设定受益计划净资产增加或净负债减少，则做相反分录。

相关分录如图 5-27 所示。

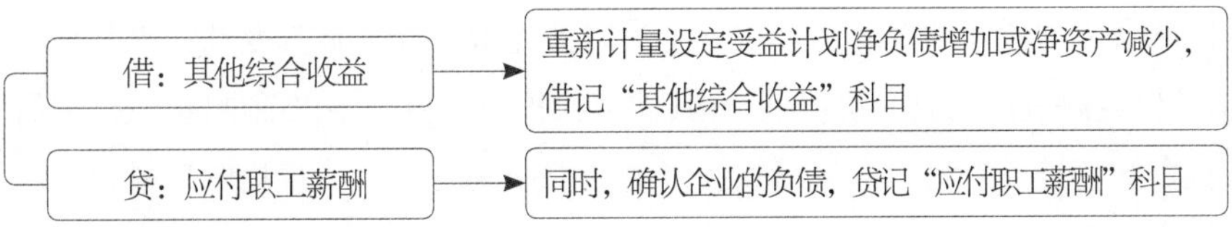

或

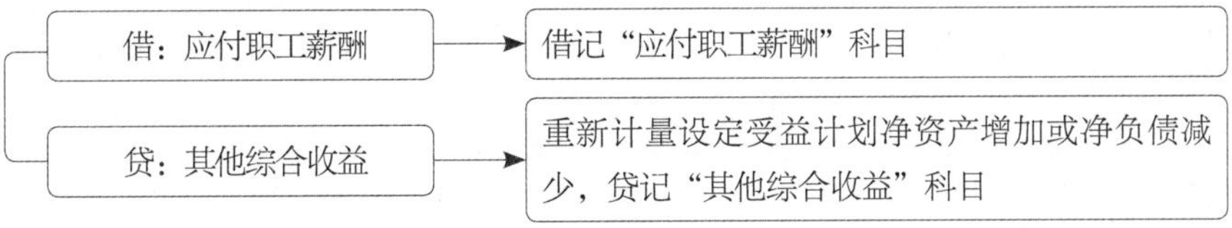

图 5-27　设定收益的重新计量

3. 案例解析

【例 5-17】 2×19 年年末甲企业进行精算重估的时候发现折现率由 10% 变成 8%，假设不考虑计划资产回报和资产上限影响的变动，假设甲企业由于折现率变动导致重新计量设定受益计划净负债的增加额共计 5 000 000 元。则 2×19 年年末甲企业的账务处理如下。

借：其他综合收益——设定受益计划净负债重新计量（精算损失）　　5 000 000

　　贷：应付职工薪酬——设定受益计划义务　　5 000 000

5.7.2 其他债权投资公允价值变动

1. 业务概述

以公允价值计量且其变动计入其他综合收益的金融资产应在资产负债表日确定公允价值，除减值损失或利得和汇兑损益之外的所有利得和损失均应计入其他综合收益，待处置时转出。

2. 账务处理

资产负债表日，其他债权投资的公允价值高于其账面余额的差额，借记“其他债权投资——公允价值变动”科目，贷记“其他综合收益”科目；公允价值低于其账面余额的差额做相反的会计分录。编制会计分录如图 5-28 所示。

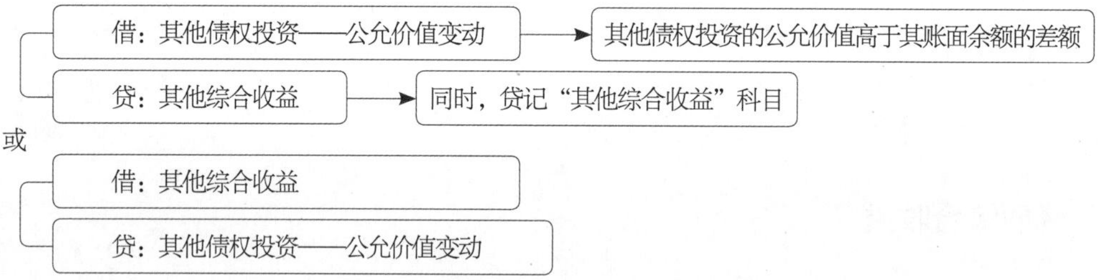

图 5-28 其他债权投资公允价值变动

3. 案例解析

详见【例 2-47】。

5.7.3 金融工具重分类

1. 业务概述

企业将以摊余成本计量的金融工具重分类为以公允价值计量且其变动计入其他综合收益的金融资产时，原账面成本与新确认的金融资产的公允价值差额确定为其他综合收益。

2. 账务处理

企业将以摊余成本计量的金融工具重分类为以公允价值计量且其变动计入其他综合收益的金融资产时，应该以金融资产的公允价值借记“其他债权投资”科目，将以前期间计提的减值准备转出，借记“债权投资减值准备”科目，将债权投资的账面余额贷记“债权投资”科目，将差额借记或者贷记“其他综合收益”科目，如图 5-29 所示。

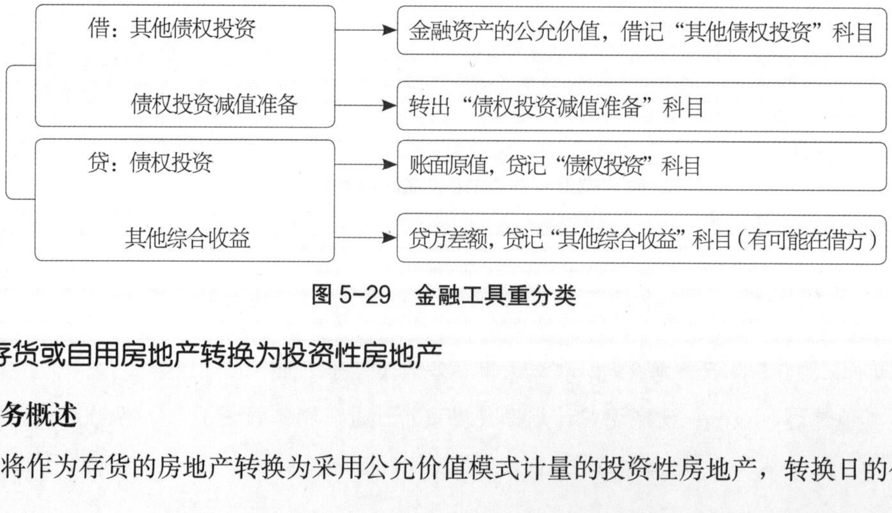

图 5-29 金融工具重分类

5.7.4 存货或自用房地产转换为投资性房地产

1. 业务概述

企业将作为存货的房地产转换为采用公允价值模式计量的投资性房地产，转换日的公允价值小于账面价值的，按其差额计入当期损益；转换日的公允价值大于账面价值的，按其差额计入其他综合收益。

2. 账务处理

企业将作为存货的房地产转换为采用公允价值模式计量的投资性房地产时，应当按该项房地产在转换日的公允价值，借记“投资性房地产——成本”科目，原已计提跌价准备的，借记“存货跌价准备”科目，按其账面余额，贷记“开发产品”等科目。同时，转换日的公允价值小于账面价值的，按其差额，借记“公允价值变动损益”科目；转换日的公允价值大于账面价值的，按其差额，贷记“其他综合收益”科目。企业将自用的建筑物等转换为采用公允价值模式计量的投资性房地产时，应当按该项房地产在转换日的公允价值，借记“投资性房地产——成本”科目，原已计提减值准备的，借记“固定资产减值准备”科目，按已计提的累计折旧等，借记“累计折旧”等科目，按其账面余额，贷记“固定资产”等科目。同时，转换日的公允价值小于账面价值的，按其差额，借记“公允价值变动损益”科目；转换日的公允价值大于账面价值的，按其差额，贷记“其他综合收益”科目。待该项投资性房地产处置时，因转换计入其他综合收益的部分应转入当期损益，如图 5-30 所示。

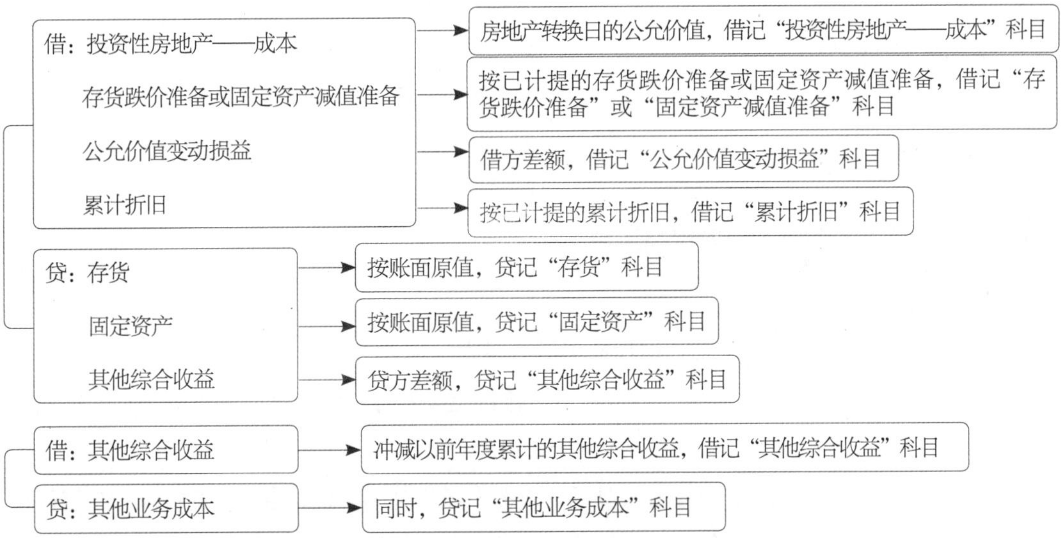

图 5-30 存货或自用房地产转换为投资性房地产

3. 案例解析

【例 5-18】2×19 年 3 月 10 日，甲房地产开发公司与乙企业签订了租赁协议，将其开发的一栋写字楼出租给乙企业。租赁期开始日为 2×19 年 4 月 15 日。2×19 年 4 月 15 日，该写字楼的账面余额为 450 000 000 元，公允价值为 470 000 000 元。2×19 年 12 月 31 日，该项投资性房地产的公允价值为 480 000 000 元。

甲房地产开发公司的账务处理如下。

（1）2×19 年 4 月 15 日。

借：投资性房地产——成本	470 000 000	
贷：开发产品		450 000 000
其他综合收益		20 000 000

（2）2×19 年 12 月 31 日。

借：投资性房地产——公允价值变动　　10 000 000

　贷：公允价值变动损益　　10 000 000

5.7.5　现金流量套期工具产生的利得或损失

1. 业务概述

现金流量套期，是指对现金流量变动风险进行的套期。该现金流量变动源于与已确认资产或负债、极可能发生的预期交易，或与上述项目组成部分有关的特定风险，且将影响企业的损益。

2. 账务处理

对于现金流量套期，套期工具产生的利得或损失中属于套期有效的部分，作为现金流量套期储备，应当记入“其他综合收益”等科目。

账务处理如图 5-31 所示。

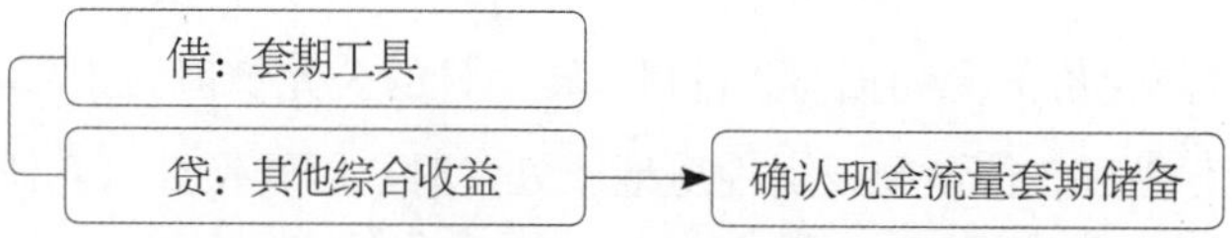

图 5-31　现金流量套期工具产生的利得或损失

3. 案例解析

详见【例 4-3】。

5.8　其他权益工具

5.8.1　发行方发行的金融工具为权益工具

1. 业务概述

在所有者权益类科目中设置“其他权益工具”科目，用于核算企业发行的除普通股以外的归类为权益工具的各种金融工具。“其他权益工具”科目应按发行金融工具的种类等进行明细核算。

2. 账务处理

发行方发行的金融工具归类为权益工具的，应按实际收到的金额，借记“银行存款”等科目，贷记“其他权益工具”科目。在存续期间分派股利时，借记“利润分配”科目，贷记“应付股利”科目。实际支付股利时，借记“应付股利”科目，贷记“银行存款”科目。

企业应编制的会计分录如图 5-32 所示。

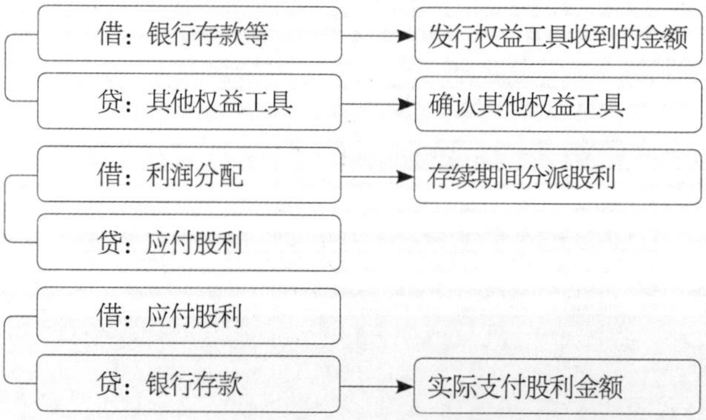

图 5-32　发行方发行的金融工具为权益工具

3. 案例解析

【例 5-19】2×18 年 5 月 6 日，乙公司发行 200 万股优先股给甲公司，甲公司支付价款 10 160 000 元，占乙公司有表决权股份的 0.5%。甲公司将其指定为以公允价值计量且其变动计入其他综合收益的非交易性权益工具投资。

2×19 年 5 月 9 日，乙公司宣告发放股利 40 000 000 元，并以银行存款支付。

假设不考虑其他因素，乙公司的账务处理如下。

（1）2×18 年 5 月 6 日发行优先股。

借：银行存款　　10 160 000

　　贷：其他权益工具——优先股　　10 160 000

（2）2×19 年 5 月 9 日，发放股利。

借：利润分配——应付优先股股利　　40 000 000

　　贷：应付股利——优先股股利　　40 000 000

借：应付股利——优先股股利　　40 000 000

　　贷：银行存款　　40 000 000

5.8.2 发行方发行的金融工具为复合金融工具

1. 业务概述

在所有者权益类科目中设置“其他权益工具”科目，用于核算企业发行的除普通股以外既有权益成分又有负债成分的复合工具。“其他权益工具”科目应按发行金融工具的种类等进行明细核算。

2. 账务处理

发行方发行的金融工具为复合金融工具的，应按实际收到的金额，借记“银行存款”等科目，按负债成分的面值，贷记“应付债券——面值”等科目，按负债成分的公允价值与金融工具面值之间的差额，借记或贷记“应付债券——利息调整”等科目，按实际收到的金额扣除负债成分的公允价值后的金额，贷记“其他权益工具”等科目。发行复合金融工具发生的交易费用，应当在负债成分和权益成分之间按照各自占总发行价款的比例进行分摊。与多项交易相关的共同交易费用，应当在合理的基础上，采用与其他类似交易一致的方法，在各项交易之间进行分摊。

相关会计分录如图 5-33 所示。

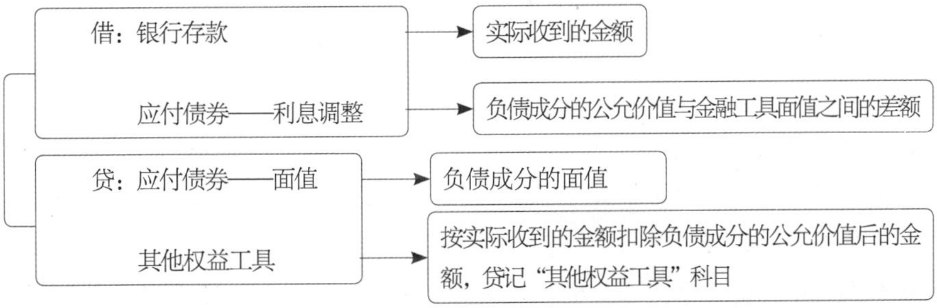

图 5-33 发行方发行的金融工具为复合金融工具

3. 案例解析

【例 5-20】甲公司 2×18 年 1 月 1 日按每份面值 1 000 元发行了 2 000 份可转换债券，取得总收入2 000 000元。该债券期限为3年，票面年利率为6%，利息按年支付；每份债券均可在债券发行1年后的任何时间转换为250股普通股。甲公司发行该债券时，二级市场上与之类似但没有转股权的债券的市场利率为9%。假定不考虑其他相关因素，甲公司将发行的债券划分为以摊余成本计量的金融负债。

（1）先对负债成分进行计量，债券发行收入与负债成分的公允价值之间的差额则分配到权益成分，如表5-2所示。负债成分的现值按9%的折现率计算。

表5-2 债券发行收入与负债成分的公允价值之间的差额分配表

单位：元

本金现值：第3年年末应付本金2 000 000元（复利现值系数为0.772 183 5）	1 544 367
利息的现值：3年期内每年应付利息120 000元（年金现值系数为2.531 291 7）	303 755
负债成分总额	1 848 122
权益成分金额	151 878
债券发行总收入	2 000 000

（2）甲公司的账务处理如下。

①2×18年1月1日，发行可转换债券。

借：银行存款　　2 000 000
　　应付债券——利息调整　　151 878
　贷：应付债券——面值　　2 000 000
　　　其他权益工具　　151 878

②2×18年12月31日，计提和实际支付利息。

计提债券利息时。

借：财务费用　　166 331
　贷：应付利息　　120 000
　　　应付债券——利息调整　　46 331

实际支付利息时。

借：应付利息　　120 000
　贷：银行存款　　120 000

③2×19年12月31日，债券转换前，计提和实际支付利息。

计提债券利息时。

借：财务费用　　170 501
　贷：应付利息　　120 000
　　　应付债券——利息调整　　50 501

实际支付利息时。

借：应付利息　　120 000
　贷：银行存款　　120 000

至此，转换前应付债券的摊余成本为1 944 954（1 848 122+46 331+50 501）元。

假定至2×19年12月31日，甲公司股票上涨幅度较大，可转换债券持有方均于当日将持有的可转换债券转为甲公司股份。由于甲公司对应付债券采用摊余成本进行后续计量，在转换日，转换前应付债券的摊余成本应为 1 944 954 元，而权益成分的账面价值仍为 151 878 元。同样是在转换日，甲公司发行股票数量为 500 000 股。对此，甲公司的账务处理如下。

借：应付债券——面值　　2 000 000

　　贷：应付债券——利息调整　　55 046

　　　　股本　　500 000

　　　　资本公积——股本溢价　　1 444 954

借：其他权益工具　　151 878

　　贷：资本公积——股本溢价　　151 878

第6章
成本类交易和事项的会计处理

成本和费用是一对既有联系又有区别的概念。首先，成本是对象化的费用，产品成本是相对于一定的产品而言所发生的费用，是按照产品品种等成本计算对当期发生的费用进行归集所形成的。对于这部分费用来说，费用的发生过程同时又是产品成本的形成过程。其次，费用是指某一期间为生产而发生的费用，与一定的期间相联系；而产品成本是指为生产某一产品或几种产品而消耗的费用，它与一定种类和数量的产品相联系。

成本与费用又有密切的联系，二者是相互转化的。企业在一定期间发生的直接费用按照成本计算对象进行归集；间接费用则通过分配计入各成本计算对象，是本期发生的费用予以对象化，转化为产品的成本，这一过程实际上就是产品成本的计算过程。在产品生产形成产成品，通过销售后，产品成本则转化为一定期间的销售成本，又成为费用并与实现销售当期的收入相配比，计入当期损益。可见，产品成本的核算是确定当期产品销售成本和当期损益的前提。

图6-1列示了产品成本核算过程中的账务处理程序。

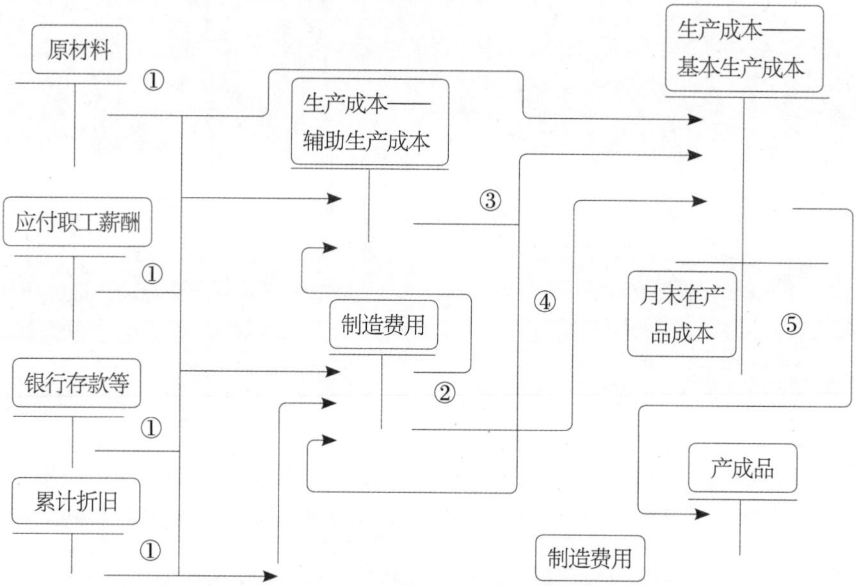

图6-1 产品成本核算过程中的账务处理程序

说明：①分配各项要素费用　②分配辅助生产车间制造费用
③分配辅助生产费用　④分配基本生产车间制造费用
⑤结转产品成本

6.1 生产成本

1. 业务概述

“生产成本”科目用于核算企业进行工业性生产发生的各项生产费用，包括生产各种产品（如产成品、自制半成品等）、提供加工劳务、自制材料、自制工具、自制设备等。该科目借方登记企业生产过程中发生的各项生产费用，即直接材料、直接人工和制造费用；贷方登记生产完成并已验收入库的产成品、自制半成品、自制材料、自制工具、自制设备以及提供加工劳务的实际成本。期末借方余额反映企业尚未加工完成的各项在产品成本。

“生产成本”科目下一般应设“基本生产成本”和“辅助生产成本”两个二级科目。基本生产成本应当分别按照基本生产车间和成本核算对象（如产品的品种、类别、订单、批别、生产阶段等）设置明细账（或成本计算单，下同），并按照规定的成本项目设置专栏。

（1）发生各项直接生产费用。

企业在生产各种产品时，会消耗一定的原材料，支付一定金额的款项，并且向付出劳动的工人支付工资。

（2）辅助生产车间提供劳务和产品。

企业辅助生产车间为基本生产车间、企业管理部门和其他部门提供的劳务和产品，月末需要按照一定的分配标准分配给各受益对象。

2. 账务处理

（1）发生各项直接生产费用。

企业发生的各项直接生产费用，借记“生产成本——基本生产成本、辅助生产成本”科目，贷记“原材料”“银行存款”“应付职工薪酬”等科目。企业各生产车间应负担的制造费用，借记“生产成本——基本生产成本、辅助生产成本”科目，贷记“制造费用”科目。编制会计分录如图 6-2 所示。

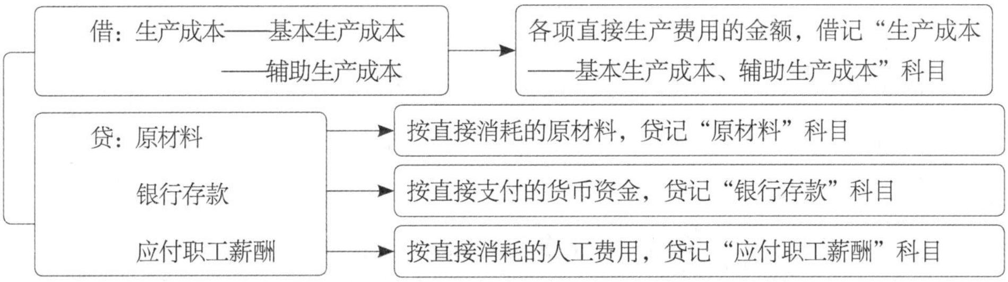

图 6-2　企业发生的各项直接生产费用

（2）辅助生产车间提供劳务和产品。

每月月末，借记“生产成本——基本生产成本”“管理费用”“销售费用”“其他业务成本”“在建工程”等科目，贷记“生产成本——辅助生产成本”科目。编制会计分录如图 6-3 所示。

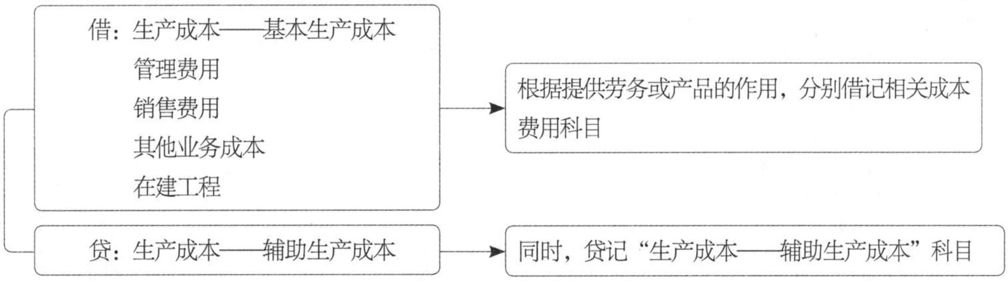

图 6-3　辅助生产车间提供劳务和产品

3. 案例解析

【例 6-1】A 工厂的材料费用分配表如表 6-1 所示。

表6-1　材料费用分配表

单位：元

应借科目		原材料	低值易耗品	合计
生产成本	基本生产车间			
	甲产品	80 000		80 000
	乙产品	10 000		10 000
	辅助生产车间	5 000		5 000
	小计	95 000		95 000
制造费用	基本生产成本	6 500	3 500	10 000
	辅助生产成本	3 000	2 000	5 000
	小计	9 500	5 500	15 000
管理费用	厂部	2 800	1 200	4 000
合计		107 300	6 700	114 000

A工厂的账务处理如下。

借：生产成本——基本生产成本——甲产品　80 000

——乙产品　10 000

——辅助生产成本　5 000

制造费用　15 000

管理费用　4 000

贷：原材料　107 300

低值易耗品　6 700

【例6-2】A工厂的工资及福利费用分配表如表6-2所示。

表6-2　工资及福利费用分配表

单位：元

应借科目		直接生产工人工资	间接生产工人工资	管理部门人员工资	应付职工薪酬
生产成本	基本生产车间				
	甲产品	15 000			17 100
	乙产品	10 000			11 400
	辅助生产车间	1 200			1 368
	小计	26 200			29 868
制造费用	基本生产成本		1 000		1 140
	辅助生产成本		1 500		1 710
	小计		2 500		2 850
管理费用	厂部			4 000	4 560
合计		26 200	2 500	4 000	37 278

A 工厂的账务处理如下。

借：生产成本——基本生产成本——甲产品　　17 100

　　　　　　　　　　　　　——乙产品　　11 400

　　　　　——辅助生产成本　　1 368

　　制造费用　　2 850

　　管理费用　　4 560

　　贷：应付职工薪酬　　37 278

【例 6-3】A 工厂基本生产车间生产甲、乙两种产品，本月该车间辅助生产费用明细账归集的辅助生产费用为 18 000 元，辅助生产费用按直接分配法计算。现编制辅助生产费用分配表如表 6-3 所示。

表 6-3　辅助生产费用分配表

应借科目		生产工人工时数（小时）	修理费（元）	水电费（元）	合计（元）
总账科目	明细科目				
生产成本	甲产品	56 000	7 000	5 600	12 600
	乙产品	24 000	3 000	2 400	5 400
合计		80 000	10 000	8 000	18 000

A 工厂的账务处理如下。

借：生产成本——基本生产成本——甲产品　　12 600

　　　　　　　　　　　　　——乙产品　　5 400

　　贷：生产成本——辅助生产成本——修理费　　10 000

　　　　　　　　　　　　　　——水电费　　8 000

6.2　制造费用

1. 业务概述

“制造费用”科目用于核算企业生产车间、部门为生产产品和提供劳务而发生的各项间接费用，包括工资福利费、修理费、折旧费、办公费、水电费、机物料消耗、劳动保护费、季节性修理期间的停工损失等。本科目应当按照不同的生产车间、部门和费用项目进行明细核算。企业行政管理部门为组织和管理生产经营活动而发生的管理费用，在“管理费用”科目核算，不在“制造费用”科目核算。企业生产车间、行政管理部门等发生的不满足《企业会计准则第 4 号——固定资产》规定的固定资产确认条件的日常修理费用和大修理费用等固定资产后续支出，在“管理费用”科目核算，不在“制造费用”科目核算。

（1）制造费用的归集。

当企业生产车间、部门为生产产品和提供劳务而发生各项间接费用时，应根据付款凭证、各项费用分配表将材料费用、工资费用、折旧费用、待摊费用和预提费用等分别记入“制造费用”科目的借方。

（2）制造费用的分配。

每月月末，应按成本核算对象将已计提的制造费用分配记入各科目。一般情况下，制造费用按生产工时、定额工时、机器工时、直接工资费用等比例进行分配。制造费用的分配及账务处理是通过制造费用分配表进行的，“制造费用”科目月末一般应无余额。

（3）产品的验收入库。

每月月末，企业应将已经生产完成的产成品和自制半成品验收入库，并结转生产成本。

2. 账务处理

（1）制造费用的归集。

计提制造费用时，按各项费用之和，借记“制造费用”科目，按生产车间发生的各项费用，分别贷记“原材料”“应付职工薪酬”“累计折旧”“银行存款”等科目。编制会计分录如图 6-4 所示。

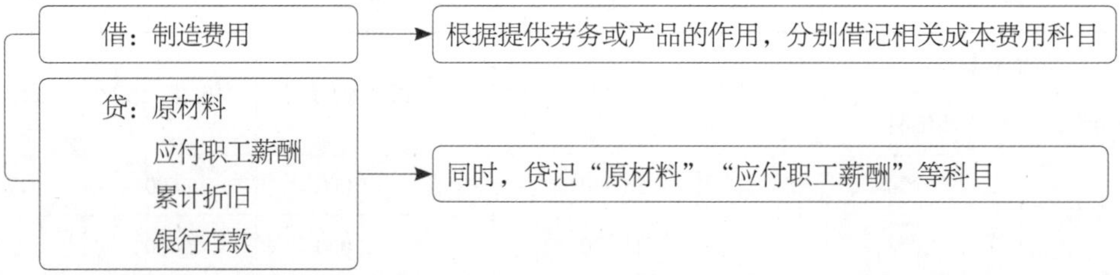

图 6-4　制造费用的归集

（2）制造费用的分配。

将制造费用分配计入有关的成本核算对象，借记“生产成本——基本生产成本、辅助生产成本”“劳务成本”科目，贷记“制造费用”科目。编制会计分录如图 6-5 所示。

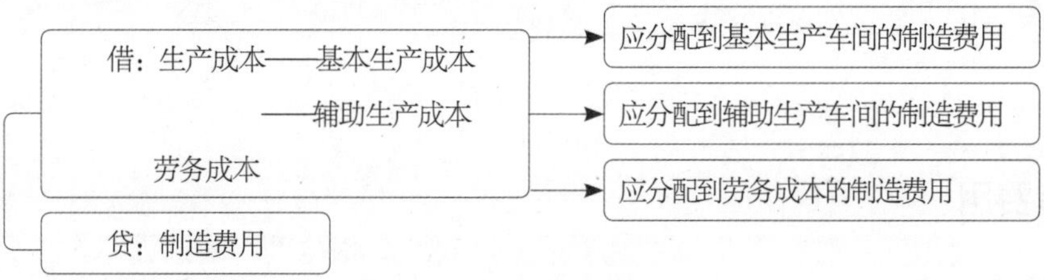

图 6-5　制造费用的分配

季节性生产企业制造费用全年实际发生数与分配数的差额，除其中属于为下一年开工生产做准备的可留待下一年分配外，其余部分实际发生额大于分配额的差额，借记“生产成本——基本生产成本”科目，贷记“制造费用”科目；实际发生额小于分配额的差额，做相反的会计分录。除季节性的生产企业外，“制造费用”科目期末应无余额。

（3）产品的验收入库。

对已经生产完成并已验收入库的产成品以及入库的自制半成品，借记“库存商品”等科目，贷记“生产成本——基本生产成本”科目。编制会计分录如图 6-6 所示。

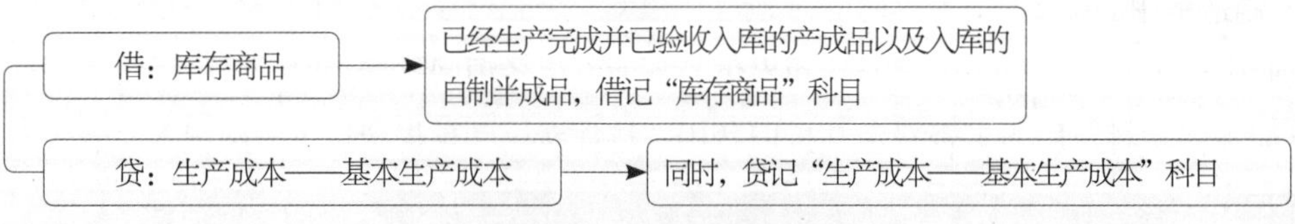

图 6-6　产品的验收入库

3. 案例解析

【例 6-4】A 工厂基本生产车间生产甲、乙两种产品，本月该车间制造费用明细归集的制造费用为 17 850 元，制造费用按生产工人工时的比例分配计算，本月甲产品、乙产品实际耗用生产工人工时分别为 80 000 小时和 62 800 小时。现编制制造费用分配表，如表 6-4 所示。

表 6-4 制造费用分配表

应借科目		生产工人工时数（小时）	制造费用（分配率 0.125）（元）
总账科目	明细科目		
生产成本	甲产品	80 000	10 000
	乙产品	62 800	7 850
合计		142 800	17 850

A 工厂的账务处理如下。

借：生产成本——基本生产成本——甲产品　　10 000

——乙产品　　7 850

贷：制造费用　　17 850

【例 6-5】接【例 6-1】至【例 6-4】，月末，A 工厂将已完工的甲产品和乙产品结转入库。A 工厂的账务处理如下。

借：库存商品——甲产品　　119 700

——乙产品　　34 650

贷：生产成本——基本生产成本——甲产品　　119 700

——乙产品　　34 650

6.3 劳务成本

1. 业务概述

劳务成本是与劳务收入相对应的成本类科目，主要用来计量企业提供劳务作业发生的成本，可以按照劳务种类进行明细核算。

2. 账务处理

企业发生的各项劳务成本，借记本科目，贷记“银行存款”“应付职工薪酬”“原材料”等科目。编制会计分录如图 6-7 所示。

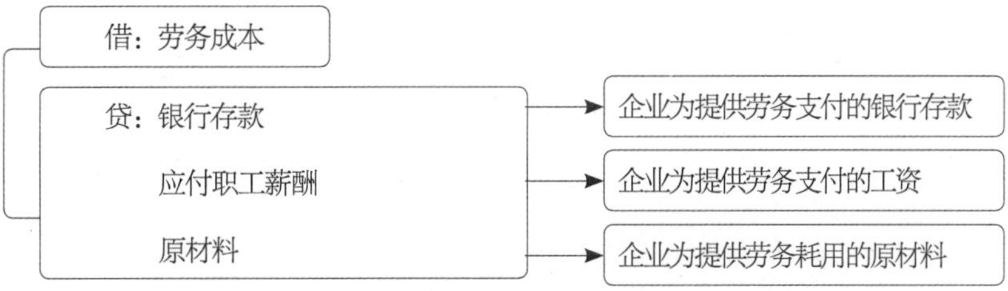

图 6-7 企业发生的各项劳务成本

结转劳务的成本，借记“主营业务成本”“其他业务成本”等科目，贷记本科目。编制会计分录如图 6-8 所示。

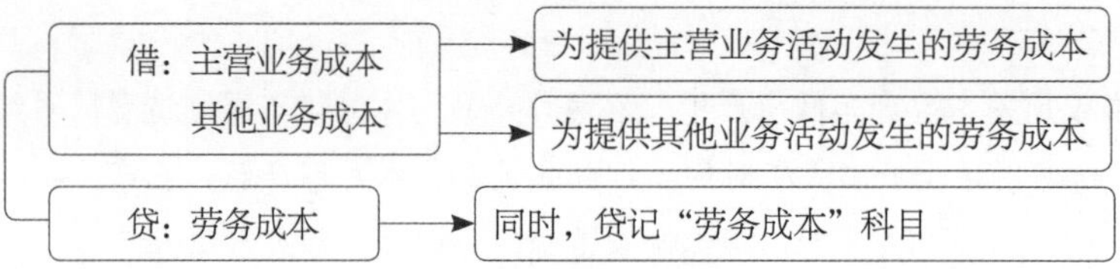

图 6-8　结转劳务的成本

3. 案例解析

【例 6-6】某企业 2×19 年 3 月对外提供劳务成本 7 000 元，该企业的账务处理如下。

借：劳务成本　　7 000

　　贷：应付职工薪酬　　7 000

该企业 2×19 年 5 月 31 日甲商品完工入库，结转总劳务成本 20 000 元，该企业的账务处理如下。

借：主营业务成本　　20 000

　　贷：劳务成本　　20 000

6.4　研发支出

1. 业务概述

“研发支出”科目用于核算企业进行研究与开发无形资产过程中发生的各项支出，包括研究阶段的支出和开发阶段的支出。研究阶段的支出应全部费用化处理，开发阶段的符合资本化条件的支出可以资本化处理，不符合资本化条件的支出应费用化处理。符合资本化条件的开发阶段支出，也就是内部研发活动形成无形资产的成本，由可直接归属于该资产的创造、生产并使该资产能够以管理层预定的方式运作的所有必要支出组成。可直接归属成本包括：开发该无形资产时耗费的材料、劳务成本、注册费、在开发该无形资产过程中使用的其他专利权和特许权的摊销，以及按照借款费用的处理原则可资本化的利息支出。

2. 账务处理

（1）企业自行开发无形资产发生的研发支出，不满足资本化条件的，借记“研发支出——费用化支出”科目，满足资本化条件的，借记“研发支出——资本化支出”科目，贷记“原材料”“银行存款”“应付职工薪酬”等科目。编制会计分录如图 6-9 所示。

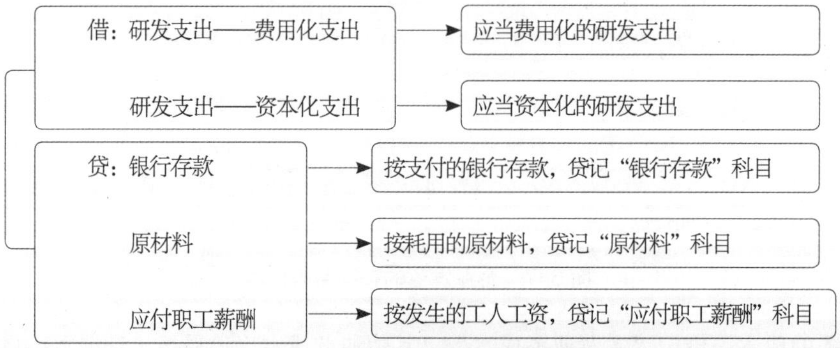

图 6-9　企业自行开发无形资产发生的研发支出

（2）企业以其他方式取得的正在进行中的研究开发项目，应按确定的金额，借记“研发支出——资本化支出”科目，贷记“银行存款”科目。以后发生的研发支出，应当比照上述第一条原则进行处理。编制会计分录如图 6-10 所示。

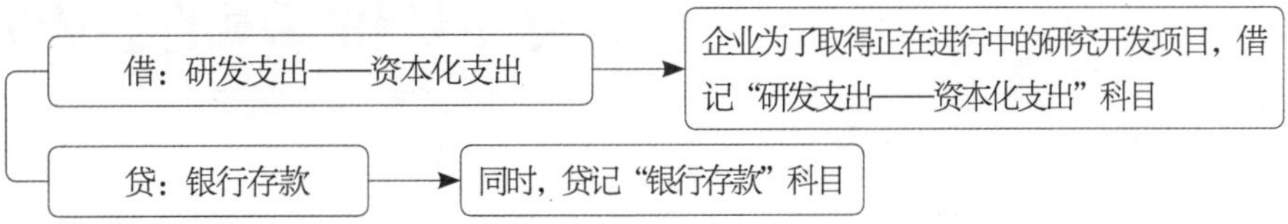

图 6-10 企业以其他方式取得的正在进行中的研究开发项目

（3）研究开发项目达到预定用途形成无形资产的，应按“研发支出——资本化支出”科目的余额，借记“无形资产”科目，贷记“研发支出——资本化支出”科目。并且将已记入“研发支出——费用化支出”科目的金额转入“管理费用”科目。编制会计分录如图 6-11 所示。

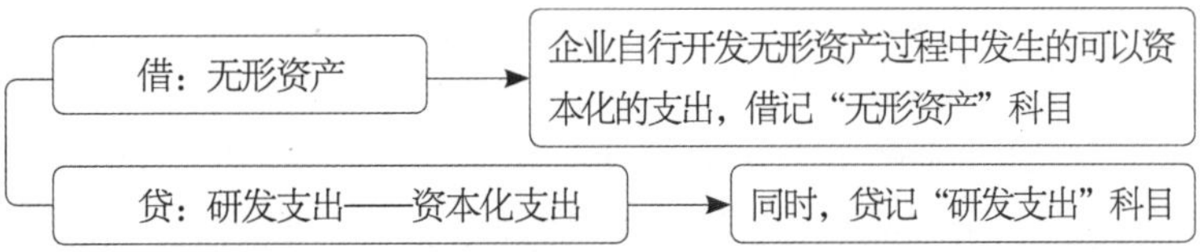

图 6-11 研究开发项目达到预定用途形成无形资产

3. 案例解析

【例 6-7】2×19 年 1 月 1 日，甲公司经董事会批准研发某项新专利技术。该公司在研究开发过程中发生材料费 5 000 000 元、人工工资 2 800 000 元，以及其他费用 4 000 000 元，总计 11 800 000 元，其他费用已用银行存款支付。其中，符合资本化条件的支出为 6 000 000 元。2×19 年 12 月 31 日，该专利技术已经达到预定用途。

甲公司的账务处理如下。

（1）发生研发支出。

借：研发支出——费用化支出　　5 800 000

　　　　　　——资本化支出　　6 000 000

　贷：原材料　　5 000 000

　　　应付职工薪酬　　2 800 000

　　　银行存款　　4 000 000

（2）2×19 年 12 月 31 日，该专利技术已经达到预定用途。

借：管理费用　　5 800 000

　　无形资产　　6 000 000

　　贷：研发支出——费用化支出　　5 800 000

　　　　　　　　——资本化支出　　6 000 000

第7章
损益类交易和事项的会计处理

收入是指企业在日常活动中形成的、会导致所有者权益增加的、与所有者投入资本无关的经济利益的总流入。其中，日常活动是指企业为完成其经营目标所从事的经常性活动以及与之相关的其他活动。收入大体可以分为销售商品收入、提供劳务收入、让渡资产使用权收入、建造合同收入等。

费用是指企业在日常活动中发生的、会导致所有者权益减少的、与向所有者分配利润无关的经济利益的总流出。费用有狭义和广义之分：广义的费用泛指企业各种日常活动发生的所有耗费；狭义的费用仅指企业为销售商品、提供劳务等日常活动所发生的经济利益的流出。费用具有两个特征：（1）费用代表企业资源的流出；（2）费用最终会减少企业的所有者权益。

费用有很多分类标准：按照费用的经济内容可以分为外购材料费用、外购燃料费用、外购动力费用、工资费用及职工福利费用、折旧费用、利息支出、税金及其他；按照费用的经济用途可以分为构成产品成本的费用（包括直接材料费用、直接人工费用和制造费用）以及期间费用（管理费用、销售费用和财务费用）；按照费用与产品的关系可以分为直接费用和间接费用等。

7.1 主营业务收入

企业应当在履行了合同中的履约义务，即在客户取得相关商品控制权时确认收入。取得相关商品控制权，是指能够主导该商品的使用并从中获得几乎全部的经济利益，也包括有能力阻止其他方主导该商品的使用并从中获得经济利益。企业在判断商品的控制权是否发生转移时，应当从客户的角度进行分析，即客户是否取得了相关商品的控制权以及何时取得该控制权。取得商品控制权同时包括下列3项要素。

（1）能力。企业只有在客户拥有现时权利，能够主导该商品的使用并从中获得几乎全部经济利益时，才能确认收入。如果客户只能在未来的某一期间主导该商品的使用并从中获益，则表明其尚未取得该商品的控制权。例如，企业与客户签订合同为其生产产品，虽然合同约定该客户最终将能够主导该产品的使用，并获得几乎全部的经济利益，但是，只有在客户真正获得这些权利时（根据合同约定，可能是在生产过程中或更晚的时点），企业才能确认收入，在此之前，企业不应当确认收入。

（2）主导该商品的使用。客户有能力主导该商品的使用，是指客户在其活动中有权使用该商品，或者能够允许或阻止其他方使用该商品。

（3）能够获得几乎全部的经济利益。客户必须拥有获得商品几乎全部经济利益的能力，才能被视为获得了对该商品的控制权。商品的经济利益，是指该商品的潜在现金流量，既包括现金流入的增加，也包括现金流出的减少。客户可以通过使用、消耗、出售、处置、交换、抵押或持有等多种方式直接或间接地获得商品的经济利益。

根据《企业会计准则——收入》，收入确认和计量大致分为 5 步：第一步，识别与客户订立的合同；第二步，识别合同中的单项履约义务；第三步，确定交易价格；第四步，将交易价格分摊至各单项履约义务；第五步，履行各单项履约义务时确认收入。其中，第一步、第二步和第五步主要与收入的确认有关，第三步和第四步主要与收入的计量有关。

7.1.1 一般销售商品收入

1. 业务概述

商品包括企业为销售而生产的产品和为转售而购进的商品，如工业生产企业生产的产品、商业企业购进的商品等，企业销售的其他存货，如原材料、包装物等，也视同企业的商品。

2. 账务处理

确认销售商品收入时，企业应按已收或应收的合同或协议价款的公允价值，加上应收取的增值税税额，借记“银行存款”“应收账款”“应收票据”等资产类科目，按确定的收入金额（即已收或应收的合同或协议价款的公允价值），贷记“主营业务收入”“其他业务收入”等科目，按应收取的增值税税额，贷记“应交税费——应交增值税（销项税额）”科目；如果销售的商品需要缴纳消费税或者资源税，借记“税金及附加”科目，贷记“应交税费——应交消费税（或应交资源税）”科目；同时在资产负债表日，按应缴纳的城市维护建设税、教育费附加等税费金额，借记“税金及附加”科目，贷记“应交税费——应交城市维护建设税（或教育费附加等）”科目。

如果售出商品不符合收入确认条件，则不应确认收入，已经发出的商品，应当通过“发出商品”科目进行核算。编制会计分录如图 7-1 所示。

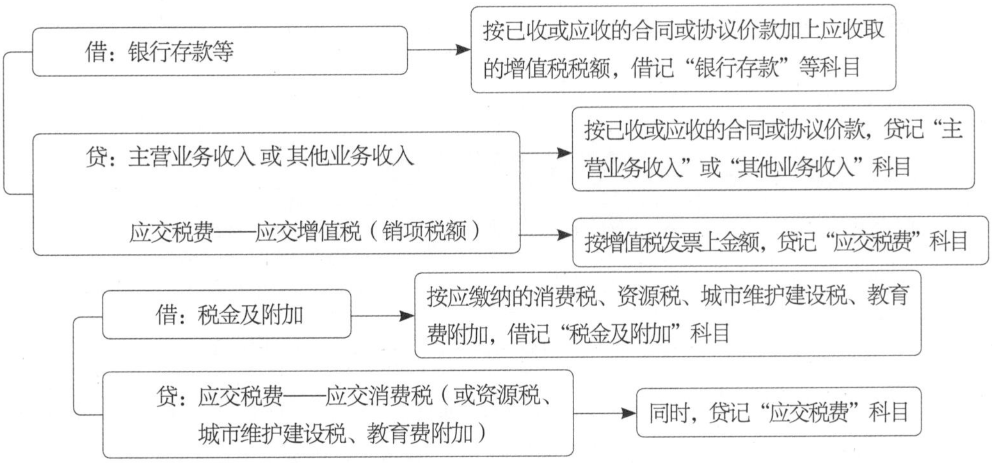

图 7-1 一般销售商品收入

3. 案例解析

【例 7-1】 甲公司是一家车辆生产企业，位于 A 市郊区，2×19 年 9 月 26 日向乙公司销售 10 辆小轿车，开出的增值税专用发票上注明的销售价格为 1 000 000 元，增值税税额为 130 000 元，款项尚未收到。根据上述经济业务，甲公司的账务处理如下。

借：应收账款——乙公司　　1 130 000

　　贷：主营业务收入　　1 000 000

　　　　应交税费——应交增值税（销项税额）　　130 000

应缴纳的城市维护建设税 =130 000×5%=6 500（元）

应缴纳的教育费附加 =130 000×3%=3 900（元）

借：税金及附加　　10 400

　　贷：应交税费——应交城市维护建设税　　6 500

　　　　　　　　——应交教育费附加　　3 900

7.1.2　托收承付方式销售商品

1. 业务概述

托收承付，是指企业根据合同发货后，委托银行向异地付款单位收取款项，由购货方向银行承诺付款的销售方式。在这种销售方式下，商品发出且办妥托收手续，通常表明商品所有权上的主要风险和报酬已经转移给购货方，企业通常应在此时确认收入。如果商品已经发出且办妥托收手续，但出于各种原因与发出商品所有权有关的风险和报酬没有转移，则企业不应确认收入。

2. 账务处理

如果商品发出且办妥托收手续，通常表明商品所有权上的主要风险和报酬已经转移给购货方，企业通常应在此时确认收入，账务处理与通常情况下的商品销售的相同。

如果商品已经发出且办妥托收手续，但出于各种原因与发出商品所有权有关的风险和报酬没有转移，则企业不应确认收入。此时，按实际发出商品的成本，借记“发出商品”科目，贷记“库存商品”科目；如果已开具增值税专用发票，则按应收取的增值税税额，借记“应收账款”科目，贷记“应交税费——应交增值税（销项税额）”科目。编制会计分录如图 7-2 所示。

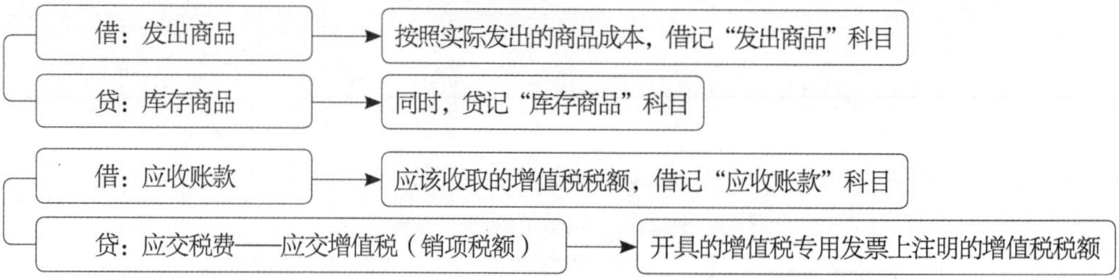

图 7-2　与发出商品所有权有关的风险和报酬没有转移的

当情况好转，发出商品满足收入确认条件时，确认收入，并且将“发出商品”科目的金额转入“主营业务成本”科目或“其他业务成本”科目。编制会计分录如图 7-3 所示。

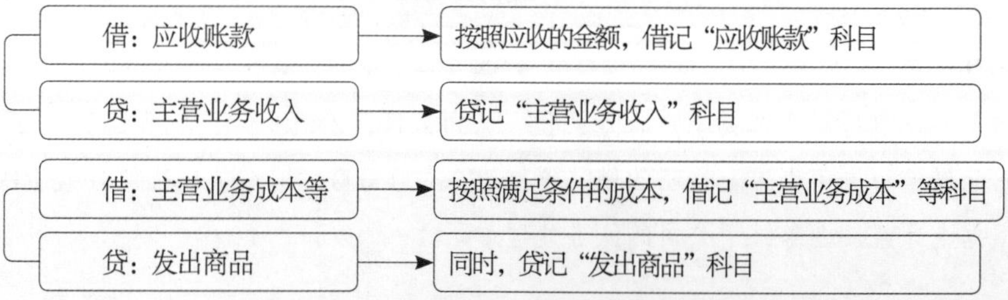

图 7-3　发出商品满足收入确认条件

3. 案例解析

【例 7-2】甲公司在 2×19 年 8 月 12 日向乙公司销售一批写字台，开出的增值税专用发票上注明的销售价格为 200 000 元，增值税税额为 26 000 元，款项尚未收到；该批商品成本为 120 000 元。甲公司在销售时已知乙公司资金周转发生困难，但为了减少存货积压，同时也为了维持与乙公司长期建立的商业合作关系，甲公司仍将商品发往乙公司且办妥托收手续。假定甲公司发出该批商品时其增值税纳税义务已经发生。甲公司的账务处理如下。

（1）2×19 年 8 月 12 日发出商品。

借：发出商品——写字台　　120 000

　　贷：库存商品——写字台　　120 000

同时，将增值税专用发票上注明的增值税税额转入应收账款。

借：应收账款——乙公司　　26 000

　　贷：应交税费——应交增值税（销项税额）　　26 000

（注：如果销售该商品的增值税纳税义务尚未发生，则不做这笔分录，待纳税义务发生时再做应交增值税的分录）

（2）2×19 年 10 月 5 日，甲公司得知乙公司经营情况逐渐好转，乙公司承诺近期付款。

借：应收账款——乙公司　　200 000

　　贷：主营业务收入——销售写字台　　200 000

借：主营业务成本——销售写字台　　120 000

　　贷：发出商品——写字台　　120 000

（3）2×19 年 10 月 16 日，甲公司收到款项。

借：银行存款　　226 000

　　贷：应收账款——乙公司　　226 000

7.1.3 预收款销售商品

1. 业务概述

预收款销售商品，是指购买方在商品尚未收到前按合同或协议约定分期付款，销售方在收到最后一笔款项时才交货的销售方式。在这种方式下，销售方直到收到最后一笔款项才将商品交付购货方，表明商品所有权上的主要风险和报酬只有在收到最后一笔款项时才转移给购货方，企业通常应在发出商品时确认收入，在此之前预收的货款应确认为负债。

2. 账务处理

（1）销售方在收到部分商品款项，但尚未发出商品时，按实际收到的款项金额，借记“银行存款”科目，贷记“预收账款”科目。

（2）当收到剩余款项并且发生纳税义务时，根据收到的剩余款项和之前已收到的款项，分别借记“银行存款”科目和“预收账款”科目，根据合同或协议约定的商品销售货款，贷记“主营业务收入”或“其他业务收入”科目，根据增值税专用发票上注明的增值税税额，贷记“应交税费——应交增值税（销项税额）”科目。

编制会计分录如图 7-4 所示。

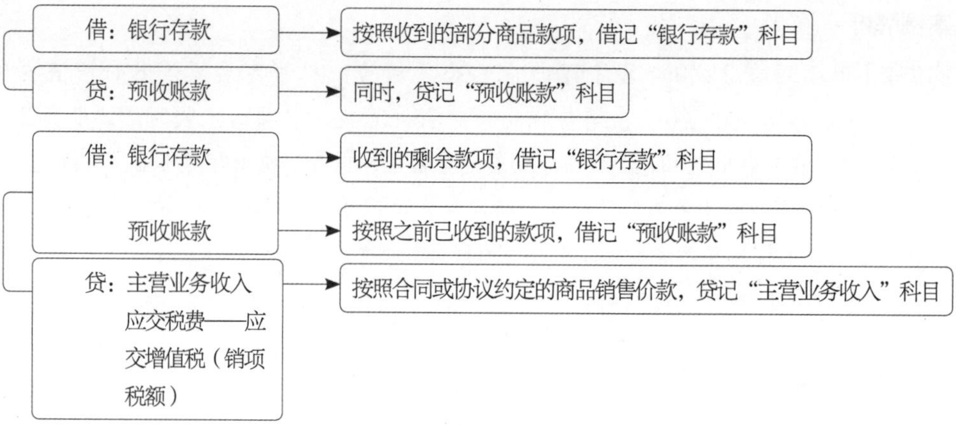

图 7-4　预收款销售商品

（3）资产负债表日，结转销售商品成本，借记“主营业务成本”或“其他业务成本”科目，贷记“库存商品”。编制会计分录如图 7-5 所示。

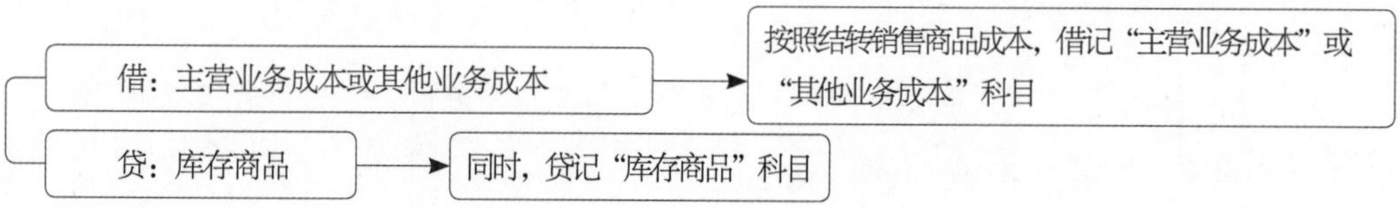

图 7-5　资产负债表日结转销售商品成本

3. 案例解析

【例 7-3】甲公司与乙公司于 2×19 年 9 月 16 日签订协议，采用预收款方式向乙公司销售一批商品。该批商品实际成本为 850 000 元。协议约定，该批商品销售价格为 1 100 000 元，增值税税额为 143 000 元；乙公司应在协议签订时预付 60% 的货款（按不含增值税销售价格计算），剩余货款于两个月后支付。甲公司的账务处理如下。

（1）收到预付的 60% 货款。

借：银行存款	660 000	
贷：预收账款		660 000

（2）收到剩余货款及增值税税额并确认收入。

借：预收账款	660 000	
银行存款	583 000	
贷：主营业务收入		1 100 000
应交税费——应交增值税（销项税额）		143 000
借：主营业务成本	850 000	
贷：库存商品		850 000

7.1.4　委托代销商品

1. 业务概述

委托代销商品又称“脱售商品”，是指企业委托其他单位代为销售的商品。委托方和受托方应先签订协议，确定委托代销的商品品种、价格、代销方式、代销手续费标准和结算办法等，明确双方的经济利益和经济责任。一般来说，委托代销商品有视同买断和收取手续费两种方式。

（1）视同买断方式。

视同买断方式，是指委托方和受托方签订合同或协议，委托方按合同或协议收取代销的货款，实际售价由受托方自定，实际售价与合同或协议价之间的差额归受托方所有的销售方式。这种方式下有两种情况。

①如果委托方和受托方之间的协议明确标明，受托方在取得代销商品后，无论是否能够卖出、是否获利，均与委托方无关，那么委托方和受托方之间的代销商品交易这种方式和委托方将该商品直接销售给受托方的方式无本质上的区别，可以说与该商品的所有权有关的主要风险和报酬已经转移给了受托方，委托方应确认相关收入。

②如果委托方和受托方之间的协议明确标明，将来受托方未售出的商品可以退回给委托方，或受托方因代销商品出现亏损时可以要求委托方补偿，那么委托方在交付商品时不能确认收入，只有在受托方将代销商品售出，并收到受托方开具的代销清单时才能确认收入。

（2）收取手续费方式。

收取手续费方式，即受托方须按照合同或协议约定的价格销售，根据所代销商品的数量向委托方收取手续费的销售方式。在这种方式下，委托方在发出商品时，商品的所有权上的主要风险和报酬并未发生转移，通常不应确认销售商品收入，而应在收到受托方开出的代销清单时确认销售商品收入；受托方应在商品销售后，按合同或协议约定的方法计算确定的手续费确认收入。

2. 账务处理

（1）视同买断方式。

情况一：协议明确标明，受托方在取得代销商品后，无论是否能够卖出、是否获利，均与委托方无关，并且符合收入确认条件。

①委托方应确认收入，借记“应收账款”科目，按商品价款，贷记“主营业务收入”科目，按增值税专用发票上注明的增值税税额，贷记“应交税费——应交增值税（销项税额）”科目。编制会计分录如图 7-6 所示。

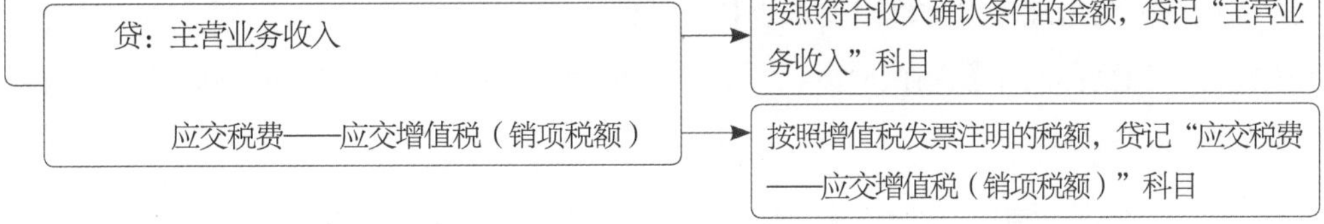

图 7-6　委托方确认收入

委托方收到款项时，借记“银行存款”科目，贷记“应收账款”科目，编制会计分录如图 7-7 所示。

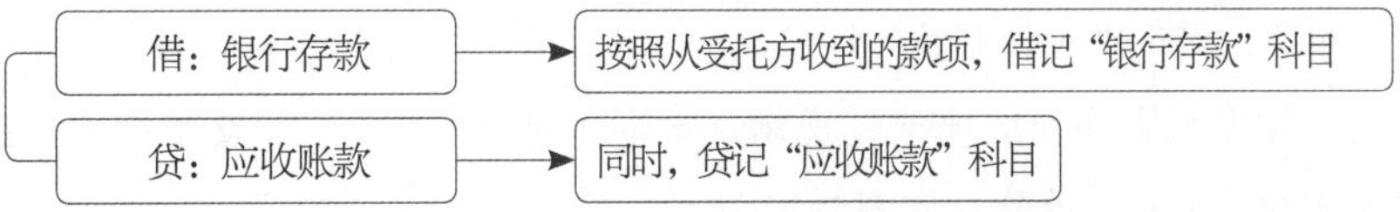

图 7-7　委托方收到款项

②受托方在收到商品时，应按商品价款借记“库存商品”科目，按增值税专用发票上注明的

增值税税额，借记“应交税费——应交增值税（进项税额）”科目，并且按商品价款与增值税税额之和，贷记“应付账款”科目，编制会计分录如图 7-8 所示。

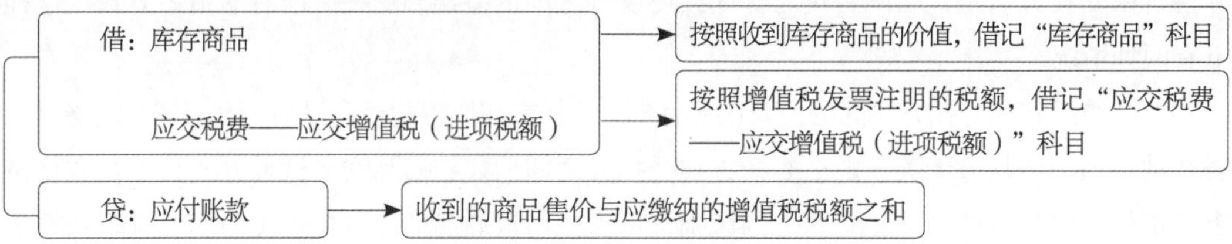

图 7-8　受托方收到商品

受托方对外销售该商品时，按实际收到的金额，借记“银行存款”科目，按商品实际售价，贷记“主营业务收入”科目，按增值税专用发票上注明的增值税税额，贷记“应交税费——应交增值税（销项税额）”科目。编制会计分录如图 7-9 所示。

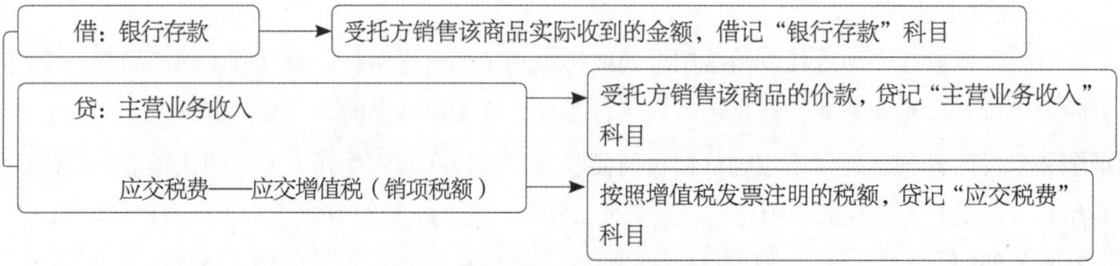

图 7-9　受托方对外销售该商品

同时，受托方按合同协议价将款项付给委托方，借记“应付账款”科目，贷记“银行存款”科目，编制会计分录如图 7-10 所示。

图 7-10　受托方按合同协议价将款项付给委托方

情况二：委托方和受托方之间的协议明确标明，将来受托方未售出的商品可以退回给委托方，或受托方因代销商品出现亏损时可以要求委托方补偿。

①委托方发出商品时不能确认收入，借记“发出商品”科目，贷记“库存商品”科目，编制会计分录如图 7-11 所示。

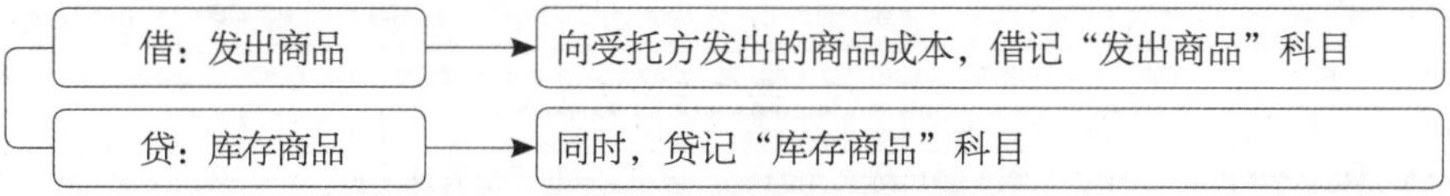

图 7-11　委托方发出商品时不能确认收入

收到代销清单时，借记“应收账款”科目，按代销清单上标注的价款，贷记“主营业务收入”科目，按增值税专用发票上注明的增值税税额，贷记“应交税费——应交增值税（销项税额）”科目，同时结转成本，编制会计分录如图 7-12 所示。

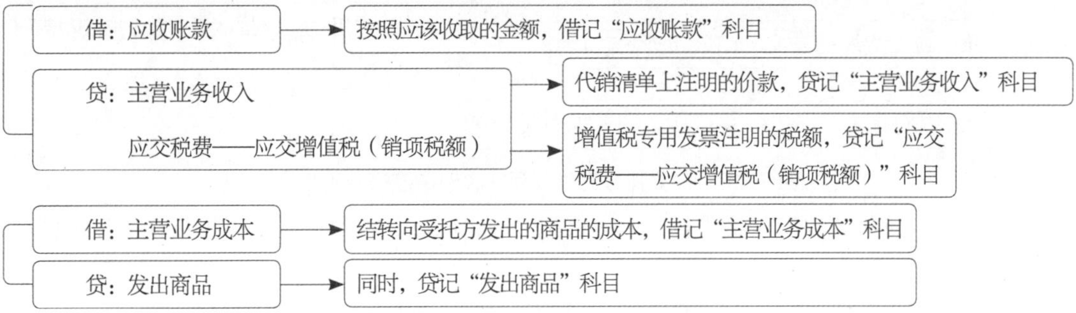

图 7-12 收到代销清单时的会计处理

收到受托方汇款时，按汇款金额，借记“银行存款”科目，贷记“应收账款”科目，编制会计分录如图 7-13 所示。

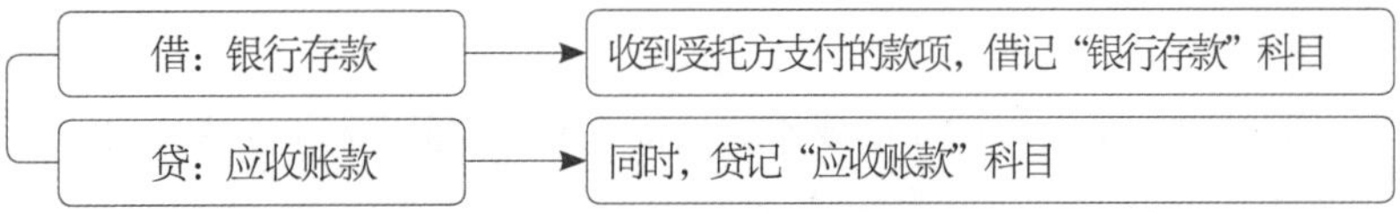

图 7-13 收到受托方汇款

②受托方收到商品时，不确认库存商品，按照收到商品的协议价款，借记“受托代销商品”科目，贷记“受托代销商品款”科目，编制会计分录如图 7-14 所示。

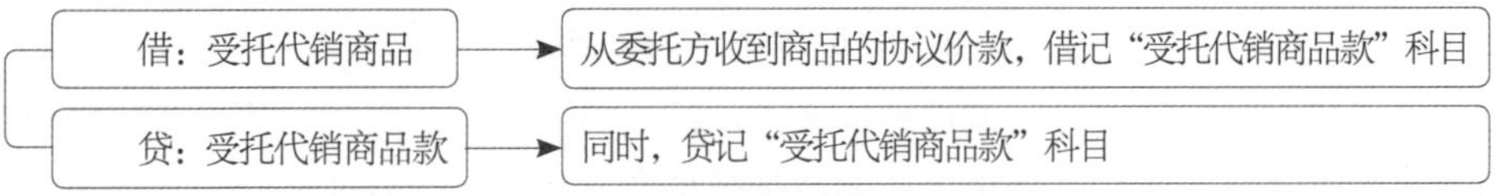

图 7-14 受托方收到商品

实际销售该批商品时，按销售合同或协议价款的公允价值确认主营业务收入，并且将“受托代销商品”科目的金额转入“主营业务成本”科目，将“受托代销商品款”科目的金额转入“应付账款”科目，编制会计分录如图 7-15 所示。

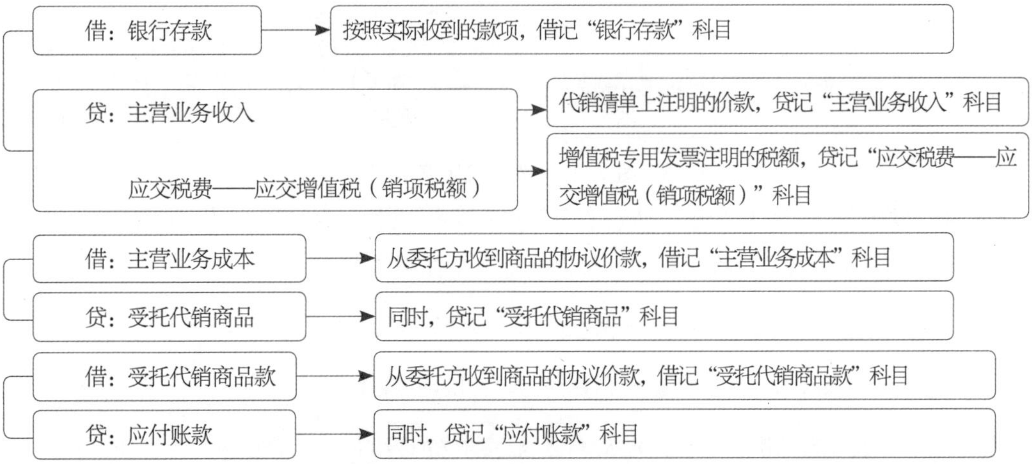

图 7-15 实际销售该批商品

向委托方支付款项并收到增值税专用发票时，借记“应交税费——应交增值税（进项税额）”科目，贷记“应付账款”科目，编制会计分录如图 7-16 所示。

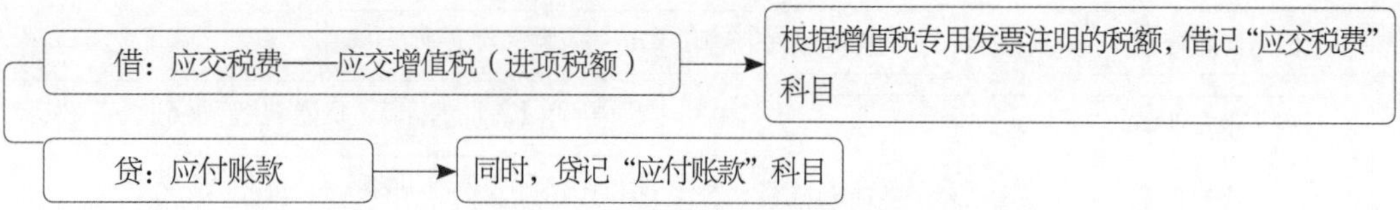

图 7-16 向委托方支付款项并收到增值税专用发票

按合同协议价将款项支付给受托方时，借记“应付账款”科目，贷记“银行存款”科目，编制会计分录如图 7-17 所示。

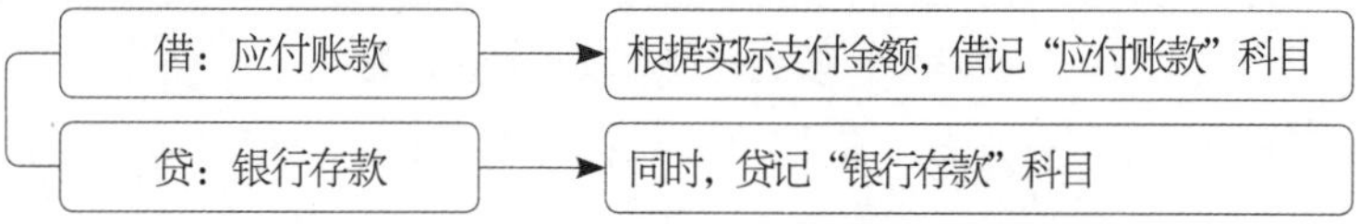

图 7-17 按合同协议价将款项支付给受托方

（2）收取手续费方式。

①委托方发出商品时，按发出商品的成本，借记“发出商品”科目，贷记“库存商品”科目，编制会计分录如图 7-18 所示。

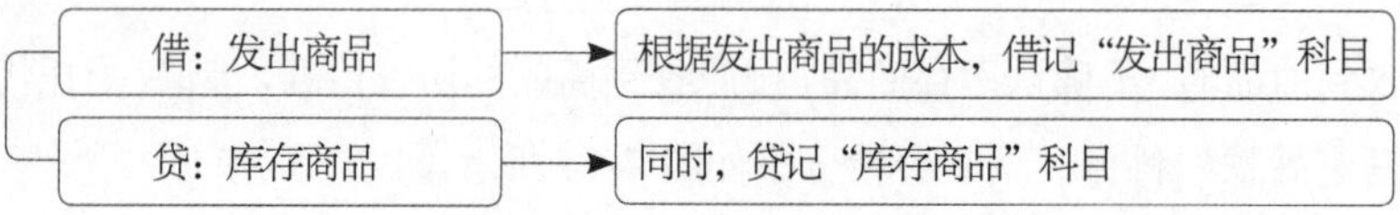

图 7-18 委托方发出商品

收到代销清单时，同时发生增值税纳税义务，按代销清单上注明的销售价款与增值税之和，借记“应收账款”科目，按代销清单上注明的销售价款，贷记“主营业务收入”科目，按应收取的增值税税额，贷记“应交税费——应交增值税（销项税额）”科目，编制会计分录如图 7-19 所示。

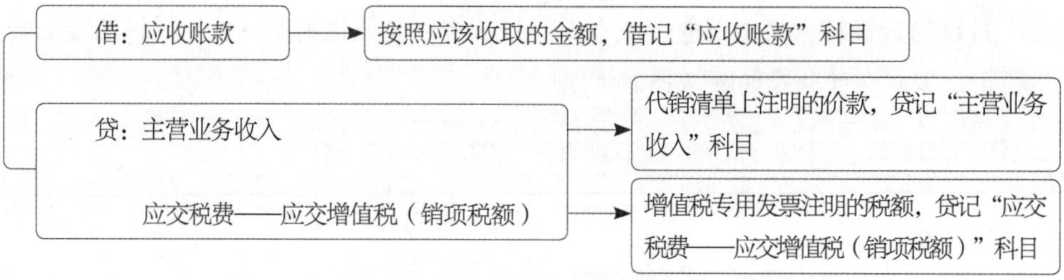

图 7-19 收到代销清单

同时将“发出商品”科目金额结转到“主营业务成本”科目，并且按支付的手续费，借记“销售费用”科目，贷记“应收账款”科目，编制会计分录如图 7-20 所示。

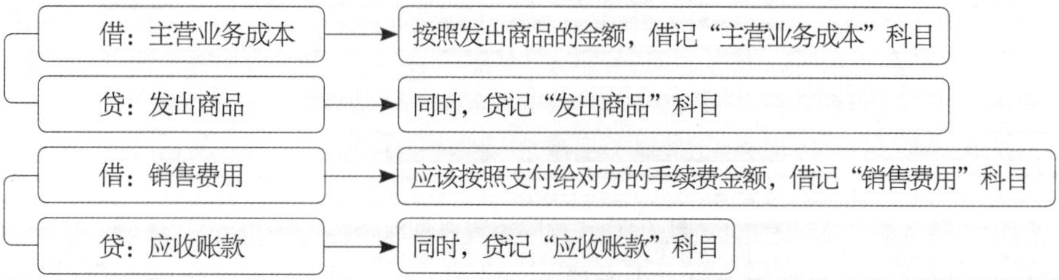

图 7-20 结转成本

收到受托方支付的款项时，借记“银行存款”科目，贷记“应收账款”科目，编制会计分录如图 7-21 所示。

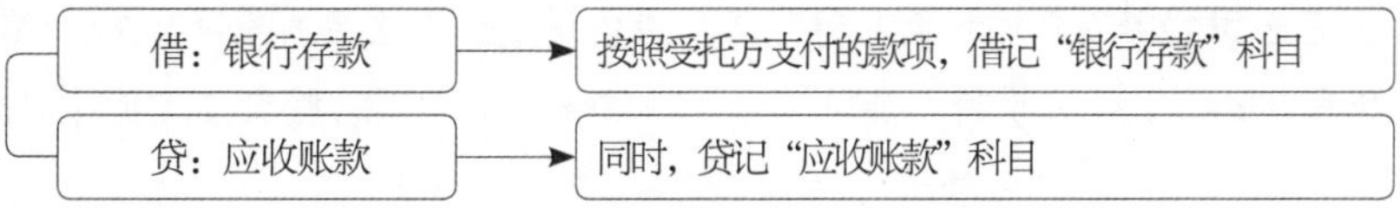

图 7-21　收到受托方支付的款项

②受托方在收到商品时，按该商品的协议价款，借记“受托代销商品”科目，贷记“受托代销商品款”科目，编制会计分录如图 7-22 所示。

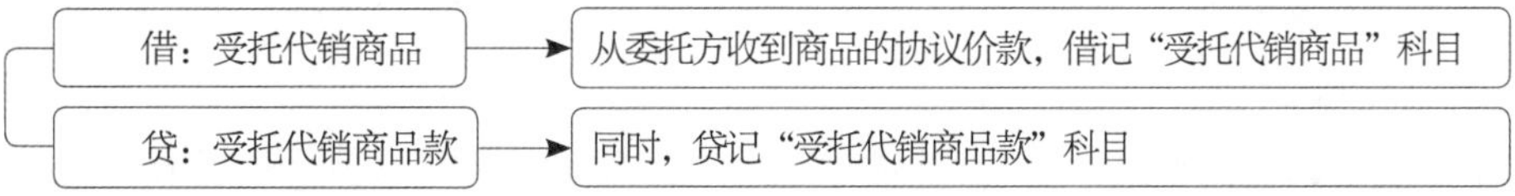

图 7-22　受托方收到商品

实际销售该批商品时，按实际收取的价款，借记“银行存款” 科目，按该商品的协议价款，贷记“受托代销商品”科目，按应收取的增值税税额，贷记“应交税费——应交增值税（销项税额）”科目，编制会计分录如图 7-23 所示。

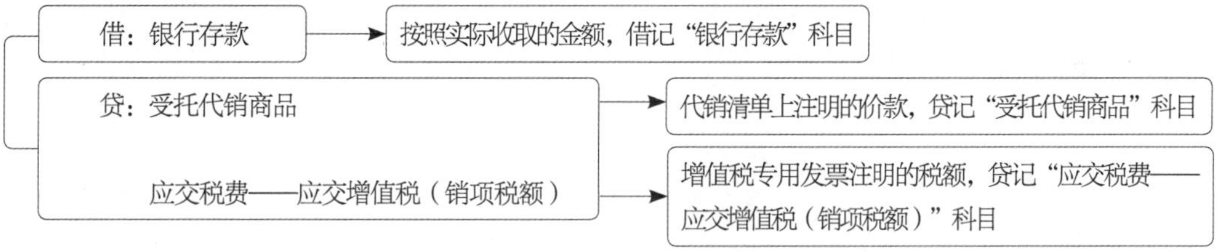

图 7-23　实际销售该批商品

收到增值税专用发票时，按增值税税额，借记“应交税费——应交增值税（进项税额）”科目，贷记“受托代销商品款”科目，编制会计分录如图 7-24 所示。

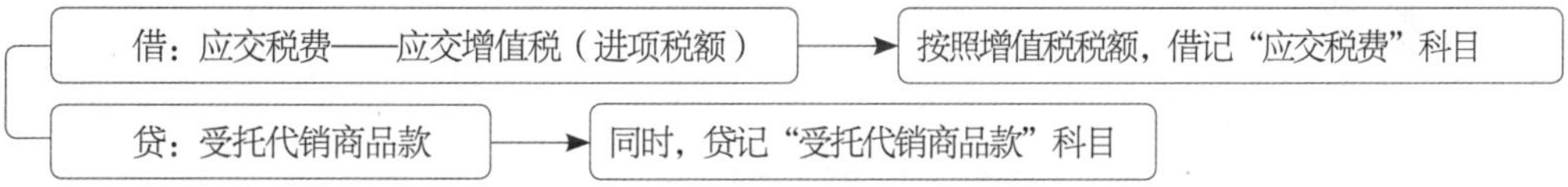

图 7-24　收到增值税专用发票

计算代销手续费收入时，借记“受托代销商品款”科目，贷记“其他业务收入”科目。结清受托代销商品时，借记“受托代销商品款”科目，贷记“银行存款”科目，编制会计分录如图 7-25 所示。

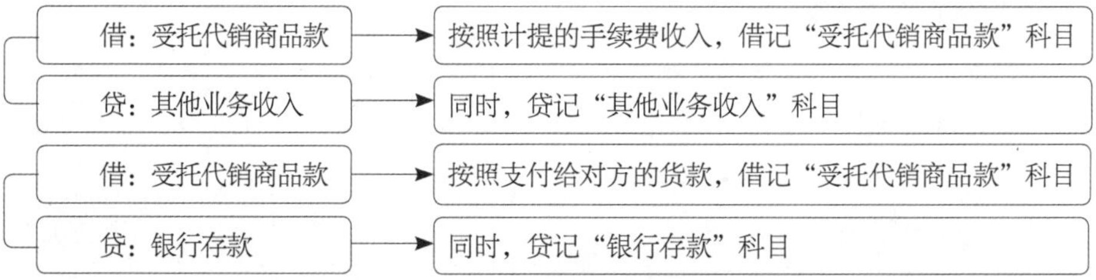

图 7-25　计算代销手续费收入

3. 案例解析

【例 7-4】2×19 年 5 月 10 日，甲公司委托乙公司代销一批商品，并签订了代销协议，协议价为 100 000 元，该商品成本为 80 000 元，增值税税率为 13%，商品已经发出。9 月 1 日，甲公司收到乙公司开来的代销清单，并根据代销清单开具增值税专用发票，发票上注明售价为 120 000 元，增值税为15 600元。乙公司实际销售该批商品时开具的增值税发票上注明的售价为128 000元，增值税为16 640元。9月5日，甲公司收到乙公司按合同协议支付的款项。假定按代销协议规定，乙公司可以将未卖出的代销商品退回给甲公司。

根据上述资料，甲公司的账务处理如下。

（1）甲公司将该批商品交付乙公司。

借：发出商品　　80 000

　贷：库存商品　　80 000

（2）收到代销清单。

借：应收账款——乙公司　　135 600

　贷：主营业务收入　　120 000

　　应交税费——应交增值税（销项税额）　　15 600

借：主营业务成本　　80 000

　贷：发出商品　　80 000

（3）收到乙公司汇来货款135 600元。

借：银行存款　　135 600

　贷：应收账款——乙公司　　135 600

乙公司的账务处理如下。

（1）收到该批商品。

借：受托代销商品　　120 000

　贷：受托代销商品款　　120 000

（2）对外销售该批商品。

借：银行存款　　144 640

　贷：主营业务收入　　128 000

　　应交税费——应交增值税（销项税额）　　16 640

借：主营业务成本　　120 000

　贷：受托代销商品　　120 000

借：受托代销商品款　　120 000

　贷：应付账款——甲公司　　120 000

（3）收到增值税专用发票。

借：应交税费——应交增值税（进项税额）　　15 600

　贷：应付账款——甲公司　　15 600

（4）按合同协议价将款项付给甲公司。

借：应付账款——甲公司　　135 600

　贷：银行存款　　135 600

【例7-5】 2×19年10月10日，甲公司委托丙公司销售商品200件，商品已经发出，每件成本为60元。合同约定丙公司应按每件100元对外销售，甲公司按不含增值税的销售价格的10%向丙公司支付手续费。2×19年10月28日，丙公司对外实际销售100件，开出的增值税专用发票上注明的销售价格为10 000元，增值税税额为1 300元，款项已经收到。2×19年11月1日，甲公司收到丙公司开具的代销清单时，向丙公司开具一张相同金额的增值税专用发票。假定甲公司发出商品时纳税义务尚未发生，不考虑其他因素。

根据上述资料，甲公司的账务处理如下。

（1）发出商品。

借：发出商品——丙公司　　12 000

　　贷：库存商品——×× 商品　　12 000

（2）收到代销清单时，同时发生增值税纳税义务。

借：应收账款——丙公司　　11 300

　　贷：主营业务收入——销售 ×× 商品　　10 000

　　　　应交税费——应交增值税（销项税额）　　1 300

借：主营业务成本——销售 ×× 商品　　6 000

　　贷：发出商品——丙公司　　6 000

借：销售费用——代销手续费　　1 000

　　贷：应收账款——丙公司　　1 000

（3）收到丙公司支付的货款。

借：银行存款　　10 300

　　贷：应收账款——丙公司　　10 300

丙公司的账务处理如下。

（1）收到商品。

借：代理业务资产（或受托代销商品）——甲公司　　20 000

　　贷：代理业务负债（或受托代销商品款）——甲公司　　20 000

（2）对外销售。

借：银行存款　　11 300

　　贷：应付账款——甲公司　　10 000

　　　　应交税费——应交增值税（销项税额）　　1 300

（3）收到增值税专用发票。

借：应交税费——应交增值税（进项税额）　　1 300

　　贷：应付账款——甲公司　　1 300

借：代理业务负债（或受托代销商品款）——甲公司　　10 000

　　贷：代理业务资产（或受托代销商品）——甲公司　　10 000

（4）支付货款并计算代销手续费。

借：应付账款——甲公司　　11 300

　　贷：银行存款　　10 300

　　　　其他业务收入——代销手续费　　1 000

7.1.5　销售商品涉及现金折扣、商业折扣、销售折让

1. 业务概述

（1）商业折扣。

商业折扣，是指企业为促进商品销售而在商品标价上给予的价格扣除。商业折扣一般在交易发生时交易金额即已确定，买方和卖方都是根据实际发生的交易金额入账的。因此，企业销售商

品涉及商业折扣的，应当按照扣除商业折扣后的金额确定销售商品收入金额。

（2）现金折扣。

现金折扣，是指债权人为鼓励债务人在规定的期限内付款而向债务人提供的债务扣除。现金折扣主要发生在企业以赊销的方式销售商品及提供劳务的交易中。现金折扣的处理方法一般有总价法和净价法两种。

总价法，是指企业在确定销售商品收入金额时，不考虑各种预计可能发生的现金折扣，现金折扣在实际发生时计入发生当期的财务费用。我国的《企业会计准则》规定，我国企业应采用总价法对现金折扣进行会计处理。

净价法，是指企业将扣除了现金折扣后的销售商品金额确认为收入，如果没有发生现金折扣，在现金折扣期满时，将其转入收入。

（3）销售折让。

销售折让，是指企业因售出商品的质量不合格等而在售价上给予的减让。对于销售折让，企业应分别按以下不同情况进行处理。

①已确认收入的售出商品发生销售折让的，通常应当在发生时冲减当期销售商品收入，如按规定允许扣减当期增值税销项税额的，还应同时冲减销项税额。

②已确认收入的销售折让属于资产负债表日后事项的，应当按照《企业会计准则第 29 号——资产负债表日后事项》的相关规定进行处理。

2. 账务处理

（1）现金折扣。

销售实现时，按销售总价确认收入，借记“应收账款”科目，按销售商品实际售价，贷记“主营业务收入”科目，按应收取的增值税税额，贷记“应交税费——应交增值税（销项税额）”科目。编制会计分录如图 7-26 所示。

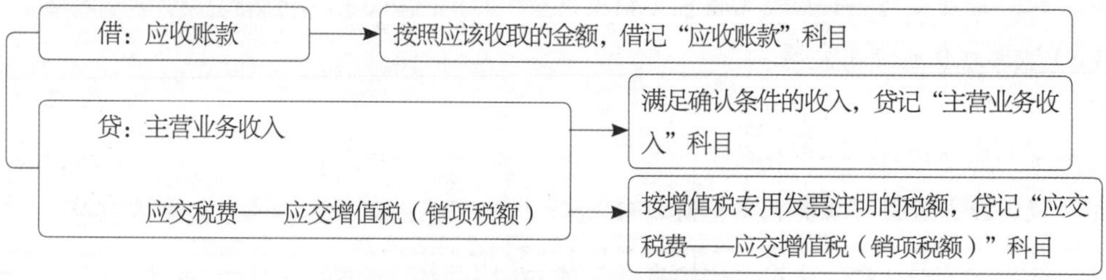

图 7-26　销售实现时按销售总价确认收入

若在规定期限内付清货款，按享受现金折扣的金额，借记“财务费用”科目，按扣除现金折扣后实际支付的货款，借记“银行存款”科目，贷记“应收账款”科目。编制会计分录如图 7-27 所示。

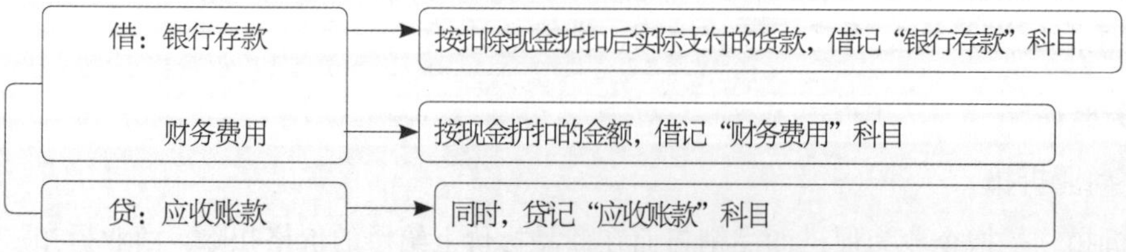

图 7-27　在规定期限内付清货款

（2）销售折让。

销售实现时按实际情况确认销售收入；发生销售折让时，按应冲减销售商品收入的金额，借记“主营业务收入”科目，按冲减的增值税销项税额，借记“应交税费——应交增值税（销项税额）”科目，贷记“应收账款”科目，编制会计分录如图 7-28 所示。

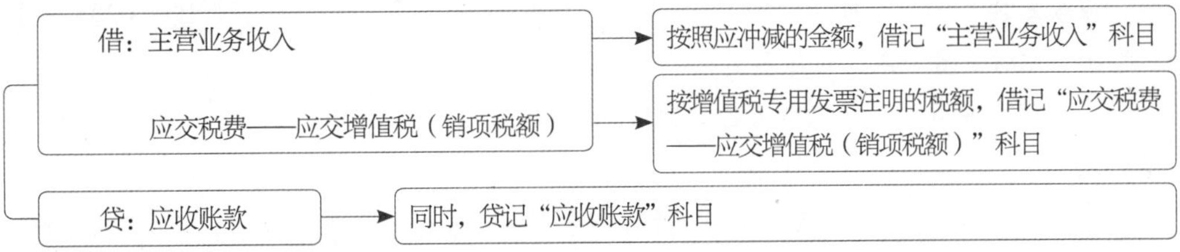

图 7-28　销售实现时按实际情况确认销售收入

实际收到款项时，按实际收到的款项，借记“银行存款”科目，贷记“应收账款”科目。编制会计分录如图 7-29 所示。

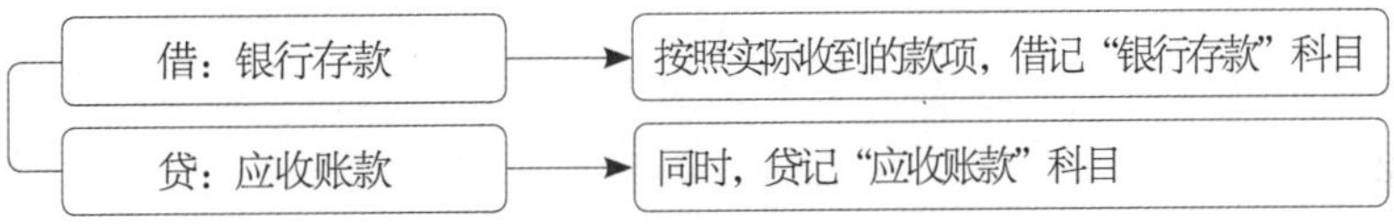

图 7-29　实际收到款项

3. 案例解析

【例 7-6】 甲公司在 2×19 年 4 月 1 日向乙公司销售一批商品，开出的增值税专用发票上注明的销售价格为 30 000 元，增值税税额为 3 900 元。为及早收回货款，甲公司和乙公司约定的现金折扣条件为：2/10，1/20，*n*/30。假定计算现金折扣时不考虑增值税。甲公司的账务处理如下。

（1）2×19 年 4 月 1 日销售实现时，按销售总价确认收入。

借：应收账款——乙公司　　33 900
　　贷：主营业务收入——销售 ×× 商品　　30 000
　　　　应交税费——应交增值税（销项税额）　　3 900

（2）如果乙公司在 2×19 年 4 月 9 日付清货款，则按销售总价 30 000 元的 2% 享受现金折扣 600（30 000×2%）元，实际付款 33 300（33 900−600）元。

借：银行存款　　33 300
　　财务费用——现金折扣　　600
　　贷：应收账款——乙公司　　33 900

（3）如果乙公司在 2×19 年 4 月 18 日付清货款，则按销售总价 30 000 元的 1% 享受现金折扣 300（30 000×1%）元，实际付款 33 600（33 900−300）元。

借：银行存款　　33 600
　　财务费用——现金折扣　　300
　　贷：应收账款——乙公司　　33 900

（4）如果乙公司在 2×19 年 4 月底才付清货款，则按全额付款。

借：银行存款　　33 900
　　贷：应收账款——乙公司　　33 900

【例 7-7】 甲公司在 2×19 年 9 月 1 日向乙公司销售一批计算机，开出的增值税专用发票上注明的销售价格为 800 000 元，增值税税额为 104 000 元，款项尚未收到；该批商品成本为

640 000元。9月30日，乙公司在验收过程中发现商品外观上存在瑕疵，但基本上不影响使用，要求甲公司在价格上（不含增值税税额）给予5%的减让。假定甲公司已确认收入，已取得税务机关开具的红字增值税专用发票。甲公司的账务处理如下。

（1）2×19年9月1日销售实现。

借：应收账款——乙公司　　904 000
　贷：主营业务收入——销售计算机　　800 000
　　应交税费——应交增值税（销项税额）　　104 000
借：主营业务成本——销售计算机　　640 000
　贷：库存商品——计算机　　640 000

（2）2×19年9月30日发生销售折让，取得红字增值税专用发票。

借：主营业务收入——销售计算机　　40 000
　应交税费——应交增值税（销项税额）　　5 200
　贷：应收账款——乙公司　　45 200

（3）2×19年10月4日收到款项。

借：银行存款　　858 800
　贷：应收账款——乙公司　　858 800

7.1.6 销售退回

1. 业务概述

销售退回，是指企业售出的商品由于质量、品种不符合要求等而发生的退货。

2. 账务处理

对于销售退回，企业应分别按以下不同情况进行账务处理。

（1）对于未确认收入的售出商品发生销售退回的，企业应按已记入“发出商品”科目的商品成本金额，借记“库存商品”科目，贷记“发出商品”科目。编制会计分录如图7-30所示。

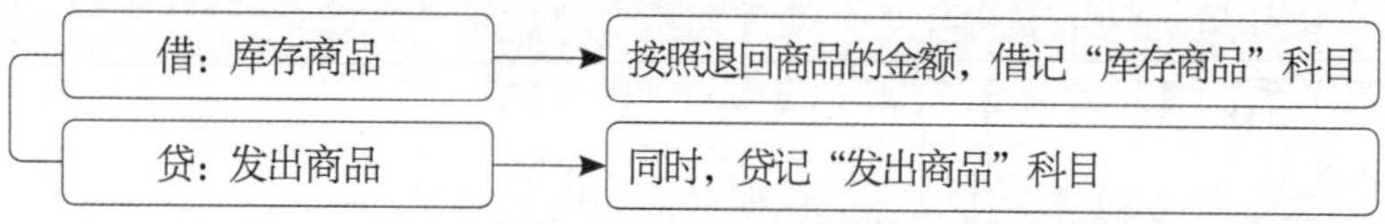

图7-30　未确认收入的售出商品发生销售退回的

（2）对于已确认收入的售出商品发生退回的，企业应在发生时冲减当期销售商品收入，同时冲减当期销售商品成本。如果当月有与退回商品相同的商品在销售，则应冲减同种商品的销售收入和销售成本；如果当月没有该种商品销售，则以退回商品的金额冲减其他商品的销售收入和销售成本。如该项销售退回已发生现金折扣，应同时调整相关财务费用的金额；如该项销售退回允许扣减增值税税额，应同时调整“应交税费——应交增值税（销项税额）”科目的相应金额。编制会计分录如图7-31所示。

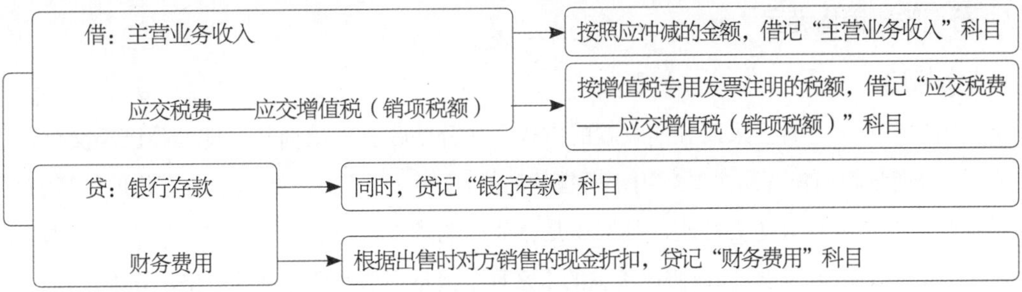

图 7-31　已确认收入的售出商品发生退回

（3）已确认收入的售出商品发生的销售退回属于资产负债表日后事项的，应当按照有关资产负债表日后事项的相关规定进行会计处理。

3. 案例解析

【例 7-8】甲公司在 2×19 年 12 月 18 日向乙公司销售商品 10 台，每台售价 5 000 元，单位生产成本为 3 000 元，增值税税率为 13%。为及早收回货款，甲公司和乙公司约定的现金折扣条件为：2/10，1/20，*n*/30。乙公司在 2×19 年 12 月 27 日支付货款。2×20 年 4 月 5 日，该批商品有 4 台因质量问题被乙公司退回，甲公司当日支付有关款项。

假定计算现金折扣时不考虑增值税，假定销售退回不属于资产负债表日后事项。甲公司的账务处理如下。

（1）2×19 年 12 月 18 日销售实现，按销售总价确认收入。

借：应收账款	56 500	
贷：主营业务收入		50 000
应交税费——应交增值税（销项税额）		6 500
借：主营业务成本	30 000	
贷：库存商品		30 000

（2）在 2×19 年 12 月 27 日收到货款时，按销售总价 50 000 元的 2% 享受现金折扣 1 000（50 000×2%）元，实际收款 55 500（56 500-1 000）元。

借：银行存款	55 500	
财务费用	1 000	
贷：应收账款		56 500

（3）2×20 年 4 月 5 日发生销售退回。

借：主营业务收入	20 000	
应交税费——应交增值税（销项税额）	2 600	
贷：银行存款		22 200
财务费用		400
借：库存商品	12 000	
贷：主营业务成本		12 000

（4）如果销售退回是在 2×19 年 12 月 31 日以后和 2×20 年 3 月 31 日财务报告批准报出之前发生的，该项销售退回应作为资产负债表日后事项处理。

7.1.7 分期收款销售商品

1. 业务概述

企业销售商品，有时会采取分期收款的方式，如分期收款发出商品，即商品已经交付，货款分期收回。分期收款销售商品主要适用于所售的商品，如房产、汽车、重型设备等价值较高的情况。如果延期收取的货款具有融资性质，其实质是企业向购货方提供免息的信贷，在符合收入确认条件时，企业应当按照应收的合同或协议价款的未来现金流量现值或商品现销价格计算确定收入金额。

应收的合同或协议价款与其公允价值之间的差额，应当在合同或协议期间内，按照应收款项的摊余成本和实际利率计算确定的金额进行摊销，作为财务费用的抵减处理。其中，实际利率是指具有类似信用等级的企业发行类似工具的现时利率，或者将应收的合同或协议价款折现为商品现销价格时的折现率等。在实务中，基于重要性要求，应收的合同或协议价款与其公允价值之间的差额，按照应收款项的摊余成本和实际利率进行摊销与采用直线法进行摊销结果相差不大的，也可以采用直线法进行摊销。

2. 账务处理

（1）购入某大型资产时，按合同或协议约定的销售价格，借记“长期应收款”科目，按应收的合同或协议价款的未来现金流量现值或商品现销价格，贷记“主营业务收入”科目，按其差额，贷记“未实现融资收益”科目。编制会计分录如图 7-32 所示。

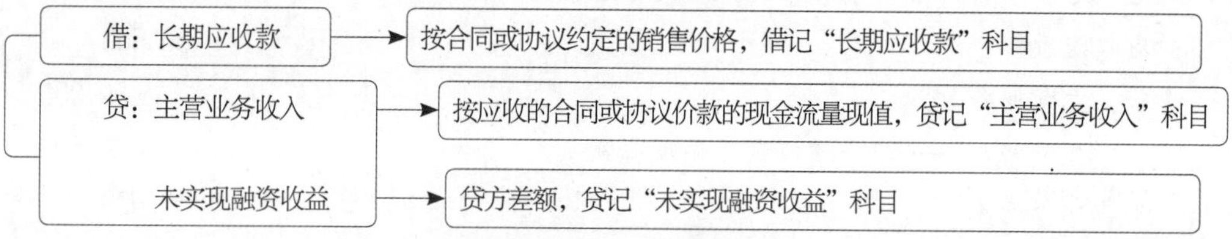

图 7-32　购入某大型资产时

（2）每个会计年度末，按每年实际收回的款项金额，借记“银行存款”科目，贷记“长期应收款”科目；按应收款项的摊余成本和实际利率计算确定的摊销金额，借记“未实现融资收益”科目，贷记“财务费用”科目。编制会计分录如图 7-33 所示。

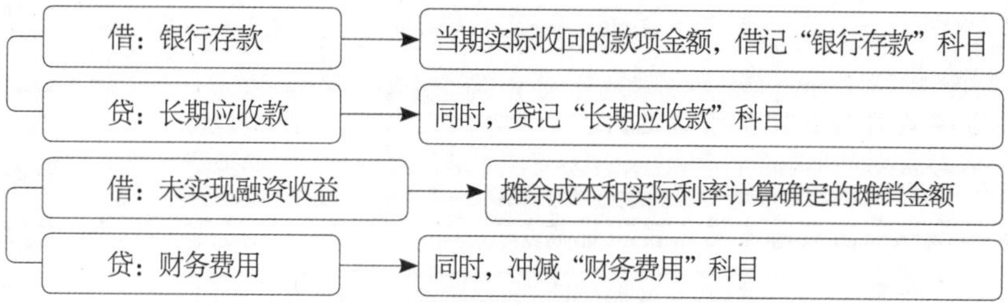

图 7-33　每个会计年度末的账务处理

3. 案例解析

【例 7-9】2×20 年 1 月 1 日，甲公司采用分期收款方式向乙公司销售一套大型设备，合同约定的销售价格为 1 000 万元，分 5 次于每年 12 月 31 日等额收取。该大型设备成本为 650 万元。在现销方式下，该大型设备的销售价格为 800 万元。假定甲公司发出商品时，其有关的增值税纳税义务尚未发生，在合同约定的收款日期，发生有关的增值税纳税义务。

根据本例题的资料，甲公司应当确认的销售商品收入金额为 800 万元。

根据下列公式

未来五年收款额的现值 = 现销方式下应收款项金额

可以得出：200×（P/A，r，5）=800（万元）。

可在多次测试的基础上，用插值法计算折现率。

当 r=7% 时，200×4.1002 =820.04>800 万元

当 r=8% 时，200×3.9927 =798.54<800 万元

因此，7%<r<8%。用插值法计算如下。

现值　　　　　　利率

820.04　　　　　7%

800　　　　　　 r

798.54　　　　　8%

$$\frac{r-7\%}{800-820.04}=\frac{8\%-7\%}{798.54-820.04}$$

计算得出 r=7. 93%

每期计入财务费用的金额如表 7-1 所示。

表 7-1　财务费用和已收本金计算表

单位：万元

年 份 （t）	未收本金 $A_t=A_{t-1}-D_{t-1}$	财务费用 $B=A\times7.93\%$	收现总额 C	已收本金 $D=C-B$
2×20 年 1 月 1 日	800			
2×20 年 12 月 31 日	800	63.44	200	136.56
2×21 年 12 月 31 日	663.44	52.61	200	147.39
2×22 年 12 月 31 日	516.05	40.92	200	159.08
2×23 年 12 月 31 日	356.97	28.31	200	171.69
2×24 年 12 月 31 日	185.28	14.72*	200	185.28
总 额		200	1 000	800

注：* 尾数调整。

根据表 7-1 的计算结果，甲公司各期的账务处理如下。

（1）2×20 年 1 月 1 日销售实现。

借：长期应收款　　10 000 000

　　贷：主营业务收入　　8 000 000

　　　　未实现融资收益　　2 000 000

借：主营业务成本　　6 500 000

　　贷：库存商品　　6 500 000

（2）2×20 年 12 月 31 日收取货款和增值税税额。

借：银行存款　　2 260 000

　　贷：长期应收款　　2 000 000

　　　　应交税费——应交增值税（销项税额）　　260 000

借：未实现融资收益　　634 400

　　贷：财务费用　　634 400

（3）2×21年至2×23年，每年年末做如上分录（但“未实现融资收益”借方金额分别为526 100、409 200、283 100）。

（4）2×24年12月31日收取货款和增值税税额。

借：银行存款　　2 260 000

　　贷：长期应收款　　2 000 000

　　　　应交税费——应交增值税（销项税额）　　260 000

借：未实现融资收益　　147 200

　　贷：财务费用　　147 200

7.1.8 售后回购

1. 业务概述

售后回购，是指销售方在销售商品的同时，同意日后再将同样或类似的商品购回的销售方式。在这种方式下，销售方应根据合同或协议条款判断企业是否已将商品所有权上的主要风险和报酬转移给购货方，如果实质上未满足收入确认条件，虽已将商品售出，但不能确认销售商品收入。在大多数情况下，售后回购交易属于融资交易，商品所有权上的主要风险和报酬没有转移，企业收到的款项应确认为负债（其他应付款）；对于回购价格大于原售价的差额，企业应在回购期间按期计提利息，计入财务费用。

2. 账务处理

发出商品时，按售价与增值税之和，借记“银行存款”科目，按销售协议约定价格，贷记“其他应付款”科目，按开具的增值税专用发票注明的增值税税额，贷记“应交税费——应交增值税（销项税额）”科目。编制会计分录如图7-34所示。

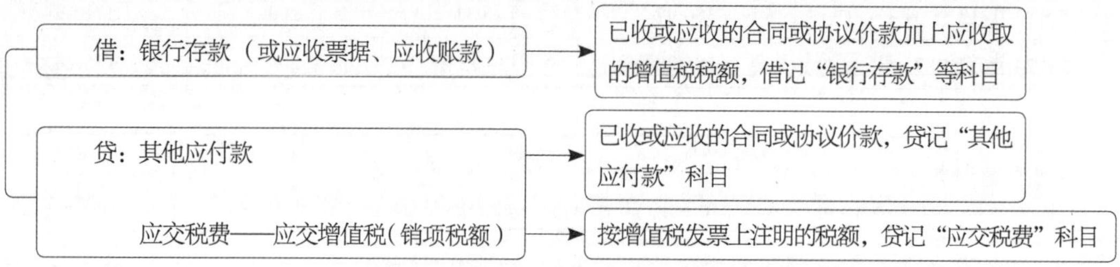

图7-34　发出商品的账务处理

回购期间，按期计提利息，将回购价大于原售价的差额按月份进行摊销，借记“财务费用”科目，贷记“其他应付款”科目。编制会计分录如图7-35所示。

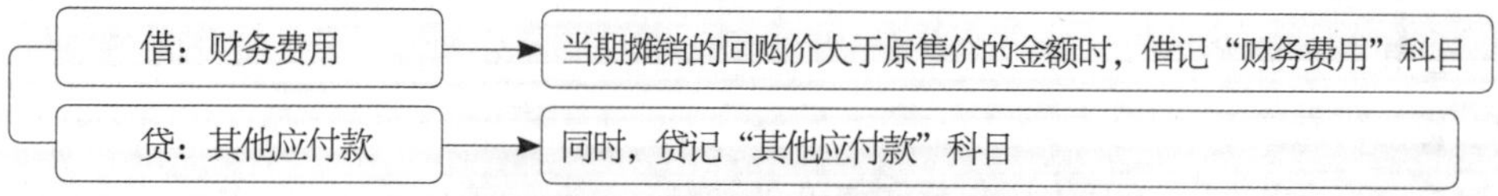

图7-35　回购期间按期计提利息

回购日，按回购价借记“其他应付款”科目，按开具的增值税专用发票上注明的税额，借记“应交税费——应交增值税（进项税额）”科目，按实际支付的款项金额，贷记“银行存款”科目。编制会计分录如图7-36所示。

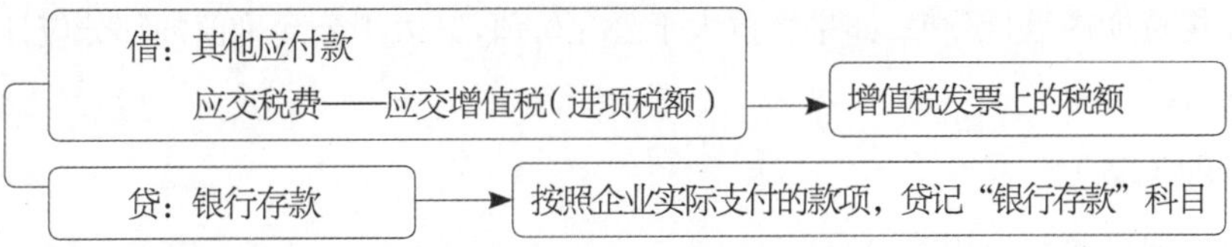

图 7-36 回购日的会计处理

3. 案例解析

【例 7-10】2×19 年 5 月 1 日，甲公司向乙公司销售一批商品，开出的增值税专用发票上注明的销售价款为 1 000 000 元，增值税税额为 130 000 元。该批商品成本为 800 000 元；商品并未发出，款项已经收到。协议约定，甲公司应于 9 月 30 日将所售商品购回，回购价为 1 100 000 元（不含增值税税额）。甲公司的账务处理如下。

（1）5 月 1 日销售商品，开出增值税专用发票。

借：银行存款	1 130 000	
贷：其他应付款		1 000 000
应交税费——应交增值税（销项税额）		130 000

（2）回购价大于原售价的差额，应在回购期间按期计提利息费用，计入当期财务费用。由于回购期间为 5 个月，货币时间价值影响不大，采用直线法计提利息费用，每月计提利息费用为 20 000（100 000÷5）元。

借：财务费用	20 000	
贷：其他应付款		20 000

（3）9 月 30 日回购商品时，收到的增值税专用发票上注明的商品价格为 1 100 000 元，增值税税额为 143 000 元，款项已经支付。

借：财务费用	20 000	
贷：其他应付款		20 000
借：其他应付款	1 100 000	
应交税费——应交增值税（进项税额）	143 000	
贷：银行存款		1 243 000

7.1.9 售后租回

1. 业务概述

售后租回，是指销售商品的同时，销售方同意在日后再将该商品租回的销售方式。在这种方式下，销售方应根据合同或协议条款判断销售商品是否满足收入确认条件。通常情况下，售后租回属于融资交易，企业不应确认收入，售价与资产账面价值之间的差额应当分别按以下不同情况进行处理。

第一，如果售后租回交易认定为融资租赁，售价与资产账面价值之间的差额应当予以递延，并按照该项租赁资产的折旧进度进行分摊，作为折旧费用的调整。

第二，如果售后租回交易认定为经营租赁，应当分别按以下情况处理。①有确凿证据表明售后租回交易是按照公允价值达成的，售价与资产账面价值的差额应当计入当期损益。②售后租回交易如果不是按照公允价值达成的，售价低于公允价值的差额应计入当期损益；但若该损失将由低于市价的未来租赁付款额补偿时，有关损失应予以递延（递延收益），并按与确认租金费用相一致的方法在租赁期内进行分摊。如果售价大于公允价值，其大于公允价值的部分应计入递延收益，并在租赁期内分摊。

2. 账务处理（略）

见负债类“递延收益”相关内容。

7.1.10 附有销售退回条件的商品销售

1. 业务概述

附有销售退回条件的销售，是指客户依照有关合同有权退货的销售方式。合同中有关退货权的条款可能会在合同中明确约定，也有可能是隐含的。隐含的退货权可能来自企业在销售过程中向客户做出的声明或承诺，也有可能来自法律法规的要求或企业以往的习惯做法等。客户选择退货时，可能有权要求返还其已经支付的全部或部分对价、抵减其对企业已经产生或将会产生的欠款或者要求换取其他商品。

客户取得商品控制权之前退回该商品不属于销售退回。需要说明的是，企业在允许客户退货的期间内随时准备接受退货的承诺，并不构成单项履约义务，但可能会影响收入确认的金额。企业应当遵循可变对价（包括将可变对价计入交易价格的限制要求）的处理原则来确定其预期有权收取的对价金额，即交易价格不应包含预期将会被退回的商品的对价金额。

2. 账务处理

企业应当在客户取得相关商品控制权时，按照因向客户转让商品而预期有权收取的对价金额（即不包含预期因销售退回将退还的金额）确认收入，按照预期因销售退回将退还的金额确认负债；同时，按照预期将退回商品转让时的账面价值，扣除收回该商品预计发生的成本（包括退回商品的价值减损）后的余额，确认一项资产，按照所转让商品转让时的账面价值，扣除上述资产成本的净额结转成本。每一资产负债表日，企业应当重新估计未来销售退回情况，并对上述资产和负债进行重新计量。如有变化，应当作为会计估计变更进行会计处理。

如果企业承诺购货方出于有关原因有权退货时，则要分以下两种情况进行账务处理。

（1）企业根据以往经验能够合理估计退货可能性且确认与退货相关负债的，通常应在发出商品时确认收入，借记“银行存款”科目，贷记“主营业务收入”科目，“应交税费——应交增值税（销项税额）”科目。编制如下会计分录。

借：银行存款

　　贷：主营业务收入

　　　　应交税费——应交增值税（销项税额）

销售商品当月月末，按照根据以往经验估计的退货率冲减收入和成本，借记“主营业务收入”科目，贷记“主营业务成本”科目，差额记入“预计负债”科目。编制会计分录如图 7-37 所示。

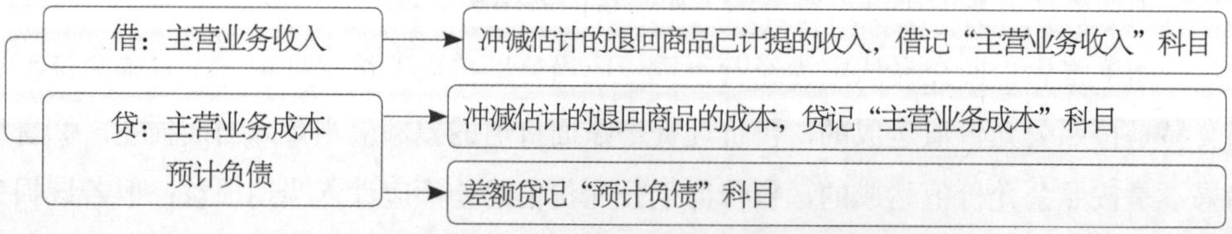

图 7-37 根据以往经验估计的退货率冲减收入和成本

在规定的期间内，如果实际发生的退货商品数与估计的退货商品数一致，按退货商品的成本，借记“库存商品”科目，按退货商品销售价款计算的销项税额，借记“应交税费——应交增值税（销项税额）”科目，并且冲减已计提的“预计负债”科目，贷记“银行存款”科目。编制会计分录如图 7-38 所示。

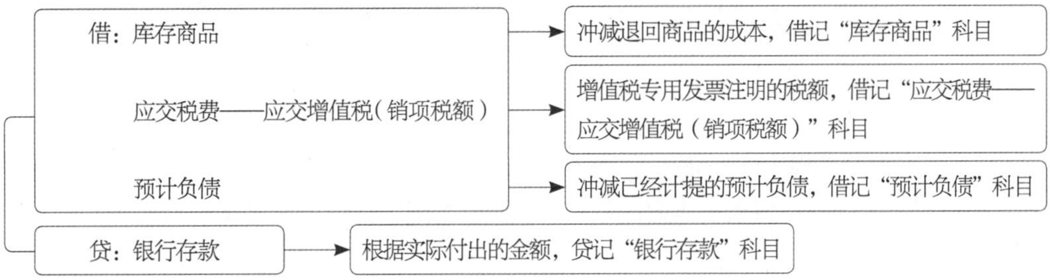

图 7-38　实际发生的退货商品数与估计的退货商品数一致

如果实际退回商品数比估计的多，先按估计的退货率借记“库存商品”“应交税费——应交增值税（销项税额）”“预计负债”科目，贷记“银行存款”科目。在此基础上，按实际退回商品数与估计退回商品数的差额冲减收入和成本，借记“主营业务收入”科目，贷记“主营业务成本”科目。编制会计分录如图 7-39 所示。

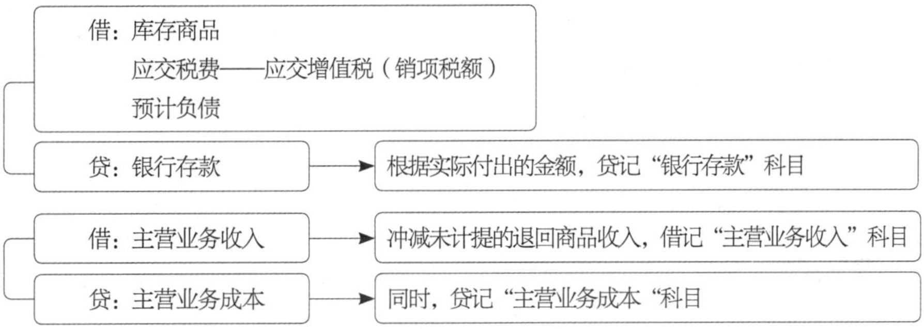

图 7-39　实际退回商品数比估计的多

如果实际退回的商品数没有达到估计退货数，先按估计的退货率借记“库存商品”“应交税费——应交增值税（销项税额）”“预计负债”科目，贷记“银行存款”科目，并且按其差额借记“主营业务成本”科目，贷记“主营业务收入”科目。编制会计分录如图 7-40 所示。

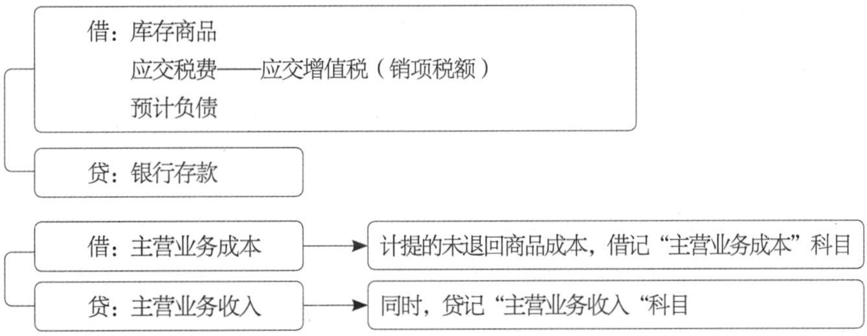

图 7-40　实际退回的商品数没有达到估计退货数

（2）企业不能合理估计退货可能性的，发出商品时不确认收入，借记“发出商品”科目，贷记“库存商品”科目。如果商品发出时纳税义务已经发生，按增值税专用发票上注明的增值税税额，借记“应收账款”科目，贷记“应交税费——应交增值税（销项税额）”科目。编制会计分录如图7-41所示。

借：发出商品 → 按照发出商品的成本，借记“发出商品”科目

贷：库存商品 → 同时，贷记“库存商品”科目

借：应收账款 → 按增值税专用发票上注明的增值税税额，借记“应收账款”科目

贷：应交税费——应交增值税（销项税额） → 同时，贷记“应交税费——应交增值税（销项税额）”科目

图7-41　企业不能合理估计退货可能性时的账务处理

售出商品退货期满时，根据销售商品数扣除实际发生退货数的差额确认收入和成本。

3. 案例解析

【例7-11】甲公司是一家健身器材销售公司。2×19年4月1日，甲公司向乙公司销售5 000件健身器材，单位销售价格为500元，单位成本为400元，开出的增值税专用发票上注明的销售价款为2 500 000元，增值税税额为325 000元。协议约定，乙公司应于5月1日之前支付货款，在9月30日之前有权退还健身器材。健身器材已经发出，款项尚未收到。假定甲公司根据过去的经验，估计该批健身器材退货率约为20%；健身器材发出时纳税义务已经发生；实际发生销售退回时取得税务机关开具的红字增值税专用发票。甲公司的账务处理如下。

（1）4月1日发出健身器材。

借：应收账款　　2 825 000

　　贷：主营业务收入　　2 500 000

　　　　应交税费——应交增值税（销项税额）　　325 000

借：主营业务成本　　2 000 000

　　贷：库存商品　　2 000 000

（2）4月31日确认估计的销售退回。

借：主营业务收入　　500 000

　　贷：主营业务成本　　400 000

　　　　预计负债　　100 000

（3）5月1日前收到货款。

借：银行存款　　2 825 000

　　贷：应收账款　　2 825 000

（4）9月30日发生销售退回，实际退货量为1 000件，款项已经支付。

借：库存商品　　400 000

　　应交税费——应交增值税（销项税额）　　65 000

　　预计负债　　100 000

　　贷：银行存款　　565 000

如果实际退货量为800件。

借：库存商品　　320 000

　　应交税费——应交增值税（销项税额）　　52 000

　　主营业务成本　　80 000

预计负债 100 000

贷：银行存款 452 000

主营业务收入 100 000

如果实际退货量为 1 200 件。

借：库存商品 480 000

应交税费——应交增值税（销项税额） 78 000

主营业务收入 100 000

预计负债 100 000

贷：主营业务成本 80 000

银行存款 678 000

（5）9 月 30 日之前如果没有发生退货。

借：主营业务成本 400 000

预计负债 100 000

贷：主营业务收入 500 000

即（2）的相反分录。

【例 7-12】沿用**【例 7-11】**的资料。假定甲公司无法根据过去的经验估计该批健身器材的退货率；健身器材发出时纳税义务已经发生。甲公司的账务处理如下。

（1）4 月 1 日发出健身器材。

借：应收账款 325 000

贷：应交税费——应交增值税（销项税额） 325 000

借：发出商品 2 000 000

贷：库存商品 2 000 000

（2）5 月 1 日前收到货款。

借：银行存款 2 825 000

贷：预收账款 2 500 000

应收账款 325 000

（3）9 月 30 日退货期满，如果没有发生退货。

借：预收账款 2 500 000

贷：主营业务收入 2 500 000

借：主营业务成本 2 000 000

贷：发出商品 2 000 000

（4）9 月 30 日退货期满，如果发生 2 000 件退货。

借：预收账款 2 500 000

应交税费——应交增值税（销项税额） 130 000

贷：主营业务收入 1 500 000

银行存款 1 130 000

借：主营业务成本 1 200 000

库存商品 800 000

贷：发出商品 2 000 000

7.1.11 提供劳务交易结果能够可靠估计

1. 业务概述

企业在资产负债表日提供劳务交易的结果能够可靠估计的，应当采用完工百分比法确认提供劳务收入。

（1）提供劳务交易结果能够可靠估计的条件。

提供劳务交易的结果能够可靠估计，需要同时满足下列条件。

①收入的金额能够可靠地计量，是指提供劳务收入的总额能够合理地估计。通常情况下，企业应当按照从接受劳务方已收或应收的合同或协议价款确定提供劳务收入总额。

②相关的经济利益很可能流入企业，是指提供劳务收入总额收回的可能性与不能收回的可能性相比更大。通常情况下，企业提供的劳务符合合同或协议要求，接受劳务方承诺付款，就表明提供劳务收入总额收回的可能性大于不能收回的可能性。

③交易的完工进度能够可靠地确定，是指交易的完工进度能够合理地估计。企业确定提供劳务交易的完工进度，可以选用下列方法。

第一种方法：测量已经完成的工作。这是一种比较专业的测量方法，由专业测量师对已经提供的劳务进行测量，并按一定方法计算确定提供劳务交易的完工程度。

第二种方法：计算已经提供的劳务占应提供劳务总量的比例。这种方法主要以劳务量为标准确定提供劳务交易的完工程度。

第三种方法：计算已经发生的成本占估计总成本的比例。这种方法主要以成本为标准确定提供劳务交易的完工程度。

在实务中，如果特定时期内提供劳务交易的数量不能确定，则该期间的收入应当采用直线法确认，除非有证据表明采用其他方法能更好地反映完工进度。当某项作业相比其他作业都重要得多时，应当在该项重要作业完成之后确认收入。

④交易中已发生和将发生的成本能够可靠地计量，是指交易中已经发生和将要发生的成本能够合理地估计。企业应当建立完善的内部成本核算制度和有效的内部财务预算及报告制度，准确地提供每期发生的成本，并对完成剩余劳务将要发生的成本做出科学、合理的估计。同时应随着劳务的不断提供或外部情况的不断变化，随时对将要发生的成本进行修订。

（2）完工百分比法的具体应用。

完工百分比法，是指按照提供劳务交易的完工进度确认收入和费用的方法。在这种方法下，确认的提供劳务收入金额能够提供各个会计期间关于提供劳务交易及其业绩的有用信息。

企业应当在资产负债表日，按照提供劳务收入总额乘以完工进度扣除以前会计期间累计已确认提供劳务收入后的金额，确认当期提供劳务收入；同时，按照提供劳务估计总成本乘以完工进度扣除以前会计期间累计已确认劳务成本后的金额，结转当期劳务成本。用公式表示如下。

本期确认的提供劳务收入＝提供劳务收入总额 × 本期期末劳务的完工进度－以前会计期间累计已确认提供劳务收入

本期确认的提供劳务成本 = 提供劳务预计成本总额 × 本期期末劳务的完工进度 − 以前会计期间累计已确认提供劳务成本

2. 账务处理

企业采用完工百分比法确认提供劳务收入时，应按计算确定的提供劳务收入金额，借记“应收账款”“银行存款”等科目，贷记“主营业务收入”科目。结转提供劳务成本时，借记“主营业务成本”科目，贷记“劳务成本”科目。编制会计分录如图 7-42 所示。

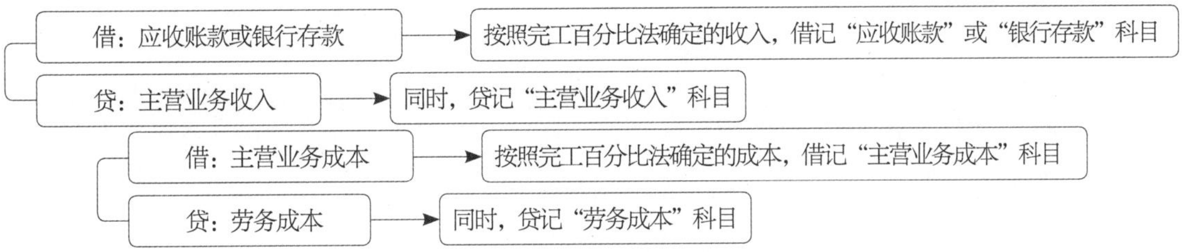

图 7-42　采用完工百分比法确认提供劳务收入

3. 案例解析

【例 7-13】甲公司于 2×19 年 12 月 1 日接受一项设备安装任务，安装期为 3 个月，合同总收入 800 000 元，至年底已预收安装费 640 000 元，实际发生安装费用为 420 000 元（假定均为安装人员薪酬），估计还会发生安装费用 180 000 元。假定甲公司按实际发生的成本占估计总成本的比例确定劳务的完工进度。甲公司的账务处理如下。

实际发生的成本占估计总成本的比例 = 420 000 ÷（420 000+180 000）×100% = 70%

2×19 年 12 月 31 日确认的劳务收入 = 800 000×70%−0 = 560 000（元）

2×19 年 12 月 31 日结转的劳务成本 =（420 000+180 000）×70%−0 = 420 000（元）

（1）实际发生劳务成本。

借：劳务成本——设备安装　　420 000

　　贷：应付职工薪酬　　420 000

（2）预收劳务款。

借：银行存款　　640 000

　　贷：预收账款——×× 公司　　640 000

（3）2×19 年 12 月 31 日确认劳务收入并结转劳务成本。

借：预收账款——×× 公司　　560 000

　　贷：主营业务收入——设备安装　　560 000

借：主营业务成本——设备安装　　420 000

　　贷：劳务成本——设备安装　　420 000

【例 7-14】甲公司于 2×19 年 4 月 1 日与乙公司签订一项咨询合同，并于当日生效。合同约定，咨询期为 2 年，咨询费为 300 000 元；乙公司分三次等额支付咨询费，第一次在项目开始时支付，第二次在项目中期支付，第三次在项目结束时支付。甲公司估计咨询劳务总成本为 180 000 元（均为咨询人员薪酬）。假定甲公司每月提供的劳务量均相同，可以按时间比例确定完工进度，按年度编制财务报表，不考虑其他因素。甲公司各年度发生的劳务成本资料如表 7-2 所示。

表7-2 各年度发生的劳务成本

单位：元

年 份	2×19	2×20	2×21	合 计
发生的成本	70 000	90 000	20 000	180 000

甲公司的账务处理如下。

（1）2×19年。

① 实际发生劳务成本。

借：劳务成本——咨询成本　　70 000

　　贷：应付职工薪酬　　70 000

② 预收劳务款项。

借：银行存款　　100 000

　　贷：预收账款——乙公司　　100 000

③ 确认提供劳务收入并结转劳务成本。

提供劳务的完工进度 = 9÷24×100% = 37.5%

确认提供劳务收入 = 300 000×37.5%-0 = 112 500（元）

确认提供劳务成本 = 180 000×37.5%-0 = 67 500（元）

借：预收账款——乙公司　　112 500

　　贷：主营业务收入——咨询收入　　112 500

借：主营业务成本——咨询成本　　67 500

　　贷：劳务成本——咨询成本　　67 500

（2）2×20年。

① 实际发生劳务成本。

借：劳务成本——咨询成本　　90 000

　　贷：应付职工薪酬　　90 000

② 预收劳务款项。

借：银行存款　　100 000

　　贷：预收账款——乙公司　　100 000

③ 确认提供劳务收入并结转劳务成本。

提供劳务的完工进度 = 21÷24×100% = 87.5%

确认提供劳务收入 = 300 000×87.5%-112 500 = 150 000（元）

确认提供劳务成本 = 180 000×87.5%-67 500 = 90 000（元）

借：预收账款——乙公司　　150 000

　　贷：主营业务收入——咨询收入　　150 000

借：主营业务成本——咨询成本　　90 000

　　贷：劳务成本——咨询成本　　90 000

（3）2×21年。

① 实际发生劳务成本。

借：劳务成本——咨询成本　　20 000
　　贷：应付职工薪酬　　20 000

② 预收劳务款项。

借：银行存款　　100 000
　　贷：预收账款——乙公司　　100 000

③ 确认提供劳务收入并结转劳务成本。

确认提供劳务收入 = 300 000-112 500-150 000 = 37 500（元）

确认提供劳务成本 = 180 000-67 500-90 000 = 22 500（元）

借：预收账款——乙公司　　37 500
　　贷：主营业务收入——咨询收入　　37 500

借：主营业务成本——咨询成本　　22 500
　　贷：劳务成本——咨询成本　　22 500

7.1.12 提供劳务交易结果不能够可靠估计

1. 业务概述

企业在资产负债表日提供劳务交易结果不能够可靠估计的，即不能同时满足上述 4 个条件时，企业不能采用完工百分比法确认提供劳务收入。此时，企业应正确预计已经发生的劳务成本能够得到补偿和不能得到补偿，分别进行账务处理：如果已经发生的劳务成本预计能够得到补偿，应按已经发生的能够得到补偿的劳务成本金额确认提供劳务收入，并结转已经发生的劳务成本；如果已经发生的劳务成本预计全部不能得到补偿，应将已经发生的劳务成本计入当期损益，不确认提供劳务收入。

2. 账务处理

（1）已经发生的劳务成本预计能够得到补偿的，企业应按已经发生的能够得到补偿的劳务成本金额，借记“应收账款”“预收账款”等科目，贷记“主营业务收入”科目；按已经发生的劳务成本金额，借记“主营业务成本”科目，贷记“劳务成本”科目。编制会计分录如图 7-43 所示。

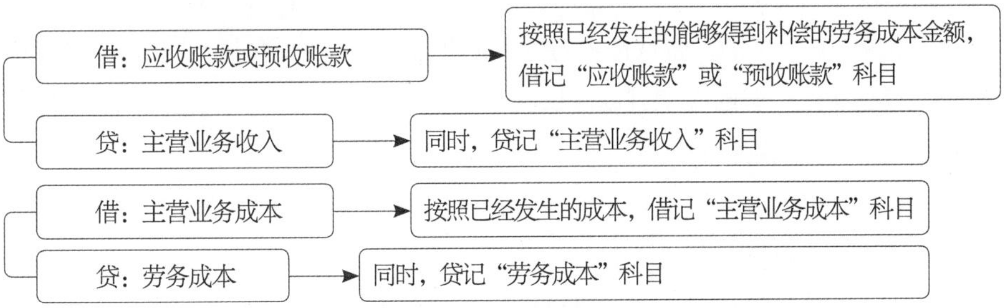

图 7-43　已经发生的劳务成本预计能够得到补偿的账务处理

（2）已经发生的劳务成本预计全部不能得到补偿的，企业应按已经发生的劳务成本金额，借记“主营业务成本”科目，贷记“劳务成本”科目，编制会计分录如图 7-44 所示。

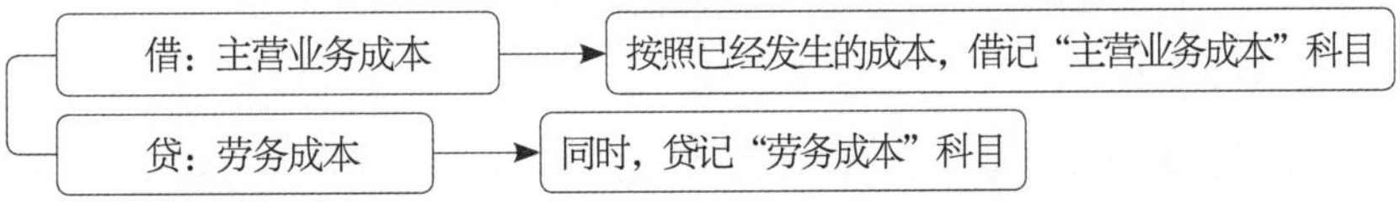

图 7-44　已经发生的劳务成本预计全部不能得到补偿的账务处理

3. 案例解析

【例7-15】 甲公司于2×18年12月25日接受乙公司委托，为其培训一批学员，培训期为6个月，2×19年1月1日开学。协议约定，乙公司应向甲公司支付的培训费总额为120 000元，分三次等额支付，第一次在开学时预付，第二次在2×19年3月1日支付，第三次在培训结束时支付。

2×19年1月1日，乙公司预付第一次培训费。至2×19年2月28日，甲公司发生培训成本30 000元（假定均为培训人员薪酬）。2×19年3月1日，甲公司得知乙公司经营发生困难，后两次培训费能否收回难以确定。甲公司的账务处理如下。

（1）2×19年1月1日收到乙公司预付的培训费。

借：银行存款	40 000	
贷：预收账款——乙公司		40 000

（2）实际发生培训支出。

借：劳务成本——培训成本	30 000	
贷：应付职工薪酬		30 000

（3）2×19年2月28日确认劳务收入并结转劳务成本。

借：预收账款——乙公司	40 000	
贷：主营业务收入——培训收入		40 000
借：主营业务成本——培训成本	30 000	
贷：劳务成本——培训成本		30 000

7.1.13 特殊劳务交易

1. 业务概述及账务处理

下列提供劳务满足收入确认条件的，应按规定确认收入。

（1）安装费。

安装费，在资产负债表日根据安装的完工进度确认收入。安装工作是商品销售附带条件的，安装费在确认商品销售实现时确认收入。

（2）宣传媒介收费。

宣传媒介的收费，在相关的广告或商业行为开始出现于公众面前时确认收入。广告的制作费，在资产负债表日根据制作广告的完工进度确认收入。

（3）为特定客户开发软件收费。

为特定客户开发软件的收费，在资产负债表日根据开发的完工进度确认收入。

①包括在商品售价内可区分的服务费。

包括在商品售价内可区分的服务费，在提供服务的期间内分期确认收入。

②艺术表演、招待宴会和其他特殊活动的收费。

艺术表演、招待宴会和其他特殊活动的收费，在相关活动发生时确认收入。收费涉及几项活动的，预收的款项应合理分配给每项活动，分别确认收入。

③申请入会费和会员费。

申请入会费和会员费只允许取得会籍，所有其他服务或商品都要另行收费的，在款项收回不存在重大不确定性时确认收入。申请入会费和会员费能使会员在会员期内得到各种服务或商品，或者以低于非会员的价格销售商品或提供服务的，在整个收益期内分期确认收入。

④特许权费。

属于提供设备和其他有形资产的特许权费，在交付资产或转移资产所有权时确认收入；属于提供初始及后续服务的特许权费，在提供服务时确认收入。

⑤长期收费。

长期为客户提供重复的劳务收取的劳务费，在相关劳务活动发生时确认收入。

2. 案例解析

【例 7-16】 甲公司与乙公司签订协议，甲公司允许乙公司经营其连锁店。协议约定，甲公司共向乙公司收取特许权费 600 000 元，其中：提供家具、柜台等收费 200 000 元，这些家具、柜台成本为 180 000 元；提供初始服务，如帮助选址、培训人员、融资、广告等收费 300 000 元，共发生成本 200 000 元（其中，140 000 元为人员薪酬，60 000 元为以银行存款支付的广告费用）；提供后续服务收费 100 000 元，发生成本 50 000 元（均为人员薪酬）。协议签订当日，乙公司一次性付清所有款项。假定不考虑其他因素，甲公司的账务处理如下。

（1）收到款项。

借：银行存款	600 000	
贷：预收账款——乙公司		600 000

（2）确认家具、柜台的特许权费收入并结转成本。

借：预收账款——乙公司	200 000	
贷：主营业务收入——提供家具、柜台		200 000
借：主营业务成本——提供家具、柜台	180 000	
贷：库存商品——家具、柜台		180 000

（3）提供初始服务。

借：劳务成本——提供初始服务	200 000	
贷：应付职工薪酬		140 000
银行存款		60 000
借：预收账款——乙公司	300 000	
贷：主营业务收入——提供初始服务		300 000
借：主营业务成本——提供初始服务	200 000	
贷：劳务成本——提供初始服务		200 000

（4）提供后续服务。

借：劳务成本——提供后续服务	50 000	
贷：应付职工薪酬		50 000
借：预收账款——乙公司	100 000	
贷：主营业务收入——提供后续服务		100 000
借：主营业务成本——提供后续服务	50 000	
贷：劳务成本——提供后续服务		50 000

【例 7-17】 甲公司与某住宅小区物业业主签订合同，为该住宅小区所有住户提供维修、清洁、绿化、保安及代收水电费等劳务，每月月末收取劳务费 50 000 元。假定月末款项均已收到，不考虑

其他因素。甲公司的账务处理如下。

借：银行存款　　50 000

　　贷：主营业务收入——提供劳务　　50 000

7.1.14　销售商品与提供劳务

1. 业务概述

企业与其他企业签订的合同或协议，有时既包括销售商品又包括提供劳务，如销售商品的同时负责运输安装、销售软件后继续提供技术支持、设计产品同时负责生产产品等。关于这类业务需要根据不同情况做出不同的账务处理。

2. 账务处理

如果销售商品部分和提供劳务部分能够区分且能够单独计量，企业应当分别核算销售商品部分和提供劳务部分，将销售商品的部分作为销售商品处理，将提供劳务的部分作为提供劳务处理；销售商品收入和提供劳务收入的账务处理分别见前面的相关内容。

如果销售商品部分和提供劳务部分不能够区分，或虽能区分但不能单独计量的，企业应当将销售商品部分和提供劳务部分全部作为销售商品部分进行账务处理。

3. 案例解析

【例7-18】 甲公司与乙公司签订合同，向乙公司销售一部电梯并负责安装。甲公司开出的增值税专用发票上注明的价款合计为2 000 000元，其中电梯销售价格为1 960 000元，安装费为40 000元，增值税税额为260 000元。电梯的成本为1 120 000元；电梯安装过程中发生安装费24 000元，均为安装人员薪酬。假定电梯已经安装完成并经验收合格，款项尚未收到；安装工作是销售合同的重要组成部分。甲公司的账务处理如下。

（1）电梯发出结转成本1 120 000元。

借：发出商品——电梯　　1 120 000

　　贷：库存商品——电梯　　1 120 000

（2）实际发生安装费用24 000元。

借：劳务成本——电梯安装　　24 000

　　贷：应付职工薪酬　　24 000

（3）确认销售电梯收入和提供劳务收入合计2 000 000元。

借：应收账款——乙公司　　2 260 000

　　贷：主营业务收入——销售电梯　　1 960 000

　　　　　　　　　　——电梯安装劳务　　40 000

　　　　应交税费——应交增值税（销项税额）　　260 000

（4）结转销售商品成本1 120 000元和安装成本24 000元。

借：主营业务成本——销售电梯　　1 120 000

　　贷：发出商品——电梯　　1 120 000

借：主营业务成本——电梯安装　　24 000

　　贷：劳务成本——电梯安装　　24 000

【例7-19】甲公司在2×19年12月8日向乙商场销售一批彩色电视机，为保证及时供货，双方约定由甲公司动用自己的汽车进行运输，甲公司除收取彩色电视机货款外还向乙商场收取运输费。甲公司开出的增值税专用发票上注明的价款合计为300 000元，增值税税额为39 000元，款项于当天收到，该批商品成本为172 000元。假定甲公司为运输该批彩色电视机发生的运输成本为3 400元，其中汽车折旧为1 200元，运输工人薪酬为2 200元。甲公司的账务处理如下。

（1）销售彩色电视机确认销售收入。

借：银行存款　　339 000

　　贷：主营业务收入——销售彩色电视机　　300 000

　　　　应交税费——应交增值税（销项税额）　　39 000

（2）发生运输劳务成本。

借：劳务成本——商品运输　　3 400

　　贷：应付职工薪酬　　2 200

　　　　累计折旧——汽车　　1 200

（3）结转彩色电视机成本和运输成本。

借：主营业务成本——销售彩色电视机　　175 400

　　贷：库存商品——彩色电视机　　172 000

　　　　劳务成本——商品运输　　3 400

7.1.15 建造合同

1. 业务概述

企业应当在履行了建造合同中的履约义务，即客户取得相关商品控制权时确认收入。企业应当根据实际情况，首先判断履约义务是否满足在某一时段内履行的条件，如不满足，则该履约义务属于在某一时点履行的履约义务。对于在某一时段内履行的履约义务，企业应当选取恰当的方法来确定履约进度；对于在某一时点履行的履约义务，企业应当综合分析控制权转移的迹象，判断其转移时点。

（1）在某一时段内履行的履约义务的收入确认条件。

满足下列条件之一的，属于在某一时段内履行的履约义务，相关收入应当在该履约义务履行的期间内确认：

①客户在企业履约的同时即取得并消耗企业履约所带来的经济利益。企业在履约过程中是持续地向客户转移该服务的控制权的，该履约义务属于在某一时段内履行的履约义务，企业应当在提供该服务的期间内确认收入。企业在判断其他企业是否实质上无需重新执行企业累计至今已经完成的工作时，应当基于以下两个前提：一是不考虑可能会使企业无法将剩余履约义务转移给其他企业的潜在限制，包括合同限制或实际可行性限制；二是假设继续履行剩余履约义务的其他企业将不会享有企业目前已控制的任何资产的利益，也不会享有剩余履约义务转移后企业仍然控制的任何资产的利益。

②客户能够控制企业履约过程中在建的商品。企业在履约过程中创建的商品包括在产品、在建工程、尚未完成的研发项目、正在进行的服务等，如果客户在企业创建该商品的过程中就能够控制这些商品，应当认为企业提供该商品的履约义务属于在某一时段内履行的履约义务。

③企业履约过程中所产出的商品具有不可替代用途，且该企业在整个建造合同期间内有权就

累计至今已完成的履约部分收取款项。

a. 商品具有不可替代用途。在判断商品是否具有不可替代用途时，企业既应当考虑建造合同限制，也应当考虑实际可行性限制，但无需考虑建造合同被终止的可能性。企业在判断商品是否具有不可替代用途时，需要注意以下四点：

一是企业应当在合同开始日判断所承诺的商品是否具有不可替代用途。在此之后，除非发生合同变更，且该变更显著改变了原合同约定的履约义务，否则，企业无需重新进行评估。

二是合同中是否存在实质性限制条款，导致企业不能将合同约定的商品用于其他用途。保护性条款也不应被视为实质性限制条款。

三是是否存在实际可行性限制，例如，虽然合同中没有限制，但是企业将合同中约定的商品用作其他用途，将遭受重大的经济损失或发生重大的返工成本。

四是企业应当根据最终转移给客户的商品的特征判断其是否具有不可替代用途。例如，某商品在生产的前期可以满足多种用途需要的，从某一时点或某一流程开始，才进入定制化阶段，此时，企业应当根据该商品在最终转移给客户时的特征来判断其是否满足“具有不可替代用途”的条件。

b. 企业在整个合同期间内有权就累计至今已完成的履约部分收取款项。有权就累计至今已完成的履约部分收取款项，是指在由于客户或其他方原因终止合同的情况下，企业有权就累计至今已完成的履约部分收取能够补偿其已发生成本和合理利润的款项，并且该权利具有法律约束力。需要强调的是，合同终止必须是由于客户或其他方（即由于企业未按照合同承诺履约之外的其他原因）而非企业自身的原因所致，在整个合同期间内的任一时点，企业均应当拥有此项权利。企业在进行判断时，需要注意以下五点：

一是企业有权就累计至今已完成的履约部分收取的款项应当大致相当于累计至今已经转移给客户的商品的售价，即该金额应当能够补偿企业已经发生的成本和合理利润。其中，合理的利润补偿并非一定是该合同的整体毛利水平，以下两种情形都属于合理的利润补偿：第一，根据合同终止前的履约进度对该合同的毛利水平进行调整后确定的金额作为利润补偿金额；第二，如果该合同的毛利水平高于企业同类合同的毛利水平，以企业从同类合同中能够获取的合理资本回报或者经营毛利作为利润补偿金额。

二是企业有权就累计至今已完成的履约部分收取款项，并不意味着企业拥有随时可行使的无条件收款权。当合同约定客户在约定的某一时点、重要事项完成的时点或者整个合同完成之后才支付合同价款时，企业并没有取得收款的权利。在判断其是否满足本要求时，应当考虑，在整个合同期间内的任一时点，假设由于客户或其他方原因导致合同提前终止时，企业是否有权主张该收款权利，即有权要求客户补偿其截至目前已完成的履约部分应收取的款项。

三是当客户只有在某些特定时点才能要求终止合同，或者根本无权终止合同时终止了合同（包括客户没有按照合同约定履行其义务）时，如果合同条款或法律法规赋予了企业继续执行合同（即企业继续向客户转移合同中承诺的商品并要求客户支付对价）的权利，则表明企业有权就累计至今已完成的履约部分收取款项。

四是企业在进行相关判断时，不仅要考虑合同条款的约定，还应当充分考虑所处的法律环境（包括适用的法律法规、以往的司法实践以及类似案例的结果等）是否对合同条款形成了补充，或者会凌驾于合同条款之上。例如，在合同没有明确约定的情况下，相关的法律法规等是否支持企业主张相关的收款权利；以往的司法实践是否表明合同中的某些条款没有法律约束力；在以往的类似合同中，企业虽然拥有此类权利，却在考虑了各种因素之后没有行使该权利，这是否会导致企业主张该权利的要求在当前的法律环境下不被支持等。

五是企业和客户在合同中约定的具体付款时间表并不一定意味着，企业有权就累计至今已完成的履约部分收取款项。企业需要进一步评估，合同中约定的付款时间表，是否使企业在整个合同期间内的任一时点，在由于除企业自身未按照合同承诺履约之外的其他原因导致合同终止的情况下，均有权就累计至今已完成的履约部分收取能够补偿其成本和合理利润的款项。

（2）在某一时段内履行的履约义务的收入确认方法。

对于在某一时段内履行的履约义务，企业应当在该段时间内按照履约进度确认收入，履约进度不能合理确定的除外。企业应当采用恰当的方法确定履约进度，以使其如实反映企业向客户转让商品的履约情况。企业应当考虑商品的性质，采用产出法或投入法确定恰当的履约进度，并且在确定履约进度时，应当扣除那些控制权尚未转移给客户的商品和服务。

①产出法。产出法主要是根据已转移给客户的商品对于客户的价值确定履约进度，主要包括按照实际测量的完工进度、评估已实现的结果、已达到的里程碑、时间进度、已完工或交付的产品等确定履约进度的方法。企业在评估是否采用产出法确定履约进度时，应当考虑所选择的产出指标是否能够如实地反映向客户转移商品的进度。

产出法是直接计量已完成的产出，一般能够客观地反映履约进度。当产出法所需要的信息可能无法直接通过观察获得，或者为获得这些信息需要花费很高的成本时，可采用投入法。

②投入法。投入法主要是根据企业履行履约义务的投入确定履约进度，主要包括以投入的材料数量、花费的人工工时或机器工时、发生的成本和时间进度等投入指标确定履约进度。当企业从事的工作或发生的投入是在整个履约期间内平均发生时，按照直线法确认收入是合适的。由于企业的投入与向客户转移商品的控制权之间未必存在直接的对应关系，因此，企业在采用投入法时，应当扣除那些虽然已经发生、但是未导致向客户转移商品的投入。实务中，企业通常按照累计实际发生的成本占预计总成本的比例（即，成本法）确定履约进度，累计实际发生的成本包括企业向客户转移商品过程中所发生的直接成本和间接成本，如直接人工、直接材料、分包成本以及其他与合同相关的成本。企业在采用成本法确定履约进度时，可能需要对已发生的成本进行适当调整的情形有：

a. 已发生的成本并未反映企业履行其履约义务的进度，如因企业生产效率低下等原因而导致的非正常消耗，包括非正常消耗的直接材料、直接人工及制造费用等，除非企业和客户在订立合同时已经预见会发生这些成本并将其包括在合同价款中。

b. 已发生的成本与企业履行其履约义务的进度不成比例。如果企业已发生的成本与履约进度不成比例，企业在采用成本法时需要进行适当调整。当企业在合同开始日就能够预期将满足下列所有条件时，企业在采用成本法时不应包括该商品的成本，而是应当按照其成本金额确认收入：一是该商品不构成单项履约义务；二是客户先取得该商品的控制权，之后才接受与之相关的服务；

三是该商品的成本占预计总成本的比重较大；四是企业自第三方采购该商品，且未深入参与其设计和制造，对于包含该商品的履约义务而言，企业是主要责任人。

对于每一项履约义务，企业只能采用一种方法来确定其履约进度，并加以一贯运用。对于类似情况下的类似履约义务，企业应当采用相同的方法确定履约进度。

资产负债表日，企业应当在按照合同的交易价格总额乘以履约进度扣除以前会计期间累计已确认的收入后的金额，确认为当期收入。当履约进度不能合理确定时，企业已经发生的成本预计能够得到补偿的，应当按照已经发生的成本金额确认收入，直到履约进度能够合理确定为止。每一资产负债表日，企业应当对履约进度进行重新估计。当客观环境发生变化时，企业也需要重新评估履约进度是否发生变化，以确保履约进度能够反映履约情况的变化，该变化应当作为会计估计变更进行会计处理。

（3）在某一时点履行的履约义务。

当一项履约义务不属于在某一时段内履行的履约义务时，应当属于在某一时点履行的履约义务。对于在某一时点履行的履约义务，企业应当在客户取得相关商品控制权时点确认收入。在判断客户是否已取得商品控制权时，企业应当考虑下列迹象：

①企业就该商品享有现时收款权利，即客户就该商品负有现时付款义务。如果企业就该商品享有现时的收款权利，则可能表明客户已经有能力主导该商品的使用并从中获得几乎全部的经济利益。

②企业已将该商品的法定所有权转移给客户，即客户已拥有该商品的法定所有权。客户如果取得了商品的法定所有权，则可能表明其已经有能力主导该商品的使用并从中获得几乎全部的经济利益，或者能够阻止其他企业获得这些经济利益。如果企业仅仅是为了确保到期收回货款而保留商品的法定所有权，那么企业所保留的这项权利通常不会对客户取得对该商品的控制权构成障碍。

③企业已将该商品实物转移给客户，即客户已实物占有该商品。客户如果已经实物占有商品，则可能表明其有能力主导该商品的使用并从中获得其几乎全部的经济利益，或者使其他企业无法获得这些利益。需要说明的是，客户占有了某项商品的实物并不意味着其就一定取得了该商品的控制权，反之亦然。例如，采用支付手续费方式的委托代销安排下，虽然企业作为委托方已将商品发送给受托方，但是受托方并未取得该商品的控制权，因此，企业不应在向受托方发货时确认销售商品的收入，而仍然应当根据控制权是否转移来判断何时确认收入，通常应当在受托方售出商品时确认销售商品收入；受托方应当在商品销售后，按合同或协议约定的方法计算确定的手续费确认收入。表明一项安排是委托代销安排的迹象如：①在特定事件发生之前（例如，向最终客户出售产品或指定期间到期之前），企业拥有对商品的控制权；②企业能够要求将委托代销的商品退回或者将其销售给其他方（如其他经销商）；③尽管经销商可能被要求向企业支付一定金额的押金，但是其并没有承担对这些商品无条件付款的义务。

实务中，企业有时根据合同已经就销售的商品向客户收款或取得了收款权利，但是，由于客户因为缺乏足够的仓储空间或生产进度延迟等原因，直到在未来某一时点将该商品交付给客户之前，企业仍然继续持有该商品实物，这种情况通常称为“售后代管商品”安排。此时，企业除了考虑客户是否取得商品控制权的迹象之外，还应当同时满足下列条件，才表明客户取得了该商品的控制权：①该安排必须具有商业实质，例如该安排是应客户的要求而订立的；②属于客户的商品必须能够单独识别，例如将属于客户的商品单独存放在指定地点；③该商品可以随时交付给客户；以及④企业不能自行使用该商品或将该商品提供给其他客户。企业根据上述条件对尚未发货的商品确认了收入的，还应当考虑是否还承担了其他履约义务，例如向客户提供保管服务等，从而应当将部分交易价格分摊至该其他履约义务。越是通用的、可以和其他商品互相替换的商品，可能越难以满足上述条件。

④企业已将该商品所有权上的主要风险和报酬转移给客户，即客户已取得该商品所有权上的主要风险和报酬。企业在判断时，不应当考虑保留了除转让商品之外产生其他履约义务的风险的情形。例如，企业将产品销售给客户，并承诺提供后续维护服务，销售产品和维护服务均构成单项履约义务，企业保留的因维护服务而产生的风险并不影响企业有关主要风险和报酬转移的判断。

⑤客户已接受该商品。企业在判断是否已经将商品的控制权转移给客户时，应当考虑客户是否已接受该商品，特别是客户的验收是否仅仅是一个形式。如果企业能够客观地确定其已经按照合同约定的标准和条件将商品的控制权转移给客户，那么客户验收可能只是一个形式，并不会影响企业判断客户取得该商品控制权的时点。实务中，企业应当考虑，在过去执行类似合同的过程中已经积累的经验以及客户验收的结果，以证明其所提供的商品是否能够满足合同约定的具体条件。如果在取得客户验收之前已经确认了收入，企业应当考虑是否还存在剩余的履约义务，例如设备安装、运输等，并且评估是否应当对其单独进行核算。相反地，如果企业无法客观地确定其向客户转让商品是否符合合同规定的条件，那么在客户验收之前，企业不能认为已经将该商品的控制权转移给了客户。例如，客户主要基于主观判断进行验收时，在验收完成之前，企业无法确定其商品是否能够满足客户的主观标准，因此，企业应当在客户完成验收接受该商品时才能确认收入。实务中，定制化程度越高的商品，可能越难证明客户验收仅仅是一个形式。此外，如果企业将商品发送给客户供其试用或者测评，且客户并未承诺在试用期结束前支付任何对价，则在客户接受该商品或者在试用期结束之前，该商品的控制权并未转移给客户。

⑥其他表明客户已取得商品控制权的迹象。需要强调的是，在上述迹象中，并没有哪一个或哪几个迹象是决定性的，企业应当根据合同条款和交易实质进行分析，综合判断其是否以及何时将商品的控制权转移给客户，从而确定收入确认的时点。此外，企业应当从客户的角度进行评估，而不应当仅考虑企业自身的看法。

2. 案例解析

【例 7-20】企业与客户签订合同，在客户拥有的土地上按照客户的设计要求为其建造厂房。在建造过程中客户有权修改厂房设计，并与企业重新协商设计变更后的合同价款。客户每月末按当月工程进度向企业支付工程款。如果客户终止合同，已完成建造部分的厂房归客户所有。

本例中，企业为客户建造厂房，该厂房位于客户的土地上，客户终止合同时，已建造的厂房归客户所有。这些均表明客户在该厂房建造的过程中就能够控制该在建的厂房。因此，企业提供的该建造服务属于在某一时段内履行的履约义务，企业应当在提供该服务的期间内确认收入。

【例 7-21】甲公司是一家造船企业，与乙公司签订了一份船舶建造合同，按照乙公司的具体要求设计和建造船舶。甲公司在自己的厂区内完成该船舶的建造，乙公司无法控制在建过程中的船舶。甲公司如果想把该船舶出售给其他客户，需要发生重大的改造成本。双方约定，如果乙公司单方面解约，乙公司需向甲公司支付相当于合同总价30%的违约金，且建造中的船舶归甲公司所有。假定该合同仅包含一项履约义务，即设计和建造船舶。

本例中，船舶是按照乙公司的具体要求进行设计和建造的，甲公司需要发生重大的改造成本将该船舶改造之后才能将其出售给其他客户，因此，该船舶具有不可替代用途。然而，如果乙公司单方面解约，仅需向甲公司支付相当于合同总价30%的违约金，表明甲公司无法在整个合同期间内都有权就累计至今已完成的履约部分收取能够补偿其已发生成本和合理利润的款项。因此，甲公司为乙公司设计和建造船舶不属于在某一时段内履行的履约义务。

【例7-22】甲公司与客户签订合同，为该客户拥有的一条铁路更换100根铁轨，合同价格为10万元（不含税价）。截至20×7年12月31日，甲公司共更换铁轨60根，剩余部分预计在20×8年3月31日之前完成。该合同仅包含一项履约义务，且该履约义务满足在某一时段内履行的条件。假定不考虑其他情况。

本例中，甲公司提供的更换铁轨的服务属于在某一时段内履行的履约义务，甲公司按照已完成的工作量确定履约进度。因此，截至20×7年12月31日，该合同的履约进度为60%（60÷100），甲公司应确认的收入为6（10万元×60%）万元。

产出法是直接计量已完成的产出，一般能够客观地反映履约进度。当产出法所需要的信息可能无法直接通过观察获得，或者为获得这些信息需要花费很高的成本时，可采用投入法。

【例7-23】20×8年10月，甲公司与客户签订合同，为客户装修一栋办公楼并安装一部电梯，合同总金额为100万元。甲公司预计的合同总成本为80万元，其中包括电梯的采购成本30万元。

20×8年12月，甲公司将电梯运达施工现场并经过客户验收，客户已取得对电梯的控制权，但是根据装修进度，预计到20×9年2月才会安装该电梯。截至20×8年12月，甲公司累计发生成本40万元，其中包括支付给电梯供应商的采购成本30万元以及因采购电梯发生的运输和人工等相关成本5万元。

假定该装修服务（包括安装电梯）构成单项履约义务，并属于在某一时段内履行的履约义务，甲公司是主要责任人，但不参与电梯的设计和制造；甲公司采用成本法确定履约进度。上述金额均不含增值税。

本例中，截至20×8年12月，甲公司发生成本40万元（包括电梯采购成本30万元以及因采购电梯发生的运输和人工等相关成本5万元），甲公司认为其已发生的成本和履约进度不成比例，因此需要对履约进度的计算作出调整，将电梯的采购成本排除在已发生成本和预计总成本之外。在该合同中，该电梯不构成单项履约义务，其成本相对于预计总成本而言是重大的，甲公司是主要责任人，但是未参与该电梯的设计和制造，客户先取得了电梯的控制权，随后才接受与之相关的安装服务，因此，甲公司在客户取得该电梯控制权时，按照该电梯采购成本的金额确认转让电梯产生的收入。

因此，20×8年12月，该合同的履约进度为20%[(40−30)÷(80−30)]，应确认的收入和成本金额分别为44[(100−30)×20%+30]万元和40[(80−30)×20%+30]万元。

7.2 其他业务收入

7.2.1 一般情况下的其他业务收入

1. 业务概述

其他业务收入是指企业主营业务收入以外的所有通过销售商品、提供劳务收入及让渡资产使用权等日常活动中所形成的经济利益的流入，如材料物资及包装物销售、无形资产转让、固定资产出租、包装物出租、运输、废旧物资出售收入等。其他业务收入是企业从事除主营业务以外的其他业务活动所取得的收入，具有不经常发生、每笔业务金额一般较小、占收入的比重较低等特点。

2. 账务处理

企业确认其他业务收入时，借记“银行存款”“应收账款”“应收票据”等科目，贷记“其他业务收入”科目和“应交税费——应交增值税（销项税额）”等科目。编制会计分录如图 7-45 所示。

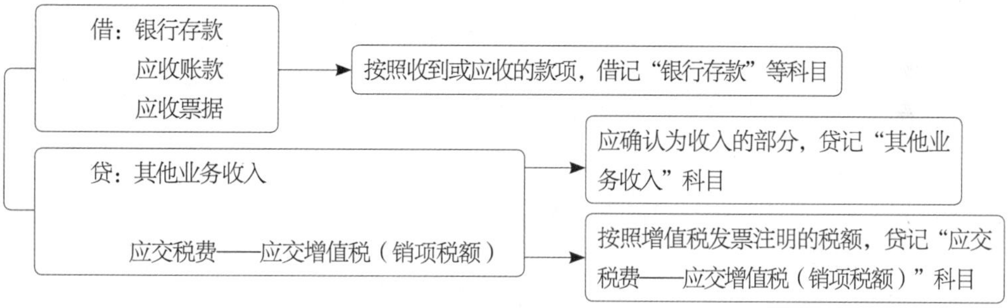

图 7-45 企业确认其他业务收入

3. 案例解析

【**例 7-24**】因更换经济业务，甲公司将其仓库中的原材料销售给乙公司，价款为 10 000 元，该原材料已经发出，甲公司已开具增值税专用发票，并且收到乙公司发来的商业承兑汇票一张。

甲公司的账务处理如下。

借：应收票据	11 300	
贷：其他业务收入		10 000
应交税费——应交增值税（销项税额）		1 300

7.2.2 出租资产的收入

1. 业务概述

对于出租固定资产、出租无形资产、出租包装物和商品以及出租采用成本模式计量的投资性房地产取得的租金收入，应在“其他业务收入”科目中核算。

2. 账务处理

出租人在实际收到租金时，借记“银行存款”科目，贷记“其他业务收入”科目。编制会计分录如图 7-46 所示。

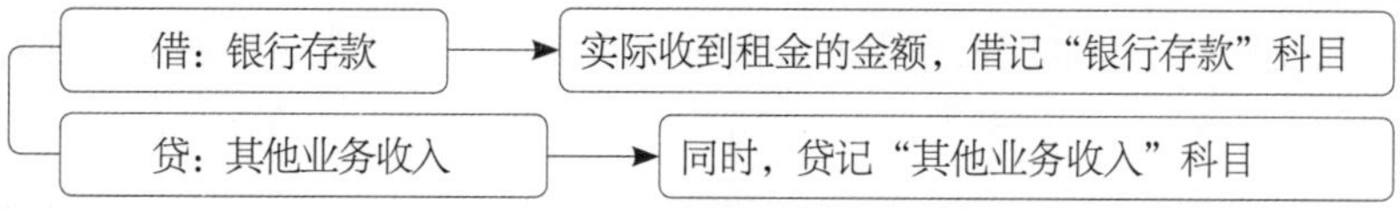

图 7-46 出租资产的收入

3. 案例解析

【例7-25】2×18年1月1日，甲公司向乙公司租出全新办公用房一套，租期为3年。办公用房原账面价值为30 000 000元，预计使用年限为25年。租赁合同规定，租赁开始日乙公司向甲公司一次性预付租金1 200 000元，第一年年末支付租金100 000元，第二年年末支付租金100 000元，第三年年末支付租金250 000元。租赁期满后预付租金不退回，甲公司收回办公用房使用权。

该项租赁不符合融资租赁的任何一条标准，应作为经营租赁处理。出租人（甲公司）确认租金收入时，不能依据各期实际收到租金的金额确定，而应采用直线法平均分配确认各期的租金收入。此项租赁总金额为1 650 000元，按直线法计算，每年应确认的租金收入为550 000元。

甲公司的账务处理如下。

（1）2×18年1月1日。

借：银行存款	1 200 000	
贷：其他应付款		1 200 000

（2）2×18年12月31日。

借：银行存款	100 000	
其他应付款	450 000	
贷：其他业务收入——经营租赁收入		550 000

（3）2×19年12月31日。

借：银行存款	100 000	
其他应付款	450 000	
贷：其他业务收入——经营租赁收入		550 000

（4）2×20年12月31日。

借：银行存款	250 000	
其他应付款	300 000	
贷：其他业务收入——经营租赁收入		550 000

出租人（甲公司）应按同类固定资产折旧方法计提折旧，作为出租固定资产的成本，记入“其他业务成本”科目。

7.2.3 使用费收入

1. 业务概述

使用费收入，主要是指企业转让无形资产（如商标权、专利权、专营权、软件、版权）等资产的使用权形成的使用费收入。使用费收入应当按照有关合同或协议约定的收费时间和方法计算确定。不同的使用费收入，其收费时间和方法各不相同。

如果合同或协议规定一次性收取使用费，且不提供后续服务，企业应于转让该项资产使用权时一次性确认收入；提供后续服务的，在合同或协议规定的有效期内分期确认收入。如果合同或协议规定分期收取使用费，企业应按规定的收费时间和方法计算的金额分别确认收入。

2. 账务处理

确认使用费收入时，借记“银行存款”科目，贷记“其他业务收入”科目。编制会计分录如图7-47所示。

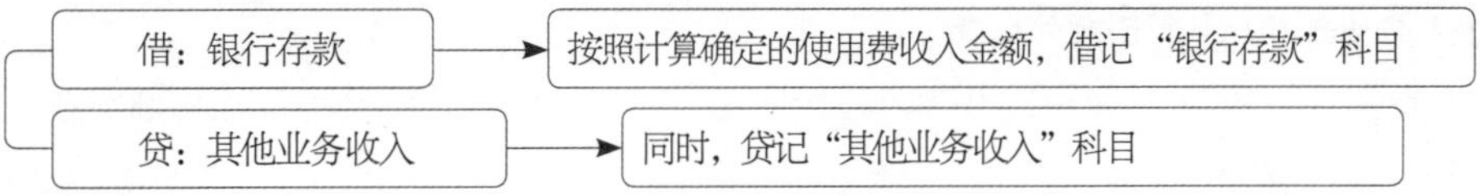

图 7-47 确认使用费收入

3. 案例解析

【例 7-26】甲软件公司向乙公司转让某软件的使用权，一次性收费 40 000 元，不提供后续服务，款项已经收回。假定不考虑其他因素。甲公司的账务处理如下。

借：银行存款　　40 000

　　贷：其他业务收入　　40 000

【例 7-27】丙公司于 2×18 年 12 月 1 日向丁公司转让其商品的商标使用权，约定丁公司每年年末按年销售收入的 10% 支付使用费，使用期 10 年。第 1 年，丁公司实现销售收入 1 000 000 元；第 2 年，丁公司实现销售收入 1 500 000 元。假定丙公司均于每年年末收到使用费，不考虑其他因素。丙公司的账务处理如下。

（1）第 1 年年末确认使用费收入。

借：银行存款（1 000 000×10%）　　100 000

　　贷：其他业务收入　　100 000

（2）第 2 年年末确认使用费收入。

借：银行存款（1 500 000×10%）　　150 000

　　贷：其他业务收入　　150 000

7.2.4 对外贷款获得的利息收入

1. 业务概述

利息收入，主要是指金融企业对外贷款形成的利息收入，以及同业之间发生往来形成的利息收入等。

2. 账务处理

企业应在资产负债表日，按照他人使用本企业货币资金的时间和实际利率计算确定利息收入金额。按计算确定的利息收入金额，借记“应收利息”“银行存款”等科目，贷记“其他业务收入”等科目。编制会计分录如图 7-48 所示。

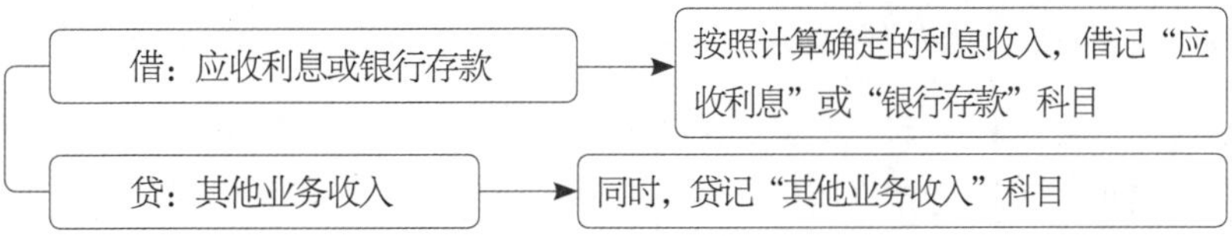

图 7-48 对外贷款获得的利息收入

3. 案例解析

【例 7-28】甲银行于 2×19 年 10 月 1 日向乙公司发放一笔贷款 2 000 000 元，期限为 1 年，年利率为 5%，甲银行发放贷款时没有发生交易费用，该贷款合同利率与实际利率相同。假定甲银行按季度编制财务报表，不考虑其他因素。

甲银行的账务处理如下。

（1）2×19年10月1日对外贷款。

借：贷款　　2 000 000

　　贷：吸收存款　　2 000 000

（2）2×19年12月31日确认利息收入。

借：应收利息（2 000 000×5%÷4）　　25 000

　　贷：其他业务收入　　25 000

7.3　公允价值变动损益

1. 业务概述

公允价值变动损益是指交易性金融资产、交易性金融负债，以及采用公允价值模式计量的投资性房地产、衍生工具、套期保值业务等公允价值变动形成的应计入当期损益的利得或损失。

2. 账务处理

（1）交易性金融资产持有期间，当其公允价值增加时，企业应借记“交易性金融资产——公允价值变动”科目，贷记“公允价值变动损益”科目；公允价值减少时应做相反分录。编制会计分录如图7-49所示。

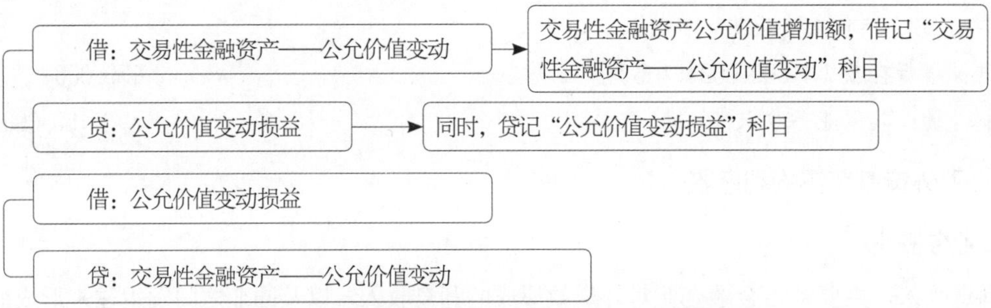

图7-49　交易性金融资产持有期间公允价值变动

（2）交易性金融负债持有期间，当其公允价值增加时，企业应借记“公允价值变动损益”科目，贷记“交易性金融负债——公允价值变动”科目；公允价值减少时应做相反分录。编制会计分录如图7-50所示。

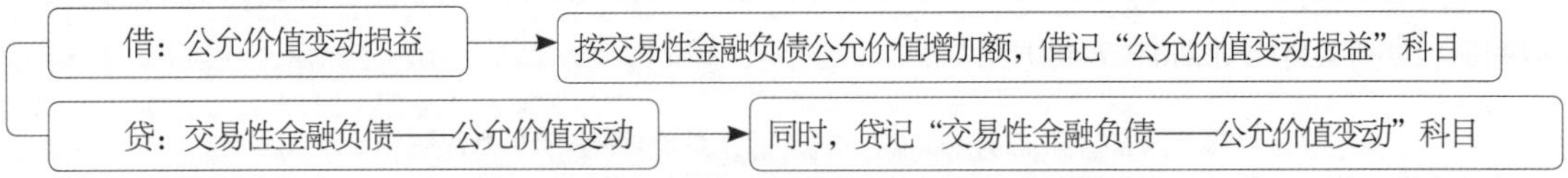

图7-50　交易性金融负债持有期间公允价值变动

（3）投资性房地产采用公允价值模式进行后续计量的，不计提折旧或摊销，而应当以资产负债表日的公允价值计量。资产负债表日，投资性房地产的公允价值高于其账面余额的差额，借记“投资性房地产——公允价值变动”科目，贷记“公允价值变动损益”科目；公允价值低于其账面余额的差额做相反的会计分录。编制会计分录如图7-51所示。

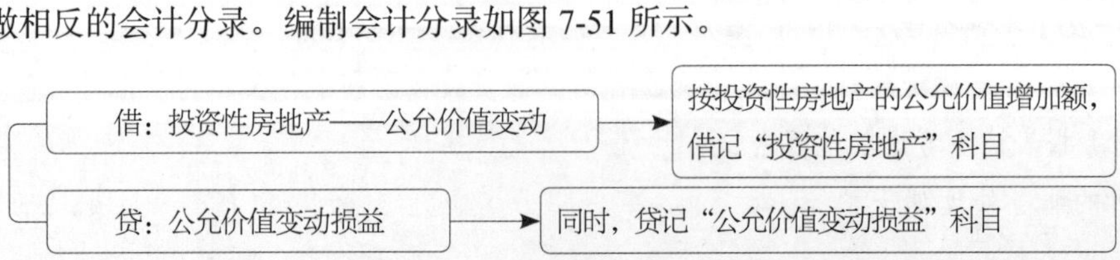

图7-51　投资性房地产采用公允价值模式进行后续计量

（4）对于现金结算的股份支付，企业在可行权日之后不再确认成本费用，负债（应付职工薪酬）公允价值的变动应当计入当期损益（公允价值变动损益），借记“公允价值变动损益”科目，贷记“应付职工薪酬——股份支付”科目。编制会计分录如图 7-52 所示。

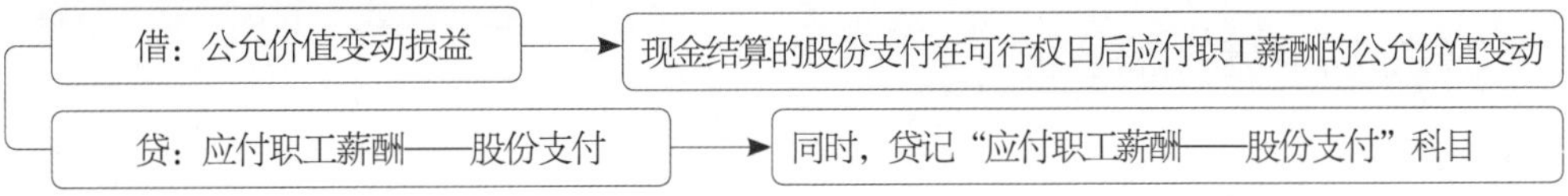

图 7-52　现金结算的股份支付公允价值的变动

3. 案例解析

分别参阅“金融资产”“投资性房地产”“股份支付”相关内容。

7.4　投资收益

7.4.1　以公允价值计量且其变动计入当期损益的金融资产

1. 业务概述

投资收益是指企业对外投资所取得的收益，减去投资发生的损失，包括取得、持有、出售以公允价值计量且其变动计入当期损益的金融资产实现的损益，持有、出售以摊余成本计量的金融资产实现的损益，持有、出售以公允价值计量且其变动计入其他综合收益的投资实现的损益等。

交易性金融资产或交易性金融负债以及以公允价值计量且其变动计入当期损益的金融资产或金融负债，支付相关交易费用、公允价值的变动、收到的现金股利以及出售时的损益计入当期损益。

2. 账务处理

交易性金融资产等实现的投资收益或投资损失，贷方登记企业出售交易性金融资产等实现的投资收益，借方登记企业出售交易性金融资产等发生的投资损失。发生投资损失时，借记“投资收益”科目，贷记“银行存款”科目，编制会计分录如图 7-53 所示。

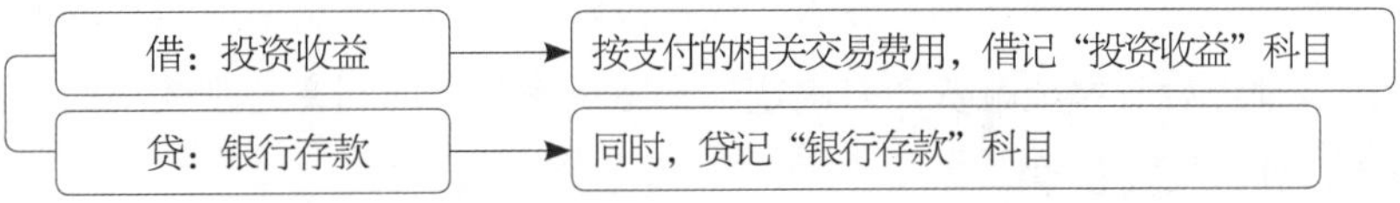

图 7-53　交易性金融资产等实现的投资收益或投资损失

发放现金股利时，借记“应收股利”科目，贷记“投资收益”科目，编制会计分录如图 7-54 所示。

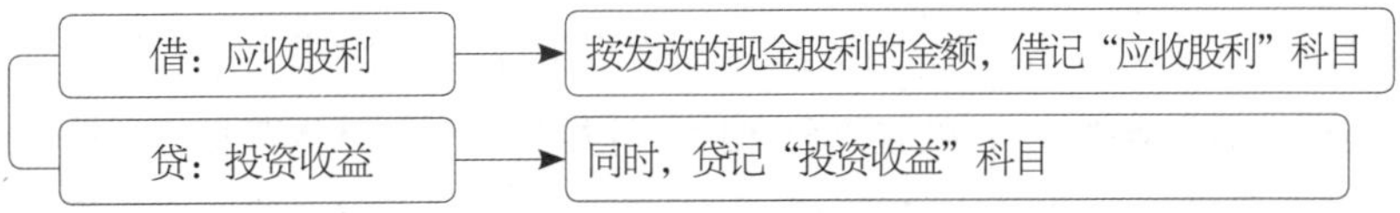

图 7-54　发放现金股利

出售交易性金融资产时，将“公允价值变动损益”科目余额转入“投资收益”科目，编制会计分录如图 7-55 所示。

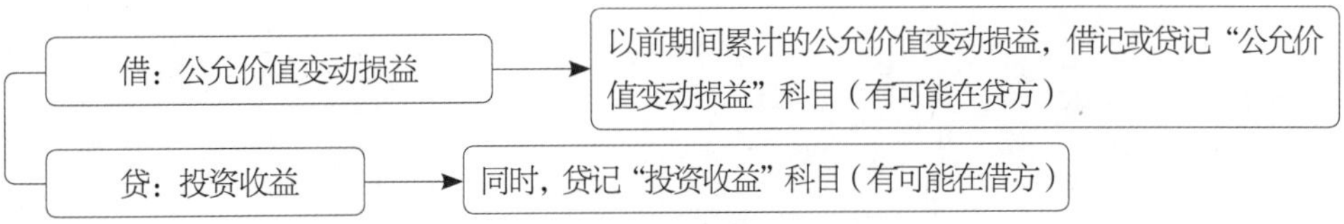

图 7-55　出售交易性金融资产

期末，将本科目余额转入“本年利润”科目。

3. 案例解析

详见资产类“交易性金融资产”相关内容。

7.4.2 以摊余成本计量的金融资产

1. 业务概述

采用实际利率法计算的以摊余成本计量的金融资产的利息，应当计入当期损益；以摊余成本计量的金融资产的现金股利，应当在被投资单位宣告发放股利时计入当期损益。处置以摊余成本计量的金融资产时，应将取得的价款与该金融资产账面价值之间的差额，计入投资损益；同时，将原直接计入所有者权益的公允价值变动累计额对应处置部分的金额转出，计入投资损益。

2. 账务处理

以摊余成本计量的金融资产持有期间，按以摊余成本计量的金融资产摊余成本和实际利率计算确定利息收入，记入“投资收益”科目，编制会计分录如图 7-56 所示。

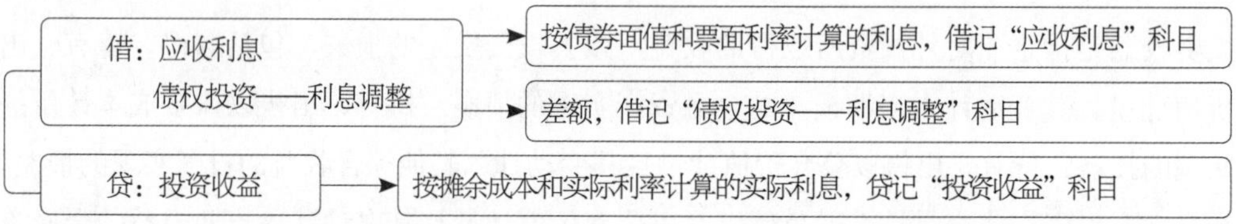

图 7-56 以摊余成本计量的金融资产持有期间确定利息收入

3. 案例解析

详见资产类“债权投资”相关内容。

7.4.3 以公允价值计量且其变动计入其他综合收益金融资产

企业应在以公允价值计量且其变动计入其他综合收益金融资产持有期间，采用实际利率法，按照摊余成本和实际利率计算确认利息收入，计入投资收益。实际利率应当在取得以公允价值计量且其变动计入其他综合收益金融资产时确定，实际利率与票面利率差别较小的，也可按票面利率计算利息收入，计入投资收益。

以公允价值计量且其变动计入其他综合收益金融资产持有期间取得的利息或现金股利，应当记入“投资收益”科目（参照交易性金融资产取得现金股利的账务处理）。采用实际利率法计算的以公允价值计量且其变动计入其他综合收益金融资产的利息，应当记入“投资收益”科目（参照债权投资计提利息的账务处理）；处置以公允价值计量且其变动计入其他综合收益金融资产时，按实际收到的金额，借记“银行存款”科目，按其账面余额，贷记“其他债权投资”科目，按从所有者权益中转出的公允价值累计变动额，借记或贷记“其他综合收益”科目，按其差额，贷记或借记“投资收益”科目，编制会计分录如图 7-57 所示。

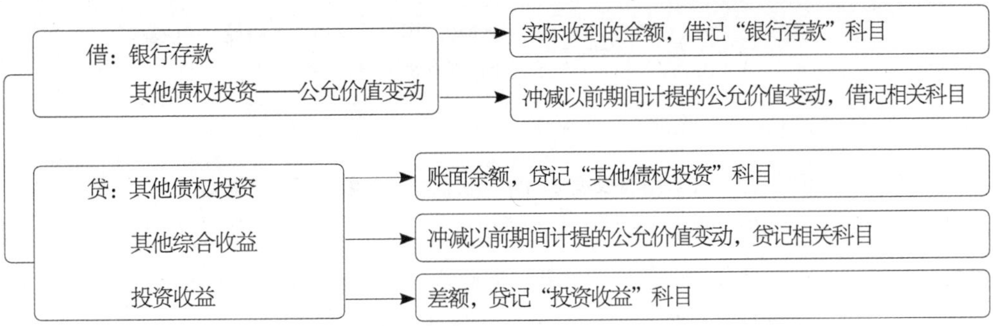

图 7-57　以公允价值计量且其变动计入其他综合收益金融资产

7.4.4　长期股权投资

1. 业务概述

在长期股权投资成本法下，被投资单位宣告分派的现金股利或利润中，投资企业按享有的部分，确认为当期投资收益。

在长期股权投资权益法下，投资企业取得长期股权投资后，应当按照应享有或应分担的被投资单位实现的净利润或净损失的份额，确认当期投资收益，并调整长期股权投资的账面价值。

2. 账务处理

（1）成本法下，被投资单位宣告分派现金股利或利润时，投资企业根据其享有的部分，借记“应收股利”科目，贷记“投资收益”科目。编制会计分录如图 7-58 所示。

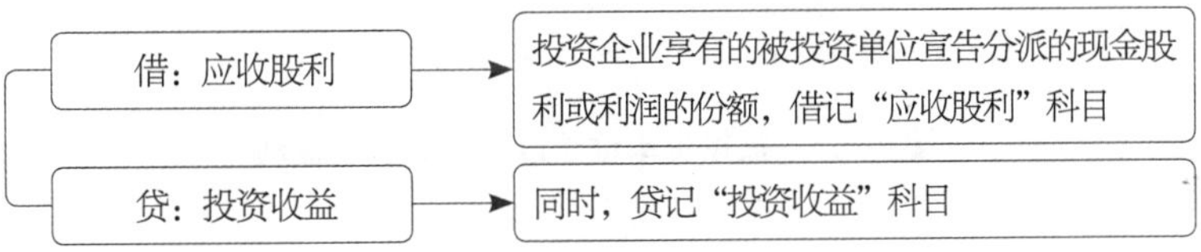

图 7-58　成本法下被投资单位宣告分派现金股利或利润

（2）权益法下，按照应享有的被投资单位实现的净利润的份额，借记“长期股权投资——损益调整”科目，贷记“投资收益”科目。编制会计分录如图 7-59 所示。

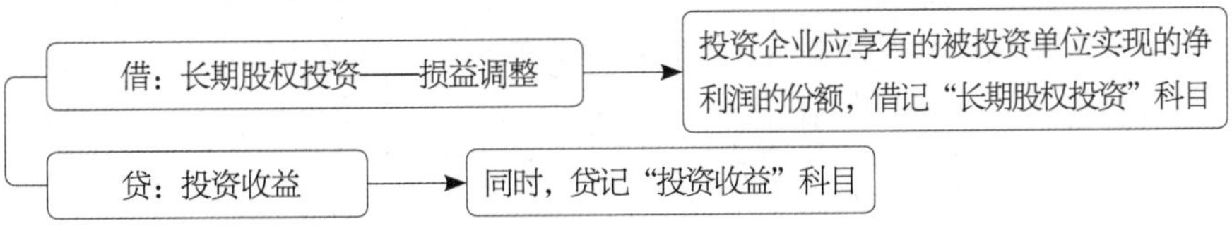

图 7-59　权益法下被投资单位宣告分派现金股利或利润

投资企业在确认应分担被投资单位发生的亏损时，应借记“投资收益”科目，贷记“长期股权投资——损益调整”科目，编制会计分录如图 7-60 所示。

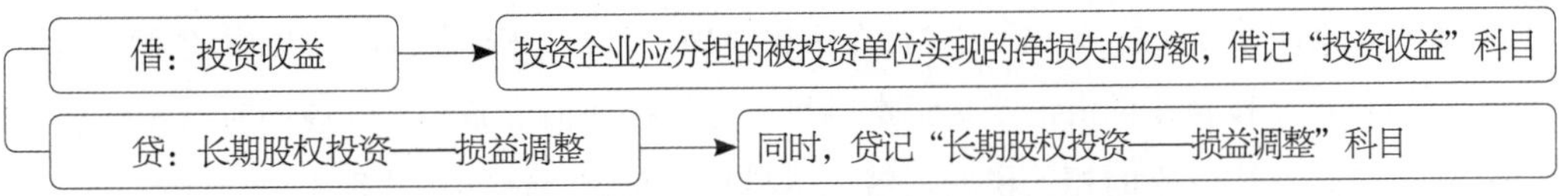

图 7-60　投资企业确认应分担被投资单位发生的亏损

在长期股权投资的账面价值减记至零以后，考虑其他实质上构成对被投资单位净投资的长期权益，继续确认的投资损失，应借记“投资收益”科目，贷记“长期应收款”等科目，编制会计分录如图 7-61 所示。

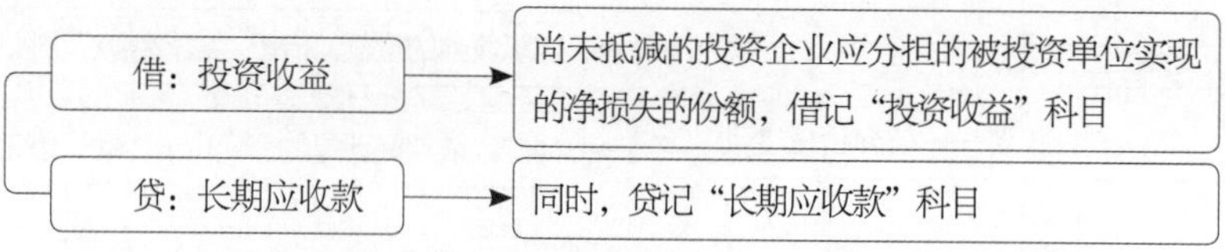

图 7-61　在长期股权投资的账面价值减记至零以后的账务处理

因投资合同或协议约定导致投资企业需要承担额外义务的，按照《企业会计准则第13号——或有事项》的规定，对于符合确认条件的义务，应确认为当期损失，同时确认预计负债，借记“投资收益”科目，贷记“预计负债”科目，编制会计分录如图7-62所示。

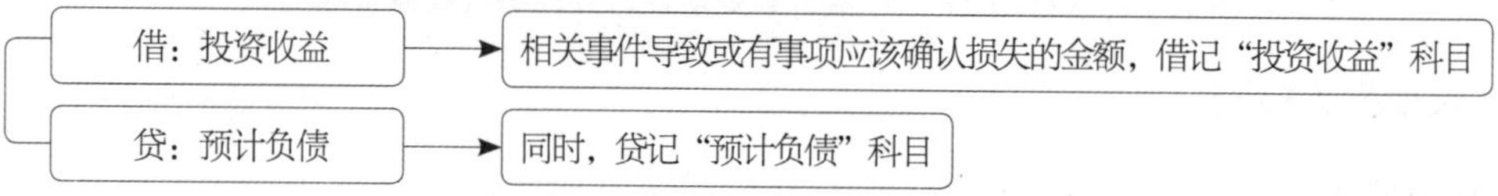

图 7-62　因投资合同或协议约定导致投资企业需要承担额外义务

在确认了有关的投资损失以后，被投资单位于以后期间实现盈利的，应当按顺序分别借记“预计负债”“长期应收款”“长期股权投资——损益调整”等科目，贷记“投资收益”科目，编制会计分录如图7-63所示。

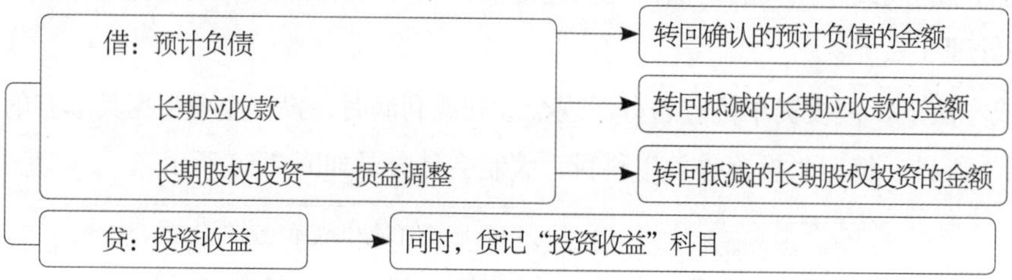

图 7-63　被投资单位于以后期间实现盈利

7.5　资产处置损益

1. 业务概述

“资产处置损益”科目用于核算企业出售划分为持有待售的非流动资产（金融工具、长期股权投资和投资性房地产除外）或处置组（子公司和业务除外）时确认的处置利得或损失，以及处置未划分为持有待售的固定资产、在建工程、生产性生物资产及无形资产而产生的处置利得或损失。债务重组中因处置非流动资产产生的利得或损失和非货币性资产交换中换出非流动资产产生的利得或损失也在本科目核算。

2. 账务处理

企业处置持有待售的非流动资产或处置组时，按处置过程中收到的价款，借记“银行存款”等科目，按相关负债的账面余额，借记“持有待售负债”科目，按相关资产的账面余额，贷记“持有待售资产”科目，按其差额借记或贷记本科目，已计提减值准备的，还应同时结转已计提的减值准备；按处置过程中发生的相关税费，借记本科目，贷记“银行存款”“应交税费”等科目，编制会计分录如图7-64所示。

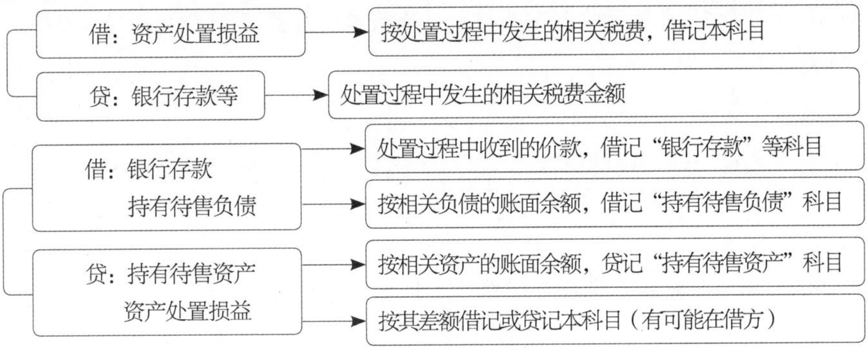

图 7-64 资产处置损益

3. 案例解析

【例 7-29】2×19 年 9 月 19 日，A 企业的销售门店转让完成，A 企业以银行存款分别支付维修费用 5 000 元和律师、注册会计师专业咨询费 37 000 元。B 企业以银行存款支付所有转让价款 1 914 000 元。当日 A 企业划分为持有待售资产账面价值为 2 985 000 元，持有待售负债账面价值为 1 120 000 元。

A 企业的账务处理如下。

借：资产处置损益　　5 000
　　贷：银行存款　　5 000
借：资产处置损益　　37 000
　　贷：银行存款　　37 000
借：银行存款　　1 914 000
　　持有待售负债　　1 120 000
　　贷：持有待售资产　　2 985 000
　　　　资产处置损益　　49 000

7.6 其他收益

“其他收益”科目用于核算总额法下与日常活动相关的政府补助以及其他与日常活动相关且应直接记入本科目的项目。

对于总额法下与日常活动相关的政府补助，企业在实际收到或应收款项时，或者将先确认为“递延收益”的政府补助分摊计入收益时，借记“银行存款”“其他应收款”“递延收益”等科目，然后在相关资产使用寿命内按合理、系统的方法分期计入损益，贷记“其他收益”科目。

按照国家有关政策，企业购置环保设备可以申请补贴以补偿其环保支出。

【例 7-30】例如，丁企业于 2×18 年 1 月向政府有关部门提交了 2 100 000 元的补助申请，作为对其购置环保设备的补贴。2×18 年 3 月 15 日，丁企业收到了政府补贴款 2 100 000 元。2×18 年 4 月 20 日，丁企业购入不需安装的环保设备一台，实际成本为 4 800 000 元，使用寿命 10 年，采用直线法计提折旧（不考虑净残值）。2×26 年 4 月，丁企业的这台设备因发生毁损而报废。本例中不考虑相关税费等其他因素。

丁企业的账务处理如下。

方法一：丁企业选择总额法对此类补助进行会计处理。

（1）2×18年3月15日实际收到财政拨款，确认递延收益。

借：银行存款　　2 100 000

　　贷：递延收益　　2 100 000

（2）2×18年4月20日购入设备。

借：固定资产　　4 800 000

　　贷：银行存款　　4 800 000

（3）自2×18年5月起每个资产负债表日（月末）计提折旧，同时分摊递延收益。

①计提折旧（假设该设备用于污染物排放测试，折旧费用计入制造费用）。

借：制造费用　　40 000

　　贷：累计折旧　　40 000

②分摊递延收益。

借：递延收益　　17 500

　　贷：其他收益　　17 500

（4）2×26年4月设备毁损，同时转销递延收益余额。

借：固定资产清理　　960 000

　　累计折旧　　3 840 000

　　贷：固定资产　　4 800 000

借：递延收益　　420 000

　　贷：固定资产清理　　420 000

借：营业外支出　　540 000

　　贷：固定资产清理　　540 000

方法二：丁企业选择净额法对此类补助进行会计处理。

（1）2×18年3月15日实际收到财政拨款，确认递延收益。

借：银行存款　　2 100 000

　　贷：递延收益　　2 100 000

（2）2×18年4月20日购入设备。

借：固定资产　　4 800 000

　　贷：银行存款　　4 800 000

借：递延收益　　2 100 000

　　贷：固定资产　　2 100 000

（3）自2×18年5月起每个资产负债表日（月末）计提折旧。

借：制造费用　　22 500

　　贷：累计折旧　　22 500

（4）2×26年4月设备毁损。

借：固定资产清理　　540 000

　　累计折旧　　2 160 000

　　贷：固定资产　　2 700 000

借：营业外支出　　540 000

贷：固定资产清理　　　　　　　　　　　　　　　　　　　　540 000

期末，应将本科目余额转入“本年利润”科目，本科目结转后应无余额。

7.7 营业外收入

营业外收入是指与企业的生产经营活动没有直接关系的各项收入，包括非流动资产处置利得、非货币性资产交换利得、债务重组利得、政府补助、盘盈利得、捐赠利得等。

7.7.1 非流动资产处置利得

1. 业务概述

非流动资产的处置与企业的日常生产经营活动并无直接联系，由此取得的收入应计入营业外收入。

2. 账务处理

企业在生产经营期间，按固定资产清理所取得的收益，借记“固定资产清理”科目，贷记“营业外收入——非流动资产处置利得”科目。编制会计分录如图 7-65 所示。

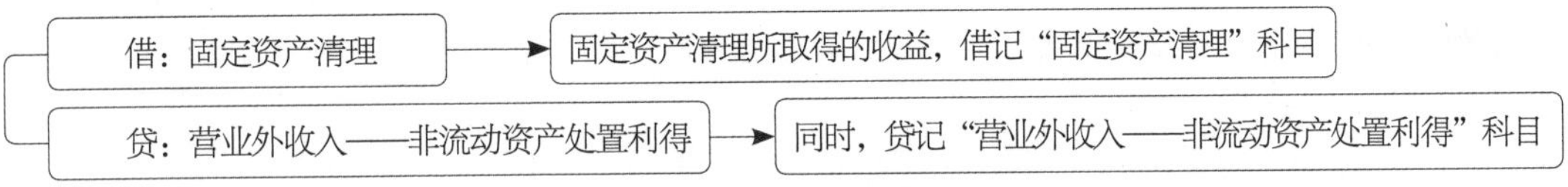

图 7-65 非流动资产处置利得

3. 案例解析

【例 7-31】某企业报废和毁损的固定资产的净收益 4 000 元，转入营业外收入。该企业的账务处理如下。

借：固定资产清理　　　　　　　　　　　　　　　　　4 000

　贷：营业外收入——非流动资产处置利得　　　　　　　　4 000

7.7.2 非货币性资产交换和债务重组利得

1. 业务概述

企业进行的非货币性资产交换和债务重组与企业的日常生产经营活动并无直接联系，由此取得的收入应计入营业外收入。

2. 账务处理

企业在非货币性资产交换和债务重组过程中的非货币性资产交换利得和债务重组利得，应借记或贷记有关科目，同时贷记“其他收益——非货币性资产交换损失或债务重组损失”科目。具体处理方法参阅资产类“非货币性资产交换”和“债务重组”相关内容。

3. 案例解析

【例 7-32】某企业按合同规定于 2×19 年 1 月 1 日应偿还以前所欠货款 110 000 元，但因财务困难，此项债务无法偿还。经与债权单位协商，3 月 1 日进行债务重组，债务重组协议规定，债权单位减免企业债务 30 000 元，余额用现金立即予以偿还，账务处理如下。

借：应付账款　　　　　　　　　　　　　　　　　　110 000

　贷：其他收益——债务重组收益　　　　　　　　　　　30 000

库存现金　　80 000

7.7.3　政府发放拨款和补助

1. 业务概述

企业收到的政府发放的拨款和补助，与企业的日常生产经营活动并无直接联系，由此取得的收入应计入营业外收入。

2. 账务处理

企业确认的政府补助利得，借记“银行存款”“递延收益”等科目，贷记“营业外收入——政府补助”科目。编制会计分录如图7-66所示。

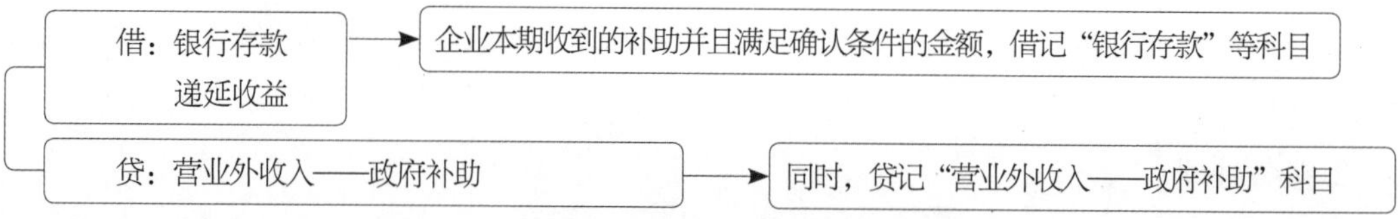

图7-66　非货币性资产交换和债务重组利得

3. 案例解析

【例7-33】某企业于2×18年8月1日收到政府补助1 000 000元，在一年内分摊并计入收入。该企业的账务处理如下。

（1）2×18年8月1日。

借：银行存款　　1 000 000

　　贷：递延收益　　1 000 000

（2）2×19年1月31日。

借：递延收益　　500 000

　　贷：营业外收入——政府补助　　500 000

2×19年7月31日做同样的分录。

7.7.4　盘盈利得

1. 业务概述

资产负债表日，企业应对存货等资产进行盘点，若发现实物数大于账面数的情况，属于与企业日常生产经营活动无直接联系的利得，应按盘盈金额计入营业外收入。

2. 账务处理

发生盘盈利得时，借记“待处理财产损溢”科目，贷记“营业外收入——盘盈利得”科目，编制会计分录如图7-67所示。

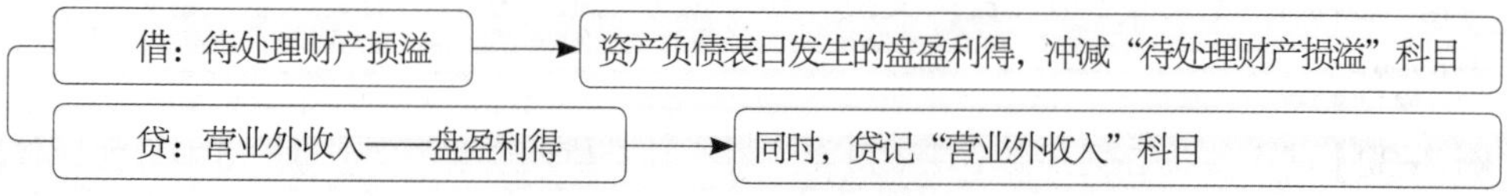

图7-67　发生盘盈利得

3. 案例解析

【例7-34】某企业盘盈原材料20 000元，按规定进行结转，账务处理如下。

借：待处理财产损溢　　　　　　　　　　　　　　20 000
　　贷：营业外收入——盘盈利得　　　　　　　　　　　20 000

7.7.5 期末结转

期末，将本科目余额转入“本年利润”科目，结转后本科目应无余额。

7.8 税金及附加

1. 业务概述

全面试行营业税改征增值税后，“营业税金及附加”科目名称调整为“税金及附加”科目。该科目用于核算企业经营活动发生的消费税、城市维护建设税、资源税、教育费附加及房产税、城镇土地使用税、车船税、印花税等相关税费。利润表中的“营业税金及附加”项目调整为“税金及附加”项目。

2. 账务处理

（1）企业销售应税产品按规定应缴纳的资源税，借记“税金及附加”科目，贷记“应交税费——应交资源税”科目。

（2）经营房地产业务的企业，应由当期营业收入负担的土地增值税，借记“税金及附加”科目，贷记“应交税费——应交土地增值税”科目。

（3）企业按规定应交的城市维护建设税、教育费附加和矿产资源补偿费等，借记“税金及附加”科目，贷记“应交税费——应交城建税、应交教育费附加、应交矿产资源补偿费”科目。

编制会计分录如图 7-68 所示。

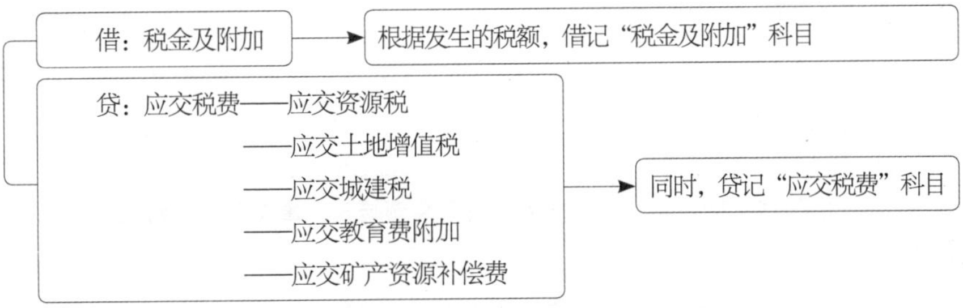

图 7-68 缴纳相关税费

3. 案例解析

详见负债类“应交税费”相关内容。

7.9 销售费用

1. 业务概述

销售费用是指企业在销售商品和材料、提供劳务的过程中发生的各种费用，包括企业在销售商品过程中发生的运输费、装卸费、保险费、包装费、展览费和广告费、商品维修费、预计产品质量保证损失以及为销售本企业商品而专设的销售机构（含销售网点、售后服务网点等）的职工薪酬、业务费、折旧费、固定资产修理费等费用。

企业发生的销售费用，在“销售费用”科目核算，并在“销售费用”科目中按费用项目设置明细账，进行明细核算。期末，“销售费用”科目的余额结转“本年利润”科目后应无余额。

2. 账务处理

（1）企业在销售商品过程中发生的包装费、保险费、展览费和广告费、运输费、装卸费等费用，借记“销售费用”科目，贷记“库存现金”“银行存款”等科目。编制会计分录如图 7-69 所示。

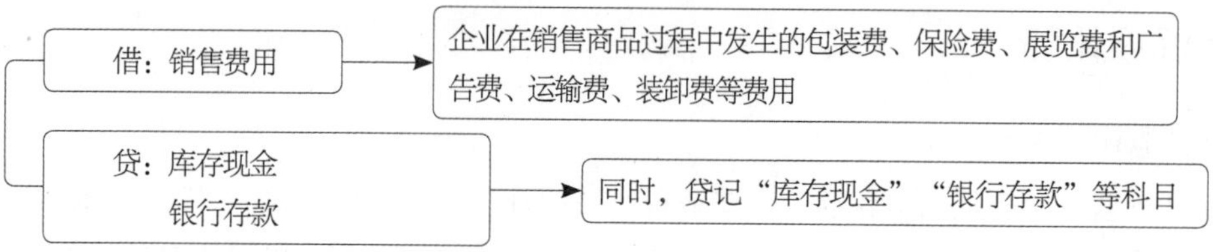

图 7-69　包装费、保险费、展览费和广告费、运输费、装卸费等费用的会计处理

（2）企业发生的为销售本企业商品而专设的销售机构的职工薪酬、业务费、折旧费等经营费用，借记“销售费用”科目，贷记“应付职工薪酬”“银行存款”“累计折旧”等科目。编制会计分录如图 7-70 所示。

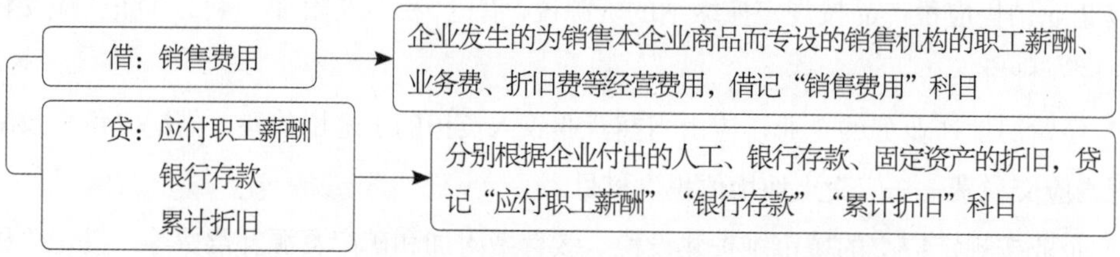

图 7-70　为销售本企业商品而专设的销售机构的经营费用

（3）期末，应将“销售费用”科目余额转入“本年利润”科目，结转后“销售费用”科目应无余额。编制会计分录如图 7-71 所示。

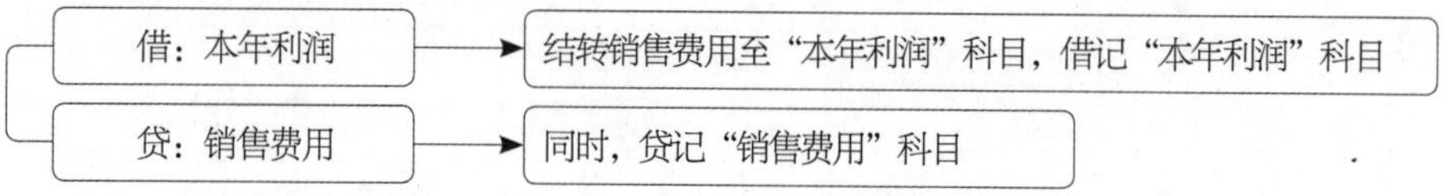

图 7-71　期末将“销售费用”科目余额转入“本年利润”科目

3. 案例解析

【例 7-35】某公司 2×19 年 11 月销售费用发生的有关经济业务及账务处理如下。

（1）以银行存款支付产品的广告费 5 000 元，展览费 4 000 元。

借：销售费用——广告费	5 000	
——展览费	4 000	
贷：银行存款		9 000

（2）公司本月为销售产品以银行存款支付运输费 1 200 元，运输途中的保险费 350 元，装卸费 650 元。

借：销售费用——运输费	1 200	
——保险费	350	
——装卸费	650	
贷：银行存款		2 200

（3）公司本月专设销售机构发生下列费用：销售机构人员的工资为 4 000 元，提取职工福利

费 560 元，固定资产的折旧费 460 元，以银行存款支付办公费 200 元。

借：销售费用——工资　　4 000
　　　　　　——福利费　　560
　　　　　　——折旧费　　460
　　　　　　——办公费　　200
　贷：应付职工薪酬　　4 560
　　　累计折旧　　460
　　　银行存款　　200

（4）公司按规定将本月发生的销售费用 16 420 元予以结转。

借：本年利润　　16 420
　贷：销售费用　　16 420

7.10　管理费用

1. 业务概述

管理费用是指企业为组织和管理企业生产经营活动所发生的费用，包括企业在筹建期间内发生的开办费、董事会和行政管理部门在企业的经营管理中发生的或者应由企业统一负担的公司经费（包括行政管理部门职工工资及福利费、物料消耗、低值易耗品摊销、办公费和差旅费等）、工会经费、董事会费（包括董事会成员津贴、会议费和差旅费等）、聘请中介机构费、咨询费（含顾问费）、诉讼费、业务招待费、房产税、车船税、土地使用税、印花税、技术转让费、矿产资源补偿费、研究费用、排污费等，以及企业生产车间（部门）和行政管理部门等发生的固定资产修理费用等后续支出。

企业发生的管理费用，在“管理费用”科目核算，并在“管理费用”科目中按费用项目设置明细账，进行明细核算。期末，“管理费用”科目的余额结转“本年利润”科目后应无余额。

同一控制下企业合并发生的直接相关费用，也在“管理费用”科目核算。

商品流通企业管理费用不多的，可不设置“管理费用”科目，而将应核算内容并入“销售费用”科目核算。

2. 账务处理

（1）企业在筹建期间内发生的开办费，包括人员工资、办公费、培训费、差旅费、印刷费、注册登记费以及不计入固定资产价值的借款费用等在实际发生时，借记“管理费用——开办费”科目，贷记“银行存款”等科目。编制会计分录如图 7-72 所示。

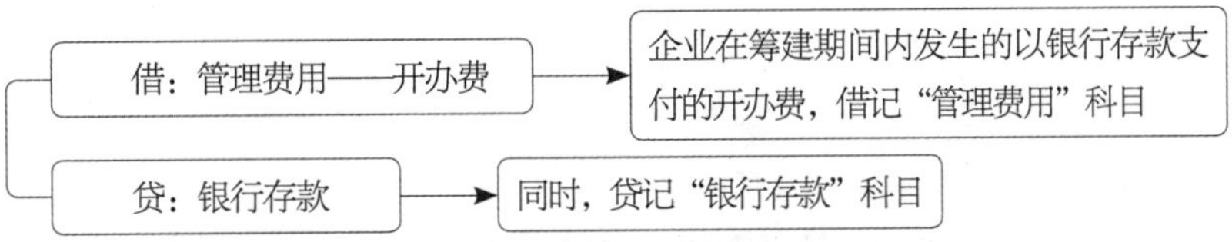

图 7-72　企业在筹建期间内发生的开办费

（2）行政管理部门人员的职工薪酬，借记“管理费用——工资”科目，贷记“应付职工薪酬”科目。编制会计分录如图 7-73 所示。

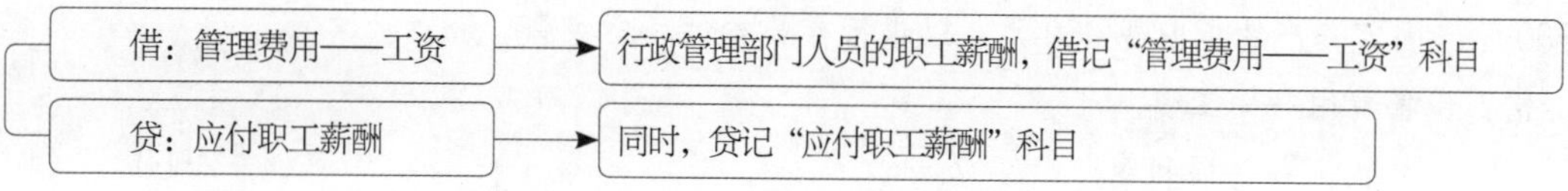

图 7-73　行政管理部门人员的职工薪酬

（3）行政管理部门计提的固定资产折旧，借记“管理费用——折旧费”科目，贷记“累计折旧”科目。编制会计分录如图 7-74 所示。

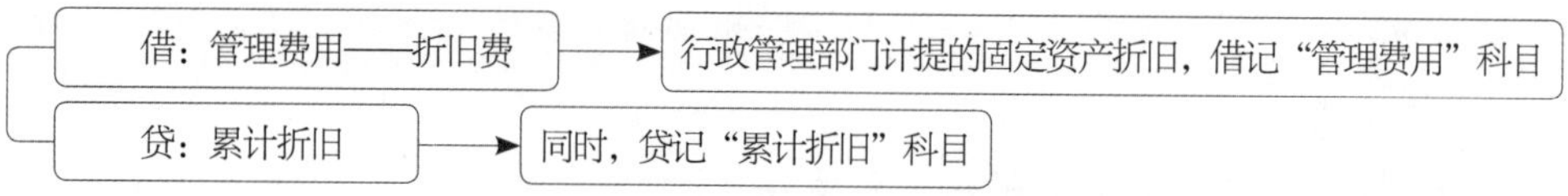

图 7-74　行政管理部门计提的固定资产折旧

（4）发生的办公费、水电费、业务招待费、聘请中介机构费、咨询费、诉讼费、技术转让费、研究费用，借记“管理费用——办公费、水电费等”科目，贷记“银行存款”“研发支出”等科目。编制会计分录如图 7-75 所示。

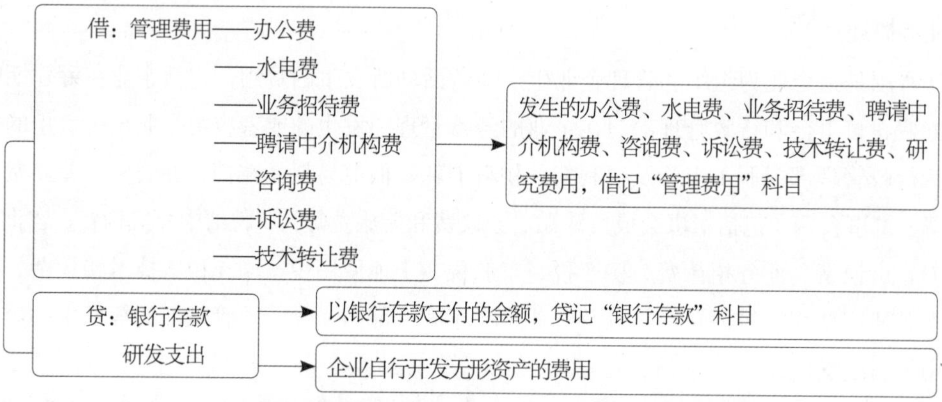

图 7-75　发生的办公费、水电费、业务招待费等费用

（5）摊销长期待摊费用时，借记“管理费用”科目，贷记“长期待摊费用”科目。编制会计分录如图 7-76 所示。

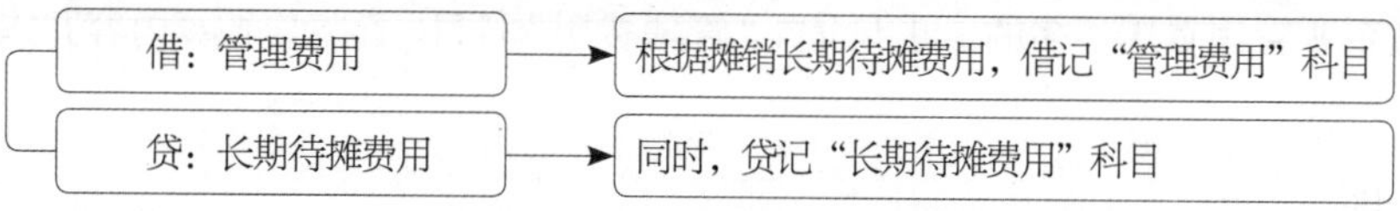

图 7-76　摊销长期待摊费用

（6）按规定计算确定的应交矿产资源补偿费、房产税、车船使用税、土地使用税、印花税，借记“管理费用——税金”科目，贷记“应交税费”科目。编制会计分录如图 7-77 所示。

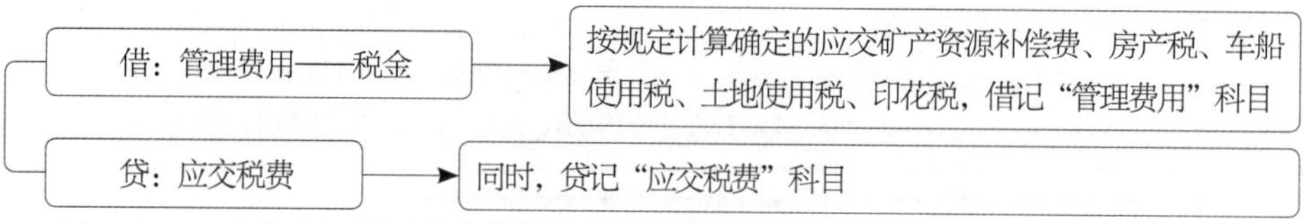

图 7-77　按规定计算确定的应交矿产资源补偿费、房产税等

（7）期末，将“管理费用”科目的余额结转“本年利润”科目，结转后本科目应无余额。编制会计分录如图 7-78 所示。

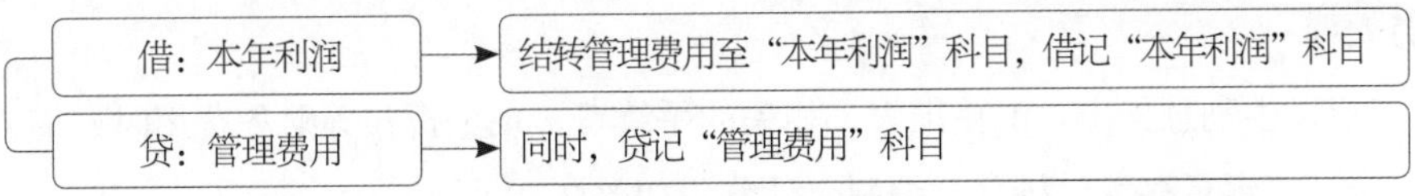

图 7-78 期末将“管理费用”科目的余额结转至“本年利润”科目

3. 案例解析

【例 7-36】某公司 2×19 年 10 月管理费用发生的有关经济业务及账务处理如下。

（1）公司本月经计算应由本期管理费用负担的折旧费 8 000 元，行政部门人员的工资 50 000 元，福利费 7 000 元。

借：管理费用——折旧费	8 000	
——工资	50 000	
——福利费	7 000	
贷：累计折旧		8 000
应付职工薪酬		57 000

（2）公司本月以银行存款 2 000 元支付购买办公用品。

借：管理费用——办公费	2 000	
贷：银行存款		2 000

（3）公司本月报销职工差旅费 1 500 元，冲销职工的借款。

借：管理费用——职工差旅费	1 500	
贷：其他应收款		1 500

（4）公司本月经计算应缴纳房产税 1 200 元，车船税 1 600 元，土地使用税 800 元，以银行存款支付印花税 400 元。

借：管理费用——税金	4 000	
贷：应交税费——应交房产税		1 200
——应交车船税		1 600
——应交土地使用税		800
银行存款		400

（5）公司本月结转发生的管理费用 72 500 元。

借：本年利润	72 500	
贷：管理费用		72 500

7.11 财务费用

7.11.1 为筹集生产经营所需资金等而发生的筹资费用

1. 业务概述

财务费用是指企业为筹集生产经营所需资金等而发生的筹资费用，包括利息支出（减利息收入）、汇兑损益以及相关的手续费、企业发生的现金折扣或收到的现金折扣等。

企业发生的财务费用，在“财务费用”科目核算，并在“财务费用”科目中按费用项目设置明细账，进行明细核算。期末，“财务费用”科目的余额结转至“本年利润”科目后应无余额。

2. 账务处理

（1）企业发生利息支出、汇兑损失、相关的手续费、现金折扣等财务费用时，借记“财务费用”科目，贷记“银行存款”科目。编制会计分录如图 7-79 所示。

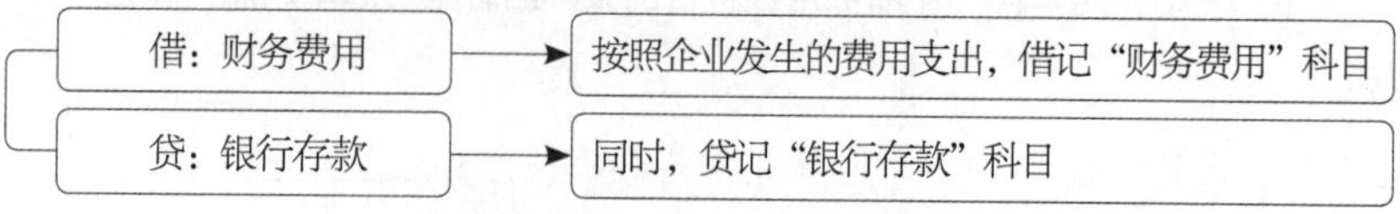

图 7-79　企业发生财务费用

（2）企业发生应冲减财务费用的利息收入、汇兑收益、收到现金折扣时，借记“银行存款”“应付账款”等科目，贷记“财务费用”科目。编制会计分录如图 7-80 所示。

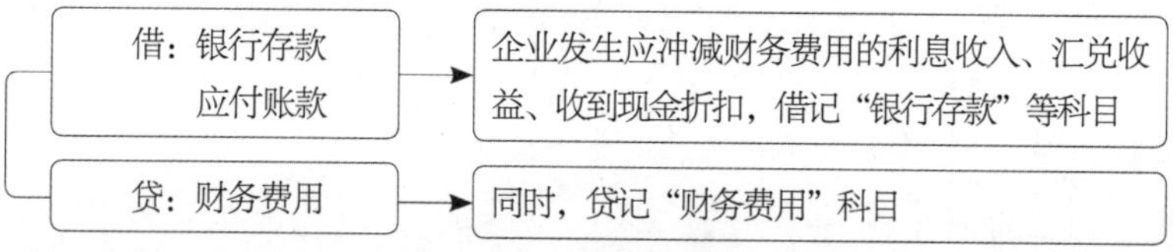

图 7-80　冲减财务费用

（3）期末，应将“财务费用”科目余额转入“本年利润”科目，结转后本科目应无余额。编制会计分录如图 7-81 所示。

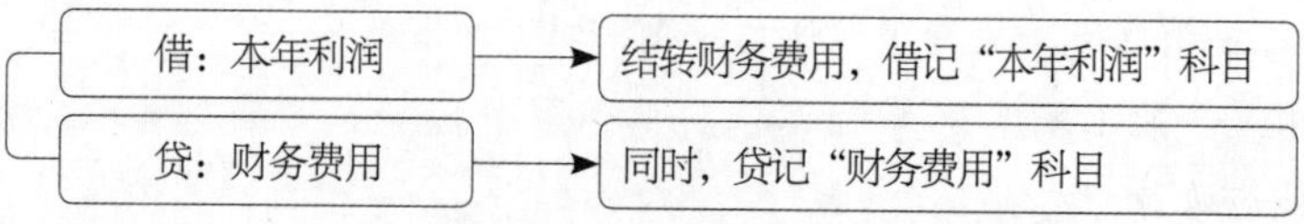

图 7-81　期末将“财务费用”科目余额转入“本年利润”科目

3. 案例解析

【例 7-37】某公司某月财务费用发生的有关经济业务及账务处理如下。

（1）公司以银行存款支付本月手续费 400 元。

借：财务费用——手续费　　400

　　贷：银行存款　　400

（2）公司本月发生银行存款利息收入 1 300 元。

借：银行存款　　1 300

　　贷：财务费用——利息收入　　1 300

（3）公司银行存款美元户期末账面人民币 253 000 元，根据期末汇率调整后的余额为 251 000 元，发生汇兑损失 2 000 元。

借：财务费用——汇兑损失　　2 000

　　贷：银行存款　　2 000

（4）公司本月结转发生的财务费用 1 100 元。

借：本年利润　　1 100

　　贷：财务费用　　1 100

7.11.2　企业因借款而发生的利息及其他相关成本

1. 业务概述

（1）借款费用的内容。

借款费用包括借款利息、因借款发生的折价或溢价的摊销、辅助费用、因外币借款而发生的汇兑差额。借款利息，包括企业向银行或者其他金融机构等借入资金发生的利息、发行公司债券发生的利息，以及为购建或者生产符合资本化条件的资产而发生的带息债务所承担的利息等。因借款而发生的折价或者溢价摊销，主要是指发行债券等所发生的折价或者溢价。发行债券中的折价或者溢价的摊销，其实质是对债券票面利息的调整（即将债券票面利率调整为实际利率），属于借款费用的构成部分。因借款而发生的辅助费用，是指企业在借款过程中发生的手续费、佣金、印刷费等费用，由于这些费用是因安排借款而发生的，是借入资金所付出的代价，其属于借款费用的构成部分。因外币借款而发生的汇兑差额，是指由于汇率变动导致市场汇率与账面汇率出现差异，从而对外币借款本金及其利息的记账本位币金额所产生的影响金额。由于这些差异是因外币借款而产生的，其属于借款费用的构成部分。

（2）符合资本化条件的资产。

符合资本化条件的资产是指需要经过相当长时间的购建或者生产活动才能达到预定可使用或者可销售状态的固定资产、投资性房地产和存货等资产。建造合同成本、确认为无形资产的开发支出等在符合条件的情况下，也可以认定为符合资本化条件的资产。

（3）借款费用开始资本化时点的确定。

因借款而发生的借款费用同时满足下列条件时，才能开始资本化：资产支出已经发生，即企业已经发生了支付现金、转移非现金资产或者承担带息债务形式所发生的支出；借款费用已经发生，即企业已经发生了因购建或者生产符合资本化条件的资产而专门借入款项的借款费用或者所占用的一般借款的借款费用；为使资产达到预定可使用或者可销售状态所必要的构建或者生产活动已经开始，即符合资本化条件的资产的实体建造或者生产工作已经开始，要注意此处要求必须有改变资产形态的实质上的建造或生产活动。

（4）借款费用资本化的暂停。

符合资本化条件的资产在构建或者生产过程中发生了非正常中断，并且中断时间连续超过 3 个月的，应当在此期间暂停借款费用的资本化。非正常中断通常是由不可预见的原因所导致的，例如，企业因与施工方发生了质量纠纷，或者工程、生产用料没有及时供应，或者施工、生产发生了安全事故，或者发生了与资产购建、生产有关的劳动纠纷等。

（5）借款费用停止资本化的时点。

购建或者生产符合资本化条件的资产达到预定可使用或者可销售状态时，借款费用应当停止资本化。在停止资本化后，再发生的借款费用应在发生时计入当期损益。购建或者生产符合资本化条件的资产达到预定可使用或者可销售状态，可从下列几个方面进行判断。

①符合资本化条件的资产的实体建造（包括安装）或者生产工作已经全部完成或者实质上已经完成。

②所购建或者生产的符合资本化条件的资产与设计要求、合同规定或者生产要求相符或者基本相符。

③继续发生在所购建或生产的符合资本化条件的资产上的支出金额很少或者几乎不再发生。

（6）借款费用资本化金额的确定。

①利息资本化金额的确定。

在借款费用资本化期间内，每一会计期间的利息（包括折价或溢价的摊销，下同）资本化金额，应当按照下列规定确定。

a. 专门借款利息费用的资本化金额。

专门借款是指为购建或者生产符合资本化条件的资产而专门借入的款项。专门借款通常应当有明确的用途，即为购建或者生产某项符合资本化条件的资产而专门借入的，并通常应当具有标明该用途的借款合同。

专门借款利息费用的资本化金额，应当以专门借款当期实际发生的利息费用，减去将尚未动用的借款资金存入银行取得的利息收入或进行暂时性投资取得的投资收益后的金额确定。

b. 一般借款利息费用的资本化金额。

一般借款是指除专门借款之外的借款。相对于专门借款而言，一般借款在借入时，其用途通常没有特别限定为用于购建或生产符合资本化条件的资产。

一般借款利息费用的资本化金额，应当根据累计资产支出超过专门借款部分的资产支出加权平均数乘以所占用一般借款的资本化率，计算确定一般借款应予资本化的利息金额。资本化率应当根据一般借款加权平均利率计算确定。

c. 每一会计期间的利息资本化金额，不应当超过当期相关借款实际发生的利息金额。

②辅助费用资本化金额的确定。

专门借款发生的辅助费用，在所购建或者生产的符合资本化条件的资产达到预定可使用或者可销售状态之前发生的，应当在发生时根据其发生额予以资本化，计入符合资本化条件的资产的成本；在所购建或者生产的符合资本化条件的资产达到预定可使用或者可销售状态之后发生的，应当在发生时根据其发生额确认为费用，计入当期损益。需要注意的是，暂停资本化期间专项借款发生的辅助费用也应予以资本化。

③外币专门借款汇兑差额资本化金额的确定。

在资本化期间内，外币专门借款本金及其利息的汇兑差额，应当予以资本化，计入符合资本化条件的资产的成本。而除外币专门借款之外的其他外币借款本金及其利息所产生的汇兑差额应当作为财务费用，计入当期损益。

2. 账务处理

企业发生的借款费用（包括利息、折溢价摊销、辅助费用、汇兑差额等），应按照规定，分别记入有关科目：属于筹建期间不应计入相关资产价值的借款费用，记入“管理费用”科目；属于经营期间不应计入相关资产价值的借款费用，记入“财务费用”科目；属于发生的与构建或者生产符合资本化条件的资产有关的借款费用，按规定在构建或者生产的资产达到预定可使用或者可销售状态前应予以资本化的，计入相关资产的成本，视资产的不同，分别记入“在建工程”“制造费用”“研发支出”等科目；购建或者生产符合资本化条件的资产达到预定可使用或者可销售状态后所发生的借款费用以及规定不能予以资本化的借款费用，记入“财务费用”科目。

企业应该编制的会计分录如图7-82所示。

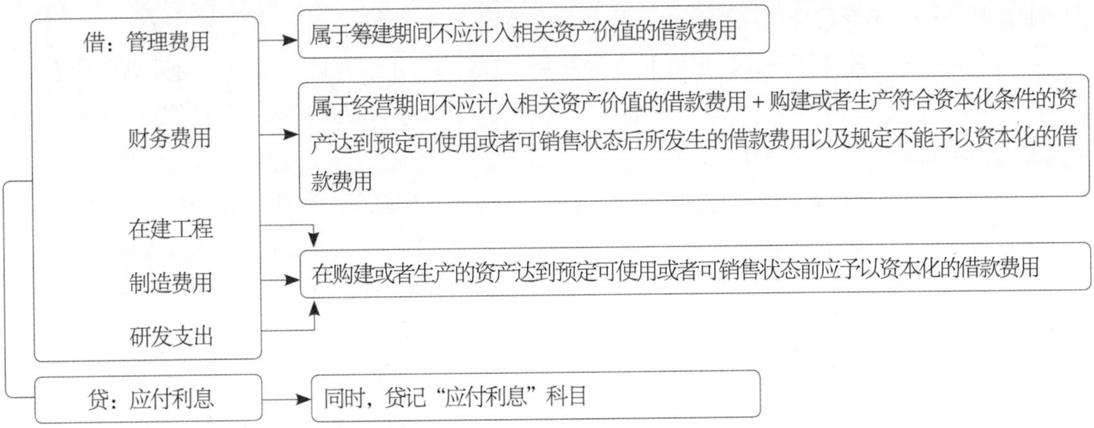

图 7-82　企业因借款而发生的利息及其他相关成本

3. 案例解析

【例 7-38】MN 公司拟在厂区内建造一幢新厂房，有关资料如下。

（1）2×18 年 1 月 1 日向银行专门借款 50 000 000 元，期限为 3 年，年利率为 6%，每年 1 月 1 日付息。

（2）除专门借款外，公司只有一笔其他借款，为公司于 2×17 年 12 月 1 日借入的长期借款 60 000 000 元，期限为 5 年，年利率为 8%，每年 12 月 1 日付息。

（3）由于审批、办手续等，厂房于 2×18 年 4 月 1 日才开始动工兴建，当日支付工程款 20 000 000 元。工程建设期间的支出情况如下。

2×18 年 6 月 1 日：10 000 000 元。

2×18 年 7 月 1 日：30 000 000 元。

2×19 年 1 月 1 日：10 000 000 元。

2×19 年 4 月 1 日：5 000 000 元。

2×19 年 7 月 1 日：5 000 000 元。

工程于 2×19 年 9 月 30 日完工，达到预定可使用状态。其中，由于施工质量问题，工程于 2×18 年 9 月 1 日至 12 月 31 日停工 4 个月。

（4）专门借款中未支出部分全部存入银行，假定月利率为 0.25%。假定全年按照 360 天计算，每月按照 30 天计算。

解析：根据上述资料，有关利息资本化金额的计算和利息的账务处理如下。

（1）计算 2×18 年、2×19 年全年发生的专门借款和一般借款利息费用。

2×18 年专门借款发生的利息金额 =50 000 000×6%=3 000 000（元）

2×18 年一般借款发生的利息金额 =60 000 000×8%=4 800 000（元）

2×19 年专门借款发生的利息金额 =50 000 000×6%=3 000 000（元）

2×19 年一般借款发生的利息金额 =60 000 000×8%=4 800 000（元）

（2）在本例中，尽管专门借款于 2×18 年 1 月 1 日借入，但是厂房建设于 4 月 1 日方才开工。因此，借款利息费用只有在 4 月 1 日起开始资本化，计入在建工程成本。同时由于厂房建设在 2×18 年 9 月 1 日至 12 月 31 日期间发生非正常中断 4 个月，该期间发生的利息费用应当暂停资本化，计入当期损益，也就是说 2×18 年资本化期间为 4~8 月。

（3）计算 2×18 年借款利息资本化金额和应计入当期损益金额及其账务处理。

①计算 2×18 年专门借款应予资本化的利息金额。

2×18 年 4 ~ 8 月专门借款发生的利息费用 =50 000 000×6%×150÷360=1 250 000（元）

2×18 年专门借款转存入银行取得的利息收入 =50 000 000×0.25%×3+30 000 000×0.25%×2+20 000 000×0.25%×1=575 000（元）

其中在资本化期间内取得的利息收入 =30 000 000×0.25%×2+20 000 000×0.25%×1=200 000（元）

公司在 2×18 年应予资本化的专门借款利息金额 =1 250 000−200 000=1 050 000（元）

公司在 2×18 年应当计入当期损益（财务费用）的专门借款利息金额（减利息收入）=3 000 000−1 050 000−575 000=1 375 000（元）

②计算 2×18 年一般借款应予资本化的利息金额。

公司在 2×18 年占用了一般借款资金的资产支出加权平均数 =10 000 000×60÷360=1 666 666.67（元）

公司在 2×18 年一般借款应予资本化的利息金额 =1 666 666.67×8%=133 333.33（元）

公司在 2×18 年应当计入当期损益的一般借款利息金额 =4 800 000−133 333.33=4 666 666.67（元）

③计算 2×18 年应予资本化和应计入当期损益的利息金额。

公司在 2×18 年应予资本化的借款利息金额 =1 050 000+133 333.33=1 183 333.33（元）

公司在 2×18 年应当计入当期损益的借款利息金额 =1 375 000+4 666 666.67=6 041 666.67（元）

公司在 2×18 年取得的利息收入 =575 000（元）

④ 2×18 年的账务处理。

借：在建工程	1 183 333.33
财务费用	6 041 666.67
应收利息（或银行存款）	575 000
贷：应付利息	7 800 000

（4）计算 2×19 年借款利息资本化金额和应计入当期损益金额及其账务处理。

①计算 2×19 年专门借款应予资本化的利息金额。

计算 2×19 年应予资本化的专门借款利息金额 =50 000 000×6%×270÷360=2 250 000（元）

公司在 2×19 年应当计入当期损益的专门借款利息金额 =3 000 000−2 250 000=750 000（元）

②计算 2×19 年一般借款应予资本化的利息金额。

公司在 2×19 年占用的一般借款资金的资产支出加权平均数为：

20 000 000×270÷360+5 000 000×180÷360+5 000 000×90÷360=18 750 000（元）

公司在 2×19 年一般借款应予资本化的利息金额 =18 750 000×8%=1 500 000（元）

公司在 2×19 年应当计入当期损益的一般借款利息金额 =4 800 000−1 500 000=3 300 000（元）

③计算 2×19 年应予资本化和应计入当期损益的利息金额。

公司在 2×19 年应予资本化的借款利息金额 =1 500 000+2 250 000=3 750 000（元）

公司在 2×19 年应当计入当期损益的借款利息金额 =750 000+3 300 000=4 050 000（元）

④ 2×19 年的账务处理。

借：在建工程	3 750 000
财务费用	4 050 000
贷：应付利息	7 800 000

7.12 资产减值损失

资产减值损失是指计提各项资产减值准备所形成的损失，包括应收款项、存货、长期股权投资、固定资产、无形资产等资产发生的减值损失。在建工程、工程物资、生产性生物资产、商誉以及采用成本模式计量的投资性房地产等资产发生的减值，也计入资产减值损失。应收款项的减值损失一般在“信用减值损失”科目进行核算，其他资产的减值损失在“信用减值损失”科目进行核算。

7.12.1 应收款项的减值

1. 业务概述

应收款项的减值是指企业无法收回或收回的可能性很小的应收款项。由于发生应收款项减值而产生的损失，称为应收款项减值损失或坏账损失。

（1）应收款项减值损失的测试。

根据《企业会计准则》的规定，企业应当在资产负债表日对以公允价值计量且其变动计入当期损益的金融资产以外的金融资产（如应收款项等）的账面价值进行检查，有客观证据表明该金融资产发生减值的，应当计提减值准备。金融资产发生减值的客观证据，是指金融资产初始确认后实际发生的、对该金融资产的预计未来现金流量有影响，且企业能够对该影响进行可靠计量的事项。

（2）应收款项减值损失的计量。

当应收款项发生减值时，应当将该应收款项的账面价值减计至预计未来现金流量（不包括尚未发生的未来信用损失）现值，减记的金额确认减值损失，计提坏账准备。应收款项减值损失一般采用备抵法核算，估计坏账损失的方法主要有应收款项余额百分比法、账龄分析法和销货百分比法等。

2. 账务处理

企业计提坏账准备时，按应该减记的金额，借记“信用减值损失”科目，贷记“坏账准备”科目；冲减多计提的坏账准备是做相反的会计分录。编制会计分录如图 7-83 所示。

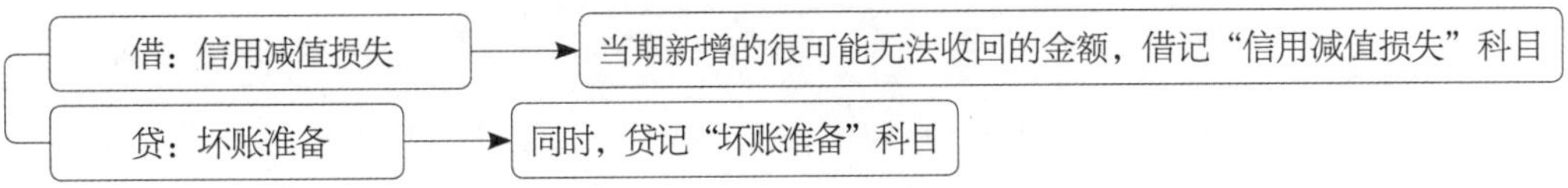

图 7-83 企业计提坏账准备

资产负债表日，企业应当将“资产减值损失”科目余额转入“本年利润”科目，结转后该科目应无余额。编制会计分录如图 7-84 所示。

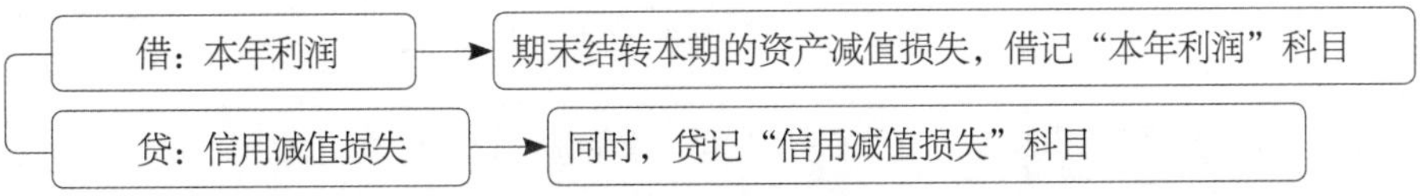

图 7-84 将“信用减值损失”科目余额转入“本年利润”科目

3. 案例解析

参见资产类“应收账款”相关内容。

7.12.2 存货的减值

1. 业务概述

每期期末（即资产负债表日），企业应对存货按成本与可变现净值孰低法计量。成本与可变现净值孰低法，是指对期末存货按照成本与可变现净值两者之中较低者计量的方法。即当成本低于可变现净值时，期末存货按成本计量；当可变现净值低于成本时，期末存货按可变现净值计量。对可变现净值低于存货成本的差额，计提存货跌价准备，并计入当期损益。

其中，“成本”是指期末存货的实际成本（即历史成本）；如企业在存货成本的日常核算中采用计划成本法、售价金额核算法等简化核算方法，则“成本”为经调整后的实际成本。“可变现净值”是指在日常活动中，以存货的估计售价减去至完工时估计将要发生的成本、估计的销售费用以及相关税费后的金额，并不是指存货的现行售价。

当存在下列情况之一时，表明存货的可变现净值低于其成本，应计提存货跌价准备：（1）该存货的市价持续下跌，并且在可预见的未来不可能回升；（2）企业使用该项原材料生产的产品的成本大于产品的销售价格；（3）企业因产品更新换代，原有库存原材料已不适应新产品的需要，而该原材料的市场价格又低于其账面成本；（4）因企业所提供的商品或劳务过时或消费者偏好改变而使市场的需求发生变化，导致市场价格逐渐下跌；（5）其他足以证明该项存货实质上已经发生减值的情形。

当存在下列情形之一时，表明存货的可变现净值为零：（1）已霉烂变质的存货；（2）已过期且无转让价值的存货；（3）生产中已不再需要，并且已无使用价值和转让价值的存货；（4）其他足以证明已无使用价值和转让价值的存货。

2. 账务处理

（1）每一会计期末，比较成本与可变现净值计算出应计提的跌价准备，然后与“存货跌价准备”科目的余额进行比较，若应提数大于已提数，应予补提，借记“资产减值损失”科目，贷记“存货跌价准备”科目。编制会计分录如图7-85所示。

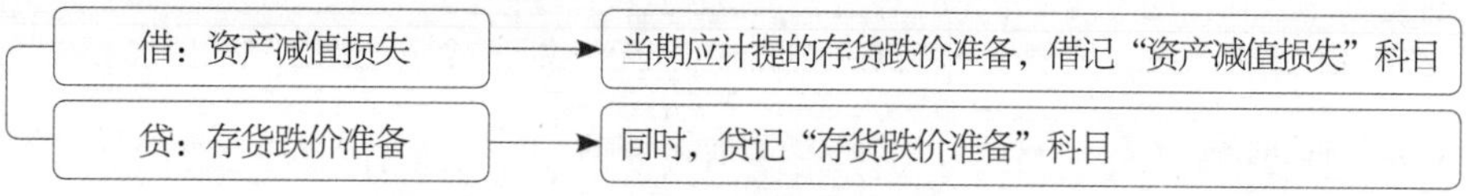

图7-85 计提减值准备

（2）若应提数小于已提数，应冲减部分已提数（必须在原已计提的存货跌价准备金额内冲减），借记“存货跌价准备”科目，贷记“资产减值损失”科目。编制会计分录如图7-86所示。

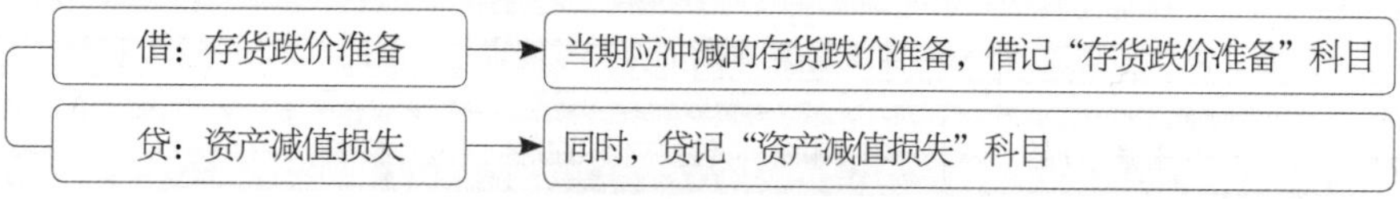

图7-86 应提数小于已提数

（3）已计提跌价准备的存货，如果用于销售、债务重组或者非货币性资产交换，则对于这部分已经销售的、用于债务重组和非货币性资产交换的存货，应在将其成本结转为当期损益的同时，结转其已计提的跌价准备，借记“存货跌价准备”科目，贷记“主营业务成本”等科目。编制会计分录如图7-87所示。

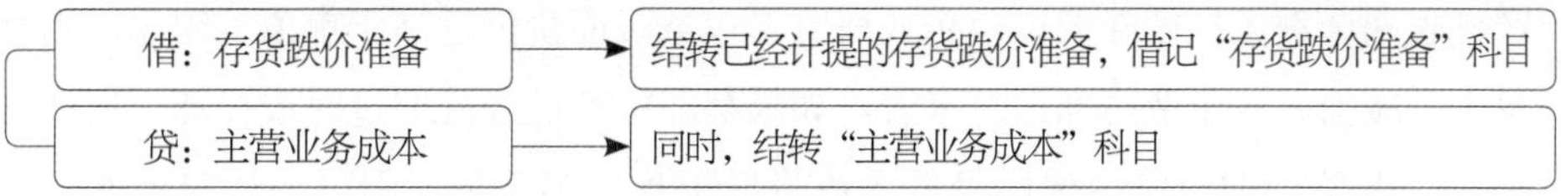

图 7-87　结转其已计提的跌价准备

（4）资产负债表日，企业应当将“资产减值损失”科目余额转入“本年利润”科目，结转后本科目应无余额。编制会计分录如图 7-88 所示。

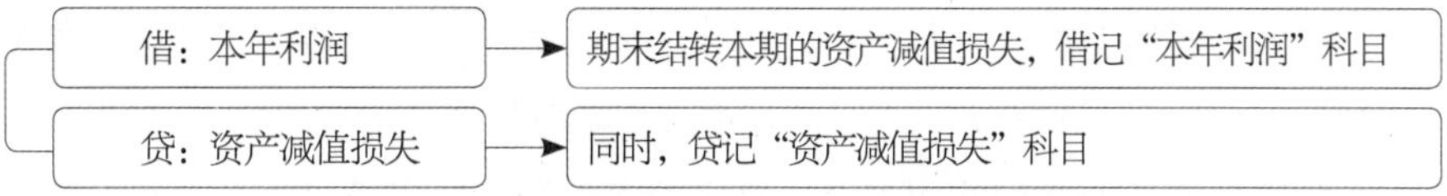

图 7-88　将“资产减值损失”科目余额转入“本年利润”科目

3. 案例解析

【例 7-39】甲公司自 2×19 年起采用成本与可变现净值孰低法对期末某类存货进行计价，并运用分类比较法计提存货跌价准备。假设甲公司 2×19 年至 2×22 年年末该类存货的账面成本均为 200 000 元。

（1）假设 2×19 年年末该类存货的预计可变现净值为 180 000 元，则应计提的存货跌价准备为 20 000 元。账务处理如下。

借：资产减值损失　　　　20 000

　　贷：存货跌价准备　　　　20 000

（2）假设 2×20 年年末该类存货的预计可变现净值为 170 000 元，则应补提的存货跌价准备为 10 000 元。账务处理如下。

借：资产减值损失　　　　10 000

　　贷：存货跌价准备　　　　10 000

（3）假设 2×21 年 11 月 30 日，因存货用于对外销售而转出已提跌价准备 5 000 元。账务处理如下。

借：存货跌价准备　　　　5 000

　　贷：主营业务成本　　　　5 000

（4）假设 2×21 年年末该类存货的可变现净值有所恢复，预计可变现净值为 194 000 元，则应冲减已计提的存货跌价准备为：20 000+10 000−5 000−6 000=19 000（元）。账务处理如下。

借：存货跌价准备　　　　19 000

　　贷：资产减值损失　　　　19 000

（5）假设 2×22 年年末该类存货的可变现净值进一步恢复，预计可变现净值为 205 000 元，则应冲减已计提的存货跌价准备 6 000 元（以已经计提的跌价准备为限）。账务处理如下。

借：存货跌价准备　　　　6 000

　　贷：资产减值损失　　　　6 000

7.12.3　非流动资产的减值

1. 业务概述

（1）资产发生减值的迹象。

从企业外部信息来看，如果存在资产的市价大幅度下跌、企业所处的经营技术环境发生重大变化、资产可收回金额大幅度降低以及企业所有者权益账面价值远高于市值等现象，则可以认定为该资产发生了减值。从企业内部信息来看，如果存在资产已经陈旧过时或损坏、资产已被闲置或终止使用，以及资产的经济绩效已经低于或将低于预期等现象，则可以认定为该资产发生了减值。

（2）资产减值的测试。

企业应当在资产负债表日判断资产是否存在减值迹象。如果资产存在减值迹象，应当进行减值测试，估计资产的可收回金额。可收回金额低于账面价值的，应当按照可收回金额低于账面价值的差额，计提减值准备，确认减值损失。资产存在减值迹象是资产需要进行减值测试的必要前提，但是，因企业合并所形成的商誉和使用寿命不确定的无形资产，以及尚未达到可使用状态的无形资产，因其价值存在不确定性，应当至少每年进行减值测试。

（3）可收回金额的估计。

资产可收回金额的估计，应当根据其公允价值减去处置费用后的净额与资产预计未来现金流量的现值两者之间较高者确定。因此，要估计资产的可收回金额，通常需要同时估计该资产的公允价值减去处置费用后的净额和资产预计未来现金流量的现值。但是，在下列情况下，可以有例外或者做特殊考虑。

①资产的公允价值减去处置费用后的净额与资产预计未来现金流量的现值，只要有一项超过了资产的账面价值，就表明资产没有发生减值，不需再估计另一项金额。

②没有确凿证据或者理由表明，资产预计未来现金流量现值显著高于其公允价值减去处置费用后的净额的，可以将资产的公允价值减去处置费用后的净额视为资产的可收回金额。

③资产的公允价值减去处置费用后的净额如果无法可靠估计，应当以该资产预计未来现金流量的现值作为其可收回金额。

④以前报告期间的计算结果表明，资产可收回金额显著高于其账面价值，之后又没有发生消除这一差异的交易或者事项的，资产负债表日可以不重新估计该资产的可收回金额。

⑤以前报告期间的计算与分析表明，资产可收回金额相对于某种减值迹象反应不敏感，在本报告期间又发生了该减值迹象的，可以不因该减值迹象的出现而重新估计该资产的可收回金额。

（4）资产的公允价值减去处置费用后的净额的估计。

资产的公允价值减去处置费用后的净额，通常反映的是资产如果被出售或者处置时可以收回的净现金收入。其中，处置费用是指可以直接归属于资产处置的增量成本，包括与资产处置有关的法律费用、相关税费、搬运费以及为使资产达到可销售状态所发生的直接费用等，但是，财务费用和所得税费用等不包括在内。

企业在估计资产的公允价值减去处置费用后的净额时，应当按照下列顺序进行。

首先，应当根据公平交易中资产的销售协议或合同价格减去处置费用的金额确定，企业应当优先采用这一方法。

其次，在资产不存在销售协议或合同，但存在活跃市场的情况下，应当根据该资产的市场价格减去处置费用后的金额确定。资产的市场价格通常应当按照资产的买方出价确定。

最后，在既不存在资产销售协议又不存在资产活跃市场的情况下，企业应当以可获取的最佳信息为基础，根据在资产负债表日如果处置资产，熟悉情况的交易双方自愿进行公平交易愿意提供的交易价格减去资产处置费用后的金额，估计资产的公允价值减去处置费用后的净额。在实务中，该金额可以参考同行业类似资产的最近交易价格或者结果进行估计。

（5）资产预计未来现金流量的现值的估计。

资产预计未来现金流量的现值，应当按照资产在持续使用过程中和最终处置时所产生的预计未来现金流量，选择恰当的折现率对其进行折现后的金额加以确定。预计资产未来现金流量的现值，需要综合考虑资产的预计未来现金流量、资产的使用寿命和折现率 3 个因素。

资产未来现金流量的现值 =∑[第 t 年预计资产未来现金流量 ÷（1+ 折现率）^{t}]

（6）资产减值损失的确认与计量。

企业在对资产进行减值测试后，如果可收回金额的计量结果表明，资产的可收回金额低于其账面价值，应当将资产的账面价值减记至可收回金额，减记的金额确认为资产减值损失，计入当期损益，同时，计提相应的资产减值准备。

资产减值损失确认后，减值资产的折旧或者摊销费用应当在未来期间做相应调整，以使该资产在剩余使用寿命内，系统地分摊调整后的资产账面价值（扣除预计净残值）。例如，固定资产计提了减值准备后，固定资产账面价值将根据计提的减值准备相应抵减，因此，固定资产在未来计提折旧时，应当以新的固定资产账面价值为基础计提每期折旧。

2. 账务处理

企业通过“资产减值损失”科目核算确认的资产减值损失和计提的资产减值准备。“资产减值损失”科目按照资产类别进行明细核算，分别设置“固定资产减值准备”“在建工程减值准备”“投资性房地产减值准备”“无形资产减值准备”“商誉减值准备”“长期股权投资减值准备”“生产性生物资产减值准备”等科目，反映各类资产在当期确认的资产减值损失金额。

（1）当确定资产发生了减值时，企业应当根据所确认的资产减值金额，借记“资产减值损失”科目，贷记“固定资产减值准备”“在建工程减值准备”“投资性房地产减值准备”“无形资产减值准备”“商誉减值准备”“长期股权投资减值准备”“生产性生物资产减值准备”等科目。编制会计分录如图 7-89 所示。

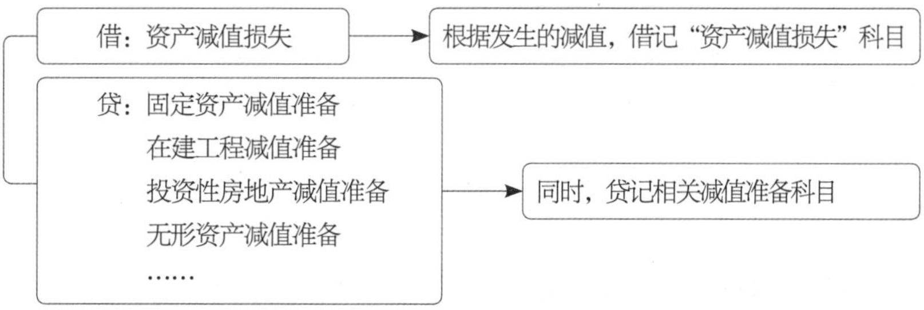

图 7-89　确认资产发生减值

（2）在期末，企业应当将“资产减值损失”科目余额转入“本年利润”科目，结转后该科目应无余额。编制会计分录如图 7-90 所示。

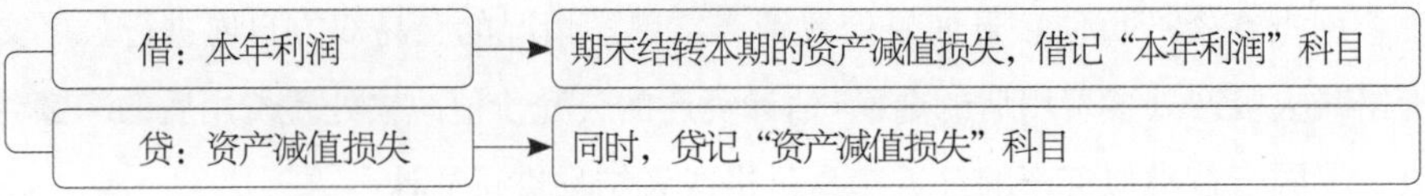

图7-90　将“资产减值损失”科目余额转入“本年利润”科目

（3）各资产减值准备科目累积每期计提的资产减值准备，直至相关资产被处置时才予以转出。

3. 案例解析

【例7-40】某公司2×19年年末对甲装置进行减值测试。该装置原值为20 000万元，累计折旧5 440万元，2×19年年末账面价值为14 560万元，预计尚可使用6年。假定甲装置的公允价值减去处置费用后的净额难以确定，但甲装置能独立生产产品并带来收入，因此，该公司通过计算其未来现金流量的现值确定可收回金额。公司在考虑了与甲装置有关的货币时间价值和特定风险因素后，确定以10%为该资产的最低必要报酬率，并将其作为计算未来现金流量现值时使用的折现率。该公司根据历史资料和发展趋势，估计甲装置在2×18年至2×23年每年预计未来现金流量，如表7-3所示（表中现值系数可根据公式计算或者直接查复利现值系数表取得）。

表7-3　资产预计未来现金流量现值计算表

年度	预计未来现金流量（万元）	现值系数（折现率为10%）	预计未来现金流量的现值（万元）
2×18	2 500	0.909 1	2 273
2×19	2 460	0.826 4	2 033
2×20	2 380	0.751 3	1 788
2×21	2 360	0.683 0	1 612
2×22	2 390	0.620 9	1 484
2×23	2 470	0.564 5	1 394
合计	14 560	—	10 584

根据表7-4预测计算的结果，该公司甲装置预计未来现金流量的现值为10 584万元，以此作为可收回金额，而甲装置的账面价值为14 560万元，则该公司2×17年年末应将甲装置账面价值高于可收回金额的差额3 976万元确认为当期资产减值损失，并计提相应的减值准备。

该公司2×19年年末的账务处理如下。

借：资产减值损失　　　　39 760 000

　　贷：固定资产减值准备　　　　39 760 000

7.13　营业外支出

营业外支出是指与企业的生产经营活动没有直接关系的各项支出，包括非流动资产处置损失、非货币性资产交换损失、债务重组损失、公益性捐赠支出、非常损失、盘亏损失等。

7.13.1　非流动资产处置损失

1. 业务概述

非流动资产的处置与企业的日常生产经营活动并无直接联系，由此发生的支出应计入营业外支出。

2. 账务处理

企业在生产经营期间，因固定资产清理所产生的损失，借记“营业外支出——非流动资产处置损失”科目，贷记“固定资产清理”科目。编制会计分录如下。

借：营业外支出——非流动资产处置损失

　　贷：固定资产清理

3. 案例解析

【例 7-41】某公司报废和毁损的固定资产处理后产生净损失 6 000 元，按规定予以转销，账务处理如下。

借：营业外支出——非流动资产处置损失　　6 000

　　贷：固定资产清理　　6 000

7.13.2　非货币性资产交换和债务重组损失

1. 业务概述

企业进行的非货币性资产交换和债务重组与企业的日常生产经营活动并无直接联系，由此产生的损失应计入其他收益。

2. 账务处理

企业在非货币性资产交换和债务重组过程中产生的非货币性资产交换损失和债务重组损失，应借记或贷记有关科目，同时借记“其他收益——非货币性资产交换损失”或“其他收益——债务重组损失”科目。具体处理方法参阅“非货币性资产交换”“债务重组”相关内容。

3. 案例解析

详见“非货币性资产交换”“债务重组”相关内容。

7.13.3　公益性捐赠支出

1. 业务概述

企业发生的公益性捐赠支出与企业的日常生产经营活动并无直接联系，由此产生的损失应计入营业外支出。

2. 账务处理

企业发生公益性捐赠支出时，借记“营业外支出——公益性捐赠支出”科目，贷记“银行存款”等科目。编制会计分录如图 7-91 所示。

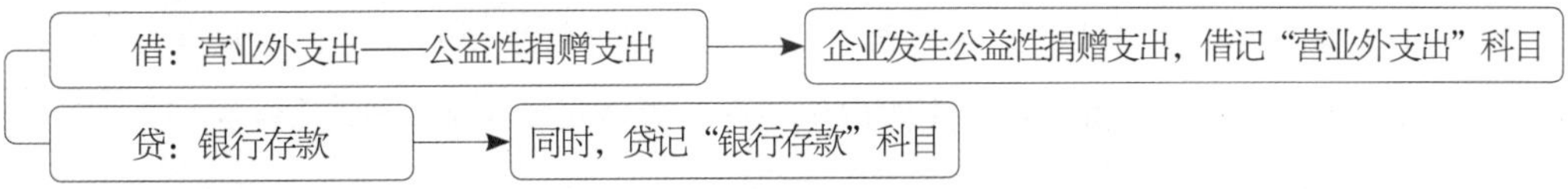

图 7-91　企业发生公益性捐赠支出

3. 案例解析

【例 7-42】某公司 2×19 年对社会福利院捐款 500 000 元，账务处理如下。

借：营业外支出——公益性捐赠支出　　500 000

　　贷：银行存款　　500 000

7.13.4 盘亏损失

1. 业务概述

资产负债表日，企业应对存货和固定资产等资产进行盘点，若发现实物数小于账面数的情况，属于与企业日常生产经营活动无直接联系的损失，应按盘亏金额计入营业外支出。

2. 账务处理

企业发生盘亏损失时，借记“营业外支出——盘亏损失”科目。编制会计分录如图7-92所示。

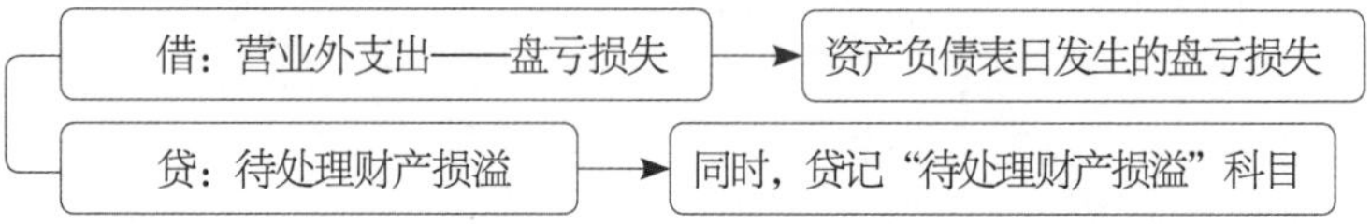

图7-92 企业发生盘亏损失

3. 案例解析

【**例7-43**】某公司盘亏材料5 000元，按规定予以转销，账务处理如下。

借：营业外支出——盘亏损失 5 000

　　贷：待处理财产损溢 5 000

7.13.5 期末结转

期末，将本科目余额转入“本年利润”科目，结转后本科目应无余额。

7.14 所得税费用

1. 业务概述

我国所得税会计采用了资产负债表债务法，要求企业从资产负债表出发，通过比较资产、负债按照《企业会计准则》规定确定的账面价值与按照税法规定确定的计税基础，对于两者之间的差异，即应纳税暂时性差异与可抵扣暂时性差异，分别确认为递延所得税负债与递延所得税资产，根据当期所得税和递延所得税计算所得税费用。

所得税费用是指企业应计入当期损益的所得税费用，其计算公式如下。

所得税费用（或收益）＝当期所得税费用＋递延所得税费用（－递延所得税收益）

（1）当期所得税。

当期所得税是指企业按照税法规定计算确定的针对当期发生的交易和事项的会计处理，应缴纳给税务部门的所得税金额，即当期应交所得税。对于当期应纳税所得额，会计处理与税法处理存在一定差异，因而需要在会计利润的基础上，按照适用税收法规的规定进行调整。计算出当期应纳税所得额，按照应纳税所得额与适用所得税税率计算确定当期应交所得税。

（2）递延所得税。

递延所得税是指按照所得税准则规定当期应予确认的递延所得税资产和递延所得税负债金额，详细内容可参考“递延所得税资产”与“递延所得税负债”相关内容。用公式表示如下。

递延所得税费用（或收益）＝当期递延所得税负债的增加（－减少）－当期递延所得税资产的增加（－减少）

2. 账务处理

资产负债表日，按递延所得税资产的增加，借记“递延所得税资产”科目，按递延所得税负债的增加，贷记“递延所得税负债”科目，按计算的当期所得税费用，贷记“应交税费——应交所得税”科目，按其差额，借记或贷记“所得税费用”科目。编制会计分录如图 7-93 所示。

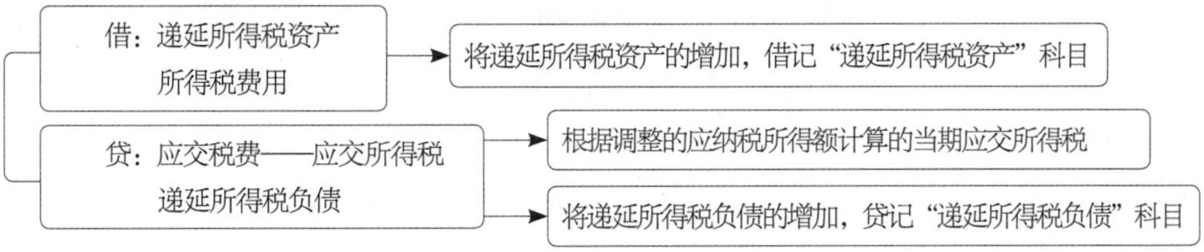

图 7-93　递延所得税

3. 案例解析

【例 7-44】A 公司 2×19 年度利润表中利润总额为 30 000 000 元，该公司适用的所得税税率为 25%。递延所得税资产及递延所得税负债不存在期初余额。与所得税核算有关的情况如下。

2×19 年发生的有关交易和事项的账务处理中，会计处理与税法处理存在差别的如下。

（1）2×19 年 1 月开始计提折旧的一项固定资产，成本为 15 000 000 元，使用年限为 10 年，净残值为 0，会计处理按双倍余额递减法计提折旧，税法处理按直线法计提折旧。假定税法规定的使用年限及净残值与会计规定相同。

（2）向关联企业捐赠现金 50 000 000 元。假定按照税法规定，企业向关联方的捐赠不允许税前扣除。

（3）当期取得作为交易性金融资产核算的股票投资成本为 80 000 000 元，2×19 年 12 月 31 日的公允价值为 120 000 000 元。税法规定，以公允价值计量的金融资产持有期间市价变动不计入应纳税所得额。

（4）违反环保法规定应支付罚款 2 500 000 元。

（5）期末对持有的存货计提了 750 000 元的存货跌价准备。

分析如下。

（1）2×19 年度当期应交所得税。

应纳税所得额 =3 000 +150 +5 000 － 4 000 +250 +75=4 475（万元）

应交所得税 =4 475×25% =1 118.75（万元）

（2）2×19 年度递延所得税。

递延所得税资产 =（150+75）×25%=56.25（万元）

递延所得税负债 = 4 000×25%=1 000（万元）

递延所得税 = 1 000 － 56.25= 943.75（万元）

（3）利润表中应确认的所得税费用。

所得税费用 = 1 118.75 +943.75= 2 062.5（万元），确认所得税费用的账务处理如下。

借：所得税费用	20 625 000	
递延所得税资产	562 500	
贷：应交税费——应交所得税		11 187 500

递延所得税负债　　10 000 000

该公司2×19年资产负债表相关项目金额及其计税基础如表7-4所示。

表7-4　2×19年资产负债表相关项目金额及其计税基础

单位：万元

项　目	账面价值	计税基础	差　异	
			应纳税暂时性差异	可抵扣暂时性差异
存货	2 000	2 075		75
固定资产：				
固定资产原价	1 500	1 500		
减：累计折旧	300	150		
减：固定资产减值准备	0	0		
固定资产账面价值	1 200	1 350		150
交易性金融资产	1 200	800	400	
其他应付款	250	250		
总　计			400	225

7.15　以前年度损益调整

1. 资产负债表日后事项的概念

资产负债表日后事项，是指资产负债表日至财务报告批准报出日之间发生的有利或不利事项。一般情况下，资产负债表日后事项就是每个会计年度结束日（12月31日）至董事会或类似机构批准报出财务报告的日期（一般为4月30日）之间发生的对企业的财务状况或经营成果有一定影响的事项。

2. 资产负债表日后事项的内容

资产负债表日后事项包括资产负债表日后调整事项（以下简称“调整事项”）和资产负债表日后非调整事项（以下简称“非调整事项”）两类。

（1）调整事项。

资产负债表日后调整事项，是指对资产负债表日已经存在的情况提供了新的或进一步证据的事项。也就是说，某一情况在资产负债表日之前已经存在，但其结果具有不确定性，资产负债表日至财务报告批准报出日之间发生的事项能够证实该情况的存在或确切结果，此时需要对已做出的会计处理进行调整。

企业发生的资产负债表日后调整事项，通常包括下列各项：①资产负债表日后诉讼案件结案，法院判决证实了企业在资产负债表日已经存在现时义务；②资产负债表日后取得确凿证据，表明某项资产在资产负债表日发生了减值或者需要调整该项资产原先确认的减值金额；③资产负债表日后进一步确定了资产负债表日前购入资产的成本或售出资产的收入；④资产负债表日后发现了财务报表舞弊或差错。

（2）非调整事项。

资产负债表日后非调整事项，是指表明资产负债表日后才发生的事项。非调整事项与调整事项最主要的区别是该事项表明的情况在资产负债表日或资产负债表日以前是否已经存在。非调整事项的发生不影响资产负债表日企业的财务报表数字，只说明资产负债表日后发生了某些情况。

企业发生的资产负债表日后非调整事项，通常包括下列各项：①资产负债表日后发生重大诉讼、仲裁、承诺；②资产负债表日后资产价格、税收政策、外汇汇率发生重大变化；③资产负债表日后因自然灾害导致资产发生重大损失；④资产负债表日后发行股票和债券以及其他巨额举债；⑤资产负债表日后资本公积转增资本；⑥资产负债表日后发生巨额亏损；⑦资产负债表日后发生企业合并或处置子公司。

7.15.1 资产负债表日后诉讼案件结案

1. 业务概述

这是指导致诉讼的事项虽在资产负债表日之前已经发生，但尚不具备确认负债的条件而未确认的情况。资产负债表日后至财务报告批准报出日之间诉讼案件结案，法院判决证实了企业在资产负债表日已经存在现时义务，因此需要调整原先确认的与该诉讼案件相关的预计负债，或确认一项新负债。

2. 账务处理

（1）根据需要确认的新负债金额或者需要调整的负债金额，借记“以前年度损益调整”科目，贷记“其他应付款”科目；计提这部分负债应缴纳的所得税费用，借记“应交税费——应交所得税”科目，贷记“以前年度损益调整”科目；计提资产负债表日前已确认的负债应缴纳的所得税，借记“应交税费——应交所得税”科目，贷记“以前年度损益调整”科目；因资产负债表日前对已确认的预计负债计提了递延所得税资产，日后事项发生后递延所得税资产不复存在，故应冲销相应记录，借记“以前年度损益调整”科目，贷记“递延所得税资产”科目；同时，将已确认的预计负债转至“其他应付款”科目。编制会计分录如图 7-94 所示。

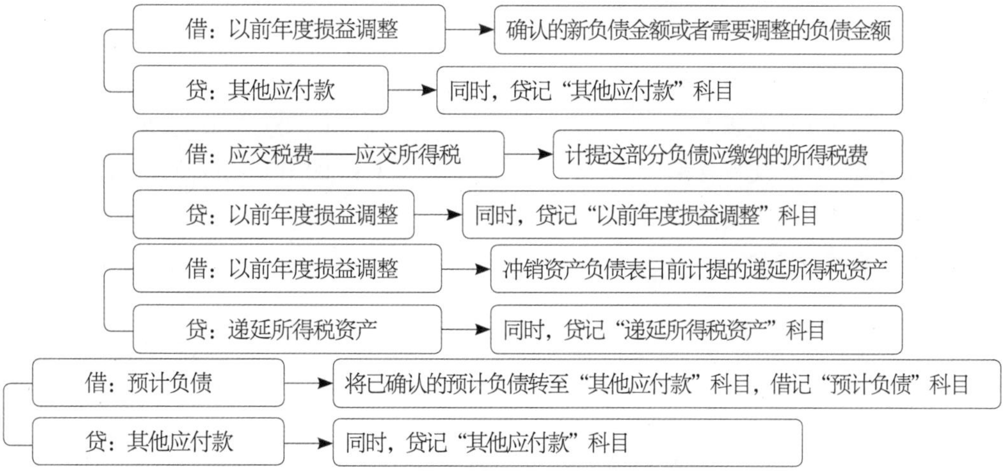

图 7-94 资产负债表日后诉讼案件结案

（2）将“以前年度损益调整”科目余额转入未分配利润，并调整盈余公积。编制会计分录如图 7-95 所示。

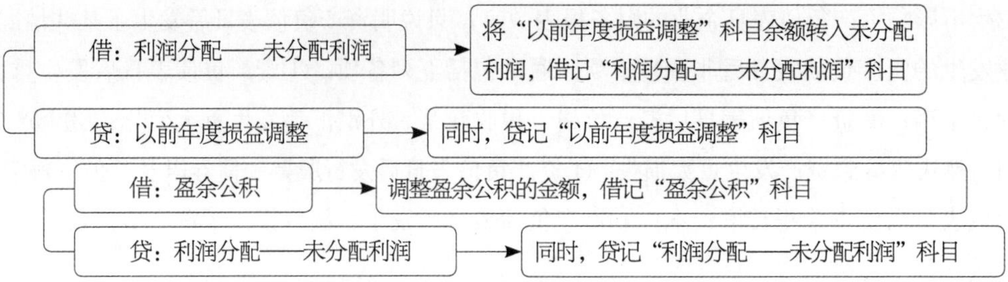

图7-95　将“以前年度损益调整”科目余额转入未分配利润

（3）调整报告年度财务报表。

3. 案例解析

【例7-45】甲公司因违反与乙公司签订的合同，于2×18年12月被乙公司告上法庭，要求甲公司赔偿450万元。2×18年12月31日法院尚未判决，甲公司按《企业会计准则第13号——或有事项》对该诉讼事项确认预计负债300万元。2×19年2月10日，经法院判决甲公司应赔偿乙公司400万元，甲、乙双方均服从判决。判决当日，甲公司向乙公司支付赔偿款400万元。甲、乙两公司2×18年所得税汇算清缴均在2×19年4月10日完成（假定该项预计负债产生的损失不允许在预计时税前抵扣，只有在损失实际发生时，才允许税前抵扣）。甲、乙两公司适用的所得税税率为25%。

本例中，2×19年2月10日的判决证实了甲、乙两公司在资产负债表日（即2×18年12月31日）分别存在现实赔偿义务和获赔权利，因此两公司都应将“法院判决”这一事项作为调整事项进行处理。甲公司和乙公司2×18年所得税汇算清缴均在2×19年4月10日完成，因此，应根据法院判决结果调整报告年度应纳税所得额和应纳所得税税额。

甲公司的账务处理如下。

（1）2×19年2月10日，记录支付的赔款，并调整递延所得税资产。

借：以前年度损益调整　　1 000 000

　　贷：其他应付款　　1 000 000

借：应交税费——应交所得税　　250 000

　　贷：以前年度损益调整　　（1 000 000×25%）250 000

借：应交税费——应交所得税　　（3 000 000×25%）750 000

　　贷：以前年度损益调整　　750 000

借：以前年度损益调整　　750 000

　　贷：递延所得税资产　　750 000

借：预计负债　　3 000 000

　　贷：其他应付款　　3 000 000

借：其他应付款　　4 000 000

　　贷：银行存款　　4 000 000

（2）将“以前年度损益调整”科目余额转入未分配利润。

借：利润分配——未分配利润　　750 000

　　贷：以前年度损益调整　　750 000

（3）因净利润变动，调整盈余公积。

借：盈余公积　　75 000

贷：利润分配——未分配利润 （750 000×10%）75 000

（4）调整报告年度财务报表（财务报表略）。

①资产负债表项目的年末数调整。

调减递延所得税资产 75 万元；调增其他应付款 400 万元，调减应交税费 100 万元，调减预计负债 300 万元；调减盈余公积 7.5 万元，调减未分配利润 67.5 万元。

②利润表项目的调整。

调增营业外支出 100 万元，调减所得税费用 25 万元，调减净利润 75 万元。

③所有者权益变动表项目的调整。

调减净利润 75 万元，提取盈余公积项目中盈余公积一栏调减 7.5 万元，未分配利润一栏调增 7.5 万元。

乙公司的账务处理如下。

（1）2×19 年 2 月 10 日，记录收到的赔款，并调整应交所得税。

借：其他应收款 4 000 000

贷：以前年度损益调整 4 000 000

借：以前年度损益调整 （4 000 000×25%）1 000 000

贷：应交税费——应交所得税 1 000 000

借：银行存款 4 000 000

贷：其他应收款 4 000 000

（2）将“以前年度损益调整”科目余额转入未分配利润。

借：以前年度损益调整 3 000 000

贷：利润分配——未分配利润 3 000 000

（3）因净利润增加，补提盈余公积。

借：利润分配——未分配利润 300 000

贷：盈余公积 （3 000 000×10%）300 000

（4）调整相关财务报表（略）。

7.15.2 有确凿证据表明资产发生减值

1. 业务概述

这一事项是指在资产负债表日，根据当时的资料判断某项资产可能发生了损失或减值，但没有最后确定是否会发生，因而按照当时的最佳估计金额反映在财务报表中；但在资产负债表日至财务报告批准报出日之间，取得确凿证据，表明某项资产在资产负债表日发生了减值或者需要调整该项资产原先确认的减值金额。

2. 账务处理

根据确定的金额调整“资产减值准备”或“坏账准备”等科目，借记“以前年度损益调整”科目，贷记“资产减值准备”或“坏账准备”科目；同时，根据新确认的减值准备调整递延所得税资产，借记“递延所得税资产”科目，贷记“以前年度损益调整”科目。编制会计分录如图 7-96 所示。

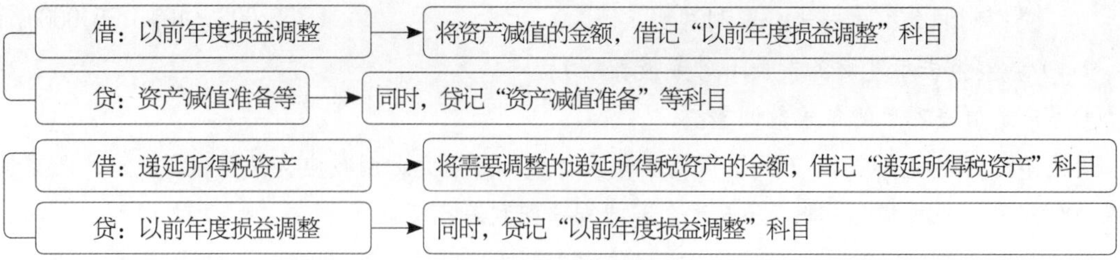

图 7-96　计提减值

将“以前年度损益调整”科目余额转入未分配利润，并调整盈余公积。编制会计分录如图 7-97 所示。

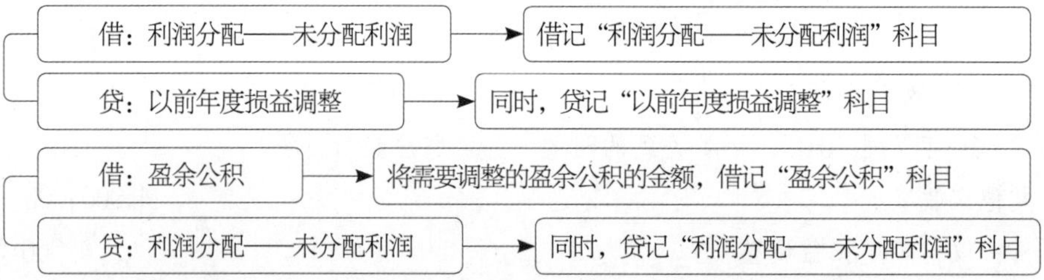

图 7-97　将“以前年度损益调整”科目余额转入未分配利润

调整报告年度财务报表。

3. 案例解析

【例 7-46】2×18 年 5 月 18 日，甲公司销售给乙公司一批产品，货款为 100 万元（含增值税）。乙公司于 6 月收到所购物资并验收入库。按合同规定，乙公司应于收到所购物资后两个月内付款。由于乙公司财务状况不佳，到 2×18 年 12 月 31 日仍未付款。甲公司于 12 月 31 日编制 2×18 年财务报表时，已为该项应收账款提取坏账准备 5 万元。甲公司于 2×19 年 1 月 30 日（所得税汇算清缴前）收到法院通知，乙公司已宣告破产清算，无力偿还所欠部分货款。甲公司预计可收回应收账款的 60%。适用的所得税税率为 25%。

本例中，根据资产负债表日后事项的判断原则，甲公司在收到法院通知后，首先可判断该事项属于资产负债表日后调整事项。甲公司原对应收乙公司账款提取了 5 万元的坏账准备，按照新的证据应提取的坏账准备为 40（100×40%）万元，差额为 35 万元，应当调整 2×18 年度财务报表相关项目的数字。甲公司的账务处理如下。

（1）补提坏账准备。

应补提的坏账准备 =1 000 000×40%−50 000=350 000（元）

借：以前年度损益调整　　350 000

　　贷：坏账准备　　350 000

（2）调整递延所得税资产。

借：递延所得税资产　　87 500

　　贷：以前年度损益调整　　（350 000×25%）87 500

（3）将“以前年度损益调整”科目的余额转入未分配利润。

借：利润分配——未分配利润　　262 500

　　贷：以前年度损益调整　　262 500

（4）调整利润分配有关数字。

借：盈余公积　　　　　　　　　　　　　　　　　　　　　　　26 250

　　贷：利润分配——未分配利润　　　　　　　　（262 500×10%）26 250

（5）调整相关财务报表（略）。

7.15.3　进一步确定购入资产的成本或售出资产的收入

1. 业务概述

这类调整事项包括两方面的内容。（1）若资产负债表日前购入的资产已经按暂估金额等入账，资产负债表日后获得证据，可以进一步确定该资产的成本，则应对已入账的资产成本进行调整。（2）企业在资产负债表日已根据收入确认条件确认资产销售收入，但资产负债表日后获得关于资产收入的进一步证据，如发生销售退回等，此时也应调整财务报表相关项目的金额。需要说明的是，资产负债表日后发生的销售退回，既包括报告年度或报告中期销售的商品在资产负债表日后发生的销售退回，也包括以前期间销售的商品在资产负债表日后发生的销售退回。

2. 账务处理

根据实际退回的商品调整销售收入计算出应冲减的主营业务收入的金额，借记“以前年度损益调整”“应交税费——应交增值税（销项税额）”科目，贷记“应收账款”科目；同时调整销售成本，借记“库存商品”科目，贷记“以前年度损益调整”科目。编制会计分录如图 7-98 所示。

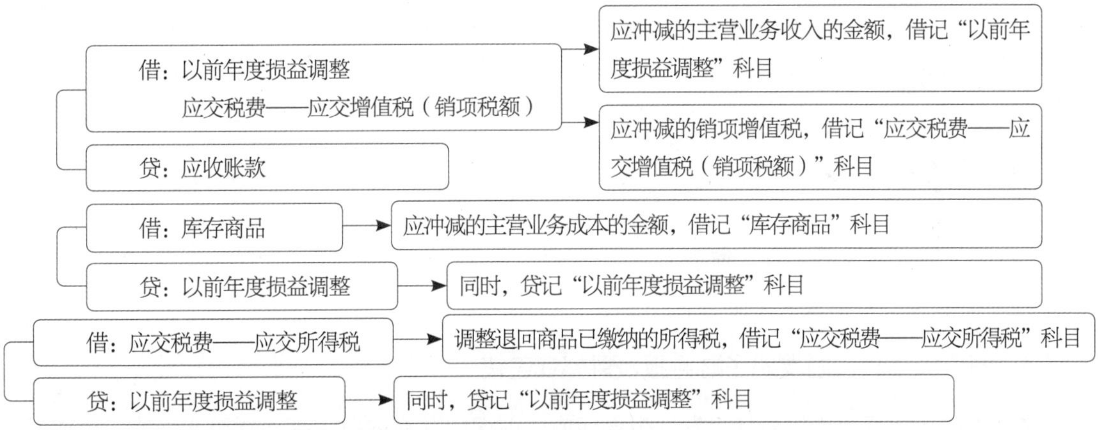

图 7-98　冲减主营业务收入，调整销售成本

将“以前年度损益调整”科目余额转入未分配利润，并调整盈余公积。编制会计分录如图 7-99 所示。

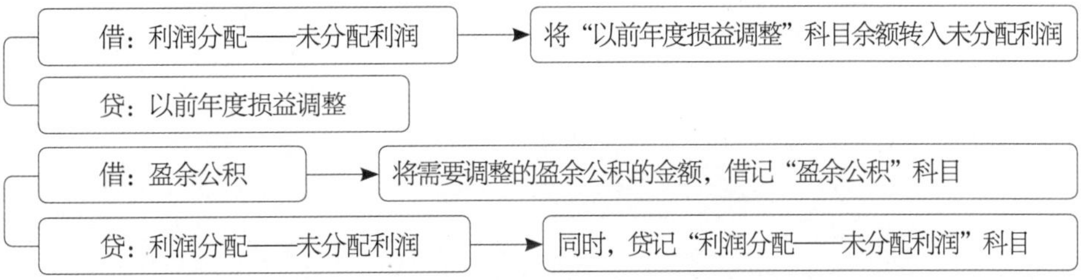

图 7-99　将“以前年度损益调整”科目余额转入未分配利润

调整报告年度财务报表。

3. 案例解析

【例 7-47】甲公司 2×19 年 11 月 8 日销售一批商品给乙公司，取得收入 120 万元（不含税，增值税税率为13%）。甲公司发出商品后，按照正常情况已确认收入，并结转成本100万元。2×19年12月31日，该笔货款尚未收到，甲公司未对应收账款计提坏账准备。2×20年1月12日，由于产品质量问题，本批货物被退回。甲公司于2×20年3月28日完成2×19年所得税汇算清缴。公司适用的所得税税率为25%。

本例中，销售退回业务发生在资产负债表日后事项涵盖期间内，属于资产负债表日后调整事项。由于销售退回发生在甲公司报告年度所得税汇算清缴之前，因此在所得税汇算清缴时，应扣除该部分销售退回所实现的应纳税所得额。

甲公司的账务处理如下。

（1）2×20年1月12日，调整销售收入和销售成本。

借：以前年度损益调整　　1 200 000

　　应交税费——应交增值税（销项税额）　　156 000

　　贷：应收账款　　1 356 000

借：库存商品　　1 000 000

　　贷：以前年度损益调整　　1 000 000

（2）调整应缴纳的所得税。

借：应交税费——应交所得税　　[（1 200 000−1 000 000）×25%]50 000

　　贷：以前年度损益调整　　50 000

（3）将“以前年度损益调整”科目的余额转入未分配利润。

借：利润分配——未分配利润　　150 000

　　贷：以前年度损益调整　　150 000

（4）调整盈余公积。

借：盈余公积　　15 000

　　贷：利润分配——未分配利润　　15 000

（5）调整相关财务报表（略）。

7.15.4　资产负债表日后发现了财务报表舞弊或差错

这一事项是指资产负债表日后发现报告期或以前期间存在的财务报表舞弊或差错。企业发生这一事项后，应当将其作为资产负债表日后调整事项，调整报告期间的财务报告相关项目的数字。

第 8 章
金融企业交易和事项的会计处理

8.1 存放中央银行款项

存放中央银行款项是指各金融企业在中央银行开户而存入的用于支付清算、调拨款项、提取及缴存现金、往来资金结算以及按吸收存款的一定比例缴存于中央银行的款项和其他需要缴存的款项。

8.1.1 存款业务

1. 业务概述

存款是商业银行以信用方式吸收社会闲置资金的筹资活动。商业银行通过吸收存款的方式，把大量的、分散的、再生产过程中的间歇资金和大众的结余待用资金聚成大量的货币力量，以支持国民经济持续、稳定、协调发展。存款是商业银行最主要的信贷资金来源，是其发放贷款的基础。大力组织存款、不断扩大信贷资金来源，是商业银行的主要任务之一。同时，存款是国民经济各单位、各部门办理转账结算的前提，各单位只有在商业银行或金融机构存款账户上拥有足够的存款，才能实现与其他单位的经济往来。

2. 账务处理

银行收到客户存入的款项时，应按实际收到的金额，借记“存放中央银行款项”“库存现金”等科目，然后按存入资金的本金，贷记“吸收存款——本金”科目，再按其差额，贷记或借记“吸收存款——利息调整”科目。支取款项时，应按归还的金额，借记“吸收存款——本金”科目，贷记“存放中央银行款项”“库存现金”等科目，然后按应转销的利息调整金额，借记或贷记“吸收存款——利息调整”科目，再按其差额，贷记或借记“利息支出”科目。

银行应编制的会计分录如图 8-1 所示。

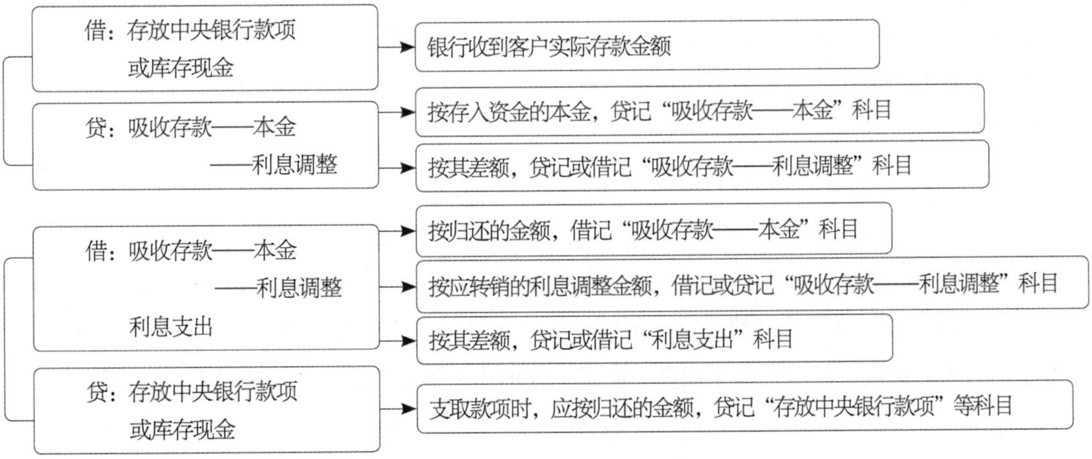

图 8-1 存款业务

3. 案例解析

【例8-1】储户张三于2×17年5月16日存入整存整取定期储蓄存款30 000元，定期2年，年利率为3.06%。银行于2×19年5月16日到期支付。银行的账务处理如下。

（1）2×17年5月16日。

借：存放中央银行款项　　30 000

　　贷：吸收存款——定期——张三　　30 000

（2）2×19年5月16日。

应付利息 =30 000×2×3.06%=1 836（元）

借：利息支出　　1 836

　　贷：应付利息　　1 836

借：吸收存款——定期——张三　　30 000

　　应付利息　　1 836

　　贷：存放中央银行款项　　31 836

8.1.2　信用贷款业务

参见“贷款”中的“信用贷款业务”相关内容。

8.1.3　抵押贷款业务

参见“贷款”中的“抵押贷款业务”相关内容。

8.1.4　票据贴现业务

参见“贴现资产”中的“票据贴现业务”相关内容。

8.1.5　商业银行向人民银行存取现金业务

1. 业务概述

商业银行只设立现金业务库，业务库存现金有核定的库存限额，库存现金不足限额时，商业银行向人民银行提取，人民银行从发行库出库，作为货币发行。发行货币引起人民银行发行库里的发行基金减少、流通中货币增加、商业银行库存现金增加和准备金存款减少。商业银行业务库存现金超过限额应交存人民银行，人民银行交入发行库，作为货币回笼。回笼货币引起人民银行发行库的发行基金增加、流通中货币减少、商业银行业务库存现金减少和准备金存款增加。

2. 账务处理

为了核算商业银行与中央银行的往来业务，商业银行应在中央银行开立基本存款账户，它是商业银行和中央银行往来唯一的资金流通渠道，也是中央银行管理和控制商业银行信贷资金的重要“闸门”。对于商业银行在中央银行的准备金存款账户，商业银行用“存放中央银行款项”科目核算，该科目属于资产性质的科目，余额应反映在借方。凡存入中央银行的备付金存款，如业务资金的收入、调拨，提取或解缴现金，同城、异地往来资金清算等，均通过本科目核算。

（1）向人民银行存入现金应编制的会计分录如图 8-2 所示。

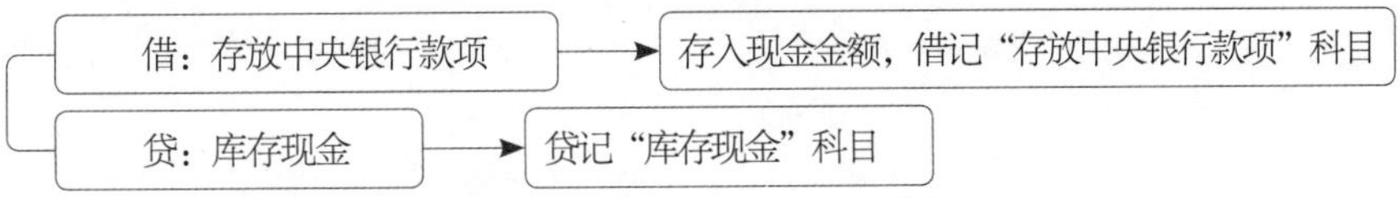

图 8-2　向人民银行存入现金

（2）向人民银行支取现金应编制的会计分录如图 8-3 所示。

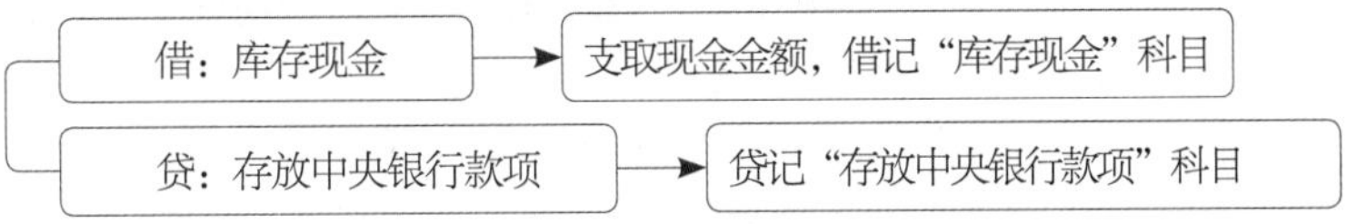

图 8-3　向人民银行支取现金

3. 案例解析

【例 8-2】 甲商业银行于 2×19 年 1 月 1 日向中央银行缴存存款 1 000 000 元，在 2×19 年 10 月 1 日支取 500 000 元。甲商业银行的账务处理如下。

（1）2×19 年 1 月 1 日。

借：存放中央银行款项　　1 000 000

　　贷：库存现金　　1 000 000

（2）2×19 年 10 月 1 日。

借：库存现金　　500 000

　　贷：存放中央银行款项　　500 000

8.1.6　再贷款业务

参见“向中央银行借款”中的“再贷款业务”相关内容。

8.1.7　再贴现业务

参见“向中央银行借款”中的“再贴现业务”相关内容。

8.2　贷款

8.2.1　信用贷款业务

1. 业务概述

信用贷款是指仅凭借款人的信誉发放的贷款。其特征是借款人无须提供抵（质）押品或第三方担保，而以其与银行长期交往中的信誉来取得贷款。

信用贷款的优点是贷款手续简单，不需要找保证人或抵（质）押品，只要直接签订借款合同即可，但存在的缺点是风险大、利率高。信用贷款多采用逐笔核贷方式发放，即银行根据借款人提出的申请，逐笔申请立据，逐笔审核，逐笔发放，约定期限，一次或分次归还贷款，按照规定利率计收利息的一种贷款核算方式。逐笔核贷是商业银行发放贷款最常用的核算方式。目前，我国商业银行发放的信用贷款、担保贷款、抵押贷款多采用逐笔核贷的贷款核算方式。

2. 账务处理

（1）贷款发放

企业发放贷款时，应设立“贷款”科目进行核算。本科目可按贷款类别、客户，区分“本金”“利息调整”“已减值”等进行明细核算。编制会计分录如图 8-4 所示。

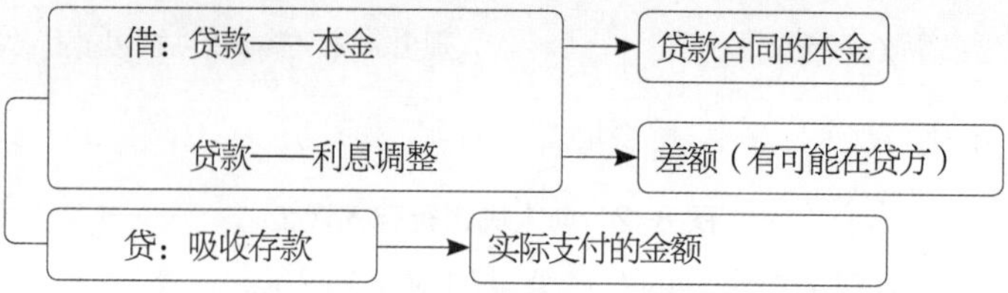

图 8-4　贷款发放

（2）贷款收回

①未减值贷款的处理。

在资产负债表日，企业应按贷款的合同本金和合同约定的名义利率计算应收利息的金额，编制会计分录如图 8-5 所示。

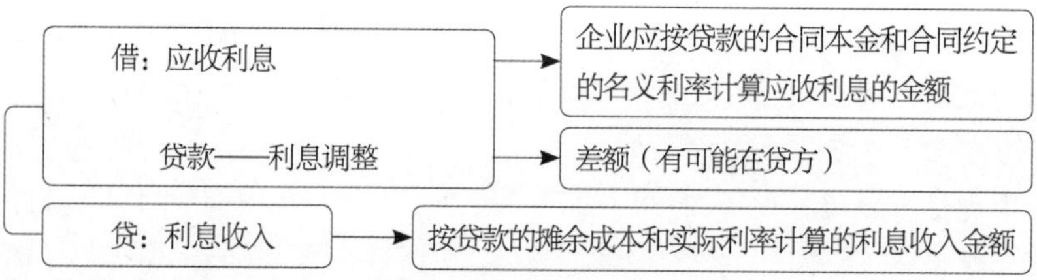

图 8-5　计算应收利息

合同利率与实际利率差异较小的，也可以采用合同利率计算利息收入。

银行收回未减值贷款时，应按客户归还的金额编制会计分录如图 8-6 所示。

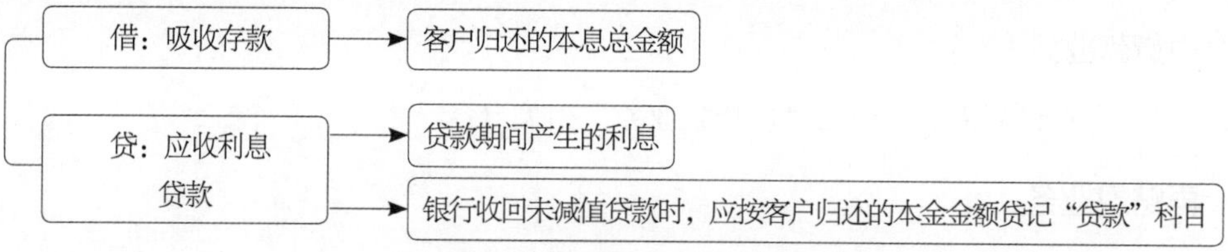

图 8-6　银行收回未减值贷款

②减值贷款的处理。

在资产负债表日，对于减值贷款按应减记的金额编制会计分录如图 8-7 所示。

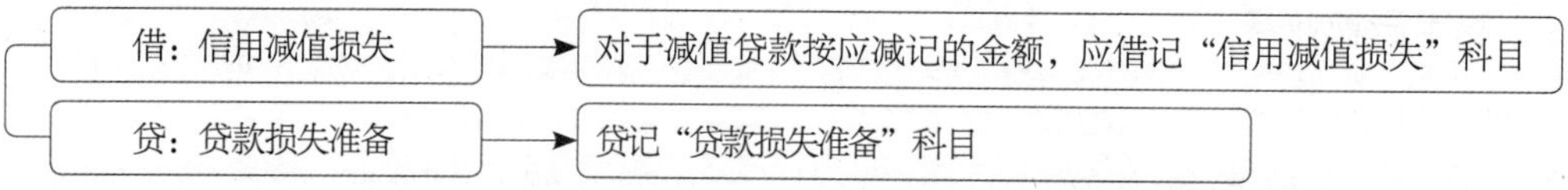

图 8-7　资产负债表日对于减值贷款按应减计的金额编制会计分录

对发生减值的贷款编制会计分录如图 8-8 所示。

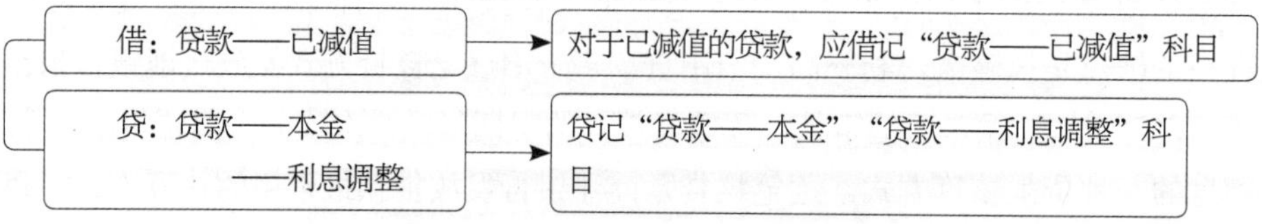

图 8-8　对发生减值的贷款编制会计分录

同时，应按贷款的摊余成本和实际利率计算确定的利息收入金额，编制会计分录如图 8-9 所示。

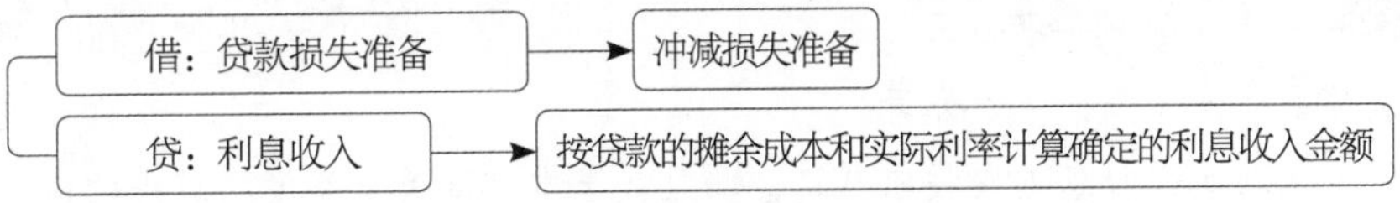

图 8-9 计算确定利息收入金额

此外，银行还需将按合同本金和合同约定的名义利率计算的应收利息金额进行表外登记。

收回减值贷款时，编制会计分录如图 8-10 所示。

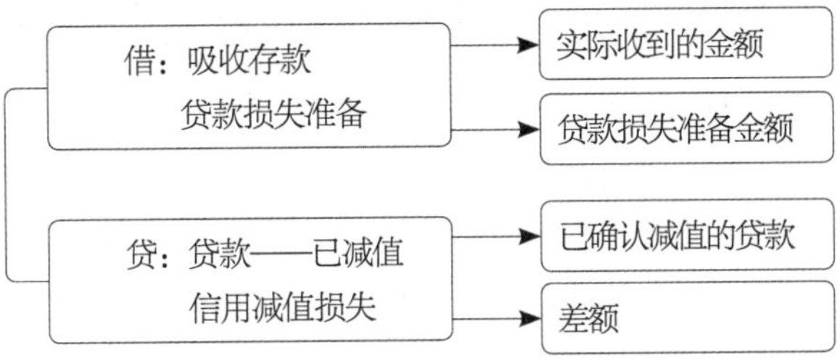

图 8-10 收回减值贷款

3. 案例解析

【例 8-3】A 银行 2×19 年 3 月 10 日接到开户单位 B 公司借款申请，经信贷部门核定，同意贷给 B 公司期限为 6 个月、利率为 8.48% 的短期贷款 600 000 元，会计部门于 3 月 20 日根据借款凭证进行的账务处理如下。

借：贷款——短期贷款——B 公司户　　600 000

　　贷：吸收存款——B 公司户　　600 000

B 公司于 9 月 20 日按期归还贷款本息。假定 A 银行采取定期收息的方式核算贷款利息，则应于当年 6 月 20 日、9 月 20 日分别做以下计算。

600 000×8.48%÷12×3=12 720（元）

6 月 20 日，A 银行的账务处理如下。

借：应收利息　　12 720

　　贷：利息收入　　12 720

借：吸收存款——B 公司户　　12 720

　　贷：应收利息　　12 720

9 月 20 日的计息分录与 6 月 20 日的计息分录相同，由于客户当日按期还款，可将最后一季度的利息与本金一并收回。账务处理如下。

借：吸收存款——B 公司户　　625 440

　　贷：贷款——短期贷款——B 公司户　　600 000

　　　　应收利息（已计提利息）　　12 720

　　　　利息收入（最后一季度利息）　　12 720

【例 8-4】2×18 年 1 月 1 日，A 银行向甲公司发放一笔 3 年期的贷款，贷款本金为 5 000 000 元，年利率为 6.4%。2×19 年 12 月 31 日，经测试确认该笔贷款已发生减值 200 000 元。

A 银行 2×19 年 12 月 31 日的账务处理如下。

借：信用减值损失　　200 000

　　贷：贷款损失准备　　200 000

同时，

借：贷款——已减值——甲公司　　5 000 000

　　贷：贷款——本金——甲公司　　5 000 000

假定 A 银行采取定期收息方式收取利息，并且截至本年度第三季度已计提的应收利息均已收回，则 2×19 年第四季度的利息计算如下。

（5 000 000-200 000）×3×6.4%÷12=76 800（元）

账务处理如下。

借：贷款损失准备　　76 800

　　贷：利息收入　　76 800

表外分录如下。

　　收：应收利息（5 000 000×3×6.4%÷12）　　80 000

假定该贷款实际利率为 6.4%，A 银行于 2×20 年 1 月 1 日全额收回甲公司的贷款本金 5 000 000 元及全部应收未收利息。

A 银行在 2×19 年共计提利息 =76 800×4=307 200（元）

贷款损失准备借方余额 =307 200+76 800-200 000=184 000（元）

全部应收未收利息 =80 000+80 000×4=400 000（元）

账务处理如下。

借：吸收存款——甲公司户　　5 400 000

　　贷：贷款——已减值　　5 000 000

　　　　信用减值损失　　200 000

　　　　贷款损失准备　　184 000

　　　　利息收入　　16 000

表外分录如下。

　　付：应收利息　　400 000

8.2.2　抵押贷款业务

1. 业务概述

抵押贷款是银行要求借款人以一定财产作为抵押而发放的一种贷款。借款人到期不能归还贷款本息时，银行有权依法处置贷款抵押物，并从所得价款收入中优先收回贷款本息，或以该抵押物折价充抵贷款本息。

抵押贷款适用于经工商行政管理部门登记并具有法人资格的全民、集体所有制企事业单位以及我国境内的中外合资经营企业，个体工商户及个人也可以申请抵押贷款。在抵押贷款中，流动资金贷款最长不超过 1 年，固定资金贷款一般为 1 ～ 3 年，最长不超过 5 年。

抵押贷款一般采取逐笔核贷的贷款核算方式。

商业银行选择的抵押物必须是合法取得的，并且可以流通、易于变现和处分。抵押物的使用期必须长于借款期，贷款到期后，抵押物的变现价值应大于借款本息。

2. 账务处理

（1）发放贷款

会计部门收到信贷部门转来的有关单证，经审查无误后，根据有关规定及借款人的要求办理转账。贷款发放时，银行应编制会计分录如图 8-11 所示。

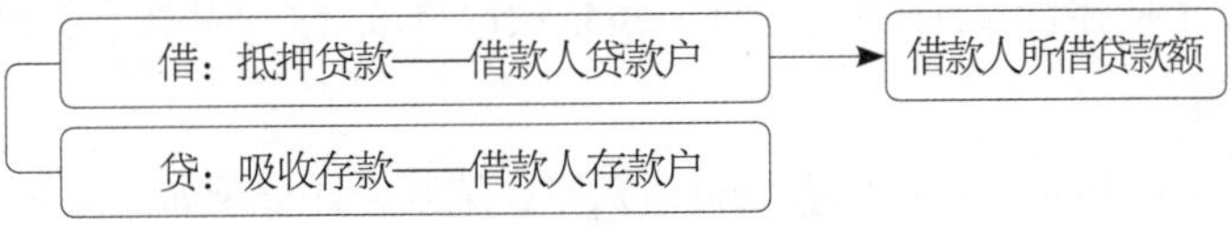

图 8-11　发放贷款

（2）抵押贷款收回

抵押贷款到期时，借款人应主动提交还款凭证，连同银行出具的抵押品代保管收据，办理还款手续。银行应编制会计分录如图 8-12 所示。

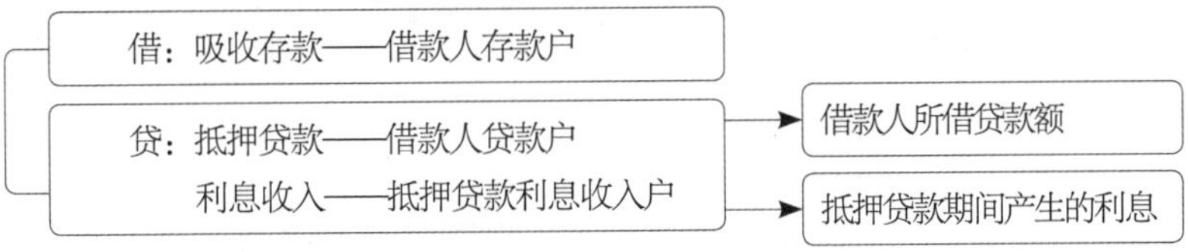

图 8-12　抵押贷款收回

3. 案例解析

【例 8-5】 2×18 年 1 月 1 日，A 企业以一栋写字楼作为抵押向甲商业银行申请抵押贷款 10 000 000 元，利率为 5%，期限 2 年。2×20 年 1 月 1 日，A 企业归还贷款本息，并收回抵押资产。甲商业银行的账务处理如下。

（1）2×18 年 1 月 1 日。

借：抵押贷款——A 企业　　10 000 000

　　贷：吸收存款——A 企业　　10 000 000

（2）2×20 年 1 月 1 日。

借：吸收存款——A 企业　　11 000 000

　　贷：抵押贷款——A 企业　　10 000 000

　　　　利息收入——A 企业　　1 000 000

8.3　抵债资产

1. 业务概述

依据《中华人民共和国担保法》（以下简称《担保法》）第三十四条规定，下列财产可以作为抵押物申请抵押贷款：①抵押人所有的房屋和其他地上定着物；②抵押人所有的机器、交通运输工具和其他财产；③抵押人依法有权处分的国有的土地使用权、房屋和其他地上定着物；④抵押人依法有权处分的国有的机器、交通运输工具和其他财产；⑤抵押人依法承包并经发包方同意抵押的荒山、荒沟、荒丘、荒滩等荒地的土地使用权；⑥依法可以抵押的其他财产。

《担保法》第三十七条同时规定，下列财产不得进行抵押：①土地所有权；②耕地、宅基地、自留地、自留山等集体所有的土地使用权；③学校、幼儿园、医院等以公益为目的的事业单位、社会团体的教育设施、医疗卫生设施和其他社会公益设施；④所有权、使用权不明或者有争议的财产；⑤依法被查封、扣押、监管的财产；⑥依法不得抵押的其他财产。

2. 账务处理

商业银行在发放了抵押贷款且不能收回时，可依法取得该资产，并按有关规定处置抵债资产。

（1）取得抵债资产。

取得抵债资产时，应按抵债资产的公允价值入账。编制会计分录如图 8-13 所示。

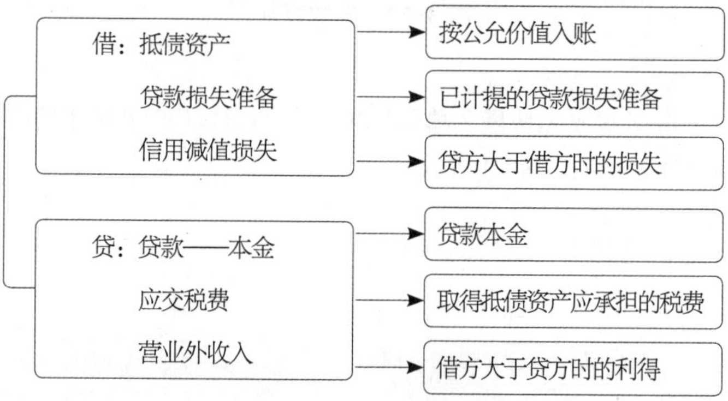

图 8-13　取得抵债资产

（2）处置抵债资产。

商业银行将依法取得的抵债资产进行处置时，编制会计分录如图 8-14 所示。

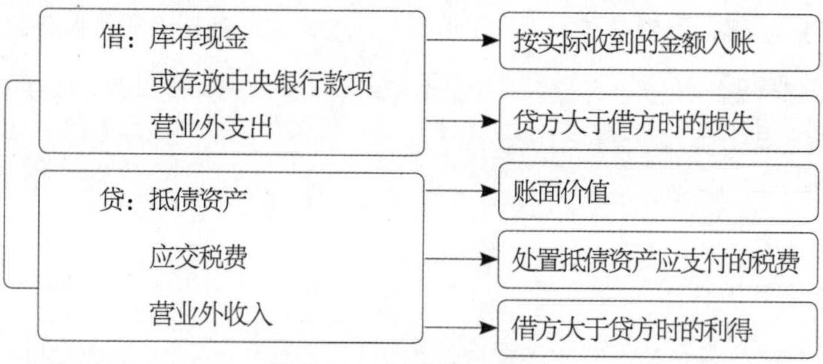

图 8-14　处置抵债资产

（3）将抵债资产转为自用资产。

当抵债资产可以为商业银行利用时，商业银行编制会计分录如图 8-15 所示。

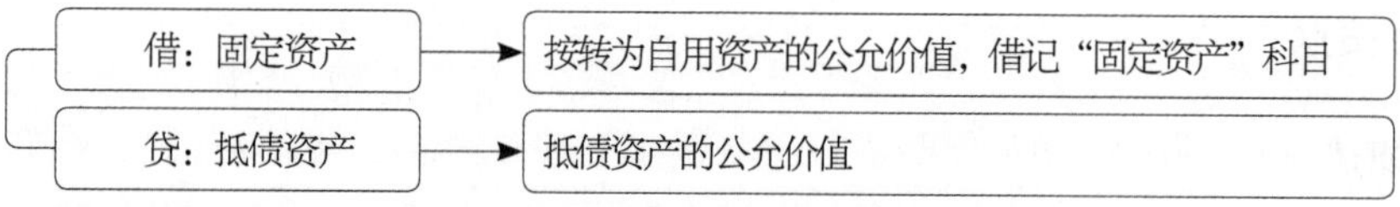

图 8-15　将抵债资产转为自用资产

抵债资产取得以后，未处置或未转为银行自用之前，若发生减值，也应计提减值准备并记入“抵债资产减值准备”科目，该科目的余额应于处置或转为自用时与“抵债资产”科目的余额一并转出。

3. 案例解析

【例 8-6】2×18 年 1 月 1 日，A 企业以一栋写字楼作为抵押向甲商业银行申请抵押贷款 10 000 000 元，利率为 5%，期限 2 年。2×20 年 1 月 1 日，A 企业不能按时偿还贷款本息，期间未计提减值准备。2×20 年 10 月 1 日经协商决定取得并处置抵押资产。获取该写字楼时公允价值为 12 000 000 元，处置时收取现金价款 14 000 000 元。不考虑相关税费，甲商业银行的账务处理如下。

（1）2×18 年 1 月 1 日。

借：抵押贷款——A 企业　　　　10 000 000

贷：吸收存款——A 企业　　10 000 000

（2）2×20 年 1 月 1 日。

借：抵债资产　　12 000 000

贷：抵押贷款——A 企业　　10 000 000

吸收存款——A 企业　　2 000 000

（3）2×20 年 10 月 1 日。

借：库存现金　　14 000 000

贷：抵债资产　　12 000 000

营业外收入　　2 000 000

8.4 贴现资产

1. 业务概述

票据贴现是指票据收款人或持有人在票据到期前，为获得资金而向银行贴付一定的利息将票据权利转让给银行的票据行为。目前，商业银行办理贴现业务的票据主要是商业汇票。商业汇票按承兑人的不同可以分为商业承兑汇票和银行承兑汇票。商业汇票一律记名，允许背书转让，期限最长不超过 6 个月。

严格地讲，票据贴现业务属于贷款的一种，但贴现与一般贷款相比，既有共同点又有不同点。两者的共同点主要是：它们都是银行的资产业务， 都是借款人的融资方式，银行都要计收利息。两者的不同点主要体现在以下几个方面。

（1）资金投放的对象不同。贴现贷款以持票人（债权人）为放款对象，一般贷款以借款人（债务人）为放款对象。

（2）体现的信用关系不同。贴现贷款体现的是银行与持票人、出票人、承兑人及背书人之间的信用关系，一般贷款体现的是银行与借款人、担保人之间的信用关系。

（3）计息的时间不同。贴现贷款在放款时就扣收利息，一般贷款则是在贷款到期时（或定期）计收利息。

（4）放款期限不同。贴现贷款通常为短期贷款，期限最长不超过 6 个月；一般贷款则分为短期贷款和中长期贷款。

（5）资金的流动性不同。贴现贷款可以通过再贴现和转贴现提前收回资金，一般贷款只有到期才可能收回资金。

2. 账务处理

商业银行通过“贴现资产”科目核算办理商业票据的贴现、转贴现和再贴现业务的款项。该科目应按贴现种类和贴现申请人进行明细核算，期末为借方余额，反映银行办理的贴现款项。实际利率与合同约定的名义利率差异不大的，也可以采用合同约定的名义利率计算利息收入。编制会计分录如图 8-16 所示。

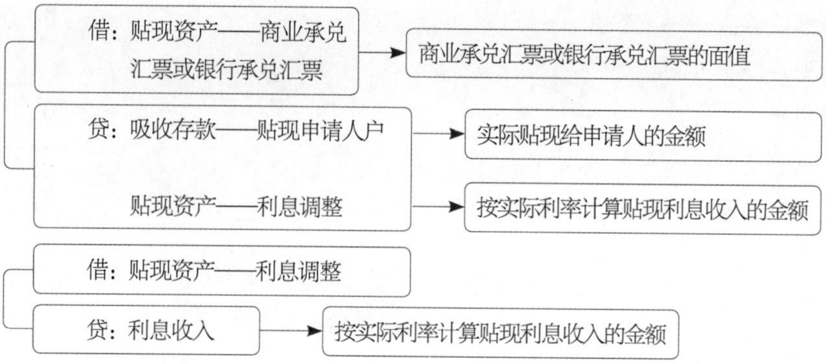

图 8-16　采用实际利率计算利息收入

贴现到期应编制的会计分录如图 8-17 所示。

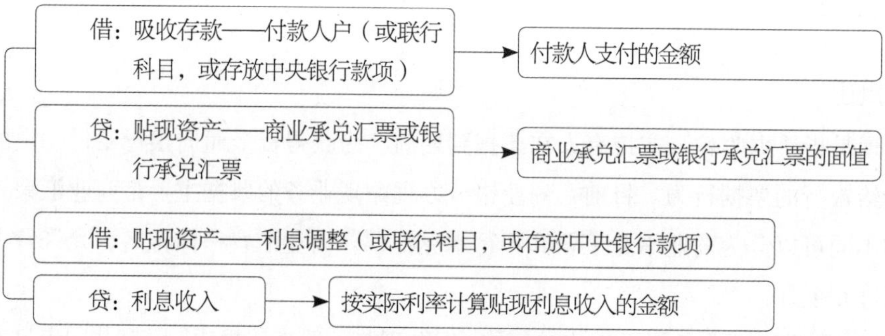

图 8-17　贴现到期

3. 案例解析

【例 8-7】2×19 年 3 月 5 日，A 银行收到客户 Z 公司提交的银行承兑汇票，金额为 300 000 元，到期日为 2×19 年 5 月 10 日。Z 公司申请贴现，A 银行审定后同意按 7.2% 的贴现率贴现。

贴现天数为 66 天。

贴现利息 =300 000×66×7.2%÷360=3 960（元）

实付贴现金额 =300 000−3 960=296 040（元）

账务处理如下。

借：贴现资产——银行承兑汇票　　300 000
　　贷：吸收存款——Z 公司户　　296 040
　　　　贴现资产——利息调整　　3 960

假设银行承兑汇票到期，A 银行向异地某承兑银行（同系统）发出委托收款凭证和汇票后，数日后收到划回的汇票款项。

A 银行的账务处理如下。

借：联行科目　　300 000
　　贷：贴现资产——银行承兑汇票　　300 000

借：贴现资产——利息调整　　3 960
　　贷：利息收入　　3 960

8.5　吸收存款

“吸收存款”科目用于核算企业（银行）吸收的除同业存放款项以外的其他各种存款，包括单位（包括企事业单位、机关、社会团体等）存款、个人存款、信用卡存款、特种存款、转贷款资金和财政性存款等。“吸收存款”科目属于负债类科目。

1. 业务概述

存款是商业银行以信用方式吸收社会闲置资金的筹资活动。商业银行通过吸收存款的方式，把大量的、分散的、再生产过程中的间歇资金和人民群众的结余待用资金聚成大量的货币力量，以支持国民经济持续、稳定、协调发展。存款是商业银行最主要的信贷资金来源，是其发放贷款的基础。大力组织存款、不断扩大信贷资金来源，是商业银行的主要任务之一。

2. 账务处理

银行收到客户存入的款项时，应按实际收到的金额，借记“存放中央银行款项”“库存现金”等科目，然后按存入资金的本金，贷记“吸收存款——本金”科目，再按其差额，贷记或借记“吸收存款——利息调整”科目。支取款项时，应按归还的金额，借记“吸收存款——本金”科目，贷记“存放中央银行款项”“库存现金”等科目，然后按应转销的利息调整金额，借记或贷记“吸收存款——利息调整”科目，再按其差额，贷记或借记“利息支出”科目。余额在贷方，反映银行吸收的除同业存放款项以外的其他各项存款余额。本科目应当按照存款类别及存款单位，按“本金”“利息调整”等进行明细核算。

银行应编制的会计分录如图 8-18 所示。

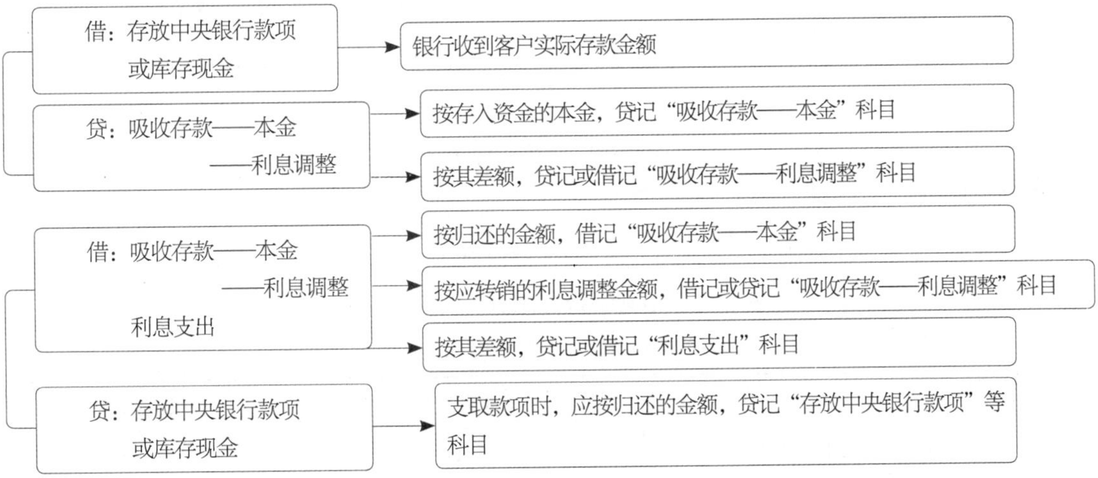

图 8-18 存款业务

3. 案例解析

【例 8-8】甲单位存入银行定期存款 400 000 元，定期 3 年，年利率假定为 3.33%，3 月 20 日到期。该单位于 3 月 31 日来行支取，支取日活期存款利率为 0.36%。

银行的账务处理如下。

到期利息 =400 000×3×3.33%=39 960（元）

逾期利息 =400 000×11×0.36%÷360=44（元）

借：利息支出　　40 004

　　贷：应付利息　　40 004

借：吸收存款——定期——甲单位　　400 000

　　应付利息　　40 004

　　贷：吸收存款——活期——甲单位　　440 004

8.6 利息支出

“利息支出”科目用于核算商业银行发生的利息支出，包括吸收存款（单位存款、个人存款、信用卡存款、特种存款、转贷款资金等）、与其他金融机构（中央银行、同业等）间发生的资金往来业务、卖出回购金融资产等产生的利息支出。

8.6.1 存款业务

1. 业务概述

存款是商业银行以信用方式吸收社会闲置资金的筹资活动。商业银行通过吸收存款的方式，一方面可以获得大量的资金，用于更高收益率的贷款业务，同时也将给存款户支付相应的利息。本部分主要讲解支付利息的相关账务处理。

2. 账务处理

银行在定期计提应付利息时，应借记本科目，贷记“应付利息”“吸收存款”“存放中央银行款项”等科目。期末，应将本科目余额结转利润，即借记“本年利润”科目，贷记本科目；结转后，本科目应无余额。本科目应按利息支出项目进行明细核算。

银行应编制的会计分录如图8-19所示。

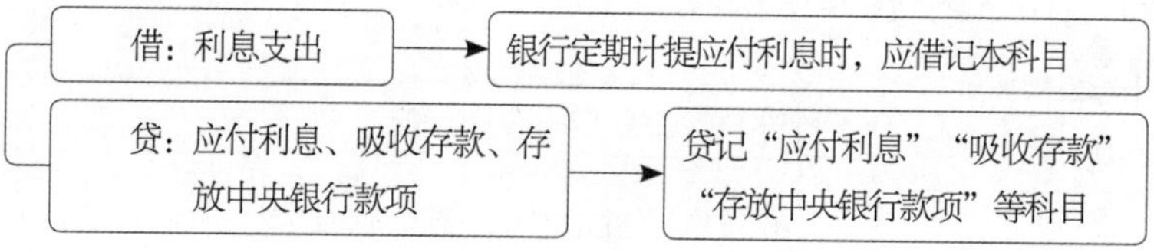

图8-19 计提应付利息

3. 案例解析

【例8-9】中国银行辽阳分行2×19年9月计息余额表如表8-1所示。

表8-1 中国银行辽阳分行计息余额表

科目名称：吸收存款　　2×19年9月　活期存款利率为0.35%　　单位：元

	泰诺公司	巴兰公司
上月月末止累计积数	2 526 000	1 380 000
1	300 000	1 300 000
2	60 000	1 000 000
3	80 000	200 000
4	100 000	100 000
5	250 000	120 000
6	150 000	90 000
7	100 000	80 000
8	120 000	100 000
9	50 000	60 000

续表

	泰诺公司	巴兰公司
10	150 000	70 000
10 天小计	1 360 000	3 120 000
20 天小计	2 800 000	8 120 000
本月合计	4 000 000	10 000 000
应加积数		
应减积数		2 000 000
本月累计	6 526 000	9 380 000

泰诺公司利息 =6 526 000×0.35%÷360=63.45（元）

巴兰公司利息 =9 380 000×0.35%÷360=91.19（元）

根据计算结果，每日的利息支出应编制的会计分录如下。

借：利息支出 154.64

贷：吸收存款——单位活期存款——泰诺公司 63.45

——巴兰公司 91.19

8.6.2 再贷款业务

参见“向中央银行借款”中的“再贷款业务”。

8.6.3 再贴现业务

参见“向中央银行借款”中的“再贴现业务”。

8.6.4 同业拆借业务

参见“拆入资金和拆出资金”中的“再贴现业务”。

8.7 利息收入

8.7.1 信用贷款业务

1. 业务概述

信用贷款多采用逐笔核贷方式发放，即银行根据借款人提出的申请，逐笔申请立据，逐笔审核，逐笔发放，约定期限，一次或分次归还贷款， 按照规定利率计收利息的一种贷款核算方式。逐笔核贷是商业银行发放贷款最常用的核算方式。

2. 账务处理

在资产负债表日，企业应按贷款的合同本金和合同约定的名义利率计算应收利息的金额，编制的会计分录如图 8-20 所示。

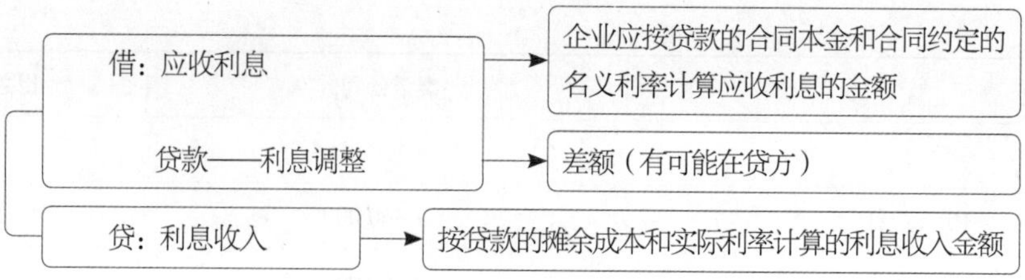

图 8-20　信用贷款业务

合同利率与实际利率差异较小的，也可以采用合同利率计算利息收入。

3. 案例解析

详见“贷款”相关内容。

8.7.2　抵押贷款业务

参见“贷款”中的“抵押贷款业务”。

8.7.3　票据贴现业务

参见“贴现资产”中的“票据贴现业务”。

8.7.4　同业拆借业务

参见“拆入资金和拆出资金”中的“再贴现业务”。

8.8　向中央银行借款

8.8.1　再贷款业务

1. 业务概述

再贷款是指中央银行为实现货币政策目标而对金融机构发放的贷款。再贷款由中国人民银行总行向商业银行总行直接发放，由商业银行总行集中管理、统计统还、统筹安排使用。

2. 账务处理

商业银行设置“向中央银行借款”科目进行核算。“向中央银行借款”科目是负债类科目，用以核算各商业银行向中央银行借入的各种款项。发生借款时，记入本科目贷方；归还借款时，记入本科目借方。本科目按借款性质分别设置明细科目。

（1）再贷款的发放。

商业银行向中央银行申请借款时，应向人民银行提交“人民银行贷款申请书”并备齐有关资料，经人民银行审查同意后，填写一式五联借款凭证，送交人民银行办理借款手续；人民银行审查无误后，办理转账并退回第三联借款凭证；商业银行收到回单作为收账通知，据此编制转账借、贷方传票，办理转账，应编制会计分录如图 8-21 所示。

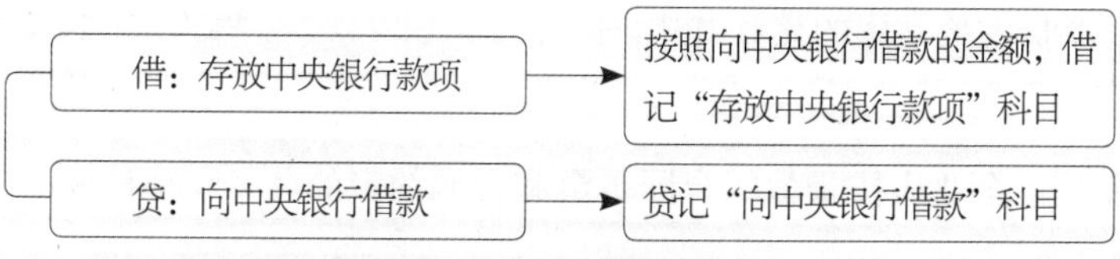

图 8-21　再贷款的发放

（2）再贷款的归还。

再贷款到期时，商业银行应主动向人民银行归还贷款本息。根据贷款本息的金额，将一式四联的还款凭证送交人民银行办理还款手续；人民银行经审查无误后，办理转账并退回第四联还款凭证和借据；商业银行收到回单作为付款通知，并代转账传票，以借据为附件，办理转账，应编制会计分录如图 8-22 所示。

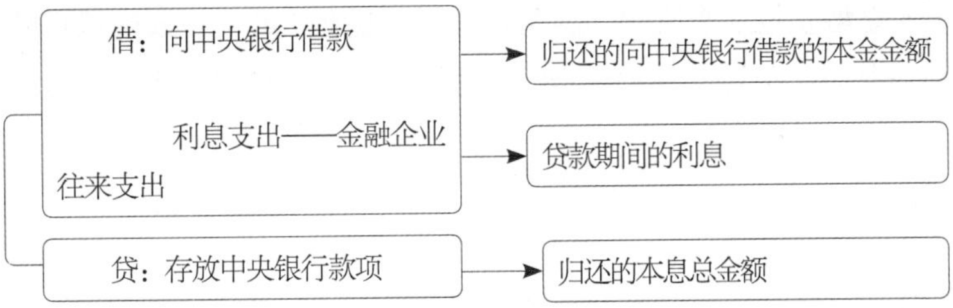

图 8-22 再贷款的归还

3. 案例解析

【例 8-10】 甲商业银行于 2×18 年 1 月 1 日向中央银行贷款 1 000 000 元，年利率为 5%。2×19 年 1 月 1 日，甲商业银行归还贷款本息。甲商业银行的账务处理如下。

（1）2×18 年 1 月 1 日。

借：存放中央银行款项　　1 000 000
　　贷：向中央银行借款　　1 000 000

（2）2×19 年 1 月 1 日。

借：向中央银行借款　　1 000 000
　　利息支出——金融企业往来支出　　50 000
　　贷：存放中央银行款项　　105 000

8.8.2 再贴现业务

1. 业务概述

再贴现是中央银行通过买进商业银行持有的已贴现但尚未到期的商业汇票，向商业银行提供融资支持的行为。再贴现是解决商业银行因办理票据贴现引起资金不足问题的一条途径，是人民银行调节货币供应与加强宏观调控的有力措施。

再贴现有买断式和回购式两种。买断式再贴现是指申请再贴现的银行将票据权利转让给人民银行，票据到期由人民银行作为票据债权人向票据付款人收取票款的行为。回购式再贴现是指票据到期前由原申请再贴现商业银行回购票据后，向票据付款人收取票款的行为。

2. 账务处理

金融企业向人民银行进行买断式再贴现融资，按实收金额，借记“存放中央银行款项”等科目，按再贴现利息金额，借记“利息支出——金融企业往来支出”科目，按票据金额，贷记“向中央银行借款——再贴现”科目。编制会计分录如图 8-23 所示。

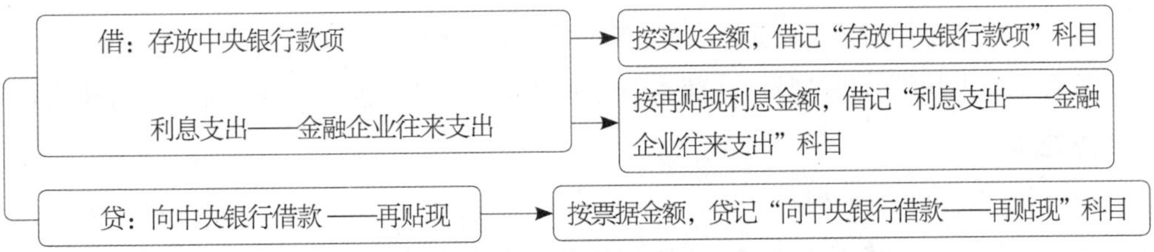

图 8-23 金融企业向人民银行进行买断式再贴现融资

金融企业向人民银行申请回购式再贴现时，按实收金额，借记“存放中央银行款项”等科目，按转贴现利息金额，借记“递延支出——未确认再贴现支出”科目，按票面金额，贷记“票据融资——再贴现融资”科目。每月结息日及再贴现到期日，按再贴现天数分摊未确认再贴现利息支出时，借记“利息支出——金融企业往来支出”科目，贷记“递延支出——未确认再贴现支出”科目。再贴现到期，收到票款时，借记“票据融资——再贴现融资”科目，贷记“存放中央银行款项”等科目。具体会计分录如下。

借：存放中央银行款项

递延支出——未确认再贴现支出

贷：票据融资——再贴现融资

借：利息支出——金融企业往来支出

贷：递延支出——未确认再贴现支出

借：票据融资——再贴现融资

贷：存放中央银行款项

3. 案例解析

【例 8-11】某中国银行2×19年5月8日将未到期的商业贴现票据4 000 000元向人民银行申请买断式再贴现，商业贴现汇票到期日为9月5日，月再贴现率为3‰，办理再贴现手续。某中国银行的账务处理如下。

再贴现利息 =4 000 000×120×3‰ ÷30=48 000（元）

再贴现实付金额 =4 000 000-48 000=3 952 000（元）

借：存放中央银行款项	3 952 000	
利息支出——金融企业往来支出	48 000	
贷：向中央银行借款——再贴现		4 000 000

9月5日票据到期，中央银行向商业银行收回贴现票款，某中国银行的账务处理如下。

借：向中央银行借款——再贴现	4 000 000	
贷：存放中央银行款项		4 000 000

8.9 拆入资金和拆出资金

1. 业务概述

同业拆借是临时调剂性借贷行为，是指商业银行之间为了调剂资金余缺，利用资金融通过程的时间差、空间差、行际差来调剂资金而进行的短期借贷。拆借资金只能用于临时性的资金需要，由中国人民银行统一负责管理、组织、监督和稽核。

同业拆借可以在同业拆借市场进行，也可以在同城或异地商业银行间进行。由拆出与拆入资金的商业银行双方商定拆借条件，签订协议，共同履行，并通过人民银行进行资金划拨。由此可见，同业拆借具有短期性和临时性的特点。商业银行通过同业拆借能搞活资金，提高资金使用效益。

2. 账务处理

（1）拆借资金拆出时的核算。

①拆出行以拆入行的借据为依据，向人民银行提交进账单及转账支票，并编制特种转账借、

贷方传票各一联予以转账。编制会计分录如图 8-24 所示。

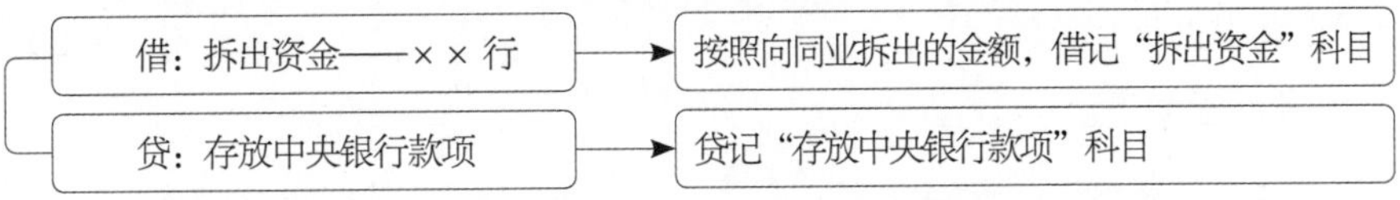

图 8-24　拆出行以拆入行的借据为依据的账务处理

②拆入行根据进账单回单联进行账务处理，应编制会计分录如图 8-25 所示。

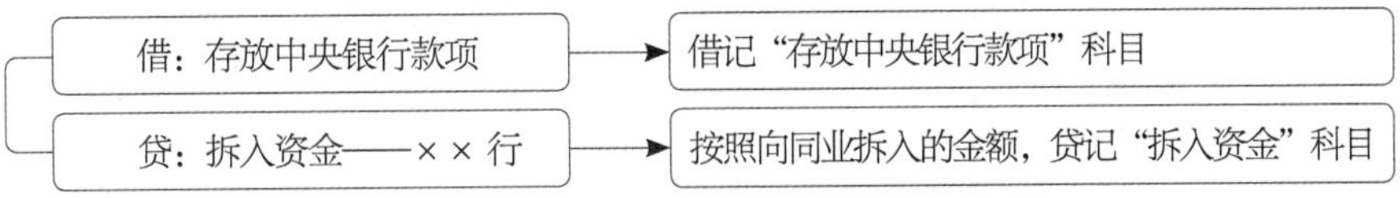

图 8-25　拆入行根据进账单回单联进行账务处理

（2）拆借资金归还的核算。

①拆入行归还借款时，应按事先约定的利率，计算应付利息，根据本息填制进账单和转账支票送往人民银行，并根据人民银行退还的进账单回单联及支票存根，填制转账借方传票二联，贷方传票一联，办理转账。应编制会计分录如图 8-26 所示。

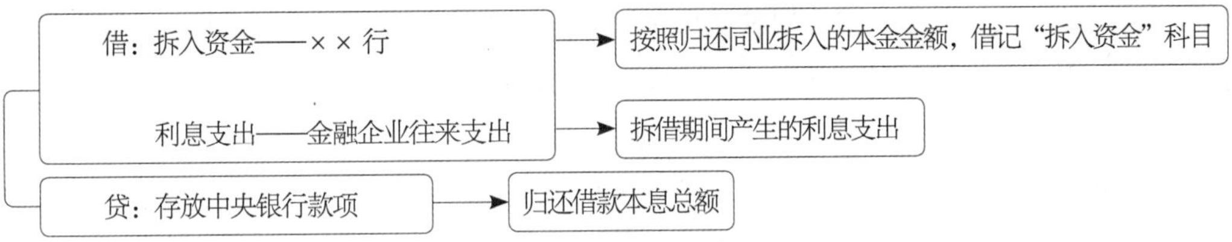

图 8-26　拆入行归还借款

②拆出行根据进账单回单联予以转账。应编制会计分录如图 8-27 所示。

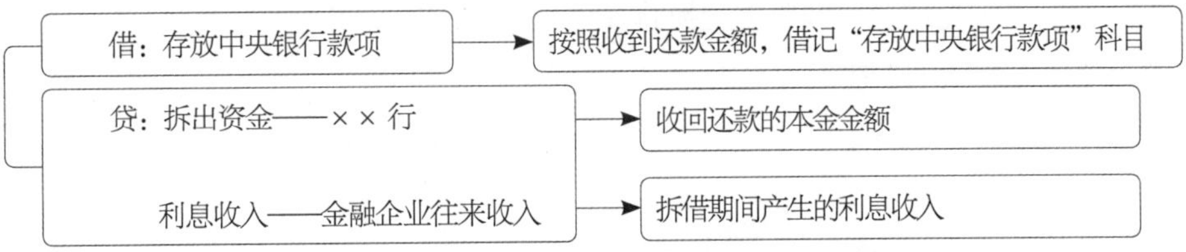

图 8-27　拆出行根据进账单回单联予以转账

【例 8-12】A 银行北京分行因临时资金短缺，向同城 B 银行北京分行拆借资金 2 000 000 元，期限 2 个月，拆借利率为 1.8%。

（1）拆借时。

B 银行的账务处理如下。

借：拆出资金——A 银行　　2 000 000

　　贷：存放中央银行款项　　2 000 000

A 银行的账务处理如下。

借：存放中央银行款项　　2 000 000

　　贷：拆入资金——B 银行　　2 000 000

（2）归还时。

利息 =2 000 000×1.8%×2÷12=6 000（元）

A 银行的账务处理如下。

借：拆入资金——B 银行　　2 000 000

利息支出——金融企业往来支出　　6 000
　　贷：存放中央银行款项　　2 006 000

B 银行的账务处理如下。

借：存放中央银行款项　　2 006 000
　　贷：拆出资金——A 银行　　2 000 000
　　　　利息收入——金融企业往来收入　　6 000

8.10　清算资金往来

8.10.1　跨系统转汇的业务

1. 业务概述

跨系统转汇是指由于客户办理异地结算业务而引起的各商业银行之间相互汇划款项的业务。为加强汇差资金管理，中国人民银行《支付结算办法》规定，各商业银行跨系统汇划款项在 10 万元以上的（含 10 万元）和系统内汇划款项在 50 万元以上的（含 50 万元）大额汇划应通过人民银行清算资金和汇划。在此限额以下的，可采用相互转汇的方法。

2. 账务处理

（1）“先横后直”的方式。

该方式适用于汇出行所在地为双设机构地区时的款项汇划。所谓双设机构地区，是指汇出行所在地区设有跨系统汇入行系统的银行机构。在这种情况下，应采取“先横后直”的方式在汇出行办理转汇，即汇出行先通过同城票据交换将款项划至汇入行在当地的联行机构（转汇行），由其通过系统内电子汇划款项汇往汇入行。

甲地汇出行应编制如下会计分录。

借：活期存款——付款人
　　贷：存放中央银行款项（或存放同业款项）

甲地转汇行应编制如下会计分录。

借：存放中央银行款项（或存放同业款项）
　　贷：清算资金往来——联行往来

乙地汇入行应编制如下会计分录。

借：清算资金往来——联行往来
　　贷：活期存款——收款人

（2）“先直后横”的方式。

该方式适用于汇出行所在地为单设机构地区，而汇入行所在地为双设机构地区时的款项汇划。所谓单设机构地区，是指汇出行所在地没有汇入行系统的银行机构。双设机构地区的含义如前面所述。在这种情况下应采取“先直后横”方式在汇出地办理转汇。即由汇出行通过系统内电子汇划将款项划至异地本系统的转汇行，然后由本系统转汇行与同城跨系统的汇入行办理转汇和清算资金。

甲地汇出行应编制如下会计分录。

借：活期存款——付款人

　　贷：清算资金往来——联行往来

乙地转汇行应编制如下会计分录。

借：清算资金往来——联行往来

　　贷：存放中央银行款项（或存放同业款项）

乙地汇入行应编制如下会计分录。

借：存放中央银行款项（或存放同业款项）

　　贷：活期存款——收款人

（3）“先直后横再直”的方式。

该方式适用于汇出行和汇入行所在地均为单设机构地区时汇划款项。在该种方式下需要选择一个汇出行和汇入行的转汇行为为双设机构地区代为划转。具体做法是：首先，汇出行通过系统内电子汇划将款项划至双设机构地区的本系统转汇行；其次，本系统转汇行与同城跨系统转汇行办理转划并清算资金；最后，跨系统转汇行再通过系统内电子汇划将款项划转至汇入行。

甲地汇出行应编制如下会计分录。

借：活期存款——付款人

　　贷：清算资金往来——联行往来

乙地汇出行的转汇行应编制如下会计分录。

借：清算资金往来——联行往来

　　贷：存放中央银行款项（或存放同业款项）

乙地汇入行的转汇行应编制如下会计分录。

借：存放中央银行款项（或存放同业款项）

　　贷：清算资金往来——联行往来

丙地汇入行应编制如下会计分录。

借：清算资金往来——联行往来

　　贷：活期存款——收款人

（4）通过人民银行转汇。

跨系统的大额汇划款项，按规定通过中央银行转汇。随着我国社会支付系统的建立和完善、电子联行的扩展，商业银行系统内和跨系统的汇划款项，将全部由中央银行转汇和转划，并同步清算资金。其划款程序为：由汇出行将款项划至当地人民银行，再由当地人民银行通过联行划至汇入行所在地人民银行，最后由汇入行所在地人民银行将款项划至汇入行。

甲地汇出行应编制如下会计分录。

借：活期存款——付款人

　　贷：存放中央银行款项

甲地人民银行应编制如下会计分录。

借：××银行准备金存款——汇出行

　　贷：清算资金往来——联行往来

乙地人民银行应编制如下会计分录。

借：清算资金往来——联行往来

　　贷：××银行准备金存款——汇入行

乙地汇入行应编制如下会计分录。

借：存放中央银行款项

　　贷：活期存款——收款人

3.案例解析

【例8-13】甲工商银行2×19年发生如下业务。

（1）甲工商银行的开户单位制药厂办理信汇业务，汇往乙地中国农业银行的开户单位机械厂，支付货款9 500元，通过同城农业银行将款项转汇。

（2）甲工商银行开户单位纺织厂电汇7 000元，收款单位是在中国银行丙地支行开户的技术进出口公司，通过工商银行丙地支行转汇。

（3）甲工商银行开户单位汽车厂电汇资金6 500元给在中国建设银行丁地支行开户的收款人，通过中国工商银行乙地分行转汇。

（4）甲工商银行为开户单位油漆厂收取委托收款资金5 400元，付款人在中国建设银行北京分行开户，通过中国工商银行北京分行转汇。

（5）甲工商银行为开户单位新兴百货收取货款7 800元，付款人在中国建设银行天津分行开户，通过中国建设银行哈尔滨分行将汇款转汇。

要求：根据上述资料分别编制汇出行、转汇行、汇入行的相关会计分录。

（1）甲工商银行。

借：吸收存款　　9 500

　　贷：存放中央银行款项　　9 500

甲地农业银行。

借：存放中央银行款项　　9 500

　　贷：清算资金往来——乙地农业银行户　　9 500

乙地农业银行。

借：清算资金往来——甲地农业银行户　　9 500

　　贷：吸收存款　　9 500

（2）甲工商银行。

借：吸收存款　　7 000

　　贷：清算资金往来——丙地工商银行户　　7 000

工商银行丙地支行。

借：清算资金往来——甲工商银行户　　7 000

　　贷：存放中央银行款项　　7 000

中国银行丙地支行。

借：存放中央银行款项　　7 000

　　贷：吸收存款　　7 000

（3）甲工商银行。

借：吸收存款——汽车厂户　　6 500

　　贷：清算资金往来——乙地工商银行户　　6 500

工商银行乙地分行。

借：清算资金往来——甲工商银行户　　6 500

　　贷：存放中央银行款项　　6 500

建设银行乙地分行。

借：存放中央银行款项　　6 500

　　贷：清算资金往来——丁地建设银行户　　6 500

建设银行丁地支行。

借：清算资金往来——乙地建设银行户　　6 500

　　贷：吸收存款　　6 500

（4）中国建设银行北京分行。

借：吸收存款　　5 400

　　贷：存放中央银行款项　　5 400

中国工商银行北京分行。

借：存放中央银行款项　　5 400

　　贷：清算资金往来——甲工商银行户　　5 400

甲工商银行。

借：清算资金往来——中国工商银行北京分行　　5 400

　　贷：吸收存款——油漆厂户　　5 400

（5）中国建设银行天津分行。

借：吸收存款　　7 800

　　贷：清算资金往来——中国建设银行哈尔滨分行户　　7 800

中国建设银行哈尔滨分行。

借：清算资金往来——中国建设银行天津分行户　　7 800

　　贷：存放中央银行款项　　7 800

甲工商银行。

借：存放中央银行款项　　7 800

　　贷：吸收存款——新兴百货户　　7 800

8.10.2 同城票据交换业务

1. 业务概述

同城票据交换是指在同一城市（区域）范围内，各商业银行之间，按照规定的时间，集中到指定地点（票据交换所），相互交换代收、代付票据，然后轧计差额，并清算应收或应付资金的办法。由于同城结算中，大量业务的收、付款单位都不在同一行处开户，构成同城各银行之间的资金账务往来。通过同城票据交换，各银行之间不必逐笔划转款项和分头传递结算凭证，既简化结算手续，方便单位之间的资金往来；又能加快凭证传递，加速企业资金周转，提高资金使用效益。目前，同城票据交换一般由人民银行负责清算，并进行集中监督。

2. 账务处理

（1）提出行的核算。

对于提出的借方票据，应编制如下会计分录。

借：清算资金往来——同城票据清算

贷：活期存款——××单位

对于提出的贷方票据，应编制如下会计分录。

借：活期存款——××单位

贷：清算资金往来——同城票据清算

（2）提入行的核算。

提入行的核算与提出行的会计分录正好相反。

（3）票据交换差额清算的处理。

票据交换差额清算应收差额＝提出借方票据金额＋提入贷方票据金额

某行票据交换应付差额＝提出贷方票据金额＋提入借方票据金额

对每个参加票据交换的各行处而言，票据交换差额最后只有一种结果，要么是应收差额，要么是应付差额，而且所有参加票据交换的各行的应收差额之和应等于应付差额之和。各行处对各自应收差额或应付差额应如数开准备金存款或支款凭证交票据交换所（人民银行）办理转账。

①应付差额行转账应编制如下会计分录。

借：清算资金往来——同城票据清算

贷：存放中央银行款项

②应收差额行转账应编制如下会计分录。

借：存放中央银行款项

贷：清算资金往来——同城票据清算

③人民银行为各行清算票据交换差额应编制如下会计分录。

借：××银行准备金存款——应付差额行

贷：××银行准备金存款——应收差额行

3. 案例解析

【例8-14】现将票据交换账务核算举例说明，如表8-2所示。

表8-2 票据交换账务核算实例

单位：元

交换行处票据内容		中国银行	中国工商银行	中国建设银行
提出票据	本行应付款票据	23 900	115 500	132 000
	本行应收款票据	118 000	320 000	225 000
提入票据	本行应付款票据	245 000	318 500	99 500
	本行应收款票据	98 000	101 900	71 500
交换差额	应付差额	52 900	12 100	
	应收差额			65 000

续表

交换行处票据内容	中国银行	中国工商银行	中国建设银行
各交换行会计处理	借：单位活期存款 268 900 贷：单位活期存款 216 000 存放中央银行准备金 52 900	借：单位活期存款 434 000 贷：单位活期存款 421 900 存放中央银行准备金 12 100	借：存放中央银行准备金 65 000 单位活期存款 231 500 贷：单位活期存款 296 500
人民银行会计分录	借：中国银行准备金存款 52 900 中国工商银行准备金存款 12 100 贷：中国建设银行准备金存款 65 000		

8.11 存放同业和同业存放

8.11.1 系统内资金汇划清算业务

1. 业务概述

资金汇划清算系统由汇划业务经办行、清算行和总行清算中心组成，各行间通过计算机网络连接。其中，经办行是指办理结算和资金汇划业务的行处。资金汇划业务的发生行是发报经办行，汇划业务的接受行是收报经办行。清算行是指在总行清算中心开立备付金存款账户的行处。各省市直辖分行和二级分行（包括省分行营业部）均为清算行，清算行负责办理辖属行处汇划款项的清算。省分行也在总行清算中心开立备付金账户，但不用于汇划款项的清算，只用于办理系统内自己调拨和内部资金利息的汇划。总行清算中心主要是办理系统内各经办行之间的资金汇划、各清算行之间的资金清算及资金拆借、账户对账等账务的核算与管理。

2. 账务处理

系统内资金调拨的核算主要分为两项：上存备付金和调回备付金。上存备付金时，清算行和省区分行在总行清算中心开立备付金存款账户或出现头寸不足需要上存款项补足备付金时，可通过人民银行将款项直接存入总行清算中心。具体处理手续是：存入时，依据资金营运部门的资金调拨单，填制人民银行电汇（信汇）凭证，送交人民银行汇至总行清算中心。同时填制特种转账凭证一式两联进行账务处理，应编制如下会计分录。

借：其他应收款——待处理汇划款项

　　贷：存放中央银行款项

总行清算中心收到各清算行和省分行上存的备付金后，进行账务处理，并于当日通知有关清算行。应编制如下会计分录。

借：存放中央银行款项

　　贷：同业存放——系统内款项存放——××清算行备付金存款

待清算行和省分行接到总行清算中心的借记信息后，由系统自动进行账务处理，应编制如下会计分录。

借：存放同业——系统内上存款项——上存总行备付金

　　贷：其他应收款——待处理汇划款项

二级分行通过人民银行向管辖省区分行上存用于调拨的资金时，通过“存放同业——系统内上存款项——上存总行备付金”明细科目核算；管辖省区分行通过“同业存放——系统内款项存放——××二级分行调拨资金存款”明细科目核算。其他处理手续同上。

调回备付金的账务处理为：如二级分行某一时期备付金账户余额过多，要求调回在总行清算中心的备付金存款，需向管辖省区分行发出调款申请。管辖省区分行同意后，向总行资金营运部门发出调回部分资金的申请。总行清算中心根据总行资金运营部门的调拨通知办理有关退回划款手续，并进行相应的账务处理。

总行清算中心给二级分行调回资金的，应编制如下会计分录。

借：同业存放——系统内款项存放——××清算行备付金存款

　　贷：存放中央银行款项

二级分行收到总行调回资金通知的，其账务处理如下。

借：其他应收款——待处理汇划款项

　　贷：存放同业——系统内上存款项——上存总行备付金

二级分行收到当地人民银行收账通知的，账务处理如下。

借：存放中央银行款项

　　贷：其他应收款——待处理汇划款项

8.11.2　证券公司资金同业拆借业务

1. 业务概述

资金拆借业务也称同业拆借业务，是指金融企业之间相互进行短期资金拆借交易的活动。当资金不足，从资金多余的金融机构临时借入款项时，称为资金拆入；资金多余的金融机构向资金不足的金融机构临时贷出款项时，称为资金拆出。

2. 账务处理

（1）拆出资金的账务处理。

①拆出资金时。

借：拆出资金

　　贷：银行存款——证券公司

②期末计提一个月拆出资金的利息。

借：应收利息

　　贷：利息收入

③到期收回拆出资金的本金和利息时。

借：银行存款

　　贷：拆出资金

　　　　应收利息

　　　　利息收入

④根据谨慎性原则，拆出资金如果到期没有收回，则以后不再提取逾期利息收入；拆出资金（含展期）90 天后仍没有收回的，应当将拆出资金转入“应收账款——逾期拆出资金”科目。

借：应收账款——逾期拆出资金

　　贷：拆出资金

同时，将逾期未收到的利息冲转，转入表外核算。

借：利息收入

　　贷：应收利息

⑤拆出资金到期收回，应当先冲减逾期拆出资金的本金。

借：银行存款

　　贷：应收账款——逾期拆出资金

⑥逾期拆出资金的本金全部收回，超出本金的部分确认为当期收入。

借：银行存款

　　贷：应收账款——逾期拆出资金

　　　　利息收入

（2）拆入资金的账务处理。

①拆入资金时。

借：银行存款

　　贷：拆入资金

②期末计提未到期拆入资金的利息。

借：利息支出

　　贷：应付利息——拆入资金利息

③到期归还拆入资金的本金和利息。

借：拆入资金

　　应付利息——拆入资金利息

　　利息支出

　　贷：银行存款

④如果拆入资金逾期无法归还，应当将拆入资金的本金和利息转入“应付账款——逾期拆入资金”科目。

借：拆入资金

　　应付利息——拆入资金利息

　　利息支出

　　贷：应付账款——逾期拆入资金

⑤逾期无法归还的拆入资金应按期计提利息。

借：利息支出

　　贷：应付账款——逾期拆入资金

3. 案例解析

【例8-15】2×19年12月1日，A证券公司在同业拆借市场上拆出资金1 000 000元，年利率为3%，期限为60天，到期一次还本付息。A证券公司的账务处理如下。

（1）2×19年12月1日，拆出资金时。

借：拆出资金　　1 000 000

　贷：银行存款　　1 000 000

（2）12月31日，期末计提拆出资金一个月的利息2 500（1 000 000×3%÷12）元时。

借：应收利息　　2 500

　贷：利息收入　　2 500

（3）到期收回拆出资金的本金和利息时。

借：银行存款　　1 005 000

　贷：拆出资金　　1 000 000

　　应收利息　　2 500

　　利息收入　　2 500

（4）如果拆出资金到期没有收回。

借：应收账款——逾期拆出资金　　1 000 000

　贷：拆出资金　　1 000 000

同时，将逾期拆出资金未收到的利息冲转，转入表外核算。

借：利息收入　　5 000

　贷：应收利息　　5 000

（5）拆出资金到期100天后收回800 000元，应当首先冲减逾期拆出资金的本金。

借：银行存款　　800 000

　贷：应收账款——逾期拆出资金　　800 000

（6）拆出资金到期120天后又收回204 000元，逾期拆出资金共收回1 004 000元，超出本金的部分4 000元应确认为当期收入。

借：银行存款　　204 000

　贷：应收账款——逾期拆出资金　　200 000

　　利息收入　　4 000

【例8-16】2×19年4月1日，A证券公司在同业拆借市场拆入资金8 000 000元，年利率为6%，期限为3个月，到期一次还本付息。A证券公司的账务处理如下。

（1）2×19年4月1日，拆入资金时。

借：银行存款　　8 000 000

　贷：拆入资金　　8 000 000

（2）2×19年4月30日，计提未到期拆入资金一个月的利息40 000（8 000 000×6%÷12）元时。

借：利息支出　　40 000

　贷：应付利息——拆入资金利息　　40 000

（3）到期归还拆入资金的本金和利息时。

借：拆入资金　　8 000 000

　　应付利息——拆入资金利息　　80 000

　　利息支出　　40 000

　　贷：银行存款　　8 120 000

（4）如果拆入资金逾期无法归还，应当将拆入资金的本金和利息转入“应付账款——逾期拆入资金”科目。

借：拆入资金　　8 000 000

　　应付利息——拆入资金利息　　80 000

　　利息支出　　40 000

　　贷：应付账款——逾期拆入资金　　8 120 000

（5）逾期无法归还的拆入资金应按期计提利息，计提 1 个月预期利息时。

借：利息支出　　40 000

　　贷：应付账款——逾期拆入资金　　40 000

8.12　货币兑换

8.12.1　外汇买卖业务

1. 业务概述

银行的外汇买卖业务主要包括自营外汇买卖、代客外汇买卖和临柜业务中的结售汇等。自营外汇买卖是指银行根据国家外汇管理规定及自身外汇资金头寸情况和保值、增值的需要，以自身的外汇资金，通过国内外银行进行外汇头寸的转换，以期赚取差价利润的业务。该项业务一般集中在总行办理。代客外汇买卖是指银行接受客户委托，代其在国际金融市场上或通过我国外汇交易中心进行的外汇或人民币买卖交易。目前，银行对个人客户提供外汇实盘买卖业务，对企业客户提供即期外汇买卖、远期外汇买卖、择期外汇买卖、掉期外汇买卖、外汇期权、利率期权、利率互换、货币互换等业务，已形成一套兼有兑换、保值、投资和综合债务风险管理功能的代客外汇业务体系。临柜业务主要表现为结汇、售汇、结售汇项下外汇 / 人民币平盘交易、外币兑换和套汇等形式。

2. 账务处理

（1）结汇业务核算。

结汇业务是指银行买入外汇业务。当买入外汇时，外币金额记入“货币兑换”科目的贷方，与原币有关科目对转，相应的人民币金额记入该科目的借方，与人民币有关科目对转。买入外汇（包括结汇及外币兑人民币业务）的会计分录如下。

借：吸收存款或有关科目（外币）

　　贷：货币兑换——汇（钞）买价（外币）

借：货币兑换——汇（钞）买价（人民币）

　　贷：库存现金或有关科目（人民币）

（2）售汇业务核算。

售汇业务是指银行卖出外汇业务。当卖出外汇时，外币金额记入“货币兑换”科目的借方，与原币有关科目对转，相应的人民币金额记入该科目的贷方，与人民币有关科目对转。卖出外汇（包括售汇及人民币兑外币业务）的会计分录如下。

借：吸收存款或有关科目（人民币）

　　贷：货币兑换——汇卖价（人民币）

借：货币兑换——汇卖价（外币）

　　贷：汇出汇款或有关科目（外币）

（3）套汇业务。

由于我国银行没有挂出两种不同外币之间的直接比价，当两种外币进行兑换时，需要通过人民币进行折算。套汇有两种具体情况：一是两种外币之间的套算，即一种外币兑换为另一种外币必须通过人民币进行套汇，也就是先买入一种外币，按买入价折成人民币数额，再卖出另一种外币，把人民币数额按卖出价折算为另一种外币；二是同种货币之间的套算，包括钞兑汇或汇兑钞，因为在汇率上，同一种外币的现钞价值和现汇价值有所差异，所以必须按套汇方法处理。

①买入A种外汇。

借：吸收存款或有关科目（A种外币）

　　贷：货币兑换——汇（钞）买价（A种外币）

②通过人民币套换。

借：货币兑换——汇（钞）买价（人民币）

　　贷：货币兑换——汇卖价（人民币）

③卖出B种外汇。

借：货币兑换——汇卖价（B种外币）

　　贷：汇出汇款或有关科目（B种外币）

3. 案例解析

【例8-17】某人持500美元来银行兑换人民币。设业务发生时，美元现钞买入价为USD 100=CNY 650.68。银行的账务处理如下。

借：库存现金	USD 500	
贷：货币兑换——钞买价		USD 500
借：货币兑换——钞买价	CNY 3 253.4	
贷：库存现金		CNY 3 253.4

【例8-18】某外贸公司经外汇管理局批准，向银行购买68 000美元支付进口货款。设业务发生时，美元汇卖价USD 100=CNY 658.56。银行的账务处理如下。

借：吸收存款——某外贸公司户	CNY 447 820.8	
贷：货币兑换——汇卖价		CNY 447 820.8
借：货币兑换——汇卖价	USD 68 000	
贷：汇出汇款（或有关科目）		USD 68 000

【例8-19】某公司申请以其外汇美元存款支付其客户的货款34 000港元。设业务发生时，美

元汇买价为 USD 100=CNY 655.94，港元汇卖价为 HKD 100=CNY 84.46。

借：吸收存款——外汇活期存款——某公司户　　USD 4 377.9

　　贷：货币兑换——汇买价　　USD 4 377.9

借：货币兑换——汇买价　　CNY 28 716.4

　　贷：货币兑换——汇卖价　　CNY 28 716.4

借：货币兑换——汇卖价　　HKD 34 000

　　贷：汇出汇款　　HKD 34 000

8.12.2 外汇存款业务

1. 业务概述

外汇存款是银行外汇资金的主要来源之一，是银行以信用方式吸收的国内外单位和个人在经济活动中暂时闲置的并能自由兑换或在国际上获得偿付的外汇资金。银行为适应不同外汇需求者的需要，开办了单位外汇存款和个人外汇存款等性质不同的存款业务。

外汇存款是银行信贷资金的重要组成部分，是办理涉外转账结算的前提。因此，正确有序地组织外汇存款业务，可以吸收更多的外汇资金，这不仅有利于充实外汇信贷资金来源，而且也利于扩大我国外贸进出口业务和加强我国与世界各国和地区的经济合作与交流。

2. 账务处理

（1）存入款项的核算。

①以外币现钞存入。单位外汇存款账户一般为现汇账户，存入时应按存入日的现钞买入价和同种货币现汇卖出价折算入账。会计分录如下。

借：库存现金（外币）

　　贷：货币兑换——钞买价（外币）

借：货币兑换——钞买价（人民币）

　　贷：货币兑换——汇卖价（人民币）

借：货币兑换——汇卖价（外币）

　　贷：吸收存款——外汇活（定）期存款——× × 户（外币）

②直接以国外收汇或国内转汇存入。若存款单位以汇入原币存入，会计分录如下。

借：汇入汇款或有关科目（外币）

　　贷：吸收存款——外汇活（定）期存款——× × 户（外币）

若汇入货币与存款货币不同，则按当天两种外汇汇价套汇入账。会计分录如下。

借：汇入汇款或有关科目（A 外币）

　　贷：货币兑换——汇买价（A 外币）

借：货币兑换——汇买价（人民币）

　　贷：货币兑换——汇卖价（人民币）

借：货币兑换——汇卖价（B 外币）

　　贷：吸收存款——外汇活（定）期存款——× × 户（B 外币）

如果国内机构转汇存入，会计分录如下。

借：清算资金往来（外币）

　　贷：吸收存款——外汇活（定）期存款——××户（外币）

（2）支取的核算。

①从现汇账户支取原币现钞。从现汇账户支取原币现钞时，经汇买价、汇卖价套汇后，支取原币现钞。会计分录如下。

借：吸收存款——外汇活期存款——××户（A外币）

　　贷：货币兑换——汇买价（A外币）

借：货币兑换——汇买价（人民币）

　　贷：货币兑换——汇卖价（人民币）

借：货币兑换——汇卖价（A外币）

　　贷：库存现金（A外币）

②以原币汇往国外或国内异地。以原币汇往国外或国内异地时，直接办理，并按规定收费标准计收等值人民币手续费。会计分录如下。

借：吸收存款——外汇活期存款——××户（外币）

　　贷：汇出汇款或有关科目（外币）

③以存款货币外的另一种货币支取或汇出国外。当支取或汇出国外货币与原存款货币不同时，需按汇买价、汇卖价套汇后办理。会计分录如下。

借：吸收存款——外汇活期存款——××户（A外币）

　　贷：货币兑换——汇买价（A外币）

借：货币兑换——汇买价（人民币）

　　贷：货币兑换——汇卖价（人民币）

借：货币兑换——汇卖价（B外币）

　　贷：汇出汇款或有关科目（B外币）

同时，按规定收取等值人民币邮电费、汇款手续费。会计分录如下。

借：库存现金（人民币）

　　贷：手续费及佣金收入——汇费收入户（人民币）

　　　　业务及管理费——邮电费（人民币）

3. 案例解析

【例8-20】客户小明持外汇管理部门的批准证明，从其活期存款美元外汇账户支取8 000英镑的等值美元，申请用信汇方式汇往英国以英镑交学费。客户按有关要求办妥汇款手续，交某银行审核无误后，办理汇出汇款。当天的美元汇买价为USD 100=CNY 655.94，英镑汇卖价为GBP 100=CNY 1 059.9。银行的账务处理如下。

借：吸收存款——个人外汇活期存款　　USD 12 926.79

　　贷：货币兑换——汇买价　　USD 12 926.79

借：货币兑换——汇买价　　CNY 84 792

　　贷：货币兑换——汇卖价　　CNY 84 792

借：货币兑换——汇卖价　　GBP 8 000

贷：汇出汇款 GBP 8 000

借：库存现金 CNY 84.79

贷：手续费及佣金收入——汇费收入户（1‰） CNY 84.79

8.12.3 外汇贷款业务

1. 业务概述

外汇贷款也称外汇放款，是银行对借款人自主提供、以外币为计价单位、按双方约定的利率和期限还本付息的贷款。外汇贷款是银行外汇资金的主要运用形式，是银行经营的一项重要资产业务，也是银行运用外汇资金获取经济效益的重要手段。外汇贷款为借款人提供短期或长期外汇资金融通渠道，满足生产、贸易等经营活动中的流动资金需要，或设备、技术等中长期资金需要。做好外汇贷款的核算，可使银行全面地掌控外汇贷款资金运动，有助于银行对外汇贷款资金的回收，规范外汇贷款资金管理，防范外汇贷款风险，提高外汇资金的质量与效益。

2. 账务处理

（1）贷款发放的核算。

①使用贷款对外支付。借款人直接使用贷款对外付汇，不派生存款。会计分录如下。

借：短（中）期外汇贷款——× × 户（外币）

贷：存放境外同业或有关科目（外币）

②使用非贷款货币对外支付。若借款人以非贷款货币对外付汇，会计分录如下。

借：短（中）期外汇贷款——× × 户（贷款外币）

贷：货币兑换——汇买价（贷款货币）

借：货币兑换——汇买价（人民币）

贷：货币兑换——汇卖价（人民币）

借：货币兑换——汇卖价（还款货币）

贷：存放境外同业或有关科目（还款货币）

（2）现汇贷款的计息及核算。

现汇贷款的利率可以根据合同规定，采用浮动利率、固定利率和优惠利率，按季或按月结息。结息时，应根据不同的贷款利率算出结息期内的应收利息，由银行填制“外汇贷款结息凭证”办理转账。在结息期计收的利息，应区别以下不同情况进行处理。

①借款人以原币偿还贷款利息。借款人以外汇存款偿还利息。会计分录如下。

借：吸收存款——外汇活期存款——× × 户（外币）

贷：利息收入——× × 贷款利息收入户（外币）

②将利息转为贷款本金。借款人不以原币偿还贷款利息，可按与银行达成的协定，将利息转为贷款本金。会计分录如下。

借：短（中）期外汇贷款——× × 户（外币）

贷：利息收入——× × 贷款利息收入户（外币）

（3）现汇贷款本金偿还的核算。

①以外汇存款偿还。借款人用外汇存款偿还贷款本金。会计分录如下。

借：吸收存款——外汇活期存款——××户（外币）

　　贷：短（中）期外汇贷款——××户（外币）

②用人民币购汇偿还。借款人经批准用人民币买汇偿还贷款本金。会计分录如下。

借：吸收存款——××户（人民币）

　　贷：货币兑换——汇卖价（人民币）

借：货币兑换——汇卖价（外币）

　　贷：短（中）期外汇贷款——××户（外币）

③用非贷款货币偿还。借款人用非贷款货币的外汇存款偿还。会计分录如下。

借：吸收存款——外汇活期存款——××户（还款外币）

　　贷：货币兑换——汇买价（还款外币）

借：货币兑换——汇买价（人民币）

　　贷：货币兑换——汇卖价（人民币）

借：货币兑换——汇卖价（贷款外币）

　　贷：短（中）期外汇贷款——××户（贷款外币）

3. 案例解析

【例 8-21】A 公司向甲银行申请美元贷款，但需要兑换成 500 000 元港币汇出。当天的美元汇买价为 USD 100=CNY 822.56，港币汇卖价为 HKD 100=CNY 101.26。甲银行的账务处理如下。

借：短期外汇贷款——A 公司	USD 61 551.74
贷：货币兑换——汇买价	USD 61 551.74
借：货币兑换——汇买价	CNY 506 300
贷：货币兑换——汇卖价	CNY 506 300
借：货币兑换——汇卖价	HKD 500 000
贷：活期外汇存款——A 公司	HKD 500 000

【例 8-22】A 公司从甲银行取得一笔美元短期贷款，金额 500 000 美元，到期以收入的港币归还，假设利息为 6 000 美元。归还日美元汇卖价为 USD 100=CNY 830，港币汇买价为 HKD 100=CNY 102。甲银行的账务处理如下。

偿还美元贷款需港币金额为：506 000×830%÷102%=4 117 451（港元）

借：活期外汇存款——A 公司	HKD 4 117 451
贷：货币兑换——汇买价	HKD 4 117 451
借：货币兑换——汇买价	CNY 4 199 800
贷：货币兑换——汇卖价	CNY 4 199 800
借：货币兑换——汇卖价	USD 506 000
贷：短期外汇贷款——A 公司	USD 500 000
利息收入	USD 6 000

8.13 汇兑损益

1. 业务概述

外币是企业记账本位币以外的货币。外币交易是指企业发生以外币计价或者结算的交易，包括以下几项。（1）买入或者卖出以外币计价的商品或者劳务，例如，以人民币为记账本位币的国内 A 公司向国外 B 公司销售商品，货款以美元结算；A 公司购买 S 公司发行的 H 股股票；A 公司从境外以美元购买固定资产或生产用原材料等。（2）借入或者借出外币资金，例如，以人民币为记账本位币的甲公司从中国银行借入欧元、经批准向海外发行美元债券等。（3）其他以外币计价或者结算的交易，指除上述（1）、（2）外，以记账本位币以外的货币计价或者结算的其他交易。例如，接受外币现金捐赠等。

2. 账务处理

我国外币业务会计主要采用将本期已实现和未实现的汇兑损益全部计入当期损益，即只要汇率实际发生变动，不论其是否实现，都应确认为汇兑损益，并计入当期损益。会计期末对于各项外币货币资金账户和外币性债权债务账户，均应按期末变动后的汇率调整其账面价值；调整账面价值与原账面价值的差额，均要确认为汇兑损益，不论其是否已在当期实现，都应计入当期损益。

本科目借方反映因汇率变动而产生的汇兑损失，贷方反映因汇率变动而产生的汇兑收益。期末各外币明细科目的期末余额，应按照期末汇率折合为记账本位币。按照期末汇率折合的记账本位币金额与外币科目余额之间的差额，如为贷方余额，借记外币科目，贷记本科目；如为借方余额，借记本科目，贷记外币科目。期末，应将本科目的余额转入“本年利润”科目，结转后本科目应无余额。编制会计分录如下。

借：应收账款——外币

　　银行存款——外币

　贷：应付账款——外币

　　　汇兑损益（有可能在借方）

3. 案例解析

【例 8-23】A 银行 2×19 年 12 月 31 日，各有关外币账户资料如下：

（1）应收账款——甲外商 5 000 美元，账面人民币金额 41 250 元；

（2）应付账款——乙外商 6 400 美元，账面人民币金额 52 860 元；

（3）银行存款——美元户 20 000 美元，账面人民币金额 164 800 元；

（4）2×19 年 12 月 31 日外汇汇率为美元∶人民币 =1∶8.30。

根据上述资料，对各外币账户汇兑损益的计算见表 8-3。

表 8-3　汇兑损益计算表（2×19 年 12 月 31 日）

单位：元

项目	原账面人民币金额	按月末市场汇率折合人民币	汇兑损益
应收账款——甲外商	41 250	41 500	250（收益）
应付账款——乙外商	52 860	53 120	260（损失）
银行存款——美元户	164 800	166 000	1 200（收益）
合计			1 190（收益）

根据表 8-3 中计算结果可知，各外币账户产生的汇兑收益为 1 190 元。A 银行的账务处理如下。

借：银行存款——美元户　　CNY 1 200

　　应收账款——甲外商　　CNY 250

贷：应付账款——乙外商　　CNY 260

汇兑损益　　CNY 1 190

【例8-24】B银行自营出租业务，对外出租汽车，获得出租收入。账务处理如下。

（1）11月2日，B银行与A、B、C三个客户分别发生三笔出口业务，各500 000美元，美元对人民币汇率（以下简称“汇率”）为1:8.70。

借：应收（外汇）账款——A客户　　USD 500 000

——B客户　　USD 500 000

——C客户　　USD 500 000

贷：主营业务收入——出口销售收入　　USD 1 500 000

（2）11月10日，收回上述A、B两个客户的两笔出口业务款，当日汇率1:8.80，全部结汇。

借：银行存款　　USD 1 000 000

贷：应收账款——A客户　　USD 500 000

应收账款——B客户　　USD 500 000

（3）12月30日，市场汇率调为1:8.90，应调整应收外汇账户汇兑损益。

借：应收（外汇）账款——C客户（\$500 000×8.90-\$500 000×8.70）CNY 100 000

贷：汇兑损益　　CNY 100 000

8.14　保费收入

8.14.1　非寿险原保险合同保费收入

1. 业务概述

非寿险原保险合同是签单生效，其保费收入的确认是在无论是否收到保费情况下，只要保险公司签发保单，就以保单签订日期为确认保费之日。但目前有些保险公司为了加强风险管理，对机动车辆保险实行“见费出单”，在全额收取车险保费和代收车船税后确认保费收入。由于非寿险合同都是签单生效的，即保险合同一经签订即告成立，同时保险公司开始承担保险责任，而且由于财产保险合同的期限一般较短，通常短于或等于一年，再加上保险金额可以确定、收取保费的可能性通常大于不能收取保费的可能性，因此在实际工作中，财产保险合同一般是签单时确认保费收入。但是，财产保险合同也存在签单日与承担保险责任日不一致的情况。在这种情况下，签单日收取的保费应作为预收保费处理，待承担保险责任时再转为保费收入。

保费收入是保险公司为履行保险合同规定的义务而向投保人收取的对价收入。保费收入有两个方面的内涵。一方面，保费收入是由于投保人依据保险合同的约定向保险人缴付保险费而形成的，从经济角度观察，保险费是保户为形成共同风险保障而分摊的资金；从法律角度观察，保险费是保户为获得赔付请求而付出的代价。另一方面，保费收入是保险公司最主要的资金流入渠道，同时也是保险人履行保险责任最主要的资金来源。从资产层面看，保险费收取形成了保险资金的流入，是保险资产增长的主要动力；从负债层面看，保险资金的流入的前提是保险人要履行约定的保险责任，因此资金流入的结果造成了保险负债的增加。

2. 账务处理

保费是在会计部门以业务部门出具的“保费日报表”或“保费收据”作为原始凭证编制记账

凭证后入账的。保费收入的账务处理包括取得保费收入和期末结转保费收入两个环节。

依据保费收入确认的 3 个条件确认保费收入时的会计分录如下。

借：库存现金、银行存款、应收保费、预收保费、应收利息等

　　贷：保费收入

“保费收入”科目余额应于期末结账时转入“本年利润”科目，期末结转时的会计分录如下。

借：保费收入

　　贷：本年利润

【例 8-25】A 财险公司与 B 公司签订一份财险合同，承保金额为 200 000 000 元，保险期限为 1 年，保费率为 2.5‰，B 公司一次性将保费交到该财险公司。A 财险公司的账务处理如下。

借：银行存款	500 000	
贷：保费收入		500 000

【例 8-26】A 财险公司的会计部门收到业务部门交来的 3 年期家庭财产两全保险以下简称“家财两全险”，保户储金日报、储金收据和银行储金专户收款凭证为 40 000 元，银行 3 年期存款利率为 4%，3 年后一次还本付息。A 财险公司的账务处理如下。

年利息收入 =40 000×4%=1 600（元），因此，年保费为 1 600 元。

（1）收到保户储金，存入银行专户。

借：银行存款——储金专户	40 000	
贷：保户储金——家财两全险		40 000

（2）按约定的年利率计算保户储金每年应计利息 1 600 元，转作保费收入。

借：应收利息	1 600	
贷：保费收入		1 600

（3）第三年保单到期，3 年期专户存储的定期存单转为活期存款，并将银行存款归还保户储金。

借：银行存款	4 800	
贷：应收利息		3 200
保费收入		1 600
借：保户储金——家财两全险	40 000	
贷：银行存款		40 000

8.14.2 寿险原保险合同保费收入

1. 业务概述

对于寿险原保险合同保费收入的确认，分期收取保费的，应当根据当期应收取的保费确定；一次性收取保费的，应当根据一次性应收取的保费确定。

具体而言，对于寿险合同，合同约定一次缴纳保费的，保险公司应当在合同约定的开始承担保险责任的日期确认应收保费；合同约定分期缴纳保费的，保险公司应当在合同约定的开始承担保险责任的日期确认首期保费收入，在合同约定的以后各期投保人缴费日期确认相应各期的保费收入。

根据这一原则，合同约定分期缴纳保费的，对于宽限期内应收未收的保费，保险公司应当确认保费收入和应收保费。如在宽限期结束后，投保人未及时缴纳续期保费造成保险合同效力终止，

则应当在效力终止日，终止确认保费收入。如果投保人在合同约定的期间内按合同条款规定对保险合同进行复效，应当区分补缴保费和利息，对于补缴以前期间未缴保费部分，确认为当期保费收入；对于加收利息部分，确认为当期利息收入。

2. 账务处理

依据保费收入确认的3个条件确认保费收入时的会计分录如下。

借：库存现金、银行存款、应收保费、预收保费、应收利息等

　　贷：保费收入

“保费收入”科目余额应于期末结账时转入“本年利润”科目，期末结转时的会计分录如下。

借：保费收入

　　贷：本年利润

3. 案例解析

【例8-27】某寿险公司会计部门根据业务部门送来的“简易人身险日结单”及所附收据存根和银行收账通知2 000元，审查后办理入账。账务处理如下。

借：银行存款　　2 000

　　贷：保费收入——普通寿险（简易人身险）　　2 000

8.15　未到期责任准备金和提取未到期责任准备金

1. 业务概述

未到期责任准备金又称为“未赚保费”，是指保险人为尚未终止的非寿险保险责任提取的准备金。这是由于保险公司签发保单是按照保险合同的签订日期作为保单生效日的，保险年度与会计年度往往不一致，如果将本年度收取的保费作为本年收入，将变成以收付实现制作为会计基础的核算，因此我们通过计提未到期责任准备金，将按照收付实现制确定的保费收入调整为按照责权发生制确定的保费收入。

保险人应于确认非寿险保险收入的当期按保险精算确定的金额提取未到期责任准备金，并确认未到期责任准备金负债。到资产负债表日，保险人应按照保险精算重新计算确定的未到期责任准备金金额与已提取的未到期责任准备金金额的差额调整未到期责任准备金余额。

2. 账务处理

（1）公司在确认原保费收入、分保费收入的当期，应按照保险精算确定的金额，提取未到期责任准备金，作为当期保费收入的调整，并确认未到期责任准备金负债。编制的会计分录如下。

借：提取未到期责任准备金

　　贷：未到期责任准备金

（2）资产负债表日，保险公司应按照保险精算重新计算未到期责任准备金的金额与已提取的未到期责任准备金金额的差额，并编制如下会计分录。

借：提取未到期责任准备金

　　贷：未到期责任准备金

（3）原保险合同提前解除的保险人，应当转销相关未到期责任准备金余额，计入当期损益，

并编制如下会计分录。

借：未到期责任准备金

　　贷：提取未到期责任准备金

（4）期末，将“提取未到期责任准备金”科目的余额转入“本年利润”科目，应编制如下会计分录。

借：本年利润

　　贷：提取未到期责任准备金

3. 案例解析

【例 8-28】某保险公司收到当期保费收入为 70 000 元，按保险精算确定的未到期责任准备金为 30 000 元，假设在资产负债表日，未到期责任准备金余额为 44 200 元，按保险精算确定的未到期责任准备金为 47 200 元，该保险公司的账务处理如下。

（1）确定保费收入并提取未到期责任准备金。

借：银行存款	70 000	
贷：保费收入		70 000
借：提取未到期责任准备金	30 000	
贷：未到期责任准备金		30 000

（2）资产负债表日，补充提取 3 000 元未到期责任准备金。

借：提取未到期责任准备金	3 000	
贷：未到期责任准备金		3 000

【例 8-29】某保险公司有甲保户要求退保，提前解除合同，该合同已提取未到期责任准备金 5 000 元，年末保险公司的未到期责任准备金总额为 200 000 元。该保险公司的账务处理如下。

（1）合同提前解除。

借：未到期责任准备金	5 000	
贷：提取未到期责任准备金		5 000

（2）年末结转提取未到期责任准备金。

借：本年利润	200 000	
贷：提取未到期责任准备金		200 000

8.16 赔付支出

8.16.1 非寿险原保险合同赔款支出

1. 业务概述

赔款支出是指保险标的发生了保险责任范围内的保险事故后，按保险合同约定偿付保险事故损失支付给保单持有人的赔款及处理保险事故的相关费用支出。

赔款支出的内容包括直接赔款、直接理赔费和间接理赔费。直接赔款是指根据保险合同约定支付给保险人或受益人的赔款。直接理赔费用，是指直接发生于具体赔案的相关费用，包括专家费、律师与诉讼费、损失检验费以及其他直接费用。间接理赔费用，是指除直接理赔费用之外的其他各项间接费用，包括理赔勘查费、通赔代理费用等。理赔勘查费是指保险事故勘查理赔过程中发生的与保险事故勘查定损直接有关但不能准确分清到赔案的相关费用，包括差旅费、调查取证费以及相关理赔人员薪酬等。通赔代理费用是指公司系统内部各分支机构之间互相代理理赔处理，根据内部清算所产生的代理费用。

直接赔款应在实际支付赔款时确认，并直接计入相关险种的成本；直接理赔费用，按实际发生额，直接计入相关险种的赔款支出；间接理赔费用按照当期理赔案件数目或其他合理的方法，分摊计入相关险种的赔款支出。代位追偿款、收回错赔骗赔款及损余物资折价应冲减赔款支出。

2. 账务处理

（1）已结案赔款支出的核算。保险赔款清楚并能及时结案的，会计分录如下。

借：赔付支出

　　贷：银行存款

（2）预付赔款的核算。由于赔案较复杂，无法及时确定赔款金额，可按照预估损失的一定比例预付一定赔偿的方法，损失核定后再补差额，会计分录如下。

借：预付赔款

　　贷：银行存款

补付剩余赔款时，会计分录如下。

借：赔付支出

　　贷：预付赔款

　　　　银行存款

（3）理赔费用的核算。保险人根据实际发生的理赔费用金额，记入“赔付支出”科目，会计分录如下。

借：赔付支出

　　贷：银行存款

（4）应付赔付款的核算。应付赔付款是指公司应付未付给保户的赔款。确定应付赔付款时，会计分录如下。

借：赔付支出

　　贷：应付赔付款

支付应付赔付款时，会计分录如下。

借：应付赔付款

　　贷：银行存款

3. 案例解析

【例8-30】新锐公司投保的财产保险基本型险出险，双方对实际损失存在争议，经协商后，保险公司先预付赔款65 000元，以银行转账支票付讫。后经调查核实，确定保险损失为86 000元，保险公司再以转账支票21 000元补足赔款。保险公司的账务处理如下。

（1）预付赔款时。

借：预付赔款　　65 000

　　贷：银行存款　　65 000

（2）补付赔款结案时。

借：赔付支出　　86 000

　　贷：预付赔款　　65 000

　　　　银行存款　　21 000

【例 8-31】某超市发生火灾，其投保的华泰保险公司聘请上海某评估机构进行评估，以银行转账支票支付评估费 20 000 元。华泰保险公司的账务处理如下。

借：赔付支出　　20 000

　　贷：银行存款　　20 000

8.16.2 寿险原保险合同保险金给付

1. 业务概述

保险金给付是公司对投保人在保险期满或期中支付保险金，以及对保险期内发生保险责任范围内的意外事故按规定给付保险金的行为。

保险金给付分为满期给付、死亡给付、伤残给付、医疗给付和年金给付 5 种。

满期给付是指寿险业务被保险人生存到保险期满，按保险合同条款约定支付给被保险人或受益人的保险金。

死亡给付是指寿险业务被保险人在保险期内发生保险责任范围内的死亡事故，公司按保险合同约定支付给被保险人或受益人的保险金。

伤残给付是指寿险和长期健康险业务被保险人在保险期内发生保险责任范围内的伤残事故，公司按保险合同约定支付给被保险人或受益人的保险金。

医疗给付是指寿险和长期健康险业务被保险人在保险期内发生保险责任范围内的医疗事故，公司按保险合同约定支付给被保险人或受益人的保险金。

年金给付是指寿险业务被保险人生存至保险条款规定的年限，公司按保险合同条款约定支付被保险人的保险金。

2. 账务处理

发生保险金给付时，借记“赔付支出”科目，贷记“银行存款”或“应付赔付款”等科目。具体会计分录如下。

借：赔付支出

　　贷：银行存款（或应付赔付款）

若在保险金给付时贷款本息未还清，应将其从应支付保险金中扣除，按保单约定给付金额借记“赔付支出”科目，按未收回的保户质押贷款本金贷记“保户质押贷款”科目，按利息数，贷记“利息收入”科目，按实际支付或应付的金额，贷记“银行存款”或“应付赔付款”等科目。具体会计分录如下。

借：赔付支出

　　贷：保户质押贷款

　　　　利息收入

　　　　银行存款（或应付赔付款）

若在保险合同规定的缴费宽限期内发生保险金给付，应按应给付金额，借记“赔付支出”科目，按投保人未缴保费部分，贷记“保费收入”或“应收保费”科目，按利息数，贷记“利息收入”科目，按实际支付或应付的金额，贷记“银行存款”或“应付赔付款”等科目。具体会计分录如下。

借：赔付支出

贷：保费收入（或应收保费）

利息收入

银行存款（或应付赔付款）

若在保险金给付时，有保险公司自动垫缴保费，应将其从应支付保险金中扣除，按应给付金额，借记“赔付支出”科目，按保险公司自动垫缴保费部分，贷记“垫缴保费”科目，按利息数，贷记“利息收入”科目，按实际支付或应付的金额，贷记“银行存款”或“应付赔付款”等科目。具体会计分录如下。

借：赔付支出

贷：垫缴保费

利息收入

银行存款（或应付赔付款）

若在保险金给付时保户预交保费，应将其退还给保户，按保单约定给付金额借记“赔付支出”科目，按应退还给保户的保费借记“预收保费”科目，按实际支付或应付的金额贷记“银行存款”或“应付赔付款”等科目。具体会计分录如下。

借：赔付支出

预收保费

贷：银行存款（或应付赔付款）

期末将“赔付支出”科目的发生额转入“本年利润”科目时，借记“本年利润”科目，贷记“赔付支出”科目。具体会计分录如下。

借：本年利润

贷：赔付支出

3. 案例解析

【例 8-32】某集团公司为其员工投保的三年期团体两全寿险（以下简称“团寿险”）到期，应赔付 300 000 元，尚未支付。保险公司的账务处理如下。

借：赔付支出——满期给付——团寿险　　300 000

贷：应付赔付款——某集团公司　　300 000

【例 8-33】某简易人寿保险（简称“简寿险”）保户因病死亡，其受益人提出死亡给付申请，业务部门审查同意给付全部保险金 5 000 元，该保户有当月应缴而未缴的保费 25 元，应从应给付的保险金中扣除，会计部门审核后，以转账支票支付余额。保险公司的账务处理如下。

借：赔付支出——死亡给付——简寿险　　5 000

贷：保费收入——简寿险　　25

银行存款　　4 975

【例 8-34】某保户为其子女投保 10 年期独生子女两全保险（简称“独生子女险”），现因交通事故造成其子一肢永久残废，经医院提供伤残证明，按规定给付保险金金额 5 000 元，经复核转账支付。保险公司的账务处理如下。

借：赔付支出——伤残给付——普通寿险——独生子女险　　5 000

　　贷：银行存款　　5 000

【例 8-35】某投保重大疾病保险保户发生住院费、手术费、药品费等费用 20 000 元，保险合同约定保户自负额 2 000 元，余额由保险公司和保户分别按 80% 和 20% 分摊，保险公司审查后同意给付全部保险金 14 400 元，该保户有 3 个月的预交保费 800 元。保险公司的账务处理如下。

借：赔付支出——医疗给付——重大疾病保险　　14 400

　　预收保费——某保户　　800

　　贷：银行存款　　15 200

【例 8-36】王华投保终身养老金年金保险，每月缴保费 100 元，现已到约定年金领取年龄，该投保人持有关证件向保险公司办理领取手续，按规定每月领取保险金 360 元，经复核，会计部门转账支付。保险公司每月的账务处理如下。

借：赔付支出——年金给付——养老金险　　360

　　贷：银行存款　　360

8.17 损余物资

1. 业务概述

“损余物资”科目用于核算公司按照原保险合同约定承担赔偿保险金责任后取得的损余物资成本。损余物资是指保险标的受损，经公司赔付后尚有经济价值的残余物资。损余物资应根据受损财产残余部分的可用程度，合理作价折归被保险人，从赔款中扣除。若双方达不成协议，可报经公司领导批准后收回处理。收回损余物资应当按照同类或类似资产的市场价格计算确定的金额确认为资产，并冲减当期赔款支出。会计期末，重新判断市场价格，将市价和账面价值的差额，调整当期赔款支出。本科目属资产类科目，其借方登记公司承担赔偿保险金责任后取得的损余物资成本；贷方登记处置损余物资时转出的账面余额；期末余额在借方，反映公司承担赔偿保险金责任后取得的损余物资成本。

2. 账务处理

（1）保险人承担赔偿保险金责任取得的损余物资，按照市场价格确认为资产，并冲减当期赔付支出。收回损余物资时，会计分录如下。

借：损余物资

　　贷：赔付支出

（2）处置损余物资时，保险人应当按照收到的金额与相关损余物资账面价值的差额，调整赔付支出，当账面价值多于收到的金额时，会计分录如下。

借：银行存款

　　赔付支出

　　贷：损余物资

当账面价值少于收到的金额时，会计分录如下。

借：银行存款

　　贷：损余物资

　　　　赔付支出

3. 案例解析

【例 8-37】新华保险投保的一份甲公司仓库存货，2×18 年 5 月由于意外失火造成重大损失，财险公司决定赔付 500 000 元，赔款尚未支付。新华保险收益按照上述理赔方案结案，同时收回损毁存货价值 160 000 元，归财险公司所有。同年 7 月以转账支票支付赔款。假设 9 月，财险公司以 200 000 元的价格将损余物资卖出，保险公司的账务处理如下。

（1）保险公司确定赔付款时。

借：赔付支出	500 000	
贷：应付赔付款		500 000

（2）结案赔付，收回损余存货 160 000 元。

借：损余物资	160 000	
贷：赔付支出		160 000

（3）以转账支票支付赔款时。

借：应付赔付款	500 000	
贷：银行存款		500 000

（4）将损余物资卖出时。

借：银行存款	200 000	
贷：损余物资		160 000
赔付支出		40 000

8.18 应收代位追偿款

1. 业务概述

代位追偿款是指公司承担赔偿保险金责任后，依法从被保险人处取得代位追偿权向第三者责任人索赔而取得的赔款。追偿款属于代位求偿，实质上并不是一项收入，保险人承担赔付保险金责任应收取的代位追偿款，冲减当期赔付成本。满足下列条件的应确认为应收代位追偿款：

（1）与该代位追偿款有关的经济利益很可能流入；

（2）该代位追偿款的金额能够可靠地计量。

“应收代位追偿款”科目用于核算公司按照原保险合同约定承担赔付保险金责任后确认的代位追偿款。本科目属于资产类科目，其借方登记应收的代位追偿款；贷方登记收回的代位追偿款；期末余额在借方，反映公司尚未收回的代位追偿款。

2. 账务处理

（1）保险人承担赔付保险金责任应收取的代位追偿款冲减当期赔付支出，会计分录如下。

借：应收代位追偿款

　　贷：赔付支出

（2）收到代位追偿款时，保险人应当将收到的金额与相关应收代位追偿款账面价值的差额，调整当期赔付支出，当收到的金额大于相应应收代位追偿款账面价值时，会计分录如下。

借：银行存款

　　贷：应收代位追偿款

　　　　赔付支出

当收到的金额小于相应应收代位追偿款账面价值时，会计分录如下。

借：银行存款

　　赔付支出

　　贷：应收代位追偿款

3. 案例解析

【例 8-38】 某运输公司投保货物运输保险，途中发生保险事故，经查属于第三方责任，保险公司赔付 30 000 元，通过银行转账支票付讫，并取得了向第三方追偿的权利，并最终追回了 25 000 元赔款。保险公司的账务处理如下。

（1）支付赔付支出并且确定应收代位追偿款。

借：应收代位追偿款	30 000	
贷：赔付支出		30 000
借：赔付支出	30 000	
贷：银行存款		30 000

（2）追回 25 000 元赔款。

借：银行存款	25 000	
赔付支出	5 000	
贷：应收代位追偿款		30 000

8.19 退保金

1. 业务概述

犹豫期后解除合同的行为，简称“退保”。寿险犹豫期后，保单正式生效，发生的退保，应按保单持有期间累计而得的保单现金价值支付给保户，确认为退保费支出，在“退保金”科目单独反映。该科目属于损益类（费用）科目，其借方登记退保时实际支付的金额，贷方登记期末结转“本年利润”科目的数额，结转后该科目应无余额。该科目应按险种和保单设置明细账。

2. 账务处理

支付退保金时，借记“退保金”科目，贷记“银行存款”或“应付赔付款”等科目。

支付退保金时，若有贷款本息未还清，以现金价值减去应归还本息的差额，借记“退保金”科目，按未收回的保户质押贷款本金，贷记“保户质押贷款”科目，按利息数，贷记“利息收入”科目，按实际支付或应付的金额，贷记“银行存款”或“应付赔付款”等科目。

若在保险合同规定的缴费宽限期内发生退保时，按应给付金额，借记“退保金”科目，按投保人未缴保费部分，贷记“保费收入（或应收保费）”科目，按利息数，贷记“利息收入”科目，按实际支付或应付的金额，贷记“银行存款”或“应付赔付款”等科目。

若在退保时有保险公司自动垫缴保费，应将其从应支付保险金中扣除，按应给付金额，借记“退保金”科目，按保险公司自动垫缴保费部分，贷记“垫缴保费”科目，按利息数，贷记“利息收入”科目，按实际支付或应付的金额，贷记“银行存款”或“应付赔付款”等科目。

退保时若有预交保费的，应退还预交部分。按退交金额数，借记“退保金”科目，按应退预交保费数额，借记“预收保费”科目，按实际金额，贷记“银行存款”科目。

意外伤害险和短期健康险的退保核算不通过“退保金”科目，而是冲减已收的保费收入，借记“保费收入”科目，贷记“银行存款”科目。

期末时，将“退保金”科目的发生额转入“本年利润”科目，借记“本年利润”科目，贷记“退保金”科目。

3. 案例解析

【例8-39】某终身寿险保户因移居国外要求退保，保险公司应支付退保金7 800元，会计部门尚未支付。保险公司的账务处理如下。

借：退保金——终身寿险　　7 800

　贷：应付赔付款——某保户　　7 800

8.20　保险责任准备金和提取保险责任准备金

1. 业务概述

寿险原保险合同保险准备金是指公司售出的保单中约定的保险责任，在向受益人支付赔偿或给付以前，公司提取的偿付准备。

寿险原保险合同保险准备金包括寿险责任准备金和长期健康险责任准备金。寿险责任准备金是指保险人为尚未终止的人寿保险责任提取的准备金；长期健康险责任准备金是指保险人为尚未终止的长期健康保险责任提取的准备金。

2. 账务处理

“保险责任准备金”科目用于核算保险人为尚未终止的寿险原保险合同责任提取的准备金。再保险接受人提取的再保险合同寿险责任准备金，也在本科目核算。该科目属于负债类科目，其贷方登记提取的寿险责任准备金数额，借方登记冲减的寿险责任准备金，余额在贷方，反映公司的寿险责任准备金。该科目应按保险合同及险种设置明细账。公司也可以单独设置“寿险责任准备金”和“长期健康险责任准备金”科目。

“提取保险责任准备金”科目用于核算公司按规定对寿险原合同提取的责任准备金。再保险接受人提取的再保险合同寿险责任准备金，也在本科目核算。该科目属于损益类科目，其借方登记提取的寿险责任准备金数额，贷方登记冲减已提取的寿险责任准备金，期末将本科目余额转入“本年利润”科目，结转后该科目应无余额。该科目应按保险合同及险种设置明细账。公司也可以单独设置“提取寿险责任准备金”和“提取长期健康险责任准备金”科目。具体会计分录如下。

借：提取保险责任准备金

　贷：保险责任准备金

3. 案例解析

【例8-40】某保险公司2×19年已提终身寿险责任准备金560 000元，年末经精算部门进行充足性测试，应提终身寿险责任准备金 750 000 元。该保险公司的账务处理如下。

借：提取保险责任准备金——提取寿险责任准备金——终身寿险　　190 000

　　贷：保险责任准备金——寿险责任准备金——终身寿险　　190 000

【例 8-41】某保险公司年末根据清算结果，本年应提取重大疾病保险责任准备金 750 000 元。该保险公司的账务处理如下。

借：提取保险责任准备金——重大疾病保险　　750 000

　　贷：保险责任准备金——重大疾病保险　　750 000

8.21 应付保单红利和保单红利支出

1. 业务概述

分红保险是指公司将实际经营成果优于定价假设的盈余，按一定比例向保单持有人进行分配的人寿保险产品。

2. 账务处理

“保单红利支出”科目用于核算人寿保险业务按原保险合同约定支付给投保人的红利。“应付保单红利”科目用于核算人寿保险业务按原保险合同约定应付未付投保人的红利支出。

计算出当年应支付的红利，借记“保单红利支出”科目，贷记“应付保单红利”“长期应付款——应付累计生息”等科目。红利到期支付，借记“应付保单红利”科目，贷记“银行存款”“保费收入”等科目。具体会计分录如下。

借：保单红利支出

　　贷：应付保单红利等

借：应付保单红利

　　贷：银行存款等

3. 案例解析

【例 8-42】某人寿保险公司收到分红保险投资收益 400 000 元，期末计算应支付给保户的红利为 300 000 元，红利分配采取银行转账支付方式。该人寿保险公司的账务处理如下。

借：保单红利支出　　300 000

　　贷：应付保单红利　　300 000

实际向保户支付红利时。

借：应付保单红利　　300 000

　　贷：银行存款　　300 000

8.22 分出保费

1. 业务概述

所谓再保险分出业务，是指保险公司将其承担的保险业务，部分转移给其他保险公司承担的再保险业务。

2. 账务处理

再保险分出人应当在确认原保险合同保费收入的当期，按照相关再保险合同的约定，计算确定分出的保费，计入当期损益。相应的会计分录如下。

（1）分出保费的核算。

借：分出保费

　　贷：应付分保账款

（2）存入分保准备金的核算。

因再保险分出人扣存分保准备金的交易具体体现在分保业务账单中，再保险分出人应当在发出分保业务账单时，将账单标明的扣存本期分保准备金确认为存入分保准备金；同时，按照账单标明的返还上期扣存分保准备金转销相关存入分保准备金，并按期计算利息。

分保准备金是再保险分出人从应付给再保险接受人的分保费中以一定比例扣存，作为再保险接受人履行分保未了责任的保证金。相应的会计分录如下。

①扣存本期分保准备金确认为存入保证金。

借：应付分保账款

　　贷：存入分保准备金

②按照账单标明的金额返还上期扣存分保准备金。

借：存入分保准备金

　　贷：应付分保账款

③按期计算存入分保准备金利息。

借：利息支出

　　应交税费——应交增值税（进项税额）

　　贷：应付分保账款

（3）应收分保未到期责任准备金的核算。

再保险分出人应当在确认原保险合同保费收入的当期，按照相关再保险合同的约定，计算确定相关的应收分保未到期责任准备金，并冲减提取未到期责任准备金。相应的会计分录如下。

借：应收分保未到期责任准备金

　　贷：提取未到期责任准备金

在资产负债表日，再保险分出人在调整原保险合同未到期责任准备金余额时，应相应调整应收分保未到期责任准备金余额。调增时，应编制如下会计分录。

借：应收分保合同准备金

　　贷：提取未到期责任准备金

调减时，做相反的会计分录。

（4）摊回保险责任准备金的核算。

再保险分出人应当在提取原保险合同未决赔款准备金、寿险责任准备金、长期健康险责任准备金的当期，按照相关再保险合同的约定，计算应由分保接受人承担的相应准备金，作为摊回分保 ×× 准备金，计入当期损益；同时，确认应收分保未决赔款准备金、应收分保寿险责任准备金、应收分保长期健康险责任准备金等资产。相应的会计分录如下。

①摊回未决赔款准备金。

借：应收分保未决赔款准备金

　　贷：摊回未决赔款准备金

②摊回寿险责任准备金。

借：应收分保寿险责任准备金

　　贷：摊回寿险责任准备金

③摊回长期健康险责任准备金。

借：应收分保长期健康险责任准备金

　　贷：摊回长期健康险责任准备金

对原保险合同保险责任准备金进行充足性测试、补提保险责任准备金时，应按相关再保险合同约定计算确定的应收分保保险责任准备金的相应增加额，借记“应收分保未决赔款准备金”等科目，贷记“摊回未决赔款准备金”等科目。

（5）摊回分保费用的核算。

摊回的分保费用是指分保业务账单中标明的应由再保险接受人负担的手续费、税款及杂项等费用份额。这些份额不应属于再保险分出人负担的，应予以摊回。摊回分保费用使再保险分出人与再保险接受人分别承担了各自应承担的费用份额，做到了收入与费用的配比。

再保险分出人在确认原保险合同保费收入的当期，按照相关再保险合同的约定，计算确定应向再保险接受人摊回的分保费用，计入当期损益。相应的会计分录如下。

借：应收分保账款

　　贷：摊回分保费用

根据相关再保险合同的约定，在能够计算确定应向再保险接受人收取的纯益手续费时，将该项纯益手续费作为摊回分保费用，计入当期损益。

纯益手续费只有再保险接受人实际上有“纯益”时才给付。其实质是对再保险分出人经营再保险业务的“额外”补偿。因此，纯益手续费与分保手续费性质类似，确认应取得的纯益手续费时应作为摊回分包费用核算。相应的会计分录如下。

借：应收分保账款

　　贷：摊回分保费用

（6）摊回赔付支出的核算。

再保险分出人应当在确认支付赔款金额的当期，按照相关再保险合同的约定，计算确定应向再保险人摊回的赔付成本，并计入当期损益。相应的会计分录如下。

借：应收分保账款

　　贷：摊回赔付支出

　　　　应交税费——应交增值税（进项税额）

再保险分出人因取得和处置损余物资、确认和收到应收代位追偿款等而调整原保险合同赔付成本的当期，应按相关再保险合同约定计算确定的摊回赔付成本的调整金额，计入当期损益。相应会计分录如下。

借：摊回赔付支出

　　应交税费——应交增值税（进项税额）

　　贷：应收分保账款

（7）对再保险合同提前解除的核算。

在原保险合同提前解除的当期，应按照相关再保险合同的约定，计算确定分出保费、摊回分保费用的调整金额，计入当期损益；同时，转销相关应收分保准备金余额。相应的会计分录如下。

①计算确定分出保费的调整金额。

借：应付分保账款

　　贷：分出保费

　　　　应交税费——应交增值税（销项税额）

②计算确定摊回分保费用的调整金额。

借：摊回分保费用

　　应交税费——应交增值税（进项税额）

　　贷：应收分保账款

③转销相关应收分保准备金余额。

借：摊回保险责任准备金

　　贷：应收分保合同准备金

（8）结算分保账款的核算。

期末进行结算时，分出公司和分入公司一般在抵销了往来科目的余额后进行结算，它们根据债权、债务的差额，借记“应付分保账款”科目，贷记“应收分保账款”“银行存款”等科目。

（9）期末结转“本年利润”科目。

期末，原保险人将损益类科目的余额转入“本年利润”科目，借记“本年利润”科目，贷记“分出保费”科目，同时借记“摊回分保费用”“摊回赔付支出”“摊回未决赔款准备金”“摊回寿险责任准备金”等科目，贷记“本年利润”科目。结转后损益类科目应无余额。

3. 案例解析

【例8-43】2×19年6月30日，A保险公司与X公司签订一份保险合同，对X公司仓库的一批存货进行保险，约定保险期限为1年，保险金额为50 000 000元，保费为5 000 000元，于合同生效当日一次性支付。经精算确定，A保险公司未到期责任准备金的提取金额为2 120 000元。同时，A保险公司与B保险公司签订一份比例再保险合同，约定B保险公司承担源于原保险合同的保险风险的40%，发生分保费用50 000元。2×19年8月5日，由于X公司相邻的Y公司发生意外火灾，并殃及X公司的仓库，造成所投保的存货大部分毁损。经定损后确认存货毁损80%，金额为40 000 000元。A保险公司决定全额理赔40 000 000元。2×19年9月25日，A保险公司按照上述理赔方案结案，同时，收回毁损存货并享有对Y公司的代位追偿权。假设毁损存货残值为5 000 000元，估计代位追偿款可收回20 000 000元。而实际中，2×19年10月存货的转让收入为6 000 000元，2×19年12月从Y公司收回补偿18 000 000元。根据上述情况，说明A保险公司针对与B保险公司再保险业务的账务处理。

（1）2×19 年 7 月 1 日，按再保险合同确定分出保费及应收未到期责任准备金。

借：分出保费　　2 000 000

　　贷：应付分保账款——B 公司　　2 000 000

按再保险合同的约定计算相关应收分保未到期责任准备金。

借：应收分保未到期责任准备金——B 公司　　800 000

　　贷：提取未到期责任准备金　　800 000

按再保险合同的约定计算确定应向再保险接受人摊回的分保费用。

借：应收分保账款——B 公司　　20 000

　　贷：摊回分保费用　　20 000

（2）2×19 年 8 月 5 日，按再保险合同确定应收的未决赔款准备金。

借：应收分保未决赔款准备金——B 公司　　16 000 000

　　贷：摊回未决赔款准备金　　16 000 000

（3）2×19 年 9 月 25 日，结案赔付，并收回损余存货及代位追偿权。

冲减应收的未决赔款准备金。

借：摊回未决赔款准备金　　16 000 000

　　贷：应收分保未决赔款准备金——B 公司　　16 000 000

摊回赔付成本。

借：应收分保账款——B 公司　　16 000 000

　　贷：摊回赔付支出　　16 000 000

收回损余物资。

借：摊回赔付支出　　2 000 000

　　贷：应收分保账款——B 公司　　2 000 000

确认代位追偿款。

借：摊回赔付支出　　8 000 000

　　贷：应收分保账款——B 公司　　8 000 000

（4）2×19 年 10 月，处置损余物资。

借：摊回赔付支出　　400 000

　　贷：应收分保账款　　400 000

（5）2×19 年 12 月，收到代位追偿款。

借：应收分保账款　　800 000

　　贷：摊回赔付支出　　800 000

【例 8-44】 A 保险公司根据 2×19 年第二季度发生的分保业务编制分保账单并寄送 B 再保险公司（假设分保账单数据和平时发生一致，不需调整），分保账单格式如表 8-4 所示。

表 8-4　分保账单（1）

公司名称：A 保险公司		险别：火险	
分入公司名称：B 保险公司		业务年度：2×18 年	
账单期：第二季度		货币单位：万元	
借方		贷方	
项目	金额	项目	金额
分保赔款	1 280	分保费	500
固定分保手续费	5	保费准备金返还	250
浮动分保手续费		准备金利息	8
纯益手续费			
经纪人手续费			
税款及杂项			
保费准备金扣存	300		
应付你方余额		应收你方余额	
合计	1 585	合计	1 585
你方成分 %		你方成分 %	827

A 保险公司的账务处理如下。

（1）在确认原保险合同保险费收入的当期，计算确定分出保费。

借：分出保费——火险　　5 000 000

　　贷：应付分保账款——B 公司　　5 000 000

（2）在确认原保险合同保险费收入的当期，计算确定应向再保险接受人摊回的分保费用。

借：应收分保账款——B 公司　　50 000

　　贷：摊回分保费用——火险　　50 000

（3）在确定原保险合同赔付成本的当期，计算确定应向再保险接受人摊回的赔付成本。

借：应收分保账款——B 公司　　12 800 000

　　贷：摊回赔付支出——火险　　12 800 000

（4）发出分保账单时，按账单标明的扣存本期分保保证金。

借：应付分保账款——B 公司　　3 000 000

　　贷：存入保证金——存入分保准备金——B 公司　　3 000 000

（5）按账单标明返还上期扣存分保准备金。

借：存入保证金——存入分保准备金——B 公司　　2 500 000

　　贷：应付分保账款——B 公司　　2 500 000

（6）计算存入分保准备金利息。

借：利息支出　　80 000

　　贷：应付分保账款——B 公司　　80 000

（7）结算分保账款。

借：应付分保账款——B 公司　　4 580 000

　　银行存款　　8 270 000

　　贷：应收分保账款——B 公司　　12 850 000

其中：应付分保账款 =5 000 000−3 000 000+2 500 000+80 000=4 580 000（元）

应收分保账款 =50 000+12 800 000=12 850 000（元）

8.23 分保费用

1. 业务概述

再保险分入业务，是指保险公司接受由其他保险公司分出的保险业务的再保险业务。

2. 账务处理

（1）分保费收入的核算。

再保险人应当根据相关再保险合同的约定，计算确定分保费收入的金额，编制如下会计分录。

借：应收分保账款

　　贷：保费收入

再保险人在收到分保业务账单时，按账单标明的金额对分保费收入进行调整，调整金额计入当期损益：调整增加时，借记“应收分保账款”科目，贷记“保费收入”科目；调整减少时，做相反的会计分录。

（2）分保费用的核算。

再保险人应当在确认分保费收入的当期，根据相关再保险合同的约定，计算确定分保费用，计入当期损益。会计分录如下。

借：分保费用

　　贷：应付分保账款

再保险人应当在收到分保业务账单时，按照账单标明的金额对分保费用进行调整，调整金额计入当期损益：调整增加时，借记“分保费用”科目，贷记“应付分保账款”科目；调整减少时，做相反的会计分录。

再保险人应当根据相关的再保险合同约定，在能够计算确定应向原保险人支付的纯益手续费时，将该项纯益手续费作为分保费用，计入当期损益。会计分录如下。

借：分保费用

　　贷：应付分保账款

（3）分保赔付支出的核算。

再保险人应当在收到分保业务账单的当期，将账单标明的分保赔付款项金额作为分保赔付成本，计入当期损益。会计分录如下。

借：赔付支出

　　贷：应付分保账款

（4）存出分保准备金的核算。

公司发生分保业务时，应按分保业务账单标明的金额扣存本期分保准备金，编制如下会计分录。

借：存出准备金

贷：应收分保账款

同时，按分保业务账单标明的再保险分出人返还上期扣存分保准备金，编制如下会计分录。

借：应收分保账款

贷：存出准备金

再保险接受人应当根据有关再保险合同的约定，按期计算存出分保准备金，利息计入当期损益，相应的会计分录如下。

借：应收分保账款

贷：利息收入

（5）分保准备金的核算。

再保险人提取分保未到期责任准备金、分保未决赔款准备金、分保寿险责任准备金、分保长期健康保险责任准备金的核算以及相关分保准备金充足性测试的处理，与原保险业务中的核算基本类似，在此不再赘述。

（6）结算分保账款的核算。

期末进行结算时，分出公司和分入公司一般在抵销了往来科目的余额后进行结算，它们根据债权、债务的差额，借记“应付分保账款”科目，贷记“应收分保账款”“银行存款”等科目。

（7）期末结转本年利润。

期末，再保险人将损益类科目余额转入“本年利润”科目，结转后损益类科目应无余额，也就是借记“保费收入”科目，贷记“本年利润”科目；同时借记“本年利润”科目，贷记“分保费用”“分保赔付支出”“提取未到期责任准备金”“提取未决赔款准备金”“提取寿险责任准备金”“提取长期健康险责任准备金”等科目。

3. 案例解析

【例8-45】A保险公司根据2×19年第二季度发生的分保业务编制分保账单并寄送B再保险公司（假设分保账单数据和平时发生一致，不需调整），分保账单如表8-5所示。

表8-5　分保账单（2）

公司名称：A保险公司		险别：火险	
分入公司名称：B保险公司		业务年度：2×18年	
账单期：第二季度		货币单位：万元	
借方		贷方	
项目	金额	项目	金额
分保赔款	1 280	分保费	500
固定分保手续费	5	保费准备金返还	250
浮动分保手续费		准备金利息	8
纯益手续费			
经纪人手续费			

续表

公司名称：A 保险公司		险别：火险	
分入公司名称：B 保险公司		业务年度：2×18 年	
账单期：第二季度		货币单位：万元	
借方		贷方	
项目	金额	项目	金额
税款及杂项			
保费准备金扣存	300		
应付你方余额		应收你方余额	
合计	1 585	合计	1 585
你方成分 %		你方成分 %	827

B 再保险公司的账务处理如下。

（1）确定分保费收入。

借：应收分保账款——A 公司　　5 000 000

　贷：保费收入——分保费收入——火险　　5 000 000

（2）保费准备金返还。

借：应收分保账款　　2 500 000

　贷：存出保证金——存出分保准备金——A 公司　　2 500 000

（3）计算存出准备金利息。

借：应收分保账款——A 公司　　80 000

　贷：利息收入　　80 000

（4）分保赔款。

借：赔付支出——分保赔付支出——火险　　12 800 000

　贷：应付分保账款　　12 800 000

（5）确定分保手续费。

借：分保费用——火险　　50 000

　贷：应付分保账款——甲公司　　50 000

（6）保费准备金扣存。

借：存出保证金——存出分保准备金——A 公司　　3 000 000

　贷：应收分保账款　　3 000 000

（7）结算分保账款。

借：应付分保账款　　12 850 000

　贷：应收分保账款　　4 580 000

　　银行存款　　8 270 000

其中：应收分保账款 =5 000 000-3 000 000+2 500 000+80 000=4 580 000（元）

应付分保账款 =50 000+12 800 000=12 850 000（元）

8.24 代理买卖证券款

1. 业务概述

代理买卖证券是指证券公司接受客户委托，代理客户进行证券交易并收取手续费和佣金的行为，分为代理买入证券和代理卖出证券。证券公司代理客户进行证券买卖，客户将款项交存证券公司，证券公司应设立资金专户，将代理买卖证券款与公司自有资金严格区分使用，不得随意挪用和占用客户资金。

2. 账务处理

（1）资金专户的会计核算。

证券公司代理客户进行证券买卖，客户将款项交存证券公司，证券公司应设立资金专户，将代理买卖证券款与公司自有资金严格区分使用，不得随意挪用和占用客户资金。

①客户开设资金专户并交来款项，会计分录如下。

借：银行存款

　　贷：代理买卖证券款

②客户日常存款的会计分录与上述交来存款的分录相同，而取款的会计分录则相反。

③客户结息销户时，首先应结清利息，会计分录如下。

借：应付款项——应付客户资金利息

　　贷：银行存款

提款销户时的会计分录如下。

借：代理买卖证券款

　　贷：银行存款

④按季计提客户存款利息，会计分录如下。

借：利息支出

　　贷：应付款项——应付客户资金利息

客户资金专户统一结息时，编制会计分录如图 8-28 所示。

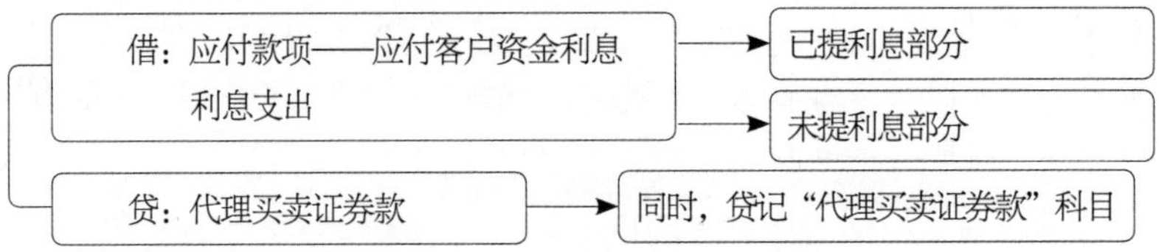

图 8-28　客户资金专户统一结息

⑤证券公司为客户在证券交易所开设清算资金专户，会计分录如下。

借：结算备付金——客户

　　贷：银行存款

（2）代理买卖证券业务的会计核算。

①证券公司接受客户委托，通过证券交易所代理买卖证券，与客户清算时，如果买入证券成本总额大于卖出证券成交总额，编制会计分录如图 8-29 所示。

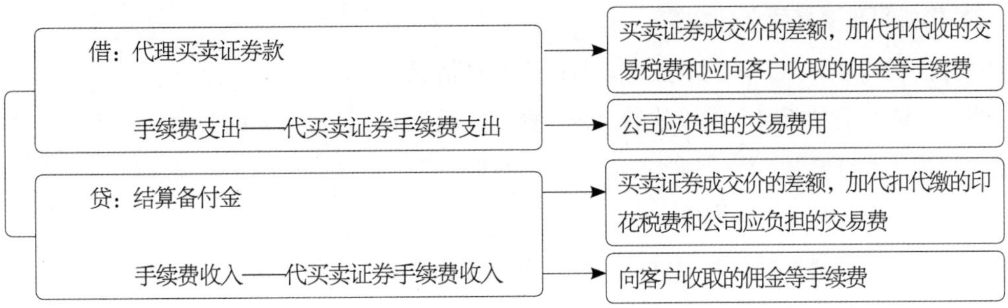

图 8-29 买入证券成本总额大于卖出证券成交总额

②证券公司接受客户委托，通过证券交易所代理买卖证券，与客户清算时，如果卖出证券成本总额大于买入证券成交总额，编制会计分录如图 8-30 所示。

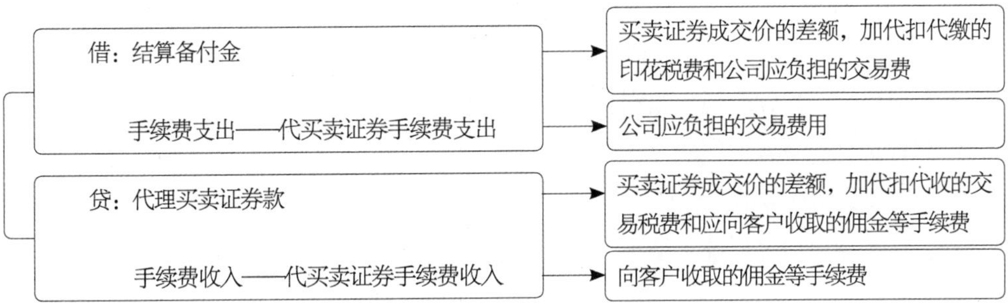

图 8-30 卖出证券成本总额大于买入证券成交总额

（3）代理认购新股的会计核算。

①证券公司代客户认购新股，收到客户认购款后，会计分录如下。

借：银行存款——客户

　　贷：代理买卖证券款

②证券公司将款项划付清算代理机构，会计分录如下。

借：结算备付金——客户

　　贷：银行存款——客户

③客户办理申购手续，在证券公司与证券交易所清算时，会计分录如下。

借：代理买卖证券款

　　贷：结算备付金——客户

④证券交易所完成中签认定工作，将未中签的资金退给客户，会计分录如下。

借：结算备付金——客户

　　贷：代理买卖证券款

⑤证券公司将未中签的款项划回，会计分录如下。

借：银行存款——客户

　　贷：结算备付金——客户

⑥证券公司将未中签的款项退给客户，会计分录如下。

借：代理买卖证券款

　　贷：银行存款——客户

（4）代理配股派息的会计核算。

①证券公司代理客户办理配股业务，有以下两种情况。

a. 当日向证券交易所解交配股款的，客户提出配股要求，证券公司的会计分录如下。

借：代理买卖证券款

　　贷：结算备付金——客户

b. 定期向证券交易所解交配股款的，客户提出配股要求，证券公司的会计分录如下。

借：代理买卖证券款

　　贷：其他应付款——应付客户配股款

与证券交易所清算配股款，按配股金额，证券公司的会计分录如下。

借：其他应付款——应付客户配股款

　　贷：结算备付金——证券公司

②证券公司代理客户领取现金股利和利息，会计分录如下。

借：结算备付金——客户

　　贷：代理买卖证券款

③证券公司按规定向客户统一结息，会计分录如下。

借：利息支出

　　贷：代理买卖证券款

3. 案例解析

【例 8-46】A证券公司8月25日清算后，在深圳证券交易所买卖成交金额的差额为8 000 000元，经手费为5 000元，监管费为1 500元，印花税为60 000元，收取佣金70 000元，过户费20 000元。

解析：在本例中，证券公司应承担的手续费支出包括经手费和监管费。证券公司的手续费收入包括收取的客户佣金和过户费的一半（过户费的另一半收入归证券交易所）。客户应承担的交易税费包括印花税和过户费。上述买卖成交差额若是卖出金额大于买入金额，证券公司的账务处理如下。

借：结算备付金（8 000 000-60 000-5 000-1 500-20 000÷2）　　7 923 500

　　手续费支出（5 000+1 500）　　6 500

　　贷：手续费收入（70 000+20 000÷2）　　80 000

　　　　代理买卖证券款（8 000 000-60 000-70 000-20 000）　　7 850 000

【例 8-47】7月5日，A证券公司代客户认购上海证券交易所新发行的××股票，收到客户交来的认购款8 000 000元。7月6日，认购款项划到上海证券交易所。8月5日，客户部分中签，中签资金6 000 000元，办理申购手续，未中签资金2 000 000元退还给客户。A证券公司的账务处理如下。

（1）7月5日。

借：银行存款　　8 000 000

　　贷：代理买卖证券款　　8 000 000

（2）7月6日。

借：结算备付金　　8 000 000

　　贷：银行存款　　8 000 000

（3）8 月 5 日。

借：代理买卖证券款 6 000 000

　　贷：结算备付金 6 000 000

借：银行存款 2 000 000

　　贷：结算备付金 2 000 000

借：代理买卖证券款 2 000 000

　　贷：银行存款 2 000 000

【例 8-48】李明原持有某上市公司股票 20 000 股，可增配股票 6 000 股，每股配售价为 4 元，委托 A 证券公司代理。A 证券公司收到发行公司支付的 1 856 元配股手续费。A 证券公司的账务处理如下。

（1）代理李明办理配股。

借：代理买卖证券款——李明 24 000

　　贷：结算备付金——客户 24 000

（2）A 证券公司收到发行公司的配股手续费。

借：结算备付金——公司 1 856

　　贷：手续费及佣金收入——代理买卖证券业务收入 1 856

【例 8-49】A 证券公司代理李明领取某上市公司股票现金股利 4 000 元，收到该上市公司支付的红利发放手续费 200 元。A 证券公司的账务处理如下。

（1）代理李明领取现金股利。

借：结算备付金——客户 4 000

　　贷：代理买卖证券款——李明 4 000

（2）收到该上市公司的手续费。

借：结算备付金——公司 200

　　贷：手续费及佣金收入——代理买卖证券业务收入 200

8.25 代理兑付证券和代理兑付证券款

1. 业务概述

代理兑付证券是指证券公司接受客户的委托，对客户发行的证券到期以后，按合同规定进行兑付，客户按一定的比例支付给证券公司手续费的行为。一般来说，股票没有固定的到期日，只有债券才会有固定的到期日，所以代理兑付证券业务有时也被称为代理兑付债券业务。

2. 账务处理

（1）证券公司接受委托，代国家或企业兑付到期的无记名债券。

①证券公司收到委托单位的兑付资金，会计分录如下。

借：银行存款

　　贷：代理兑付证券款

②证券公司收到客户交来的实物债券，按兑付金额编制如下会计分录。

借：代理兑付证券

　　贷：银行存款

③证券公司向委托单位交回已兑付的实物债券，会计分录如下。

借：代理兑付证券款

　　贷：代理兑付证券

④如果委托单位尚未拨付兑付资金，并由证券公司垫付的，在证券公司收到兑付的证券后，按兑付金额编制如下会计分录。

借：代理兑付证券

　　贷：银行存款

⑤证券公司向委托单位交回已兑付的证券并收回垫付的资金，会计分录如下。

借：银行存款

　　贷：代理兑付证券

⑥证券公司收到代兑付手续费收入，会计分录如下。

借：银行存款

　　贷：手续费及佣金收入——代理兑付证券手续费收入

（2）证券公司接受委托，代国家或企业兑付到期的记名债券。

①证券公司收到委托单位的兑付资金，会计分录如下。

借：银行存款

　　贷：代理兑付证券款

②证券公司兑付债券本息，会计分录如下。

借：代理兑付证券款

　　贷：银行存款

（3）证券公司收取的代兑付手续费收入。

①如果证券公司向委托单位单独收取代兑付手续费收入，应按应收或已收的手续费编制如下会计分录。

借：应收款项

　　银行存款

　　贷：手续费及佣金收入——代兑付证券手续费收入

②如果手续费与兑付款一并汇入，会计分录如下。

借：结算备付金

　　贷：代理兑付证券款

　　　　其他应付款——预收代理兑付证券手续费

③证券公司在兑付业务完成后，应确认手续费收入，会计分录如下。

借：其他应付款——预收代理兑付证券手续费

　　贷：手续费及佣金收入——代理兑付证券手续费收入

【例8-50】A证券公司接受委托，代某企业兑付到期的无记名债券，该企业拨来兑付资金20 000 000元。A证券公司的账务处理如下。

借：银行存款　　　　20 000 000

　　贷：代理兑付证券款　　　　20 000 000

A 证券公司在兑付期内收到该企业交来的实物债券，按兑付金额支付款项，并已兑付完毕。账务处理如下。

借：代理兑付证券 20 000 000

贷：银行存款 20 000 000

该企业交来的兑付债券手续费 30 000 元，A 证券公司的账务处理如下。

借：银行存款 30 000

贷：手续费及佣金收入——代兑付证券手续费收入 30 000

【例 8-51】A 证券公司接受委托，代某企业兑付到期的无记名债券 10 000 000 元，兑付资金由公司垫付，手续费在兑付业务完毕后收取。该企业交来实物债券时，按兑付金额支付款项。

A 证券公司在兑付期的账务处理如下。

借：代理兑付证券 10 000 000

贷：银行存款 10 000 000

兑付期结束后，A 证券公司向委托企业交回已兑付的债券，并收回垫付的资金 10 000 000 元，同时收取手续费 20 000 元。账务处理如下。

借：银行存款 10 020 000

贷：代理兑付证券 10 000 000

手续费及佣金收入——代理兑付证券手续费收入 20 000

【例 8-52】A 证券公司接受委托，代国家兑付到期的记名债券，拨来 20 000 000 元兑付资金，同时拨入手续费 30 000 元，兑付期为半年。本例与上例的区别在于，手续费收入是否随兑付资金一并拨入。上例是兑付期结束后，A 证券公司向委托企业收取手续费，而在本例中是手续费与兑付资金一并拨入的。这两种情况下的账务处理有所不同。

款项拨入时，A 证券公司的账务处理如下。

借：银行存款 20 030 000

贷：代理兑付证券款 20 000 000

其他应付款——预收代理兑付证券手续费 30 000

兑付期结束时，A 证券公司的账务处理如下。

借：其他应付款——预收代理兑付证券手续费 30 000

贷：手续费及佣金收入——代理兑付证券手续费收入 30 000

8.26 结算备付金

8.26.1 代理买卖证券业务

1. 业务概述

代理买卖证券是指证券公司接受客户委托，代理客户进行证券交易并收取手续费和佣金的行为，分为代理买入证券和代理卖出证券。

证券公司对代理买卖证券业务的情况要得到及时、准确的反应，需设置“代理买卖证券款”科目和“结算备付金”科目，对代理买卖证券业务进行会计核算。

（1）“代理买卖证券款”科目。

“代理买卖证券款”科目属于负债类科目，用于核算证券公司接受客户委托，代客户买卖股票、债券和其他有价证券时由客户交存的款项。证券公司代客户认购新股的款项、代客户领取的现金股利和债券利息、代客户向证券交易所支付的配股款等，也在此科目中核算。“代理买卖证券款”科目按客户名称设置明细账，期末贷方余额反映客户交存的代买卖证券款项的余额。

（2）“结算备付金”科目。

“结算备付金”科目属于资产类科目，用于登记客户与证券交易所因买卖证券而存入的款项。该科目应按客户名称设置明细账。

（3）“手续费及佣金支出”与“手续费及佣金收入”科目。

证券公司支付给清算代理机构的各项费用在清算代理机构清算时确认为手续费支出；按规定向客户收取的手续费，在与客户办理买卖证券款结算时确认为手续费收入。

2. 账务处理

（1）资金专户的会计核算。

证券公司代理客户进行证券买卖，客户将款项交存证券公司，证券公司应设立资金专户，将代理买卖证券款与公司自有资金严格区分使用，不得随意挪用和占用客户资金。

①客户开设资金专户并交来款项，会计分录如下。

借：银行存款

　　贷：代理买卖证券款

②客户日常存款的会计分录与上述交来存款的分录相同，而取款的会计分录则相反。

③客户结息销户时，首先应结清利息，会计分录如下。

借：应付款项——应付客户资金利息

　　贷：银行存款

提款销户时的会计分录如下。

借：代理买卖证券款

　　贷：银行存款

④按季计提客户存款利息，会计分录如下。

借：利息支出

　　应交税费——应交增值税（进项税额）

　　贷：应付款项——应付客户资金利息

客户资金专户统一结息时，会计分录如下。

借：应付款项——应付客户资金利息（已提利息部分）

　　利息支出（未提利息部分）

　　应交税费——应交增值税（进项税额）

　　贷：代理买卖证券款

⑤证券公司为客户在证券交易所开设清算资金专户，会计分录如下。

借：结算备付金——客户

　　贷：银行存款

（2）代理买卖证券业务的会计核算。

①证券公司接受客户委托，通过证券交易所代理买卖证券，与客户清算时，如果买入证券成本总额大于卖出证券成交总额，则会计分录如下。

借：代理买卖证券款（买卖证券成交价的差额，加代扣代收的交易税费和应向客户收取的佣金等手续费）

手续费及佣金支出——代买卖证券手续费支出（公司应负担的交易费用）

应交税费——应交增值税（进项税额）

贷：结算备付金（买卖证券成交价的差额，加代扣代缴的印花税费和公司应负担的交易费用）

手续费及佣金收入——代买卖证券手续费收入（向客户收取的佣金等手续费）

应交税费——应交增值税（销项税额）

②证券公司接受客户委托，通过证券交易所代理买卖证券，与客户清算时，如果卖出证券成本总额大于买入证券成交总额，则会计分录如下。

借：结算备付金（买卖证券成交价的差额，减代扣代缴的印花税费和公司应负担的交易费用）

手续费及佣金支出——代买卖证券手续费支出（公司应负担的交易费用）

应交税费——应交增值税（进项税额）

贷：代理买卖证券款（买卖证券成交价的差额，减代扣代缴的交易税费和应向客户收取的佣金等手续费）

手续费及佣金收入——代买卖证券手续费收入（向客户收取的佣金等手续费）

应交税费——应交增值税（进项税额）

（3）代理认购新股的会计核算。

①证券公司代客户认购新股，收到客户认购款后，会计分录如下。

借：银行存款——客户

贷：代理买卖证券款

②证券公司将款项划付清算代理机构，会计分录如下。

借：结算备付金——客户

贷：银行存款——客户

③客户办理申购手续，在证券公司与证券交易所清算时，会计分录如下。

借：代理买卖证券款

贷：结算备付金——客户

④证券交易所完成中签认定工作，将未中签的资金退给客户，会计分录如下。

借：结算备付金——客户

贷：代理买卖证券款

⑤证券公司将未中签的款项划回，会计分录如下。

借：银行存款——客户

贷：结算备付金——客户

⑥证券公司将未中签的款项退给客户，会计分录如下。

借：代理买卖证券款

贷：银行存款——客户

（4）代理配股派息的会计核算。

①证券公司代理客户办理配股业务，有以下两种情况。

第一，当日向证券交易所解交配股款的，客户提出配股要求，证券公司的会计分录如下。

借：代理买卖证券款

贷：结算备付金——客户

第二，定期向证券交易所解交配股款的，客户提出配股要求，证券公司的会计分录如下。

借：代理买卖证券款

贷：其他应付款——应付客户配股款

与证券交易所清算配股款，按配股金额，证券公司的会计分录如下。

借：其他应付款——应付客户配股款

贷：结算备付金——证券公司

②证券公司代理客户领取现金股利和利息，会计分录如下。

借：结算备付金——客户

贷：代理买卖证券款

③证券公司按规定向客户统一结息，会计分录如下。

借：利息支出

应交税费——应交增值税（进项税额）

贷：代理买卖证券款

3. 案例解析

案例详见【例8-46】、【例8-47】、【例8-48】、【例8-49】。

8.26.2 自营证券买卖业务

1. 业务概述

证券自营业务，是证券公司使用自有资金或者依法筹集的资金以自己的名义买卖证券获取利润的业务。简单地说，证券自营业务就是证券经营机构以自己的名义和资金买卖证券从而获取利润的证券业务。我国的证券自营业务专指证券公司为自己买卖证券产品的行为。买卖的证券产品包括在证券交易所挂牌交易的A股、基金、认股权证、国债、企业债券等。

2. 账务处理

（1）自营证券买入业务的核算。

①证券公司在证券交易所办理自营证券业务时，应该在交易所开设专门的资金清算账户，当划出资金时，会计分录如下。

借：结算备付金——公司

贷：银行存款

②证券公司买入证券，按照清算日买入证券的公允成交价格即公允价值入账。证券公司应编制的会计分录如下。

借：交易性金融资产——成本

贷：结算备付金——公司

③如果购进证券支付的价款中，包含已到付息期但尚未领取的利息或已宣告但尚未发放的现金股利，则证券公司应编制的会计分录如下。

借：交易性金融资产——成本

应收利息（或应收股利）

贷：结算备付金——公司

（2）自营证券卖出业务的核算。

①公司卖出证券，按清算日实际收到的金额编制如下会计分录。

借：结算备付金（或银行存款）——公司

贷：交易性金融资产——成本

投资收益

②如果公司出售的该笔证券在持有期间存在公允价值变动损益，则会计分录如下。

借：结算备付金（或银行存款）——公司

交易性金融资产——公允价值变动

贷：交易性金融资产——成本

——公允价值变动

投资收益

（3）自营证券的期末计价核算。

自营证券的期末计价，是指自营证券在资产负债表上反映的价值，即期末自营证券的账面价值。资产负债表日，证券公司按持有自营证券的公允价值与其账面价值的差额，直接计入当期损益。

期末，证券公司持有的自营证券的公允价值大于其账面余额的，编制会计分录如下。

借：交易性金融资产——公允价值变动

贷：公允价值变动损益

期末，证券公司持有的自营证券的公允价值小于其账面余额的，编制会计分录如下。

借：公允价值变动损益

贷：交易性金融资产——公允价值变动

3. 案例解析

【例 8-53】新华证券公司从上海证券交易所自营购入陆家嘴公司股票 100 000 股，每股市价为 10 元。新华证券公司的账务处理如下。

借：交易性金融资产——成本（陆家嘴股票）　　1 000 000

贷：结算备付金——公司　　1 000 000

【例 8-54】2×18 年 7 月 1 日，新华证券公司购买甲公司发行的债券，以银行存款支付 980 000 元（含已到期但尚未领取的利息 30 000 元）的价款。7 月 10 日，新华证券公司收到利息 30 000 元。该债券的面值为 1 000 000 元，剩余期限为 1 年，票面年利率为 6.36%，每半年付息一次。新华证券公司购买此项金融资产是以赚取债券的差价为目的的，应将其划分为交易性金融资产并编制会计分录如下。

（1）2×18年7月1日，购入债券时。

借：交易性金融资产——成本　　950 000

　　应收利息　　30 000

　　贷：结算备付金——甲公司　　980 000

（2）2×18年7月10日，收到上半年利息30 000元。

借：银行存款　　30 000

　　贷：应收利息　　30 000

（3）2×18年12月31日，该证券的公允价值为1 050 000元（不含利息）。

借：交易性金融资产——公允价值变动　　100 000

　　贷：公允价值变动损益　　100 000

借：应收利息　　30 000

　　贷：投资收益　　30 000

（4）2×19年1月10日，将该债券出售，取得1 109 000元（含下半年利息30 000元）。

借：银行存款　　1 109 000

　　公允价值变动损益　　100 000

　　贷：交易性金融资产——成本　　950 000

　　　　　　　　　　——公允价值变动　　100 000

　　　　投资收益　　159 000

【例8-55】2×18年11月20日，新华证券公司以每股5元的价格买入上海证券交易所上市的陆家嘴股票10万股，合计500 000元，交易费用为20 000元。12月31日，该股票的市场价格为每股3.8元。2×19年2月1日，新华证券公司以每股4.5元的价格抛售了全部陆家嘴股票。新华证券公司的账务处理如下。

（1）2×18年11月20日，以每股5元的价格买入时。

借：交易性金融资产——成本（陆家嘴股票）　　500 000

　　投资收益　　20 000

　　贷：结算备付金　　520 000

（2）2×18年12月31日。

借：公允价值变动损益　　120 000

　　贷：交易性金融资产——公允价值变动（陆家嘴股票）　　120 000

（3）2×19年2月1日。

借：银行存款　　450 000

　　交易性金融资产——公允价值变动（陆家嘴股票）　　120 000

　　投资收益　　50 000

　　贷：交易性金融资产——成本（陆家嘴股票）　　500 000

　　　　公允价值变动损益　　120 000

8.27 代理承销证券

8.27.1 证券包销业务

1. 业务概述

证券承销业务包括代销和包销业务，其中包销业务包括全额包销和余额包销两种。全额包销是指证券公司与证券发行单位签订合同或协议，由证券公司按照合同或协议约定的价格，在支付全部款项后，将证券从发行单位购进，然后按照一定价格在证券一级市场发售的一种代理发行方式。证券公司以余额包销方式经办承销业务的，如为上网发行，先在网上代为销售；发行期结束后，如有未售出的证券，应按约定的发行价格转为证券公司的自营证券或长期投资。对于证券公司代发行证券的手续费收入，应于发行期结束后，与发行人结算发行价款时确认。

2. 账务处理

（1）全额包销业务的会计核算。

对于以全额包销方式承销证券，证券公司应在按承销价格购入待发售的证券时，将其确认为资本记入“代理承销证券”科目。公司将证券转售给投资者时，按照销售价格确认为证券发行收入，按已出售的这批证券对应的承销价格结转发行证券的成本，承销价和承购价之间的差额作为手续费及佣金收入。发行期结束后，如有未售出的证券，按承销价格转为证券公司投资的金融资产。

①证券公司按照协议购买发行人的证券时，会计分录如下。

借：代理承销证券

　　贷：银行存款

②发行期，转售给投资者时，会计分录如下。

借：银行存款

　　贷：手续费及佣金收入——证券承销业务收入

　　　　代理承销证券

③发行期结束后，如果证券全部售出，则不再进行会计处理；如果有尚未售出的证券，则按照证券公司的意图和证券的性质编制如下会计分录。

借：交易性金融资产

　　或债券投资

　　或其他债券投资

　　或其他权益工具

　　或长期股权投资

　　贷：代理承销证券

（2）余额包销业务的会计核算。

①证券公司采用余额包销方式承销证券的，在收到委托单位委托发行的证券时，应在备查簿中记录承销证券的情况。

②证券公司在约定的期限内售出证券时，应按承销价格编制如下会计分录。

借：银行存款等

贷：代理承销证券款

③未售出部分按规定由本证券公司认购，转为自营证券或长期投资的，可按发行价格编制如下会计分录。

借：交易性金融资产

或其他权益工具投资

或其他债券投资

贷：代理承销证券款

④发行期结束后，证券公司将所募集资金付给委托单位，同时收取手续费，编制会计分录，并冲销备查簿中同级的承销证券。会计分录如下。

借：代理发行证券款

贷：银行存款

手续费及佣金收入——代发行证券手续费收入

3. 案例解析

【例8-56】某证券公司接受客户委托，按照全额包销的方式代客户发行股票1 000万股，股票面值为2元，协议购买价格为3元。证券公司随后以每股3.1元对投资者出售了900万股。发行结束，尚有100万股股票未售出。证券公司拟将其在二级市场短期内出售，作为金融资产。该证券公司的账务处理如下。

借：代理承销证券	20 000 000	
贷：银行存款		20 000 000
借：银行存款	27 900 000	
贷：代理承销证券		27 000 000
手续费及佣金收入——证券承销业务收入		900 000
借：交易性金融资产	3 000 000	
贷：代理承销证券		3 000 000

【例8-57】B证券公司与客户签订合同，采用余额包销方式代客户发行股票。客户交来股票2 000万股，每股1元，代发行手续费率为2.12‰。发行期结束时尚有1 000 000元未售出，预计5个月内可上市交易，公司将其转为自营证券处理。

（1）与证券交易所交割清算，B证券公司的账务处理如下。

借：结算备付金	19 000 000	
贷：代理发行证券款		19 000 000

（2）发行期结束后，B证券公司将尚未售出的1 000 000元转为公司自营证券处理。账务处理如下。

借：交易性金融资产	1 000 000	
贷：代理发行证券款		1 000 000

（3）B证券公司将代发行证券款交给客户，并从中扣取手续费42 400元。账务处理如下。

借：代理发行证券款	20 000 000	
贷：银行存款		19 957 600
手续费及佣金收入——代发行证券手续费收入		42 400

8.27.2 证券代销业务

1. 业务概述

代销又称代理发行，是指证券发行人委托承担承销业务的证券经营机构代向投资者销售证券的行为。承销商按照规定的发行条件，在约定的期限内尽力推销，到销售截止日，如果证券没有全部售出，那么未售出的部分退还给发行人，承销商不承担任何发行风险。在代销过程中，承销机构与发行人之间是“委托—代理”关系，承销商不承担销售风险，因此，代销佣金很低。

2. 账务处理

（1）网上代销业务处理。

目前，网上代销业务主要采用网上定价方式代理发行，即证券公司利用证券交易所的交易系统，在指定时间将公开发行的股票输入证券交易所设立的股票发行专用账户中，以发行价作为卖出价。投资者在指定的时间内通过与证券交易所联网的各证券交易营业部的柜台，缴足申购款进行申购委托。申购结束后，由证券公司与证券交易所共同核实申购资金的到位情况，证券交易所主机根据资金到位情况统计有效申购总量和申购户数，并确定投资者的认购股数。网上代销业务的业务处理如下。

①通过证券交易所上网发行的，在证券上网发行日根据承销合同确认的证券发行总额，按承销价款，在备查登记簿中记录承销证券的情况。

②网上发行结束后，证券公司与证券交易所交割清算，按网上发行数量和发行价计算的发行款项减去上网费用。会计分录如下。

借：结算备付金——证券公司

　　应收款项——应收代垫委托单位上网费

　　贷：代理发行证券款

③证券公司将发行证券交给委托单位，并收取发行手续费和代垫上网费用。会计分录如下。

借：代理发行证券款

　　贷：应收款项——应收代垫委托单位上网费

　　　　手续费及佣金收入——代发行证券手续费收入

④发行期结束后，将未售出的代发行证券退还委托单位，冲销备查登记簿中登记的承销证券。

（2）柜台代销。

柜台代销是不通过证券交易所的交易系统，投资者在规定的申购期内，将全额申购款存入承销商在收款银行设立的专户中，收购结束后，证券公司对银行专户进行冻结，在对到账资金进行验资和确定有效申购后，根据股票发行量和申购总量计算配售比例，进行股票配售，余款返还给投资者的股票发行方式。

①收到代理发行的证券时，在备查簿中登记有关代理发行股票的信息。

②出售证券、收到发行款项时，会计分录如下。

借：银行存款

　　贷：代理承销证券款

③发行结束，将发行款项扣除应收取的手续费交付客户，会计分录如下。

借：代理承销证券款

　　贷：银行存款

　　　　手续费及佣金收入——证券承销业务收入

④发行结束，如果有未售出代理承销证券退还客户，冲销备查登记簿中登记的承销证券。

3. 案例解析

【例8-58】B证券公司代客户发行企业债券2 000 000元，发行期结束时全部售出，按合同规定收取手续费20 000元，并将所筹集资金交给客户。B证券公司收到客户交来的代发行证券时，登记备查登记簿。

发行期销售的会计分录如下。

借：银行存款（或库存现金）	2 000 000	
贷：代理发行证券款		2 000 000

发行期结束后，B证券公司从代发行证券款中扣取手续费20 000元，将所筹集资金交给客户。账务处理如下。

借：代理发行证券款	2 000 000	
贷：银行存款		1 980 000
手续费及佣金收入——代发行证券手续费收入		20 000

8.28 代理业务资产和代理业务负债

1. 业务概述

定向资产管理业务，是证券公司与客户签订定向资产管理合同，接受单一客户委托，通过该客户的账户，为客户提供资产管理服务的过程。定向资产管理又称专户理财，是指证券公司接受单一客户委托，依照法律法规的规定与客户签订定向资产管理合同，以客户的名义管理客户委托资产的行为。根据合同约定的方式、条件、要求及限制，为了客户的利益，以客户的名义管理客户委托资产的行为，一般起点为1 000万元。

2. 账务处理

（1）证券公司接收客户委托款时，会计分录如下。

借：银行存款——受托管理客户存款

　　贷：代理业务负债

（2）存入指定清算代理机构时，会计分录如下。

借：结算备付金——受托管理客户备付金

　　贷：银行存款——受托管理客户存款

（3）证券公司用受托资金购买证券，按实际成本编制会计分录如下。

借：代理业务资产——投资成本

　　贷：结算备付金——受托管理客户备付金

（4）证券公司在交易中发生的手续费收入和支出，应编制会计分录如图8-31所示。

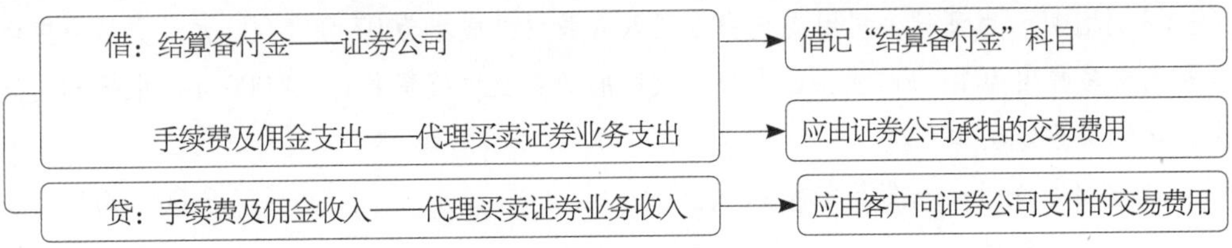

图 8-31 证券公司在交易中发生的手续费收入和支出

（5）将购买的证券卖出，按实际收到的价款，编制会计分录如图 8-32 所示。

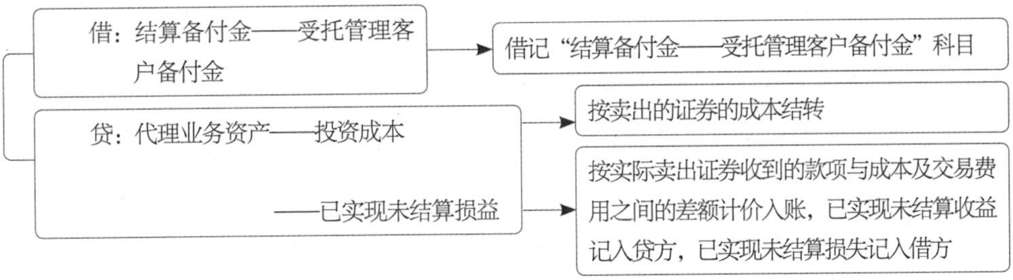

图 8-32 将购买的证券卖出

（6）定期与委托客户进行结算时，按合同约定的比例计算定向资产管理业务，并结转已实现未结算损益。会计分录如下。

借：代理业务资产——已实现未结算损益

　　贷：代理业务负债（按合同规定属于委托客户的收益入账）

　　　　手续费及佣金收入——受托客户资产管理业务收入

（7）代理业务发生亏损时，会计分录如下。

借：代理业务负债（按合同规定属于委托客户的损失入账）

　　手续费及佣金支出——受托客户资产管理业务支出

　　贷：代理业务资产——已实现未结算损益

（8）到期退还客户委托管理的资金及损益，会计分录如下。

借：银行存款——受托管理客户存款

　　贷：结算备付金——受托管理客户备付金

借：代理业务负债

　　贷：银行存款——受托管理客户存款

3. 案例解析

【例 8-59】甲证券公司接受乙公司的委托为其进行资产管理，委托期为 1 个月，资料如下。

（1）8 月 1 日，收到乙公司汇入的款项 100 000 000 元时，根据相关凭证，甲证券公司的账务处理如下。

借：银行存款——受托管理客户存款	100 000 000	
贷：代理业务负债		100 000 000

（2）8 月 1 日，甲证券公司将乙公司汇入的款项存入指定的清算代理机构时，根据相关凭证，甲证券公司的账务处理如下。

借：结算备付金——受托管理客户备付金	100 000 000	
贷：银行存款——受托管理客户存款		100 000 000

（3）8月5日，甲证券公司用委托资金买入A股票，成本为97 980 000元。交易中应由证券公司承担的交易费用为10 000元，证券公司收取的佣金及手续费共计20 000元。根据相关凭证，甲证券公司的账务处理如下。

借：代理业务资产——投资成本（A股票） 98 000 000

贷：结算备付金——受托管理客户备付金 98 000 000

借：手续费及佣金支出——代理买卖证券业务支出 10 000

贷：结算备付金——证券公司 10 000

借：结算备付金——证券公司 20 000

贷：手续费及佣金收入——代理买卖证券业务收入 20 000

（4）8月15日，甲证券公司将5日购入的A股票卖出，扣除佣金、印花税等后的实际收入款项为120 000 000元，根据相关凭证，甲证券公司的账务处理如下。

借：结算备付金——受托管理客户备付金 120 000 000

贷：代理业务资产——投资成本（A股票） 98 000 000

——已实现未结算损益（A股票） 22 000 000

（5）8月16日，甲证券公司用委托资金又买入B股票，成本为110 000 000元，根据相关凭证，甲证券公司的账务处理如下。

借：代理业务资产——投资成本（B股票） 110 000 000

贷：结算备付金——受托管理客户备付金 110 000 000

（6）8月30日，甲证券公司将16日购入的股票卖出，扣除佣金、印花税等后的实际收入款项为98 000 000元，根据相关凭证，甲证券公司的账务处理如下。

借：结算备付金——受托管理客户备付金 98 000 000

代理业务资产——已实现未结算损益（B股票） 12 000 000

贷：代理业务资产——投资成本（B股票） 110 000 000

（7）8月31日，甲证券公司按照规定计算资产管理费用100 000元，根据相关凭证，甲证券公司的账务处理如下。

借：应收账款 100 000

贷：手续费及佣金收入——受托客户资产管理业务收入 100 000

（8）8月31日，合同到期与乙公司结算时，按双方签订的资产管理合同的规定，甲证券公司应获取（承担）受托投资管理收益（亏损）的20%，而乙公司应获取（承担）受托投资管理收益（亏损）的80%。根据相关凭证，甲证券公司的账务处理如下。

借：代理业务资产——已实现未结算损益 10 000 000

贷：代理业务负债 8 000 000

手续费及佣金收入——受托客户资产管理业务收入 2 000 000

（9）8月31日，甲证券公司调整自有资金和客户资金余额时，根据相关凭证，账务处理如下。

借：结算备付金——证券公司 2 000 000

贷：结算备付金——受托管理客户备付金 2 000 000

（10）8月31日，甲证券公司从清算代理机构划回资金，收取100 000元的资产管理费，退还单位委托管理的资金及损益时，根据相关凭证，账务处理如下。

借：银行存款——受托管理客户存款　　108 000 000

　　贷：结算备付金——受托管理客户备付金　　108 000 000

借：代理业务负债　　108 000 000

　　贷：银行存款——受托管理客户存款　　107 900 000

　　　　应收账款　　100 000

8.29 买入返售金融资产

1. 业务概述

买入返售证券业务就是指逆回购交易，是指证券公司与其他企业以合同或协议的方式，按照一定的价格买入证券，到期日再按合同规定的价格将该批证券返售给其他企业，以获取利息收入的证券业务。买入返售金融资产业务通常分为两个步骤：一是签订买入金融资产阶段；二是到期卖出金融资产阶段，期间会发生当期的应收利息或应收股利。证券公司应于买入某种证券时，按实际发生的成本确认为一项资产；证券到期返售时，按返售价格与买入成本之间的差额，确认为当期收入。

2. 账务处理

（1）当证券公司根据返售协议买入金融资产时，应按实际支付的金额编制会计分录如图 8-33 所示。

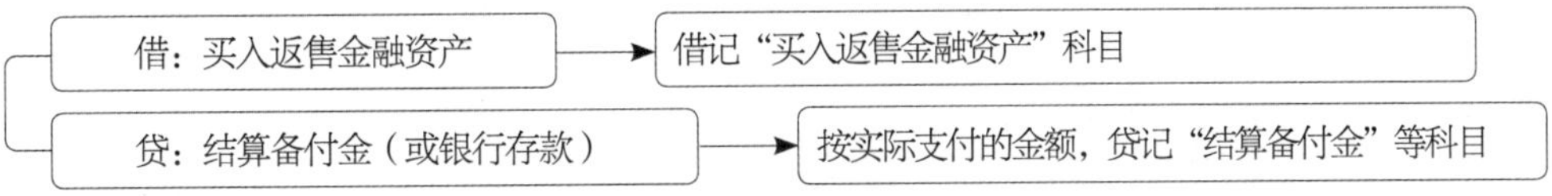

图 8-33　证券公司根据返售协议买入金融资产

（2）资产负债表日，按照计算确定的买入返售金融资产的合同约定名义利率计算利息收入或股息收入，会计分录如图 8-34 所示。

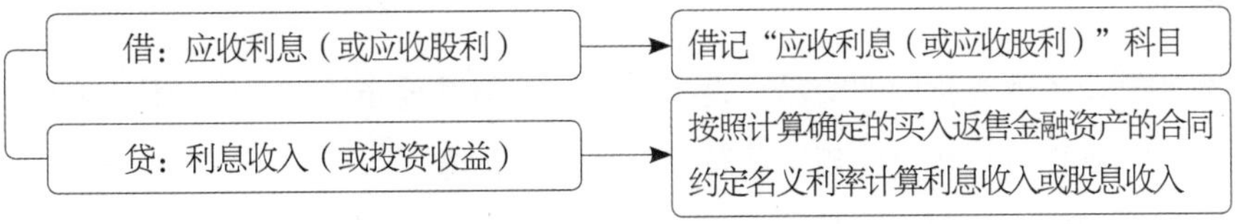

图 8-34　计算利息收入或股息收入

（3）收到支付的买入返售金融资产的利息或现金股利等，会计分录如下。

借：结算备付金（或银行存款）

　　贷：应收利息（或应收股利）

合同约定的名义利率与实际利率差异较大的，应采用实际利率计算确定利息收入。

（4）返售日的会计分录如下。

借：银行存款（或结算备付金）

　　贷：买入返售金融资产

　　　　应收利息

　　　　利息收入

（5）在交易对方违约的情况下，如果企业有权取得本应按固定价格返售的票据、证券以及贷款等资产，应按取得该资产的公允价值编制会计分录如图8-35所示。

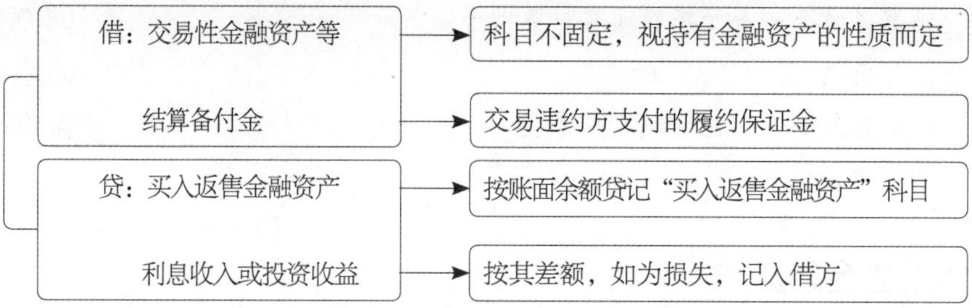

图8-35　交易对方违约时，企业有权取得本应按固定价格返售的票据、证券及贷款等资产

（6）因取得票据、证券、贷款等资产发生的交易费用，除划分为交易性金融资产以外，均应计入取得资产的初始确认金额。

3. 案例解析

【例8-60】甲证券公司通过上海证券交易所融入标准券国债10 000 000元，回购交易品种为R028，成交年收益率为3.6%。甲证券公司的账务处理如下。

回购价格＝10 000 000+10 000 000×3.6%×28÷360=10 028 000（元）

（1）通过国家规定的场所买入证券时。

借：买入返售金融资产	10 000 000	
贷：结算备付金——公司		10 000 000

（2）买入证券在当期到期返售时，按实际收到的款项。

借：结算备付金——公司	10 028 000	
贷：买入返售金融资产		10 000 000
利息收入		28 000

8.30　卖出回购金融资产款

1. 业务概述

卖出回购证券业务就是指回购交易，是指证券公司与其他企业以合同或协议的方式，按一定的价格卖出证券，到期日再按合同规定的价格买回该批证券，以获得一定期间内资金使用权的证券业务。卖出回购业务包括两个步骤：一是前期卖出阶段，二是到期回购阶段。证券公司应于签约卖出证券时，按实际收到的款项确认为一项负债；证券到期回购时，按实际支付的款项与卖出证券时实际收到的款项之间的差额，确认为当期费用。

2. 账务处理

（1）公司根据回购协议卖出票据、证券及贷款等金融资产编制如下会计分录。

借：银行存款（按实际收到的金额）

　　或结算备付金

　　或存放中央银行款项

　　贷：卖出回购金融资产款

（2）资产负债表日，应按实际利率计算确定卖出回购金融资产的利息费用编制如下会计分录。

借：利息支出——回购业务利息支出

　　贷：卖出回购金融资产款

如果实际利率与合同约定的名义利率差异很小，则可以采用合同约定的名义利率计算确定利息费用。会计分录如下。

借：利息支出——回购业务利息支出

　　贷：应付利息

（3）金融资产协议到期，金融资产回购日，编制会计分录如图 8-36 所示。

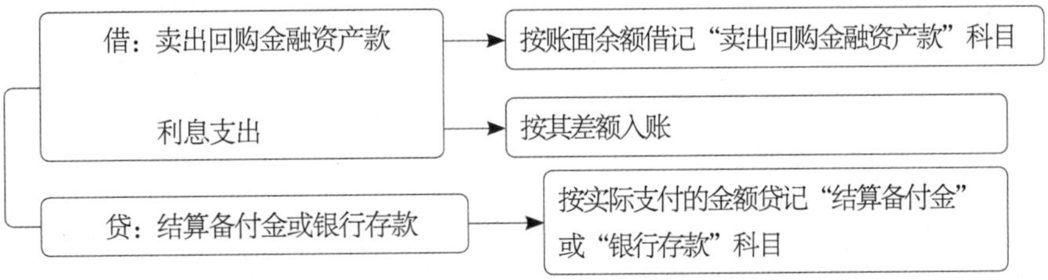

图 8-36　金融资产回购

（4）在交易对方违约的情况下，编制会计分录如图 8-37 所示。

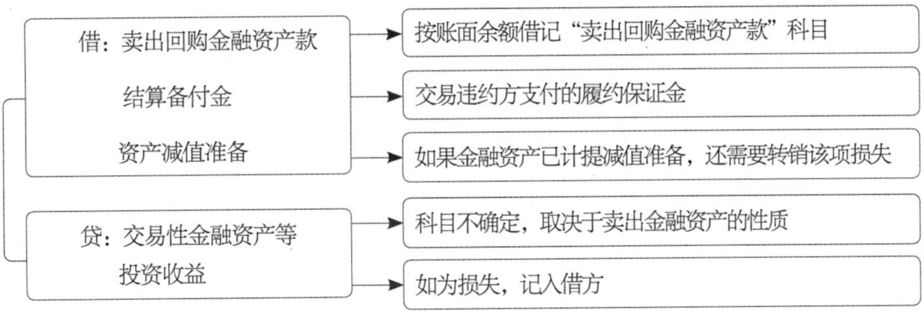

图 8-37　交易对方违约

3. 案例解析

【例 8-61】某证券公司在证券交易所融出标准券国债 10 000 000 元，回购交易品种为 R028，成交年收益率为 3.6%，该证券公司的账务处理如下。

（1）通过国家规定的场所卖出证券时。

借：结算备付金　　10 000 000

　　贷：卖出回购金融资产款　　10 000 000

（2）卖出证券在当期到期回购时，按实际收到的款项记账。

借：卖出回购金融资产款　　10 000 000

　　利息支出　　28 000

　　贷：结算备付金——公司　　10 028 000

第9章 农业企业交易和事项的会计处理

9.1 消耗性生物资产

9.1.1 消耗性生物资产的初始计量

1. 业务概述

消耗性生物资产，是指将收获为农产品或为出售而持有的生物资产，它们都是有生命的劳动对象。如种植业的玉米和小麦等庄稼、林业中的长成后准备作为原木的树木、畜牧养殖业中存栏待售的牲畜和准备用来生产肉品的牲畜、水产业中养殖的鱼等。值得注意的是，不能把消耗性生物资产全部当作流动资产。消耗性生物资产中的大部分属于流动资产，但也有的消耗性生物资产不属于流动资产。例如，生长期很长的用材林，其生长期可以达到十多年甚至几十年，将其视为流动资产显然是不合适的。

生物资产的初始入账价值，是指生物资产的取得成本，其所涉及的问题是，当生物资产满足确认标准时，应以什么金额入账。生物资产的取得方式包括购买、自行营造、盘盈、接受捐赠、接受投资、非货币性交易、债务重组等。因其取得方式的不同，其初始入账价值的确定也不相同。

2. 账务处理

（1）外购的生物资产。

外购的生物资产的成本包括购买价款、相关税费、运输费、保险费以及可直接归属于购买该资产的其他支出。其中，可直接归属于购买该资产的其他支出包括场地整理费、装卸费、栽植费、专业人员服务费等。

企业外购的生物资产，按应计入生物资产成本的金额，借记“消耗性生物资产”“生产性生物资产”或“公益性生物资产”科目，贷记“银行存款”“应付账款”“应付票据”等科目。企业用一笔款项一次性购入多项生物资产时，购买过程中发生的相关税费、运输费、保险费等可直接归属于购买该资产的其他支出，应当按照各项生物资产的价款比例进行分配，分别确定各项生物资产的成本，编制会计分录如图 9-1 所示。

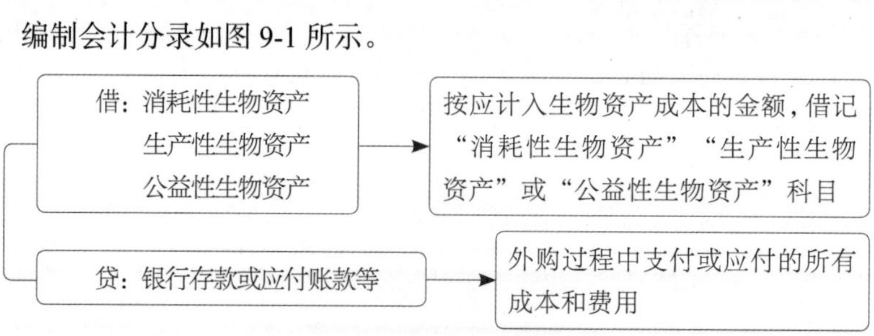

图 9-1　外购的生物资产

（2）自行营造的生物资产。

企业自行繁育、营造的具有消耗性特点的生物资产，按繁育、营造过程中所发生的必要支出（包括繁育、营造过程中所发生的材料成本、人工成本、其他直接费以及应分摊的间接费用等），作为实际成本。对于消耗性生物资产种类较多且支出较大的企业，应当按照消耗性生物资产的种类分别核算其成本。在自行繁育、营造具有消耗性特点的生物资产过程中，正常原因造成的部分消耗性生物资产报废或毁损，减去残料价值和过失人或保险公司等赔款后的净损失，计入继续繁育、营造的消耗性生物资产成本（如为净收益，冲减继续营造的消耗性生物资产的成本）；如为非正常原因造成的部分消耗性生物资产报废或毁损，或消耗性生物资产全部报废或毁损，减去残料价值和过失人或保险公司等赔款后的净损失，计入当期营业外支出（如为净收益，直接转入当期营业外收入），编制会计分录如图 9-2 所示。

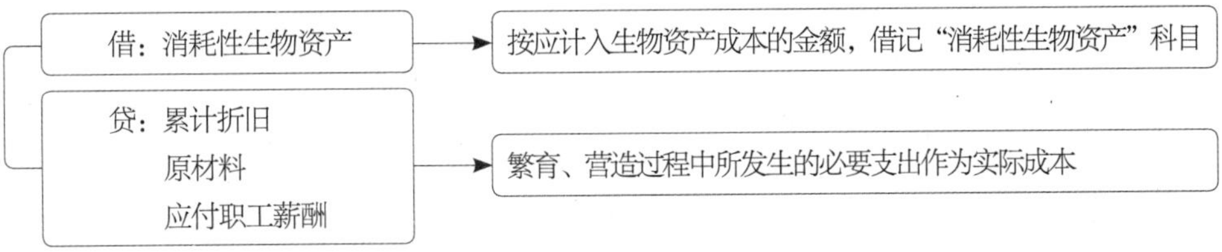

图 9-2　自行营造的生物资产

（3）生物资产之间的结转。

生物资产之间结转时，应按转出生物资产的账面价值，作为转入资产的实际成本。

（4）其他方式获得的生物资产。

企业以其他方式获得的生物资产，如盘盈、接受捐赠、接受投资、非货币性交易、债务重组等，应分别按《企业会计制度》《企业会计准则第 4 号——固定资产》《企业会计准则第 1 号——存货》有关存货和固定资产的规定，确定实际成本。

3. 案例解析

【例 9-1】 2×19 年 2 月，甲农业企业从市场上一次性购买了 6 头种牛、15 头种猪和 600 头猪苗，单价分别为 4 000 元、1 400 元和 250 元，支付的价款共计 195 000 元。此外，发生的运输费为 4 500 元，保险费为 3 000 元，装卸费为 2 250 元，款项全部以银行存款支付。有关计算如下。

（1）确定应分摊的运输费、保险费和装卸费。

分摊比例 =（4 500+3 000+2 250）÷195 000×100%=5%

因此，6 头种牛应分摊 =6×4 000×5%=1 200（元）

15 头种猪应分摊 =15×1 400×5%=1 050（元）

600 头猪苗应分摊 =600×250×5%=7 500（元）

（2）确定种牛、种猪和猪苗的入账价值。

6 头种牛的入账价值 =6×4 000+1 200=25 200（元）

15 头种猪的入账价值 =15×1 400+1 050=22 050（元）

600 头猪苗的入账价值 =600×250+7 500=157 500（元）

甲农业企业的账务处理如下。

借：生产性生物资产——种牛　　25 200
　　　　　　　　　——种猪　　22 050
　　消耗性生物资产——猪苗　　157 500
　　贷：银行存款　　204 750

【例9-2】甲企业2×19年3月使用一台拖拉机翻耕土地100公顷用于小麦和玉米的种植，其中60公顷种植玉米、40公顷种植小麦。该拖拉机原值为60 300元，预计净残值为300元，按照工作量法计提折旧，预计可以翻耕土地6 000公顷。甲企业采用小企业会计准则核算，其账务处理如下。

应当计提的拖拉机折旧＝（60 300－300）÷6 000×100=1 000（元）

玉米应当分配的机械作业费=1 000÷（60+40）×60=600（元）

小麦应当分配的机械作业费=1 000÷（60+40）×40=400（元）

甲企业的账务处理如下。

借：消耗性生物资产——玉米　　600

　　　　　　　　——小麦　　400

　贷：累计折旧　　1 000

9.1.2　消耗性生物资产的后续支出

1. 业务概述

生物资产为了达到使用目的，可能存在一些后续支出，该后续支出应根据是否在达到生产经营目的之前而区分为资本化支出和费用化支出。

2. 账务处理

（1）生物资产郁闭或达到预定生产经营目的后的管护费用。

生物资产在郁闭或达到预定生产经营目的之前，经过培植或饲养，其价值能够继续增加，因此饲养、管护费用应予以资本化，计入生物资产成本；而生物资产在郁闭或达到预定生产经营目的后，为了维护或提高其使用效能，需要对其进行管护、饲养等，但此时的生物资产能够产出农产品，带来现实的经济利益，因此所发生的这类后续支出应当予以费用化，计入当期损益。借记“管理费用”科目，贷记“银行存款”等科目。

（2）林木类生物资产补植。

在林木类生物资产的生长过程中，为了使其更好地生长，往往需要进行择伐、间伐或抚育更新性质采伐（这些采伐并不影响林木的郁闭状态），并且在采伐之后进行相应的补植。上述情况下发生的后续支出，应当予以资本化，计入林木类生物资产的成本。借记“消耗性生物资产”“生产性生物资产”或“公益性生物资产”科目，贷记“库存现金”“银行存款”“其他应付款”等科目。

会计分录如下。

①资本化支出。

借：消耗性生物资产等

　贷：银行存款等

②费用化支出。

借：管理费用

　贷：银行存款等

3. 案例解析

【例9-3】甲林业有限责任公司（简称“甲公司”）下属的乙林班统一组织培植管护一片森林，2×19年3月，发生森林管护费用共计40 000元，其中人员工资为20 000元，尚未支付；使用库存肥料 16 000 元；管护设备折旧为 4 000 元。管护总面积为 5 000 公顷，其中作为用材林的杨树林共计 4 000 公顷，已郁闭的占 75%，其余的尚未郁闭；作为水土保持林的马尾松共计 1 000 公顷，全部已郁闭。假定管护费用按照森林面积比例进行分配。

有关计算如下。

未郁闭杨树林应分配共同费用的比例 =4 000×（1−75%）÷5 000×100%=20%

已郁闭杨树林应分配共同费用的比例 =4 000×75%÷5 000×100%=60%

已郁闭马尾松应分配共同费用的比例 =1 000÷5 000×100%=20%

未郁闭杨树林应分配的共同费用 =40 000×20%=8 000（元）

已郁闭杨树林应分配的共同费用 =40 000×60%=24 000（元）

已郁闭马尾松应分配的共同费用 =40 000×20%=8 000（元）

甲公司的账务处理如下。

借：消耗性生物资产——用材林（杨树）	8 000	
管理费用	32 000	
贷：应付职工薪酬		20 000
原材料		16 000
累计折旧		4 000

【例 9-4】 2×19 年 5 月，甲林业有限责任公司（以下简称“甲公司”）对某用材林进行择伐补植，应支付人员工资 15 000 元，领用材料 20 000 元。甲公司的账务处理如下。

借：消耗性生物资产——用材林	35 000	
贷：应付职工薪酬		15 000
原材料		20 000

9.1.3 消耗性生物资产的减值处理

1. 业务概述

企业应至少于每年年度终了对消耗性生物资产进行检查，如果由于遭受自然灾害、病虫害、动物疫病侵袭等，使消耗性生物资产的成本高于可变现净值，应按可变现净值低于成本的部分，计提消耗性生物资产跌价准备或消耗性林木资产跌价准备。企业所拥有的公益林不计提跌价准备。

2. 账务处理

有确凿证据表明由于遭受自然灾害、动物疫病侵袭或市场需求变化等，使消耗性生物资产的可变现净值低于其账面价值的，应当按照《企业会计准则第 1 号——存货》确定的可变现净值低于其账面价值的差额，借记“资产减值损失”科目，贷记“消耗性生物资产跌价准备”科目。消耗性生物资产减值的影响因素已经消失而使其价值得以恢复的，应按恢复增加的数额，借记“消耗性生物资产跌价准备”科目，贷记“资产减值损失”科目，但其冲减跌价准备的金额应当以原已计提的跌价准备金额为限。

（1）计提减值的会计分录如下。

借：资产减值损失

　　贷：消耗性生物资产跌价准备

（2）减值恢复的会计分录如下。

借：消耗性生物资产跌价准备

　　贷：资产减值损失

3. 案例解析

【例 9-5】 某农业上市公司的已郁闭成林的造纸原料林实际成本为 4 000 000 元，2×18 年度，由于遭受病虫害侵袭，该公司预计其可变现净值为 3 600 000 元。假定该用材林以前年度未计提减值准备，2×19 年病虫害得到根本控制，该公司预计其可变现净值为 3 800 000 元。

该公司的账务处理如下。

（1）2×18 年预计其可变现净值为 3 600 000 元小于实际成本 4 000 000 元，故计提跌价准备 400 000 元。

借：资产减值损失	400 000	
贷：消耗性生物资产跌价准备		400 000

（2）2×19 年影响消耗性生物资产的减值因素已消失，预计其可变现净值 3 800 000 元大于其账面价值 3 600 000 元，故恢复增加的价值 200 000 元。

借：消耗性生物资产跌价准备	200 000	
贷：资产减值损失		200 000

9.1.4 消耗性生物资产的处置

1. 业务概述

企业可以将消耗性生物资产出售或转让，以获取收入。对于消耗性生物资产，应当在收获或出售时，按照其账面价值结转成本。结转成本的方法包括加权平均法、个别计价法、蓄积量比例法、轮伐期年限法等。生物资产改变用途后的成本，应当按照改变用途时的账面价值确定。生物资产出售、盘亏或死亡、毁损时，应当将处置收入扣除其账面价值和相关税费后的余额计入当期损益。

2. 账务处理

（1）消耗性生物资产收获农产品。

从消耗性生物资产上收获农产品后，消耗性生物资产自身完全转为农产品而不复存在，如肉猪宰杀后的猪肉、收获后的蔬菜、用材林采伐后的木材等，企业应当将收获时点消耗性生物资产的账面价值结转为农产品的成本。借记“农产品”科目，贷记“消耗性生物资产”科目，已计提跌价准备的，还应同时结转跌价准备，借记“消耗性生物资产跌价准备”科目；对于不通过入库直接销售的鲜活产品等，按实际成本，借记“主营业务成本”科目。会计分录如下。

借：农产品

　　消耗性生物资产跌价准备

　　贷：消耗性生物资产

（2）出售消耗性生物资产。

出售消耗性生物资产，应按实际收到的金额，借记“银行存款”等科目，贷记“主营业务收入”等科目。按其账面余额，借记“主营业务成本”等科目，贷记本科目。已计提跌价准备的，还应同时结转跌价准备。会计分录如下。

借：银行存款等

　　贷：主营业务收入

借：主营业务成本等

　　贷：消耗性生物资产

（3）转换消耗性生物资产。

育肥畜转为产畜或役畜的，应按其账面余额，借记“生产性生物资产”科目，贷记本科目。已计提跌价准备的，还应同时结转跌价准备。会计分录如下。

借：生产性生物资产

　　消耗性生物资产跌价准备

　　贷：消耗性生物资产

3. 案例解析

【例 9-6】甲种植企业 2×19 年 6 月入库小麦 20 吨，成本为 12 000 元。甲种植企业的账务处理如下。

借：农产品——小麦　　12 000

　　贷：消耗性生物资产——小麦　　12 000

【例 9-7】甲畜牧养殖企业于 2×19 年 1 月将育成的 40 头仔猪出售给乙食品加工厂，价款总额为 20 000 元，货款尚未收到。出售时仔猪的账面余额为 12 000 元，未计提跌价准备。

甲畜牧养殖企业的账务处理如下。

借：应收账款——乙食品加工厂　　20 000

　　贷：主营业务收入　　20 000

借：主营业务成本　　12 000

　　贷：消耗性生物资产——育肥猪　　12 000

【例 9-8】2×19 年 4 月，甲企业自行繁殖的 50 头育肥猪转为种猪，此批育肥猪的账面原价为 500 000 元，已经计提的跌价准备为 30 000 元。

甲企业的账务处理如下。

借：生产性生物资产——成熟生产性生物资产（种猪）　　470 000

　　消耗性生物资产跌价准备　　30 000

　　贷：消耗性生物资产——育肥猪　　500 000

9.2　生产性生物资产和生产性生物资产累计折旧

9.2.1　生产性生物资产的初始计量

1. 业务概述

生产性生物资产，是指为产出农产品、提供劳务或出租等目的而持有的生物资产，包括经济林、薪炭林、产畜和役畜等。

根据《企业会计准则讲解》的讲解，与消耗性生物资产相比较，生产性生物资产的最大不同在于，生产性生物资产具有能够在生产经营中长期、反复使用，从而不断产出农产品或者是长期役用的特征。消耗性生物资产收获农产品之后，该资产就不复存在；而生产性生物资产产出农产品之后，该资产仍然保留，并可以在未来期间继续产出农产品，如薪炭林收获柴薪但仍保留树干等。因此，通常认为生产性生物资产在一定程度上具有固定资产的特征，如果树每年产出水果、奶牛每年产奶等。

生产性生物资产的初始入账价值，是指生物资产的取得成本，其所涉及的问题是，当生产性生物资产满足确认标准时，应以什么金额入账。生产性生物资产的取得方式包括购买、自行营造、盘盈、接受捐赠、接受投资、非货币性交易、债务重组等。由于取得方式的不同，其初始入账价值的确定也不相同。

2. 账务处理

（1）外购的生产性生物资产。

无论是消耗性生物资产、生产性生物资产还是公益性生物资产，外购的生物资产的成本包括购买价款、相关税费、运输费、保险费以及可直接归属于购买该资产的其他支出。其中，可直接归属于购买该资产的其他支出包括场地整理费、装卸费、栽植费、专业人员服务费等。

根据《企业会计准则》，企业外购的生产性生物资产，按应计入生产性生物资产成本的金额，借记“生产性生物资产”科目，贷记“银行存款”“应付账款”“应付票据”等科目。企业一笔款项一次性购入多项生产性生物资产时，购买过程中发生的相关税费、运输费、保险费等可直接归属于购买该资产的其他支出，应当按照各项生产性生物资产的价款比例进行分配，分别确定各项生物资产的成本，会计分录如图9-3所示。

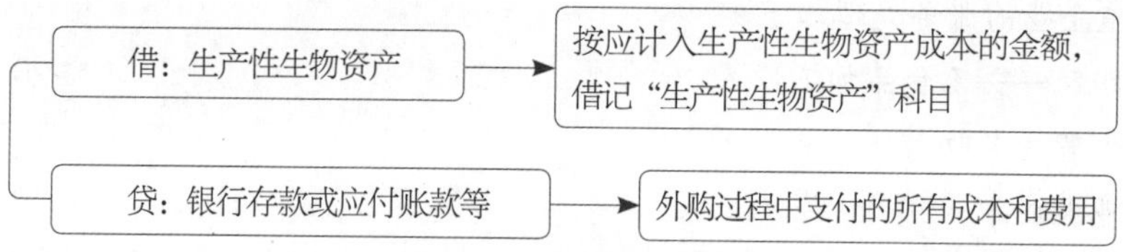

图9-3 外购的生物资产

（2）自行营造的生产性生物资产。

自行繁殖的产畜和役畜的成本，包括达到预定生产经营目的（成龄）前发生的饲料费、人工费和应分摊的间接费用等必要支出。达到预定生产经营目的，是指生产性生物资产进入正常生产期，可以多年连续稳定产出农产品、提供劳务或出租。

未成熟生产性生物资产达到预定生产经营目的时，按其账面余额，借记“生产性生物资产——成熟生产性生物资产”科目，贷记“生产性生物资产——未成熟生产性生物资产”科目，未成熟生产性生物资产已计提减值准备的，还应同时结转已计提的减值准备。

自行营造的林木类生产性生物资产的成本，包括达到预定生产经营目的前发生的造林费、抚育费、营林设施费、良种试验费、调查设计费和应分摊的间接费用等必要支出；自行繁殖的产畜和役畜的成本，包括达到预定生产经营目的（成龄）前发生的饲料费、人工费和应分摊的间接费用等必要支出。

其中，生产性生物资产达到预定生产经营目的，是指生产性生物资产进入正常生产期，可以多年连续稳定产出农产品、提供劳务或出租。达到预定生产经营目的是区分生产性生物资产成熟和未成熟的分界点，同时也是判断其相关费用停止资本化的时点，是区分其是否具备生产能力、从而是否计提折旧的分界点。企业应当根据具体情况，结合正常生产期的确定，对生产性生物资产是否达到预定生产经营目的进行判断。例如，一般就海南橡胶园而言，同林段内离地 100 厘米处、树围 50 厘米以上的芽接胶树，占林段总株数的 50% 以上时，该橡胶园就属于进入正常生产期，即达到预定生产经营目的。

生产性生物资产在达到预定生产经营目的之前，其用途一般是已经确定的，如尚未开始挂果的果树、未开始产奶的奶牛等；但是，如果其未来用途不确定，应当作为消耗性生物资产核算和管理，待确定用途后，再按照用途转换进行处理，会计分录分别如图 9-4 和图 9-5 所示。

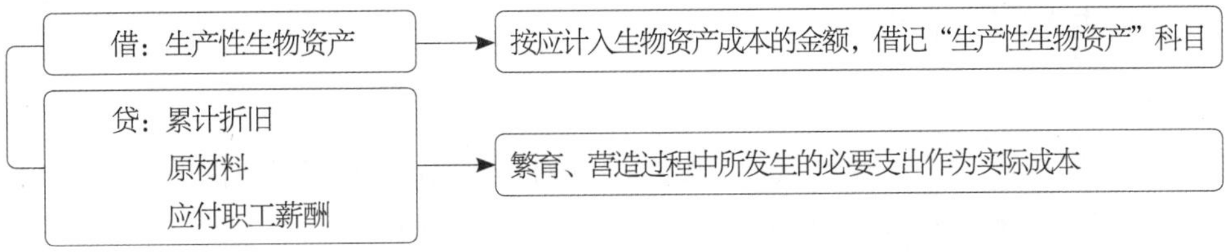

图 9-4　按应计入生物资产成本的金额进行的会计处理

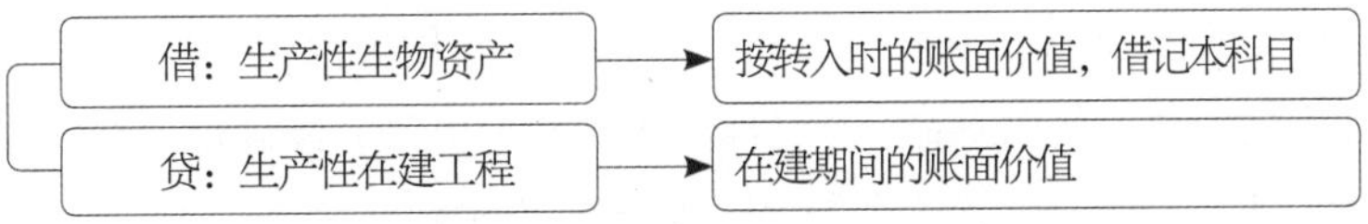

图 9-5　确定用途后按照用途转换进行处理

（3）生产性生物资产之间的结转。

生产性生物资产之间结转时，应按转出生物资产的账面价值，作为转入资产的实际成本。

（4）其他方式获得的生产性生物资产。

企业以其他方式获得的生产性生物资产，如盘盈、接受捐赠、接受投资、非货币性交易、债务重组等，应分别按《企业会计制度》《企业会计准则第 4 号——固定资产》《企业会计准则第 1 号——存货》有关存货和固定资产的规定确定实际成本。

3. 案例解析

【例 9-9】甲企业自 2×19 年开始自行营造 100 公顷橡胶树，当年发生种苗费 189 000 元，平整土地和定植所需的机械作业费为 55 500 元，定植当年抚育发生肥料及农药费 250 500 元、人员工资等 450 000 元。该橡胶树达到正常生产期为 6 年，从定植后至 2×24 年共发生管护费用 2 415 000 元，以银行存款支付。

甲企业的账务处理如下。

借：生产性生物资产——未成熟生产性生物资产（橡胶树）	945 000	
贷：原材料——种苗		189 000
——肥料及农药		250 500
应付职工薪酬		450 000
累计折旧		55 500
借：生产性生物资产——未成熟生产性生物资产（橡胶树）	2 415 000	
贷：银行存款		2 415 000

因此，该 100 公顷橡胶树的成本如下。

189 000+55 500+250 500+450 000+2 415 000=3 360 000（元）

借：生产性生物资产——成熟生产性生物资产（橡胶树）	3 360 000	
贷：生产性生物资产——未成熟生产性生物资产（橡胶树）		3 360 000

【例9-10】某苹果种植企业种植33公顷苹果树，2×19年12月31日转入成熟生产性生物资产。种植33公顷苹果树的总成本为1 100 000元（已记入“生物性在建工程”科目）。该企业未计提减值准备。

该企业的账务处理如下。

借：生产性生物资产——苹果园　　1 100 000

　贷：生物性在建工程——苹果园　　1 100 000

9.2.2 生产性生物资产的折旧

1. 业务概述

《企业会计准则第5号——生物资产》规定，企业对达到预定生产经营目的的生产性生物资产，应当按期计提折旧，并根据用途分别计入相关资产的成本或当期损益。

具体来说，企业应当根据生产性生物资产的性质、使用情况和有关经济利益的预期实现方式，合理确定其使用寿命、预计净残值和折旧方法。可选用的折旧方法包括年限平均法、工作量法、产量法等。生产性生物资产的使用寿命、预计净残值和折旧方法一经确定，不得随意变更。但是，符合《企业会计准则第5号——生物资产》第二十条规定的除外。

企业确定生产性生物资产的使用寿命，应当考虑下列因素：

（1）该资产的预计产出能力或实物产量；

（2）该资产的预计有形损耗，如产畜和役畜衰老、经济林老化等；

（3）该资产的预计无形损耗，如因新品种的出现而使现有的生产性生物资产的产出能力和产出农产品的质量等方面相对下降、市场需求的变化使生产性生物资产产出的农产品相对过时等。

2. 账务处理

企业按月计提的成熟生产性生物资产折旧，借记“农业生产成本”“制造费用”等科目，贷记“生产性生物资产累计折旧”科目。会计分录如下。

借：农业生产成本

　　制造费用

　贷：生产性生物资产累计折旧

3. 案例解析

【例9-11】某主要种植小麦、玉米、大豆企业的农田防护林本年应提取折旧300元。账务处理如下。

借：制造费用　　300

　贷：生产性生物资产累计折旧　　300

【例9-12】某奶牛养殖企业本月应提取折旧600元。账务处理如下。

借：农业生产成本——基本牛群——奶牛　　600

　贷：生产性生物资产累计折旧　　600

9.2.3 生产性生物资产的减值处理

1. 业务概述

期末，企业应当按照生产性生物资产的可收回金额低于账面价值的差额，借记“资产减值损失——计提的生产性生物资产减值准备”科目，贷记“生产性生物资产减值准备”科目。生产性生物资产减值准备一经计提，不得转回。其中，可收回金额参照《企业会计准则第 8 号——资产减值》确定，即可收回金额应当根据资产的公允价值减去处置费用后的净额与资产预计未来现金流量的现值两者之间较高者确定。在确定资产公允价值减去处置费用后的净额时，公平交易中存在销售协议价格的，应当根据公平交易中销售协议价格减去可直接归属于该资产处置费用的金额确定；不存在销售协议但存在资产活跃市场的，应当按照该资产的市场价格减去处置费用后的金额确定，资产的市场价格通常应当根据资产的买方出价确定；不存在销售协议和资产活跃市场的，应当以可获取的最佳信息为基础，估计资产的公允价值减去处置费用后的净额，该净额可以参考同行业类似资产的最近交易价格或者结果进行估计；另外，企业如果按照上述规定仍然无法可靠估计资产的公允价值减去处置费用后的净额的，应当以该资产预计未来现金流量的现值作为其可收回金额。

2. 账务处理

在具体计提成熟生产性生物资产减值准备时，企业应按成熟生产性生物资产账面价值超过其可收回金额的部分计提减值准备。计提的生产性生物资产减值准备，借记“资产减值损失——计提的生产性生物资产减值准备”科目，贷记“生产性生物资产减值准备”科目。会计分录如下。

借：资产减值损失——计提的生产性生物资产减值准备

　　贷：生产性生物资产减值准备

3. 案例解析

【例 9-13】2×19 年 12 月 31 日，乙农业企业对橡胶园进行检查时发现其可能发生减值。假设 2×19 年 12 月 31 日该橡胶园的账面价值为 1 500 000 元，可收回金额为 1 300 000 元。

乙农业企业的账务处理如下。

借：资产减值损失——计提的生产性生物资产减值准备　　200 000

　　贷：生产性生物资产减值准备　　200 000

9.2.4 生产性生物资产的处置

1. 业务概述

生产性生物资产收获的农产品成本，按照产出或采收过程中发生的材料费、人工费和应分摊的间接费用等必要支出计算确定，并采用加权平均法、个别计价法、蓄积量比例法、轮伐期年限法等方法，将其账面价值结转为农产品成本。收获之后的农产品，应当按照《企业会计准则第 1 号——存货》相关规定处理。生物资产改变用途后的成本，应当按照改变用途时的账面价值确定。生物资产出售、盘亏或死亡、毁损时，应当将处置收入扣除其账面价值和相关税费后的余额计入当期损益。

2. 账务处理

（1）生物性生物资产收获农产品。

生产性生物资产具备自我生长性，能够在生产经营中长期、反复使用，从而不断产出农产品。从生产性生物资产上收获农产品后，生产性生物资产这一母体仍然存在，如奶牛产出牛奶、从果树上采摘下水果等。农业生产过程中发生的各项生产费用，按照经济用途可以分为直接材料、直接人工等直接费用以及间接费用。农产品收获过程中发生的直接材料、直接人工等直接费用，直接计入相关成本核算对象，借记“农业生产成本——农产品”科目，贷记“库存现金”“银行存款”“原材料”“应付职工薪酬”“生产性生物资产累计折旧”等科目。会计分录如下。

借：农业生产成本——农产品

　　贷：库存现金

　　　　银行存款

　　　　原材料

　　　　应付职工薪酬

　　　　生产性生物资产累计折旧

（2）生产性生物资产盘亏或死亡、毁损。

生产性生物资产盘亏或死亡、毁损时，应当将处置收入扣除其账面价值和相关税费后的余额先记入“待处理财产损溢”科目，待查明原因后，根据企业的管理权限，经股东大会、董事会、经理（厂长）会议或类似机构批准后，在期末结账前处理完毕。生产性生物资产因盘亏或死亡、毁损造成的损失，在减去过失人或者保险公司等的赔款和残余价值之后，计入当期管理费用；属于自然灾害等非常损失的，计入营业外支出。会计分录如下。

借：待处理财产损溢

　　生产性生物资产累计折旧

　　贷：生产性生物资产

借：管理费用

　　营业外支出

　　贷：待处理财产损溢

（3）生产性生物资产转换。

产畜或役畜淘汰转为育肥畜或者林木类生产性生物资产转为林木类消耗性生物资产时，按转群或转变用途时的账面价值，借记“消耗性生物资产”科目，按已计提的累计折旧，借记“生产性生物资产累计折旧”科目，按其账面余额，贷记“生产性生物资产”科目。已计提减值准备的，还应同时结转已计提的减值准备。会计分录如下。

借：消耗性生物资产

　　生产性生物资产减值准备

　　生产性生物资产累计折旧

　　贷：生产性生物资产

3. 案例解析

【例 9-14】甲奶牛养殖企业 2×19 年 1 月发生奶牛（已进入产奶期）的饲养费用如下：领用饲料 5 000 千克，共计 1 200 元，应付饲养人员工资 3 000 元，以现金支付防疫费 500 元。甲奶牛养殖企业的账务处理如下。

借：农业生产成本——奶牛	4 700	
贷：原材料		1 200
应付职工薪酬		3 000
库存现金		500

【例 9-15】甲企业于 2×19 年 8 月 4 日丢失 3 头种牛，账面原值为 1 600 元，已经计提折旧 600 元；8 月 29 日经查实，饲养员赵五应赔偿 300 元。甲企业的账务处理如下。

借：待处理财产损溢　　1 000
　　生产性生物资产累计折旧　　600
　　贷：生产性生物资产——种猪　　1 600
借：其他应收款——赵五　　300
　　管理费用　　700
　　贷：待处理财产损溢　　1 000

【例 9-16】2×19 年 4 月，甲企业自行繁殖的 50 头种猪转为育肥猪，此批种猪的账面原价为 500 000 元，已经计提的累计折旧为 200 000 元，已经计提的资产减值准备为 30 000 元。

甲企业的账务处理如下。

借：消耗性生物资产——育肥猪　　270 000
　　生产性生物资产累计折旧　　200 000
　　生产性生物资产减值准备　　30 000
　　贷：生产性生物资产——成熟生产性生物资产（种猪）　　500 000

9.3 公益性生物资产

9.3.1 公益性生物资产的初始计量

1. 业务概述

公益性生物资产，是指以防护、环境保护为主要目的的生物资产，包括防风固沙林、水土保持林和水源涵养林等。从目的上来看，公益性生物资产与消耗性生物资产和生产性生物资产有本质上的不同。后两者的目的是直接给企业带来经济利益，而公益性生物资产主要是出于防护、环境保护等目的，尽管其不能直接给企业带来经济利益，但具有服务潜能，有助于企业从相关资产获得经济利益，如防风固沙林和水土保持林能带来防风固沙、保持水土的效能，风景林具有美化环境、休息游览的效能等，因此应当确认为公益性生物资产，并且应当单独核算。公益性生物资产的初始入账价值，是指公益性生物资产的取得成本，其所涉及的问题是，当公益性生物资产满足确认标准时，应以什么金额入账。公益性生物资产的取得方式包括购买、自行营造、盘盈、接受捐赠、接受投资、非货币性交易、债务重组等。因其取得方式的不同，其初始入账价值的确定也不相同。

2. 账务处理

（1）外购的公益性生物资产。

外购公益性生物资产的成本，包括购买价款、相关税费、运输费、保险费以及可直接归属于购买该资产的其他支出。其中，可直接归属于购买该资产的其他支出包括场地整理费、装卸费、栽植费、专业人员服务费等。

根据《企业会计准则》的规定，企业外购的公益性生物资产，按应计入生物资产成本的金额，借记“消耗性生物资产”“生产性生物资产”或“公益性生物资产”科目，贷记“银行存款”“应付账款”“应付票据”等科目。企业以一笔款项一次性购入多项公益性生物资产时，购买过程中发生的相关税费、运输费、保险费等可直接归属于购买该资产的其他支出，应当按照各项公益性生物资产的价款比例进行分配，分别确定各项公益性生物资产的成本，会计分录如图 9-6 所示。

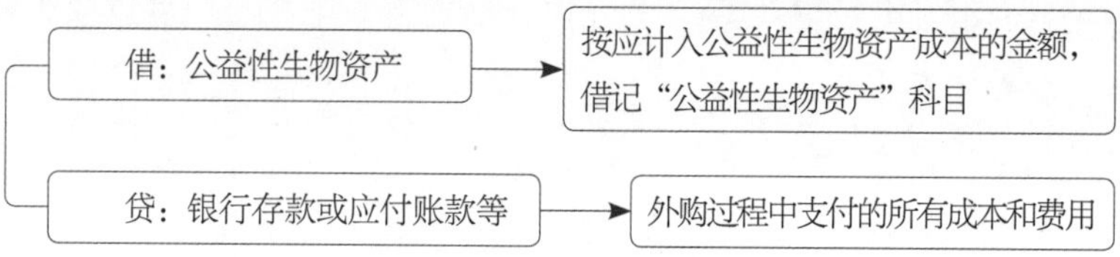

图 9-6　外购的生物资产

（2）自行营造的公益性生物资产。

自行营造的公益性生物资产的成本，应当按照郁闭前发生的造林费、抚育费、森林保护费、营林设施费、良种试验费、调查设计费和应分摊的间接费用等必要支出确定，借记“公益性生物资产”科目，贷记“应付职工薪酬”“原材料”“累计折旧”等相关科目，会计分录如图 9-7 所示。

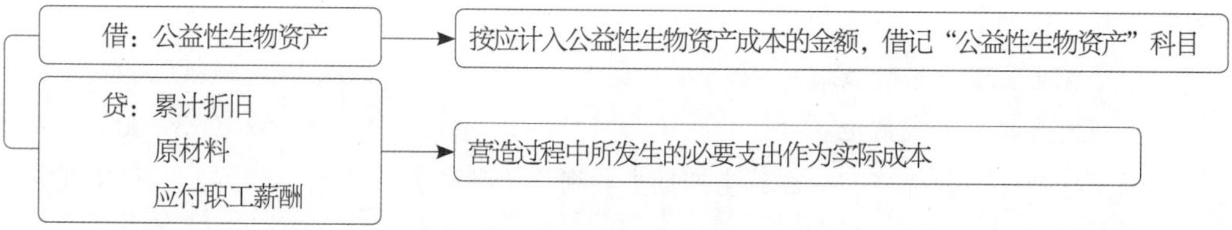

图 9-7　自行营造的公益性生物资产

（3）公益性生物资产之间的结转。

公益性生物资产之间结转时，应按转出公益性生物资产的账面价值，作为转入资产的实际成本。

（4）其他方式获得的公益性生物资产。

企业以其他方式获得的公益性生物资产，如盘盈、接受捐赠、接受投资、非货币性交易、债务重组等，应分别按《企业会计制度》《企业会计准则第 4 号——固定资产》《企业会计准则第 1 号——存货》有关存货和固定资产的规定确定实际成本。

3. 案例解析

【例 9-17】2×19 年 7 月，由于区域生态环境的需要，甲林业有限责任公司的 12 公顷造纸原料林（杨树）被划为防风固沙林，仍由公司负责管理，该林的账面余额为 80 000 元，已经计提的跌价准备为 5 000 元。甲林业有限责任公司的账务处理如下。

借：公益性生物资产——防风固沙林（杨树）	75 000	
存货跌价准备——消耗性生物资产	5 000	
贷：消耗性生物资产——造纸原料林（杨树）		80 000

9.3.2　公益性生物资产的处置

1. 业务概述

公益性生物资产出售、盘亏或死亡、毁损时，应当将处置收入扣除其账面价值和相关税费后的余额计入当期损益。

2. 账务处理

（1）生物资产盘亏或死亡、毁损。

生物资产盘亏或死亡、毁损时，应当将处置收入扣除其账面价值和相关税费后的余额先记入

“待处理财产损溢”科目，待查明原因后，根据企业的管理权限，经股东大会、董事会、经理（厂长）会议或类似机构批准后，在期末结账前处理完毕。生物资产因盘亏或死亡、毁损造成的损失，在减去过失人或者保险公司等的赔款和残余价值之后，计入当期管理费用；属于自然灾害等非常损失的，计入营业外支出。会计分录如下。

借：待处理财产损溢

　　公益性生物资产累计折旧

　　贷：公益性生物资产

借：管理费用

　　营业外支出

　　贷：待处理财产损溢

（2）生物资产的转换。

公益性生物资产转为消耗性生物资产或生产性生物资产时，应按其账面余额，借记“消耗性生物资产”或“生产性生物资产”科目，贷记“公益性生物资产”科目。会计分录如下：

借：生产性生物资产

　　消耗性生物资产

　　贷：公益性生物资产

3. 案例解析

【例 9-18】2×19 年 9 月，甲林业有限责任公司根据所属区域的林业发展规划相关政策调整，将以马尾松为主的 800 公顷防风固沙林，全部转为以采脂为目的的商林，该马尾松的账面价值为 2 000 000 元。其中，已经具备采脂条件的为 600 公顷，账面价值为 1 600 000 元，其余的尚不具备采脂条件。2×19 年 11 月，甲林业有限责任公司根据国家政策规定，将乙林班 100 公顷作为防风固沙林的杨树转为作为造纸原料的商品林，该杨树账面余额为 180 000 元。

甲林业有限责任公司的账务处理如下。

（1）2×19 年 9 月。

借：生产性生物资产——成熟生产性生物资产（马尾松）	1 600 000	
生产性生物资产——未成熟生产性生物资产（马尾松）	400 000	
贷：公益性生物资产——防风固沙林（马尾松）		2 000 000

（2）2×19 年 11 月。

借：消耗性生物资产——造纸原料林（杨树）	180 000	
贷：公益性生物资产——防风固沙林（杨树）		180 000

第10章 石油天然气开采企业交易和事项的会计处理

10.1 油气资产和累计折耗

油气资产的初始计量

1. 业务概述

油气资产，是指油气开采企业所拥有或控制的井及相关设施和矿区权益。油气资产属于递耗资产。

递耗资产是通过开掘、采伐、利用而逐渐耗竭，以致无法恢复或难以恢复、更新或按原样重置的自然资源，如矿藏、原始森林等。油气资产是油气生产企业的重要资产，其价值在总资产中占有较大比重。

2. 账务处理

（1）企业购入油气资产（含申请取得矿区权益）的成本，借记“油气资产”科目，贷记“银行存款”“应付票据”“其他应付款”等科目。会计分录如下。

借：油气资产

　　贷：银行存款

　　　　应付票据

　　　　其他应付款

（2）自行建造的油气资产，在油气勘探、开发工程达到预定可使用状态时，借记“油气资产”科目，贷记“油气勘探支出”“油气开发支出”等科目。会计分录如下。

借：油气资产

　　贷：油气勘探支出

　　　　油气开发支出

购入需要安装的油气资产时，先记入“在建工程”科目，安装完毕交付使用时再转入“油气资产”科目。会计分录如下。

借：在建工程

　　贷：银行存款

　　　　应付职工薪酬

　　　　原材料

借：油气资产

　　贷：在建工程

10.2 油气资产的会计处理

10.2.1 油气资产的折旧

1. 业务概述

企业应当在油气资产的使用寿命内，按照确定的方法对应计折耗额进行系统分摊。根据油气资产的性质和使用情况，合理确定油气资产的使用寿命和预计净残值。油气资产的使用寿命、预计净残值一经确定，不得随意变更。

2. 账务处理

企业按期（月）计提油气资产的折耗，借记“生产成本”等科目，贷记“累计折耗”科目。处置油气资产时，还应同时结转油气资产累计折耗。会计分录如下。

借：生产成本

　　贷：累计折耗

10.2.2 油气资产的减值

1. 业务概述

油气资产减值是指油气资产的可收回金额低于其账面价值的情况。可收回金额是指资产的公允价值减去处置费用后的净值与资产预计未来现金流量的现值之间较高者。其中，处置费用包括与资产处置有关的法律费用、搬运费以及使资产达到可销售状态所发生的直接费用等。

可收回金额的计量结果表明，资产的可收回金额低于其账面价值的，应当将资产的账面价值减记至可收回金额，减记的金额确认为资产减值损失，计入当期损益，同时计提相应的资产减值准备。

资产减值损失确认后，减值资产的折旧或者摊销费用应当在未来期间做相应调整，以使该资产在剩余使用寿命内，系统地分摊调整后的资产账面价值（扣除预计净残值）。

资产减值损失一经确认，在以后会计期间不得转回。

2. 账务处理

确认油气资产减值的会计分录如下。

借：资产减值损失——计提的油气资产减值准备

　　贷：油气资产减值准备

10.2.3 油气资产的处置

1. 业务概述

企业在生产经营过程中，可能将不适用或不需用的油气资产对外出售转让，或因磨损、技术进步等原因对油气资产进行报废，或因遭受自然灾害而对毁损的油气资产进行处理。油气资产满足下列条件之一的应当予以终止确认：该油气资产处于处置状态；该油气资产预期通过使用或处置不能产生经济利益。对于上述事项在进行会计核算时，应按规定程序办理有关手续，结转油气资产的账面价值，计算有关的清理收入、清理费用及残料价值等。

油气资产处置包括油气资产的出售、报废、毁损、对外投资、非货币性资产交换、债务重组等。处置油气资产应通过“油气资产清理”科目核算。

2. 账务处理

油气资产存在弃置义务的，应在取得油气资产时，按预计弃置费用的现值，借记“油气资产”科目，贷记“预计负债”科目。在油气资产的使用寿命内，计算确定各期应负担的利息费用，借记“财务费用”科目，贷记“预计负债”科目。会计分录如下。

借：油气资产

　　贷：预计负债

借：财务费用

　　贷：预计负债

处置油气资产时，应按该项油气资产的账面价值，借记“油气资产清理”科目，按已计提的累计折耗，借记“累计折耗”科目，按其账面原价，贷记“油气资产”科目。已计提减值准备的，还应同时结转减值准备。会计分录如下。

借：油气资产清理

　　累计折耗

　　油气资产减值准备

　贷：油气资产

3. 案例解析

【例10-1】乙公司经国家批准于2×19年1月1日建造完成某采油油田并交付使用，建造成本为25 000 000 000元，预计使用寿命为40年。该油田将会对当地的生态环境产生一定的影响，根据法律规定，乙公司应在该项设施使用期满后将其拆除，并对造成的污染进行整治，预计发生弃置费用为2 500 000 000元。假定适用的折现率为10%。

油田属于特殊行业的资产，确定其成本时应考虑弃置费用。账务处理如下。

（1）2×19年1月1日，弃置费用的现值=2 500 000 000×（*P/F*，10%，40）=2 500 000 000×0.0221 =55 250 000（元）

油气资产的成本=25 000 000 000+55 250 000 =25 055 250 000（元）

借：油气资产——××油田	25 055 250 000	
贷：在建工程——××油田		25 000 000 000
预计负债——××油田——弃置费用		55 250 000

（2）计算第1年应负担的利息费用=55 250 000×10% =5 525 000（元）

借：财务费用	5 525 000	
贷：预计负债——××油田——弃置费用		5 525 000

以后年度，乙公司应当按照实际利率法计算确定每年财务费用，账务处理略。

第11章 建造承包商交易和事项的会计处理

11.1 建造合同相关业务

11.1.1 进行合同建造时发生的费用

1. 业务概述

合同履约成本核算企业为履行当前或预期取得的合同所发生的、不属于其他企业会计准则规范范围且按照收入准则应当确认为一项资产的成本。该科目借方登记发生的合同履约成本，贷方登记摊销的合同履约成本，期末借方余额，反映企业尚未结转的合同履约成本。该科目可按合同分别“服务成本”“工程施工”等进行明细核算。

2. 账务处理

企业应当考虑商品的性质，采用实际测量的完工进度、评估已实现的结果、时间进度、已完工或交付的产品等产出指标，或采用投入的材料数量、花费的人工工时、机器工时、发生的成本和时间进度等投入指标确定恰当的履约进度，并且在确定履约进度时，应当扣除那些控制权尚未转移给客户的商品和服务。资产负债表日，企业按照合同的交易价格总额乘以履约进度扣除以前会计期间累计已确认的收入后的金额，确认当期收入。

企业发生合同履约成本时，借记“合同履约成本”科目，贷记“银行存款”“应付职工薪酬”“原材料”等科目；对合同履约成本进行摊销时，借记“主营业务成本”“其他业务成本”等科目，贷记“合同履约成本”科目。涉及增值税的，还应进行相应的处理。

3. 案例详解

【例 11-1】甲公司为增值税一般纳税人，装修服务适用增值税税率为9%。2×19年12月1日，甲公司与乙公司签订一项为期3个月的装修合同，合同约定装修价款为500 000元，增值税税额为45 000元，装修费用每月月末按完工进度支付。2×19年12月31日，经专业测量师测量后，确定该项劳务的完工程度为25%；乙公司按完工进度支付价款及相应的增值税税款。截至2×19年12月31日，甲公司为完成该合同累计发生劳务成本100 000元（假定均为装修人员薪酬），估计还将发生劳务成本300 000元。

假定该业务属于甲公司的主营业务，全部由其自行完成；该装修服务构成单项履约义务，并属于在某一时段内履行的履约义务；甲公司按照实际测量的完工进度确定履约进度。

甲公司应编制如下会计分录：

（1）实际发生劳务成本100 000元：

借：合同履约成本　　　　100 000

贷：应付职工薪酬　100 000

（2）2×19 年 12 月 31 日确认劳务收入并结转劳务成本：

2×19 年 12 月 31 日确认的劳务收入：500 000×25%-0=125 000（元）

借：银行存款　136 250

贷：主营业务收入　125 000

应交税费——应交增值税（销项税额）　11 250

借：主营业务成本　100 000

贷：合同履约成本　100 000

2×20 年 1 月 31 日，经专业测量师测量后，确定该项劳务的完工程度为 70%；乙公司按完工进度支付价款同时支付对应的增值税款。2×20 年 1 月，为完成该合同发生劳务成本 180 000 元（假定均为装修人员薪酬），为完成该合同估计还将发生劳务成本 120 000 元。甲公司应编制如下会计分录：

（1）实际发生劳务成本 180 000 元：

借：合同履约成本　180 000

贷：应付职工薪酬　180 000

（2）2×20 年 1 月 31 日确认劳务收入并结转劳务成本：

2×20 年 1 月 31 日确认的劳务收入 =500 000×70%-125 000=225 000（元）

借：银行存款　245 250

贷：主营业务收入　225 000

应交税费——应交增值税（销项税额）　20 250

借：主营业务成本　180 000

贷：合同履约成本　180 000

2×20 年 2 月 28 日，装修完工；乙公司验收合格，按完工进度支付价款同时支付对应的增值税税款。2×20 年 2 月，为完成该合同发生劳务成本 120 000 元（假定均为装修人员薪酬）。甲公司应编制如下会计分录：

（1）实际发生劳务成本 120 000 元：

借：合同履约成本　120 000

贷：应付职工薪酬　120 000

（2）2×20 年 2 月 28 日确认劳务收入并结转劳务成本：

2×20 年 2 月 28 日确认的劳务收入 = 500 000-125 000-225 000=150 000（元）

借：银行存款　163 500

贷：主营业务收入　150 000

应交税费——应交增值税（销项税额）　13 500

借：主营业务成本　120 000

贷：合同履约成本　120 000

【例 11-2】甲公司经营一家健身俱乐部。2×19 年 7 月 1 日，某客户与甲公司签订合同，成为甲公司的会员，并向甲公司支付会员费 3 600 元（不含税价），可在未来的 12 个月内在该俱乐部健身，且没有次数的限制。该业务适用的增值税税率为 6%。

本例中，客户在会籍期间可随时来俱乐部健身，且没有次数限制，客户已使用俱乐部健身的次数不会影响其未来继续使用的次数，甲公司在该合同下的履约义务是承诺随时准备在客户需要时为其提供健身服务，因此，该履约义务属于在某一时段内履行的履约义务，并且该履约义务在会员的会籍期间内随时间的流逝而被履行。因此，甲公司按照直线法确认收入，每月应当确认的收入为 300 元（3 600÷12）。甲公司应编制如下会计分录：

（1）2×19 年 7 月 1 日收到会员费时：

借：银行存款　　3 600

　　贷：合同负债　　3 600

本例中，客户签订合同时支付了合同对价，可在未来的 12 个月内在该俱乐部进行健身消费，且没有次数的限制。企业在向客户转让商品之前已经产生一项负债，即合同负债。

（2）2×19 年 7 月 31 日确认收入，开具增值税专用发票并收到税款时：

借：合同负债　　300

　　银行存款　　18

　　贷：主营业务收入　　300

　　　　应交税费——应交增值税（销项税额）　　18

2×19 年 8 月至 2×20 年 6 月，每月确认收入同上。

当履约进度不能合理确定时，企业已经发生的成本预计能够得到补偿的，应当按照已经发生的成本金额确认收入，直到履约进度能够合理确定为止。

11.1.2　合同收入和合同费用的确认

1. 业务概述

对于在某一时段内履行的履约义务，企业应当在该段时间内按照履约进度确认收入，但是，履约进度不能合理确定的除外。企业应当考虑商品的性质，采用产出法或投入法确定恰当的履约进度，并且在确定履约进度时，应当扣除那些控制权尚未转移给客户的商品。企业按照履约进度确认收入时，通常应当在资产负债表日按照合同的交易价格总额乘以履约进度扣除以前会计期间累计已确认的收入后的金额，确认为当期收入。

（1）产出法。产出法是根据已转移给客户的商品对于客户的价值确定履约进度，通常可采用实际测量的完工进度、评估已实现的结果、已达到的工程进度节点、时间进度、已完工或交付的产品等产出指标确定履约进度。企业在评估是否采用产出法确定履约进度时，应当考虑具体的事实和情况，并选择能够如实反映企业履约进度和向客户转移商品控制权的产出指标。当选择的产出指标无法计量控制权已转移给客户的商品时，不应采用产出法。

（2）投入法。投入法是根据企业为履行履约义务的投入确定履约进度，通常可采用投入的材料数量、花费的人工工时或机器工时、发生的成本和时间进度等投入指标确定履约进度。当企业从事的工作或发生的投入是在整个履约期间内平均发生时，企业也可以按照直线法确认收入。产出法下有关产出指标的信息有时可能无法直接观察获得，或者企业为获得这些信息需要花费很高的成本时，可能需要采用投入法来确定履约进度。

2. 账务处理

对于同一合同下属于在一时段内履行的履约义务涉及与客户结算对价的，通常情况下，企业对其已向客户转让商品而有权收取的对价金额应当确认为合同资产或应收账款，对于其已收或应收客户对价而应向客户转让商品的义务，应当按照已收或应收的金额确认合同负债。由于同一合同下的合同资产和合同负债应当以净额列示，企业也可以设置“合同结算”科目（或其他类似科目），以核算同一合同下属于在一时段内履行的履约义务涉及与客户结算对价所产生的合同资产或合同负债，并在此科目下设置“合同结算——价款结算”科目反映定期与客户进行结算的金额，设置“合同结算——收入结转”科目反映按履约进度结转的收入金额。资产负债表日，“合同结算”科目的期末余额在借方的，根据其流动性，在资产负债表中分别列示为“合同资产”或“其他非流动资产”项目；期末余额在贷方的，根据其流动性，在资产负债表中分别列示为“合同负债”或“其他非流动负债”项目。

3. 案例详解

【例 11-3】2×18年1月1日，甲公司与乙公司签订一项大型设备建造工程合同，根据双方合同，该工程的造价为6 300万元，工程期限为一年半，预计2×19年6月30日竣工，预计可能发生的总成本为4 000万元；甲公司负责工程的施工及全面管理，乙公司按照第三方工程监理公司确认的工程完工量，每半年与甲公司结算一次。假定该建造工程整体构成单项履约义务，并属于在某一时段履行的履约义务，甲公司采用已发生成本占预计总成本比例计算履约进度，增值税税率为9%，不考虑其他相关因素。

2×18年6月30日，工程累计实际发生成本1 500万元，乙公司与甲公司结算合同价款2 500万元，甲公司实际收到价款2 000万元；2×18年12月31日，工程累计实际发生成本3 000万元，乙公司与甲公司结算合同价款1 100万元，甲公司实际收到价款1 000万元；2×19年6月30日，工程累计实际发生成本4 100万元，乙公司与甲公司结算合同竣工价款2 700万元，并支付剩余工程款3 300万元。上述价款均不含增值税税额。假定甲公司与乙公司结算时即发生增值税纳税义务，乙公司在实际支付工程价款的同时支付其对应的增值税税款。甲公司的账务处理为：

（1）2×18年1月1日至2×18年6月30日实际发生工程成本时。

借：合同履约成本　　15 000 000

　贷：原材料、应付职工薪酬等　　15 000 000

（2）2×18年6月30日。

履约进度＝15 000 000÷40 000 000＝37.5%

合同收入＝63 000 000×37.5%=23 625 000（元）

借：合同结算——收入结转　　23 625 000

　贷：主营业务收入　　23 625 000

借：主营业务成本　　15 000 000

　贷：合同履约成本　　15 000 000

借：应收账款　　27 250 000

　贷：合同结算——价款结算　　25 000 000

　　应交税费——应交增值税（销项税额）　　2 250 000

借：银行存款　　20 000 000

　贷：应收账款　　20 000 000

当日，“合同结算”科目的余额为贷方 137.5（2 500−2 362.5）万元，表明甲公司已经与乙公司结算但尚未履行履约义务的金额为 137.5 万元，由于甲公司预计该部分履约义务将在 2×18 年内完成，因此，应在资产负债表中作为“合同负债”列示。

（3）2×18 年 7 月 1 日至 12 月 31 日实际发生工程成本时。

借：合同履约成本　　15 000 000

　　贷：原材料、应付职工薪酬等　　15 000 000

（4）2×18 年 12 月 31 日。

履约进度 = 30 000 000 ÷ 40 000 000 = 75%

合同收入 = 63 000 000 × 75%−23 625 000 = 23 625 000（元）

借：合同结算——收入结转　　23 625 000

　　贷：主营业务收入　　23 625 000

借：主营业务成本　　15 000 000

　　贷：合同履约成本　　15 000 000

借：应收账款　　11 990 000

　　贷：合同结算——价款结算　　11 000 000

　　　　应交税费——应交增值税（销项税额）　　990 000

借：银行存款　　10 000 000

　　贷：应收账款　　10 000 000

当日，“合同结算”科目的余额为借方 1 125（2 362.5−1 100−137.5）万元，表明甲公司已经履行履约义务但尚未与乙公司结算的金额为 1 125 万元，由于该部分金额将在 2×19 年内结算，因此，在资产负债袁中作为“合同资产”列示。

（5）2×19 年 1 月 1 日至 6 月 30 日实际发生工程成本时。

借：合同履约成本　　11 000 000

　　贷：原材料、应付职工薪酬等　　11 000 000

（6）2×19 年 6 月 30 日。

由于当日该工程已竣工决算，其履约进度为 100%。

合同收入 = 63 000 000−23 625 000−23 625 000 = 15 750 000（元）

借：合同结算——收入结转　　15 750 000

　　贷：主营业务收入　　15 750 000

借：主营业务成本　　11 000 000

　　贷：合同履约成本　　11 000 000

借：应收账款　　29 430 000

　　贷：合同结算——价款结算　　27 000 000

　　　　应交税费——应交增值税（销项税额）　　2 430 000

借：银行存款　　38 670 000

　　贷：应收账款　　38 670 000

当日，“合同结算”科目的余额为 0（1 125+1 575−2 700）万元。

11.2 机械使用费相关业务

机械使用费的分配

1. 业务概述

工程成本项目中的“机械使用费”，指建筑安装工程施工过程中使用施工机械所发生的费用（包括机上操作人员人工费，燃料、动力费，机械折旧、修理费，替换工具及部件费，润滑及擦拭材料费，安装、拆卸及辅助设施费，养路费，牌照税，使用外单位施工机械的租赁费，以及保管机械而发生的保管费等）和按照规定支付的施工机械进出场费等。

对于自有施工机械，其使用过程中发生的费用应首先按机组或单机归集计算每台班的实际成本，然后根据各个成本核算对象使用台班数，确定应计入各成本核算对象的机械使用费。进行机械作业所发生的各项费用的归集和分配通过“机械作业”科目进行核算，并按照机械设备的类别设置明细科目，按规定的成本项目归集费用。费用项目的确定通常应和机械台班预算定额的构成内容一致，以便计算出来的台班实际成本与定额相比较，费用发生记入该科目的借方。

2. 账务处理

期（月）末，企业及其内部独立核算的施工单位、机械站和运输队为本单位承包的工程进行机械化施工和运输作业的成本，应转入承包工程的成本，借记“合同履约成本”科目，贷记“机械作业”科目。对外单位、专项工程等提供机械作业（包括运输设备）的成本，借记“劳务成本”科目，贷记“机械作业”科目。

会计分录如下。

借：合同履约成本（或劳务成本）

　　贷：机械作业

3. 案例解析

【例 11-4】2×19年6月，某建筑工程公司第一工程处的一台吊车和一台铲车分别对本公司的甲、乙两处工程进行了机械作业。“机械作业——吊车机械使用费”明细科目的借方发生额为47 380元，吊车实际作业情况为甲工程132小时，乙工程68小时，见表11-3。“机械作业——铲车机械使用费”明细科目的借方发生额为60 000元，铲车实际作业情况为甲工程90小时，乙工程160小时。

请编制机械使用费分配表（见表11-1，表11-2），并进行相应的账务处理。

表 11-1　机械作业——吊车机械使用费明细账

2×19年6月

单位：元

日期		摘要	借方						贷方科目
月	日		人工费	燃料及动力费	折旧及修理费	其他直接费	间接费用	合计	
6	6	材料分配表		16 000				16 000	
6	8	修理车间转来修理费			3 500			3 500	
6	19	低值易耗品摊销表			4 600			4 600	
6	20	操作工工资	2 200					2 200	

续表

日期		摘要	借方						贷方科目
月	日		人工费	燃料及动力费	折旧及修理费	其他直接费	间接费用	合计	
6	15	安装拆卸结算单	300					300	
6	30	应由吊车承担的其他直接费用与间接费用				3 400	2 380	5 780	
6	30	本月吊车折旧			15 000			15 000	
6	30	将机械作业费用结算							47 380
		本月合计	2 500	16 000	23 100	3 400	2 380	47 380	47 380

表 11-2 机械使用费分配

2×19 年 6 月　　　　单位：元

受益对象	吊车			铲车			合计
	台班数	每台班成本	金额	台班数	每台班成本	金额	
甲工程	132	236.90	31 270.80	90	240	21 600.00	52 870.80
乙工程	68		16 109.20	160		38 400.00	54 509.20
合计	200		47 380.00	250		60 000.00	

（1）依据机械使用费分配表，对甲工程应分摊的机械使用费进行如下的账务处理。

借：合同履约成本——甲工程　52 870.8

　贷：机械作业——吊车　31 270.8

　　机械作业——铲车　21 600

（2）依据机械使用费分配表，对乙工程应分摊的机械使用费进行如下的账务处理。

借：合同履约成本——乙工程　54 509.2

　贷：机械作业——吊车　16 109.2

　　机械作业——铲车　38 400

第12章 租赁业务的会计处理

12.1 租赁业务概述

租赁，是指在一定期间内，出租人将资产的使用权让与承租人以获取对价的合同。如果合同一方让渡了在一定期间内控制一项或多项已识别资产使用的权利以换取对价，则该合同为租赁或者包含租赁。一项合同要被分类为租赁，必须要满足三要素：一是存在一定期间；二是存在已识别资产；三是资产供应方向客户转移对已识别资产使用权的控制。

但以下各项业务不适用于《企业会计准则第21号——租赁（修订）》：一是承租人通过许可使用协议取得的电影、录像、剧本、文稿等版权、专利等项目的权利，以及以出让、划拨或转让方式取得的土地使用权，适用《企业会计准则第6号——无形资产》；二是出租人授予的知识产权许可，适用《企业会计准则第14号——收入》；三是勘探或使用矿产、石油、天然气及类似不可再生资源的租赁，适用其他相关准则；四是承租人承租生物资产，适用其他相关准则；五是采用建设经营移交等方式参与公共基础设施建设、运营的特许经营权合同，适用其他相关准则和规定。

企业在进行具体会计处理时，通常依据具体情形设置以下会计科目以正确记录和反映企业发生的租赁业务。

12.1.1 承租人使用的相关会计科目

（1）“使用权资产”科目。

“使用权资产”科目用于核算承租人持有的使用权资产的原价，企业在实际运用中可按租赁资产的类别和项目进行明细核算。本科目期末借方余额，反映承租人使用权资产的原价；承租人应当在资产负债表中单独列示“使用权资产”项目。

（2）“使用权资产累计折旧”科目。

“使用权资产累计折旧”科目用于核算使用权资产的累计折旧，企业在实际运用中可按租赁资产的类别和项目进行明细核算。本科目期末贷方余额，反映使用权资产的累计折旧额。

（3）“使用权资产减值准备”科目。

“使用权资产减值准备”科目用于核算使用权资产的减值准备，企业在实际运用中可按租赁资产的类别和项目进行明细核算。在实际使用时需注意，使用权资产减值准备一旦计提，不得转回。本科目期末贷方余额，反映使用权资产的累计减值准备金额。

（4）“租赁负债”科目。

“租赁负债”科目用于核算承租人尚未支付的租赁付款额的现值，企业在实际运用中本科目可分别设置“租赁付款额”“未确认融资费用”等进行明细核算。本科目期末贷方余额，反映承租人尚未支付的租赁付款额的现值。

12.1.2 出租人使用的相关会计科目

（1）“融资租赁资产”科目。

“融资租赁资产”科目用于核算租赁企业作为出租人为开展融资租赁业务取得资产的成本。租赁业务不多的企业，也可通过“固定资产”等科目核算。租赁企业和其他企业对于融资租赁资产在未融资租赁期间的会计处理遵循固定资产准则或其他适用的会计准则。企业在实际运用中本科目可分别设置“租赁付款额”“未确认融资费用”等进行明细核算。本科目期末借方余额，反映企业融资租赁资产的成本。

（2）“应收融资租赁款”科目。

“应收融资租赁款”科目用于核算出租人融资租赁产生的租赁投资净额。本科目可分别设置“租赁收款额”“未实现融资收益”“未担保余值”等进行明细核算。租赁业务较多的，出租人还可以在“租赁收款额”明细科目下进一步设置明细科目核算。本科目的期末借方余额，反映未担保余值和尚未收到的租赁收款额的现值之和。本科目余额在“长期应收款”项目中填列，其中，自资产负债表日起一年内（含一年）到期的，在“一年内到期的非流动资产”中填列。出租业务较多的出租人，也可在“长期应收款”项目下单独列示为“其中：应收融资租赁款”。

（3）“应收融资租赁款减值准备”科目。

“应收融资租赁款减值准备”科目用于核算应收融资租赁款的减值准备，本科目期末贷方余额，反映应收融资租赁款的累计减值准备金额。

（4）“租赁收入”科目。

“租赁收入”科目用于核算租赁企业作为出租人确认的融资租赁和经营租赁的租赁收入。一般企业根据自身业务特点确定租赁收入的核算科目，如“其他业务收入”等。企业在实际运用中可按租赁资产的类别和项目进行明细核算。期末，企业应将本科目余额转入“本年利润”科目，结转后本科目无余额。对于日常经营活动为租赁的企业，其利息收入和租赁收入可以作为营业收入列报。

12.2 租赁业务账务处理

12.2.1 承租人涉及相关账务处理

1. 租赁负债的初始计量

租赁负债应当按照租赁期开始日尚未支付的租赁付款额的现值进行初始计量。识别应纳入租赁负债的相关付款项目是计量租赁负债的关键。

（1）在租赁期开始日，承租人确认租赁负债，会计分录为：

借：使用权资产（尚未支付的租赁付款额的现值）

　　租赁负债——未确认融资费用（尚未支付的租赁付款额与其现值的差额）

　　贷：租赁负债——租赁付款额（尚未支付的租赁付款额）

（2）承租人在确认租赁期内各个期间的利息时，会计分录为：

借：财务费用——利息费用

贷：租赁负债——未确认融资费用

（3）承租人支付租赁付款额时，会计分录为：

借：租赁负债——租赁付款额

贷：银行存款

2. 使用权资产的初始计量

使用权资产，是指承租人可在租赁期内使用租赁资产的权利。在租赁期开始日，承租人应当按照成本对使用权资产进行初始计量。

（1）在租赁期开始日，承租人确认使用权资产，会计分录为：

借：使用权资产（尚未支付的租赁付款额的现值）

租赁负债——未确认融资费用（尚未支付的租赁付款额与其现值的差额）

贷：租赁负债——租赁付款额（尚未支付的租赁付款额）

（2）承租人确认租赁期开始日之前支付租赁付款额的（扣除已享受的租赁激励）时，会计分录为：

借：使用权资产

贷：预付款项

（3）承租人确认发生的初始直接费用，会计分录为：

借：管理费用

贷：银行存款

（4）承租人按预计将发生的为拆卸及移除租赁资产、复原租赁资产所在场地或将租赁资产恢复至租赁条款约定状态等成本的现值，贷记“预计负债”科目。

借：使用权资产

贷：预计负债

3. 租赁负债的后续计量

（1）在租赁期开始日后，租赁负债增加时，会计分录为：

借：使用权资产（租赁付款额现值的增加额）

租赁负债——未确认融资费用（租赁付款额现值的增加额与租赁付款额的增加额差额）

贷：租赁负债——租赁付款额（租赁付款额的增加额）

（2）在租赁期开始日后，租赁负债减少时，除下述（3）所示情况，会计分录为：

借：租赁负债——租赁付款额（租赁付款额的减少额）

租赁负债——未确认融资费用（租赁付款额现值的减少额与租赁付款额的减少额差额）

贷：使用权资产（租赁付款额现值的减少额）

若使用权资产的账面价值已调减至零，会计分录为：

借：租赁负债——租赁付款额（需进一步调减的租赁付款额）

贷：营业成本/制造费用/销售费用/管理费用/研发支出等（需进一步调减的租赁付款额现值）

租赁负债——未确认融资费用（需进一步调减的租赁付款额与需进一步调减的租赁付款额现值差额）

（3）租赁变更导致租赁范围缩小或租赁期缩短，会计分录为：

借：租赁负债——租赁付款额（按缩小或缩短的相应比例）

使用权资产累计折旧（按缩小或缩短的相应比例）

使用权资产减值准备（按缩小或缩短的相应比例）

贷：租赁负债——未确认融资费用

借方与贷方差额借记或贷记“资产处置损益”科目。

4. 使用权资产的后续计量

（1）使用权资产确认折旧，会计分录为：

借：制造费用 / 管理费用 / 财务费用 / 其他业务成本等（根据使用权资产的用途，计入相关资产的成本或者当期损益）

贷：使用权资产累计折旧

（2）使用权资产发生减值，会计分录为：

借：资产减值损失

贷：使用权资产减值准备

（3）企业转租使用权资产形成融资租赁时，会计分录为：

借：应收融资租赁款

使用权资产累计折旧

使用权资产减值准备

贷：使用权资产

借方与贷方差额借记或贷记“资产处置损益”科目。

12.2.2 出租人涉及相关账务处理

出租人应当在租赁开始日将租赁分为融资租赁和经营租赁。

一项租赁属于融资租赁还是经营租赁取决于交易的实质，而不是合同的形式。如果一项租赁实质上转移了与租赁资产所有权有关的几乎全部风险和报酬，出租人应当将该项租赁分类为融资租赁。出租人应当将除融资租赁以外的其他租赁分类为经营租赁。

1. 出租人对融资租赁的初始计量

（1）出租人购入和以其他方式取得融资租赁资产时，会计分录为：

借：融资租赁资产

贷：银行存款

（2）在租赁期开始日，出租人对融资租赁确认应收融资租赁款，会计分录为：

借：应收融资租赁款——租赁收款额（尚未收到的租赁收款额）

应收融资租赁款——未担保余值（预计租赁期结束时的未担保余值）

银行存款（已经收取的租赁款）

贷：融资租赁资产（融资租赁方式租出资产的账面价值）

资产处置损益

应收融资租赁款——未实现融资收益

（3）企业认为有必要对发生的初始直接费用进行单独核算时，会计分录为：

借：应收融资租赁款——初始直接费用（发生的初始直接费用的金额）

　　贷：银行存款

借：应收融资租赁款——未实现融资收益

　　贷：应收融资租赁款——初始直接费用

（4）出租人收到租赁收款额时，会计分录为：

借：银行存款（已经收取的租赁款）

　　贷：应收融资租赁款——租赁收款额

（5）应收融资租赁款核算预期信用损失时，会计分录为：

借：信用减值损失

　　贷：应收融资租赁款减值准备

转回已计提的减值准备时，做相反的会计分录。

2. 出租人对融资租赁的后续计量

出租人在确认租赁期内各个期间的利息收入时，会计分录为：

借：应收融资租赁款——租赁收款额

　　贷：应收融资租赁款——未实现融资收益

　　　　租赁收入——利息收入/其他业务收入

3. 出租人对经营租赁的账务处理

（1）出租人确认各期租金收入时，会计分录为：

借：应收经营租赁款/其他应收款

　　贷：主营业务收入——租金收入/其他业务收入/经营租赁收入

（2）实际收到租金时，会计分录为：

借：银行存款

　　贷：应收经营租赁款/其他应收款

（3）初始直接费用和或有租金核算时，会计分录为：

借：管理费用（初始直接费用）

　　贷：银行存款等

借：财务费用（或有租金）

　　贷：银行存款等

12.3 案例解析

【例 12-1】承租人甲公司就某栋建筑物的某一层楼与出租人乙公司签订了为期10年的租赁协议，并拥有5年的续租选择权。有关资料如下：（1）初始租赁期内的不含税租金为每年50 000元，续租期间为每年55 000元，所有款项应于每年年初支付；（2）为获得该项租赁，甲公司发生的初始直接费用为20 000元，其中，15 000元为向该楼层前任租户支付的款项，5 000元为向促成此租赁交易的房地产中介支付的佣金；（3）作为对甲公司的激励，乙公司同意补偿甲公司5 000元的佣金；（4）在租赁期开始日，甲公司评估后认为，不能合理确定将行使续租选择权，因此，将租赁期确定为 10 年；（5）甲公司无法确定租赁内含利率，其增量借款利率为每年 5%，该利率反映的是甲公司以类似抵押条件借入期限为 10 年、与使用权资产等值的相同币种的借款而必须支付的利率。

为简化处理，假设不考虑相关税费影响。

分析：承租人甲公司的会计处理如下。

第一步，计算租赁期开始日租赁付款额的现值，并确认租赁负债和使用权资产。

在租赁期开始日，甲公司支付第 1 年的租金 50 000 元，并以剩余 9 年租金（每年 50 000 元）按 5% 的年利率折现后的现值计量租赁负债。计算租赁付款额现值的过程如下。

剩余 9 期租赁付款额 =50 000×9=450 000（元）

租赁负债 = 剩余 9 期租赁付款额的现值 =50 000×（*P/A*，5%，9）=355 391（元）

未确认融资费用 = 剩余 9 期租赁付款额 − 剩余 9 期租赁付款额的现值 =450 000−355 391=94 609（元）

借：使用权资产　　405 391

　　租赁负债——未确认融资费用　　94 609

　　贷：租赁负债——租赁付款额　　450 000

　　　　银行存款（第 1 年的租赁付款额）　　50 000

第二步，将初始直接费用计入使用权资产的初始成本。

借：使用权资产　　20 000

　　贷：银行存款　　20 000

第三步，将已收的租赁激励相关金额从使用权资产入账价值中扣除。

借：银行存款　　5 000

　　贷：使用权资产　　5 000

综上，甲公司使用权资产的初始成本为：405 391+20 000−5 000=420 391（元）。

【例 12-2】承租人甲公司与出租人乙公司签订了一份办公楼租赁合同，每年的租赁付款额为 50 000 元，于每年年末支付。甲公司无法确定租赁内含利率，其增量借款利率为 5%。

不可撤销租赁期为 5 年，并且合同约定在第 5 年年末，甲公司有权选择以每年 50 000 元续租 5 年，也有权选择以 1 000 000 元购买该房产。甲公司在租赁期开始时评估认为，可以合理确定将行使续租选择权，而不会行使购买选择权，因此将租赁期确定为 10 年。

分析：在租赁期开始日，甲公司确认的租赁负债和使用权资产为 386 000 元，即 50 000×（*P/A*，5%，10）=386 000 元。租赁负债将按表 12-1 所述方法进行后续计量。

表 12-1　租赁负债计算表

单位：元

年度	租赁负债年初金额	利息	租赁付款额	租赁负债年末金额
	①	②=①×5%	③	④=①+②−③
1	386 000*	19 300	50 000	355 300
2	355 300	17 765	50 000	323 065
3	323 065	16 153	50 000	289 218
4	289 218	14 461	50 000	253 679

续表

年度	租赁负债 年初金额	利息	租赁付款额	租赁负债 年末金额
	①	②=①×5%	③	④=①+②-③
5	253 679	12 684	50 000	216 363
6	216 363	10 818	50 000	177 181
7	177 181	8 859	50 000	136 040
8	136 040	6 802	50 000	92 842
9	92 842	4 642	50 000	47 484
10	47 484	2 516	50 000	—

注：*为便于计算，本题中，年金现值系数取两位小数。

在租赁期开始日，甲公司的账务处理为：

借：使用权资产　386 000

　租赁负债——未确认融资费用（500 000-386 000）　114 000

　贷：租赁负债——租赁付款额　500 000

在第4年，该房产所在地房价显著上涨，甲公司预计租赁期结束时该房产的市价为2 000 000元，甲公司在第4年年末重新评估后认为，能够合理确定将行使上述购买选择权，而不会行使上述续租选择权。该房产所在地区的房价上涨属于市场情况发生的变化，不在甲公司的可控范围内。因此，虽然该事项导致购买选择权及续租选择权的评估结果发生变化，但甲公司不需重新计量租赁负债。

在第5年年末，甲公司实际行使了购买选择权。截至该时点，使用权资产的原值为386 000元，累计折旧为193 000元（即386 000×5÷10=193 000元）；支付了第5年租赁付款额之后，租赁负债的账面价值为216 363元，其中，租赁付款额为250 000元，未确认融资费用为33 637元（即250 000-216 363=33 637元）。甲公司行使购买选择权的会计分录为：

借：固定资产——办公楼　976 637

　使用权资产累计折旧　193 000

　租赁负债——租赁付款额　250 000

　贷：使用权资产　386 000

　　租赁负债——未确认融资费用　33 637

　　银行存款　1 000 000

【例12-3】2×19年12月1日，甲公司与乙公司签订了一份租赁合同，从乙公司租入塑钢机一台。租赁合同主要条款如下。

（1）租赁资产：全新塑钢机。

（2）租赁期开始日：2×20年1月1日。

（3）租赁期：2×20年1月1日至2×25年12月31日，共72个月。

（4）固定租金支付：自2×20年1月1日，每年年末支付租金160 000元。如果甲公司能够在每年年末的最后一天及时付款，则给予减少租金10 000元的奖励。

（5）取决于指数或比率的可变租赁付款额：租赁期限内，如遇中国人民银行贷款基准利率调整时，出租人将对租赁利率做出同方向、同幅度的调整。基准利率调整日之前各期和调整日当期租金不变，从下一期租金开始按调整后的租金金额收取。

（6）租赁开始日租赁资产的公允价值：该机器在 2×19 年 12 月 31 日的公允价值为 700 000 元，账面价值为 600 000 元。

（7）初始直接费用：签订租赁合同过程中乙公司发生可归属于租赁项目的手续费、佣金 10 000 元。

（8）承租人的购买选择权：租赁期届满时，甲公司享有优惠购买该机器的选择权，购买价为 20 000 元，估计该日租赁资产的公允价值为 80 000 元。

（9）取决于租赁资产绩效的可变租赁付款额：2×21 年和 2×22 年两年，甲公司每年按该机器所生产的产品——塑钢窗户的年销售收入的 5% 向乙公司支付。

（10）承租人的终止租赁选择权：甲公司享有终止租赁选择权。在租赁期间，如果甲公司终止租赁，需支付的款项为剩余租赁期间的固定租金支付金额。

（11）担保余值和未担保余值均为 0。

（12）全新塑钢机的使用寿命为 7 年。

分析：出租人乙公司的会计处理如下。

第一步，判断租赁类型。

本例存在优惠购买选择权，优惠购买价 20 000 元远低于行使选择权日租赁资产的公允价值 80 000 元，因此在 2×19 年 12 月 31 日就可合理确定甲公司将会行使这种选择权。另外，在本例中，租赁期为 6 年，占租赁开始日租赁资产使用寿命的 86%（占租赁资产使用寿命的大部分）。同时，乙公司综合考虑其他各种情形和迹象，认为该租赁实质上转移了与该项设备所有权有关的几乎全部风险和报酬，因此将这项租赁认定为融资租赁。

第二步，确定租赁收款额。

（1）承租人的固定付款额为考虑扣除租赁激励后的金额。

（160 000−10 000）×6=900 000（元）

（2）取决于指数或比率的可变租赁付款额。

该款项在初始计量时根据租赁期开始日的指数或比率确定，因此本例题在租赁期开始日不做考虑。

（3）承租人购买选择权的行权价格。

租赁期届满时，甲公司享有优惠购买该机器的选择权，购买价为 20 000 元，估计该日租赁资产的公允价值为 80 000 元。优惠购买价 20 000 元远低于行使选择权日租赁资产的公允价值，因此在 2×19 年 12 月 31 日就可合理确定甲公司将会行使这种选择权。

结论：租赁付款额中应包括承租人购买选择权的行权价格 20 000 元。

（4）终止租赁的罚款。

虽然甲公司享有终止租赁选择权，但若终止租赁，甲公司需支付的款项为剩余租赁期间的固定租金支付金额。

结论：根据上述条款，可以合理确定甲公司不会行使终止租赁选择权。

（5）由承租人向出租人提供的担保余值：甲公司向乙公司提供的担保余值为 0 元。

综上所述租赁收款额为：900 000+20 000=920 000（元）

第三步，确认租赁投资总额。

租赁投资总额 = 在融资租赁下出租人应收的租赁收款额 + 未担保余值

本例中租赁投资总额 =920 000+0=920 000（元）

第四步，确认租赁投资净额的金额和未实现融资收益。

租赁投资净额在金额上等于租赁资产在租赁期开始日公允价值（700 000）＋出租人发生的租赁初始直接费用（10 000）=710 000 元

未实现融资收益＝租赁投资总额－租赁投资净额 =920 000-710 000=210 000（元）

第五步，计算租赁内含利率。

租赁内含利率是使租赁投资总额的现值（即租赁投资净额）等于租赁资产在租赁开始日的公允价值与出租人的初始直接费用之和的利率。

本例中列出公式 150 000×（*P/A*，*r*，6）+20 000×（*P/F*，*r*，6）=710 000，计算得到的租赁内含利率为 7.82%。

第六步，账务处理。

2×20 年 1 月 1 日。

借：应收融资租赁款——租赁收款额　　920 000

　贷：银行存款　　10 000

　　融资租赁资产　　600 000

　　资产处置损益　　100 000

　　应收融资租赁款——未实现融资收益　　210 000

若某融资租赁合同必须以收到租赁保证金为生效条件，出租人收到承租人交来的租赁保证金，借记“银行存款”，贷记“其他应收款——租赁保证金”科目。承租人到期不交租金，以保证金抵作租金时，借记“其他应收款——租赁保证金”，贷记“应收融资租赁款”科目。承租人违约，按租赁合同或协议规定没收保证金时，借记“其他应收款——租赁保证金”，贷记“营业外收入”等科目。

【例 12-4】沿用**【例 12-3】**，以下说明出租人如何确认计量租赁期内各期间的利息收入。

分析：

第一步，计算租赁期内各期利息收入，如表 12-2 所示。

表 12-2　租赁期内各期利息收入计算表

日期	租金	确认的利息收入	租赁投资净额余额
①	②	③＝期初④ ×7.82%	期末④＝期初④－②＋③
2×20 年 1 月 1 日			710 000
2×20 年 12 月 31 日	150 000	55 522	615 522
2×21 年 12 月 31 日	150 000	48 134	513 656
2×22 年 12 月 31 日	150 000	40 168	403 824
2×23 年 12 月 31 日	150 000	31 579	285 403
2×24 年 12 月 31 日	150 000	22 319	157 722
2×25 年 12 月 31 日	150 000	12 278*	20 000
2×25 年 12 月 31 日	20 000		
合计	920 000	210000	

注：* 尾数调整 12 278 = 150 000＋20 000－157 722。

第二步，会计分录如下。

2×20年12月31日收到第一期租金时。

借：银行存款　　150 000

　　贷：应收融资租赁款——租赁收款额　　150 000

借：应收融资租赁款——未实现融资收益　　55 522

　　贷：租赁收入　　55 522

2×21年12月31日收到第二期租金时。

借：银行存款　　150 000

　　贷：应收融资租赁款——租赁收款额　　150 000

借：应收融资租赁款——未实现融资收益　　48 134

　　贷：租赁收入　　48 134

第 3 部分　会计报表编制

第 13 章 企业财务会计报告

13.1　财务会计报告概述

13.1.1　财务会计报告的概念及作用

企业财务会计报告，是指企业对外提供的反映企业某一特定日期的财务状况和某一会计期间的经营成果、现金流量等会计信息的文件，是会计工作的最终产品。正确编制财务会计报告是企业会计工作的一项重要内容。

企业应定期向投资者、债权人、政府有关部门，以及其他会计报表使用者提供财务会计报告。其中，上市股份有限公司应当向证券交易机构和证券监管机构等提供财务会计报告。

企业的财务会计报告主要有以下三方面作用：

（1）是管理当局了解企业资金、成本、盈利情况及进行经营决策和计划的重要依据；

（2）是投资者和金融机构进行投资决策和贷款决策的信息来源；

（3）是财税部门监督检查企业财经纪律遵守情况和经济管理部门加强宏观调控的主要依据。

13.1.2　财务会计报告的内容

企业的财务会计报告，由会计报表和财务状况说明书等内容组成。

1. 会计报表

企业的会计报表，是根据日常会计核算资料编制，用以反映企业财务状况和经营成果的综合指标体系。会计报表按其用途，可分为向外提供的会计报表和企业内部管理需要的会计报表。

企业向外提供的会计报表，由财政部统一规定报表的格式及填制指标项目，所有的企业都必须按期编制并提供给有关部门。按照现行会计制度的规定，采用企业会计制度的企业向外提供的会计报表，有以下 5 种：

（1）资产负债表；

（2）利润表；

（3）现金流量表；

（4）所有者权益变动表；

（5）会计报表附注。

其中，会计报表附注又叫会计报表注释，它是为帮助会计报表使用者理解会计报表的内容而对报表的有关项目所做的解释。会计报表的组成见表 13-1。

资产负债表和利润表为月度会计报表，现金流量表和所有者权益变动表为年度会计报表。

企业拥有一个或一个以上子公司，并对子公司拥有控制权的，除了编制企业本身会计报表外，还应编制合并会计报表，以综合反映企业本身和由拥有控制权的子公司所形成的企业集团的经营成果、财务状况及其变动情况。企业合并会计报表包括以下内容：

（1）合并资产负债表；

（2）合并利润表；

（3）合并现金流量表；

（4）合并所有者权益变动表；

（5）合并财务报表附注。

企业内部管理需要的会计报表，由企业根据实际需要自行制定，一般包括在建开发产品成本表、已完开发产品成本表等。

2. 财务状况说明书

财务状况说明书又称财务情况说明书，是对企业的生产经营情况，利润实现分配及亏损情况，资金增减和周转情况，所有者权益（或股东权益）增减变动情况，以后年度的业务发展情况及市场分析等所做的归纳和总结。编写财务状况说明书要求行文简洁、数据充分、条理清晰。

表 13-1　会计报表的组成

会计报表的组成	含义	相关内容
资产负债表	反映企业在某一特定日期所拥有的资产、需偿还的债务以及股东（投资者）拥有的净资产情况	我国企业资产负债表采用账户式结构，左方为资产，右方为负债和所有者权益。在资产负债表中，资产项目按照流动资产和非流动资产分类列示，负债项目按照流动负债和非流动负债列示，在各类别下再按照性质分项列示。资产负债表各项目主要有按照总账科目余额、按照明细科目余额直接或分析填列、根据总账及相关备抵科目余额分析填列等方法
利润表	反映企业在一定会计期间的经营成果，即利润或亏损的情况，表明企业运用所拥有的资产的获利能力	我国企业利润表采用多步式进行编制。利润表中可反映营业利润、利润总额和净利润金额，利润表项目一般按其发生额填列
现金流量表	反映企业在一定会计期间现金和现金等价物流入和流出的情况	我国企业现金流量表采用报告式，分为经营活动产生的现金流量、投资活动产生的现金流量和筹资活动产生的现金流量三类。企业应当采用直接法编制经营活动产生的现金流量。采用直接法编制经营活动产生的现金流量时，可以采用工作底稿法或 T 型账户法，也可以根据有关科目记录分析填列
所有者权益变动表	反映构成所有者权益的各组成部分当期的增减变动情况	企业的净利润及其分配情况是所有者权益变动的组成部分，相关信息已经在所有者权益变动表及其附注中反映，企业不需要再单独编制利润分配表
附注	会计报表不可或缺的组成部分	对在资产负债表、利润表、现金流量表和所有者权益变动表等报表中列示项目的文字描述或明细资料，以及对未能在这些报表中列示项目的说明等

在实际工作中，人们往往将财务报告和会计报表混为一谈。财务报告是用于综合反映单位财务状况和经营成果的书面文件，由会计报表和财务情况说明书两大部分构成，而会计报表是财务

报告的主体组成部分。根据我国当前法规的规定，会计报表是指资产负债表、利润表、现金流量表和会计报表附注以及相关附表。

3. 会计报表的分类

会计报表可以按照不同的标准进行以下分类。

（1）按会计报表编报期间的不同，可以分为中期会计报表和年度会计报表。中期会计报表是以短于一个完整会计年度的报告期间为基础编制的会计报表，包括月报、季报和半年报等。

（2）按会计报表编报主体的不同，可以分为个别会计报表和合并会计报表。个别会计报表是由企业在自身会计核算基础上对账簿记录进行加工而编制的会计报表，它主要用以反映企业自身的财务状况、经营成果和现金流量的情况。合并会计报表是以母公司和子公司组成的企业集团为会计主体，根据母公司和所属子公司的会计报表，由母公司编制的综合反映企业集团财务状况、经营成果及现金流量的会计报表。

（3）按会计报表的服务对象不同，可以分为内部会计报表和外部会计报表。二者的作用是不同的。

会计报表的分类具体见表13-2。

表 13-2　会计报表的分类

依据	分类	具体内容	具体要求
按会计报表编报期间的不同	月报	在月份终了时编制的反映月末或当月情况的会计报表	要求简明扼要，以便及时反映各单位的主要情况和主要问题。常用的月报有资产负债表、利润表、应交增值税明细表等
	季报	在季度终了时编制的反映季末或当季情况的会计报表	所包括的会计报表一般较少
	半年报	在半年终了时编制的反映半年末或上半年情况的会计报表	要求做到全面完整，能总结上半年的经济活动
	年报	在年度终了时编制的反映年末或当年情况的会计报表	要求做到全面、完整，能总结全年的经济活动。常见的年报有利润分配表、现金流量表和主营业务收支明细表等
按会计报表编报主体的不同	个别会计报表	由独立核算的会计主体编制的，用以反映本会计主体的财务状况和经营成果的报表	—
	合并会计报表	由上级主管部门将其所属单位报送的会计报表，连同本单位会计报表汇总编制的综合性会计报表	—
按会计报表的服务对象不同	内部会计报表	适应单位内部经营管理的需要而编制的不对外公开的会计报表，如单位的成本费用明细表、存货明细表等	一般没有规范的格式，不需统一的指标体系，各单位可根据自己的情况和需要自行制定
	外部会计报表	为满足外部会计信息使用者的需要，按照国家财务、会计制度编制的会计报表，如资产负债表、利润表、现金流量表等	外部报表的种类、格式、内容及编制方法均有统一规定，任何单位不得随意增减变动

4. 会计报表的编制要求

为了保证会计报表的质量，充分发挥其作用，我国《企业会计准则》规定了编制会计报表的基本要求："会计报表应按登记完整、核对无误的账簿记录和其他有关资料编制，做到数字真实、计算准确、内容完整、报送及时。"

（1）数字真实，计算准确。

为了能够真实准确地反映企业的财务状况和经营成果，会计报表中各项目的数字必须以核对无误的账簿记录和其他资料填写，不得用预计数字、估计数字代替真实数字，更不得弄虚作假，伪造报表数字，同时还要对会计报表中各项目的金额采用正确计算方法，确保计算结果的准确；为了保证数字真实、准确，在编制会计报表时要根据程度按期结账、认真对账和进行财产清查，使会计报表所有记录准确无误。

（2）内容完整。

会计信息的内容必须全面、系统地反映出企业经营活动的全部情况，为此要求企业必须按规定的报表种类、格式和内容来进行编制，不得漏编漏报，对不同会计期间应编报的各种会计报表，都必须填列完整；同时要求企业在每种会计报表中应填写的各项指标，不论是表内项目还是表外补充资料，都必须填列齐全，对某些不便列入报表的重要资料，应在括号内说明或以附注等形式加以说明。

（3）报送及时。

如果会计信息的报告期被不适当地拖延，即使是最真实、最完整的会计报表也将失去其效用。所以，会计报表必须按照规定的期限和程序，及时编制、及时报送。

根据我国会计制度规定：月度中期财务会计报告应于月度终了后 6 天内报出；季度中期财务会计报告应于季度终了后 15 天内报出；半年度中期财务报告应于年度中期结束后 60 天内报出；年度财务会计报告应于年度终了后 4 个月内报出。法律、法规另有规定者，从其规定。

13.2 资产负债表

13.2.1 资产负债表的概念

企业的资产负债表是反映企业在某一特定日期（月末、季末、年末）财务状况的会计报表，是企业对外编报的主要报表之一。

它反映企业在某一特定日期所拥有或控制的经济资源、所承担的现时义务和所有者对净资产的要求权。资产负债表，可以提供某一日期资产的总额及其结构，表明企业拥有或控制的资源及其分布情况，从而使用者可以一目了然地从资产负债表上了解企业在某一特定日期所拥有的资产总量及其结构；可以提供某一日期的负债总额及其结构，表明企业未来需要用多少资产或劳务清偿债务以及清偿时间；可以反映所有者所拥有的权益，从而使用者可以据以判断资本保值、增值的情况以及对负债的保障程度。此外，资产负债表还可以提供进行财务分析的基本资料，如将流动资产与流动负债进行比较，计算出流动比率；将速动资产与流动负债进行比较，计算出速动比率等，可以表明企业的变现能力、偿债能力和资金周转能力，从而有助于报表使用者做出经济决策。

13.2.2 资产负债表内容与结构

在我国，资产负债表采用账户式结构，报表分为左右两方，左方列示资产各项目，反映全部资产的分布及存在形态；右方列示负债和所有者权益各项目，反映全部负债和所有者权益的内容及构成情况。资产负债表左右双方平衡，资产总计等于负债和所有者权益总计，即"资产 = 负债 + 所有者权益"。此外，为了使使用者通过比较不同时点资产负债表的数据，掌握企业财务状况的变动情况及发展趋势，企业需要提供比较资产负债表，资产负债表还就各项目再分为"上年年末余额"和"期末余额"两栏分别填列。资产负债表的具体格式如表13-3所示。

表13-3 资产负债表

会企01表

编制单位：　　　　　　　　　　年　　月　　日　　　　　　　　　　单位：元

资产	期末余额	上年年末余额	负债和所有者权益（或股东权益）	期末余额	上年年末余额
流动资产：			流动负债：		
货币资金			短期借款		
交易性金融资产			交易性金融负债		
衍生金融资产			衍生金融负债		
应收票据			应付票据		
应收账款			应付账款		
应收款项融资			预收款项		
预付款项			合同负债		
其他应收款			应付职工薪酬		
存货			应交税费		
合同资产			其他应付款		
持有待售资产			持有待售负债		
一年内到期的非流动资产			一年内到期的非流动负债		
其他流动资产			其他流动负债		
流动资产合计			流动负债合计		
非流动资产：			非流动负债：		
债权投资			长期借款		
其他债权投资			应付债券		
长期应收款			其中：优先股		
长期股权投资			永续债		
其他权益工具投资			租赁负债		
其他非流动金融资产			长期应付款		
投资性房地产			预计负债		

续表

资产	期末余额	上年年末余额	负债和所有者权益（或股东权益）	期末余额	上年年末余额
固定资产			递延收益		
在建工程			递延所得税负债		
生产性生物资产			其他非流动负债		
油气资产			非流动负债合计		
使用权资产			负债合计		
无形资产			所有者权益（或股东权益）：		
开发支出			实收资本（或股本）		
商誉			其他权益工具		
长期待摊费用			其中：优先股		
递延所得税资产			永续债		
其他非流动资产			资本公积		
非流动资产合计			减：库存股		
			其他综合收益		
			专项储备		
			盈余公积		
			未分配利润		
			所有者权益（或股东权益）合计		
资产总计			负债和所有者权益(或股东权益）总计		

资产负债表由表首、基本部分和补充资料三部分组成。

1. 表首

表首是报表的基本标志，列有报表名称、编制单位、报表编号、编报日期和金额单位等项目。由于资产负债表是反映期末资金静态的报表，所以编报的日期应填写报告期末最后一天的日期。

2. 基本部分

基本部分是资产负债表的主体，分为左、右两方。

（1）资产负债表的左方。左方的项目分为以下两大类。

①流动资产。包括货币资金、交易性金融资产、衍生金融资产、应收票据、应收账款、预付款项、其他应收款、存货、合同资产、一年内到期的非流动资产和其他流动资产等项目。

②非流动资产。包括债权投资、其他债权投资、其他权益工具投资、投资性房地产、长期股权投资、长期应收款、固定资产、在建工程、生产性生物资产、油气资产、无形资产、商誉、长期待摊费用、递延所得税资产和其他非流动资产等项目。

上述项目，是根据资产变现能力的顺序排列的。货币资金中的库存现金和银行存款排在首位，之后是变现能力较强，在一年内或一个营业周期内可以变现的各种流动资产。长期股权投资、固定资产、无形资产及其他资产等非流动资产不容易变为现金，排在后面。按变现能力先后排列资产项目，可以反映企业的支付能力，与右方项目联系起来，可以看出企业的偿债能力。

（2）资产负债表的右方。右方的项目分为如下三大类。

①流动负债。包括短期借款、交易性金融负债、衍生金融负债、应付票据、应付账款、预收款项、合同负债、应付职工薪酬、应交税费、其他应付款、持有待售负债、一年内到期的非流动负债、其他流动负债等项目。

②非流动负债。包括长期借款、应付债券、长期应付款、预计负债、递延收益、递延所得税负债和其他非流动负债等项目。

③所有者权益（或股东权益）。包括实收资本（或股本）、其他权益工具、资本公积、盈余公积、未分配利润等项目。

右方项目是按照需要偿还的先后顺序排列的。短期借款等需要在一年内或一个营业周期内偿还的流动负债排列在上面，在一年以上或一个营业周期以上才需要偿还的非流动负债排在中间，在企业解散之前不需要偿还的所有者权益排在下面。按需要偿还的先后顺序排列，可以反映企业各种债务需要偿还的时间，联系该表的左方，可以看出企业的偿债能力。

3. 补充资料

补充资料，也是资产负债表的重要组成部分，列示在资产负债表的下端。补充资料所提供的是使用者需要了解，但在基本部分中无法反映或难以单独反映的一些资料。

13.2.3 资产负债表的填列方法

（一）资产负债表项目的填列方法

资产负债表各项目均需填列“上年年末余额”和“期末余额”两栏。

1. 资产负债表“期末余额”栏的填列方法

资产负债表的“期末余额”栏主要有以下几种填列方法。

（1）根据总账科目余额填列。如“短期借款”“资本公积”等项目，根据“短期借款”“资本公积”各总账科目的余额直接填列；有些项目则需根据几个总账科目的期末余额计算填列，如“货币资金”项目，需根据“库存现金”“银行存款”“其他货币资金”三个总账科目的期末余额的合计数填列。

（2）根据明细账科目余额计算填列。如“预付款项”项目，需要根据“应付账款”科目借方余额和“预付账款”科目借方余额减去与“预付账款”有关的坏账准备贷方余额计算填列；“预收款项”项目，需要根据“应收账款”科目贷方余额和“预收账款”科目贷方余额计算填列；“开发支出”项目，需要根据“研发支出”科目中所属的“资本化支出”明细科目期末余额计算填列；“应付职工薪酬”项目，需要根据“应付职工薪酬”科目的明细科目期末余额计算填列；“一年内到期的非流动资产”“一年内到期的非流动负债”项目，需要根据有关非流动资产和非流动负债项目的明细科目余额计算填列；“未分配利润”项目，需要根据“利润分配”科目中所属的“未分配利润”明细科目期末余额填列。

（3）根据总账科目和明细账科目余额分析计算填列。如“长期借款”项目，需要根据“长期借款”总账科目余额扣除“长期借款”科目所属的明细科目中将在一年内到期且企业不能自主地将清偿义务展期的长期借款后的金额计算填列；“其他非流动资产”项目，应根据有关科目的期末余额减去将于一年内（含一年）收回数后的金额计算填列；“其他非流动负债”项目，应根据有关科目的期末余额减去将于一年内（含一年）到期偿还数后的金额计算填列。

（4）根据有关科目余额减去其备抵科目余额后的净额填列。如资产负债表中“长期股权投资”“在建工程”等项目，应当根据“应收票据”“应收账款”“长期股权投资”“在建工程”等科目的期末余额，减去“坏账准备”“长期股权投资减值准备”“在建工程减值准备”等备抵科目余额后的净额填列；“投资性房地产”“固定资产”项目，应当根据“投资性房地产”“固定资产”科目的期末余额，减去“投资性房地产累计折旧”“投资性房地产减值准备”“累计折旧”“固定资产减值准备”等备抵科目的期末余额，以及“固定资产清理”科目期末余额后的净额填列；“无形资产”项目，应当根据“无形资产”科目的期末余额，减去“累计摊销”“无形资产减值准备”等备抵科目余额后的净额填列。

（5）综合运用上述填列方法分析填列。如资产负债表中的“存货”项目，需要根据“原材料”“库存商品”“委托加工物资”“周转材料”“材料采购”“在途物资”“发出商品”“材料成本差异”等总账科目期末余额的分析汇总数，再减去“存货跌价准备”科目余额后的净额填列。

2. 资产负债表“上年年末余额”栏的填列方法

本表中的“上年年末余额”栏通常根据上年末有关项目的期末余额填列，且与上年年末资产负债表“期末余额”栏相一致。如果企业发生了会计政策变更、前期差错更正，应当对“上年年末余额”栏中的有关项目进行相应调整。如果企业上年度资产负债表规定的项目名称和内容与本年度的不一致，应当对上年年末资产负债表相关项目的名称和数字按照本年度的规定进行调整，填入“上年年末余额”栏。

（二）资产负债表项目的填列说明

（1）“货币资金”项目，反映企业库存现金、银行结算户存款、外埠存款、银行汇票存款、银行本票存款、信用卡存款、信用证保证金存款等的合计数。本项目应根据“库存现金”“银行存款”“其他货币资金”科目期末余额的合计数填列。

（2）“交易性金融资产”项目，反映资产负债表日企业分类为以公允价值计量且其变动计入当期损益的金融资产，以及企业持有的指定为以公允价值计量且其变动计入当期损益的金融资产的期末账面价值。该项目应根据“交易性金融资产”科目的相关明细科目的期末余额分析填列。自资产负债表日起超过一年到期且预期持有超过一年的以公允价值计量且其变动计入当期损益的非流动金融资产的期末账面价值，在“其他非流动金融资产”项目中反映。

（3）“应收票据”项目，反映资产负债表日以摊余成本计量的，企业因销售商品、提供服务等收到的商业汇票，包括银行承兑汇票和商业承兑汇票。该项目应根据“应收票据”科目的期末余额，减去“坏账准备”科目中相关坏账准备期末余额后的金额分析填列。

（4）“应收账款”项目，反映资产负债表日以摊余成本计量的，企业因销售商品、提供服务等经营活动应收取的款项。该项目应根据“应收账款”科目的期末余额，减去“坏账准备”科目中相关坏账准备期末余额后的金额分析填列。

（5）“应收款项融资”项目，反映资产负债表日以公允价值计量且其变动计入其他综合收益的应收票据和应收账款等。

（6）“预付款项”项目，反映企业按照购货合同规定预付给供应单位的款项等。本项目应根据“预付账款”和“应付账款”科目所属各明细科目的期末借方余额合计数，减去“坏账准备”科目中有关预付款项计提的坏账准备期末余额后的金额填列。如“预付账款”科目所属明细科目期末有贷方余额，应在资产负债表“应付账款”项目内填列。

（7）“其他应收款”项目，应根据“应收利息”“应收股利”“其他应收款”科目的期末余额合计数，减去“坏账准备”科目中相关坏账准备期末余额后的金额填列。其中的“应收利息”仅反映相关金融工具已到期可收取但于资产负债表日尚未收到的利息。基于实际利率法计提的金融工具的利息应包含在相应金融工具的账面余额中。

（8）“存货”项目，反映企业期末各种存货的可变现净值。房地产开发企业的存货是指企业在日常活动中持有的以备出售的开发产品，处在开发过程中的在建开发产品、在开发过程或提供劳务过程中耗用的材料、物资、设备等。房地产开发企业的存货主要包括各类材料、库存设备、低值易耗品、委托加工物资、在建开发产品、已完工待售开发产品、周围房等。存货属于企业的流动资产。

（9）“持有待售资产”项目，反映资产负债表日划分为持有待售类别的非流动资产及划分为持有待售类别的处置组中的流动资产和非流动资产的期末账面价值。该项目应根据“持有待售资产”科目的期末余额，减去“持有待售资产减值准备”科目的期末余额后的金额填列。

（10）“一年内到期的非流动资产”项目，通常反映预计自资产负债表日起一年内变现的非流动资产。对于按照相关会计准则采用折旧（或摊销、折耗）方法进行后续计量的固定资产、使用权资产、无形资产和长期待摊费用等非流动资产，折旧（或摊销、折耗）年限（或期限）只剩一年或不足一年的，或预计在一年内（含一年）进行折旧（或摊销、折耗）的部分，不得归类为流动资产，仍在该非流动资产项目中填列，不转入“一年内到期的非流动资产”项目。

（11）“债权投资”项目，反映资产负债表日企业以摊余成本计量的长期债权投资的期末账面价值。该项目应根据“债权投资”科目的相关明细科目期末余额，减去“债权投资减值准备”科目中相关减值准备的期末余额后的金额分析填列。自资产负债表日起一年内到期的长期债权投资的期末账面价值，在“一年内到期的非流动资产”项目反映。企业购入的以摊余成本计量的一年内到期的债权投资的期末账面价值，在“其他流动资产”项目反映。

（12）“其他债权投资”项目，反映资产负债表日企业分类为以公允价值计量且其变动计入其他综合收益的长期债权投资的期末账面价值。该项目应根据“其他债权投资”科目的相关明细科目的期末余额分析填列。自资产负债表日起一年内到期的长期债权投资的期末账面价值，在“一年内到期的非流动资产”项目中反映。企业购入的以公允价值计量且其变动计入其他综合收益的一年内到期的债权投资的期末账面价值，在“其他流动资产”项目反映。

（13）“长期股权投资”项目，反映企业持有的对子公司、联营企业和合营企业的长期股权投资。本项目应根据“长期股权投资”科目的期末余额，减去“长期股权投资减值准备”科目的期末余额后的金额填列。

（14）“其他权益工具投资”项目，反映资产负债表日企业指定为以公允价值计量且其变动计入其他综合收益的非交易性权益工具投资的期末账面价值。该项目应根据“其他权益工具投资”科目的期末余额填列。

（15）“固定资产”项目，反映资产负债表日企业固定资产的期末账面价值和企业尚未清理完毕的固定资产清理净损益。该项目应根据“固定资产”科目的期末余额，减去“累计折旧”和“固定资产减值准备”科目的期末余额后的金额，以及“固定资产清理”科目的期末余额填列。

（16）“在建工程”项目，反映资产负债表日企业尚未达到预定可使用状态的在建工程的期末账面价值和企业为在建工程准备的各种物资的期末账面价值。该项目应根据“在建工程”科目的期末余额，减去“在建工程减值准备”科目的期末余额后的金额，以及“工程物资”科目的期末余额，减去“工程物资减值准备”科目的期末余额后的金额填列。

（17）“使用权资产”项目，反映资产负债表日承租人持有的使用权资产的期末账面价值。该项目应根据“使用权资产”科目的期末余额，减去“使用权资产累计折旧”和“使用权资产减值准备”科目的期末余额后的金额填列。

（18）“无形资产”项目，反映企业持有的无形资产，包括专利权、非专利技术、商标权、著作权、土地使用权等。本项目应根据“无形资产”科目的期末余额，减去“累计摊销”和“无形资产减值准备”科目期末余额后的金额填列。

（19）“开发支出”项目，反映企业开发无形资产过程中能够资本化形成无形资产成本的支出部分。本项目应当根据“研发支出”科目中所属的“资本化支出”明细科目期末余额填列。

（20）“长期待摊费用”项目，反映企业已经发生但应由本期和以后各期负担的分摊期限在一年以上的各项费用。长期待摊费用中在一年内（含一年）摊销的部分，在资产负债表“一年内到期的非流动资产”项目填列。本项目应根据“长期待摊费用”科目的期末余额减去将于一年内（含一年）摊销的数额后的金额填列。

（21）“其他非流动资产”项目，反映企业除长期股权投资、固定资产、在建工程、工程物资、无形资产等以外的其他非流动资产。本项目应根据有关科目的期末余额填列。

（22）“短期借款”项目，反映企业向银行或其他金融机构等借入的期限在一年以内（含一年）的各种借款。本项目应根据“短期借款”科目的期末余额填列。

（23）“交易性金融负债”项目，反映资产负债表日企业承担的交易性金融负债，以及企业持有的指定为以公允价值计量且其变动计入当期损益的金融负债的期末账面价值。该项目应根据“交易性金融负债”科目的相关明细科目的期末余额填列。

（24）“应付票据”项目，反映资产负债表日以摊余成本计量的，企业因购买材料、商品和接受服务等开出、承兑的商业汇票，包括银行承兑汇票和商业承兑汇票。该项目应根据“应付票据”科目的期末余额填列。

（25）“应付账款”项目，反映资产负债表日以摊余成本计量的，企业因购买材料、商品和接受服务等经营活动应支付的款项。该项目应根据“应付账款”和“预付账款”科目所属的相关明细科目的期末贷方余额合计数填列。

（26）“预收款项”项目，核算企业按照合同规定或交易双方之约定，而向购买单位或接受劳务的单位在未发出商品或提供劳务时预收的款项。本项目应根据“预收账款”和“应收账款”科目所属各明细科目的期末贷方余额合计数填列。如“预收账款”科目所属明细科目期末有借方余额，应在资产负债表“应收账款”项目内填列。

（27）“应付职工薪酬”项目，反映企业根据有关规定应付给职工的工资、职工福利、社会保险费、住房公积金、工会经费、职工教育经费、非货币性福利、辞退福利等各种薪酬。外商投资企业按规定从净利润中提取的职工奖励及福利基金，也在本项目中列示。

（28）“应交税费”项目，反映企业按照税法规定计算应缴纳的各种税费，包括增值税、消费税、所得税、资源税、土地增值税、城市维护建设税、房产税、土地使用税、车船税、教育费附加、矿产资源补偿费等。企业代扣代缴的个人所得税，也通过本项目列示。企业所缴纳的税金，如印花税、耕地占用税等不需要预计应交数的，不在本项目中列示。本项目应根据“应交税费”科目的期末贷方余额填列；如“应交税费”科目期末为借方余额，应以“-”号填列。

（29）“其他应付款”项目，应根据“应付利息”“应付股利”“其他应付款”科目的期末余额合计数填列。其中的“应付利息”仅反映相关金融工具已到期应支付但于资产负债表日尚未支付的利息。基于实际利率法计提的金融工具的利息应包含在相应金融工具的账面余额中。

（30）“持有待售负债”项目，反映资产负债表日处置组中与划分为持有待售类别的资产直接相关的负债的期末账面价值。该项目应根据“持有待售负债”科目的期末余额填列。

（31）“一年内到期的非流动负债”项目，反映企业非流动负债中将于资产负债表日后一年内到期部分的金额，如将于一年内偿还的长期借款。本项目应根据有关科目的期末余额填列。

（32）“长期借款”项目，反映企业向银行或其他金融机构借入的期限在一年以上（不含一年）的各项借款。本项目应根据“长期借款”科目的期末余额填列。

（33）“应付债券”项目，反映企业为筹集长期资金而发行的债券本金和利息。本项目应根据“应付债券”科目的期末余额填列。

（34）“租赁负债”项目，反映资产负债表日承租人尚未支付的租赁付款额的期末账面价值。该项目应根据“租赁负债”科目的期末余额填列。自资产负债表日起一年内到期应予以清偿的租赁负债的期末账面价值，在“一年内到期的非流动负债”项目中反映。

（35）“长期应付款”项目，反映资产负债表日企业除长期借款和应付债券以外的其他各种长期应付款项的期末账面价值。该项目应根据“长期应付款”科目的期末余额，减去相关的“未确认融资费用”科目的期末余额后的金额，以及“专项应付款”科目的期末余额填列。

（36）“递延收益”项目中摊销期限只剩一年或不足一年的，或预计在一年内（含一年）进行摊销的部分，不得归类为流动负债，仍在该项目中填列，不转入“一年内到期的非流动负债”项目。

（37）“其他非流动负债”项目，反映企业除长期借款、应付债券等项目以外的其他非流动负债。

本项目应根据有关科目期末余额减去将于一年内（含一年）到期偿还数后的余额填列。非流动负债各项目中将于一年内（含一年）到期的非流动负债，应在“一年内到期的非流动负债”项目内单独反映。

（38）“合同资产”和“合同负债”项目。企业应按照《企业会计准则第 14 号——收入》（财会〔2017〕22 号）的相关规定，根据本企业履行履约义务与客户付款之间的关系在资产负债表中列示合同资产或合同负债。“合同资产”项目、“合同负债”项目，应分别根据“合同资产”科目、“合同负债”科目的相关明细科目的期末余额分析填列。同一合同下的合同资产和合同负债应当以净额列示，其中净额为借方余额的，应当根据其流动性在“合同资产”或“其他非流动资产”项目中填列，已计提减值准备的，还应减去“合同资产减值准备”科目中相关的期末余额后的金额填列；其中净额为贷方余额的，应当根据其流动性在“合同负债”或“其他非流动负债”项目中填列。

由于同一合同下的合同资产和合同负债应当以净额列示，企业也可以设置“合同结算”科目（或其他类似科目），以核算同一合同下属于在某一时段内履行履约义务涉及与客户结算对价的合同资产或合同负债，并在此科目下设置“合同结算——价款结算”科目反映定期与客户进行结算的金额，设置“合同结算——收入结转”科目反映按履约进度结转的收入金额。资产负债表日，“合同结算”科目的期末余额在借方的，根据其流动性在“合同资产”或“其他非流动资产”项目中填列；期末余额在贷方的，根据其流动性在“合同负债”或“其他非流动负债”项目中填列。

（39）按照《企业会计准则第 14 号——收入》（财会〔2017〕22 号）的相关规定确认为资产的合同取得成本，应当根据“合同取得成本”科目的明细科目初始确认时摊销期限是否超过一年或一个正常营业周期，在“其他流动资产”或“其他非流动资产”项目中填列，已计提减值准备的，还应减去“合同取得成本减值准备”科目中相关的期末余额后的金额填列。

（40）按照《企业会计准则第 14 号——收入》（财会〔2017〕22 号）的相关规定确认为资产的合同履约成本，应当根据“合同履约成本”科目的明细科目初始确认时摊销期限是否超过一年或一个正常营业周期，在“存货”或“其他非流动资产”项目中填列，已计提减值准备的，还应减去“合同履约成本减值准备”科目中相关的期末余额后的金额填列。

（41）按照《企业会计准则第 14 号——收入》（财会〔2017〕22 号）的相关规定确认为资产的应收退货成本，应当根据“应收退货成本”科目是否在一年或一个正常营业周期内出售，在“其他流动资产”或“其他非流动资产”项目中填列。

（42）按照《企业会计准则第 14 号——收入》（财会〔2017〕22 号）的相关规定确认为预计负债的应付退货款，应当根据“预计负债”科目下的“应付退货款”明细科目是否在一年或一个正常营业周期内清偿，在“其他流动负债”或“预计负债”项目中填列。

（43）企业按照《企业会计准则第 22 号——金融工具确认和计量》（财会〔2017〕7 号）的相关规定对贷款承诺、财务担保合同等项目计提的损失准备，应当在“预计负债”项目中填列。

（44）“实收资本（或股本）”项目，反映企业各投资者实际投入的资本（或股本）总额。本项目应根据“实收资本（或股本）”科目的期末余额填列。

（45）“其他权益工具”项目，反映资产负债表日企业发行在外的除普通股以外分类为权益工具的金融工具的期末账面价值。对于资产负债表日企业发行的金融工具，分类为金融负债的，应在“应付债券”项目中填列，对于优先股和永续债，还应在“应付债券”项目下的“优先股”项目和“永续债”项目分别填列；分类为权益工具的，应在“其他权益工具”项目填列，对于优先股和永续债，还应在“其他权益工具”项目下的“优先股”项目和“永续债”项目分别填列。

（46）“资本公积”项目，反映企业资本公积的期末余额。本项目应根据“资本公积”科目的期末余额填列。

（47）“专项储备”项目，反映高危行业企业按国家规定提取的安全生产费的期末账面价值。该项目应根据“专项储备”科目的期末余额填列。

（48）“盈余公积”项目，反映企业盈余公积的期末余额。本项目应根据“盈余公积”科目的期末余额填列。

（49）“未分配利润”项目，反映企业尚未分配的利润。本项目应根据“本年利润”科目和“利润分配”科目的余额计算填列。未弥补的亏损在本项目内以“-”号填列。

13.2.4 资产负债表填制示例

【例13-1】文正股份有限公司2×19年12月31日的资产负债表（上年年末余额略）及2×20年12月31日的科目余额表分别见表13-4和表13-5。假设该公司2×20年度除计提固定资产减值准备导致固定资产账面价值与其计税基础存在可抵扣暂时性差异外，其他资产和负债项目的账面价值均等于其计税基础。

假定该公司未来很可能获得足够的应纳税所得额用来抵扣可抵扣暂时性差异，适用的所得税税率为25%。根据上述资料编制该公司2×20年12月31日的资产负债表（见表13-6）。

表13-4 资产负债表

会企01表

编制单位：文正股份有限公司　　日期：2×19年12月31日　　单位：元

资产	期末余额	上年年末余额（略）	负债和所有者权益（或股东权益）	期末余额	上年年末余额（略）
流动资产：			流动负债：		
货币资金	1 406 300		短期借款	300 000	
交易性金融资产	15 000		交易性金融负债	0	
衍生金融资产	0		衍生金融负债	0	
应收票据	246 000		应付票据	200 000	
应收账款	299 100		应付账款	953 800	
应收款项融资	0		预收款项	500 000	
预付款项	100 000		合同负债	0	
其他应收款	5 000		应付职工薪酬	110 000	
存货	2 580 000		应交税费	36 600	
合同资产	0		其他应付款	500 000	
持有待售资产	0		持有待售负债	0	

续表

资产	期末余额	上年年末余额（略）	负债和所有者权益（或股东权益）	期末余额	上年年末余额（略）
一年内到期的非流动资产	0		一年内到期的非流动负债	51 000	
其他流动资产	100 000		其他流动负债	0	
流动资产合计	4 751 400		流动负债合计	2 651 400	
非流动资产：			非流动负债：		
债券投资	0		长期借款	600 000	
其他债券投资	0		应付债券	0	
长期应收款	0		其中：优先股	0	
长期股权投资	250 000		永续债	0	
其他权益工具投资	0		租赁负债	0	
其他非流动金融资产	0		长期应付款	0	
投资性房地产	0		预计负债	0	
固定资产	1 100 000		递延收益	0	
在建工程	1 500 000		递延所得税负债	0	
生产性生物资产	0		其他非流动负债	0	
油气资产	0		非流动负债合计	600 000	
使用权资产	0		负债合计	3 251 400	
无形资产	600 000		所有者权益（或股东权益）：		
开发支出	0		实收资本（或股本）	5 000 000	
商誉	0		其他权益工具	0	
长期待摊费用	0		其中：优先股	0	
递延所得税资产	0		永续债	0	
其他非流动资产	200 000		资本公积	0	
非流动资产合计	3 650 000		减：库存股	0	
			其他综合收益	0	
			专项储备	0	
			盈余公积	100 000	
			未分配利润	50 000	
			所有者权益（或股东权益）合计	5 150 000	
资产总计	8 401 400		负债和股东权益总计	8 401 400	

表 13-5 科目余额表

单位：元

科目名称	借方余额	科目名称	贷方余额
库存现金	126 566.75	短期借款	50 000
银行存款	344 943.25	应付票据	100 000
其他货币资金	240 690	应付账款	603 800
交易性金融资产	0	应付股利	100 000
应收票据	46 000	预收账款	350 000
应收账款	600 100	其他应付款	50 000
坏账准备	1 600	应付职工薪酬	180 000
预付账款	100 000	应交税费	100 000
其他应收款	5 000	应付利息	0
材料采购	305 000	一年内到期的长期负债	0
原材料	732 000	长期借款	1 160 000
周转材料	230 000	股本	5 000 000
库存商品	1 287 700	盈余公积	166 621.10
材料成本差异	20 000	利润分配（未分配利润）	108 037.15
其他流动资产	7 125		
长期股权投资	250 000		
固定资产	2 401 000		
累计折旧	−140 000		
固定资产减值准备	−30 000		
工程物资	100 000		
在建工程	603 933.25		
无形资产	600 000		
累计摊销	−30 000		
递延所得税资产	7 500		
其他长期资产	162 500		
合计	7 968 458.25	合计	7 968 458.25

表 13-6 资产负债表

会企 01 表

编制单位：文正股份有限公司　　日期：2×20 年 12 月 31 日　　单位：元

资产	期末余额	上年年末余额	负债和所有者权益（或股东权益）	期末余额	上年年末余额
流动资产：			流动负债：		
货币资金	712 200	1 406 300	短期借款	50 000	300 000
交易性金融资产	0	15 000	交易性金融负债	0	0
衍生金融资产	0	0	衍生金融负债	0	0
应收票据	46 000	246 000	应付票据	100 000	200 000
应收账款	598 500	299 100	应付账款	603 800	953 800
应收款项融资	0	0	预收款项	350 000	500 000
预付款项	100 000	100 000	合同负债	0	0
其他应收款	5 000	5 000	应付职工薪酬	180 000	110 000
存货	2 574 700	2 580 000	应交税费	100 000	36 600
合同资产	0	0	其他应付款	150 000	500 000
持有待售资产	0	0	持有待售负债	0	0
一年内到期的非流动资产	0	0	一年内到期的非流动负债	0	510 000
其他流动资产	7 125	100 000	其他流动负债	0	0
流动资产合计	4 043 525	4 751 400	流动负债合计	1 533 800	2 651 400
非流动资产：			非流动负债：		
债券投资	0	0	长期借款	1 160 000	600 000
其他债券投资	0	0	应付债券	0	0
长期应收款	0	0	其中：优先股	0	0
长期股权投资	250 000	250 000	永续债	0	0
其他权益工具投资	0	0	租赁负债	0	0
其他非流动金融资产	0	0	长期应付款	0	0
投资性房地产	0	0	预计负债	0	0
固定资产	2 231 000	1 100 000	递延收益	0	0
在建工程	703 933.25	1 500 000	递延所得税负债	0	0
生产性生物资产	0	0	其他非流动负债	0	0
油气资产	0	0	非流动负债合计	1 160 000	600 000
使用权资产	0	0	负债合计	2 693 800	3 251 400

续表

资产	期末余额	上年年末余额	负债和所有者权益（或股东权益）	期末余额	上年年末余额
无形资产	570 000	600 000	所有者权益（或股东权益）：		
开发支出	0	0	实收资本（或股本）	5 000 000	5 000 000
商誉	0	0	其他权益工具	0	0
长期待摊费用	0	0	其中：优先股	0	0
递延所得税资产	7 500	0	永续债	0	0
其他非流动资产	162 500	200 000	资本公积	0	0
非流动资产合计	3 924 933.25	3 650 000	减：库存股	0	0
			其他综合收益	0	0
			专项储备	0	0
			盈余公积	166 621.1	100 000
			未分配利润	108 037.15	50 000
			所有者权益（或股东权益）合计	5 274 658.25	5 150 000
资产总计	7 968 458.25	8 401 400	负债和股东权益总计	7 968 458.25	8 401 400

13.3 利润表

13.3.1 利润表的内容

利润表是反映企业在一定会计期间的经营成果的会计报表。利润表的列报必须充分反映企业经营业绩的主要来源和构成。利润表所反映的是企业某一期间的收入、费用，以及利润的实现和构成的情况，因此利润表是一张动态报表，是企业会计报表中的重要报表之一。

利润表，可以反映企业一定会计期间的收入实现情况，如实现的营业收入有多少、实现的投资收益有多少以及实现的营业外收入有多少等；可以反映一定会计期间的费用耗费情况，如耗费的营业成本有多少，税费有多少，销售费用、管理费用、财务费用各有多少，营业外支出有多少等；还可以反映企业生产经营活动的成果，即净利润的实现情况，据以判断资本保值、增值情况。将利润表中的信息与资产负债表中的信息相结合，还可以提供进行财务分析的基本资料，如将赊销收入净额与应收账款平均余额进行比较，计算出应收账款周转率；将销货成本与存货平均余额进行比较，计算出存货周转率；将净利润与资产总额进行比较，计算出资产收益率等。可以表现企业资金周转情况以及企业的盈利能力和水平，便于报表使用者判断企业未来的发展趋势，做出经济决策。利润表的具体格式如表13-7所示。

表 13-7 利润表格式

会企 02 表

编制单位： 年 月 单位：元

项目	本期金额	上期金额
一、营业收入		
减：营业成本		
税金及附加		
销售费用		
管理费用		
研发费用		
财务费用		
其中：利息费用		
利息收入		
加：其他收益		
投资收益（损失以“–”号填列）		
其中：对联营企业和合营企业的投资收益		
以摊余成本计量的金融资产终止确认收益（损失以“–”号填列）		
净敞口套期收益（损失以“–”号填列）		
公允价值变动收益（损失以“–”号填列）		
信用减值损失（损失以“–”号填列）		
资产减值损失（损失以“–”号填列）		
资产处置收益（损失以“–”号填列）		
二、营业利润（亏损以“–”号填列）		
加：营业外收入		
减：营业外支出		
三、利润总额（亏损总额以“–”号填列）		
减：所得税费用		
四、净利润（净亏损以“–”号填列）		
（一）持续经营净利润（净亏损以“–”号填列）		
（二）终止经营净利润（净亏损以“–”号填列）		
五、其他综合收益的税后净额		
（一）不能重分类进损益的其他综合收益		
1. 重新计量设定受益计划变动额		
2. 权益法下不能转损益的其他综合收益		

续表

项目	本期金额	上期金额
3. 其他权益工具投资公允价值变动		
4. 企业自身信用风险公允价值变动		
……		
（二）将重分类进损益的其他综合收益		
1. 权益法下可转损益的其他综合收益		
2. 其他债券投资公允价值变动		
3. 金融资产重分类计入其他综合收益的金额		
4. 其他债券投资信用减值准备		
5. 现金流量套期储备		
6. 外币财务报表折算差额		
……		
六、综合收益总额		
七、每股收益		
（一）基本每股收益		
（二）稀释每股收益		

13.3.2 利润表的作用

企业编制利润表的作用主要有以下几个方面：

（1）可用来反映企业一定时期内利润（或亏损）的实现情况，以了解企业的获利能力；

（2）可用来分析企业利润增减变化的原因，评价企业的经营业绩，有助于投资者、债权人做出正确的决策；

（3）可用来考核企业利润计划的执行结果，挖掘潜力，改善经营，以便不断提高经济效益。

13.3.3 利润表的结构

常见的利润表结构主要有单步式和多步式两种。在我国，企业利润表采用的基本上是多步式结构，即通过对当期的收入、费用、支出项目按性质加以归类，按利润形成的主要环节列示一些中间性利润指标，分步计算当期损益。

利润表主要反映以下几方面的内容：

（1）营业收入 = 主营业务收入 + 其他业务收入；

（2）营业利润 = 营业收入 − 营业成本（主营业务成本和其他业务成本）− 税金及附加 − 销售费用 − 管理费用 − 研发费用 − 财务费用 − 资产减值损失 − 信用减值损失 + 其他收益 + 投资收益 + 公允价值变动收益 + 资产处置收益；

（3）利润总额 = 营业利润 + 营业外收入 − 营业外支出；

（4）净利润 = 利润总额 − 所得税费用；

（5）每股收益，普通股或潜在普通股已公开交易的企业，以及正处于公开发行普通股或潜在普通股过程中的企业，还应当在利润表中列示每股收益信息，包括基本每股收益和稀释每股收益两项指标。

此外，为了使报表使用者通过比较不同期间利润的实现情况，判断企业经营成果的未来发展趋势，企业需要提供比较利润表，利润表还需就各项目再分为“本期金额”和“上期金额”两栏分别填列。

13.3.4 利润表的填列方法

1. 反映内容

利润表反映企业在一定期间内利润（亏损）的实现情况。

2. 上年金额

利润表“上期金额”栏内各项数字，应根据上年度利润表“本期金额”栏内所列数字填列。如果上年度利润表规定的各个项目的名称和内容与本年度的不一致，应对上年度利润表各项目的名称和数字按本年度的规定进行调整，填入本年度利润表“上期金额”栏内。

3. 本年金额

利润表“本期金额”栏内各项数字一般应反映以下内容。

（1）“营业收入”项目，反映企业经营主要业务和其他业务所确认的收入总额，该项目根据“主营业务收入”和“其他业务收入”科目的发生额分析填列。

（2）“营业成本”项目，反映企业经营主要业务和其他业务所发生的成本总额，该项目根据“主营业务成本”和“其他业务成本”科目的发生额分析填列。

（3）“税金及附加”项目，反映企业经营业务应负担的消费税、城市维护建设税、资源税、土地增值税和教育费附加等，该项目根据“税金及附加”科目的发生额分析填列。

（4）“销售费用”项目，反映企业在销售商品过程中发生的包装费、广告费等费用和为销售本企业商品而专设的销售机构的职工薪酬、业务费等经营费用，该项目根据“销售费用”科目的发生额分析填列。

（5）“管理费用”项目，反映企业为组织和管理生产经营发生的管理费用，该项目根据“管理费用”的发生额分析填列。

（6）“研发费用”项目，反映企业进行研究与开发过程中发生的费用化支出，以及计入管理费用的自行开发无形资产的摊销，该项目根据“管理费用”科目下的“研究费用”和“无形资产摊销”明细科目的发生额分析填列。

（7）“财务费用”项目，反映企业筹集生产经营所需资金等而发生的筹资费用，该项目根据“财务费用”科目的发生额分析填列。

“利息费用”项目，反映企业为筹集生产经营所需资金等而发生的应予费用化的利息支出，该项目根据“财务费用”科目的相关明细科目的发生额分析填列。

“利息收入”项目，反映企业按照相关会计准则确认的应冲减财务费用的利息收入，该项目根据“财务费用”科目的相关明细科目的发生额分析填列。

（8）“其他收益”项目，反映计入其他收益的政府补助，以及其他与日常活动相关且计入其他收益的项目。该项目应根据“其他收益”科目的发生额分析填列。企业作为个人所得税的扣缴义务人，根据《中华人民共和国个人所得税法》收到的扣缴税款手续费，应作为其他与日常活动相关的收益在该项目中填列。

（9）“投资收益”项目，反映企业以各种方式对外投资所取得的收益，该项目根据“投资收益”科目的发生额分析填列。如为投资损失，本项目以“–”号填列。

“以摊余成本计量的金融资产终止确认收益”项目，反映企业因转让等情形导致终止确认以摊余成本计量的金融资产而产生的利得或损失，该项目根据“投资收益”科目的相关明细科目的发生额分析填列；如为损失，以“–”号填列。

（10）“净敞口套期收益”项目，反映净敞口套期下被套期项目累计公允价值变动转入当期损益的金额或现金流量套期储备转入当期损益的金额，该项目根据“净敞口套期损益”科目的发生额分析填列；如为套期损失，以“–”号填列。

（11）“公允价值变动收益”项目，反映企业应当计入当期损益的资产或负债公允价值变动收益，该项目根据“公允价值变动损益”科目的发生额分析填列；如为净损失，本项目以“–”号填列。

（12）“信用减值损失”项目，反映企业按照《企业会计准则第22号——金融工具确认和计量》（财会〔2017〕7号）的要求计提的各项金融工具信用减值准备所确认的信用损失，该项目根据“信用减值损失”科目的发生额分析填列。

（13）“资产减值损失”项目，反映企业各项资产发生的减值损失，该项目根据“资产减值损失”科目的发生额分析填列。

（14）“资产处置收益”项目，反映企业出售划分为持有待售的非流动资产（金融工具、长期股权投资和投资性房地产除外）或处置组（子公司和业务除外）时确认的处置利得或损失，以及处置未划分为持有待售的固定资产、在建工程、生产性生物资产及无形资产而产生的处置利得或损失，该项目根据“资产处置损益”科目的发生额分析填列；如为处置损失，以“–”号填列。

（15）“营业利润”项目，反映企业实现的营业利润，如为亏损，本项目以“–”号填列。本项目由以上的项目计算得来。

（16）“营业外收入”项目，反映企业发生的除营业利润以外的收益，该项目根据“营业外收入”科目的发生额分析填列。

（17）“营业外支出”项目，反映企业发生的除营业利润以外的支出，该项目根据“营业外支出”科目的发生额分析填列。

（18）“利润总额”项目，反映企业实现的利润，如为亏损，本项目以“–”号填列。本项目由以上的项目计算得来。

（19）“所得税费用”项目，反映企业应从当期利润总额中扣除的所得税费用，该项目根据“所得税费用”科目的发生额分析填列。

（20）“净利润”项目，反映企业实现的净利润，如为亏损，本项目以“–”号填列。本项目由以上的项目计算得来。

（21）“（一）持续经营净利润”项目，反映净利润中与持续经营相关的净利润，该项目按照《企业会计准则第 42 号——持有待售的非流动资产、处置组和终止经营》的相关规定分别列报。

（22）“（二）终止经营净利润”项目，反映净利润中与终止经营相关的净利润，该项目按照《企业会计准则第 42 号——持有待售的非流动资产、处置组和终止经营》的相关规定分别列报。

（23）“其他权益工具投资公允价值变动”项目，反映企业指定为以公允价值计量且其变动计入其他综合收益的非交易性权益工具投资发生的公允价值变动，该项目根据“其他综合收益”科目的相关明细科目的发生额分析填列。

（24）“企业自身信用风险公允价值变动”项目，反映企业指定为以公允价值计量且其变动计入当期损益的金融负债，由企业自身信用风险变动引起的公允价值变动而计入其他综合收益的金额，该项目根据“其他综合收益”科目的相关明细科目的发生额分析填列。

（25）“其他债权投资公允价值变动”项目，反映企业分类为以公允价值计量且其变动计入其他综合收益的债权投资发生的公允价值变动，该项目根据“其他综合收益”科目下的相关明细科目的发生额分析填列。

（26）“金融资产重分类计入其他综合收益的金额”项目，反映企业将一项以摊余成本计量的金融资产重分类为以公允价值计量且其变动计入其他综合收益的金融资产时，计入其他综合收益的原账面价值与公允价值之间的差额，该项目根据“其他综合收益”科目下的相关明细科目的发生额分析填列。

（27）“其他债权投资信用减值准备”项目，反映企业按照《企业会计准则第 22 号——金融工具确认和计量》（财会〔2017〕7 号）第十八条分类为以公允价值计量且其变动计入其他综合收益的金融资产的损失准备，该项目根据“其他综合收益”科目下的“信用减值准备”明细科目的发生额分析填列。

（28）“现金流量套期储备”项目，反映企业套期工具产生的利得或损失中属于套期有效的部分，该项目根据“其他综合收益”科目下的“套期储备”明细科目的发生额分析填列。

（29）“基本每股收益”和“稀释每股收益”项目，应由企业根据每股收益准则的规定计算的金额填列。

13.3.5 利润表编制举例

【例 13-2】文正股份有限公司 2×19 年度有关损益类科目本年累计发生净额如表 13-8 所示。

表 13-8 文正股份有限公司损益类科目 2×19 年度累计发生净额

单位：元

科目名称	借方发生额	贷方发生额
主营业务收入		202 000 000
主营业务成本	121 070 000	
税金及附加	18 420 000	
销售费用	7 600 000	
管理费用	3 200 000	
研发费用	1 000 000	

续表

科目名称	借方发生额	贷方发生额
财务费用	20 000	
资产减值损失	−1 600 000	
营业外支出	50 000	
所得税费用	13 580 000	

【例 13-3】根据上述资料，编制文正股份有限公司 2×19 年度利润表（上期金额略），如表 13-9 所示。

表 13-9　利润表

会企 02 表

编制单位：文正股份有限公司　　2×19 年度　　单位：元

项 目	本期金额	上期金额（略）
一、营业收入	202 000 000	
减：营业成本	121 070 000	
税金及附加	18 420 000	
销售费用	7 600 000	
管理费用	3 200 000	
研发费用	1 000 000	
财务费用	20 000	
其中：利息费用	17 000	
利息收入	−3 000	
资产减值损失	−1 600 000	
信用减值损失		
加：其他收益		
投资收益（损失以“−”号填列）		
其中：对联营企业和合营企业的投资收益		
净敞口套期收益（损失以“−”号填列）		
公允价值变动收益（损失以“−”号填列）		
资产处置收益（损失以“−”号填列）		
二、营业利润（亏损以“−”号填列）	52 290 000	
加：营业外收入		
减：营业外支出	50 000	
三、利润总额（亏损总额以“−”号填列）	52 240 000	
减：所得税费用	13 580 000	
四、净利润（净亏损以“−”号填列）	38 660 000	

续表

项 目	本期金额	上期金额（略）
（一）持续经营净利润（净亏损以“-”号填列）	38 660 000	
（二）终止经营净利润（净亏损以“-”号填列）		
五、其他综合收益的税后净额		
（一）不能重分类进损益的其他综合收益		
1. 重新计量设定受益计划变动额		
2. 权益法下不能转损益的其他综合收益		
3. 其他权益工具投资公允价值变动		
4. 企业自身信用风险公允价值变动		
……		
（二）将重分类进损益的其他综合收益		
1. 权益法下可转损益的其他综合收益		
2. 其他债权投资公允价值变动损益		
3. 金融资产重分类计入其他综合收益的金额		
4. 其他债权投资信用减值准备		
5. 现金流量套期损益的有效部分		
6. 外币财务报表折算差额		
……		
六、综合收益总额		
七、每股收益		
（一）基本每股收益		
（二）稀释每股收益		

13.4 现金流量表

13.4.1 现金流量表的内容

现金流量表，是指企业以现金和现金等价物流入和流出反映企业在一定会计期间内的经营、投资和融资活动的会计报表，是以现金为基础编制的财务状况变动表。

从编制原则上看，现金流量表按照收付实现制原则编制，将权责发生制下的盈利信息调整为收付实现制下的现金流量信息，便于信息使用者了解企业净利润的质量。

从内容上看，现金流量表被划分为经营活动、投资活动和筹资活动三个部分，每类活动又分为各具体项目，这些项目从不同角度反映企业业务活动的现金流入与流出，弥补了资产负债表和利润表提供信息的不足。通过现金流量表，报表使用者能够了解现金流量的影响因素，评价企业的支付能力、偿债能力和周转能力，预测企业未来现金流量，为其决策提供有力的依据。现金流量表的具体格式如表13-10所示。

表13-10　现金流量表格式

会企03表

编制单位：　　　　年　月　　　　单位：元

项 目	本期金额	上期金额
一、经营活动产生的现金流量：		
销售商品、提供劳务收到的现金		
收到的税费返还		
收到其他与经营活动有关的现金		
经营活动现金流入小计		
购买商品、接受劳务支付的现金		
支付给职工以及为职工支付的现金		
支付的各项税费		
支付其他与经营活动有关的现金		
经营活动现金流出小计		
经营活动产生的现金流量净额		
二、投资活动产生的现金流量：		
收回投资收到的现金		
取得投资收益收到的现金		
处置固定资产、无形资产和其他长期资产收回的现金净额		
处置子公司及其他营业单位收到的现金净额		
收到其他与投资活动有关的现金		
投资活动现金流入小计		
购建固定资产、无形资产和其他长期资产支付的现金		
投资支付的现金		
取得子公司及其他营业单位支付的现金净额		
支付其他与投资活动有关的现金		
投资活动现金流出小计		
投资活动产生的现金流量净额		
三、筹资活动产生的现金流量：		
吸收投资收到的现金		
取得借款收到的现金		
收到其他与筹资活动有关的现金		
筹资活动现金流入小计		

续表

项 目	本期金额	上期金额
偿还债务支付的现金		
分配股利、利润或偿付利息支付的现金		
支付其他与筹资活动有关的现金		
筹资活动现金流出小计		
筹资活动产生的现金流量净额		
四、汇率变动对现金及现金等价物的影响		
五、现金及现金等价物净增加额		
加：期初现金及现金等价物余额		
六、期末现金及现金等价物余额		

13.4.2 现金流量表的作用

企业通过编制现金流量表，可以反映现金流入和流出的全貌，其作用主要有：

（1）可对企业整体财务状况做出客观评价，判断其经营周期是否顺畅；

（2）可对企业的支付能力和偿债能力，及企业对外部资金的需求情况做出较可靠的判断；

（3）可通过对现金流量的结构分析，预测企业未来的发展情况；

（4）可通过比较当期净利润和当期净现金流量，评价企业产生现金流量能力的高低；

（5）有助于会计报表使用者判断非现金投资和财务活动的影响。

13.4.3 现金流量表的结构

在现金流量表中，现金及现金等价物被视为一个整体，企业现金形式的转换不会产生现金的流入和流出。例如，企业从银行提取现金，是企业现金存放形式的转换，并未流出企业，不构成现金流量。同样，现金与现金等价物之间的转换也不属于现金流量，如企业用现金购买 3 个月到期的国库券。根据企业业务活动的性质和现金流量的来源，现金流量表在结构上将企业一定期间产生的现金流量分为 3 类：经营活动产生的现金流量、投资活动产生的现金流量和筹资活动产生的现金流量。

13.4.4 现金流量表的填列方法

1. 经营活动产生的现金流量

经营活动是指企业除投资活动和筹资活动以外的所有交易和事项。各类企业由于行业特点不同，对经营活动的认定存在一定差异。对于企业而言，其经营活动主要包括销售房屋、接受劳务、支付开发建设费和支付税费等。

列报经营活动现金流量的方法有两种：直接法和间接法。在直接法下，一般是以利润表中的营业收入为起算点，调节与经营活动有关的项目的增减变动，然后计算出经营活动产生的现金流量。在间接法下，将净利润调节为经营活动现金流量，实际上就是将按权责发生制原则确定的净利润调整为现金净流入，并剔除投资活动和筹资活动对现金流量的影响。

采用直接法编报的现金流量表，便于分析企业经营活动产生的现金流量的来源和用途，以预测企业现金流量的未来前景；采用间接法编报的现金流量表，便于将净利润与经营活动产生的现金流量净额进行比较，以了解净利润与经营活动产生的现金流量差异的原因，从现金流量的角度分析净利润的质量。所以，我国《企业会计准则》规定企业应当采用直接法编报现金流量表，同时要求在附注中提供以净利润为基础调节到经营活动现金流量的信息。在我国，现金流量表补充资料应采用间接法反映经营活动产生的现金流量情况，以对现金流量表中采用直接法反映的经营活动现金流量进行核对和补充说明。下面会分开说明采用不同方法编制现金流量表。

2. 投资活动产生的现金流量

投资活动是指企业长期资产的购建和不包括在现金等价物范围的投资及其处置活动。长期资产是指固定资产、无形资产、在建工程和其他资产等持有期限在一年或一个营业周期以上的资产。这里所讲的投资活动，既包括实物资产投资，也包括金融资产投资。这里之所以将“包括在现金等价物范围的投资”排除在外，是因为已经将包括在现金等价物范围内的投资视同现金。

3. 筹资活动产生的现金流量

筹资活动是指导致企业资本及债务规模和构成发生变化的活动。这里所说的资本，既包括实收资本（股本），也包括资本溢价（股本溢价）；这里所说的债务，指对外举债，包括向银行借款、发行债券以及偿还债务等。通常情况下，应付账款、应付票据等商业应付款属于经营活动，不属于筹资活动。

此外，对于企业日常活动之外特殊的、不经常发生的特殊项目，如自然灾害损失、保险赔款和捐赠等，应当根据其性质，分别归并到相关类别中单独反映。例如，对于自然灾害损失和保险赔款，如果能够确指属于流动资产损失，应当将其列入经营活动产生的现金流量；如果属于固定资产损失，应当将其列入投资活动产生的现金流量。

4. 汇率变动对现金及现金等价物的影响

编制现金流量表时，应当将企业外币现金流量以及境外子公司的现金流量折算成记账本位币。外币现金流量以及境外子公司的现金流量，应当采用现金流量发生日的即期汇率或按照系统合理的方法确定的、与现金流量发生日即期汇率近似的汇率折算。汇率变动对现金的影响额应当作为调整项目，在现金流量表中单独列报。

汇率变动对现金的影响，指企业外币现金流量及境外子公司的现金流量折算成记账本位币时，所采用的是现金流量发生日的汇率或按照系统合理的方法确定的、与现金流量发生日即期汇率近似的汇率，而现金流量表“现金及现金等价物净增加额”项目中外币现金净增加额是按资产负债表日的即期汇率折算的。这两者的差额即为汇率变动对现金的影响。

在编制现金流量表时，对当期发生的外币业务，也可不必逐笔计算汇率变动对现金的影响，可以通过现金流量表补充资料中“现金及现金等价物净增加额”数额与现金流量表中“经营活动产生的现金流量净额”“投资活动产生的现金流量净额”及“筹资活动产生的现金流量净额”三项之和比较，其差额即为“汇率变动对现金及现金等价物的影响”。

5. 现金流量表补充资料

除现金流量表反映的信息外，企业还应当在附注中披露将净利润调整为经营活动现金流量、不涉及现金收支的重大投资和筹资活动、现金及现金等价物的构成等信息。

（1）将净利润调整为经营活动现金流量。

现金流量表采用直接法反映经营活动产生的现金流量，同时企业还应采用间接法反映经营活动产生的现金流量。间接法，是指以本期净利润为起点，通过调整不涉及现金的收入、费用、营业外收支以及经营性应收应付等项目的增减变动，调整不属于经营活动的现金收支项目，据此计算并列报经营活动产生的现金流量的方法。在我国，现金流量表补充资料应采用间接法反映经营活动产生的现金流量情况，以对现金流量表中采用直接法反映的经营活动现金流量进行核对和补充说明。

采用间接法列报经营活动产生的现金流量时，需要对四大类项目进行调整：①实际没有支付现金的费用；②实际没有收到现金的收益；③不属于经营活动的损益；④经营性应收应付项目的增减变动。

（2）不涉及现金收支的重大投资和筹资活动。

不涉及现金收支的重大投资和筹资活动，反映企业一定期间内影响资产或负债但不形成该期现金收支的所有投资和筹资活动的信息。这些投资和筹资活动虽然不涉及当期现金收支，但影响企业财务状况或在未来可能影响企业现金流量，主要包括：①债务转为资本，反映企业本期转为资本的债务金额；②一年内到期的可转换公司债券，反映企业一年内到期的可转换公司债券的本息；③融资租入固定资产，反映企业本期融资租入的固定资产。

（3）现金及现金等价物的构成。

企业应当在附注中披露与现金及现金等价物有关的下列信息。①现金及现金等价物的构成及其在资产负债表中的相应金额。②企业持有但不能由母公司或集团内其他子公司使用的大额现金及现金等价物。企业持有现金及现金等价物但不能被集团使用的情形，如国外经营的子公司，由于受当地外汇管制或其他立法的限制，其持有的现金及现金等价物不能由母公司或其他子公司正常使用。

13.4.5 现金流量表的编制方法

在具体编制现金流量表时，可以采用工作底稿法或T型账户法，也可以根据有关科目记录分析填列。

1. 工作底稿法

采用工作底稿法编制现金流量表，是以工作底稿为手段，以资产负债表和利润表数据为基础，对每一项目进行分析并编制调整分录，从而编制现金流量表的方法。工作底稿法的程序如下。

第一步，将资产负债表的期初数和期末数过入工作底稿的期初数栏和期末数栏。

第二步，对当期业务进行分析并编制调整分录。编制调整分录时，要以利润表项目为基础，从“营业收入”开始，结合资产负债表项目逐一进行分析。在调整分录中，有关现金和现金等价物的事项，并不直接借记或贷记“库存现金”，而是分别记入“经营活动产生的现金流量”“投资活动产生的现金流量”“筹资活动产生的现金流量”有关项目，借记表示现金流入，贷记表示现金流出。

第三步，将调整分录过入工作底稿中的相应部分。

第四步，核对调整分录，借方、贷方合计数均已经相等，资产负债表项目期初数加减调整分录中的借贷金额以后也等于期末数。

第五步，根据工作底稿中的现金流量表的项目部分编制正式的现金流量表。

2. T 型账户法

采用 T 型账户法编制现金流量表，是以 T 型账户为手段，以资产负债表和利润表数据为基础，对每一项目进行分析并编制调整分录，从而编制现金流量表的方法。T 型账户法的程序如下。

第一步，为所有的非现金项目（包括资产负债表项目和利润表项目）分别开设 T 型账户，并将各自的期末、期初变动数过入各账户。如果项目的期末数大于期初数，则将差额过入和项目余额相同的方向；反之，则过入相反的方向。

第二步，开设一个大的“现金及现金等价物”T 型账户，每边分为经营活动、投资活动和筹资活动 3 个部分，左边记现金流入，右边记现金流出。与其他账户一样，过入期末、期初变动数。

第三步，以利润表项目为基础，结合资产负债表分析每一个非现金项目的增减变动，并据此编制调整分录。

第四步，将调整分录过入各 T 型账户，并进行核对，该账户借贷相抵后的余额与原先过入的期末、期初变动数应当一致。

第五步，根据大的“现金及现金等价物”T 型账户编制正式的现金流量表。

3. 分析填列法

分析填列法是直接根据资产负债表、利润表和有关会计科目明细账的记录，分析计算出现金流量表各项目的金额，并据以编制现金流量表的一种方法。

13.4.6 现金流量表编制举例

【例 13-4】文正股份有限公司 2×19 年有关资料如下（增值税税率为 13%）。

（1）本期主营业务收入为 2000 万元；收回应收账款 240 万元；预收甲公司货款 100 万元。

（2）本期现购材料成本为 1400 万元；支付去年应付账款 100 万元；预付材料供应商乙公司货款 220 万元。

（3）本期发放的职工工资总额为 200 万元，其中生产经营及管理人员的工资 140 万元，奖金 30 万元；在建工程人员的工资 24 万元，奖金 6 万元。工资及奖金全部从银行提取现金发放。

（4）本期所得税费用为 320 万元，未交所得税的年初数为 240 万元，年末数为 200 万元（无调整事项）。

（5）为建造厂房，本期以银行存款购入固定资产 200 万元，支付增值税税额 26 万元。

（6）购入股票 200 万股，每股价格 5.2 元，其中包含的已宣告但尚未领取的现金股利每股 0.2 元，作为短期投资核算。

（7）到期收回长期债券投资，面值 200 万元，3 年期，利率 3%，一次还本付息。

（8）对一台管理用设备进行清理，该设备账面原价为 240 万元，已提折旧 160 万元，以银行存款支付清理费用 4 万元，收到变价收入 26 万元，该设备已清理完毕。

（9）借入短期借款 480 万元，借入长期借款 920 万元，当年以银行存款支付利息 60 万元。

（10）向股东支付上年现金股利 100 万元。

（11）该企业期初现金及现金等价物为 1 200 万元。

各个现金流量项目的计算过程如下。

（1）“销售商品、提供劳务收到的现金”项目＝2 000×（1＋13%）＋240＋100＝2 600（万元）

（2）“购买商品、接受劳务支付的现金”项目 = 1 400×（1 + 13%）+ 100 + 220 = 1 902（万元）

（3）“支付给职工以及为职工支付的现金”项目 = 140 + 30 + 24 + 6 = 200（万元）

（4）“支付的各项税费”项目 = 320 + 240−200 = 360（万元）

（5）“收回投资收到的现金”项目 = 200（万元）

（6）“取得投资收益收到的现金”项目 = 200×3%×3 = 18（万元）

（7）“处置固定资产、无形资产和其他长期资产收回的现金净额”项目 = 26−4 = 22（万元）

（8）“购建固定资产、无形资产和其他长期资产支付的现金”项目 = 200 + 26 = 226（万元）

（9）“投资支付的现金”项目 = 200×5.2 = 1 040（万元）

（10）“取得借款收到的现金”项目 = 480 + 920 = 1 400（万元）

（11）“分配股利、利润或偿付利息支付的现金”项目 = 60+100=160（万元）

据此，文正股份有限公司编制的现金流量表如表 13-11 所示。

表 13-11 现金流量表

会企 03 表

编制单位：文正股份有限公司　　2×19 年度　　单位：元

项目	本期金额	上期金额（略）
一、经营活动产生的现金流量：		
销售商品、提供劳务收到的现金	2 600	
收到的税费返还		
收到其他与经营活动有关的现金		
经营活动现金流入小计	2 600	
购买商品、接受劳务支付的现金	1 902	
支付给职工以及为职工支付的现金	200	
支付的各项税费	360	
支付其他与经营活动有关的现金		
经营活动现金流出小计	2 462	
经营活动产生的现金流量净额	138	
二、投资活动产生的现金流量：		
收回投资收到的现金	200	
取得投资收益收到的现金	18	
处置固定资产、无形资产和其他长期资产收回的现金净额	22	
处置子公司及其他营业单位收到的现金净额		
收到其他与投资活动有关的现金		
投资活动现金流入小计	240	
购建固定资产、无形资产和其他长期资产支付的现金	226	
投资支付的现金	1 040	

续表

项目	本期金额	上期金额（略）
取得子公司及其他营业单位支付的现金净额		
支付其他与投资活动有关的现金		
投资活动现金流出小计	1 266	
投资活动产生的现金流量净额	−1 026	
三、筹资活动产生的现金流量：		
吸收投资收到的现金		
取得借款收到的现金	1 400	
收到其他与筹资活动有关的现金		
筹资活动现金流入小计	1 400	
偿还债务支付的现金		
分配股利、利润或偿付利息支付的现金	160	
支付其他与筹资活动有关的现金		
筹资活动现金流出小计	160	
筹资活动产生的现金流量净额	1 240	
四、汇率变动对现金及现金等价物的影响		
五、现金及现金等价物净增加额	352	
加：期初现金及现金等价物余额	1 200	
六、期末现金及现金等价物余额	1 552	

13.5 所有者权益变动表

所有者权益变动表是指反映构成所有者权益各组成部分当期增减变动情况的报表。

13.5.1 所有者权益变动表的内容与结构

1. 所有者权益变动表的内容

所有者权益变动表应当全面反映一定时期所有者权益变动的情况，不仅包括所有者权益总量的增减变动，还包括所有者权益增减变动的重要结构性信息，特别是要反映直接计入所有者权益的利得和损失，让报表使用者准确理解所有者权益增减变动的根源。

在所有者权益变动表中，综合收益和与所有者（或股东）的资本交易导致的所有者权益的变动，应当分别列示。企业至少应当单独列示反映下列信息的项目：（1）综合收益总额；（2）会计政策变更和差错更正的累积影响金额；（3）所有者投入资本和向所有者分配利润等；（4）提取的盈余公积；（5）所有者权益各组成部分的期初和期末余额及其调节情况。所有者权益变动表的具体格式如表 13-12 所示。

表 13-12 所有者权益变动表

会企 04 表

编制单位： 年度 单位：元

项目	本年金额											上年金额										
	实收资本（或股本）	其他权益工具			资本公积	减：库存股	其他综合收益	专项储备	盈余公积	未分配利润	所有者权益合计	实收资本（或股本）	其他权益工具			资本公积	减：库存股	其他综合收益	专项储备	盈余公积	未分配利润	所有者权益合计
		优先股	永续债	其他									优先股	永续债	其他							
一、上年年末余额																						
加：会计政策变更																						
前期差错更正																						
其他																						
二、本年年初余额																						
三、本年增减变动金额（减少以“-”号填列）																						
（一）综合收益总额																						
（二）所有者投入和减少资本																						
1. 所有者投入的普通股																						
2. 其他权益工具持有者投入资本																						
3. 股份支付计入所有者权益的金额																						
4. 其他																						
（三）利润分配																						
1. 提取盈余公积																						

续表

项目	本年金额											上年金额									
	实收资本（或股本）	其他权益工具			资本公积	减：库存股	其他综合收益	专项储备	盈余公积	未分配利润	所有者权益合计	实收资本（或股本）	其他权益工具			资本公积	减：库存股	其他综合收益	专项储备	盈余公积	未分配利润	所有者权益合计
		优先股	永续债	其他									优先股	永续债	其他							
2. 对所有者（或股东）的分配																						
3. 其他																						
（四）所有者权益内部结转																						
1. 资本公积转增资本（或股本）																						
2. 盈余公积转增资本（或股本）																						
3. 盈余公积弥补亏损																						
4. 设定受益计划变动额结转留存收益																						
5. 其他综合收益结转留存收益																						
6. 其他																						
四、本年年末余额																						

2. 所有者权益变动表的结构

为了清楚地表明构成所有者权益的各组成部分当期的增减变动情况，所有者权益变动表应当以矩阵的形式列示：一方面，列示导致所有者权益变动的交易或事项，改变了以往仅仅按照所有者权益的各组成部分反映所有者权益变动情况，而是从所有者权益变动的来源对一定时期所有者权益变动情况进行全面反映；另一方面，按照所有者权益各组成部分（包括实收资本、资本溢价、其他综合收益、盈余公积、未分配利润和库存股等）及其总额列示交易或事项对所有者权益的影响。此外，企业还需要提供比较所有者权益变动表，所有者权益变动表还应就各项目再分为"本年金额"和"上年金额"两栏分别填列。

13.5.2 所有者权益变动表的填列方法

1. 上年金额栏的填列方法

所有者权益变动表"上年金额"栏内各项数字，应根据上年度所有者权益变动表"本年金额"栏内所列数字填列。如果上年度所有者权益变动表规定的各个项目的名称和内容与本年度的不一致，应对上年度所有者权益变动表各项目的名称和数字按照本年度的规定进行调整，填入所有者权益变动表"上年金额"栏内。

2. 本年金额栏的填列方法

所有者权益变动表"本年金额"栏内各项数字一般应根据"实收资本（或股本）""资本公积""盈余公积""其他综合收益""利润分配""库存股""以前年度损益调整"等科目及其明细科目的发生额分析填列。

13.5.3 所有者权益变动表的编制示例

【例 13-5】文正股份有限公司是一家从事房地产开发业务的上市公司，其2×20年度有关财务资料如下。

（1）2×19年12月31日所有者权益总额为5 150 000元，其中各组成部分金额为：实收资本5 000 000元，盈余公积100 000元，未分配利润50 000元。

（2）2×20年度实现净利润225 000元，因对外投资实现其他综合收益12 000元。

（3）2×20年提取盈余公积24 770.4元，向投资者分配现金股利32 215. 85元。

根据上述资料，编制文正股份有限公司2×20年度的所有者权益变动表，如表13-13所示（上年金额略）。

表 13-13 所有者权益变动表

会企 04 表

编制单位：文正股份有限公司　　2×20 年度　　单位：元

项目	本年金额							上年金额（略）						
	实收资本（或股本）	资本公积	减：库存股	其他综合收益	盈余公积	未分配利润	所有者权益合计	实收资本（或股本）	资本公积	减：库存股	其他综合收益	盈余公积	未分配利润	所有者权益合计
一、上年年末余额	5 000 000	0	0	0	100 000	50 000	5 150 000							
加：会计政策变更														
前期差错更正														
二、本年年初余额	5 000 000	0	0	0	100 000	50 000	5 150 000							
三、本年增减变动金额（减少以“–”号填列）														
（一）综合收益总额				12 000		225 000	237 000							
（二）所有者投入和减少资本														
1. 所有者投入资本														
2. 股份支付计入所有者权益的金额														
3. 其他														
（三）利润分配														

续表

项目	本年金额							上年金额（略）						
	实收资本（或股本）	资本公积	减：库存股	其他综合收益	盈余公积	未分配利润	所有者权益合计	实收资本（或股本）	资本公积	减：库存股	其他综合收益	盈余公积	未分配利润	所有者权益合计
1. 提取盈余公积					24 770. 40	−24 770. 40	0							
2. 对所有者（或股东）的分配						−32 215. 85	−32 215. 85							
3. 其他														
（四）所有者权益内部结转														
1. 资本公积转增资本（或股本）														
2. 盈余公积转增资本（或股本）														
3. 盈余公积弥补亏损														
4. 设定受益计划变动额结转留存收益														
5. 其他综合收益结转留存收益														
6. 其他														
四、本年年末余额	5 000 000	0	0	12 000	124 770. 40	218 013. 75	5 354 784.15							

13.6 附注

附注是会计报表的重要组成部分，它是对资产负债表、利润表、现金流量表和所有者权益变动表等报表中列示项目所做的进一步说明和解释，以及对未能在这些报表中列示项目的说明等。会计报表中的数字是经过分类与汇总后的结果，是对企业发生的经济业务的高度简化和浓缩的数字，如果没有形成这些数字所使用的会计政策、理解这些数字所必需的披露，会计报表就不可能充分发挥效用。因此，会计报表附注与资产负债表、利润表、现金流量表和所有者权益变动表等报表具有同等的重要性，是财务报告的重要组成部分。报表使用者要了解企业的财务状况、经营成果和现金流量，应当全面阅读附注。

13.6.1 报表附注包含的主要内容

1. 企业的基本情况

（1）企业注册地、组织形式和总部地址。

（2）企业的业务性质和主要经营活动。

（3）母公司以及集团最终母公司的名称。

（4）财务报告的批准报出者和财务报告批准报出日，或者以签字人及其签字日期为准。

（5）营业期限有限的企业，还应当披露有关其营业期限的信息。

2. 财务报表的编制基础

（1）会计年度。

（2）计量属性。

（3）记账本位币及列报货币。

若记账本位币为人民币以外的其他货币的，说明选定记账本位币的考虑因素及折算成人民币时的折算方法。

3. 遵循企业会计准则的声明

企业应当明确说明编制的财务报表符合企业会计准则的要求，真实、公允地反映了企业的财务状况、经营成果和现金流量等有关信息，以此明确企业编制财务报表所依据的制度基础。

如果企业编制的财务报表只是部分地遵循了企业会计准则，附注中则不得做出这种表述。

4. 重要会计政策和会计估计

（1）重要会计政策的说明。

企业应当披露采用的重要会计政策，并结合企业的实际情况披露其重要会计政策的确定依据和财务报表项目的计量基础。其中，会计政策的确定依据主要是指企业在运用会计政策过程中所做的重要判断，这些判断对在报表中确认的项目金额具有重要影响。

（2）重要会计估计的说明。

企业应当披露重要会计估计，并结合企业的实际情况披露其会计估计所采用的关键假设和不确定因素。重要会计估计的说明，包括可能导致下一个会计期间内资产、负债账面价值重大调整的会计估计的确定依据等。

5. 会计政策和会计估计变更以及差错更正的说明

企业应当按照《企业会计准则第 28 号——会计政策、会计估计变更和差错更正》及其应用指南的规定，披露会计政策和会计估计变更以及差错更正的有关情况。

6. 报表重要项目的说明

企业应当以文字和数字描述相结合的形式，尽可能以列表形式披露重要报表项目的构成或当期增减变动情况，并且报表重要项目的明细金额合计，应当与报表项目金额相衔接。在披露顺序上，一般应当按照资产负债表、利润表、现金流量表、所有者权益变动表的顺序及其报表项目列示的顺序。

7. 其他需要说明的重要事项

其他需要说明的重要事项主要包括或有和承诺事项、资产负债表日后非调整事项、关联方关系及其交易等。

8. 其他有助于财务报表使用者评价企业管理资本的目标、政策及程序的信息

13.6.2 报表重要项目的说明

企业对报表重要项目的说明，应当按照资产负债表、利润表、现金流量表、所有者权益变动表及其项目列示的顺序，采用文字和数字描述相结合的方式进行披露。报表重要项目的明细金额合计，应当与报表项目金额相衔接。具体的报表重要项目应按以下要求进行列示。

1. 货币资金

企业应当按库存现金、银行存款和其他货币资金分别列示货币资金情况。因抵押或冻结等对使用有限制、存放在境外、有潜在回收风险的款项应单独说明。

2. 应收款项

企业应当在附注中披露与应收款项相关的信息。应收款项包括应收票据及应收账款、预付账款、长期应收款、其他应收款等。在披露时，应当注意以下几点。

（1）列示应收票据的种类、金额。已用于质押的应收票据，应单独列示出票单位、出票日期、到期日及金额等重要事项。充分披露有追索权的票据背书、以票据为标的资产的资产证券化安排。因出票人无力履约而将票据转为应收账款的票据，以及期末公司已经背书给他方但尚未到期的票据，按票据的出票单位、出票日期、到期日及金额等重要事项进行逐项披露，或者合并披露此类票据总额、到期日区间。

（2）分项列示 1 年以上应收未收的应收股利、应收利息金额，对其中金额较大的，应分被投资单位或投资项目说明每项应收股利未收回的原因和对相关款项是否发生减值的判断；分贷款单位说明每项应收利息未收回的原因和对相关款项是否发生减值所做的判断。

（3）分单项金额重大的应收款项、单项金额不重大但按信用风险特征组合后该组合的风险较大的应收款项、其他不重大应收款项，列示这 3 类应收款项金额、占应收款项总额的比例、坏账准备计提比例和金额。

对应收款项应说明如下事项。

（1）单项金额重大的应收款项，应单独说明其计提的比例及其理由；单项金额不重大但按信用风险特征组合后该组合的风险较大的应收款项，应说明确定该组合的依据。

（2）前年度已全额计提坏账准备，或计提坏账准备的比例较大，但在本年度又全额或部分收回的，或通过重组等其他方式收回的应收款项，应说明其原因，原估计坏账准备计提比例的理由，以及原估计坏账准备计提比例的合理性。

（3）本年度实际核销的应收款项性质、原因及其金额；若实际核销的款项是因关联交易产生的，应单独披露。

（4）应收款项中如有所持公司5%（含5%）以上表决权股份的股东单位欠款，应予以说明，并单独列示；如无此类欠款，也应予以说明。

（5）金额较大的其他应收款项，应说明其性质或内容。

（6）列示金额（按欠款方合并后的金额）位列前五名的应收账款和其他应收款项及其对应的欠款年限、占应收账款总额或其他应收款总额的比例。

（7）应收关联方款项占应收款项总额的比例。

（8）不符合终止确认条件的应收款项的转移，应在附注中单独列示其金额。

（9）以应收款项为标的资产进行资产证券化的，需简要说明相关交易安排。

应按不同账龄列示预付账款余额及各账龄余额占预付账款总额的比例。账龄超过1年的重要预付账款，应逐项说明未及时结算的原因。

预付账款中如有所持公司5%（含5%）以上表决权股份的股东单位的款项，应单独列示。金额较大的预付账款（占期末预付账款总额的30%及以上），应说明其性质和内容。

若各会计期间的期末预付账款余额比上期期末预付账款余额增加或减少超过30%或预付账款期末余额超过资产总额的10%的，应说明其变动原因。

其中，应收账款按账龄结构披露的格式如表13-14所示。

表13-14　应收账款按账龄结构明细表

账龄结构	期末账面余额	年初账面余额
1年以内（含1年）		
1年至2年（含2年）		
2年至3年（含3年）		
3年以上		
合计		

应收账款按客户类别披露的格式如表13-15所示。

表13-15　应收账款按客户类别明细表

客户类别	期末账面余额	年初账面余额
客户1		
……		
其他客户		
合计		

有应收票据、预付账款、长期应收款及其他应收款的企业，比照应收账款格式进行披露。

3. 存货

企业应分项列示各类存货的期初、期末金额及对应的跌价准备，披露计提存货跌价准备的依据、本期转回存货跌价准备的原因及本期转回金额占该项存货期末余额的比例。存货期末余额含有借款费用资本化金额的和用于担保的存货账面价值，应予披露。

（1）按性质（如库存设备、开发成本、开发产品、分期收款开发产品、出租开发产品和周转房等）分类列示存货余额。

（2）按表13-16分项目披露“开发成本”。

表13-16 开发成本明细表

项目名称	开工时间	预计竣工时间	预计总投资	期初金额	期末金额
项目1					
项目2					
……					
合计					

注：对尚未开发的土地，应披露预计开工时间。

（3）按表13-17分项目披露“开发产品”。

表13-17 开发产品明细表

项目名称	竣工时间	期初金额	本期增加	本期减少	期末金额
项目1					
项目2					
……					
合计					

（4）按表13-18分项目披露“分期收款开发产品”“出租开发产品”“周转房”。

表13-18 分期收款开发产品、出租开发产品、周转房明细表

项目名称	期初金额	本期增加	本期减少	期末金额
项目1				
项目2				
……				
合计				

（5）按表13-19披露存货跌价准备计提情况。对于开发中项目，可以合并列示。对“停工”“烂尾”“空置”项目，如果不计提跌价准备或计提跌价准备比例较低，应详细说明理由。

表 13-19 存货跌价准备明细表

项目名称	期初金额	本期增加	本期减少	期末金额	备注
合计					

4. 其他流动资产

企业应当在附注中披露金额较大的其他流动资产，应列示其内容、性质，其他流动资产的披露格式如表 13-20 所示。

表 13-20 其他流动资产明细表

项目	期末账面价值	年初账面价值
1.		
……		
合计		

注：有长期待摊费用、其他非流动资产的，比照其他流动资产进行披露。

5. 合同资产、合同负债

根据本企业履行履约义务与客户付款之间的关系在资产负债表中列示合同资产或合同负债。“合同资产”项目、“合同负债”项目，应分别根据“合同资产”科目、“合同负债”科目的相关明细科目期末余额分析填列。同一合同下的合同资产和合同负债应当以净额列示，其中净额为借方余额的，应当根据其流动性在“合同资产”或“其他非流动资产”项目中填列，已计提减值准备的，还应减去“合同资产减值准备”科目中相关的期末余额后的金额填列；其中净额为贷方余额的，应当根据其流动性在“合同负债”或“其他非流动负债”项目中填列。

具体披露格式分别如表 13-21 和表 13-22 所示。

表 13-21 合同资产明细表

项目	期末账面价值	年初账面价值
合同资产		
合同资产减值准备		
合同资产净值		

表 13-22 合同负债明细表

项目	期末账面价值	年初账面价值
合同负债		
合同负债减值准备		
合同负债净值		

6. 持有待售资产

反映资产负债表日划分为持有待售类别的非流动资产及划分为持有待售类别的处置组中的流

动资产和非流动资产的期末账面价值。该项目应根据“持有待售资产”科目的期末余额，减去“持有待售资产减值准备”科目的期末余额后的金额填列。

具体披露格式如表 13-23 所示。

表 13-23 持有待售资产明细表

项目	期末账面价值	年初账面价值
持有待售资产		
持有待售资产减值准备		
持有待售资产净值		

7. 债权投资

反映资产负债表日企业以摊余成本计量的长期债权投资的期末账面价值。该项目应根据“债权投资”科目的相关明细科目期末余额，减去“债权投资减值准备”科目中相关减值准备的期末余额后的金额分析填列。自资产负债表日起一年内到期的长期债权投资的期末账面价值，在“一年内到期的非流动资产”项目中反映。企业购入的以摊余成本计量的一年内到期的债权投资的期末账面价值，在“其他流动资产”项目中反映。

具体披露格式如表 13-24 所示。

表 13-24 债权投资明细表

项目	期末账面价值	年初账面价值
债权投资		
债权投资减值准备		
债权投资净值		

8. 其他债权投资

反映资产负债表日企业分类为以公允价值计量且其变动计入其他综合收益的长期债权投资的期末账面价值。该项目应根据“其他债权投资”科目的相关明细科目期末余额分析填列。自资产负债表日起一年内到期的长期债权投资的期末账面价值，在“一年内到期的非流动资产”项目中反映。企业购入的以公允价值计量且其变动计入其他综合收益的一年内到期的债权投资的期末账面价值，在“其他流动资产”项目中反映。

具体披露格式如表 13-25 所示。

表 13-25 其他债权投资明细表

项目	期末账面价值	年初账面价值
其他债权投资		
其他债权投资减值准备		
其他债权投资净值		

9. 其他权益工具投资

反映资产负债表日企业指定为以公允价值计量且其变动计入其他综合收益的非交易性权益工

具投资的期末账面价值。该项目应根据“其他权益工具投资”科目的期末余额填列。

具体披露格式如表 13-26 所示。

表 13-26 其他权益工具投资明细表

项目	期末账面价值	年初账面价值
1. 可供出售权益工具		
2. 其他		
合计		

10. 长期股权投资

企业应当在附注中披露与长期股权投资相关的下列信息。

（1）长期股权投资应分别披露按成本法核算和按权益法核算的长期股权投资，并按被投资单位披露长期股权投资的初始金额、期初余额、期末余额及增减变动情况等。若长期股权投资采用权益法核算，还应列示从被投资单位分得的现金红利。具体的披露格式如表 13-27 所示。

表 13-27 长期股权投资明细表

被投资单位	初始金额	期末账面余额	增减变动	年初账面余额
1.				
……				
合计				

（2）分别披露子公司、合营企业、联营企业清单及主要财务信息。合营企业、联营企业当期主要财务信息，按合营企业、联营企业的报表数列示。合营企业、联营企业的重要会计政策、会计估计与企业的会计政策、会计估计存在重大差异的，应予以披露。具体的披露格式如表 13-28 所示。

表 13-28 子公司、合营企业、联营企业主要财务信息明细表

被投资单位名称	注册地	业务性质	本企业持股比例	本企业在被投资单位表决权比例	期末净资产总额	本期营业收入总额	本期净利润
一、子公司							
1.							
……							
二、合营企业							
1.							
……							
三、联营企业							
1.							
……							

（3）公司对被投资公司持股比例与其在被投资单位表决权比例不一致的，应说明原因。

（4）被投资单位由于所在国家或地区及其他方面的影响，向投资企业转移资金的能力受到限制的，应当披露受限制的具体情况。

（5）当期及累计未确认的投资损失金额。

（6）与对子公司、合营企业及联营企业投资相关的或有负债。

（7）公司应按被投资单位披露长期股权投资的减值情况。

11. 投资性房地产

企业应当在附注中披露与投资性房地产相关的下列信息。

（1）投资性房地产的种类、金额和计量模式。

（2）采用成本计量模式的投资性房地产，分项列示其原价、累计折旧、减值准备累计金额，以及账面价值的期初额、本期增加额、本期减少额及期末余额。具体披露格式如表 13-29 所示。

表 13-29 投资性房地产明细表

项目	年初账面余额	本期增加额	本期减少额	期末账面余额
一、原价合计				
1. 房屋、建筑物				
2. 土地使用权				
二、累计折旧和累计摊销合计				
1. 房屋、建筑物				
2. 土地使用权				
三、投资性房地产减值准备累计金额合计				
1. 房屋、建筑物				
2. 土地使用权				
四、投资性房地产账面价值合计				
1. 房屋、建筑物				
2. 土地使用权				

（3）企业采用公允价值模式进行后续计量的，应当披露投资性房地产公允价值的确定依据和方法以及公允价值变动对损益的影响。

（4）如有房地产转换的，应当说明房地产转换情况、原因及其对损益或所有者权益的影响。

（5）当期处置的投资性房地产及其对损益的影响。

12. 固定资产

企业应当在附注中披露与固定资产相关的下列信息。

（1）分项列示固定资产的原价、累计折旧、减值准备累计金额，以及账面价值的期初额、本期增加额、本期减少额和期末余额。具体披露格式如表 13-30 所示。

表 13-30 固定资产明细表

项目	年初账面余额	本期增加额	本期减少额	期末账面余额
一、原价合计				
其中：房屋、建筑物				
机器设备				
运输工具				
……				
二、累计折旧合计				
其中：房屋、建筑物				
机器设备				
运输工具				
……				
三、固定资产减值准备累计金额合计				
其中：房屋、建筑物				
机器设备				
运输工具				
……				
四、固定资产账面价值合计				
其中：房屋、建筑物				
机器设备				
运输工具				
……				

（2）对固定资产所有权的限制及其金额和用于担保的固定资产账面价值。

（3）企业确有准备处置固定资产的，应当说明准备处置的固定资产名称、账面价值、公允价值、预计处置费用和预计处置时间等。

13. 无形资产

企业应当按照无形资产类别在附注中披露与无形资产相关的下列信息。

（1）分项披露无形资产的期初和期末账面价值、本期增加额、本期减少额、累计摊销额及累计减值准备金额。各类无形资产的披露格式如表 13-31 所示。

表 13-31 无形资产明细表

项目	年初账面余额	本期增加额	本期减少额	期末账面余额
一、原价合计				
1.				
……				

续表

项目	年初账面余额	本期增加额	本期减少额	期末账面余额
二、累计摊销额合计				
1.				
……				
三、无形资产减值准备累计金额合计				
1.				
……				
四、无形资产账面价值合计				
1.				
……				

（2）计入当期损益和确认为无形资产的研究开发支出金额。同时，披露本期发生的内部研究开发项目支出总额以及计入研究阶段的金额和计入开发阶段的金额。

（3）在报告期内发生的单项价值在 100 万元以上的无形资产，若该资产原始价值是以评估值作为入账依据的，还应披露评估机构名称、评估方法。

（4）用于担保的无形资产账面价值、当期摊销额等情况。

14. 商誉

企业应当披露商誉的形成来源及账面价值的增减变动情况。对于通过非同一控制下企业合并形成的商誉，应列示商誉的计算过程。

15. 递延所得税资产及递延所得税负债

企业应当分别披露引起暂时性差异的资产或负债项目，列示对应的暂时性差异金额。已确认递延所得税资产和递延所得税负债的披露格式如表 13-32 所示。

表 13-32 递延所得税资产、递延所得税负债明细表

项目	期末账面余额	年初账面余额
一、递延所得税资产		
1.		
……		
合计		
二、递延所得税负债		
1.		
……		
合计		

未确认递延所得税资产的可抵扣暂时性差异、可抵扣亏损等的金额（存在到期日的，还应披露到期日）。

16. 资产减值准备

企业应当按《〈企业会计准则第 8 号——资产减值〉应用指南》的规定披露资产减值准备明细。具体披露格式如表 13-33 所示。

表 13-33 资产减值准备明细表

项目	年初账面余额	本期计提额	本期减少额		期末账面余额
			转回	转销	
一、坏账准备					
二、存货跌价准备					
三、债权投资减值准备					
四、其他债权投资减值准备					
五、长期股权投资减值准备					
六、投资性房地产减值准备					
七、固定资产减值准备					
八、其他权益工具投资减值准备					
九、在建工程减值准备					
十、无形资产减值准备					
十一、商誉减值准备					
十二、其他					
合计					

17. 所有权受到限制的资产

企业应当披露与所有权受到限制的资产相关的下列信息。

（1）资产所有权受到限制的原因。

（2）所有权受到限制的资产金额披露格式如表 13-34 所示。

表 13-34 受限资产明细表

所有权受到限制的资产类别	年初账面价值	本期增加额	本期减少额	期末账面价值
一、用于担保的资产				
1.				
……				
二、其他原因造成所有权受到限制的资产				
1.				
……				
合计				

企业还应当分项列示除以上长期资产项目外的其他长期资产的金额。对于金额较大的其他长期资产，还应列示其内容。

18. 交易性金融负债

企业应当分别披露发行的交易性债券、指定为以公允价值计量且其变动计入当期损益的金融负债、衍生金融负债及其他金融负债，列示其期初公允价值、期末公允价值。具体披露格式如表13-35所示。

表 13-35 交易性金融负债明细表

项目	期末公允价值	年初公允价值
1. 发行的交易性债券		
2. 指定为以公允价值计量且其变动计入当期损益的金融负债		
3. 衍生金融负债		
4. 其他		
合计		

19. 应付款项

企业应当按照应付账款、预收账款和其他应付款等在附注中披露与应付款项相关的下列信息。

（1）应付账款主要指未付工程款和地价款等。其他应付款主要包括股权转让款、购房诚意金、代收款和保证金等。

（2）对于应付款项，包括应付账款、预收账款和其他应付款等，说明有无欠持有本公司5%（含5%）以上表决权股份的股东单位或关联方的款项；如无此类欠款，也应说明。

（3）账龄超过1年的大额应付账款、预收账款及其他应付款，应说明未偿还或未结转的原因，并在资产负债表日后事项中说明其是否偿还。金额较大的其他应付款，也应说明其性质或内容。

（4）在预收账款项目注释中，除按账龄列示余额外，对预售房产收款，应按表13-36分项目披露。

表 13-36 预收账款明细表

项目名称	期初金额（元）	期末金额（元）	预计竣工时间	预售比例
……				
……				
合计				

20. 职工薪酬

企业应当按照《企业会计准则第9号——职工薪酬》在附注中披露与职工薪酬相关的下列信息。

（1）分工资、奖金、津贴和补贴，职工福利费，社会保险费，住房公积金等项目，披露对应的期初账面余额、本期增加额、本期支付额及期末账面余额。应付职工薪酬的披露格式如表13-37所示。

表 13-37 应付职工薪酬明细表

项目	年初账面余额	本期增加额	本期支付额	期末账面余额
一、工资、奖金、津贴和补贴				

续表

项目	年初账面余额	本期增加额	本期支付额	期末账面余额
二、职工福利费				
三、社会保险费				
其中：1. 医疗保险费				
2. 基本养老保险费				
3. 年金缴费				
4. 失业保险费				
5. 工伤保险费				
6. 生育保险费				
四、住房公积金				
五、工会经费和职工教育经费				
六、非货币性福利				
七、因解除劳动关系给予的补偿				
八、其他				
其中：以现金结算的股份支付				
合计				

（2）企业本期为职工提供的各项非货币性福利形式、金额及其计算依据。

（3）披露应付职工薪酬中属于拖欠性质或工效挂钩的部分。

（4）应当支付的因解除劳动关系给予的补偿及其期末应付未付金额。

（5）其他职工薪酬。

21. 应交税费

企业应当分别披露增值税、土地增值税和企业所得税等税种，披露其期初账面余额、期末账面余额。所在地税务机关同意各分公司之间应纳税所得额相互调剂的，应说明税款计算过程。具体披露格式如表13-38所示。

表13-38 应交税费明细表

税费项目	期末账面余额	年初账面余额
1. 增值税		
2. 城建税		
3. 教育费附加		
4. 土地增值税		
5. 企业所得税		
……		
合计		

22. 预计负债

企业应当披露预计负债的种类、形成原因以及各类预计负债的期初、期末余额和本期变动额。具体披露格式如表 13-39 所示。

表 13-39 预计负债明细表

项目	期末账面余额	年初账面余额
1.		
……		
合计		

23. 一年内到期的非流动负债

企业应当分项列示一年内到期的长期借款、应付债券、长期应付款，其附注要求同“长期借款”“应付债券”“长期应付款”的附注。对于逾期借款，分贷款单位、借款金额、逾期时间、年利率披露；同时，还应说明逾期未偿还的原因和预期还款期，并在资产负债表日后事项中反映报表日后是否已偿还。逾期借款获得展期的，说明展期条件、新的到期日。

24. 其他流动负债

企业还应当分项列示除以上流动负债以外的其他流动负债的金额。具体的披露格式如表 13-40 所示。

表 13-40 其他流动负债明细表

项目	期末账面余额	年初账面余额
1.		
……		
合计		

注：有预计负债、其他非流动负债的，比照其他流动负债进行披露。

25. 短期借款和长期借款

企业应当按照短期借款、长期借款在附注中披露与借款相关的下列信息。

（1）按借款条件（信用借款、抵押借款、保证借款及质押借款等）分项列示短期借款金额。对已到期未偿还的短期借款，应单独列示贷款单位、贷款金额、贷款利率、贷款资金用途、未按期偿还的原因及预计还款期，并在资产负债表日后事项中反映报表日后是否已偿还。若已到期的短期借款获得展期，应说明展期条件、新的到期日。

按币种、借款条件（信用借款、抵押借款、保证借款及质押借款等）、贷款单位分项列示长期借款金额。

借款的具体披露格式如表 13-41 所示。

表 13-41 短期借款、长期借款明细表

项目	短期借款		长期借款	
	期末账面余额	年初账面余额	期末账面余额	年初账面余额
信用借款				
抵押借款				
质押借款				
保证借款				
合计				

（2）对于期末逾期借款，应分贷款单位、借款金额、逾期时间、年利率、逾期未偿还原因和预计还款期等进行披露。

26. 应付债券

企业应当分项列示应付债券的种类、期限、发行日期、面值总额、溢价（折价）额、应计利息总额和期末余额，说明可转换公司债券的转股条件、转股时间。具体披露格式如表13-42所示。

表 13-42 应付债券明细表

项目	年初账面余额	本期增加额	本期减少额	期末账面余额
1.				
……				
合计				

27. 长期应付款

企业应当分项列示各项长期应付款的金额及其期限，具体的披露格式如表13-43所示。

表 13-43 长期应付款明细表

项目	期末账面余额	年初账面余额
1.		
……		
合计		

28. 实收资本

企业应当在附注中说明报告期实收资本（或股本）的变动情况。如果报告期内有增资行为，应披露执行验资的会计师事务所名称和验资报告文号。

上市公司应披露与库存股相关的如下信息。

（1）回购本公司股份的原因及对应的库存股成本确定方法。

（2）因库存股注销而减少的股本。

（3）注销的库存股成本高于对应股本成本的，披露依次冲减的资本公积、盈余公积和未分配利润的金额；注销的库存股成本低于对应股本成本的，披露增加的资本公积的金额。

（4）库存股转让时，转让收入高于库存股成本的，披露增加的资本公积的金额；转让收入低

于库存股成本的，披露依次冲减的资本公积、盈余公积和未分配利润的金额。

（5）因实行股权激励回购本公司股份的，应披露本期回购股份占本公司已发行股份的总比例和累计库存股占已发行股份的总比例。

29. 资本公积

企业应当分项列示报告期资本公积的变动情况及其原因、依据。若用资本公积转增股本，应说明其履行的法律程序及有关决议。

30. 盈余公积

企业应当分项列示报告期盈余公积的变动情况。用盈余公积转增股本、弥补亏损、分派股利的，应说明有关决议。

31. 未分配利润

企业应当列示报告期利润分配比例以及未分配利润的增减变动情况。若以前年度损益调整致使期初未分配利润变动，应对变动内容、变动原因、依据和影响做出说明。

32. 营业收入

企业应当分主营业务收入和其他业务收入列示其本期发生额、上期发生额。同时，按产品或业务类别列示主营业务收入、主营业务成本及营业利润情况。应披露公司前 5 名客户的销售收入总额以及占公司全部销售收入的比例。具体披露格式如表 13-44 所示。

表 13-44 营业收入明细表

项目	本期发生额	上期发生额
1. 主营业务收入		
2. 其他业务收入		
合计		

33. 税金及附加

企业应当分项列示税费的计缴标准及金额。具体披露格式如表 13-45 所示。

表 13-45 税金及附加明细表

项目	本期发生额	上期发生额	计缴标准
1. 土地增值税			
2. 城建税			
3. 教育费附加			
……			
合计			

34. 销售费用

企业应当分项列示销售费用的项目和金额。具体披露格式如表 13-46 所示。

表 13-46 销售费用明细表

项目	本期发生额	上期发生额
1. 品牌宣传推广费用		
2. 销售代理费用及佣金		
……		
合计		

35. 管理费用

企业应当分项列示管理费用的项目和金额。具体披露格式如表 13-47 所示。

表 13-47 管理费用明细表

项目	本期发生额	上期发生额
1. 工资		
……		
合计		

36. 研发费用

反映企业进行研究与开发过程中发生的费用化支出。该项目应根据“管理费用”科目下的“研发费用”明细科目的发生额分析填列。

37. 财务费用

企业应当分项列示财务费用的项目和金额。具体披露格式如表 13-48 所示。

表 13-48 财务费用明细表

项目	本期发生额	上期发生额
利息费用		
减：利息收入		
汇兑损失		
减：汇兑收益		
……		
合计		

38. 公允价值变动损益

企业应当分项列示公允价值变动损益的内容和金额。具体披露格式如表 13-49 所示。

表 13-49 公允价值变动损益明细表

项目	本期发生额	上期发生额
1. 交易性金融资产		
2. 交易性金融负债		
……		
合计		

39. 投资收益

企业应当按投资单位分项列示投资收益的有关情况，包括投资收益的增减变动及其原因。同时，应说明投资收益收回的重大限制。若不存在重大限制，也应做出说明。投资收益的披露格式如表 13-50 所示。

表 13-50 投资收益明细表

产生投资收益的来源	本期发生额	上期发生额
1.		
……		
合计		

按照权益法核算的长期股权投资，直接以被投资单位的账面净损益计算确认投资损益的事实及原因。

40. 营业外收支

企业应当分项列示营业外收入和营业外支出的内容和金额，具体的披露格式如表 13-51 所示。

表 13-51 营业外收支明细表

项目	本期发生额	上期发生额
营业外收入		
1. 非流动资产处置利得合计		
其中：固定资产处置利得		
无形资产处置利得		
……		
合计		
营业外支出		
1. 非流动资产处置损失合计		
其中：固定资产处置损失		
无形资产处置损失		
……		
合计		

41. 所得税费用

企业应当披露与所得税费用有关的信息。

（1）所得税费用（收益）的组成，包括当期所得税、递延所得税。

（2）所得税费用（收益）与会计利润的关系。

（3）未确认递延所得税资产的可抵扣暂时性差异、可抵扣亏损的金额（如果存在到期日，还应披露到期日）。

（4）对每一类暂时性差异和可抵扣亏损，在列报期间确认的递延所得税资产或递延所得税负债的金额；确认递延所得税资产或递延所得税负债的依据。

（5）未确认递延所得税负债的，与对子公司、联营企业及合营企业投资相关的暂时性差异金额。

42. 每股收益

企业应当列示基本每股收益和稀释每股收益的计算过程。

（1）基本每股收益和稀释每股收益分子、分母的计算过程。

（2）列报期间不具有稀释性但以后期间很可能具有稀释性的潜在普通股。

（3）在资产负债表日至财务报告批准报出日之间，企业发行在外的普通股或潜在普通股股数发生重大变化的情况，如股份发行、股份回购、潜在普通股发行、潜在普通股转换或行权等。

43. 现金流量表补充资料

企业应当采用间接法在现金流量表附注中披露将净利润调节为经营活动现金流量的信息，如表13-52所示。

表13-52 现金流量表补充资料

补充资料	本期金额	上期金额
1. 将净利润调节为经营活动现金流量：		
净利润		
加：资产减值准备		
固定资产折旧、油气资产折耗、生产性生物资产折旧		
无形资产摊销		
长期待摊费用摊销		
处置固定资产、无形资产和其他长期资产的损失（收益以“－”号填列）		
固定资产报废损失（收益以“－”号填列）		
公允价值变动损失（收益以“－”号填列）		
财务费用（收益以“－”号填列）		
投资损失（收益以“－”号填列）		
递延所得税资产减少（增加以“－”号填列）		
递延所得税负债增加（减少以“－”号填列）		
存货的减少（增加以“－”号填列）		
经营性应收项目的减少（增加以“－”号填列）		
经营性应付项目的增加（减少以“－”号填列）		
其他		
经营活动产生的现金流量净额		
2. 不涉及现金收支的重大投资和筹资活动：		

续表

补充资料	本期金额	上期金额
债务转为资本		
一年内到期的可转换公司债券		
融资租入固定资产		
3. 现金及现金等价物净变动情况：		
现金的期末余额		
减：现金的期初余额		
加：现金等价物的期末余额		
减：现金等价物的期初余额		
现金及现金等价物净增加额		

44. 取得或处置子公司及其他营业单位

企业应当按下列格式披露当期取得或处置子公司及其他营业单位的有关信息，如表 13-53 所示。

表 13-53 取得或处置子公司及其他营业单位信息

项目	金额
一、取得子公司及其他营业单位的有关信息：	
1. 取得子公司及其他营业单位的价格	
2. 取得子公司及其他营业单位支付的现金和现金等价物	
减：子公司及其他营业单位持有的现金和现金等价物	
3. 取得子公司及其他营业单位支付的现金净额	
4. 取得子公司的净资产	
流动资产	
非流动资产	
流动负债	
非流动负债	
二、处置子公司及其他营业单位的有关信息：	
1. 处置子公司及其他营业单位的价格	
2. 处置子公司及其他营业单位收到的现金和现金等价物	
减：子公司及其他营业单位持有的现金和现金等价物	
3. 处置子公司及其他营业单位收到的现金净额	

续表

项目	金额
4. 处置子公司的净资产	
流动资产	
非流动资产	
流动负债	
非流动负债	

45. 现金和现金等价物

企业应当按表 13-54 披露现金和现金等价物的有关信息。

表 13-54 现金和现金等价物明细表

项目	本期金额	上期金额
一、现金		
其中：库存现金		
可随时用于支付的银行存款		
可随时用于支付的其他货币资金		
可用于支付的存放中央银行款项		
存放同业款项		
拆放同业款项		
二、现金等价物		
其中：三个月内到期的债券投资		
三、期末现金及现金等价物余额		
其中：母公司或集团内子公司使用受限制的现金和现金等价物		

46. 分部报告

企业的经营业务涉及不同行业和地区时，应按行业和地区披露收入、营业利润及资产的分部资料。行业可以按照房地产、施工、物业管理及商业等分类；地区可以按境内、境外披露。对经营环境存在差异的省、直辖市，也应分别披露。主要报告形式是业务分部的披露格式，如表 13-55 所示。

表 13-55 分部报告

项目	××业务		××业务		……	其他		抵销		合计	
	本期	上期	本期	上期		本期	上期	本期	上期	本期	上期
一、营业收入											
其中：对外交易收入											

续表

项目	×× 业务		×× 业务		……	其他		抵销		合计	
	本期	上期	本期	上期		本期	上期	本期	上期	本期	上期
分部间交易收入											
二、营业费用											
三、营业利润（亏损）											
四、资产总额											
五、负债总额											
六、补充信息											
1. 折旧和摊销费用											
2. 资本性支出											
3. 折旧和摊销以外的非现金费用											

注：主要报告形式是地区分部的，比照业务分部格式进行披露。

在主要报告形式的基础上，对于次要报告形式，企业还应披露对外交易收入、分部资产总额。

47. 其他需要说明的重要事项

主要包括或有事项、资产负债表日后非调整事项、关联方关系及其交易等需要说明的事项，具体的披露要求须遵循相关准则的规定。企业为商品房承购人向银行提供抵押贷款担保的，应披露尚未结清的担保金额，并说明风险程度。

（1）或有事项。

企业应当按照《企业会计准则第 13 号——或有事项》第十四条和第十五条的相关规定进行披露。

（2）资产负债表日后事项。

企业应当按照《企业会计准则第 29 号——资产负债表日后事项》第九条和第十条的相关规定进行披露。

①每项重要的资产负债表日后非调整事项的性质、内容及其对财务状况和经营成果的影响。无法做出估计的，应当说明原因。

②资产负债表日后，企业利润分配方案中拟分配的以及经审议批准宣告发放的股利或利润。

（3）关联方关系及其交易。

企业应当按照关联方关系及其交易的相关规定在附注中披露与关联方关系及其交易信息。本企业的母公司有关信息披露格式如表 13-56 所示。

表 13-56 母公司信息表

母公司名称	注册地	业务性质	注册资本

①本企业的母公司有关信息披露如下。

母公司不是本企业最终控制方的，说明最终控制方名称。

母公司和最终控制方均不对外提供财务报表的，说明母公司之上与其最相近的对外提供财务报表的母公司名称。

②母公司对本企业的持股比例和表决权比例。

③本企业的子公司有关信息披露格式如表13-57所示。

表13-57 子公司信息表

子公司名称	注册地	业务性质	注册资本	本企业合计持股比例	本企业合计享有的表决权比例
1.					
……					

④本企业的合营企业有关信息披露格式如表13-58所示。

表13-58 合营企业信息表

被投资单位名称	注册地	业务性质	注册资本	本企业持股比例	本企业在被投资单位享有的表决权比例	期末资产总额	期末负债总额	本期营业收入总额	本期净利润
1.									
……									

注：有联营企业的，比照合营企业进行披露。

⑤本企业与关联方发生交易的，分别说明各关联方关系的性质、交易类型及交易要素。交易要素至少应当包括：

a. 交易的金额；

b. 未结算项目的金额、条款和条件，以及有关提供或取得担保的信息；

c. 未结算应收项目的坏账准备金额；

d. 定价政策。

（4）非货币性资产交换。

企业应当按照《企业会计准则第7号——非货币性资产交换》第十四条的相关规定进行披露。

（5）股份支付。

企业应当按照《企业会计准则第11号——股份支付》第十四条或第十五条的相关规定进行披露。

（6）债务重组。

企业应当按照《企业会计准则第12号——债务重组》第十四条或第十五条的相关规定进行披露。

（7）借款费用。

企业应当按照《企业会计准则第17号——借款费用》第十五条的相关规定进行披露。

（8）企业合并。

在企业合并发生当期的期末，合并方或购买方应当按照《企业会计准则第20号——企业合并》

第十八条或第十九条的相关规定进行披露。

（9）外币折算。

企业应当按照《企业会计准则第 19 号——外币折算》第十六条的相关规定进行披露。

（10）终止经营。

企业发生终止经营的，应当在附注中披露与终止经营相关的信息，具体的披露格式如表 13-59 所示。

表 13-59 终止经营明细表

项目	本期发生额	上期发生额
一、终止经营收入		
减：终止经营费用		
二、终止经营利润总额		
减：终止经营所得税费用		
三、终止经营净利润		